2020
山东金融年鉴
SHANDONG JINRONG NIANJIAN

中国人民银行济南分行　编

中国金融出版社

责任编辑：曹亚豪
责任校对：潘　洁
责任印制：程　颖

图书在版编目（CIP）数据

山东金融年鉴.2020／中国人民银行济南分行编.—北京：中国金融出版社，2021.5
ISBN 978-7-5220-1190-5

Ⅰ.①山…　Ⅱ.①中…　Ⅲ.①地方金融事业—山东—2020—年鉴　Ⅳ.①F832.752-54

中国版本图书馆 CIP 数据核字（2021）第 101435 号

山东金融年鉴.2020
SHANDONG JINRONG NIANJIAN. 2020
出版发行　中国金融出版社
社址　北京市丰台区益泽路 2 号
市场开发部　（010）66024766，63805472，63439533（传真）
网 上 书 店　www.cfph.cn
（010）66024766，63372837（传真）
读者服务部　（010）66070833，62568380
邮编　100071
经销　新华书店
印刷　北京市松源印刷有限公司
尺寸　210 毫米×285 毫米
印张　35.75
字数　1405 千
版次　2021 年 10 月第 1 版
印次　2021 年 10 月第 1 次印刷
定价　220.00 元
ISBN 978-7-5220-1190-5
如出现印装错误本社负责调换　联系电话（010）63263947

《山东金融年鉴》编辑部

编辑说明

一、《山东金融年鉴》是反映山东省金融改革与发展历程的大型历史性、资料性工具书，是系统了解山东省金融运行状况的重要媒介。通过收录各金融机构业务发展情况与基本数据，《山东金融年鉴》可以充分反映和展示山东省金融业运行的基本概况，从而为贯彻落实货币政策、加强金融监管、防范和化解金融风险、推动金融改革和发展提供基础支持。

二、山东省金融系统的年鉴编撰工作开启于2000年，创刊伊始名称为《中国人民银行济南分行金融年鉴》，内容主要是反映年度内辖区山东、河南两省的金融运行态势及状况。《中国人民银行济南分行金融年鉴》自2000年卷起至2004年卷止，共出版了五卷。

《山东金融年鉴》自2005年卷起始，上承《中国人民银行济南分行金融年鉴》，每年出版一卷，本卷为第二十一卷。《山东金融年鉴》按年度反映山东省金融业的运行和发展状况。

三、本卷的内容，主要反映2019年山东省金融运行的状况及金融改革和发展的历程。在具体组稿、筛选和编纂工作中，我们力求所收录的文字和数据能够全面反映一年来山东省金融发展与改革的整体风貌，能够充分展示山东省各金融机构创新发展的基本情况，力求所收录的资料具有科学性、可比性和连续性。

四、本卷年鉴采用条目式整体编排，适当考虑金融业务部门的单元组成。各金融机构的排列顺序按一般惯例执行，不分先后。

五、本卷年鉴中，国民经济统计资料以统计局的口径为准；金融统计资料部分的数据，主要是根据各金融机构报送的“全科目”统计数据加工整理而来，由中国人民银行济南分行提供；各金融监管部门和金融机构的正文及附表中的统计数据，由相关机构自行提供；相关表格的编制，依金融行业传统惯例进行。

六、《山东金融年鉴》的编纂工作是在中国人民银行济南分行党委和《山东金融年鉴》编委会的组织领导下进行的，各项工作得到了山东省金融系统各单位的大力支持。各组稿、编校人员为本书的出版付出了辛勤的劳动。编辑部全体同仁在此表示衷心的感谢。

目 录

4 第四部分

5 第五部分

第六部分

9
第九部分
地方性金融机构 329

10
第十部分
区域性金融运行报告 371

第一部分

山东省金融市场运行报告

2019年山东省经济金融运行报告

一、金融运行情况

2019年，山东省金融业运行平稳，金融总量扩张、增势较好，融资结构持续优化，民营和小微企业等领域信贷增长较快，融资成本继续走低，不良贷款明显回落，金融风险防控工作取得积极进展，金融生态环境进一步改善，为全省经济运行在合理区间提供了良好的货币金融环境。

（一）银行业运行稳健，支持实体经济力度增强

2019年，山东省银行业金融机构积极贯彻落实稳健货币政策，货币信贷合理较快增长，信贷结构持续优化，小微企业贷款成本显著下降，金融风险防控工作取得积极进展，金融运行效率和服务实体经济的能力进一步提升。

1.资产负债平稳增长，盈利水平企稳回升。2019年末，山东省银行业金融机构资产总额为13.20万亿元，较年初增加了9,902.50亿元；负债总额为12.70万亿元，较年初增加9,478.00亿元。实现净利润261.50亿元，同比多盈184.40亿元，扭转了自2014年以来持续下滑的态势；不良贷款余额为2,498.00亿元，较年初减少106.80亿元；不良贷款率为2.89%，较年初下降0.45个百分点。

2.存款增速稳中有升，住户存款增长较快。2019年末，山东省本外币各项存款余额为104,738.90亿元，同比增长8.60%，增速较上年末高2.70个百分点。在表外理财赎回和购房支出减少等因素影响下，住户存款增长较快，年末余额为55,580.60亿元，同比增长13.9%，较上年提高4.00个百分点；受企业经营活力改善带动，企业存款增速由负转正，年末余额为31,862.10亿元，同比增长8.50%，较上年提高8.80个百分点；受财政收入增长放缓、支出节奏加快影响，广义政府存款有所减少。全年广义政府存款下降642.20亿元，同比多降2,044.50亿元。

3.贷款保持较快增长，信贷结构优化助推经济高质量发展。2019年末，山东省本外币贷款余额为86,325.60亿元，同比增长10.90%，比上年同期提高1.20个百分点；全年贷款增加8,149.40亿元，是上年的1.20倍。分部门看，个人贷款增长快，对公贷款增长放缓。在普惠领域个人贷款和住房贷款较快增长拉动下，住户贷款同比增长21.50%，比全部贷款增速高10.60个百分点；全年增加4,839.50亿元，同比多增683.40亿元。受经济爬坡过坎、信贷需求有限等因素制约，非金融企业及机关团体贷款同比增长6.80%，比全部贷款增速低4.10个百分点。

中国人民银行济南分行深入推进“金融支持新旧动能转换、绿色金融、金融服务乡村振兴”三大攻坚行动，深化民营和小微企业金融服务，积极开展“民营和小微企业首贷培植行动”，全省中小微企业贷款增速连续12个月回升。年末贷款余额为3.30万亿元，同比增长7.00%，占企业贷款增量的73.40%，同比提高37.30个百分点。普惠小微贷款快速增长，年末余额为5,835.30亿元，同比增长25.60%，较企业贷款平均增速高19.60个百分点。强力推进新旧动能转换攻坚工程，对接全省重点建设项目120个、贷款334.40亿元；对接“儒商大会”项目134个、贷款250.20亿元。全省绿色贷款余额为4,171.20亿元，同比增长32.80%，较全部贷款增速高21.90个百分点。

4.表外业务稳步发展，担保类和承诺类业务保持增长。2019年末，全省表外业务余额为39,657.20亿元，较年初增加5,823.50亿元，同比多增5,984.50亿元。担保类业务余额为18,809.10亿元，较年初增加2,056.10亿元，同比多增1,591.20亿元；承诺类业务余额为9,306.80亿元，较年初增加2,768.20亿元，同比多增2,811.00亿元。受资管新规约束影响，通道类业务逐步规范压缩，委托贷款小幅增加114.40亿元，委托投资和代理代销业务分别较年初减少16.10亿元和1,333.40亿元。

5.贷款利率整体下行，小微企业贷款利率降幅明显。2019年，山东省贷款利率总体呈M形走势。12月人民币贷款加权平均利率为5.36%，较上年高点下降0.44个百分点。其中，普惠小微贷款利率下行明显，12月达6.43%，同比下降0.15个百分点，较上年高点下降1.52个百分点，小微企业融资成本显著下降。LPR改革加快推进，12月金融机构新发放贷款中LPR应用占比达85.10%。自律管理机制不断完善，存款定价秩序公平有序，共有101家金融机构成为全国性市场利率定价自律机制基础成员，较上年增加12家。

6.银行经营总体稳健，信用风险防控取得积极进展。2019年末，山东省银行业法人机构流动性状况继续向好，流动性比率为71.20%，较上年上升3.90个百分点；备付金总额为1,973.90亿元，较年初增加507.70亿元。资本充足率有所下降，核心一级资本充足率为10.70%，较年初下降0.50个百分点。各方合力落实风险防控处置责任，风险化解处置取得突出成效，全年处置不良贷款2,843.50亿元，同比多处置673.20亿元。资产分类真实性整体改善，逾期90天以上贷款与不良贷款的比例为88.50%，较年初下降3.90个百分点。加快推进重点企业风险处置，全年共组建债委会1,103家、帮扶企业513家，年末辖内大额授信风险企业减少43户。

7.机构改革取得积极进展，地方金融组织有序发展。恒丰银行改革重组工作基本完成，改革成效逐步显现。山东

省农村信用社联合社改革稳步推进，12家地市办事处改制为审计中心。393家小额贷款公司全年累计发放贷款521.60亿元，贷款余额为548.40亿元。全省有299家农民专业合作社开展了信用互助业务试点，参与社员达2.20万人，发生信用互助业务2,410笔、金额0.90亿元。

8.跨境人民币业务增长较快，收支均衡发展。2019年，山东省跨境人民币收付3,893.30亿元，同比增长34.10%，高于全国平均水平11个百分点。其中，收入2,037.60亿元，同比增长38.60%；支出1,855.70亿元，同比增长29.50%。人民币净流入181.90亿元，同比增长379.90%。分项目看，货物贸易跨境人民币收付1,820.50亿元，同比增长39.30%；直接投资跨境人民币收付1,036.50亿元，同比增长36.40%；跨境融资人民币收付684.7亿元，同比增长23.70%。

（二）证券业盈利能力增强，股票市场筹资额同比增加

2019年，山东省证券市场资源配置能力持续增强，法人证券公司盈利能力显著提升，上市公司股票融资规模不断扩大，多层次资本市场健康发展。

1.证券交易量显著提升，证券公司盈利能力增强。2019年末，山东省证券分公司和营业部数量合计达到680家，较年初增加15家。受股票市场活跃度回升带动，证券公司代理买卖证券交易额同比增加，全年实现交易金额9.4万亿元，较上年增长25.80%。2家法人证券公司资产总额为1,470.20亿元，同比增长9.80%，实现净利润20.60亿元，同比增长66.70%。

2.首次公开募资规模明显扩大，资本市场融资功能继续增强。2019年，山东省有16家企业境内首发上市，占当年全国首发企业的7.90%；共首发筹资171.50亿元，同比增长2,558.50%，其中科创板上市企业4家。山东省境内上市公司数量达到211家，居全国第六位。25家次上市公司通过增发、配股合计融资90.30亿元。年末全省新三板挂牌企业数量为549家，较上年减少75家；共实现融资13.00亿元，同比下降93.30%。

3.权益类交易市场日趋完善，区域性股权交易市场规模持续扩大。2019年末，山东省权益类市场达到20家，涵盖了国有产权、海洋产权、农村产权、金融资产、能源环境权益、文化艺术品权益等。全年齐鲁股权中心新增挂牌企业884家，累计实现挂牌企业4,045家、托管企业4,247家、综合展示企业10,390家、中介机构864家，实现各类融资525.20亿元。设立的“桓台乡村振兴特色产业板”是全国首个乡村振兴区域股权交易板块。青岛蓝海股权交易中心新增挂牌企业231家，累计挂牌企业总数达1,735家、托管展示企业3,129家，累计帮助挂牌企业实现各类融资120.40亿元。

（三）保险业稳步发展，服务经济社会发展能力有效提升

2019年，山东省保险业总体保持平稳发展，机构数量持续增加，重点领域“保障+服务”功能得到充分发挥，产品结构不断优化，服务实体经济的能力进一步提升。

1.保险业市场规模稳步扩大，人身险保费收入增长较快。2019年末，山东省保险业总资产为6,839.20亿元，同比增长14.90%。保险公司数量持续增加，其中，省级分公司以上保险主体97家，较上年增加3家；保险公司分支机构7,538家，较上年增加83家。保费收入规模稳步扩大，全年实现保费收入3,238.90亿元，同比增长9.40%，增速较上年提高1.30个百分点。其中，财产险保费收入为866.40亿元，同比增长7.10%；人身险保费收入为2,372.50亿元，同比增长10.30%。保险赔付903.60亿元，同比下降2.90%。

2.服务领域进一步拓宽，社会民生保障功能增强。农业保险对农业生产的风险保障作用显著提升，全省农业大灾保险试点地区由20个县扩大到50个，享受中央、省级财政保费补贴的农业保险品种增加到25个，享受市县自主补贴的险种达到11个；棉花目标价格保险在6个县（区）开展试点，覆盖面积达67万亩，占全省棉花种植面积的20%以上；大豆收入“保险+期货”业务在2个县（区）试点，为近12万亩大豆提供价格风险保障0.90亿元。巨灾险理赔效率提升，全力支持“利奇马”台风抗险救灾，累计为“利奇马”台风受灾群众支付保险赔款13.30亿元、赔付14万余件。

3.行业转型深入推进，服务经济社会发展能力进一步提高。银行业、保险业联动力度加大。创新推出政银保、政融保、新型保单抵押担保等融合产品；助力缓解小微企业融资难题；加大生猪全产业链信贷投放和风险保障力度。保险资金投资助力新旧动能转换步伐加快。太平保险与烟台财金集团、蓝天集团、业达热电集团、业达建设集团签署投融资意向合作协议，支持重大民生工程和基础设施建设。

（四）金融市场效率持续提高，社会融资规模适度增长

2019年，山东省社会融资规模保持适度增长，融资结构继续改善，债券发行利率明显下行，民营企业债券融资支持工具增量扩面。

1.社会融资规模适度增长，融资结构有所优化。2019年末，山东省社会融资规模余额为13.30万亿元，同比增长11.40%，较上年提高2.80个百分点，有力支撑全省新旧动能转换进程。全年社会融资规模增加13,831.2亿元，较上年多增3,989.50亿元，为上年的1.40倍。其中，银行贷款余额占同期社会融资规模存量的63.70%，基本与上年持平；受金融市场流动性合理充裕、利率持续下行、债券等标准化债权资产需求旺盛等因素带动，直接融资余额占比升至12.10%，同比提高0.30个百分点。

2.债券发行利率明显下降，民营企业债券融资支持工具

增量扩面。全年全省新发行债务融资工具348单、金额3,068.10亿元，融资额占全国的4.70%，居第五位；平均发行利率为4.12%，同比下降1.30个百分点。全年累计发行民营企业债券融资支持工具7只，为企业节省融资成本400余万元。全省6家法人金融机构发行绿色金融债券230.00亿元，发行主体数量和金额分别居全国第一位和第二位；威海市商业银行成功发行30.00亿元永续债，为全国首批第二单。

3.黄金市场交易规模明显增加。截至2019年末，山东省共有11家上海黄金交易所会员企业，其中综合类会员10家，以产金冶金企业为主。受黄金价格上涨带动，市场客户交投热情回升，全年会员总成交量达2,028.50吨，同比增加255.90吨。从市场参与主体看，会员交易集中度较高，全省75.80%的交易由招金集团、中矿金业、山东恒邦三家会员企业完成。

（五）金融改革试点不断深化，地方金融主体规范发展

2019年，青岛市财富管理金融综合改革试验区取得积极进展，全国首家外资财富管理机构落户青岛，“2019青岛·中国财富论坛”“全球（青岛）创投风投大会”成功举办，成功发布“2019中国财富管理金家岭指数”，“财富青岛”影响力稳步提升。临沂市普惠金融服务乡村振兴改革试验区取得实质性进展，济南、枣庄、威海等地分别选择金融支持科技创新、普惠金融以及绿色金融等重点领域，积极推进金融改革创新，已启动国家金融改革创新试验区申创工作。规范民间融资机构发展，年末获得业务许可的民间资本管理公司达423家、注册资本322.20亿元，累计投资448.30亿元，投资余额为360.60亿元；年末获得业务许可的民间融资登记服务公司达83家，累计登记资金需求55.50亿元，成功对接资金34.40亿元。

（六）金融生态环境建设加快推进，金融基础设施不断完善

2019年，山东省进一步强化金融生态环境建设，扎实推进信用体系和支付体系建设，大力拓展普惠金融服务。全省共设立征信查询网点362个、自助查询设备405台，实现市、县两级全覆盖。全年累计向社会公众提供个人信用报告查询服务531.8万次。应收账款融资业务进一步扩大，应收账款融资服务平台用户达9,609家，累计融资15,372笔、金额6,697.40亿元。“山东省政府采购系统”与“中征应收账款融资服务平台”成功对接，山东成为全国首个通过应收账款融资服务平台，在省、市、县三级实现政府采购线上融资的省份。在全国首批取消企业银行账户许可。打造“移动支付齐鲁样板”，全年累计办理“云闪付”移动支付业务3.00亿笔，居全国前列。金融消费纠纷多元化解决机制实现省、市、县三级全覆盖，全年组织调解金融消费纠纷128笔，涉及金额1,661.40万元。

二、经济运行情况

2019年，山东省坚持以新发展理念引领高质量发展，持续深化供给侧结构性改革，全面实施八大发展战略，扎实做好“六稳”工作。产业发展优势互补，就业物价基本稳定，经济运行呈现总体平稳、稳中有进、进中向好态势。全年全省生产总值为71,067.50亿元，增长5.50%；一二三产业同比分别增长1.10%、2.60%、8.70%；人均生产总值为70,653.00元，增长5.20%。

（一）内外需求平稳增长，高质量发展的内生动力增强

2019年，山东省内外需求动力提升，投资结构持续优化，对外开放量质齐升，有利因素积厚成势，为经济高质量发展奠定坚实基础。

1.投资结构持续调整，惠民生投资成效显著。2019年，山东省固定资产投资同比下降8.40%，第一产业和第二产业投资分别下降10.90%和30.30%，第三产业增长6.30%。三次产业投资占比分别为1.70%、30.10%、68.20%，第三产业占比提升9.40个百分点，投资主引擎作用更加稳固。民生投资力度加大，居民服务业、技能培训教育、基层医疗、文化艺术业投资分别增长55.50%、27.70%、65.20%、16.70%。运输业投资高速增长带动基础设施投资增长3.90%，高耗能行业投资下降21.90%，“四新”经济投资占比达44.80%。

2.消费基础性作用凸显，消费升级态势明显。2019年，山东省社会消费品零售总额为35,770.60亿元，增长6.40%。乡村市场零售额增长7.20%，高于城镇市场1.00个百分点。业态融合推动网络零售额增长15.80%。居民人均消费支出为20,427.00元，增长8.80%。其中，农村居民人均消费支出为12,309.00元，增长9.20%。消费结构继续优化，居民人均服务性消费支出占比为42.40%，较上年提高2.30个百分点。消费升级类商品增长较快，限额以上可穿戴智能设备、新能源汽车和能效等商品零售额分别增长37.80%、63.20%和9.20%。

3.外贸进出口增量提质，对外开放水平不断提升。2019年，山东省进出口总额为20,420.90亿元，增长5.80%，其中出口额增长5.30%，进口额增长6.40%。外贸结构不断优化，机电产品出口占比为37.40%，远高于传统劳动密集型产品占比。国际市场布局优化，对欧盟和东盟进出口分别增长9.50%和15.20%，对“一带一路”沿线国家进出口增长15.90%。外贸新兴业态快速发展，网购保税和跨境直购合计进出口29.60亿元，增长7.50%。全年实际使用外资146.90亿美元，增长18.60%，其中服务业实际使用外资98.60亿美元、增长36.70%。

（二）产业结构优化升级，动能转换成效显现

2019年，山东省第一、第二和第三产业结构由上年的7.40：41.30：51.30调整为7.20：39.80：53.00，第三产业拉

动全省经济增长4.30个百分点。

1.农业基础地位夯实，乡村振兴全面起势。2019年，山东省农林牧渔业增加值为5,476.50亿元，增长1.70%。粮食总产量达到1,071.40亿斤，连续6年稳定在千亿斤以上。乡村产业融合步伐加快，共有年销售收入500.00万元以上的农业龙头企业9,600多家、家庭农场7.10万家、农民合作社21万家，累计认定电子商务进农村综合示范县19个。农业科技支撑能力持续增强，农作物耕种收综合机械化率达到86.00%以上，创建国家级主要农作物全程机械化示范县45个，居全国首位。农村土地制度改革不断深化，土地流转面积达3,589.7万亩，占家庭承包经营总面积的38.7%。

2.工业生产企稳回升，新兴动能持续发力。2019年，山东省规模以上工业增加值增长1.20%，9月以来多数指标持续向好。工业结构迈向中高端，高技术制造业增加值增长1.70%，高于规模以上工业0.50个百分点。新一代信息技术、新能源新材料、高端装备产业和高端化工产业增加值分别增长5.50%、5.70%、9.30%和1.70%。新兴工业产品产量快速增长，光伏电池、智能电视、生物基化学纤维、服务器和光电子器件的产量分别增长32.30%、25.50%、19.90%、16.60%和13.40%。上榜中国企业500强的工业企业达50家，共有19个县（市）和11个区入围中国工业百强县（市）、百强区。

3.服务业主引擎作用突出，转型升级态势明显。2019年，山东省服务业增加值为37,640.20亿元，同比增长8.70%。服务业对全省经济增长的贡献率为78.20%，较上年提高18.20个百分点，“三二一”型产业结构持续巩固。新兴服务业带动力增强，以互联网和相关服务、租赁和商务服务为代表的其他盈利性服务业增加值增长10.40%，增速比服务业高1.70个百分点。货物运输稳步向好，公路水路货运量增长3.90%，铁路货运量增长11.40%。

4.供给侧结构性改革深入推进，社会民生加速改善。全年压减煤炭产能875万吨、生铁465万吨、粗钢923万吨、焦化777万吨。深化“放管服”改革，为各类市场主体新增减免税费1,500.00亿元以上，督导清理拖欠民营企业、中小企业账款362.00亿元。基础设施建设全面提速，高速公路、高速铁路通车里程分别达到6,447公里和1,987公里，济青高速改扩建等9条高速公路建成通车，实现县县通高速。鲁南高铁日照至曲阜段建成通车，省内高铁成环运行。海阳核电一期工程建成投运，新能源和可再生能源发电装机占比超过25.00%。脱贫攻坚成果有效巩固，实施产业扶贫项目1,581个，覆盖带动贫困人口85.90万人。退休人员基本养老金月人均增加158.00元，居民基本医疗保险政府补助标准提高到520.00元。

5.生态文明建设扎实推进，绿色发展提速。2019年，山东省污染防治攻坚战取得新成效，共清理整治河湖违法问题1.80万余处，细颗粒物（PM 2.5）改善约束性指标提前一年完成国家下达的“十三五”任务。能源供给结构优化，全年新能源和可再生能源发电量为745.10亿千瓦时，增长41.80%。能源利用效率进一步提升，重点监测的68项产品有44项单耗下降，下降面为64.70%。全年余热、余压、余气发电量为158.10亿千瓦时，增长14.20%。能源加工转换效率提高，规模以上工业能源加工转换效率为79.70%，较上年提高0.30个百分点。

（三）物价继续温和上涨，工业生产者价格窄幅下行

2019年，山东省居民消费价格总水平（CPI）涨幅有所扩大，工业生产者价格窄幅下降，市场价格水平总体稳定。

1.居民消费价格温和上涨，食品价格上涨较快。2019年，山东省居民消费价格总水平上涨3.20%，涨幅较上年扩大0.70个百分点。其中，城市上涨3.10%，农村上涨3.60%。消费品价格上涨3.90%，服务项目价格上涨2.00%。分类别看，八大类商品和服务价格“七升一降”，全年食品价格上涨10.60%，拉动居民消费价格上涨约2.00个百分点，扣除食品和能源价格后，核心CPI上涨1.70%。其中，受生产周期及“非洲猪瘟”等因素影响，猪肉价格上涨52.90%，拉动居民消费价格上涨约1.20个百分点。

2.工业生产者价格窄幅下行，生产资料价格回落明显。2019年，山东工业生产者出厂价格和购进价格分别下降0.30%、0.80%，分别较上年降低4.00个和4.40个百分点。工业生产者出厂价格同比先扬后抑，1—5月稳中略涨，6月由涨转跌，并持续在负增长区间运行。工业生产者购进价格同比低位运行，1—5月保持平稳，6月转入下跌，降幅逐月扩大至11月的2.10%，12月收窄至1.60%。生产资料价格下降1.10%，较上年降低5.50个百分点，影响总指数下降0.80个百分点。生活资料价格上涨2.30%，涨幅较上年扩大1.30个百分点。

3.就业形势稳中趋好，居民工资收入持续增长。全年城镇新增就业138.30万人，较上年增长1.10%，完成全年目标的125.70%。城镇登记失业率为3.29%，较上年降低0.06个百分点。职位需求平稳带动收入增长，全年居民人均工资性收入为18,111.00元，增长7.70%。其中，城镇居民人均工资性收入为26,611.00元，增长6.30%；农村居民人均工资性收入为7,165.00元，增长9.40%。

4.资源性产品价格改革深入推进，传统能源产量普遍下降。2019年，山东省先后两次下调一般工商业用电价格，完成“一般工商业电价降低10%”的目标。深化燃煤发电上网电价形成机制改革，决定自2020年1月1日起取消煤电价格联动机制。传统能源行业转型升级步伐加快，全年主要传统能源产量普遍下降。

（四）财政收支增速下降，收支差额扩大

2019年，全省一般公共预算收入增速持续放缓，全年

收入完成6,526.60亿元，增长0.60%。其中，税收收入占财政收入的74.30%，较上年下降1.20个百分点。一般公共预算支出保持刚性增长，全年支出完成10,736.80亿元，增长6.30%，增速同比回落2.80个百分点。其中，民生支出占79.00%。预算收支差额为4,210.20亿元，同比增长16.50%。全省累计发行地方政府债券2,673.90亿元，同比增长7.10%。

（五）房地产行业运行平稳，装备制造业结构持续优化

1.房地产市场平稳发展，房地产金融稳中趋缓。2019年，山东省坚持“房住不炒”定位，落实房地产长效管理机制和市场调控政策，房地产居住属性进一步巩固。

房地产开发投资平稳较快增长，区域分化明显。2019年，山东省完成房地产开发投资8,614.90亿元，增长14.10%，较上年提高0.30个百分点。其中住宅投资6,672.20亿元，增长16.70%。90平方米以上中大户型住宅投资占68.90%，较上年提高6.30个百分点。济南、青岛房地产开发投资均超千亿元，合计占全省的39.20%；烟台、潍坊、临沂完成投资在500.00亿~1,000.00亿元之间，合计占全省的23.50%。

房地产供应规模稳步扩大，房企资金保障能力强。房地产开发项目施工面积、新开工面积分别突破7.50亿平方米、2.20亿平方米。房地产开发企业项目建设到位资金达12,341.70亿元，增长13.10%。

房地产销售稳中趋降，区域集中度较高。2019年，山东省商品房销售面积为12,727.30万平方米，同比下降5.40%；销售额为10,271.20亿元，同比增长2.00%。商品住宅销售面积占89.90%，其中中大户型住宅销售面积占91.50%。济南、青岛、烟台、潍坊、临沂5市商品房销售面积合计占全省商品房销售面积的51.70%。房价温和上涨，重点城市涨幅有所下降。济南、青岛新建商品住宅销售价格同比分别增长0.50%、4.20%，二手房价格同比分别下降2.00%、5.40%，分别连续9个月、11个月回落。

房地产贷款增速放缓。2019年末，全省房地产贷款余额为28,454.20亿元，同比增长18.20%，环比增速连续8个月下行。房地产开发贷款增加965.60亿元，增长16.60%。受棚户区改造融资政策变动影响，全省保障性住房开发贷款同比下降39.70个百分点。

2.装备制造业保持较快增长，引领新动能发展。2019年，山东积极改造提升传统优势装备，加快发展壮大新兴高端装备，扎实推进装备制造业转型升级。全年规模以上装备制造业增加值增长1.40%，高于规模以上工业0.20个百分点，其中高端装备业增加值增长9.30%。全年专用设备制造业增加值增长5.30%；铁路、船舶、航空航天和其他运输设备制造业增长17.60%；计算机、通信和其他电子设备增长7.10%；受载货汽车销量较好带动，汽车行业增加值增长0.80%。

（六）自贸区建设正式启动，区域发展协同效应显现

2019年，中国（山东）自由贸易试验区获批。济南片区挂牌以来，先后发布100多项新政策，吸引新注册企业超过4,400家、53家基金公司入驻。青岛片区挂牌以来，106项改革试点工作全面提速，吸引新注册企业1,851家，其中外资企业64家。烟台片区不断优化营商环境，推进对外开放水平，片区内新增注册企业超过2,000家。

山东省加快构建陆海内外联动、东西双向互济的区域协同发展新格局，济南都市圈经济协同发展水平提升，莱芜撤市划区正式并入济南，济南城市规模和经济总量得以提升，对都市圈的辐射引领作用进一步显现。青岛都市圈一体化进程加快，国际竞争力增强，中心城市的核心引擎作用增强。烟威都市区、东滨都市区、济枣菏都市区、临日都市区特色产业协同效应显现，鲁南（日兰）高速铁路日照至曲阜段开通运营，城市间资源流动加快，生产力布局进一步优化。

三、预测与展望

2020年，山东省将按照“走在前列、全面开创”目标要求，紧扣全面建成小康社会目标任务，坚持以深化供给侧结构性改革为主线，以改革开放为动力，深入实施八大发展战略，扎实开展重点工作攻坚行动，保持经济运行在合理区间，确保新旧动能转换初见成效、全面建成小康社会和“十三五”规划圆满收官。

投资增速有望低位回升。随着基建投融资环境持续改善，基建投资增速将回升。制造业企业增加投资意愿较弱，但新动能产业投资仍将保持高速增长。受新冠肺炎疫情影响，固定资产投资增速短期内将面临负面冲击，预计全年呈前低后高态势。

消费增速将稳中趋缓。居民部门杠杆率快速增长及人均可支配收入增速放缓，将持续抑制消费增长。新冠肺炎疫情将对住宿餐饮、文化娱乐等消费产生冲击。汽车销售对消费的拖累或将改善，新消费模式和业态的持续发展进一步支撑消费增长。

进出口增长有望回暖。随着中美签署第一阶段经贸协议，预期不确定性减弱，企业信心有望修复，对美贸易下滑态势或将缓解。中国（山东）自由贸易试验区建设启动，山东省与“一带一路”沿线国家贸易合作不断增加，将助推对非美经济体进出口增长。世界卫生组织（WHO）将新冠肺炎疫情列为国际关注的突发公共卫生事件，短期内可能制约出口增长。

物价预计保持总体稳定。工业品供需相对平衡，将推动工业品价格保持低位稳定。受居民人均可支配收入增速收窄、医改进程放缓、住房租金上涨动力不强等因素影响，非食品价格涨幅将相对稳定。猪肉价格仍将是拉动消费价

格上涨的主要因素，但考虑到恢复生猪生产的政策效应已逐渐显现，以及扩大猪肉进口、投放储备冻肉等政策影响，预计上升幅度有限。综合来看，预计2020年物价总体稳定，受新冠肺炎疫情影响，消费品价格短期可能上涨，工业品价格短期或有小幅回落。

从金融方面看，2020年我国将继续实施稳健的货币政策，更加注重灵活适度，科学把握逆周期调节力度，运用多种货币政策工具，保持流动性合理充裕。深化利率市场化改革，完善贷款市场报价利率传导机制。坚决打赢防范化解重大金融风险攻坚战。以缓解小微企业融资难融资贵问题为重点，加大金融供给侧结构性改革力度。加快完善宏观审慎管理框架，继续深化金融改革开放。随着这些政策措施在山东省深入贯彻实施，山东省货币信贷及社会融资规模将同经济发展相适应，融资结构和信贷结构不断优化，为全省经济高质量发展和新旧动能转换创造良好的货币金融环境。

（程晋鲁、尹 楠）

山东省金融机构（含外资）本外币信贷收支表（一）

汇率：6.9762　　2019年末　　单位：亿元

项目	本期余额	比年初增减	
		2019年	2018年
各项存款	104,738.87	8,271.11	5,394.03
（一）境内存款	104,353.20	8,498.28	5,375.36
1.住户存款	55,580.59	6,726.71	4,385.91
（1）活期存款	16,397.25	1,748.38	1,120.49
（2）定期及其他存款	39,183.33	4,978.33	3,265.43
2.非金融企业存款	31,862.05	2,487.39	-86.21
（1）活期存款	13,780.93	734.28	76.62
（2）定期及其他存款	18,081.12	1,753.12	-162.83
3.机关团体存款	13,807.97	-463.95	1,340.32
4.财政性存款	1,338.60	-178.26	62.00
5.非银行业金融机构存款	1,763.99	-73.62	-326.66
（二）境外存款	385.67	-227.17	18.67

山东省金融机构（含外资）本外币信贷收支表（二）

汇率：6.9762　　2019年末　　单位：亿元

项目	本期余额	比年初增减	
		2019年	2018年
各项贷款	86,325.56	8,149.38	6,817.58
（一）境内贷款	84,711.94	8,374.31	6,891.64
1.住户贷款	29,433.77	4,839.46	4,156.05
（1）短期贷款	6,384.84	1,089.56	733.55
消费贷款	2,561.75	630.56	400.64
经营贷款	3,823.09	459.01	332.91
（2）中长期贷款	23,048.93	3,749.89	3,422.50
消费贷款	20,778.97	3,287.91	3,080.41
经营贷款	2,269.96	461.98	342.09
2.非金融企业及机关团体贷款	55,256.18	3,517.88	2,756.97
（1）短期贷款	22,714.28	-818.28	-1,039.76
（2）中长期贷款	27,865.65	3,249.74	2,604.60
（3）票据融资	4,065.09	1,052.82	1,045.82
（4）融资租赁	428.16	62.78	105.81
（5）各项垫款	183.01	-29.17	40.50
3.非银行业金融机构贷款	21.99	16.97	-21.38
（二）境外贷款	1,613.62	-224.93	-74.05

山东省金融机构（含外资）人民币信贷收支表（一）

2019年末

单位：亿元

项目	本期余额	比年初增减	
		2019年	2018年
各项存款	102,676.38	8,323.62	5,766.53
（一）境内存款	102,559.22	8,458.63	5,617.78
1.住户存款	55,232.15	6,743.83	4,394.16
（1）活期存款	16,211.32	1,760.41	1,126.81
（2）定期及其他存款	39,020.83	4,983.42	3,267.35
2.非金融企业存款	30,462.78	2,444.23	115.93
（1）活期存款	13,030.58	666.95	184.85
（2）定期及其他存款	17,432.19	1,777.28	-68.91
3.机关团体存款	13,768.34	-497.66	1,357.38
4.财政性存款	1,338.60	-178.26	62.00
5.非银行业金融机构存款	1,757.34	-53.51	-311.68
（二）境外存款	117.16	-135.01	148.75

山东省金融机构（含外资）人民币信贷收支表（二）

2019年末

单位：亿元

项目	本期余额	比年初增减	
		2019年	2018年
各项贷款	83,702.97	8,458.73	7,242.45
（一）境内贷款	83,600.67	8,496.85	7,223.57
1.住户贷款	29,431.73	4,839.30	4,156.04
（1）短期贷款	6,382.83	1,089.40	733.53
消费贷款	2,559.73	630.39	400.62
经营贷款	3,823.09	459.01	332.91
（2）中长期贷款	23,048.91	3,749.90	3,422.51
消费贷款	20,778.95	3,287.92	3,080.42
经营贷款	2,269.96	461.98	342.09
2.非金融企业及机关团体贷款	54,146.95	3,640.58	3,088.92
（1）短期贷款	21,850.13	-731.52	-778.37
（2）中长期贷款	27,638.37	3,298.67	2,669.98
（3）票据融资	4,065.09	1,052.90	1,045.86
（4）融资租赁	428.16	62.78	105.81
（5）各项垫款	165.21	-42.25	45.63
3.非银行业金融机构贷款	21.99	16.97	-21.38
（二）境外贷款	102.30	-38.12	18.88

山东省金融机构（含外资）外汇信贷收支表（一）

2019年末

单位：亿美元

项目	本期余额	比年初增减	
		2019年	2018年
各项存款	295.65	-12.52	-72.52
（一）境内存款	257.16	1.54	-49.97
1.住户存款	49.95	-3.32	-3.94
（1）活期存款	26.65	-2.19	-2.42
（2）定期及其他存款	23.29	-1.12	-1.52
2.非金融企业存款	200.58	2.99	-40.89
（1）活期存款	107.56	8.04	-21.57
（2）定期及其他存款	93.02	-5.05	-19.31
3.机关团体存款	5.68	4.82	-2.65
4.财政性存款	—	—	—
5.非银行业金融机构存款	0.95	-2.95	-2.49
（二）境外存款	38.49	-14.06	-22.55

山东省金融机构（含外资）外汇信贷收支表（二）

2019年末

单位：亿美元

项目	本期余额	比年初增减	
		2019年	2018年
各项贷款	375.93	-51.26	-86.53
(一)境内贷款	159.29	-20.48	-59.85
1.住户贷款	0.29	0.02	-0.01
(1)短期贷款	0.29	0.02	0.00
消费贷款	0.29	0.02	0.00
经营贷款	—	—	—
(2)中长期贷款	0.00	0.00	0.00
消费贷款	0.00	0.00	0.00
经营贷款	—	—	—
2.非金融企业及机关团体贷款	159.00	-20.50	-59.84
(1)短期贷款	123.87	-14.68	-46.98
(2)中长期贷款	32.58	-7.67	-12.03
(3)票据融资	—	-0.01	-0.01
(4)融资租赁	—	—	—
(5)各项垫款	2.55	1.86	-0.82
3.非银行业金融机构贷款	—	—	—
(二)境外贷款	216.64	-30.79	-26.68

山东省金融机构（含外资）本外币利润表

汇率：6.9762　　2019年末　　单位：亿元

项目	余额	比上年同期增减	
		增量	增幅（%）
一、营业收入	3,161.80	120.31	3.96
1.利息净收入	2,664.05	154.22	6.14
利息收入	8,260.13	647.90	8.51
利息支出	5,596.07	493.68	9.68
2.手续费及佣金净收入	266.13	-4.05	-1.50
3.租赁收益	20.44	6.33	44.87
4.投资收益	166.39	-23.58	-12.41
5.公允价值变动收益	-12.47	-14.89	-615.54
6.汇兑净收益	22.25	2.64	13.47
7.其他业务收入	35.01	-0.37	-1.04
二、营业支出	2,756.89	-90.73	-3.19
1.业务及管理费	1,096.04	75.31	7.38
2.营业税金及附加	39.20	2.79	7.67
3.资产减值损失	1,572.20	-198.25	-11.20
4.其他业务支出	49.45	29.42	146.89
三、营业利润	404.90	211.04	108.86
加：营业外收入	13.50	-6.75	-33.34
减：营业外支出	12.83	-7.23	-36.02
四、利润总额	405.57	211.51	108.99
减：所得税	130.25	15.49	13.49
五、净利润	275.32	196.02	247.20
加：年度损益调整	-113.31	-112.09	9,190.27
加：年初未分配利润	349.14	6.09	1.78
六、未分配利润	511.15	90.02	21.38

山东省金融机构（含外资）本外币贷款按行业分类统计表

汇率：6.9762　　2019年末　　单位：亿元

项目	余额	比年初增减
贷款总计	82,424.23	7,128.14
A. 农、林、牧、渔业	580.94	7.56
B. 采矿业	1,571.29	20.07
C. 制造业	14,554.30	-1,542.69
D. 电力、热力、燃气及水生产和供应业	3,122.38	64.91
E. 建筑业	3,374.64	507.47
F. 批发和零售业	5,162.19	-32.60
G. 交通运输、仓储和邮政业	4,917.05	782.15
H. 住宿和餐饮业	297.03	3.86
I. 信息传输、软件和信息技术服务业	254.88	52.41
J. 金融业	851.85	-20.94
K. 房地产业	4,066.20	764.24
L. 租赁和商务服务业	6,074.21	1,135.11
M. 科学研究和技术服务业	222.04	79.06
N. 水利、环境和公共设施管理业	5,348.56	610.52
O. 居民服务、修理和其他服务业	86.81	1.16
P. 教育	289.95	27.64
Q. 卫生和社会工作	403.52	72.50
R. 文化、体育和娱乐业	179.39	-21.88
S. 公共管理、社会保障和社会组织	19.61	3.06
T. 国际组织	—	—
对境外贷款	1,613.62	-224.93
个人贷款及透支	29,433.77	4,839.46

注：本表中各项指标不含票据贴现。

山东省金融机构（不含外资）本外币中长期贷款按实际投向分类统计表

汇率:6.9762　　2019年末　　单位:亿元

项目	余额	比年初增减
中长期贷款合计	46,081.59	5,711.33
A.农、林、牧、渔业	252.81	84.35
01.农业	119.96	53.47
02.林业	51.15	14.18
03.畜牧业	12.15	-1.99
04.渔业	13.09	-3.03
05.农、林、牧、渔专业及辅助性活动	56.47	21.72
B.采矿业	484.60	-17.13
06.煤炭开采和洗选业	451.60	10.47
07.石油和天然气开采业	0.11	-3.32
08.黑色金属矿采选业	4.56	-12.84
09.有色金属矿采选业	22.20	1.54
10.非金属矿采选业	4.31	-2.60
11.开采专业及辅助性活动	1.68	-8.05
12.其他采矿业	0.15	-2.32
C.制造业	2,306.56	-128.28
13.农副食品加工业	81.42	3.01
14.食品制造业	53.32	-4.57
15.酒、饮料和精制茶制造业	15.01	-7.28
16.烟草制品业	—	—
17.纺织业	50.05	-4.01
18.纺织服装、服饰业	14.21	-9.22
19.皮革、毛皮、羽毛及其制品和制鞋业	0.88	-0.77
20.木材加工和木、竹、藤、棕、草制品业	9.82	-3.59
21.家具制造业	5.69	0.66
22.造纸和纸制品业	137.59	-18.26
23.印刷和记录媒介复制业	4.26	0.15
24.文教、工美、体育和娱乐用品制造业	8.47	-6.55
25.石油、煤炭及其他燃料加工业	245.51	2.29
26.化学原料和化学制品制造业	378.79	-49.99
27.医药制造业	93.29	6.97
28.化学纤维制造业	7.72	-7.40
29.橡胶和塑料制品业	93.93	7.90
30.非金属矿物制品业	141.20	-9.71
31.黑色金属冶炼和压延加工业	191.45	-17.70
32.有色金属冶炼和压延加工业	211.15	18.12
33.金属制品业	111.26	36.22

续表1

项目	余额	比年初增减
34. 通用设备制造业	64.43	-12.38
35. 专用设备制造业	93.62	8.93
36. 汽车制造业	56.87	-10.69
37. 铁路、船舶、航空航天和其他运输设备制造业	22.47	6.20
38. 电气机械和器材制造业	96.09	-31.52
39. 计算机、通信和其他电子设备制造业	41.91	-16.44
40. 仪器仪表制造业	1.26	-0.68
41. 其他制造业	30.78	-8.89
42. 废弃资源综合利用业	42.40	0.76
43. 金属制品、机械和设备修理业	1.70	0.14
D. 电力、热力、燃气及水生产和供应业	1,987.21	6.73
44. 电力、热力生产和供应业	1,685.61	-33.87
45. 燃气生产和供应业	69.48	31.58
46. 水的生产和供应业	232.11	9.03
E. 建筑业	1,818.90	263.21
47. 房屋建筑业	567.97	114.32
48. 土木工程建筑业	1,011.63	142.69
49. 建筑安装业	32.43	-7.97
50. 建筑装饰、装修和其他建筑业	206.86	14.16
F. 批发和零售业	641.74	31.44
51. 批发业	508.72	2.37
52. 零售业	133.02	29.07
G. 交通运输、仓储和邮政业	4,120.61	843.36
53. 铁路运输业	974.38	164.37
54. 道路运输业	2,608.75	666.53
55. 水上运输业	244.58	5.62
56. 航空运输业	152.06	-3.42
57. 管道运输业	30.78	10.04
58. 多式联运和运输代理业	4.37	-0.59
59. 装卸搬运和仓储业	105.62	0.80
60. 邮政业	0.06	0.02
H. 住宿和餐饮业	115.49	-4.78
61. 住宿业	97.16	-1.74
62. 餐饮业	18.33	-3.04
I. 信息传输、软件和信息技术服务业	77.11	18.27
63. 电信、广播电视和卫星传输服务	2.08	-5.25
64. 互联网和相关服务	19.65	6.84
65. 软件和信息技术服务业	55.38	16.67
J. 金融业	178.15	4.57

续表2

项目	余额	比年初增减
66.货币金融服务	62.25	-20.27
67.资本市场服务	19.02	11.08
68.保险业	0.13	-0.02
69.其他金融业	96.75	13.78
K.房地产业	6,251.86	931.83
70.房地产业	6,251.86	931.83
L.租赁和商务服务业	2,400.12	342.43
71.租赁业	213.73	-6.46
72.商务服务业	2,186.39	348.90
M.科学研究和技术服务业	89.36	51.47
73.研究和试验发展	10.15	3.12
74.专业技术服务业	44.61	22.38
75.科技推广和应用服务业	34.60	25.97
N.水利、环境和公共设施管理业	3,134.81	369.73
76.水利管理业	731.28	-28.41
77.生态保护和环境治理业	231.60	61.69
78.公共设施管理业	2,058.55	251.50
79.土地管理业	113.39	84.94
O.居民服务、修理和其他服务业	24.67	-11.32
80.居民服务业	14.12	-11.15
81.机动车、电子产品和日用产品修理业	3.61	3.22
82.其他服务业	6.95	-3.39
P.教育	383.69	54.20
83.教育	383.69	54.20
Q.卫生和社会工作	192.24	47.79
84.卫生	163.93	44.87
85.社会工作	28.31	2.92
R.文化、体育和娱乐业	89.27	-14.76
86.新闻和出版业	5.47	0.32
87.广播、电视、电影和影视录音制作业	15.81	-4.19
88.文化艺术业	44.17	-10.50
89.体育	9.35	3.49
90.娱乐业	14.48	-3.88
S.公共管理、社会保障和社会组织	6.42	-0.16
T.国际组织	—	—
个人贷款	19,969.79	3,040.76
对境外贷款	1,556.17	-202.38

山东省金融机构（含外资）境内大中小微型企业贷款（含直贴）简表

汇率：6.9762　　2019年末

项目	本外币（亿元）		人民币（亿元）		外币（亿美元）	
	余额	比年初增减	余额	比年初增减	余额	比年初增减
各项贷款	86,325.56	8,149.38	83,702.97	8,458.73	375.93	-51.26
企业贷款	52,642.28	2,954.01	51,537.67	3,079.39	158.34	-20.88
大型企业贷款	19,971.22	787.00	19,238.13	878.87	105.08	-15.12
中小微型企业贷款	32,671.05	2,167.01	32,299.54	2,200.52	53.25	-5.76
中型企业贷款	16,496.49	1,277.16	16,193.27	1,280.35	43.47	-1.18
小微型企业贷款	16,174.56	889.85	16,106.27	920.17	9.79	-4.58
小型企业贷款	13,748.64	398.91	13,688.32	426.77	8.65	-4.20
其中：政府投融资平台	180.47	2.13	180.47	2.13	—	—
微型企业贷款	2,425.92	490.94	2,417.95	493.41	1.14	-0.38
其中：政府投融资平台	11.62	-0.89	11.62	-0.89	—	—
附：个人经营性贷款	6,093.05	920.99	6,093.05	920.99	—	—
个体工商户经营性贷款	1,935.28	431.17	1,935.28	431.17	—	—
小微企业主经营性贷款	1,324.24	323.98	1,324.24	323.98	—	—

山东省金融机构（含外资）境内大中小微型企业本外币贷款情况统计表

汇率：6.9762　　2019年末　　单位：亿元

项目	大型企业贷款		中型企业贷款		小型企业贷款		微型企业贷款	
	余额	比年初增减	余额	比年初增减	余额	比年初增减	余额	比年初增减
一、境内企业贷款合计	19,357.29	685.18	15,818.65	1,089.74	12,961.52	253.97	2,277.10	444.57
1.农、林、牧、渔业	174.07	-2.17	240.86	5.13	119.61	-5.80	36.52	12.20
2.采矿业	1,327.00	66.39	141.31	-52.48	100.82	12.47	2.15	-6.31
3.制造业	6,722.57	-467.51	3,588.26	-667.04	3,961.19	-416.17	278.22	18.26
4.电力、热力、燃气及水生产和供应业	1,485.30	-7.16	1,013.65	108.26	546.82	-23.36	70.45	-16.94
5.建筑业	1,194.78	173.84	1,267.20	193.78	623.91	62.46	287.94	78.94
6.批发和零售业	949.06	-46.76	1,720.32	-81.86	2,150.20	23.21	311.10	78.26
7.交通运输、仓储和邮政业	3,004.83	444.24	1,102.70	268.39	573.35	4.84	177.25	69.55
其中：政府投融资平台	17.68	-6.29	28.90	-4.89	0.00	-1.87	3.43	0.00
8.住宿和餐饮业	56.05	5.22	89.40	-3.87	130.49	-6.49	20.59	9.02
9.信息传输、软件和信息技术服务业	91.62	4.79	51.34	17.57	98.73	26.16	10.77	4.56
10.金融业	173.10	22.17	265.16	-15.87	100.99	-10.70	59.15	-8.78
11.房地产业	801.50	113.13	2,355.48	512.42	202.96	-22.74	682.48	147.36
其中：政府投融资平台	251.71	-18.07	21.29	0.52	12.14	4.39	0.26	-0.04
12.租赁和商务服务业	1,017.06	240.70	2,055.57	463.39	2,767.53	387.31	212.80	38.07

续表

项目	大型企业贷款		中型企业贷款		小型企业贷款		微型企业贷款	
	余额	比年初增减	余额	比年初增减	余额	比年初增减	余额	比年初增减
其中：政府投融资平台	124.81	26.92	260.43	41.89	138.28	-7.62	7.93	-0.85
13.科学研究和技术服务业	36.01	20.30	83.78	26.81	89.37	23.61	9.77	7.18
14.水利、环境和公共设施管理业	2,240.29	131.04	1,666.99	278.29	1,334.03	198.72	100.00	8.61
其中：政府投融资平台	225.41	-12.76	251.97	24.42	30.05	7.22	0.00	0.00
15.居民服务、修理和其他服务业	6.52	-4.50	14.41	4.21	54.30	-2.30	11.44	3.82
16.教育	11.24	2.99	26.26	4.52	23.96	4.64	1.86	0.18
17.卫生和社会工作	21.56	-6.12	67.40	40.00	27.55	1.54	0.75	0.28
18.文化、体育和娱乐业	41.73	-5.40	67.74	-11.92	54.70	-3.05	3.57	0.30
19.公共管理、社会保障和社会组织	3.02	0.00	0.83	-0.01	1.01	-0.39	0.28	0.00
20.国际组织	0.00	0.00	0.00	0.00	0.00	0.00	0.00	0.00
二、境内企业贷款合计	19,357.29	685.18	15,818.65	1,089.74	12,961.52	253.97	2,277.10	444.57
1.正常类贷款	17,742.83	744.27	13,556.53	1,362.81	10,770.72	390.07	2,023.23	429.41
2.关注类贷款	1,057.79	-131.92	1,533.81	-93.87	1,493.88	-82.41	127.47	-19.53
3.次级类贷款	175.60	-5.48	278.86	-89.09	205.31	-71.71	29.70	12.41
4.可疑类贷款	309.75	83.05	379.71	-48.38	433.86	36.80	83.85	13.73
5.损失类贷款	71.32	-4.74	69.73	-41.73	57.75	-18.78	12.85	8.56
三、境内企业贷款合计	19,357.29	685.18	15,818.65	1,089.74	12,961.52	253.97	2,277.10	444.57
1.信用贷款	7,038.05	549.44	2,999.31	532.81	1,294.61	191.44	212.48	-2.95
2.保证贷款	5,651.72	-244.80	5,636.93	-2.28	5,571.25	-144.56	825.01	136.83
3.抵（质）押贷款	6,667.52	380.54	7,182.40	559.21	6,095.65	207.08	1,239.61	310.69
四、境内企业贷款合计	19,357.29	685.18	15,818.65	1,089.74	12,961.52	253.97	2,277.10	444.57
1.国有控股企业	12,158.85	1,066.18	7,803.64	1,349.47	4,984.67	644.71	984.89	202.93
2.集体控股企业	1,115.16	-403.52	665.95	-114.11	320.82	-24.85	81.43	34.39
3.私人控股企业	5,223.19	65.80	6,870.68	-179.26	7,441.41	-290.31	1,149.76	213.55
4.港澳台商控股企业	435.80	-2.75	284.66	50.15	112.99	-42.18	55.05	0.32
5.外商控股企业	424.30	-40.53	193.73	-16.51	101.63	-33.41	5.97	-6.62
附：								
境内企业逾期贷款	587.26	-65.19	835.60	-302.88	970.18	-96.24	129.30	12.48
境内企业表外授信额	9,305.03	460.87	5,085.25	48.15	2,325.84	-29.12	317.69	46.78
其中：票据承兑	5,566.98	674.17	3,573.36	446.80	1,824.49	65.86	238.68	44.86
境内关停企业贷款	33.01	-47.36	94.83	-5.64	76.05	9.58	14.04	2.43
境内企业票据贴现	613.93	101.82	677.84	187.42	787.12	144.94	148.83	46.37

山东省金融机构（含外资）本外币涉农贷款汇总统计表

汇率：6.9762　　2019年末　　单位：亿元

项目	余额		当年新增		同比增长(%)
	本期	占各项贷款比重(%)	本期	占各项贷款比重(%)	
涉农贷款	26,980.36	32.80	972.38	13.70	2.57
一、按用途分类					
（一）农林牧渔业贷款	1,641.07	1.99	76.74	1.08	3.75
（二）农用物资和农副产品流通贷款	1,129.81	1.37	-78.57	-1.11	-10.55
（三）农村基础设施建设贷款	4,349.41	5.29	678.64	9.56	17.40
（四）农产品加工贷款	1,863.53	2.27	-292.69	-4.12	-13.50
（五）农业生产资料制造贷款	855.85	1.04	-115.95	-1.63	-13.22
（六）农田基本建设贷款	308.46	0.37	12.09	0.17	3.71
（七）农业科技贷款	35.53	0.04	-24.98	-0.35	-41.55
（八）其他	16,796.71	20.42	717.11	10.11	3.33
二、按城乡地域分类					
（一）农村(县及县以下)贷款	22,730.90	27.63	802.26	11.30	2.56
1.农户贷款	6,632.74	8.06	951.27	13.40	14.98
其中：农户消费贷款	3,417.62	4.15	557.84	7.86	18.60
2.农村(县及县以下)企业及各类组织贷款	16,098.16	19.57	-149.01	-2.10	-1.81
（二）城市涉农贷款	4,249.46	5.17	170.13	2.40	2.66
1.城市企业及各类组织涉农贷款	4,199.21	5.10	156.18	2.20	2.34
2.非农户个人农林牧渔业贷款	50.25	0.06	13.95	0.20	37.68
三、按受贷主体分类					
（一）个人涉农贷款	6,683.00	8.12	965.21	13.60	15.12
1.农户贷款	6,632.74	8.06	951.27	13.40	14.98
2.非农户个人农林牧渔业贷款	50.25	0.06	13.95	0.20	37.68
（二）企业涉农贷款	20,012.18	24.33	3.55	0.05	-1.02
1.农村(县及县以下)企业贷款	15,846.10	19.26	-159.86	-2.25	-1.92
2.城市企业涉农贷款	4,166.08	5.06	163.41	2.30	2.55
（三）各类非企业组织涉农贷款	285.18	0.35	3.62	0.05	1.90
1.农村(县及县以下)各类组织贷款	252.06	0.31	10.85	0.15	5.22
2.城市各类组织涉农贷款	33.12	0.04	-7.23	-0.10	-17.85

注：1.本表中各项指标不含票据贴现。
2.农村指县及县以下区域。

山东省金融机构（含外资）本外币房地产贷款投向表

汇率：6.9762　　　　2019年末　　　　单位：亿元

项目	余额	比年初增减	
		2019年	2018年
合计	28,454.16	4,372.26	5,238.11
一、房地产开发贷款	6,769.89	965.65	1,529.77
1.地产开发贷款	525.42	-11.96	178.54
其中：政府土地储备机构贷款		-5.26	-13.49
2.房产开发贷款	6,244.47	977.61	1,351.22
（1）住房开发贷款	5,916.26	1,019.75	1,395.88
其中：保障性住房开发贷款	3,762.89	274.46	1,048.12
（2）商业用房开发贷款	319.00	-43.93	-3.20
（3）其他房产开发贷款	9.22	1.78	-41.45
二、购房贷款	20,574.38	3,136.35	3,077.58
1.企业购房贷款	134.46	9.09	20.09
（1）商业用房贷款	132.65	8.51	19.75
（2）住房贷款	1.81	0.57	0.33
2.机关团体购房贷款	1.00	-0.07	-0.10
（1）机关团体商业用房贷款	1.00	-0.07	-0.10
（2）机关团体住房贷款	—	—	—
3.个人购房贷款	20,438.91	3,127.34	3,057.59
（1）个人商业用房贷款	887.17	75.41	122.65
（2）个人住房贷款	19,551.74	3,051.93	2,934.94
1）新建房贷款	15,398.73	2,343.01	2,204.95
其中：抵押贷款	15,099.95	2,329.16	2,202.15
2）再交易房贷款	4,153.01	708.92	729.99
三、证券化的房地产贷款	1,109.89	270.26	630.76
1.证券化个人住房贷款	1,103.14	271.28	630.00
2.其他证券化房地产贷款	6.75	-1.02	0.77
附：个人购买经济适用房贷款	38.81	-2.23	-1.32
企业收购、租赁保障性住房贷款	—	—	—
机关团体收购、租赁保障性住房贷款	—	—	—

山东省本外币各项存款分机构简表

汇率：6.9762　　2019年末　　单位：亿元

项目	余额	比年初增减	
		2019年	2018年
全金融机构	104,738.87	8,271.11	5,394.03
政策性银行	1,358.24	-724.46	-43.23
国家开发银行	590.96	-651.64	-34.26
国开行山东省分行	419.35	-532.80	-32.86
国开行青岛分行	171.61	-118.84	-1.40
进出口银行	32.71	-41.75	15.85
农业发展银行	734.56	-31.07	-24.82
国有商业银行	38,417.39	1,872.03	2,304.19
工商银行	10,499.87	672.50	864.68
工行山东省分行	8,790.42	492.42	703.99
工行青岛分行	1,709.45	180.08	160.69
农业银行	12,024.76	702.18	601.15
农行山东省分行	10,230.26	549.03	485.51
农行青岛分行	1,794.50	153.15	115.63
中国银行	6,064.82	32.96	119.78
中行山东省分行	4,816.17	-72.13	59.56
中行青岛分行	1,248.65	105.09	60.22
建设银行	9,827.93	464.39	718.59
建行山东省分行	8,385.95	406.78	533.69
建行青岛分行	1,441.98	57.60	184.90
股份制商业银行	18,056.37	1,704.75	-221.37
交通银行	3,052.08	122.10	169.57
交行山东省分行	1,942.27	45.28	56.57
交行青岛分行	1,109.81	76.82	113.00
招商银行	1,720.13	159.79	212.65
招行济南分行	808.24	103.82	63.84
招行青岛分行	675.83	15.90	117.92
招行烟台分行	236.06	40.07	30.88
浦发银行	1,150.28	112.82	-273.62
浦发济南分行	604.81	7.93	-226.29
浦发青岛分行	545.47	104.89	-47.33
中信银行	1,903.43	246.68	-178.62
中信济南分行	957.99	132.51	-48.38
中信青岛分行	945.44	114.16	-130.23

续表

项目	余额	比年初增减	
		2019年	2018年
兴业银行	2,073.02	156.06	129.19
兴业济南分行	1,636.42	60.95	103.24
兴业青岛分行	436.60	95.11	25.96
民生银行	2,022.80	363.42	296.32
民生济南分行	1,131.72	78.30	43.62
民生青岛分行	891.08	285.12	252.70
光大银行	1,441.76	-75.03	67.89
光大济南分行	540.31	51.87	15.57
光大青岛分行	569.96	-184.28	38.57
光大烟台分行	331.49	57.39	13.75
华夏银行	1,042.65	63.28	-59.28
华夏济南分行	660.97	42.95	-65.62
华夏青岛分行	381.68	20.33	6.34
广发银行	219.66	42.91	-25.96
平安银行	680.79	151.73	-32.40
平安济南分行	270.35	51.81	-86.01
平安青岛分行	410.44	99.92	53.61
恒丰银行	1,845.75	160.28	-565.97
渤海银行	341.72	48.17	16.31
浙商银行	562.31	152.54	22.56
邮政储蓄银行	6,790.29	582.24	477.86
邮储山东省分行	6,259.52	538.43	455.93
邮储青岛分行	530.77	43.82	21.93
城商行	14,833.71	2,316.07	1,013.03
其中:山东城商行	13,962.44	2,224.80	971.19
农村合作机构	19,695.98	1,752.83	1,345.79
村镇银行	1,097.06	188.14	116.60
财务公司	2,580.53	237.63	75.43
其他中资小型银行	237.58	122.29	87.41
信托公司	0.00	0.00	0.00
金融租赁公司	19.73	14.89	0.40
汽车金融公司	28.14	18.55	-3.00
外资金融机构	327.49	-10.49	14.78
附:小额贷款公司	0.00	0.00	0.00
资金互助社	0.09	0.01	0.01
消费金融公司	14.30	7.80	-0.04

山东省本外币各项贷款分机构简表

汇率：6.9762　　2019年末　　单位：亿元

项目	余额	比年初增减	
		2019年	2018年
全金融机构	86,325.56	8,149.38	6,817.58
政策性银行	10,140.12	490.52	822.52
国家开发银行	5,968.69	-60.30	424.24
国开行山东省分行	4,040.83	-133.15	251.71
国开行青岛分行	1,927.86	72.85	172.53
进出口银行	1,034.84	77.84	17.12
农业发展银行	3,136.59	472.98	381.16
国有商业银行	30,456.36	2,228.02	1,312.72
工商银行	9,433.60	604.12	491.44
工行山东省分行	7,587.65	403.47	328.82
工行青岛分行	1,845.95	200.64	162.62
农业银行	8,254.80	749.64	529.50
农行山东省分行	6,751.91	589.51	409.36
农行青岛分行	1,502.89	160.13	120.14
中国银行	5,424.39	185.80	29.10
中行山东省分行	4,355.32	143.94	-46.91
中行青岛分行	1,069.07	41.86	76.01
建设银行	7,343.57	688.47	262.68
建行山东省分行	5,622.30	398.79	196.58
建行青岛分行	1,721.27	289.68	66.10
股份制商业银行	14,797.18	1,030.99	1,023.65
交通银行	2,057.36	164.62	157.02
交行山东省分行	1,350.78	122.95	80.01
交行青岛分行	706.59	41.66	77.02
招商银行	1,421.23	154.08	104.44
招行济南分行	783.56	105.21	41.15
招行青岛分行	471.59	24.27	53.12
招行烟台分行	166.08	24.60	10.17
浦发银行	1,226.76	-18.55	91.20
浦发济南分行	651.18	-137.70	-21.44
浦发青岛分行	575.58	119.15	112.64
中信银行	1,745.62	81.12	117.38
中信济南分行	855.72	64.47	85.59
中信青岛分行	889.90	16.65	31.79

续表

项目	余额	比年初增减	
		2019年	2018年
兴业银行	1,947.86	278.48	379.24
兴业济南分行	1,593.68	180.76	329.33
兴业青岛分行	354.18	97.72	49.91
民生银行	1,487.00	151.71	2.36
民生济南分行	1,020.71	143.56	-67.52
民生青岛分行	466.29	8.15	69.88
光大银行	1,098.10	29.58	50.81
光大济南分行	447.10	31.03	28.16
光大青岛分行	398.64	-35.79	5.92
光大烟台分行	252.36	34.34	16.73
华夏银行	1,082.48	-5.02	71.64
华夏济南分行	653.03	-12.34	26.47
华夏青岛分行	429.45	7.32	45.16
广发银行	370.73	94.61	5.88
平安银行	689.18	-8.57	60.70
平安济南分行	338.28	-17.69	-2.88
平安青岛分行	350.90	9.11	63.58
恒丰银行	936.06	-91.47	-76.97
渤海银行	328.75	82.33	11.74
浙商银行	406.06	118.06	48.21
邮政储蓄银行	3,182.50	547.33	501.86
邮储山东省分行	2,764.25	522.48	424.45
邮储青岛分行	418.25	24.85	77.40
城商行	10,797.68	1,984.70	1,461.79
其中：山东城商行	9,473.13	1,811.73	1,288.17
农村合作机构	13,050.92	1,335.69	1,265.31
村镇银行	821.11	140.33	101.70
财务公司	2,195.60	286.61	225.83
其他中资小型银行	155.68	62.87	66.13
信托公司	18.47	11.68	1.49
金融租赁公司	393.07	53.24	103.40
汽车金融公司	86.52	16.06	15.43
外资金融机构	394.12	-7.08	-1.58
附：小额贷款公司	473.40	-0.60	-7.62
资金互助社	0.15	0.01	-0.02
消费金融公司	84.36	-16.65	46.09

山东省人民币个人消费贷款分机构统计表

2019年末　　　　　　　　　　　　单位：亿元

项目	余额	比年初增减	
		2019年	2018年
全金融机构（含外资）	23,338.68	3,918.31	3,481.04
政策性银行	48.83	2.54	2.62
国家开发银行	48.83	2.54	2.62
进出口银行	—	—	—
农业发展银行	—	—	—
国有商业银行	13,361.43	1,698.09	1,534.47
中国工商银行	4,163.25	520.91	467.91
中国农业银行	3,438.44	457.86	457.35
中国银行	2,122.95	246.65	206.93
中国建设银行	3,636.80	472.68	402.28
股份制商业银行	3,676.08	641.11	514.21
交通银行	463.02	77.09	62.51
中信银行	572.48	56.44	79.73
中国光大银行	230.84	23.35	19.51
华夏银行	155.90	35.38	22.07
广发银行	53.40	22.26	11.05
平安银行	213.11	53.36	39.05
招商银行	565.29	91.39	60.08
浦东发展银行	320.57	43.69	23.80
兴业银行	756.99	144.91	201.66
中国民生银行	228.98	53.90	-9.27
恒丰银行	35.10	29.33	-2.53
渤海银行	62.61	3.71	1.14
浙商银行	17.77	6.30	5.41
中国邮政储蓄银行	1,377.28	186.20	197.11
城市商业银行	2,126.54	652.39	552.64
合作机构合计	2,429.40	633.01	582.32
农村商业银行	2,429.40	633.01	582.32
农村合作银行	—	—	—
农村信用合作社	—	—	—
信托投资公司	—	—	—
中资财务公司	8.97	-1.92	-2.41
外资银行	57.77	7.98	10.44
村镇银行	122.15	37.81	33.65
其他中资小型银行	130.23	61.10	55.99
金融租赁公司	—	—	—
汽车金融服务公司	0.00	-0.01	0.01
资金互助社	—	—	—
消费金融公司	84.36	-16.65	46.09

山东省人寿保险公司主要业务指标统计表（含青岛）

2019年末　　单位：亿元

项目	2019年累计	2018年同期	同比增长（%）
一、保费收入	2,372.50	2,150.74	10.31
1.寿险小计	1,774.80	1,671.59	6.17
2.意外伤害险小计	46.61	43.02	8.35
3.健康险小计	551.09	436.13	26.36
二、赔付支出	418.44	472.04	-11.35
1.赔款支出合计	87.21	73.96	17.91
（1）意外伤害险	11.66	11.03	5.69
（2）一年期以内健康险	75.55	62.93	20.06
2.死伤医疗给付合计	85.21	65.08	30.93
（1）寿险	23.66	21.13	11.97
（2）一年期以上健康险	61.55	43.95	40.04
3.满期给付合计	145.33	217.57	-33.20
（1）寿险	144.69	217.17	-33.38
（2）一年期以上健康险	0.65	0.40	63.00
4.年金给付合计	100.69	115.43	-12.77
三、退保金	335.01	409.48	-18.19
1.寿险	321.66	386.99	-16.88
2.一年期以上健康险	13.36	22.49	-40.61

山东省财产保险公司主要业务指标统计表（含青岛）

2019年末　　单位：万件、亿元

项目	2019年累计	2018年同期	同比增长（%）
一、签单数量	33,987.69	17,142.16	98.27
二、签单保费合计	898.82	827.12	8.67
三、保费收入合计	866.39	809.09	7.08
四、已决赔款合计	483.40	454.20	6.43
五、赔款支出合计	484.97	457.90	5.91

山东省保险公司资产负债表（含青岛）

2019年末　　单位：亿元

资　产	年初数	期末数	比年初增减
货币资金	43.25	31.67	-11.58
拆出资金	—	—	—
交易性金融资产	3.08	2.76	-0.32
衍生金融资产	—	—	—
买入返售金融资产	1.10	0.00	-1.10
应收利息	5.83	7.28	1.45
应收保费	145.56	176.18	30.62
应收资产管理费	—	—	—
应收管理费（养老）	0.28	0.36	0.08
应收代位追偿款	0.41	0.38	-0.03
应收分保账款	18.95	31.66	12.71
应收分保未到期责任准备金	23.54	30.25	6.71
应收分保未决赔款准备金	29.28	32.48	3.21
应收分保寿险责任准备金	64.21	36.20	-28.01
应收分保长期健康险责任准备金	6.68	8.98	2.31
保户质押贷款	361.60	435.78	74.18
贷款	7.88	4.47	-3.41
存出保证金	1.14	1.20	0.06
定期存款	0.30	0.30	0.00
可供出售金融资产	14.02	5.95	-8.07
持有至到期投资	—	—	—
长期股权投资	—	—	—
存出资本保证金	6.60	3.60	-3.00
投资性房地产	6.00	1.92	-4.08
固定资产	36.30	68.75	32.45
无形资产	6.71	7.58	0.87
独立账户资产	63.63	72.56	8.93
递延所得税资产	0.17	0.08	-0.09
系统内往来（借项）	4,676.69	5,399.48	722.79
内部往来（借项）	279.69	297.25	17.56
其他资产	147.94	182.09	34.16
资产总计	5,950.82	6,839.23	888.41

续表

负债及所有者权益	年初数	期末数	比年初增减
短期借款	—	—	—
存入保证金	2.71	3.06	0.35
拆入资金	—	—	—
交易性金融负债	—	—	—
衍生金融负债	—	—	—
卖出回购金融资产款	—	—	—
应付手续费及佣金	36.96	45.20	8.25
应付营销费用（养老）	0.00	0.00	0.00
预收保费	134.47	156.31	21.84
应付职工薪酬	26.66	29.74	3.08
应交税费	10.41	7.32	-3.08
保险保障基金	7.66	9.52	1.86
应付赔付款	128.42	139.13	10.70
其他应付款	29.90	42.36	12.46
应付保单红利	164.75	185.34	20.59
应付分保账款	66.47	39.49	-26.98
未到期责任准备金	374.86	447.18	72.31
未决赔款准备金	290.93	309.32	18.39
其中：已发生未报告未决赔款准备金	97.63	110.82	13.19
寿险责任准备金	6,369.71	7,447.10	1,077.38
长期健康险责任准备金	540.84	696.31	155.47
保户储金及投资款	1,802.94	1,989.96	187.02
长期借款	—	—	—
应付债券	—	—	—
卫星发射保险基金	—	—	—
独立账户负债	63.63	72.56	8.93
递延所得税负债	0.12	0.05	-0.08
系统往来（贷项）	-2,231.97	-2,619.95	-387.98
内部往来（贷项）	-467.26	-561.73	-94.47
其他负债	14.91	29.86	14.95
负债合计	7,367.13	8,468.11	1,100.98
所有者权益（或股东权益）	—	—	—
实收资本（或股本）	33.00	18.00	-15.00
资本公积	-5.49	-18.63	-13.14
减：库存股	—	—	—
盈余公积	—	—	—
一般风险准备	—	—	—
未分配利润	-1,443.81	-1,628.25	-184.44
外币报表折算差额	—	—	—
少数股东权益	—	—	—
所有者权益合计	-1,416.30	-1,628.88	-212.58
负债及所有者权益总计	5,950.82	6,839.23	888.41

山东省金融机构（含外资）本外币信贷收支分地区表

汇率：6.9762　　2019年末　　单位：亿元

地区	各项存款		其中:住户存款		各项贷款	
	余额	比年初增减	余额	比年初增减	余额	比年初增减
山东省	104,738.87	8,271.11	55,580.59	6,726.71	86,325.56	8,149.38
济南市	17,605.50	540.27	5,801.15	728.89	17,847.74	1,738.71
青岛市	17,876.33	1,751.95	6,876.59	837.08	18,209.95	2,071.05
淄博市	5,023.42	405.30	3,111.54	317.26	3,593.93	383.06
枣庄市	2,197.58	159.32	1,464.04	160.78	1,557.78	200.45
东营市	3,865.71	139.19	1,841.99	212.18	3,252.15	-313.33
烟台市	9,115.84	889.76	5,099.70	593.43	5,813.26	248.82
潍坊市	8,750.60	818.95	5,320.30	623.80	6,538.78	713.18
济宁市	5,927.23	439.02	3,804.79	437.22	4,080.88	539.97
泰安市	4,132.68	456.41	2,676.02	308.95	2,698.64	329.89
威海市	4,250.95	561.66	2,510.15	442.49	2,884.00	355.40
日照市	2,727.21	196.10	1,562.29	164.39	2,545.10	177.99
原莱芜市	1,040.58	4.96	695.85	61.07	921.00	91.09
临沂市	7,083.25	709.65	4,477.63	521.12	5,920.16	751.96
德州市	3,801.10	343.07	2,606.25	328.74	2,216.22	233.65
聊城市	3,881.86	374.61	2,684.36	339.00	2,645.35	170.97
滨州市	2,957.96	81.86	1,707.19	184.81	2,682.70	45.01
菏泽市	4,340.16	431.94	3,336.52	463.26	2,625.98	345.84
省本部	160.89	-32.91	4.22	2.25	291.94	65.66

山东省金融机构（含外资）人民币信贷收支分地区表

2019年末　　单位：亿元

地区	各项存款		其中：住户存款		各项贷款		其中：住户贷款	
	余额	比年初增减	余额	比年初增减	余额	比年初增减	余额	比年初增减
山东省	102,676.38	8,323.62	55,232.15	6,743.83	83,702.97	8,458.73	29,431.73	4,839.30
济南市	17,267.37	690.45	5,744.87	731.84	16,713.31	1,964.26	4,433.55	622.96
青岛市	17,282.97	1,747.83	6,755.24	838.88	17,331.83	2,097.03	5,691.50	859.67
淄博市	4,970.95	403.36	3,096.51	318.92	3,577.03	376.08	1,324.15	177.24
枣庄市	2,188.18	159.46	1,461.15	161.21	1,556.23	200.35	620.17	127.91
东营市	3,813.34	167.00	1,830.81	213.32	3,190.84	-294.00	823.87	92.19
烟台市	8,520.16	810.70	5,053.42	592.81	5,482.34	258.17	1,888.18	297.51
潍坊市	8,659.80	814.19	5,301.77	625.88	6,455.57	711.51	2,358.87	372.74
济宁市	5,855.99	409.92	3,794.82	438.38	4,075.25	562.03	1,582.28	341.70
泰安市	4,093.82	442.18	2,665.11	310.47	2,696.43	331.23	1,157.68	211.07
威海市	4,153.17	571.65	2,486.88	444.29	2,867.51	362.96	1,158.89	204.64
日照市	2,708.79	197.04	1,555.45	164.94	2,540.64	185.97	777.07	147.87
原莱芜市	1,035.84	5.76	693.22	61.13	910.89	91.06	270.28	65.28
临沂市	7,058.38	708.80	4,469.83	522.30	5,916.31	759.26	3,211.07	627.43
德州市	3,782.43	344.06	2,600.56	329.16	2,213.99	233.78	1,078.28	175.18
聊城市	3,862.87	372.33	2,681.06	339.52	2,637.83	182.37	1,048.77	171.90
滨州市	2,937.02	83.59	1,703.63	185.06	2,658.56	52.69	780.67	121.30
菏泽市	4,324.39	428.22	3,333.60	463.49	2,586.52	318.31	1,206.96	221.28
省本部	160.89	-32.91	4.22	2.25	291.91	65.67	19.49	1.42

山东省金融机构（含外资）外汇信贷收支分地区表

2019年末　　单位：亿美元

地区	各项存款		其中：住户存款		各项贷款	
	余额	比年初增减	余额	比年初增减	余额	比年初增减
山东省	295.65	-12.52	49.95	-3.32	375.93	-51.26
济南市	48.47	-22.68	8.07	-0.56	162.61	-35.54
青岛市	85.06	-0.80	17.40	-0.55	125.87	-5.86
淄博市	7.52	0.16	2.15	-0.28	2.42	0.98
枣庄市	1.35	-0.04	0.41	-0.07	0.22	0.01
东营市	7.51	-4.18	1.60	-0.19	8.79	-2.96
烟台市	85.39	10.11	6.63	-0.02	47.44	-2.14
潍坊市	13.02	0.48	2.66	-0.35	11.93	0.05
济宁市	10.21	4.07	1.43	-0.19	0.81	-3.23
泰安市	5.57	1.98	1.56	-0.25	0.32	-0.20
威海市	14.02	-1.69	3.33	-0.32	2.36	-1.14
日照市	2.64	-0.18	0.98	-0.10	0.64	-1.17
原莱芜市	0.68	-0.13	0.38	-0.02	1.45	-0.02
临沂市	3.56	0.07	1.12	-0.19	0.55	-1.07
德州市	2.68	-0.19	0.82	-0.07	0.32	-0.02
聊城市	2.72	0.29	0.47	-0.08	1.08	-1.68
滨州市	3.00	-0.30	0.51	-0.04	3.46	-1.18
菏泽市	2.26	0.51	0.42	-0.04	5.66	3.92
省本部	—	—	—	—	—	—

山东省银行业金融机构（含外资）本外币营业收入、利润分地区表

汇率：6.9762　　2019年末　　单位：亿元

地区	营业收入	营业支出	营业利润	利润总额	净利润	未分配利润
山东省	3,161.80	2,756.89	404.90	405.57	275.32	511.15
济南市	590.69	349.23	241.46	243.02	201.73	254.87
青岛市	633.89	405.48	228.40	230.18	187.14	298.39
淄博市	129.40	110.18	19.22	19.57	15.40	42.51
枣庄市	60.71	29.25	31.46	31.36	26.77	26.71
东营市	94.84	312.97	-218.13	-217.22	-204.28	-202.04
烟台市	194.50	173.29	21.21	21.03	12.51	-11.77
潍坊市	275.96	188.89	87.07	86.89	70.54	108.57
济宁市	171.73	153.81	17.92	18.01	8.33	7.99
泰安市	104.93	66.01	38.92	38.59	31.63	32.71
威海市	123.76	78.30	45.45	45.48	37.64	54.17
日照市	91.59	83.61	7.98	7.96	3.66	19.64
原莱芜市	41.23	30.46	10.77	7.62	3.31	13.18
临沂市	240.88	154.94	85.95	86.38	70.39	80.90
德州市	92.91	70.14	22.77	22.99	20.37	20.13
聊城市	97.07	138.96	-41.90	-42.12	-40.01	-48.02
滨州市	81.26	122.82	-41.56	-40.67	-35.65	-35.08
菏泽市	123.39	108.29	15.09	13.89	9.85	11.80
省本部	13.07	180.24	-167.18	-167.38	-144.00	-163.51

山东省金融机构（含外资）大中小微型企业本外币贷款（含直贴）情况分地区表

汇率：6.9762　　2019年末　　单位：亿元

地区	大型企业贷款		中型企业贷款		小型企业贷款		微型企业贷款	
	余额	比年初增减	余额	比年初增减	余额	比年初增减	余额	比年初增减
山东省	19,971.22	787.00	16,496.49	1,277.16	13,748.64	398.91	2,425.92	490.94
济南市	7,432.81	559.79	2,650.27	429.90	1,337.65	127.65	389.95	79.23
青岛市	4,463.93	284.71	4,303.82	728.79	2,245.70	51.45	627.81	126.84
淄博市	412.59	20.88	784.62	37.94	883.88	79.39	117.44	41.73
枣庄市	173.83	40.22	364.20	19.61	260.13	-18.05	45.63	16.83
东营市	825.06	-170.27	815.71	-225.37	709.77	-20.19	51.26	0.35
烟台市	1,236.78	-91.94	1,164.52	12.23	1,186.08	-25.89	168.00	24.20
潍坊市	795.69	62.45	1,453.14	75.12	1,559.52	101.74	178.30	63.38
济宁市	870.25	93.77	745.28	67.76	589.62	-12.47	81.87	13.96
泰安市	488.30	6.40	407.90	9.17	473.30	58.03	80.13	21.29
威海市	395.75	15.16	500.33	43.73	630.87	71.09	72.60	11.90
日照市	337.38	-37.80	702.31	7.50	526.86	-12.25	150.27	40.09
原莱芜市	250.94	9.85	118.51	19.92	189.79	-0.45	46.04	-13.06
临沂市	679.71	28.21	773.43	33.50	915.53	4.60	114.92	29.25
德州市	190.26	-10.71	322.38	70.60	456.39	-41.34	43.60	8.70
聊城市	431.17	-72.29	394.35	7.18	618.10	20.96	94.45	17.45
滨州市	589.64	14.58	562.34	-96.07	634.29	-21.86	91.48	30.89
菏泽市	321.91	18.61	392.28	68.95	519.16	29.37	71.61	-22.67
省本部	75.21	15.38	41.13	-33.31	12.00	7.13	0.57	0.57

山东省金融机构（含外资）本外币涉农贷款分地区表

汇率：6.9762　　2019年末　　单位：亿元

地区	涉农贷款		涉农贷款余额占比（%）
	余额	同比增长（%）	
山东省	26,980.36	2.57	31.25
济南市	2,367.41	0.34	13.26
青岛市	2,585.78	5.40	14.20
淄博市	1,289.86	4.22	35.89
枣庄市	537.20	7.41	34.48
东营市	1,214.72	-18.04	37.35
烟台市	1,941.87	-6.13	33.40
潍坊市	3,773.12	7.51	57.70
济宁市	1,873.93	16.16	45.92
泰安市	1,135.00	4.31	42.06
威海市	961.13	12.10	33.33
日照市	810.76	1.92	31.86
原莱芜市	214.78	1.36	23.32
临沂市	2,356.12	2.49	39.80
德州市	1,073.06	4.24	48.42
聊城市	1,548.00	-1.37	58.52
滨州市	1,707.54	-4.45	63.65
菏泽市	1,590.00	12.23	60.55
省本部	0.08	-99.69	0.03

山东省金融机构本外币贷款质量情况分地区表

2019年末　　　　单位：亿元

地区	不良贷款		不良贷款率(%)	
	本期	比年初增减	本期	比年初增减
山东省	2,497.97	-106.75	2.89	-0.45
济南市	251.64	35.67	1.40	0.06
青岛市	263.04	-41.58	1.43	-0.44
淄博市	167.00	14.50	4.65	-0.12
枣庄市	19.80	-6.15	1.27	-0.66
东营市	389.87	-51.01	11.99	-0.42
烟台市	155.71	-13.72	2.68	-0.37
潍坊市	110.79	-12.14	1.69	-0.42
济宁市	112.68	-18.83	2.76	-0.98
泰安市	65.59	-13.13	2.43	-0.91
威海市	48.35	2.77	1.68	-0.13
日照市	86.84	-37.58	3.41	-1.87
原莱芜市	15.30	1.61	1.66	0.00
临沂市	95.46	-21.96	1.61	-0.69
德州市	91.67	-11.29	4.14	-1.13
聊城市	262.58	127.37	9.93	4.44
滨州市	233.41	-22.87	8.70	-1.10
菏泽市	128.00	-20.19	4.87	-1.66

注：本表数据来源于山东银保监局。

山东省金融机构（含外资）县域人民币存贷款简表

2019年末　　　　单位：亿元

地区	各项存款			各项贷款		
	余额	比年初增减	同比增长（%）	余额	比年初增减	同比增长（%）
山东省	102,676.38	8,323.62	8.88	83,702.97	8,458.73	11.78
济南市	17,267.37	690.45	4.20	16,713.31	1,964.26	13.70
市辖区	16,725.75	655.86	5.98	16,361.53	1,924.92	14.90
平阴县	236.37	21.77	10.15	165.33	27.23	19.72
济阳区	296.38	14.73	4.10	189.30	50.83	27.56
商河县	225.22	23.73	11.78	136.44	13.08	10.61
章丘区	875.18	71.41	8.88	604.86	126.49	26.44
青岛市	17,282.97	1,747.83	11.27	17,331.83	2,097.03	14.07
市辖区	14,999.23	1,444.74	10.68	15,521.07	1,897.88	14.27
黄岛区	2,065.43	243.48	13.36	1,917.74	314.80	19.64
胶州市	978.66	141.55	16.91	843.28	106.63	14.48
即墨区	1,211.51	200.26	19.80	998.10	120.45	13.72
平度市	754.58	85.56	12.79	462.46	55.41	13.61
莱西市	483.01	79.80	19.79	414.69	45.63	12.36
淄博市	4,970.95	403.36	8.85	3,577.03	376.08	12.13

续表1

地区	各项存款			各项贷款		
	余额	比年初增减	同比增长（%）	余额	比年初增减	同比增长（%）
市辖区	4,066.42	331.48	8.90	2,793.84	326.90	13.76
淄川区	580.88	53.11	10.06	283.81	5.72	2.06
博山区	352.09	30.09	9.35	155.38	4.10	2.71
临淄区	762.88	59.37	8.34	561.80	25.93	4.84
桓台县	433.37	34.11	8.54	433.21	26.00	6.38
高青县	181.86	12.06	7.11	141.33	5.33	3.92
沂源县	289.03	25.69	9.75	208.66	17.85	9.35
枣庄市	2,188.18	159.46	7.89	1,556.23	200.35	15.89
市辖区	1,402.56	97.50	7.52	1,017.99	153.33	19.53
薛城区	377.26	-1.59	-0.42	323.67	52.62	19.41
台儿庄区	126.42	11.53	10.03	81.52	4.92	6.42
滕州市	785.62	61.96	8.56	538.24	47.02	9.57
东营市	3,813.34	167.00	4.72	3,190.84	-294.00	-8.11
市辖区	3,039.70	124.92	4.47	2,366.90	-178.41	-6.56
垦利区	358.15	5.22	1.48	410.34	-7.32	-1.75
利津县	174.54	-3.11	-1.75	151.89	-2.17	-1.41
广饶县	599.11	45.19	8.16	672.05	-113.41	-14.44
烟台市	8,520.16	810.70	10.72	5,482.34	258.17	5.23
市辖区	4,455.85	440.51	11.56	3,293.83	250.89	9.14
牟平区	443.41	49.61	12.60	232.33	1.63	0.71
长岛县	48.08	1.83	3.95	13.13	0.19	1.50
龙口市	947.87	125.23	14.22	587.67	22.91	2.13
莱阳市	497.60	69.75	16.30	234.87	23.05	10.88
莱州市	767.83	40.69	5.60	289.84	-12.91	-4.26
蓬莱市	455.70	29.27	6.86	328.61	-14.95	-4.35
招远市	609.67	47.62	8.47	286.37	3.98	1.41
栖霞市	289.98	19.91	7.37	124.51	-1.02	-0.82
海阳市	417.41	32.99	8.58	303.66	-14.90	-4.68
潍坊市	8,659.80	814.19	10.40	6,455.57	711.51	12.83
市辖区	3,610.17	393.75	12.30	2,661.89	344.91	16.01
临朐县	506.41	43.09	9.30	306.86	31.70	11.52
昌乐县	399.72	33.69	9.20	330.67	38.74	13.27
青州市	785.71	65.23	9.05	529.62	38.19	7.77
诸城市	761.31	76.80	11.22	576.46	40.68	7.59
寿光市	1,053.92	100.71	10.57	825.52	100.07	13.79
安丘市	494.97	32.03	6.92	418.75	38.98	10.26
高密市	600.51	51.83	9.45	514.33	48.10	10.32
昌邑市	447.09	17.06	3.97	291.49	30.14	11.53
济宁市	5,855.99	409.92	7.55	4,075.25	562.03	16.82
市辖区	2,514.43	137.32	5.84	2,117.26	248.09	14.79
微山县	255.22	4.54	1.81	128.81	30.69	31.28

续表2

地区	各项存款			各项贷款		
	余额	比年初增减	同比增长（%）	余额	比年初增减	同比增长（%）
鱼台县	193.62	23.60	13.88	111.15	41.36	59.27
金乡县	293.08	22.90	8.47	171.91	19.32	12.66
嘉祥县	415.32	43.57	11.72	195.10	25.16	14.81
汶上县	324.95	34.63	11.93	167.45	21.39	14.64
泗水县	220.91	20.43	10.19	117.02	16.57	16.49
梁山县	412.41	47.39	12.98	174.96	29.32	20.13
曲阜市	382.14	27.72	7.82	207.59	28.08	15.64
兖州区	484.84	34.42	7.64	297.01	-16.94	-5.40
邹城市	843.91	47.82	6.01	684.01	102.05	17.54
泰安市	4,093.82	442.18	12.23	2,696.43	331.23	14.53
市辖区	2,034.96	232.32	13.14	1,502.00	239.07	19.96
宁阳县	330.96	25.35	8.29	173.31	32.71	23.26
东平县	325.85	35.54	12.24	258.88	23.83	10.14
新泰市	745.71	60.31	8.80	427.66	17.94	4.38
肥城市	656.35	88.66	15.62	334.57	17.67	5.58
威海市	4,153.17	571.65	16.20	2,867.51	362.96	14.94
市辖区	2,849.14	445.88	18.91	2,027.21	263.12	15.56
文登区	640.22	49.69	8.41	436.76	43.79	11.14
荣成市	879.77	92.63	11.77	628.52	77.81	14.13
乳山市	417.91	33.20	8.63	206.49	21.07	11.36
日照市	2,708.79	197.04	7.87	2,540.64	185.97	8.42
市辖区	1,860.52	115.82	6.67	1,984.76	125.83	7.43
五莲县	294.46	22.29	8.19	176.20	20.18	12.93
莒县	553.81	58.93	11.91	379.68	39.96	11.76
原莱芜市	1,035.84	5.76	0.74	910.89	91.06	11.73
市辖区	1,035.84	5.76	0.74	910.89	91.06	11.73
临沂市	7,058.38	708.80	11.20	5,916.31	759.26	16.27
市辖区	3,601.36	354.13	10.97	3,664.93	466.98	17.12
沂南县	414.55	53.40	14.79	228.60	41.06	21.89
郯城县	319.77	32.60	11.35	214.76	35.95	20.11
沂水县	529.41	52.27	10.95	364.70	33.74	10.19
兰陵县	405.26	52.85	15.00	286.03	45.13	18.73
费县	373.92	39.47	11.80	231.37	37.81	19.53
平邑县	349.14	40.33	13.06	208.45	35.47	20.50
莒南县	487.24	39.20	8.75	295.01	20.88	7.62
蒙阴县	259.25	30.20	13.19	156.53	19.80	14.48
临沭县	318.01	15.26	5.04	265.93	22.43	9.21
德州市	3,782.43	344.06	10.07	2,213.99	233.78	13.36
市辖区	1,489.45	131.95	9.88	983.84	107.35	15.83
陵城区	241.85	20.22	9.12	109.70	13.74	14.32
宁津县	301.63	39.03	14.86	104.29	6.48	6.63
庆云县	163.30	13.88	9.29	84.12	11.16	15.29

续表3

地区	各项存款			各项贷款		
	余额	比年初增减	同比增长（%）	余额	比年初增减	同比增长（%）
临邑县	273.31	37.23	15.77	126.70	11.06	9.57
齐河县	341.25	14.37	4.40	240.73	47.40	24.51
平原县	241.92	24.03	11.03	88.46	6.53	7.97
夏津县	217.24	14.11	6.94	124.83	20.08	19.17
武城县	209.77	22.58	12.06	94.84	0.29	0.31
乐陵市	270.24	26.63	10.93	168.21	16.82	11.11
禹城市	274.32	20.25	7.97	197.96	6.62	3.46
聊城市	3,862.87	372.33	10.71	2,637.83	182.37	7.87
市辖区	1,483.73	136.29	10.23	1,196.14	88.56	9.00
阳谷县	398.27	28.47	7.70	254.60	33.28	15.04
莘县	376.30	51.14	15.73	171.33	14.94	9.55
茌平区	384.41	40.74	11.85	216.51	0.36	0.17
东阿县	231.60	18.88	8.87	138.06	10.85	8.53
冠县	329.56	31.30	10.49	211.89	9.88	4.89
高唐县	256.11	26.90	11.73	204.24	1.73	0.86
临清市	402.88	38.62	10.60	245.06	22.77	10.24
滨州市	2,937.02	83.59	2.96	2,658.56	52.69	2.89
市辖区	1,232.37	30.22	2.60	1,093.87	68.88	9.07
惠民县	252.37	22.11	9.60	189.03	11.37	6.40
阳信县	172.38	10.52	6.50	140.39	2.98	2.17
无棣县	240.15	18.34	8.27	181.49	8.24	4.76
沾化区	164.74	12.92	8.51	98.18	7.39	8.14
博兴县	441.30	-2.30	-0.52	354.81	-13.77	-3.74
邹平市	598.45	4.69	0.79	698.96	-25.00	-3.45
菏泽市	4,324.39	428.22	11.07	2,586.52	318.31	14.68
市辖区	1,444.37	74.98	5.70	1,178.80	153.33	16.40
曹县	492.95	62.45	14.51	259.02	49.24	23.47
单县	410.45	47.52	13.09	222.03	25.25	12.83
成武县	277.36	37.12	15.45	109.51	6.74	6.56
巨野县	460.35	59.33	14.79	247.28	32.11	14.92
郓城县	556.68	66.69	13.61	246.66	40.51	19.65
鄄城县	335.06	40.59	13.79	129.75	10.76	9.04
定陶区	261.59	20.88	8.67	143.49	14.62	11.34
东明县	347.18	39.53	12.85	193.46	0.38	0.19
省本部	160.89	-32.91	-16.98	291.91	65.67	29.02
县域合计	34,484.86	3,215.87	10.26	22,568.81	1,827.98	8.76
县域占全省比重(%)	33.59	38.64	—	26.96	21.61	—

注：因行政区划调整，自2013年起，与黄岛区合并之后，胶南市列入青岛市辖区。自2014年起，兖州市改为兖州区，并入济宁市辖区。自2015年起，文登市改为文登区，并入威海市辖区；陵县改为陵城区，并入德州市辖区；沾化县改为沾化区，并入滨州市辖区。自2017年起，章丘市改为章丘区，并入济南市辖区；垦利县改为垦利区，并入东营市辖区；定陶县改为定陶区，并入菏泽市辖区；即墨市改为即墨区，并入青岛市辖区。自2018年起，济阳县改为济阳区，并入济南市辖区。自2019年起，茌平县改为茌平区，并入聊城市辖区。

“山东半岛蓝色经济区”人民币存贷款统计表

2019年末 单位：亿元

地区	各项存款		各项贷款	
	余额	比年初增减	余额	比年初增减
山东省	102,676.38	8,323.62	83,702.97	8,458.73
山东半岛蓝色经济区	45,543.13	4,339.67	38,148.39	3,337.28
青岛市	17,282.97	1,747.83	17,331.83	2,097.03
东营市	3,813.34	167.00	3,190.84	-294.00
烟台市	8,520.16	810.70	5,482.34	258.17
潍坊市	8,659.80	814.19	6,455.57	711.51
威海市	4,153.17	571.65	2,867.51	362.96
日照市	2,708.79	197.04	2,540.64	185.97
无棣县	240.15	18.34	181.49	8.24
沾化区	164.74	12.92	98.18	7.39
山东半岛蓝色经济区占全省比重(%)	44.36	52.14	45.58	39.45

“黄河三角洲高效生态经济区”人民币存贷款统计表

2019年末 单位：亿元

地区	各项存款		各项贷款	
	余额	比年初增减	余额	比年初增减
山东省	102,676.38	8,323.62	83,702.97	8,458.73
黄河三角洲高效生态经济区	9,634.61	461.63	7,649.90	-90.70
高青县	181.86	12.06	141.33	5.33
东营市	3,813.34	167.00	3,190.84	-294.00
莱州市	767.83	40.69	289.84	-12.91
寿光市	1,053.92	100.71	825.52	100.07
昌邑市	447.09	17.06	291.49	30.14
庆云县	163.30	13.88	84.12	11.16
乐陵市	270.24	26.63	168.21	16.82
滨州市	2,937.02	83.59	2,658.56	52.69
黄河三角洲高效生态经济区占全省比重(%)	9.38	5.55	9.14	-1.07

“省会城市群经济圈”人民币存贷款统计表

2019年末 单位：亿元

地区	各项存款		各项贷款	
	余额	比年初增减	余额	比年初增减
山东省	102,676.38	8,323.62	83,702.97	8,458.73
省会城市群经济圈	37,950.29	2,341.73	31,408.04	3,231.47
济南市	17,267.37	690.45	16,713.31	1,964.26
淄博市	4,970.95	403.36	3,577.03	376.08
泰安市	4,093.82	442.18	2,696.43	331.23
原莱芜市	1,035.84	5.76	910.89	91.06
德州市	3,782.43	344.06	2,213.99	233.78
聊城市	3,862.87	372.33	2,637.83	182.37
滨州市	2,937.02	83.59	2,658.56	52.69
省会城市群经济圈占全省比重(%)	36.96	28.13	37.52	38.20

"西部经济隆起带"人民币存贷款统计表

2019年末　　单位：亿元

地区	各项存款		各项贷款	
	余额	比年初增减	余额	比年初增减
山东省	102,676.38	8,323.62	83,702.97	8,458.73
西部经济隆起带	27,729.05	2,483.67	19,418.31	2,312.65
枣庄市	2,188.18	159.46	1,556.23	200.35
济宁市	5,855.99	409.92	4,075.25	562.03
宁阳县	330.96	25.35	173.31	32.71
东平县	325.85	35.54	258.88	23.83
临沂市	7,058.38	708.80	5,916.31	759.26
德州市	3,782.43	344.06	2,213.99	233.78
聊城市	3,862.87	372.33	2,637.83	182.37
菏泽市	4,324.39	428.22	2,586.52	318.31
西部经济隆起带占全省比重(%)	27.01	29.84	23.20	27.34

2019年山东省银行业保险业运行报告

2019年，山东省银行业和保险业在省委省政府的领导下，积极推进金融供给侧结构性改革，坚持防风险和促发展的工作主线，有力支持了山东经济社会发展。总体来看，山东省银行业和保险业运行稳定，主要业务指标平稳，风险可控。

（一）行业保持稳健发展，盈利能力有所改善

2019年末，山东省银行业资产总额为13.15万亿元，较年初增加9,902.52亿元；负债总额为12.71万亿元，较年初增加9,478.00亿元，资产负债总额均居全国第六位，与年初持平。其中法人银行业金融机构资产总额为50,082.64亿元，较年初增加5,071.27亿元；负债总额为45,669.89亿元，较年初增加4,709.91亿元。全省银行实现净利润261.50亿元，同比多盈184.37亿元，扭转了自2014年以来银行业利润持续下滑的趋势。保险业总资产为6,682.58亿元，居全国第五位；共实现原保险保费收入3,238.89亿元，居全国第三位，增长9.43%，同比提升0.38个百分点。

（二）各项存款同比多增，存款结构持续调整

2019年末，山东省银行业各项存款余额为102,028.28亿元，较年初增加8,504.98亿元，同比多增3,054亿元，增速为9.09%，较年初提升2.90个百分点。从存款结构看，结构性存款规范压缩，定期存款相应大幅多增。2019年中国银保监会发文进一步规范商业银行结构性存款业务，结构性存款业务较年初净减少590.96亿元，同比多减2,031.37亿元，定期存款较年初增加5,432.10亿元，同比多增4,274.04亿元，占各项存款增量的63.93%，同比上升42.69个百分点。活期存款增加2,667.05亿元，同比多增1,273.38亿元。

（三）信贷投放力度加大，服务实体经济能力增强

2019年末，全省各项贷款余额为86,473.82亿元，较年初增加8,511.22亿元，同比多增1,467.87亿元，增速为10.92%，较年初提升0.99个百分点，信贷投放力度创近年新高。其中中长期贷款较年初增加6,853.43亿元，同比多增863亿元。银行业加大对重点领域融资需求保障力度，基础设施建设领域贷款增加1,616.89亿元，同比多增327.56亿元；小微企业贷款余额为20,497.28亿元，较年初增加2,017.66亿元；还原不良处置出表因素后，民营企业贷款增长2,569.49亿元，占全部企业贷款增量的近一半。

（四）表外业务增长稳中有进，业务结构规范压缩

2019年，全省银行主要表外业务余额为39,657.21亿元，较年初增加5,823.45亿元，同比多增5,984.48亿元。担保类和承诺类业务明显增长，全省担保类业务余额为18,809.09亿元，较年初增加2,056.10亿元，同比多增1,591.18亿元；承诺类业务余额为9,306.76亿元，较年初增加2,768.24亿元，同比多增2,811.04亿元。受资管新规约束影响，通道类业务逐步规范压缩，委托贷款、委托投资较年初分别增加114.35亿元、减少16.05亿元，发行非保本理财增加173.13亿元，同比少增26.29亿元，代理代销业务同比减少1,333.42亿元。

（五）不良真实暴露和处置力度增强，不良贷款实现“双降”

信用风险防控取得积极进展，全省银行业金融机构全年处置不良贷款2,843.52亿元，同比多处置673.24亿元，创历史新高。其中核销1,795.44亿元，同比多核487.62亿元。资产分类真实性整体改善。12月末，逾期90天以上贷款与不良贷款的比例为88.50%，较年初下降3.90个百分点。年末全省不良贷款余额为2,497.97亿元，较年初减少106.75亿元；不良贷款率为2.89%，较年初下降0.45个百分点，这是自2014年以来全省不良贷款余额及比例年度首次下降。

（六）保险保持平稳增长，发展质效持续提升

2019年，全省保险业共实现保费收入3,238.89亿元，增速为9.43%，同比提升0.38个百分点。其中，财产险公司保费收入为866.39亿元，同比增长7.08%；人身险公司保费收入为2,372.50亿元，同比增长10.31%。从险种看，车险扭转了自第一季度以来持续负增长的态势，同比增长3.04%；责任保险、农业保险、保证保险等政策支持型险种继续保持较快增长，增速分别达到22.80%、27.69%、33.38%。人身险公司中健康险同比增长26.36%，对人身险公司保费增长的贡献度达52.00%。行业转型深入推进，业务结构逐步优化。财产险公司综合费用率为38.01%，较年初下降3.93个百分点，低于全国水平0.30个百分点；承保盈利4.45亿元，同比多增9.97亿元。人身险公司寿险新单期缴率为56.38%，高于全国水平3.94个百分点。在保持业务稳健发展的同时，保险业积极服务地方实体经济建设。保险业累计为经济社会提供190.16万亿元的风险保障，赔付支出903.6亿元，保险资金运用余额超过2,173亿元。

（李江涛）

2019年山东省资本市场运行报告

2019年，山东省资本市场整体运行平稳，企业上市工作取得明显成效，证券经营机构主要经营指标大幅增长，呈现稳中向好态势。

一、拟上市公司及首发上市情况

（一）拟上市公司情况

截至2019年末，全省共有拟上市公司113家，其中过会待发企业4家、在审企业25家、在辅导企业84家。地市分布数量排名前五位的分别是济南（28家）、青岛（21家）、潍坊（13家）、淄博（12家）、烟台（12家）。

（二）首发上市情况

2019年，企业首发上市进展明显。全省新增境内首发上市企业16家，新增上市公司数量占全国新增上市公司数量的7.88%，排名第六位；募集资金合计172.81亿元。2019年，全省首发上市、过会、排队待审企业倍增计划均提前完成。

二、上市挂牌公司及再融资情况

（一）上市公司概况

截至2019年末，全省共有境内上市公司211家，较年初增加15家，位列广东、浙江、江苏、北京、上海之后，居全国第六位；其中主板105家、中小板68家、创业板34家、科创板4家，总市值为21,955.73亿元，市值超千亿元的公司有3家，分别为万华化学、海尔智家、潍柴动力；地市上市公司数量排名前五位的分别是烟台（39家）、青岛（39家）、济南（28家）、潍坊（23家）和淄博（22家）。

（二）新三板挂牌公司概况

全省共有新三板挂牌公司549家，较年初减少75家，其中创新层41家，挂牌公司及创新层家数均居全国第六位。2019年全省有104家公司摘牌，占全国累计摘牌总量的5.23%。

（三）股权再融资情况

2019年全年，全省股权再融资规模有所下降。其中，境内上市公司实现股票再融资621.59亿元（包含资产部分590.34亿元）；不考虑发行股份购买资产因素，再融资同比下降85.27%。全省新三板挂牌公司通过定向发行股份募集资金12.98亿元，同比下降47.45%。

（四）并购重组情况

2019年，全省共有167家次上市公司涉及并购重组事项，涉及金额512.99亿元。其中4家构成重大资产重组，涉及金额15.21亿元。

三、公司债券及ABS情况

（一）公司债券情况

2019年，山东省114家企业发行公司债券199只，募集资金2,093.07亿元，发行规模同比增长6,978.00%，位列北京、广东、江苏、上海、浙江之后，居全国第六位。截至2019年底，全省170家企业发行的458只公司债券尚在存续期，债券余额合计为4,928.57亿元。

（二）ABS情况

截至2019年末，全省43家原始权益人的194只资产证券化产品尚在存续期，对应余额为491亿元。从地市分布情况来看，潍坊、济南和青岛存续资产证券化产品余额位居前三位，分别为151.80亿元、139.00亿元和100.00亿元。

四、证券经营机构运行情况

截至2019年末，全省共有证券公司2家、证券分公司111家、证券营业部569家，分支机构数量较上年年末增加15家。全省共有投资咨询公司3家、分公司12家。全省共有期货公司3家、期货分公司53家、期货营业部102家。

证券经营机构各项经营指标增长明显。截至2019年末，中泰证券和中信（山东）证券共设有营业部354家，与年初持平；总资产额为1,498.32亿元，较年初增长9.94%；共实现营业收入79.97亿元，同比增长25.90%；实现净利润24.09亿元，同比增长56.02%；代理证券总交易额为12.41万亿元，同比增长28.73%。

截至2019年末，全省证券营业部投资者资金账户开户数为1,382.66万户，较年初增加89.42万户；管理客户资产11,469.09亿元，同比增长32.31%；全年累计实现营业收入41.54亿元，同比增长34.22%；利润总额为2.25亿元，较上年由亏转盈；实现总交易额13.96万亿元，同比增长32.70%。

五、期货经营机构运行情况

期货经营机构盈利指标同比有所下降。全省共有期货公司3家、期货分公司53家、期货营业部102家。截至2019年末，鲁证期货、招金期货和中州期货共设有营业部51家，总资产达119.37亿元，投资者开户总数为15.97万户，客户保证金余额为91.27亿元。2019年全年，3家期货公司共实现营业收入4.26亿元，同比下降21.69%；实现净利润0.19亿元，同比下降86.13%；实现代理交易额81,626.81亿元，同比下降19.82%。

全省期货分支机构实现营业收入6.36亿元，同比增长0.79%；全年经营亏损1,802.27万元，较上年同期（盈利1.28亿元）下降明显；实现代理交易额14.55万亿元，同比增长11.49%。

六、私募投资基金机构运行情况

截至2019年末，山东省在中国证券投资基金业协会登记的私募投资基金管理机构有587家，位列广东（6,264家）、上海（4,709家）、北京（4,367家）、浙江（2,909家）、江苏（1,126家）之后，居全国第六位。

全省已登记的587家私募投资基金管理机构管理基金1,200只，管理规模为2,154.00亿元，管理规模同比增长12.77%。

从地域分布看，注册地在济南的私募投资基金管理机构为180家，占比为30.67%；注册地在青岛的私募投资基金管理机构为271家，占比为46.17%。

（黄　鑫、肖永泼）

2019年山东省金融稳定报告

2019年，山东金融运行总体平稳。全省社会融资规模增速创历史新高，银行业机构改革取得积极进展，地方金融组织有序发展；信贷投放力度明显加大，支持实体经济的质量进一步提升，对新旧动能转换重点领域和薄弱环节支持力度加大。同时，经济金融运行中的结构性矛盾和薄弱环节仍然突出，实体经济运行中的各种矛盾和压力仍继续向金融业传导，大企业担保圈风险依然严峻，部分金融机构经营风险较高，非法集资、虚假宣传、违规经营等非法金融活动的风险防控压力依然较大。

一、宏观经济与金融稳定

（一）经济运行基本情况

2019年，全省经济增长总体平稳，全年实现地区生产总值71,067.50亿元，增长5.50%，回落0.90个百分点。三次产业比例为7.20：39.80：53.00。服务业对经济增长的贡献率达78.20%。外贸进出口增量提质，进出口增长5.80%。动能转换提质加速，全年分别压减煤炭、生铁、粗钢、焦化产能875万吨、465万吨、923万吨、777万吨。“新技术、新产业、新业态、新模式”经济增势强劲，实现增加值占比28.00%，投资占比44.80%。高新技术产业产值占比达40.10%，提高3.20个百分点。地方一般公共预算收入增长0.60%，回落8.50个百分点；一般公共预算支出增长6.30%，回落2.80个百分点。城镇新增就业138.30万人，增长1.10%；城镇登记失业率为3.29%，下降0.06个百分点。居民人均可支配收入增长8.20%，回落0.90个百分点。居民消费价格上涨3.20%，提高0.70个百分点。

（二）经济运行中存在的问题

经济发展内生动力依然不足，经济下行压力仍然较大。投资需求有待提升，民间投资持续低位，服务业投资比重较低；新旧动能转换接续不畅，“四新”经济规模偏小、比重较低，区域分化态势明显；财政收支困难突出，一般公共预算收支缺口有所扩大；就业结构矛盾加剧，“就业难”和“招工难”并存；贸易摩擦较多，外贸增长面临较多不利因素。

（三）经济运行对金融稳定的影响

实体经济风险持续向金融领域传递，大企业担保圈风险导致银行业金融机构信贷资产质量承压；产能整合转移外溢风险突出，信用风险规模大、占比高；地方政府隐性债务风险依然面临不确定性，专项债主要流入土储或棚改，对投资引领作用不强；地方财政收支差额扩大，政府处置风险能力减弱，金融风险防控形势依然严峻。

二、金融业与金融稳定

（一）银行业

1.总体运行状况。截至2019年末，全省银行业金融机构资产总额为13.15万亿元，增长8.10%；负债总额为12.71万亿元，增长7.99%。各项存款余额为10.47万亿元，增长8.60%；各项贷款余额为8.63万亿元，增长10.90%。全省国有银行、政策性银行、股份制商业银行、外资银行二级分行以上机构共282家，法人银行业金融机构共282家，银行业从业人员共24.44万人。全省社会融资规模增加13,831.20亿元，同比多增3,989.50亿元，创历年新高。全年新增贷款8,149亿元。中小微企业贷款增速连续12个月回升，增量占企业贷款增量的73.40%，同比提高37.30个百分点。普惠小微贷款同比增长25.60%，较企业贷款平均增速高19.60个百分点。绿色贷款同比增长32.80%，较全部贷款增速高21.90个百分点。全省银行表外业务余额为39,657.00亿元，较年初增加5,823.00亿元。机构改革取得积极进展，恒丰银行改革重组工作有序推进，农业银行山东省分行进一步做实三农金融事业部体制机制，山东省农村信用社联合社改革稳步推进。

2.需关注的问题。一是信用风险形势依然严峻。全省不良贷款额较年初减少107.00亿元，不良贷款率较年初下降0.45个百分点，为2014年以来首次下降，但存量较大，关注类、逾期贷款占比较高，未来信用风险管控形势仍然严峻。部分区域信用风险持续暴露，3个地市不良贷款率高于5.00%，10个县市不良贷款率高于10.00%。二是部分农村金融机构风险抵补能力较差。全省法人银行业金融机构统算的资本充足率、一级资本充足率和核心一级资本充足率分别下降0.45个、0.14个和0.22个百分点。有14家农商行资本充足率为负。三是部分机构风险管理能力亟待提高。59家法人机构备付率不足1.00%。9家法人机构核心负债率低于40.00%。四是清收处置不良导致财务压力上升。全省银行业金融机构全年累计清收处置不良贷款2,843.52亿元，同比增长673.24亿元，财务资源消耗较大。

（二）保险业

1.总体发展状况。2019年末，全省共有法人保险公司5家，省级分公司以上保险主体97家，保险公司分支机构7,538家。全省保险业总资产为6,839.20亿元，同比增长14.90%。全年实现保费收入3,238.90亿元，居全国第三位，同比增长9.40%。“费改”产品推动人身险行业加快转型，健康险保费收入同比增长26.40%，占人身险公司保费收入的比例提高3个百分点。责任保险、农业保险、保证保险等政策支持型险种保费收入增速分别达到22.80%、27.69%、33.38%。保险业累计为经济社会提供190.16万亿元的风险保障，保险资金运用余额超过2,173.00亿元。

2.需关注的问题。一是区域保险业发展水平有待提升。全省仅有5家保险公司法人机构，综合实力偏弱。产品结构不合理。车险市场份额超过60.00%，非车险发展不足；健康险占人身险公司保费收入的比重较低，仅为23.23%。二是保险业风险防控面临压力。“安邦系”“明天系”“生命系”“前海系”等高风险机构在山东省业务规模较大，消费者覆盖面广，存在处置风险。保险营销员队伍快速扩张，保险专业中介分支机构数量激增，存在操作风险隐患。三是粗放式经营掣肘行业发展。当前行业经营理念尚未根本扭转，高质量发展的业务模式和经营模式尚未根本形成，产品同质化、营销模式滞后、套取费用、不规范竞争等问题仍掣肘行业发展。

（三）证券期货业

1.总体发展状况。2019年末，全省证券分公司和营业部数量合计达680家，较年初增加15家，全年实现交易金额9.40万亿元，增长25.80%。2家法人证券公司资产总额为1,470.20亿元，增长9.80%，实现净利润20.60亿元，3家法人期货公司资产总额为119.37亿元，增长20.03%；全年实现代理交易金额8.16万亿元，下降10.13%。

全省有16家企业境内首发上市，占当年全国首发企业的7.90%，首发筹资171.50亿元。全省境内上市公司数量为211家，居全国第六位。25家次上市公司通过增发、配股合计融资90.30亿元。年末全省新三板挂牌企业数量为549家，实现融资13.00亿元。全省权益类市场达到20家。齐鲁股权中心新增挂牌企业884家，累计实现挂牌企业4,045家、托管企业4,247家、综合展示企业10,390家、中介机构864家，实现各类融资525.20亿元。

2.需关注的问题。一是上市公司市场竞争力不高。有20家上市公司资产负债率超过70%警戒线，58家上市公司营业收入低于上年同期，2家下滑幅度超过50.00%，19家上市公司出现亏损，7家上市公司被交易所风险警示。二是部分上市公司存在股票质押风险。有57家上市公司控股股东股票质押比例超过50.00%，33家质押比例超过80.00%，17家超过95.00%，8家质押比例为100.00%。三是公司债券违约风险加大。有7家企业发行的26只公司债券为风险类债券。部分地区发行人融资能力下降，新发债券规模大幅下滑，可能对后续公司债券偿还造成不利影响。四是风险暴露增多，需高度关注维稳风险。目前已暴露风险的私募基金管理人约有10家。非法证券期货活动风险仍然存在，隐蔽性、复杂性不断增强，查处困难较大。部分非法证券期货活动与非法集资、地方交易场所违法违规行为相互交织，影响社会稳定。

（四）金融业综合经营

1.交叉性金融业务整体发展情况。对全省252家法人银行机构的典型调查显示，截至2019年末，全省理财产品中，净值型产品发行量和募集资金占比分别提高18.03个和24.13个百分点。保本型产品募集资金占比下降11.41个百分点，同业理财占比下降9.09个百分点。投资方式仍以标准化资产为主。全省法人银行机构同业投资余额为16,890.53亿元。其中，债券等标准化资产投资余额占比为64.03%，同比提高5.88个百分点。国债、信托等代理类业务增加较快。代理信托产品增幅达1,188.33%，国债产品增幅达35.37%，白银产品增幅达22.89%。

2.需关注的问题。一是部分底层债券资产跨越过渡期处置难度大，资本压力凸显。中小法人银行过渡期内存量业务清零仍存在较大压力，受当前债券市场波动影响，个别未清零的机构持有的部分债券存在到期不能兑付、难以变现的风险。二是替代产品接续难，中小银行客户流失压力较大。资管新规出台后，法人银行机构均不同程度地压降保本理财产品，但部分中小机构资产管理能力不足，难以推出替代型产品，面临客户向大行流失的风险。三是资管业务模式重塑，中小机构竞争力不足。辖内部分中小法人银行机构由于规模较小，从业人员投资管理能力不够专业，信息系统支持力度不足，竞争力与大型银行差距较大，资产管理业务开展面临较大挑战。

三、金融市场与金融稳定

（一）货币市场与债券市场保持平稳运行，交易量小幅增长

全省共有215家市场成员和非法人投资主体参与货币市场和债券市场交易，同比增加6家；金融市场成交总量完成61.90万亿元，增长8.4%；日均融入资金1,350.10亿元，融出资金1126.70亿元，日均净融入资金223.40亿元，同比增长53.20%。215家机构中，交易量超万亿元的机构有10家，超千亿元的机构有26家。

（二）票据市场运行平稳，全年票据贴现利率呈下行趋势

全省票据贴现发生额为12,649.00亿元，同比增加2,208亿元。再贴现余额为135.14亿元，同比下降23.92亿元；下半年以来，受货币市场环境影响，票据转贴现利率下行，带动贴现利率下行，11月降至3.05%，创2017年以来新低。

（三）债务融资工具市场行业和所有制集中现象较突出

全省共新发行债务融资工具348单，同比增加2单；融资3,068.10亿元，同比下降260.10亿元，融资额全国占比为4.70%，下降1.39个百分点。全省存续期内债务融资工具共552单，余额为5,090.70亿元，同比增加269.70亿元。90家新发行债务融资工具的企业涵盖15个行业，其中，制造业、开采业和交通运输业发行量占比为55.80%。72家地方国有企业共发行债务融资工具304单，融资2,826.50亿元，融资额占比为92.14%。

（四）黄金市场交易规模同比增加，黄金价格整体呈上升态势

全省共有11家上海黄金交易所会员企业，其中综合类会员10家，金融类会员1家。全部会员总成交量为2,028.53吨，同比增加255.93吨。受中美贸易摩擦、英国脱欧不确定性、地缘政治、对经济衰退的担忧以及美联储宽松政策影响，2019年黄金价格整体呈上升态势，年末价格较2018年末上涨18.83%。

四、金融服务与金融稳定

2019年，全省金融基础设施不断完善，金融服务水平不断提升，金融生态环境持续优化，为金融业稳定健康运行奠定了良好的基础。

（一）金融法治环境不断改善

严厉打击非法金融活动。人民银行济南分行联合省公安厅、省外汇局制订2019年全省预防、打击利用离岸公司和地下钱庄向境外转移赃款专项行动方案，总结形成《坚持攻坚克难 破解地下钱庄查处难题——山东“5·05”案开启地下钱庄行政查处工作新模式》，入选中央主题教育中央组织部案例选编。不断提升金融消费者权益保护水平，人民银行济南分行在省级层面正式启用12363呼叫中心，实现“一点接入、集中处理”。积极推动辖区协会与法院、仲裁机构和人民调解组织开展工作对接，实现诉调对接机制省、市、县三级全覆盖。发挥省整治虚假违法广告联席会议机制优势，积极处理涉嫌违法违规金融广告。

（二）支付体系建设持续深入

人民银行济南分行先后印发《山东省企业银行账户监督管理方案》（济银办发〔2019〕46号）、《山东省企业银行结算账户业务应急预案》（济银办发〔2019〕47号）等文件，强化企业银行账户管理。印发《中国人民银行济南分行办公室关于开展助农取款服务点分类管理工作的通知》，在全省全面推行助农取款服务点分类管理，促进城乡金融基础设施均衡发展。围绕“实透促活”四字方针，打造“移动支付齐鲁样板”，确定公共交通、校企园区、小微商户、县域地区等领域作为2019年集中攻坚领域，持续优化支付服务供给结构、提高支付服务供给水平。2019年，山东省内大额支付系统共处理业务1.60亿笔、金额245.40万亿元，分别同比增长0.20%、3.30%；小额支付系统共处理业务3.40亿笔、金额7.50万亿元，分别同比增长17.50%、79.70%。

（三）信用体系建设稳步推进

征信系统稳定运行。2019年，企业征信系统为山东省80.97万户企业和其他组织建立了信用档案，个人征信系统为6,496.67万自然人建立了信用档案。全省金融机构查询

企业征信系统218.47万次，查询个人征信系统2,890.51万次。创新开展征信信息安全考核评估，对考核等级为B级及以下的机构开展巡检，采取分类监管工作措施。依法推进征信市场清理整顿，人民银行济南分行联合省市场监督管理局落实征信市场准入“负面清单”管理，清退名称或注册范围中含有“征信”但不从事征信业务的机构。持续推进国民征信宣传教育，组织开展为期5个月的“征信助力小微企业与民营企业融资发展”专题宣传活动，持续推进“征信知识讲堂”工作机制，促成山东工商学院等3所高校开设征信课程，全辖开设征信课程的高校达15所。

（四）反洗钱工作持续加强

反洗钱监管力度不断加大，2019年人民银行济南分行共组织对176家县级以上义务机构开展了执法检查，依法对78家机构进行了处罚，全部处罚项目均严格执行“双罚”，处罚金额共计2,391.05万元。会同七大类上游犯罪主侦部门、对口司法部门，以及特定非行业主管部门等共12家省级单位，建立省级层面打防合作机制，并将责任具体压实到18个内设部门，形成了覆盖事前、事中、事后，贯穿打、防、管各个环节的完整反洗钱工作链条，建立起“穿透式”协调合作模式。首次与山东证监局联合开展执法检查，对构建山东辖区反洗钱监管合作长效机制具有重要意义。

（五）货币流通管理不断深化

现金流通渠道不断畅通，2019年金融机构和企事业单位监测点调查数据显示，与上年相比，社会对人民币整洁度的认可度进一步提高，辖内流通人民币整洁度状况良好。2019年现金供应及时，商业银行对现金需求满意度显著提升，百元券人民币在各月均未出现紧缺，各券别现金满足率均在80%以上。积极推进反假工作转型与深化，加大新版人民币防伪知识宣传，持续推进宣传重心由“线下向线上，城市向农村”转变，并对全省所有在用现金机具进行了统一升级。

（六）金融宣传和投资者风险教育扎实推进

围绕人民银行济南分行“1+4”整体工作布局，加大新闻发布力度，拓宽政务公开渠道，全年通过中央驻鲁媒体和地方媒体发布各类金融统计数据和重点工作新闻稿件70余篇，受理新闻采访20余件。在全国率先建立“一行二局一厅”——银证保加教育部门共同推进中小学金融知识纳入国民教育体系的工作机制，四部门共同开展相关工作。按照年度计划，在“3·15金融消费者权益日”“金融知识普及宣传月”、2019年“宪法宣传周”等重要节点组织开展了一系列宣传活动。

五、总体评估与政策建议

按照统一的层次分析模型和权重，对山东金融稳定状况进行的定量评估显示：2019年综合评分为73.11分，比上年增加0.43分。其中，宏观经济得分持续下降，投资、消费增长率大幅下降，尤其是固定资产投资负增长，叠加居民收入增长率下降等因素，导致宏观经济得分较上年下降0.14分。金融行业得分增加，银行业资本充足率上升、不良贷款率下降、盈利增加，证券业资产利润率上升，保险业保费收入增长较多，银、证、保得分分别较上年上升0.39分、0.17分和0.01分。金融基础设施持续改善，得分与上年持平。

2020年，全省金融风险形势依然严峻，部分深层次结构性矛盾更加突出，经济下行压力、金融风险防控压力、经济结构调整压力更加明显。妥善应对当前面临的困难和问题，应继续以习近平新时代中国特色社会主义思想为指导，坚决贯彻中央经济工作会议和党中央、国务院的各项部署，坚持稳中求进工作总基调，增强金融风险治理能力，强化市场化、法治化思想，压实各方责任，提升风险防控的前瞻性、全局性和科学性，深化改革和服务实体经济，在高质量发展中防范化解风险，坚决守住不发生系统性金融风险的底线。

一是继续实施稳健货币政策。以精准支持为导向，疏通货币政策传导渠道。以灵活适度的货币政策，确保货币信贷、社会融资规模增长同经济发展相适应。加强逆周期调节，督促金融机构加大对实体经济的资金支持力度，加强对民营、小微、乡村振兴等重点领域的支持，加快发展绿色金融。

二是切实加强金融监管协调。充分发挥金融委办公室地方协调机制（山东省）平台作用，加强中央与地方在金融监管、风险处置、信息共享和消费者权益保护等方面的协作，更好地服务实体经济、防范金融风险、深化金融改革。支持地方政府金融工作议事协调机制开展工作，落实地方政府属地金融监管和地方风险防范处置责任。

三是深化金融风险监测预警。分析研判辖区整体金融形势，监测评估金融风险，统筹做好区域金融风险的监测、摸排和跟踪，绘制全省金融风险“图谱”并持续更新，及时向地方政府提示风险，研究提出防控金融风险的意见建议。密切监测新冠肺炎疫情对实体经济、金融机构和区域金融稳定的影响，加大对部分机构和企业的调研力度，摸清风险底数，做好研判预警，防范风险叠加共振。

四是深入推进金融改革。深化金融供给侧结构性改革，加快贷款市场报价利率推广运行，强化利率自律管理，维护良好定价秩序，推动降低社会综合融资成本。推动银行多渠道补充资本，提升银行服务实体经济和防范化解金融风险的能力。深化地方金融改革，引导大银行服务重心下沉，推动地方中小法人银行优化股权结构、完善公司治理，积极推动城商行、农商行等地方法人机构的改革进程。推动临沂市普惠金融服务乡村振兴改革试验区创建工作和济南市科创金融改革试验区创建工作等。

五是优化金融生态环境。严厉打击逃废债行为，强化银企互信，推动辖区信用环境建设，完善地方金融生态环境。统筹协调金融消费者教育、知识普及和权益保护，切实保护金融消费者合法权益。努力改善辖区金融机构发展环境和支持金融机构改善金融服务环境，优化营商环境，促进区域经济金融健康发展。

六是坚决打赢防范化解重大金融风险攻坚战。增强上下联动及部门联动，贯彻落实人民银行攻坚战实施方案及山东省攻坚战实施方案。充分发挥主观能动性，实事求是、标本兼治推进辖区大企业、高风险法人金融机构、非法金融活动等重点风险有效化解。压实各方责任，依法依规处置风险，防范道德风险。提升风险应对的前瞻性和科学性，避免次生风险。

（张 宁、王 冠、孙艳云）

2019年山东省支付体系运行分析报告

2019年，山东省支付体系继续保持安全、平稳运行，支付服务覆盖面持续拓宽，对山东省经济金融发展和社会民生的助推作用更加突出。

一、山东省社会交易资金情况

2019年，全省通过大小额支付系统流往外省的有62.00万亿元，省外资金流入山东的有60.80亿元，资金净流出11,499.20亿元，同比多流出10,842.10亿元，延续2018年以来净流出态势。

从资金流动总量来看，2019年与山东省资金往来最密切的六个省市分别是北京（51.80万亿元）、上海（20.50万亿元）、广东（9.00万亿元）、浙江（6.50万亿元）、福建（5.70万亿元）、江苏（5.10万亿元），金额合计占比为80.30%。其中，山东省与北京资金往来规模最大，驻鲁金融机构与其总部之间资金来往较多是重要原因。与其他五省市之间资金流动总量较大，反映出山东省与这五个省市间经济往来较为密切。

从资金净流动情况看，2019年排在山东省资金净流入来源地前六位的省市分别是广东、江苏、浙江、安徽、湖北、辽宁，六省市分别净流入山东5,036.00亿元、2,877.00亿元、2,222.00亿元、868.00亿元、577.00亿元、542.00亿元，在一定程度上反映出这些省市是山东省外来投资来源地和商品销售重要市场。2019年在山东省资金净流出省市中位居前六位的分别是上海、北京、河南、江西、福建、天津，山东省净流出六省市的资金分别为9,237.00亿元、7,804.00亿元、2,121.00亿元、1,687.00亿元、1,018.00亿元、848.00亿元，在一定程度上反映出这些省市是山东省对外投资的重要目的地和商品采购重要市场。

二、山东省银行结算账户发展情况

从单位银行结算账户方面看，截至2019年底，山东省单位银行结算账户存量共计500.50万个，同比增长15.10%。2019年，从行业分布看，山东省新开立基本存款账户数量位居前5位的行业分别是批发和零售业、建筑业、租赁和商务服务业、制造业、居民服务业；分产业看，新开立第一、第二和第三产业基本户占比分别为3.70%、21.00%、75.30%；分注册资金规模看，山东省注册资金规模在100万元以下的新开立基本存款账户占比为68.00%。

从个人银行结算账户方面看，自2016年12月1日起，个人银行账户分类管理制度全面实施。在省内人民银行分支机构和各银行的共同努力和推动下，山东省社会居民对Ⅱ类、Ⅲ类账户的认知度和接受度大幅提升，应用Ⅱ类、Ⅲ类户办理网络支付、移动支付的积极性和主动性持续增强。省内国有商业银行、股份制商业银行以及部分地方性银行开办了Ⅱ类、Ⅲ类账户业务，各银行依托个人账户分类积极开展账户业务创新，银行账户服务水平进一步提升。

三、山东省非现金支付业务发展情况

2019年，山东省共办理非现金支付业务173.00亿笔、金额172.80万亿元，同比分别增长24.20%和1.30%。

（一）银行卡业务

截至2019年底，山东省累计发行银行卡6.30亿张，同比增长9.60%。全省布放ATM7.80万台，同比增长6.40%。从银行卡交易情况看，2019年，山东省银行卡交易167.60亿笔、金额62.30万亿元，交易量同比增长24.50%，交易金额与2018年基本持平。其中，银行卡消费86.70亿笔、金额7.80万亿元，同比分别增长47.80%和30.00%。分行业看，银行卡刷卡消费范围已扩展至30余个行业，几乎涵盖所有商品交易。

（二）移动支付业务

2019年，山东省银行共办理移动支付业务23.6万亿元，占非现金支付业务的13.70%。移动支付业务仍然是社会公众使用频率最高的电子支付方式。这主要有三方面原因：一是银行发挥金融科技优势，加快布局移动端，提升移动支付服务能力，扩大移动支付用户规模；二是收单机构加快支付与场景融合，加速移动支付服务向各类生活服务渗透，丰富移动支付受理场景；三是客户追求便捷的支付服务，逐渐习惯并依赖手机办理各类支付业务。

（三）票据业务

由于企业网银等电子支付工具的替代作用，以及受宏观经济环境不景气造成企业商贸交易结算活跃度下降等情况影响，作为单位和个人商贸结算重要工具的票据结算量持续下降。2019年全省共办理票据结算业务1,181.50万笔、金额7.80万亿元，同比分别下降16.20%和12.40%，在非现金支付业务中占比分别为0.10%和4.50%。从票据业务结构看，商业汇票由于兼具支付和融资功能，业务规模持续上升，但增速放缓。2019年，商业汇票结算金额为1.70万亿元，同比增长0.20%，增速下降4.80个百分点；支票结算金额为6.10万亿元，占比为78.00%，支票在票据中仍占据绝对份额。

（刘亚迪）

2019年山东省国库资金运行报告

2019年，受宏观经济下行压力加大和减税降费政策双重影响，山东省一般公共预算收入增速持续放缓，税收收入低速增长；一般公共预算支出保持刚性增长，收支缺口扩大。

一、国库资金运行基本情况

从人民银行国库收支数据①看，2019年，山东省国库收入为19,725.50亿元，同比增收1,981.90亿元，少增1,328.90亿元；同比增长11.20%，回落11.80个百分点。主要增收项为政府性基金收入和社会保险基金收入，二者合计增收1,681.30亿元，占总增收额的84.80%。全省国库支出为19,787.60亿元，同比增支1,274.80亿元，少增2,605.30亿元；同比增长6.90%，回落19.60个百分点。

二、国库资金运行主要特点

（一）全省一般公共预算收入增速持续趋缓

2019年，山东省一般公共预算收入为6,526.60亿元，同比增收41.30亿元，少增345.60亿元；同比增长0.60%，回落5.70个百分点；序时看，1—11月增速逐月下降，12月微增。山东省收入累计规模居全国第五位，但增速低于全国地方级平均增速2.60个百分点。

（二）税收收入增速连续7个月为负，非税收入12月增收显著

2019年，山东省税收收入为4,849.20亿元，同比减收48.69亿元（上年同期为增收478.60亿元）；下降1.00%（上年同期为增长10.80%），自6月以来持续为负。税收收入累计规模仍居全国第五位，但增速低于全国地方级平均增速2.30个百分点。非税收入为1,677.40亿元，同比增长5.70%。序时看，1—11月持续回落，至12月增收显著。其中，12月当月收入为220.10亿元，同比增长43.50%，占全年非税收入的比重为13.10%。

（三）主体税种增速回落但占比提升，地方小税连续10个月负增长

2019年，山东省主体税种占税收收入的比重为57.80%，提高0.70个百分点，其中国内增值税②和企业所得税同比分别增长3.00%、2.80%，分别回落8.50个、6.40个百分点；个税延续负增长态势，同比下降31.50%（上年同期为增长15.30%）。地方小税同比下降2.70%，回落13.0个百分点，连续10个月负增长，除耕地占用税降幅收窄外，其他地方小税增速均出现不同程度回落。

（四）地市间税收形势分化，重点经济区税收全线回落

2019年，山东省16个地市税收增速呈回落态势，但增速差异明显。其中，威海市同比下降15.40%，降幅最大，菏泽市增幅最高，为5.60%，税收呈阶梯状分布。重点经济区中，山东半岛蓝色经济区、黄河三角洲高效生态经济区税收收入增速同比分别下降3.50%和4.40%；省会城市群经济圈和西部经济隆起带税收收入虽保持增长，但增速分别回落11.00个、8.60个百分点。

（五）土地出让收入年内增速先降后扬，其中12月收入约占全年收入的1/4

2019年，山东省土地出让收入为6,213.30亿元，同比增收694.60亿元，少增1,468.70亿元；同比增长12.60%，回落51.90个百分点。序时看，增速自4月降至年内最低点（-13.10%）后，逐月震荡上升。其中12月当月收入为1,520.60亿元，占全年土地出让总收入的24.50%。分地区看，全省16个地市中，半数以上地市土地出让收入增速超过30%，其中滨州市高达76.10%。

（六）地方政府专项债务收入增长显著

2019年，山东省共发行地方政府债券2,673.90亿元，同比增长7.10%，总发行规模居全国第二位，仅次于江苏；占地方自有财力的比重为20.00%，较上年扩大1.00个百分点。分类型看，一般债券同比下降45.40%，专项债券同比增长26.00%；新增债券和再融资债券同比分别增长40.6%、55.20%，置换债券已于上年全部发行完毕。

（七）一般公共预算支出增速放缓，民生项目仍为重点支出领域

2019年，山东省一般公共预算支出为10,821.00亿元，

同比增支452.80亿元；同比增长4.40%，回落3.60个百分点。分项目看，民生项目仍为重点保障领域，教育、社会保障和就业、城乡社区支出规模均超过1,000.00亿元，合计占比为51.70%；科学技术支出力度加大，同比增长53.80%，提高39.50个百分点。

三、值得关注的问题

（一）地方公共预算收入增速持续放缓，公共预算支出刚性不变，财政收支压力进一步加大

2019年收入形势严峻，但刚性支出压力不减。全年山东省一般公共预算收支缺口为4,294.40亿元，较上年扩大411.50亿元；全省地方财政自给率[③]为60.30%，较上年同期下滑2.30个百分点。全省16个地市中，9个地市[④]收支缺口均有不同程度扩大，7个地市[⑤]财政自给率低于全省平均水平。2019年，省财政将部分原收支缺口较大的区县纳入“省管县”范围，并加大了对其转移支付力度，降低了该部分地区的财政支付风险。但未纳入“省管县”范围的部分地区，尤其是自有财力减收多、收支缺口扩张较大的区县，财政支付风险压力仍需要特别关注。

（二）全省一般公共预算收入结构有待进一步优化

在一般公共预算收入中，稳定性较差的非税收入占比较高。2019年，山东省非税收入占一般公共预算收入的比重为25.70%。分地市看，全省13个地市非税收入占一般公共预算收入的比重超过20%，其中，淄博、东营、烟台三地市占比分列前三位，分别为29.90%、29.80%、28.50%。在税收收入中，与经济发展关联度高的主体税种增长慢、占比低。全省国内增值税、企业所得税和个人所得税等主体税种合计同比增长0.50%，占税收的比重为57.80%。

（三）短期内宏观经济下行压力较难缓解，未来通过经济增长推动税收增收空间有限

受宏观经济下行、减税降费政策不断落实等因素影响，重点税源行业增值税和企业所得税增速不同程度回落。与此同时，反映市场交易活跃度的税收增速持续放缓。如反映合同签约情况的印花税2019年以来持续负增长，同比下降8.10%（上年同期为增长8.20%），反映房地产交易情况的契税同比增长6.30%，较上年同期回落30.90个百分点。考虑到当前全社会固定资产投资尤其是制造业投资增速较低、外贸环境不确定性增强等因素，短期内经济下行压力较难缓解，未来依靠经济增长推动税收增收空间有限。

（四）未来地方债发行承压，地方债对投资的引领作用未完全发挥

据测算，2020年山东省到期债券规模攀升至1,032.70亿元，较2019年增长19.70%；近5年到期规模将增加至9,424.00亿元，约占目前债务余额的71%。考虑到地方政府的偿债能力，未来一定时期内，地方债发行规模有限。2019年，虽然专项债券发行提速及基建类融资支持力度加强等积极因素支撑基建投资增速有所回升，但从投资总体情况看，1—11月全省固定资产投资累计增速为-8.50%，已连续9个月处于负增长状态，低于全国平均增速13.70个百分点。目前，地方专项债的主要用途仍为棚改、土地储备，用于城乡发展的专项债务仅占5.80%，地方债对固定资产投资的引领作用仍有较大发挥空间。

（五）土地出让收入和房地产相关税费占地方自有财力比重较大，“土地财政”问题依然突出

2019年，山东省地方政府土地出让收入为6,213.30亿元，占当年地方自有财力[⑥]的46.50%，较上年提高2.50个百分点。如果考虑与土地相关的税费，如房产税、契税以及土地增值税等，比例将高达57.50%，较上年提高1.50个百分点，反映了地方政府对“土地财政”的依赖加深。“土地财政”可以促使当地政府在短期内完成资本积累，对解决地方财政困难、招商引资、加快基建投资和促进地方经济增长具有重要的推动作用。但是从长期看，该类收入受宏观经济政策及市场环境的影响较大，对地方财政收入的支撑作用并不具有持续性。

四、相关建议

（一）进一步注重结构调整，加大税源培植

利用推动省会、胶东、鲁南三大经济圈一体化发展的契机，大力培育新动能，强化科技创新，推动传统产业优化升级。持续优化营商环境，提振民营企业投资信心。培植壮大高新技术产业，促进地方税源健康稳定增长。

（二）加强预算绩效监督，促进积极财政政策提质增效

充分研判减税、地方债发行等因素对财政收支的影响，加强预算精细化管理，不断提升财政资金的使用效益，做好预算绩效监督。进一步加大存量资源盘活力度，调整优化支出结构，保障民生等重点领域支出需要。

（三）深化财税体制改革，巩固和拓展减税降费成效

继续落实落细减税降费政策，降低企业税费负担，增强微观主体活力。充分发挥结构性减税政策效应，提升企业转型升级积极性，引导企业将获益资金用于技术研发和设备更新等领域，助推产业链优化升级。

（四）进一步发挥地方债对投资的引领作用，提升政府投资效能

按照“资金跟项目走”的原则，安排用好地方政府专项债券，尽快形成实物工作量。借区域发展时机，有针对性地将地方债资金投入民生、基建大项目，提高投资效能。增强专项债在地区之间分配的科学性和可操作性，促进专项债可持续发展。

（五）优化财政收入结构，降低对土地收入的依赖

推动政府职能转变，推进分领域央地财政事权和支出责任划分改革。加强对土地及房地产市场情况的监测，促进土地和房地产市场持续健康发展。进一步健全地方税体

系，重点培育新税源和地方主体税种，降低地方政府对土地收入的依赖。

注：

①本报告中的数据全部为地方收支数据，且不含调拨收支数据（仅包含调拨收入性质的中央税收返还和中央补助收入）；国库支出数据反映国库资金拨付情况，口径与财政预算支出执行数据有所不同。

②含改征增值税，上年同期数据还包含营业税。

③财政自给率=地方公共财政收入/公共财政支出×100%。

④临沂、烟台、菏泽、济宁、青岛、日照、滨州、济南、淄博。

⑤菏泽、德州、临沂、聊城、日照、济宁、泰安。

⑥具体包括地方一般公共预算收入、基金预算收入、国有资本经营预算收入。

（张 芳、冯 倩）

2019年山东省征信业运行情况报告

2019年，山东省征信业运行质量明显提升：金融信用信息基础数据库建设进一步完善，征信服务更加便捷高效，省域公共征信基础设施建设规划制定出台，高科技龙头企业试水征信市场，小微企业和农村信用体系建设成果显著，征信业监督管理坚实有效，征信体系作为金融基础设施的地位和作用进一步凸显。面对新的形势和发展任务，下一步，山东省征信业将继续贯彻高质量发展理念，深化“政府+市场”双轮驱动发展模式，主动对标国内外先进标准，培育与山东省经济大省地位相匹配的、具有相当竞争力的机构和市场，更好地服务于全省经济和社会发展。

一、2019年山东省征信业运行情况

（一）金融信用信息基础数据库稳定高效运行

接入机构范围不断拓展，入库信息主体数量持续增长，收录信息种类进一步丰富，数据质量在高水平上保持稳定，服务质量和效率进一步提升。

1.覆盖范围不断拓展。目前，金融信用信息基础数据库在山东省已覆盖政策性银行、国有商业银行、股份制商业银行、邮政储蓄银行、城市商业银行、农村合作机构、信托公司、民营银行、村镇银行、财务公司、融资租赁公司、汽车金融公司、公积金中心、小额贷款公司等各类信贷机构，共为山东省80.97万户企业和其他组织、6,496.67万自然人建立了信用档案。截至2019年末，中国人民银行征信中心山东省分中心（以下简称山东省分中心）累计推动225家各类地方性机构接入征信系统，其中开通报数权限的有154家，开通查询权限的有154家；16家公积金中心接入征信系统，其中7家获得查询权限，9家进行接口程序验收。

2.数据质量稳步提升。山东省分中心不断健全征信数据质量管理体系，保障数据入库及时、全面、准确。按季度对辖内所有地方性接入机构开展数据质量量化考评，组织对接入机构异常删除数据、异常呆账数据等进行专项核实，督促接入个人征信系统的6家村镇银行、接入企业征信系统的4家村镇银行和1家财务公司完成非接口转接口工作。2019年，山东省有16家地方性接口行的企业征信数据质量量化考评得分在99.72以上，18家地方性接口行的个人征信数据质量综合得分在99.92以上。

3.征信查询服务便捷高效。金融信用信息基础数据库为银行业金融机构提供信用报告查询服务。截至2019年末，山东省开通企业征信系统查询用户4,391个，2019年全省银行机构查询企业征信系统218.47万次，日均查询0.91万次；开通个人征信系统查询用户1,991个，2019年全省银行机构查询个人征信系统2,890.51万次，日均查询12.04万次。征信系统增值产品在地方性接入机构得到日益广泛的应用，2019年省内17家地方性机构应用对公业务重要信息提示服务，共获取征信系统重要提示信息4.20万条，涉及借款人3.16万户。

山东省分中心深入贯彻落实国务院、山东省委省政府关于深化“放管服”改革、“一次办好”工作部署，进一步优化征信查询网点布局、丰富查询渠道，为个人和企业信息主体提供更加安全、便捷、高效的信用报告查询服务。继续增设商业银行自助查询网点。截至2019年末，全省共设立征信查询网点362个，配置自助查询设备405台，实现了市、县两级全覆盖。全年各查询网点共提供征信查询服务546.57万次，群众办事体验显著改善。在经济发达、人口密集、远离城区的乡镇试点设立7个商业银行自助查询网点，解决农民查询信用报告路途远、成本高问题。继京津冀广之后，开通建设银行企业信用报告网银查询，促进了企业信用报告的广泛应用。

依托移动互联手段提供更加周到的服务。2019年，全省征信查询网点均实现百度地图和高德地图标识，社会公众可通过扫描二维码获取所有查询网点信息和查询办理流程。全省成功上线个人征信查询扫码支付和查询收费定额发票电子化服务，解决了征信查询支付方式单一、纸质发

票保存使用不便等问题，服务质效进一步提升。

4.二代征信系统切换上线准备就绪。按照人民银行总行的统一部署，山东省分中心根据辖内人民银行分支机构、地方性金融机构、中小机构等的不同接入情况，分门别类组织做好切换方案制订、查询接口联调测试、系统切换演练等工作。2020年1月19日，二代征信系统正式对外提供服务，全省114个人民银行查询柜台、402台个人信用报告自助查询机、150余家接入机构顺利切换至二代征信系统。二代征信系统较一代征信系统优化了信息采集、产品加工、技术架构和安全防护，将提供更为优质的服务，在防范金融风险工作中更好地发挥作用。

（二）征信市场发展提质增效

着眼金融支持实体经济发展大局，围绕健全山东省征信市场组织体系、优化市场结构、完善市场功能，2019年人民银行济南分行大力推进构建现代化的省域征信体系，推动山东省征信市场高质量发展。

1.拟定山东省征信体系建设工作战略。遵循“政府干好政府的事、市场干好市场的事”的原则，人民银行济南分行拟定《关于加快我省征信体系建设有关情况的报告》《山东省征信体系建设推进方案》，提出山东省征信体系建设的基本原则、工作思路和具体规划，打造政府提供信用信息基础服务与市场化机构提供增值服务相辅相成的征信市场，得到山东省委省政府主要领导的充分肯定和支持。在方案框架下，一方面，人民银行济南分行与山东省大数据局联合推进商业银行亟须的税务、公积金、社保等16大类公共信息共享；另一方面，着手优化升级“山东省融资服务信息平台”，制订平台升级提档总体方案，建设网上“金融超市”和“一站式”融资对接业务模式，在金融领域先行打造省域公共征信服务基础设施。

2.鼓励科技头部企业进入征信市场。按照“有独立系统、有稳定数据、有市场需求、有技术优势”标准，人民银行济南分行支持省内科技头部企业依照市场化原则组建征信公司，依法完成浪潮集团旗下“天元大数据信用管理有限公司”企业征信机构备案公示，鼓励市场机构运用大数据、云计算、区块链等新兴技术，提升征信数据的整合、挖掘、分析能力，为金融机构及其他信息使用者提供高附加值的征信产品和服务。

3.引导优化征信市场结构和功能。针对省内征信市场总体上小、散、弱的现状，人民银行济南分行注重发挥政府和市场双重机制的作用，加强政策引导，充分发挥市场在资源配置中的决定性作用，推动加快市场结构改善和功能的进一步发挥。2019年，有3家企业征信备案机构主动退出市场，具备一定发展能力的备案机构则积极拓展市场空间，发展特色化征信服务。目前，企业征信备案机构主要为商业银行、保险公司、政府部门、征信同业等提供信用报告、信用监控、信用管理等信用产品，部分机构加大研发投入，开发了风控建模、场景解决方案、融资撮合和全球商账追收服务等增值产品，提高了市场竞争力，成为山东省征信市场新的增长点。

（三）小微企业和农村信用体系建设深入推进

人民银行济南分行认真贯彻落实国务院关于加强信用监管的决策部署，会同山东省发展改革委认真履行社会信用体系建设牵头职责。同时，按照总行的统一部署，深入推进小微企业和农村信用体系建设，发挥好信用建设在普惠金融发展中的基础性作用。

1.小微企业信用培植精准高效。人民银行济南分行持续推进金融支持新旧动能转换重大工程，将信用作为企业培育与评价的重要维度，与相关政府部门合力助推小微企业发展。会同山东省中小企业局、省财政厅等实施“山东省瞪羚企业培育行动计划”，公布第二批共100家瞪羚企业名单。参与山东省独角兽和准独角兽企业认定和培育工作，联合相关部门公布独角兽企业2家、准独角兽企业17家，引导商业银行加大信用培植和信贷扶持力度，助力战略新兴企业发展。

2.农村信用体系建设向纵深发展。全省有41个县（市）率先探索，因地制宜开展“信用县”创建，加快政府公共信息等替代数据的流动、开发和应用，激励涉农金融机构充分下沉县域金融服务，鼓励市场化机构进入县域提供更加便捷灵活的信用评价和信贷服务，更好地满足农村市场多元化的需求。潍坊、威海、日照、临沂等多地形成较为有效的工作体系，潍坊寿光“文明信用工程”做法被《光明日报》刊发，“全省一盘棋、地市谋创新”的工作格局初步形成。

（四）中征应收账款融资服务平台加快推广

中征应收账款融资服务平台解决了应收账款真实性确认、融资对接效率等关键性问题，在盘活民营和小微企业动产资源，纾解融资难融资贵问题，引导信贷资金精准滴灌到有市场、有前景的行业和企业方面，发挥了积极作用。

1.平台业务量快速增长。人民银行济南分行着力健全应收账款融资业务推广机制，组织召开山东省应收账款融资服务工作推进视频会议，联合山东省工业和信息化厅等部门发布实施《2019年全省应收账款融资服务工作意见》，先后举办山东省政府采购合同融资工作新闻通气会暨金融顾问团应收账款融资宣讲活动、应收账款融资服务平台现场签约活动等大型活动，提高了政策覆盖面和普及率。截至2019年末，中征应收账款融资服务平台在山东累计开通用户9,609家，累计融资15,372笔、金额6,702.51亿元；2019年平台新增开通用户2,217家、融资4,433笔、金额1,849.01亿元，分别完成全年任务的241.50%、163.46%、148.69%。

2.政府采购合同融资率先发展。人民银行济南分行与山东省财政厅联合发布《关于深入推进政府采购合同融资有关问题的通知》，促成“山东省政府采购系统”与“中征应收账款融资服务平台”成功对接，山东成为全国首个通过中征应收账款融资服务平台，在省、市、县三级实现政府采购线上融资的省份。截至2019年末，平台接收供应商信息14.25万条、各类中标公告信息7.06万条，全省2,300余家银行基层网点可实时查询，各金融机构通过平台开展政府采购合同融资业务99笔、金额3.53亿元，《金融时报》刊发了相关做法经验。

（五）征信业监督管理坚实有效

以规范和安全为主线，人民银行济南分行注重提升征信管理工作的系统性、针对性、实效性、协同性和前瞻性，现场与非现场、“人防”与“技防”管理综合施策，切实维护征信市场秩序和信息主体合法权益。

1.不断完善金融信用信息基础数据库合规管理。现场与非现场监管框架进一步健全，监管工具进一步丰富。人民银行济南分行组织辖内各级行、各征信系统接入机构全面落实日常排查、月度报告、季度自查自纠等非现场监管措施，构建制度防控、流程防控、科技防控、责任防控“四位一体”征信合规管理体系。创新开展征信信息安全考核评估，首次对全省256家接入机构进行评级，对考核等级为B级及以下的机构开展巡检，采取分类监管工作措施。开展征信执法检查，按照总行统一部署，组织对交通银行、华夏银行、兴业银行、浙商银行山东省内分支机构实施现场检查，稳步推进中小机构现场检查全覆盖，2019年全省立项检查各类征信系统接入机构122个。针对接入机构与互联网金融公司、大数据公司等第三方机构合作可能引发的征信合规风险，建立信贷业务创新风险提示制度，实现了风险的前端治理。

2.全面推广征信查询前置系统。上线人民银行信用报告查询前置系统，对包括商业银行自助查询在内的全部人民银行用户查询实施动态监控。实现全省全部城商行、农信社系统征信查询前置系统全覆盖，做到用户查询操作行为可定位、可追溯和异常查询阻断。稳步开展包括指纹认证、身份证识别、人脸识别、电子地图等在内的省级中小机构接入平台征信查询技防升级，建立日常查询和异常查询行为三级监控体系。建设“山东省征信查询监控中心”，分步实现对省内全部人民银行查询网点、商业银行自助网点的实时监控和及时预警。

3.依法推进征信市场清理整顿。一是管控源头，与市场监督管理部门联合推进征信市场准入“负面清单”管理，明确未经人民银行批准或备案，企业在办理营业执照登记、变更时，不得在注册名称和经营范围中使用“征信”字样。二是清理存量，会同市场监督管理部门清退注册名称和经营范围中使用“征信”但不从事征信业务的机构，全省完成25家机构注销、18家机构名称或经营范围变更、66家机构名称或经营范围拟变更。三是整治乱象，对违法违规开展征信业务、涉嫌虚假宣传的机构，实行银政联动排查治理，并向金融机构发送风险提示函，有效净化了市场环境。

4.高效处理征信投诉。规范处理省内征信投诉，主动协调处理跨省投诉事项，2019年全省共受理征信投诉29项，均予以妥善解决，无一引起行政复议。依据征信投诉事项延伸监督管理，依法查处违法违规行为，对于年内发生的2起接入机构违反征信业务规则事项，均启动快速立项、现场检查（调查）、事实认定和行政处罚程序，投诉人对处理结果表示满意。同时，借助征信投诉探索破产重整企业征信信息修正工作，共清理负面信息19笔、涉及金额5.00亿元，为今后处置类似问题提供了思路和借鉴。

5.开展征信系统特色数据分析研究。充分发挥征信数据在大企业金融风险监测中的作用，按季度监测山东省信贷大户、贷款资金流入流出、征信查询、应收账款融资服务等情况，撰写征信数据监测分析报告，并就地方金融监管工作重点关注的地方政府债务情况、异地贷款情况等开展征信系统数据挖掘和分析，为防范化解区域金融风险、评估金融支持新旧动能转换工作成效提供参考。

（六）征信宣传教育成果丰富

人民银行济南分行在全省组织开展“征信助力小微企业与民营企业融资发展”专题宣传活动，深入开展“千企万户”纾困行，全年共举办各类征信主题宣传活动8,218场，走访小微企业和个体工商户5.84万户，促进了征信知识普及和融资服务对接。

不断拓展征信国民教育。2019年促成山东工商学院、山东外国语职业技术大学、威海海洋职业学院3所高校开设征信课程。与山东省教育厅、团省委持续推进“征信知识讲堂”，以“上好大学第一课”作为年度主题，在172所驻鲁高校举办征信知识讲座。积极探索适合中小学的诚信教育实施机制，开展德育课堂、征文比赛、暑期实践等诚信主题教育活动，全省共有739所中小学组织相关教育实践活动，受到普遍欢迎。

二、山东省征信业发展面临的形势和任务

进入新时代，我国征信业发展的内部条件和外部环境正在发生深刻变化，征信业发展迎来三大历史机遇。一是政策层面，党中央、国务院对征信体系建设的重视程度前所未有，习近平总书记作出抓紧建立覆盖全社会的征信系统、推进数据资源整合和开发共享的重要指示；李克强总理批示要建设互联网信用体系，打破“信息孤岛”。二是市场层面，随着社会主义市场经济和信用机制的不断深化，征信业立足金融、服务社会的作用日渐突出，应用领域更

加多元化，并成为互联网金融等新兴业态发展的基石。这就要求征信业加快实现“全覆盖”，不仅包括主体的“全覆盖”，还包括信息、功能、需求的“全覆盖”。三是技术层面，大数据、云计算、区块链、物联网等新兴技术突飞猛进，征信与信息技术将深度融合，推动征信业在业务模式、产品结构、服务能力等方面发生深刻变革，实现跨越式发展。

总体判断，目前山东省征信服务有效供给不足，难以全面支持金融供给侧结构性改革和系统性风险防范。一是市场组织体系不成熟。目前山东省公共征信基础设施不健全，市场化征信机构仍处于数量多、规模小、经营散、能力弱的局面，市场结构不尽合理，难以适应现代征信业发展要求。二是市场功能不完善。目前主要是人民银行征信中心运营的金融信用信息基础数据库提供基础征信服务，主要实现银行业金融机构贷后（含融资担保）信息共享，离我国征信业顶层设计提出的“四个全覆盖”还存在相当大的差距；特别是利用“替代数据”支持金融机构信贷决策、防范信用风险、解决“首贷”难题等方面，服务渠道不畅，发挥作用不足。目前，世界银行主导下的国际征信委员会，正致力于研究将非信贷的替代数据引入征信业的规则性指导意见；人民银行总行在推进征信市场对内开放过程中，特别强调利用贷前替代数据改进小微企业和“三农”等普惠征信服务。三是技术实力不足。山东省市场化机构加工和提供专业化、高附加值征信产品的能力不足，难以满足社会各方多元化、个性化的征信服务需求。

三、发展展望

未来一段时期山东省征信业发展的总体思路是：主动对接国内外先进标准，深化“政府+市场”双轮驱动的征信发展模式，完善市场体系，培育与山东省经济大省地位相匹配的、具有相当竞争力的机构和市场，创新征信产品和服务，增加征信有效供给，助力经济金融高质量发展和进一步改善民生。

（一）以二代征信系统上线为新起点进一步改善基础数据库管理与服务

按照人民银行总行的统一部署，扎实做好二代征信系统上线工作，稳妥推进二代格式数据报送切换，提高二代信用报告解读能力，为接入机构提供更加优质的征信服务。关注二代征信系统上线后征信合规与信息安全面临的新情况、新问题，进一步加强数据质量治理和信息安全技防管理，维护金融信用信息基础数据库安全运行。大力推广个人信用报告线上查询，推动更多的商业银行开通企业、个人信用报告网银查询和手机银行查询，加大商业银行自助查询网点向县域、乡镇等基层延伸的力度，进一步便利征信查询服务。

（二）加快建设山东省公共征信基础设施

推动《山东省征信体系建设推进方案》全面落地，全面优化升级“山东省融资服务信息平台”，在金融领域先行打造省级公共征信基础设施。加快实现商业银行亟须的公共信息共享，完善平台的融资服务对接功能和基础保障支撑，鼓励金融机构将自身的征信查询应用系统及线上融资系统与平台对接，大力发展面向小微主体的线上“金融超市”和“一站式”融资服务。未来逐步探索政府扶持政策、政务服务、金融产业链条上各类市场机构和资源等在平台上实现整合，发展先进的“聚合式”公共征信服务。

（三）培育现代化的征信机构和征信市场

对标国内外先进标准，培育与山东省经济大省地位相匹配的、具有相当竞争力的市场化征信机构，提升技术实力，创新征信产品和服务，增加征信有效供给。进一步优化征信市场营商环境，在信息主体授权同意的前提下，将公共信用信息资源依法向符合条件的市场化征信机构开放，探索公共信息、商业信息与互联网信息融合共用，向金融机构提供高质量的征信产品与服务，助力普惠金融与金融创新。

（四）深入推进小微企业和农村信用体系建设

依托山东省融资服务信息平台，引导金融机构强化信息整合分析能力，科学开展信用评价，加快信贷产品研发创新，加大对小微企业的信贷支持力度。坚持信用惠小惠农、促进普惠金融发展目标导向，组织“信用县”创建和评估。引导涉农金融机构对专业大户、家庭农场、农民合作社、农业社会化服务组织、农业产业化企业等主体的信用状况进行科学评价，据以简化贷款手续、合理满足资金需求，支持现代农业和农村经济发展。

（五）多元化推广应收账款融资服务

鼓励金融机构依托中征应收账款融资服务平台、银行自建平台或第三方应收账款平台开展应收账款融资业务，发挥线上融资优势，提高融资效率。充分发挥中征应收账款融资服务平台对接山东省政府采购系统的优势，推动金融机构、地方财政及相关预算部门大力发展线上政府采购合同融资业务。充分发挥再贷款、再贴现等货币政策工具的正向激励作用，进一步激发金融机构和供应链核心企业办理应收账款融资业务的积极性。

（六）进一步做好国民征信宣传教育工作

深入推进征信宣传“进企业、进社区、进农村、进学校、进机关”。结合征信业运行重点、热点问题开展模块化、主题式宣传，提高宣传实效。建立国民基础宣传、高校专业教育、中小学德育宣教“三位一体”的征信宣传教育工作架构，着力提升社会各层面的信用意识和信用素质。

（牟 颖、刘 敏、户兴磊）

2019年山东省外汇形势分析与展望

2019年以来，中美贸易摩擦跌宕起伏，带动市场情绪和人民币对美元汇率剧烈波动，国际收支和结售汇呈现新变化，但跨境资金没有出现恐慌性外流。涉外收支顺差小幅下降。全年全省涉外收支顺差148.10亿美元，同比减少5.60%。结售汇顺差降幅逐渐收窄，全省结售汇顺差73.40亿美元，同比下降38.1%。

一、货物贸易顺差收缩，初次收入逆差扩大

2019年，山东省经常账户收入为1,592.90亿美元，同比下降2.50%；总收入占比为83.70%，同比下降0.30个百分点。经常账户支出为1,527.80亿美元，同比增长0.90%；总支出占比为87.10%，同比提高2.40个百分点。实现经常账户顺差65.10亿美元，同比下降45.30%，主要原因是一般贸易顺差下降和初次收入逆差增长。

（一）货物贸易顺差大幅下降

2019年，山东省货物贸易收入为1,507.80亿美元，同比下降2.80%；货物贸易支出为1,384.60亿美元，同比增长1.00%；货物贸易顺差同比下降55.90亿美元，降幅为31.20%。其中一般贸易顺差同比下降69.20%，对经常账户顺差下降的贡献度为86.10%。主要原因是：第一，货物进出口顺差同比下降。海关数据显示，2019年前11个月，全省以人民币计价的出口同比增长4.60%，进口同比增长6.20%。进口增速持续高于出口，使进出口顺差同比下降2.90%；同期全国因进口负增长而使顺差同比大增36.80%。第二，商业信用和银行信用摆布致使支出提速。2019年，企业倾向于通过商业信用和银行信用择机摆布资金，加剧了货物贸易顺差收窄。从商业信用看，全省外贸企业延付款规模同比下降9.80%，延付平均期限较上年缩短28天。从银行信用看，全省进口贸易融资余额同比下降3.30%。货贸监测系统显示，全年出口收入率为102.60%，进口支付率为111.50%，同比分别上升0.30个和5.60个百分点，表明外贸企业付款速度快于收款。

（二）初次收入逆差同比增加

2019年，山东省初次收入为16.80亿美元，同比下降9.00%；支出48.10亿美元，同比增长10.90%；逆差31.20亿美元，同比增长6.40亿美元，增幅为25.80%，对经常账户顺差下降的贡献度为11.90%。其中，外资企业利润汇出规模逐步攀升。受国外母公司资金紧张或战略调整、中美贸易摩擦升级、人民币汇率贬值等因素影响，2019年全省利润净汇出33.99亿美元，同比上升7.40%。利润汇出流向集中于香港，占全省利润汇出总额的48.83%。据对171家典型企业调查，29.00%的企业反映利润汇出缘于中美贸易摩擦等外部不确定性增大。

二、全省外商投资总量增加，结构优化

2019年山东省外国来华投资净汇入资金76.75亿美元，同比增长64.45%。其中，资本金性质的中长期资金投入快速增长，占比明显提升。全省投资资本金净汇入70.69亿美元，同比增长110.59%，占FDI净汇入的92.10%，较上年同期上升20.60个百分点；借贷资金净汇入6.07亿美元，同比下降54.58%，仅占外国来华直接投资净汇入资金的7.90%。

（一）外资投向持续优化

一是新兴和高端产业投资明显增加。2019年，山东省商务服务业、资本市场服务业、仓储业、科技推广和应用服务业、软件和信息技术服务业、研究和试验发展、通用设备制造业吸引外资金额同比分别增长141.10%、146.16倍、95.72%、1.17倍、4.22倍、13.88倍、88.50%。二是传统产业利用外资规模明显减少。2019年，山东省零售业，皮革、毛皮、羽毛及制品和制鞋业吸引外资分别下滑62.85%、72.72%。三是投资来源地进一步拓展。香港仍是最大的外资来源地，占全年外资总额的73.3%，同比提高5.06个百分点。印度、新西兰等9个“一带一路”国家第一次投资山东。但是，美国对华投资下滑，全年投资0.75亿美元，同比下降2.77%。

（二）山东吸引外资快速增长的主要拉动因素

2016年以来，山东省外资流入始终保持增长态势。据调查，投资拉动因素主要包括：一是市场驱动。（1）需求拉动。171家样本外资企业中，35%的样本外资企业认为“销售市场广阔”是我国对外资吸引力增加的因素。（2）资源推动。28%的样本外资企业认为中国“资源、运输、用工、基建等配套设施完备，总成本优势依然存在”。（3）产权促动。例如，烟台莱州市有13家企业存在相互交叉或共同的境外出资人，2018年以来共流入资本金1,935万美元，流入后均快速结汇或对外支付。（4）新旧动能转换。2018年，全国第一个新旧动能转换综合试验区在山东设立。为加快新旧动能转换，山东省政府着力培育重点新兴产业项目。二是环境优化吸引。38%的样本外资企业表示“营商环境和政府服务不断改善”。三是管理考核策动。40%的样本外资企业表示“政府招商引资政策加大力度”是吸引外资的重要因素。

（三）吸引外资中值得关注的问题

应高度关注招商引资中一些突出的异常情况。经济发展越困难，行政招商强度越大，层层指标加码的硬任务与基层“软能力”间矛盾加重，必然加剧招商中的问题，有的

形成“数字招商”。日常工作中发现政府主导的一些招商引资中存在一些突出的异常情况。一种情况是能够带来部分增量外资，形成阶段性的存量沉淀。特别是房地产行业资金大量汇入有政府主导因素。如济南、青岛、烟台、威海等地政府目前通行的规定是房地产企业应具有外资性质，竞标拿地必须有外币汇入，推动房地产行业从境外调拨资金力度上升。2019年，山东省房地产行业资本金收入为37.60亿美元，同比增长1.30倍。6月以来房地产行业外资流入剧增，6—10月全省房地产行业资本金流入同比增长7倍。另一种情况是在全国意义上并不带来增量，只在各地间摆布资金。例如，每日优鲜2018年以来先后在境外取得C轮和D轮融资，通过对比各地的招商引资优惠政策，企业集团最终选择济南和天津作为引进外资的落脚点。尽管资本金落地后划往北京未在本地使用，但济南每日优鲜电子商务有限公司每年仍能从地方政府获得逾千万元的招商引资奖励。还有一种情况是只带来外资流量扩大和短期存量。为完成招商引资任务，存在外资引入快进快出情况，即快速引进外资后再快速撤资。有的企业还通过新设—撤资—再新设的模式，或者通过增资—对外预付—再增资的模式，实现循环注资。2018—2019年疑似此类企业共计21家，涉及房地产、批发零售、服务等13个行业。

三、ODI规模下降，净流出放缓

2019年，山东省ODI净汇出29.80亿美元，同比增长15.50%。其中，对外投资资本金和借贷往来“一降一升”。对外投资资本金净汇出22.20亿美元，同比下降25.70%；借贷往来由上年同期的净流入4.10亿美元转为净流出7.60亿美元。借贷往来对外净支出大增是由少量大型集团资金集中运营造成的，主要原因是少数企业集团在境外融资难度加大，从境外子公司借款大幅缩减以及部分大型企业境外资金需求增多。

（一）对外投资资本金投向结构变化明显

一是从项目看，项目数量和金额双降，大项目带动力进一步上升。2019年，山东省项目数共计453个，同比减少2个；项目资金汇出31亿美元，同比下降29.06%。其中，1亿美元以上的项目数由上年同期的5个增加到8个，汇出资金量同比增长16.85%。二是从国别看，对美投资骤降，对东南亚投资占比大幅提升，“一带一路”投资增长。2019年，全省对美投资仅汇出0.88亿美元，同比下降73.96%；对东南亚投资汇出9亿美元，同比增长50%，占全部汇出的29.03%，同比提高15个百分点。其中新加坡、老挝、泰国3个国家的投资额超过1亿美元。“一带一路”沿线国家投资国涉及33个，同比增加1个，投资总额占比为37.68%，同比增长15.78个百分点。三是从投资方式看，境外投资中并购方式占比提升。近两年，并购方式汇出资金规模占比大幅上升，由2017年的2.00%提升至2019年的13.00%。四是从行业结构看，传统制造业仍然是对外投资的主要领域。2019年，资本金汇出金额在1亿美元以上的行业依然是建筑装饰、装修和其他建筑业、批发业、纺织服装、服饰业、金属制品业、电气机械和器材制造业、造纸和纸制品业、橡胶和塑料制品业等低附加值的传统制造业。

（二）全省对外投资变化的主要原因

山东省对外投资具有大型企业集团外延式扩张的特征，而且其全球化布局较早，很多项目已初步完成，对外投资有放缓迹象，而以产能转移为目的对外投资增势尚不明显。

一是中美贸易摩擦虽在边际上推升了企业产能转出倾向，但尚未造成产业转移潮。中美贸易摩擦是加速我国新一轮对外投资的催化因素，对部分产业和领域的产能转出效应有所显现，但整体上对我国产能的转移作用不明显。对88家出口企业的调查显示，仅4.50%的企业选择“2019年在第三国投资新设生产基地继续对美出口”。机械产品、汽车及零部件是第三大对美出口产品，山东省对美出口第一大行业——机械行业的141家企业中，仅1家企业已向境外转移产能，2家企业表示未来有向境外转移产能的计划。山东省对美出口第二大行业——汽车及零部件出口行业的58家企业中，1家已转移产能且未来计划继续转移，9家表示未来有产能外迁计划。

二是国内经济下行压力约束了企业对外产业投资。受国内经济下行影响，我国企业面临的“紧运行”环境日渐凸显，一方面市场需求萎缩，另一方面资金紧张，对外投资意愿和能力有所下滑。国际经验表明，经济形势较差时，企业一般优先保证国内生产经营，对82家已开展ODI的企业的调查显示，79.30%的企业出现了不同程度的资金紧张，其中有60%的企业推迟或缩减对外投资。

三是国内新旧动能转换处于初级阶段，落后产能转移的迹象尚不明显。2019年企业对外投资项目规模在1000亿美元以下的小型项目，汇出金额仅为4.60亿美元，同比下降12.60%。

四是外部环境改变，对外投资回归理性。国外贸易保护主义升级，发达经济体对外商投资监管趋严，东南亚国家要素成本不断提高，部分企业认为当前并非对外投资最佳时机。同时，前期投资困局抑制对外投资意愿。一方面，企业境外投资回报率普遍较低。对82家已开展境外投资的样本企业的调查显示，52.40%的样本企业境外项目未取得盈利。另一方面，企业对外投资过程中，在政治、政策、法律等方面遇到较多困难。102家样本企业中，28.57%的企业反映对外投资难度增加，主要集中在东南亚、美国和少数非洲国家。

五是对外投资规律制约产业转移的羊群效应。(1) 企业对外投资需较长时间、所需成本较高。从设立境外企业到形成境外产能平均需要2年，境外项目规划设计、审批备案、选址施工、投产运营均要耗费大量资金。(2)营商环境与我国差异很大。各国在政治、法律、民族、工会、环保、管理等方面与我国差异很大，多数企业对外投资较为谨慎。(3)对外投资可复制性较差。各地情况千差万别，行业、产品、国别、地区间差异极大，前期或其他企业的对外投资方案和经验不可简单复制，难以形成格式化统一的投资行为。

（三）企业境外投资中值得关注的问题

1.“高杠杆”“高溢价”对外收购无形资产风险很大。这类投资多为无形资产投资，且多为大中型民营企业。主要特征：一是大规模无形资产收购。二是其余资金缺口通过内保外贷解决和境外发债解决。三是企业具有较高负债，且流动资金较为紧张。四是个别企业开始出现债务违约。例如，某集团2010—2019年先后对我国香港、日本、澳大利亚、德国等地开展并购和绿地投资，用于在境外设立销售平台或并购境外知名企业品牌和营销网络。最近一次大规模收购为2019年1月31日，并购合同金额为11.00亿美元，累计汇出3.80亿美元，项目60%以上的资金通过境内担保、境外贷款或发债解决，且融资成本高于市场平均水平。2019年第三季度财务报告显示，企业现金流量净额同比减少87.00%，速动比率仅为0.38%，资产负债率为57.00%，总负债达359.00亿元。

2.部分企业的境外新设项目设备自动化程度低于境内，未来存在经营压力。根据对71家样本企业的调查，56.34%的境外项目设备自动化程度低于境内，主要是受制于资金或风险，更倾向于选择对人工需求更多而技术相对较为落后的设备在境外生产。表明大部分企业目前更依赖于境外相对低廉的劳动力成本，若下一步东南亚国家人力成本进一步提高，不排除将出现新一轮产能转移或设备更新投资的可能。

四、2019年下半年以来跨境贷款快速萎缩，境外发债资金调回激增

2019年，山东省跨境净融入资金（跨境贷款和发债、上市募集资金调回）22.60亿美元，同比下降28.30%。其中，境外贷款同比下降68.30%；境外发债募集资金调回同比上涨111.90%；境外上市募集资金调回同比回落57.10%。

2019年下半年跨境融资的主要特点：一是受境外银行贷款集中到期影响，7月以来境外贷款净偿还规模扩大。企业上半年多选择短期（半年期）境外贷款，因此还款多数集中于下半年。下半年，全省境外贷款由上半年净融入22.10亿美元转为净偿还15.90亿美元。二是企业境外发债需求持续高涨，募集资金调回规模显著提升。下半年，山东企业境外发债募集资金调回10.60亿美元，为上年同期的2.30倍。主要原因是美联储自7月以来三度降息，美债收益率下行，发债成本不断下降。同时，境内融资困难得到缓解，但尚未有效解决。辖内企业境内偿债压力较大，企业积极寻求境外低成本资金偿还境内债务。据银行反映，目前央行降准释放的流动性多用于普惠金融、小微企业，对大中型企业的融资条件并没有显著放宽，跨境融资成本下降推升了大型企业境外融资需求。

五、企业持汇意愿和衍生品操作渐趋理性

调查显示，企业进行汇率预期后是否开展避险操作，主要取决于资金紧张程度、前期操作准确度及汇率波幅预判。资金越充裕，前期操作效果越好，预判汇率波幅越大，汇率预期与汇率避险操作的相关度越高。

（一）逢高结汇、逢低购汇主导企业持汇意愿

与2018年“人民币贬（升）值时结汇率、购汇率同时走低（高）”不同，2019年多呈现汇率贬（升）值时结汇率下降（走高）、购汇率走高（走低）即“低买高卖”的成熟市场特征，表明在汇率宽幅双向波动的影响下，企业对赌情绪减弱，预期收敛，“追涨杀跌”情况明显改善。无论是人民币汇率持续升值的3月、4月，快速贬值的5月，还是人民币汇率破7的8月，企业逢高结汇助推收汇结汇率维持高位，而外汇存款余额和经常项目外汇账户余额下降；9—10月人民币震荡升值，收汇结汇率高位回调，付汇购汇率提升，外汇存款余额与经常项目外汇账户余额相应上升。11月汇率升破7，企业结汇意愿再次提升，外汇存款余额与经常项目外汇账户余额随之下降。12月，在人民币汇率未出现大幅波动的情况下，外汇存款余额在年末季节性下滑，收汇结汇率出现大幅下滑，主要为各地政府招商引资年度额度完成压力下，外资资本金在年末集中流入不结汇所致；付汇购汇率下降主要是受中美贸易关系向好预期影响，市场主体对短期内人民币升值预期增强，购汇意愿下降。

（二）人民币破7未酿市场恐慌，外汇衍生品签约持续净结汇

2019年，山东省外汇衍生品签约318.80亿美元，同比下降24.40%。从月度走势看，衍生品签约与汇率波动性明显正相关，汇率波幅较大的1月、5月和8月签约规模远高于其余月份，9月、10月，外部消息面平静推动人民币汇率波动性下降的情况下，外汇衍生品签约额随势缩量；11月，人民币汇率经历升破7、重回7的波动，企业办理外汇衍生品的意愿有所增强，但由于波动率较低，签约增幅有限；12月，人民币汇率在中上旬小幅波动，下旬受中美贸易关系释放利好影响再次升破7，但整体波幅有限，衍生品签约未出现大的波动。

近两年，人民币处于宽幅波动中，预期渐趋成熟，市场行为趋于理性，“破7”前后外汇供给均体现为正向贡献。从远期未到期金额来看，远期市场增加外汇供给。2019年，银行代客远期净结汇未到期额较上年末增加31.10亿美元，累计增加外汇供给31.10亿美元，同比增长69.90%。从

外汇衍生品签约金额来看，产品签约保持净结汇格局。2019年，结汇方向外汇衍生品累计签约177.90亿美元，占签约总额的58.40%；签约净结汇51.40亿美元，而2018年为净购汇-30.50亿美元。

六、关于2020年外汇形势的预测

2020年外汇形势依然复杂，有利因素和不利因素并存，有一些新的不确定、不稳定因素出现，2020年美国大选、中美贸易摩擦、英国脱欧、地缘政治冲突等重要事件将显著影响跨境资金流向，初步预计2020年我国外汇形势相对平稳，跨境资金流动风险总体可控，国际收支顺差有所增长。

（一）经常项目总体保持顺差

出口方面，当前主要经济体增长均放缓，贸易争端、外需下滑将压制出口增速。一是经济下行压力普遍加大。2019年10月15日，IMF发布《世界经济展望》，预测2020年全球经济增速为3.4%，较7月下调0.1个百分点，较4月下调0.2个百分点，主要原因是制造业和贸易恶化抑制外需，更高的关税和悬而未决的贸易政策打击投资积极性。二是货贸交易量继续萎缩。WTO将2020年全球贸易增长预期由3.00%下调至2.70%；11月18日货物贸易晴雨表（原名为世界贸易景气指数）读数为96.60，连续5个季度低于基准值100，贸易低景气状况短期内难以根本扭转。三是外需依旧疲软。Markit全球制造业PMI指数连续4个月处于荣枯线以下，增长大幅放缓。其中欧洲PMI指数连续8个月低于50，美国和亚洲PMI指数均连续4个月处于不景气区间。四是经贸摩擦持续。中美双方第一阶段贸易协议前景不明。日—韩、美—欧等区域性经贸摩擦持续扰动全球市场。12月2日，美国宣布将恢复对阿根廷和巴西的钢铁、铝产品征收关税。

进口方面，2020是决胜之年，增长动能巩固，内需边际改善。一是2020年是我国中长期政策目标的收官之年。实现“全面小康”“十三五”规划、“三大攻坚战”攻关，决胜态势明显，一定的经济增长不可或缺。二是逆周期政策“托底”效果将使国内经济在不确定环境中保持“确定性增长”。作为政策“锚”的基建、投资、消费均有增长空间和发力点，国内需求将有效提振。三是更多扩大进口措施落地。2019—2023年我国将进口超10.00万亿美元商品和服务。同时关税总水平已由2017年的9.80%降至7.50%，降幅达23.00%。进口需求已从功能性刚需、补充性消费向全品类需求、日常性消费转变。若中美磋商顺利，我国还将大幅增加自美采购农产品和能源产品规模。四是内需边际改善。11月中国官方制造业PMI为50.2，环比回升0.90，时隔6个月重回荣枯线以上。其中进口指数回升至49.80，新订单指数上升1.70至51.30，预示制造业内需有较大提升。

综合判断，2020年若贸易局势延续当前状态，2,500.00亿美元商品关税将多征收半年，3,000.00亿美元商品加税的影响时期更长，关税对进出口的拖累将边际增加。预计我国以人民币计价的货物贸易出口增长在波动中放缓，进口或在2019年低基数下出现弱势回暖。2020年出口增长仍将快于进口，外贸顺差增幅或有明显收窄，同期货物贸易资金流入规模将较2019年小幅增长。

（二）直接投资顺差或将继续扩大

从利用外资情况看，制度型开放对吸引外资形成中长期利好效应，系列政策红利将逐步释放，各级稳外资措施将持续发力，在全球处于低利率、负利率时期背景下，资金的逐利性将使国际资本流向高收益地区，推动我国利用外资稳步增长。同时，产业政策引导、环境规制增强以及全要素生产率提高都将促进外资利用结构继续优化，延续传统产业减少，新兴和高端制造业增加的态势。从对外直接投资看，预计2020年我国对外直接投资仍将保持谨慎，高科技行业海外并购需求仍然旺盛，世界政治经济局势仍将抑制我国企业对外投资热情，中小企业对外投资意愿难以出现增长，2020年对外投资进一步下降的可能性较大。

（三）跨境融资将延续2019年下半年以来的净流入态势

从积极因素看，市场预计2020年美联储将再度降息，日本银行、欧洲中央银行将继续维持负利率，流动性充裕席卷全球市场，跨境融资成本将逐步下降，助推跨境贷款继续增长；外汇局宣布取消QFII/RQFII投资额度限制，逐步提高陆股通额度，且MSCI将A股纳入因子提升至20.00%，预计2020年银行间债券市场对外开放措施逐步落地，我国金融市场吸纳外资能力明显上升。从消极因素看，11月，中国人民银行先后下调MLF利率、逆回购利率、国库现金定存利率、LPR利率，频频向市场释放流动性，企业境内融资成本预计将继续走低，将对跨境融资形成一定替代；中美贸易摩擦不确定性依然较大，汇兑风险增加，抑制企业跨境美元融资意愿。我们认为2020年积极因素较消极因素更多，预计2020年全省跨境融资规模将保持净流入态势。

（四）不确定因素中的确定因素：中国产业结构升级

2020年国际宏观经济形势依然复杂，不确定因素很多，唯一可以确定的是中国产业结构升级。我们选择经常账户差额和直接投资净资产占GDP比例两类国际收支结构指标，建立两组基本模型，并通过分别引入碳排放和碳排放与工业占比交叉项，构建六组面板数据回归模型，解释产业结构升级对经常账户差额变动和直接投资净资产的影响，实证结果显示，产业结构升级对国际收支有正向驱动影响。

产业结构升级对本国经常账户差额影响的实证结果：一是工业产值、批发零售业产值占比上升，影响经常账户顺差占GDP比例提高。这意味着产业结构升级对经常账户顺差的绝对额有直接作用。二是碳排放总量下降反映产业结构升级，影响经常账户顺差占GDP比例提高。可见，推动节能减排和产业高级化如绿色产业发展并不会影响经常账户顺差占比下降。

产业结构升级对本国对外净资产影响的实证结果：一是工业产值、批发零售业产值对直接投资净资产影响显著为正。随着本国工业和批发零售业的发展和产值上升，影响投资项下资金流扩大，带动投资项下顺差占GDP比例显著上升。二是碳排放总量下降反映产业结构升级，影响直接投资净资产的提升。这意味着，推动节能减排和产业结构升级，能够进一步改善本国投资环境，扩大投资项下顺差占GDP比例，同时能够促进高排放工业企业对外投资，限制高排放外商企业直接投资负债。

我国产业结构升级对国际收支结构的影响：按照中国产业中长期发展战略目标，至2030年，产业发展要实现“强、绿、智、联、特”。随着我国工业转型升级，政府将更加重视产业创新和环保，预计传统工业产值占比会进一步下降，新兴科技行业和电信业占比会进一步上升。从短期看，正负方向的政策效应相互抵消，影响经常账户顺差将处于胶着态势；从长期看，随着产业升级迈上一个新台阶，经常账户顺差将再度扩大。同时，这一过程中对外净资产会持续扩大。

（李讯、柳光程、刘宇、侯娉）

2019年山东省财务公司运行报告

一、山东省财务公司概况

（一）数量位居全国前列，服务范围更为广泛

截至2019年末，山东省共有法人财务公司19家（此外，筹建1家），分别为重汽、南山、兖矿、山钢、鲁商、重工、黄金、能源、晨鸣、新凤祥、招金、西王、日照港、浪潮、海尔、海信、青啤、青岛港、青建财务公司，另有中石化财务公司山东分公司和中电财山东分公司2家分支机构。全省财务公司共服务企业集团成员单位2,600余家，涉及汽车、钢铁、有色、煤炭、港口、纺织、物流、商贸、消费、科技等众多基础领域和民生领域。

（二）资产规模平稳增长，资产质量整体良好

截至2019年末，山东省财务公司资产总额为3,611.27亿元，同比增长10.97%；各项贷款余额为2,157.93亿元，同比增长15.72%。各项存款余额为2,572.70亿元，同比增长10.23%；全年累计实现净利润58.16亿元，同比增长6.84%；不良贷款余额为820.99万元，不良贷款率为0.04‰，维持较低水平。

（三）助力集团降本增效，服务效能持续提高

2019年，山东省财务公司累计投放信贷资金2,862.34亿元，同比增长40.23%；节约财务费用20.13亿元，同比增长26.19%；电子承兑汇票余额为789.47亿元，同比基本持平，有效提升集团票据回款和资金周转效率。有序开展产业链金融服务试点，余额为149.43亿元，同比增长21.85%，有力改善中小企业融资难融资贵问题。部分财务公司有序开展保险代理、债券承销、财务顾问等多元化服务，贴身服务手段和能力进一步增强。

二、山东省财务公司面临的困难和问题

（一）风险防控压力增大

部分集团前期过度扩张、主业偏离，受宏观经济形势影响出现资金紧张，经营压力向财务公司传导。个别企业集团对财务公司的功能定位存在偏差，加大了财务公司信用风险和流动性风险防控压力。

（二）职能发挥有待提升

受制于人才及信息科技的短板，有的财务公司存在“需求缺口大、服务跟不上”的问题，财务顾问、专业咨询等作用发挥不够，支持集团战略发展参与度不高。

三、2020年监管工作计划

（一）进一步强化重点风险防控

加大对财务公司所属企业集团经营情况的跟踪监测和分析研判，重点监控资金紧缺型企业集团及财务公司，适当提高压力测试频率。严控财务公司集团外负债规模，严厉打击违规票据业务，严防集团风险外溢。

（二）进一步提升服务实体质效

加强集团引导，推动财务公司立足服务集团本源定位，不断完善金融产品，为成员单位提供高效、专业、差异化的金融服务。继续支持符合条件的财务公司稳步开展延伸产业链金融服务，实现“服务自身大集团与支持链上小企业”双赢。

（三）进一步推进改革创新发展

继续加强监管部门与财务公司、企业集团母公司、地方政府的监管联促联调工作机制，压实股东主体责任。加强对集团股东行为的穿透式监管，引导集团股东合规尽责履职。继续支持符合条件的企业集团申设财务公司，为山东加快新旧动能转换提供专业金融供给。

（何山）

第二部分

金融监管部门

山东省地方金融监督管理局

【第一负责人简介】 刘晓，男，汉族，1964年12月出生，中共党员，研究生学历。历任山东省龙口市副市长，龙口市委常委、副市长；沂水县委副书记、代理县长，沂水县委书记；临沂市委常委、沂水县委书记，临沂市委常委，临沂市委常委、副市长；淄博市委常委、副市长；山东省金融工作办公室副主任、党组成员，山东省金融工作办公室副主任、党组成员、机关党委书记，山东省金融工作办公室主任（山东省地方金融监督管理局局长）、党组书记、机关党委书记；山东省地方金融监督管理局局长（山东省金融工作办公室主任）、党组书记。

【综述】 2019年，山东省地方金融监督管理局按照“扩总量、调结构、补短板、化风险、促开放、强基础”的总体思路，全力推进金融改革发展稳定各项工作，为实体经济提供有力支撑。2019年，全省金融业实现增加值4,177.35亿元，占地方生产总值的5.90%。

【金融服务】 2019年，山东省地方金融监督管理局以习近平新时代中国特色社会主义思想和党的十九大精神为指导，按照“工作落实年”要求，着力提升金融服务实体经济能力，持续深化金融改革开放，坚决打好防范化解重大金融风险攻坚战，以实际行动服务八大发展战略。

（一）着力扩大金融供给总量

一是深化与金融机构的战略合作。促成中国银行等11家金融机构与省政府签署战略合作协议，5年内为全省提供意向性融资支持1.02万亿元。2019年末，全省本外币贷款余额为86,325.56亿元，较年初增加8,149.38亿元，同比多增1,331.80亿元。二是着力用好多层次资本市场。累计超过2.20万家企业完成规范化改制。加大企业上市培训力度，实施企业上市倍增计划，全年新增境内外上市公司18家、IPO排队企业26家、IPO辅导企业60家，其中新增境内上市公司数量全国占比创近10年新高。辖内企业实现科创板全国首批上市，已上市4家。2019年，共发行各类公司信用类债券650只，融资合计5,638.10亿元，较上年增长17.80%；发行“企业债券融资支持工具”6单，支持企业获得债券融资24.00亿元。年末全省登记私募基金管理机构587家、备案基金1,200只、管理基金规模2,154.00亿元，分别较上年增加55家、241只、244.00亿元。三是充分发挥保险风险管理功能和经济补偿功能。据统计，2019年全省实现保费收入3,239.89亿元，同比增长9.43%；保险赔付903.60亿元，同比下降2.85%。推动保险资金与重点项目有效对接。2019年末，全省保险资金运用2,173.00亿元，较年初增加81.00亿元。

（二）着力缓解企业融资难融资贵

完善落实金融支持民营、小微企业发展的政策措施，全面推动首贷培植、无还本续贷、应急转贷、银税互动、应收账款融资、纾困基金服务等政策落地见效。2019年，全省普惠口径小微企业贷款余额（不含贴现）为5,835.30亿元，同比增长25.56%，高于全部贷款增速14.60个百分点；年末小微企业无还本续贷余额为1,263.40亿元；支持3.85万家企业首次获贷近540.00亿元，受培植企业获贷率为86.00%；企业应急转贷服务体系累计转贷307.20亿元、服务企业2,080家；“银税互动”融资服务平台累计授信1.69万笔，授信总额为101.40亿元；应收账款融资服务平台融资4,433笔、金额1,847.00亿元；8只专项纾困基金实缴规模为133.00亿元，累计对14家企业纾困投资87.29亿元。

（三）着力强化对重点领域的金融支持

引导银行机构积极对接新旧动能项目，全省金融支持新旧动能转换“十强”产业贷款余额为8,294.68亿元，较年初增加464.15亿元。扎实开展脱贫攻坚“回头看”，2019年末，全省金融精准扶贫贷款余额为483.00亿元，惠及人口21.30万人。2019年累计发放332.00亿元，惠及人口13.60万人。提升金融助推乡村振兴实效，持续推进数字化普惠金融项目。截至2019年末，60个县（市、区）累计为53.40万群众提供信用贷款377.00亿元；认真贯彻落实菏泽乡村振兴重点任务及责任分工，深入推进农村金融改革，规范工商资本下乡等政策；充分发挥省农业发展信贷担保有限责任公司支农作用。截至2019年末，累计担保2.30万户，担保金额为66.87亿元；创新涉海金融服务，制定了《关于金融支持海洋牧场建设的若干政策措施》。

【金融稳定】 2019年，山东省地方金融监督管理局聚焦区域金融稳定，打好金融风险防控攻坚战。通过加强监测预警，精准施策分类处置，规范整顿金融市场秩序等举措，守住了不发生区域性、系统性金融风险的底线。2019年全省共处置不良贷款2,843.10亿元，同比多处置672.90亿元；年末不良贷款率为2.89%，较年初下降0.45个百分点，不良贷款余额和不良贷款率实现2014年以来的首次“双降”。

（一）全力化解企业流动性风险

一是制订防范化解重大金融风险应急预案，进一步完善风险防控和应对处置机制。二是做好企业流动性风险化解工作。指导有关市制订区域风险防范化解方案，协调推进有关企业加快风险化解。三是推进重点领域风险化解工作，积极化解上市公司控股股东股票质押风险。四是开展打击逃废金融债务专项行动。

（二）深化地方法人银行改革

一是稳妥推进恒丰银行改革重组。推动恒丰银行剥离不良资产，指导其引入中央汇金公司等战略投资者，2019年12月底完成股改建账。二是推动城商行、农商行稳健发展。组织召开全省城商行、农商行改革发展工作会议，研究部署全省地方法人银行改革工作。

（三）稳妥处置非法集资及网络借贷风险

一是严厉打击非法集资等非法金融活动。将防范非法集资工作纳入社会治安综合治理网格化管理，稳妥做好“e租宝”等国家督办案件和省内重大案件处置工作。深入开展防范非法集资宣传教育“筑网行动”。二是基本完成网贷机构清理工作，在营机构全部申请转型为小贷公司。三是持续开展清理整顿各类交易场所“回头看”工作。督促金融资产类交易场所压降存量业务，指导有关市处置违规“金融资产交易”类机构，推动交易场所有序整合。

（四）扎实推进“金安工程”建设

开发建设非法集资、重点企业流动性、地方金融组织、金融机构、金融舆情5大风险监测预警系统和1个指挥中心系统，将风险多发领域的25万家机构纳入监测范围。启动、运行金融风险防控监测大数据平台，山东省金融运行监测中心获批成立。

【金融发展】 2019年，山东省地方金融监督管理局聚焦地方金融发展，深化金融改革创新，优化金融发展布局，着力提升地方金融组织监管服务水平，努力打造良好营商环境。

（一）持续优化金融发展布局

推进区域金融改革试点，积极争取临沂市打造普惠金融服务乡村振兴改革试验区；济南、威海、枣庄等地的金融改革试验区方案已呈报国务院。进一步提升济青烟“三核”金融集聚发展水平，济南区域金融中心在机构引进、集聚区建设、宣传推介等方面取得新进展；全国首家股份制银行理财子公司光大理财、全国首家获得基金销售牌照的外资银行子公司意才基金落户青岛；烟台基金管理中心新增基金和基金管理机构107家，新增基金认缴规模350.80亿元。

（二）打造金融支持对外开放新高地

助力山东自贸区建设，建立了中国（山东）自贸区金融创新工作台账，举办了首届山东地方金融改革论坛暨中国（山东）自贸区金融创新研讨会。积极配合推进青岛“上合组织”地方经贸合作示范区建设。深耕中（鲁）日韩金融合作，推动青岛银行、中泰证券、青岛农商银行分别与韩亚银行、韩国KB证券、釜山银行签署战略合作协议。深入开展中日韩金融合作及离岸人民币运用情况的调研，积极组织金融机构参加跨国公司领导人峰会金融领域展会和现代金融产业路演。

（三）推动地方金融组织规范健康发展

完善地方金融监管制度体系。出台了小额贷款公司、农民专业合作社信用互助业务试点、融资担保公司等系列业务许可或登记管理规定，制定了《山东省地方金融监管系统行政处罚自由裁量基准（试行）》。通过风险排查、专项整治、行业年审、分类评级、“双随机、一公开”检查等方式，强化“7+4”类地方金融组织监管。建立行业动态调整机制，减量增质、做精做强，2019年共新批设机构23家，共有371家地方金融组织实现有序退出或被取消经营资格。

（四）着力优化金融营商环境

进一步深化“放管服”改革，规范完善地方金融监管系统权责清单，加快实施“一窗受理、一网通办”，深化“证照分离”改革试点。按照“应放尽放、放无可放”原则，做好行政权力下放济青烟3市、自贸试验区等相关功能区有关工作。完善金融发展奖励机制，加强金融人才队伍建设，创新开展“人才贷”工作，推荐选拔齐鲁金融之星149名、金融高端人才34名。

（王艳慧）

附表1

机构概况一览表

局长（或其他称谓的第一负责人）		副局长（或其他称谓的同级领导）	
刘晓		王继东、李亚、赵理尘、葛志强	
地址	山东省济南市省府前街1号	邮编	250011
网址	http://dfjrjgj.shandong.gov.cn/	联系电话	0531—86061625

附表2

内设部门及分支机构一览表

年度	内设机构（个）	下设分支机构（个）		员工人数（人）	
		地市级机构数	县区级机构数	员工总数（含非正式员工）	正式员工数
2015	11	0	0	63	63
2016	11	0	0	60	60
2017	11	0	0	60	60
2018	11	0	0	63	63
2019	11	0	0	68	68

中国人民银行济南分行

【第一负责人简介】 周逢民，男，湖南永州人，1963年7月出生，中共党员，大学本科学历；1982年9月参加工作，先后在人民银行沈阳分行、哈尔滨中心支行工作，2001年10月起任人民银行沈阳分行党委委员、副行长，2003年11月起任人民银行沈阳分行党委委员，哈尔滨中心支行党委书记、行长兼国家外汇管理局黑龙江省分局局长，2011年9月起任中国人民银行党校常务副校长，2016年3月起任中国人民银行国库局局长，2017年7月起任中国人民银行济南分行党委书记、行长兼国家外汇管理局山东省分局局长。

【党建工作】 2019年，人民银行济南分行以开展主题教育为契机，全面推进辖区党的各项建设。坚持以党建统领全局，把主题教育作为全面检视差距、改进工作的契机，从党的领导和建设层面剖析各类问题的根源，用6个月的集中教育期，攻坚了一批群众反映强烈的痛点难点堵点问题以及长期制约履职的痼疾性矛盾，深化了党建与业务融合，切实在加强党的领导和建设中提高履职效能和管理水平。

一是始终把政治建设摆在首位。分行党委集体学习总行各个专业会议精神，从政治视角引领专业履职，加强对专业工作的统筹领导。继续对接供给侧结构性改革与三大攻坚战，深化开展“1+4”重点攻坚行动，对工作任务实行项目化管理，2019年谋划推出141个具体项目。扎实开展主题教育，高标准严要求完成中央、总行党委安排的工作任务，在中央巡回督导中得到第十一巡回督导组的高度评价，作为唯一一家分行在人民银行系统主题教育经验交流会上做典型发言。制定分行党委加强自身政治建设实施细则，为辖区各级党组织当好表率。

二是不断强化理论武装。利用党委会对习近平总书记重要讲话、党中央重要会议全面学、跟进学，利用党委理论学习中心组对与履职关系密切的讲话及会议集中学习12次。开展主题教育以来，利用集中教育阶段，系统学习了习近平新时代中国特色社会主义思想，以及习近平总书记关于金融工作的重要论述、关于山东工作的重要指示批示。落实意识形态工作责任，制定《关于加强意识形态工作长效机制建设的意见》，对干部职工明确意识形态底线要求，对党委（组）明确意识形态工作任务。加强“青年之家”建设，做好青年思想引领工作。开展庆祝中华人民共和国成立70周年主题宣传教育活动，广泛宣传“劳动美——我身边的榜样”典型事迹。

三是着力夯实基层党建基础。推进党支部标准化、规范化建设，制定党支部建设标准化工作手册，实施全程纪实管理，落实支部主题党日制度，严把发展党员政治关，规范党费使用管理，进一步严肃和规范党内政治生活。举办辖区机关党委（党总支）书记、党支部书记培训班，提高基层抓党建能力。发挥业余党校作用，各级行业余党校累计举办培训2,000多班次，相关做法被《“两学一做”学习教育情况通报》《组织人事工作参考》采用，被总行党校《教学研究参考》刊发。

四是加强班子队伍建设。改进干部选拔任用机制，干部选拔任用没有出现不良影响。多渠道培养锻炼干部，有计划地推动系统内上下交流、与地方政府、基层党组织、金融机构之间的干部交流挂职等。打造“每周一讲”培训平台，推进微课程，选送的“中国人民银行正风肃纪十条禁令”等7个微课程被总行网络学院上线推广。开展“寻找基层专业守护人”活动，相关做法被《组织人事工作参考》刊发交流。加强人员管理，严明劳动纪律，规范分行机关从辖区借调交流人员帮助工作。

五是持续推进正风肃纪。深化纪检监察体制改革，授权郑州中支纪委开展河南辖区信访线索处置，授权郑州中支党委组织对河南省各市中支党委进行巡视，力争三年内对县支行实现巡察全覆盖。开展党的十九大以来审计巡视自查发现问题整改“回头看”活动，对18个检查项目全面调度整改情况。全面开展劳动纪律和因私出国（境）检查、公车管理不规范问题检查、干部职工参与集资借贷风险问题排查，开展“不担当不作为”专项整治。践行“四种形态”，加强回访教育，做到“一人一账”。

【货币政策】 2019年，人民银行济南分行以深化措施创新与制度创新为抓手，疏通货币政策传导渠道。坚持把贯彻稳健货币政策的着力点放在疏通金融支持实体经济渠道和优化金融资源配置上，在用好政策工具的同时，聚焦金融机构反映的突出问题，创造性地搭建公共平台，促进政策有效落地。2019年末，山东省贷款余额为8.60万亿元，同比增长10.90%；全年实际增加10,924.00亿元，同比多增1,353.00亿元，当年增量首次突破万亿元大关。

一是优化双支柱调控政策运用。优化再贷款管理，在保障资金安全的同时，着力提高使用便捷性，促进支小再贷款使用率从年初的72.00%升至91.00%。创设“绿色票据直通车”再贴现模式，绿色票据占比达到7.60%。落实“三档两优”存款准备金政策，强化释放资金的运用引导，有效带动民营和小微企业贷款增长。强化信贷政策执行，围绕突出问题进行约谈或通报。扎实开展宏观审慎评估，下调宏观经济热度参数和结构性参数基准值，将金融机构支持民营小微企业、制造业、绿色信贷等情况纳入评估范围，引导地方法人金融机构新增贷款份额提高至41.30%。

二是健全融资服务对接机制。优化“山东省融资服务平台”，推动发改、税务等5部门就12大类、42小类信息签订了共享协议，该系统获“2019中国政府信息化管理创新奖”。下一步将继续扩大信息共享范围，实现16大类、74个小类、1,200余项公共信用信息共享查询。开展民营和小微企业“首贷培植行动”。培植民营、小微企业4.30万家，3.80万家企业首次获贷近530.00亿元，提前完成年初确定的3万家企业获得首贷的目标。

三是着力扩大直接融资规模。加强债务融资工具宣讲，2019年，全省发行债务融资工具348单、金额3,068.10亿元，发行金额占全国的4.69%。地方法人银行绿色金融债发行主体数量和金额分别居全国第一位和第二位。指导威海市商业银行全国首批发行30.00亿元永续债。

四是积极促进政策传导。稳步推进贷款市场报价利率（LPR）改革。12月，全省法人金融机构新发放贷款LPR运用比例为95.30%。全省101家金融机构成为全国性市场利率定价自律机制基础成员，另有34家成为观察成员。深化区域金融改革试点，临沂市普惠金融服务乡村振兴改革试验区创建工作取得突破。

五是加强调研监测分析。人民银行济南分行在山东省委省政府创立了优秀调研分析品牌，2019年以来共有63篇调研报告获得省委省政府领导批示，2篇调研报告获得“2018年度全省省府系统优秀调研成果”一等奖。

【金融稳定】 2019年，人民银行济南分行以健全金融风险防控处置机制为基础，扎实推进防控化解金融风险攻坚战。牢固树立底线思维，完善风险防控机制，建立健全风险研判机制、决策风险评估机制、风险防控协同机制、风险防控责任机制，主动加强协调配合，坚持一级抓一级、层层抓落实。

一是健全风险监测分析机制。依托金融机构监测人员构建横向到边、纵向到底的网格化监测体系，将金融风险防控关口前置、下沉。探索建立央行主监管员制度，确定每家金融机构主监管员。探索建立金融风险监测预警处置管理系统。完成43家投保机构的现场核查，对300余家机构开展交叉性金融业务常规监测，完成4家行的资产业务、同业业务、理财业务的现场核查。

二是压实各方风险处置责任。协助省政府制定《山东省打好防范化解重大金融风险攻坚战实施方案》。向地市政府发函提示风险，加快推动辖区高风险机构风险化解，目前，各地市均细化了风险处置措施。压实金融机构主体责任，发挥省联社对农商行风险处置牵头作用，多次约谈部分高风险村镇银行的主发起行，2019年，有5家村镇银行退出高风险机构名单。

三是加强金融监管与风险处置协调。在全国较早建立金融监管协调机制。年中工作会议后，推动山东省金融监管协调机制调整为机制1，机制2的相关职责由省金融稳定发展领导小组履行。与山东银保监局建立全方位合作机制，与省发改、证监等部门建立债券风险监测制度和信息共享机制。

四是推进风险早期纠正化解。对38家机构下发《存款保险早期纠正通知书》，对17家机构下发《存款保险风险警示函》。强化央行评级结果运用，全面测算高风险机构风险化解的资金需求，相关报告得到省委省政府领导高度认可。做好接管包商银行涉鲁各项工作。做好恒丰银行改革相关工作。

【金融服务】 2019年，人民银行济南分行以优化金融营商环境为目标，创新加强金融管理与服务。聚焦金融管理服务中的痛点堵点问题，牵头推进全省金融领域“放管服”改革，以之为契机，推动全省人民银行在改进金融管理服务中做表率，为经济社会发展提供安全高效的基础金融服务。

一是优化支付结算服务。全面取消企业银行账户许可，实现开办（注销）企业线上“一站式办理”预约开销户，开户时间大幅压缩。深化助农取款服务点分类管理和综合化建设，推动综合服务点占比提升至47.00%。深化无证经营支付业务整治，实现法人支付机构客户备付金100.00%集中交存。

二是加强征信体系建设。研究拟订《山东省征信体系建设推进方案》，获省委省政府高度重视。协调推进公共信息共享，打造公共征信与融资服务基础设施。多措并举清理整顿征信市场，完成3家企业征信机构备案注销，支持浪潮集团完成企业征信机构备案公示。优化征信查询服务，建成主城区“3公里”查询圈和第一批乡镇查询网点。上线全省征信查询监控中心。

三是改进现金服务管理。深化现金服务示范区创建，开展“唤醒沉睡硬币”主题活动，开展拒收现金和人民币图样专项整治，完善现金服务“神秘人”暗访制度。

四是提升国库服务质效。开发推广“电子退库系统”，在全国率先实现退税业务“全流程电子化”，办理时间压缩50.00%以上。建立小微企业退税绿色通道，办理减免退库53万余笔，惠及小微企业32万余户。推进国库集中支付电子化市县级改革，全省地市级覆盖面超过50.00%。实施代理国库业务和国库监督“负面清单”管理制度，相关经验在总行发言交流。

五是加强金融消费权益保护。推动成立山东省金融消费权益保护协会，探索多元化纠纷解决机制建设，诉调对接机制实现省、市、县三级覆盖，创新金融知识宣传教育，在全国率先建立银证保及教育部门共同推进中小学金融知识纳入国民教育体系的工作机制。

六是提升反洗钱监管质效。建立反洗钱打防合作机制，在全国率先与证监部门建立期货机构省级联合执法检查机制。落实双罚制，对35家机构处罚1,260.00万元，同比增长37.00%，对直接负责的51名高管处罚82.50万元，同比增长42.60%。洗钱入罪工作取得突破，向公安机关移送可疑线索269条，其中43条被立案，被宣判洗钱罪4起。

七是做好金融统计工作。全面推进金融业综合统计，实现法人机构资管产品统计全覆盖，落实绿色贷款专项统计制度，实现绿色贷款业务机构100.00%全覆盖。

【外汇管理】 2019年，人民银行济南分行以促开放与防风险并重为导向，深化创新外汇管理与服务。一是持续提高外汇服务水平。成功获批开展货物贸易外汇收支便利化试点资格，推进资本项目收入结汇支付便利化试点业务。这项工作得到山东省委书记刘家义的肯定。推动跨国公司跨境资金集中运营管理改革和业务扩容，进一步提升便利化水平。开展“外汇服务进万企”活动，组织全省各级外汇局和商业银行“面对面”为企业提供定制化政策宣传及外汇金融服务。深化跨境人民币政策宣传，为企业提供本外币政策“会诊式”服务。认真研究山东省自贸区总体方案，向国家外汇管理局申请在自贸区开展外汇创新业务。研究加强山东与日韩金融合作的工作思路，配合做好上合示范区建设工作。在坚持贸易真实性的原则下，积极促进跨境电商、市场采购贸易等外贸新业态发展。

二是持续提升外汇监管水平。强化经常项目、资本项目事中、事后监管，针对性开展银行和企业外汇业务专项检查。加大打击地下钱庄力度，开展网络炒汇平台集中清理整治工作，潍坊“5·05”地下钱庄案作为国家外汇管理局唯一案例入选中组部组织编写的《贯彻落实习近平新时代中国特色社会主义思想在改革发展稳定中攻坚克难案例》丛书。

【风险防范】 2019年，人民银行济南分行以确保大庆之年安全生产为底线，全面加强人财物规范管理。

一是牢固树立“安全工作无小事”的思想。定期开展安全检查，深化内审成果运用，健全完善安全生产机制。中华人民共和国成立70周年国庆前夕，开展“安全堡垒2019”专项行动并直插现场突击检查，采取有效措施维护安全稳定。

二是加强科技安全管理。上线辖区信息安全基线管理系统二期，开发“济南分行问题清单管理系统”，建立问题跟踪整改全生命周期管理技术手段。

三是深入推进依法行政。创新律师驻场服务，举办“律师接待日”系列活动；扎实开展法治央行评估、查处分离试点等工作；全年全辖取消收费项目14项、调整16项，预估今后每年减费564.89万元。

四是持续推进会计财务全面从严管理和工作转型。加大辖区不动产存量问题解决力度，健全完善业财融合机制和财务治理机制。一年来辖区未发生重大安全事故。

（吴晓利、谷 红）

附表1

机构概况一览表

行长（或其他称谓的第一负责人）		副行长（或其他称谓的同级领导）	
周逢民		贾广军、刘振海、董龙训、陈好孟、王珏琰、刘 健、肖瑞卿、王延伟、刘 明	
地址	山东省济南市经七路382号	邮编	250021
网址	http：//www.jinan.pbc.gov.cn	联系电话	0531—86924114

附表2

内设部门及分支机构一览表

年度	内设机构（个）	下设分支机构（个）		员工人数（人）	
		地市级机构数	县区级机构数	员工总数（含非正式员工）	正式员工数
2015	33	17	98	7,016	6,117
2016	33	17	98	6,753	6,027
2017	33	17	98	6,563	5,954
2018	33	17	98	6,445	5,903
2019	33	17	98	6,469	5,974

中国银行保险监督管理委员会山东监管局

【第一负责人简介】 王俊寿，男，汉族，1971年3月出生，山西阳泉人，研究生学历，经济学博士，现任中国银行保险监督管理委员会山东监管局（简称山东银保监局）党委书记、局长。

【综述】 2019年，山东银保监局坚决执行党中央、国务院的决策部署，认真贯彻落实银保监会和山东省委省政府的工作要求，围绕“释放改革效果、提升监管效能”一个中心，着力防范化解突出风险，提升服务实体经济质效，扎实推进改革工作向纵深发展。截至2019年末，辖区银行业资产总额为106,240.34亿元，较年初增加7,588.36亿元，同比增长7.69%；负债总额为102,909.39亿元，较年初增加1,308.42亿元，同比增长7.62%；不良贷款余额为2,234.92亿元，较年初减少65.17亿元；不良贷款率为3.28%，较年初下降0.45个百分点；全年盈利67.51亿元，同比多盈146.26亿元。辖区保险业总资产为5,953.38亿元，居全国第五位；实现原保险保费收入2,750.99亿元，居全国第三位，同比增长9.19%，同比提升1.57个百分点。

【行业监管】 2019年，山东银保监局以防范化解金融风险为重点，坚决打好防范化解金融风险攻坚战。

（一）强化行业规范建设

在全系统、全行业部署开展“行业规范建设年”活动，明确银行业保险业道德规范、行为规范、服务规范、管理规范，以及监管自身执法规范、流程规范、制度规范、往来规范8类24项要求，着力打基础、抓基本、重长远、求实效。筑牢合规建设制度根基，辖区银行保险机构“立、修、废”合规制度1.40万件，覆盖运营、内控、风险管理等1,200多个环节。加强从业人员教育培训，33.60万余人次参加案防合规知识培训测试，对银行从业人员累计覆盖率达到100.00%，银行保险机构累计开展案件警示教育、集中教育培训约2万场，参训人员达86.21万人次。

（二）大力推动风险化解处置

有效凝聚攻坚合力，推动山东省政府先后召开全省金融工作视频会、城商行、农商行改革发展工作会议，联合人民银行济南分行、省地方金融监督管理局、财政部山东监管局等部门建立健全金融监管协调机制，落实地方政府属地责任，压实机构及股东主体责任，做实监管部门监管责任。持续加大不良贷款处置力度，坚持稳不良、稳运营、稳预期。2019年山东省银行业共处置不良贷款2,843.52亿元，同比多处置673.24亿元，不良贷款实现了2014年以来的首次“双降”。

（三）深入整治市场乱象

把“巩固治乱象成果、促进合规建设”作为现场检查“主战场”，统筹研究确定现场检查项目，实现对重点地区、风险、机构和业务的有效覆盖；辖区市场乱象整治取得阶段性成效，风险逐步趋于收敛，行业生态逐步净化；找准“切口”，靶向整治，集成力量实施银行机构历次检查“回头看”；统筹开展信贷管理、涉企服务收费、房地产、股权和关联交易等领域专项整治，聚焦车险“报行不一”、人身险销售误导、中介市场“底子不清”等保险领域突出问题，持续保持高压态势。2019年山东省车险综合费用率回落至39.85%，同比下降5.08个百分点；人身险公司退保率同比下降1.43个百分点，已达近六年来最低水平。

【金融服务】 2019年，山东银保监局紧盯山东新旧动能转换，聚焦八大发展战略，持续提升金融服务质效。

（一）着力增加高质量资金供给

截至2019年末，辖区各项贷款较年初增加6,410.87亿元，同比多增1,185.33亿元，其中中长期贷款较年初增加5,239.43亿元，同比多增594.95亿元；新旧动能转换“十强”产业及基础设施贷款余额为7,447.51亿元，较年初增加821.71亿元，保险资金运用余额为2,173.40亿元。

（二）优化小微企业金融服务

出台无还本续贷政策指导意见，推动建立无还本续贷名单制度，完善小微企业信贷利率监测和综合成本调查机制，普惠型小微企业贷款总体实现“两增两控”考核目标。加强银税平台建设应用，123家银行机构接入，实现授信14,944笔、授信额度87.45亿元，李克强总理考察山东时给予高度肯定，被国务院第九次大督查选作山东减税降费典型。

（三）助力打造乡村振兴“齐鲁样板”

明确涉农贷款增长量化考核目标。辖区法人银行机构普惠型涉农贷款余额为3,188.91亿元，较年初增加384.64亿元，增速为13.72%，高于各项贷款增速0.87个百分点，完成银保监会及省委省政府考核要求，扶贫小额信贷基本实现“授信全覆盖、应贷尽贷”。农业保险实现农业县全覆盖。2019年累计提供风险保障944.70亿元，支付赔款28.06亿元。全力支持“利奇马”台风抗险救灾。截至2019年11月，全省累计赔付10.34万件，赔付金额为7.39亿元。

【机构改革】 2019年，山东银保监局根据中国银保监会部署，扎实推进派出机构改革，全面完成省分局改革任务，加快推进深度融合，提升监管工作效能。

（一）以人员整合促融合

注重培养团队意识、集体意识，积极营造良好氛围，先后开展银行、保险监管业务培训，主题党日等活动，增进感情交流，促进人心相通。在实战中推动监管业务深度融合，省局22个部门实现原银保监干部交叉搭配，6个分局补充原保监干部，在现场检查工作中统一调配省分局和银保监条线人员，现场检查工作得到中国银保监会相关部门高度认可。

（二）以制度规范促融合

全面推进监管部门自身规范建设，清理235项监管规范性文件，统筹调整23个省局议事协调机构，梳理制定行政许可事项分级表和流程图，统一规范现场检查、非现场监管制度流程，出台政务公开、保密管理、突发事件信息报告等政务制度流程21项，夯实银保监管基础。

（三）以科技赋能促融合

组建智能检查业务骨干人才库，探索监审联动机制，加强EAST系统深度应用，有32个模型被中国银保监会推广，研发现场检查双随机系统，上线“e览众山”系统高管管理和股东信息查询模块，监管精确制导作用进一步发挥。

（李江涛）

附表1

机构概况一览表

<table>
<tr><td colspan="2">局长（或其他称谓的第一负责人）</td><td colspan="2">副局长（或其他称谓的同级领导）</td></tr>
<tr><td colspan="2">王俊寿</td><td colspan="2">鲁 青、赵东生、艾建华、邢安锋、王成伟、许彦峰、付国才、张友道、曹光中、唐加水</td></tr>
<tr><td>地址</td><td>山东省济南市经二路146号</td><td>邮编</td><td>250001</td></tr>
<tr><td>网址</td><td>http://www.cbirc.gov.cn/branch/shandong/view/pages/index/index.html</td><td>联系电话</td><td>0531—86193507</td></tr>
</table>

附表2

内设部门及分支机构一览表

年度	内设机构（个）	下设分支机构（个）		员工人数（人）	
		地市级机构数	县区级机构数	员工总数（含非正式员工）	正式员工数
2018	30	15	92	1,203	1,203
2019	24	15	92	1,198	1,198

中国银行保险监督管理委员会青岛监管局

【第一负责人简介】 阚超，1968年8月出生，四川仪陇人，博士研究生学历，助理经济师；2010年1月任中国银行业监督管理委员会四川监管局党委委员、副局长；2018年10月任中国银行保险监督管理委员会四川监管局筹备组成员；2018年11月任中国银行保险监督管理委员会四川监管局党委委员、副局长；2019年8月任中国银行保险监督管理委员会青岛监管局（简称青岛银保监局）党委书记、局长。

【综述】 2019年，面对复杂严峻的国际国内经济金融形势，青岛银保监局以党的十九大精神为统领，全面贯彻落实中央经济工作会议、全国金融工作会议精神，加强党建引领，落实监管责任，强化风险管控，深化改革创新，优化金融服务，有力促进辖区银行保险机构安全稳健运行。截至2019年末，辖区银行业金融机构资产、负债余额分别为2.50万亿元和2.40万亿元。其中，各项贷款余额为18,363.00亿元，比年初增加2,106.00亿元，同比增长13.00%；各项存款余额为16,994.00亿元，比年初增加1,816.00亿元，同比增长12.00%；不良贷款率较年初下降0.44个百分点；辖区保险业实现保费收入487.00亿元，同比增长10.80%；保险业累计提供风险保障25.20万亿元，同比增长17.80%，持续发挥风险保障作用。

【党建工作】 2019年，青岛银保监局深入推进全面从严治党工作。

一是持续强化理论武装。将学习贯彻习近平新时代中国特色社会主义思想作为首要政治任务，建立党建知识题库和“党建擂台”平台，组织开展专项测试，推动全体党员干部牢固树立“四个意识”，不断增强“四个自信”，坚决做到“两个维护”。

二是压实从严治党主体责任。健全党委工作规则和“一岗双责”工作机制，优化党建考核办法，积极落实意识形态工作责任制，切实把好思想“总开关”。

三是扎实开展“不忘初心、牢记使命”主题教育。提出“贯穿一条主线、实施五项任务、组织N个活动”总体思路，将学习教育、调查研究、检视问题、整改落实等工作贯穿主题教育全过程，在全局形成了砥砺初心使命、奋力干事创业的浓厚氛围。

四是着力加强基层党组织建设。开展“巩固基础提质效 深化党建促融合”活动，建立党建资源共享机制，开展了丰富多彩的群团活动，促进了思想观念和业务人员融合。

五是切实加强党风廉政建设。落实非公务交往报告实施细则，组织主题廉政文化月活动，进一步巩固和扩大了风清气正的政治生态。

【金融监管】 2019年，青岛银保监局持续提升金融服务质效。

一是加大金融供给力度。推动监管政策落地实施，畅通银行保险资金服务实体经济渠道。年末贷款和存款增速分别为13.00%和12.00%，新增贷款2,106.00亿元，同比多增287.00亿元，创近10年新高。保险业累计提供风险保障25.20万亿元，同比增长17.80%。保险资金运用365.90亿元，较年初增长30.50%。

二是支持服务重大战略。加强研究、对接政策、明确要求、强化考核，制定印发辖区银行业保险业支持青岛市“十五个攻势”助推地方经济高质量发展的指导意见，推动金融资源倾斜配置。积极助推新旧动能转换，海洋经济、绿色生态、战略性新兴产业、高新技术产业等领域融资余额保持快速增长。

三是优化普惠金融服务。建立小微企业信贷投放承诺机制，制订印发加强民营企业金融服务实施方案，组织开展“行长访小微”“惠企万家”“百行进万企”“银税互动”等行动，法人银行整体完成“两增”目标。引导金融服务乡村振兴和助力脱贫攻坚，涉农贷款持续增长。

四是发挥保险保障功能。大力推动高危行业安全生产责任保险和建筑业五类保证保险，支持全国首单超低能耗建筑性能责任保险业务在青岛落地。扎实做好社保承办项目，积极发展老年人意外险、残疾人意外险等特殊领域保险，保险保障民生功能进一步增强。

五是不断深化改革开放与创新。完善公司治理架构。指导全部法人银行机构将党的领导写入章程，强化党委决策在公司决策中的领导和核心作用，支持两家主要法人银行A股成功上市。转型发展成效明显。支持青岛银行设立理财子公司，指导青岛农商银行270家营业网点升级为智慧厅堂，支持陆家嘴信托公司探索开展家族信托和慈善信托业务，引导海尔消费金融公司加大场景业务战略布局。推动扩大改革开放。制定出台辖区银行业保险业支持自贸区建设十条措施，获得银保监会批复同意，成为6个新设自贸区中首个获得银保监会政策支持的区域。推动光大银行理财子公司落户，批复辖内浙商银行、东营银行、东海航运保险公司开业，金融服务组织体系进一步完善。

六是持续打击侵害消费者权益行为。开展侵害消费者权益乱象整治，做实销售行为整改情况“回头看”工作，严肃查处侵害消费者权益行为，完善信访投诉处置调解机制。综合运用报纸、互联网等媒介宣传普及金融知识，收到良好社会反响。

【风险防范】 2019年，青岛银保监局切实守牢风险防控底线。

一是乱象整治成果有效巩固。强化组织领导，统筹推进机构自查、监管督导和现场检查，严格各环节质量控制，加大违法违规问题查处力度。全年针对各类违法违规行为处罚机构22家次，罚没金额合计1,867.60万元。

二是信用风险防控成效明显。严密盯防重点风险客户，实施名单制管理，定期研判大额信用风险，完善风险防控措施。督导机构在审慎分类、真实反映的基础上，综合运用重组、转让、核销等手段加快处置存量不良资产，为收官之年留出必要的空间。全年共处置不良贷款323亿元，较上年增加70.00亿元。

三是其他风险严格管控。持续跟踪地方政府性债务风险防控政策落地实施情况，督导银行机构防范存量债权悬空风险，严控增量风险。做好房地产领域全口径融资监测，开展专项现场检查，严肃查处房地产领域乱象问题。指导辖区法人银行完善流动性风险管理体系，加强投资业务、特定目的载体投资及同业理财业务管理。组织开展信托业、保险中介市场全面风险排查，加强对车险、非寿险投资型产品、人身险满期给付和非正常退保以及中介市场等保险领域风险的防范化解。做实案件风险防控，加强员工行为管理，严格轮岗交流、强制休假制度执行。

【机构改革】 2019年是机构改革以来第一个完整的工作年度。青岛银保监局立足机构改革融合大局，完善工作运行机制，加强干部队伍建设，丰富监管工具箱，打造复合型专业化高素质监管队伍，切实提升监管履职效能。

一是优化职能设置。严格落实中国银保监会党委机构改革工作部署，按照“三定”方案，科学设定内设机构职责，合理安排干部岗位，促进横向交流和岗位历练。根据监管实际，调整优化部分处室职责，理顺工作流程，强化协调联动和信息交流共享，确保各项重点工作平稳有序推进。

二是完善监管工作机制。设立现场检查委员会、非现场监管委员会和行政处罚委员会，制定工作规则，形成联动监管合力。加强现场检查人员统筹，提升EAST系统运用水平。强化依法行政、依法履职，坚持纠罚并重、罚没并举、双罚并行，严格实施行政处罚，有效发挥监管震慑作用。

三是全面加强内部管理。严格组织程序，完成副处级领导干部选拔和干部职级晋升工作，进一步优化了干部队伍结构。加强新闻宣传和信息报送，进一步提升督查督办质效，夯实机要、保密、综治、档案、许可证管理、政务值班工作基础。

（杨闽军、刘金文）

附表1

机构概况一览表

<table>
<tr><td colspan="2">局长（或其他称谓的第一负责人）</td><td colspan="2">副局长（或其他称谓的同级领导）</td></tr>
<tr><td colspan="2">阚 超</td><td colspan="2">王永存、徐 强、刘智夫、李继明、宋朝晖、林 洁、徐一臻、罗 中</td></tr>
<tr><td>地址</td><td>山东省青岛市市南区香港西路69号</td><td>邮编</td><td>266071</td></tr>
<tr><td>网址</td><td>http://www.cbrc.gov.cn/sj/qingdao/index.html</td><td>联系电话</td><td>0532—83079101</td></tr>
</table>

附表2

内设部门及分支机构一览表

年度	内设机构（个）	下设分支机构（个）		员工人数（人）	
		地市级机构数	县区级机构数	员工总数（含非正式员工）	正式员工数
2018	21	0	0	171	171
2019	21	0	0	177	177

中国证券监督管理委员会山东监管局

【第一负责人简介】 陈家琰，河南固始人，研究生学历，高级经济师；2015年8月至今任中国证券监督管理委员会山东监管局（简称山东证监局）党委书记、局长兼济南稽查局局长。

【综述】 2019年，山东证监局深入学习贯彻习近平新时代中国特色社会主义思想，认真学习党的十九届四中全会、十九届中央纪委三次全会精神，围绕“打造一个规范、透明、开放、有活力、有韧性的资本市场”的总目标，聚焦中国证监会各项决策部署和全面深化资本市场改革工作座谈会提出的重点任务，坚持“四个敬畏、一个合力”的监管理念，统筹推进全面从严治党、强化监管执法、全面深化资本市场改革、防范化解重点领域风险等各项工作，持续推动辖区资本市场稳定健康发展。

【上市公司监管】 加强日常信息披露监管，与沪深交易所保持常态化信息沟通，及时核查问题疑点，充分识别公司风险，打好分类监管基础。盯住问题精准发力，发挥现场检查作用，全年共开展现场检查42家次，对17家次上市公司及55个相关责任主体出具行政监管措施。多种方式推动提升上市公司质量。从控股股东入手助力类“僵尸企业”走出困境，引导控股股东通过司法途径解决纠纷，引入有实力的控股股东；严格开展重大资产重组专项核查，防止质地不优资产进入上市公司，2家公司主动终止重组；督促落实《上市公司治理准则》，提高公司治理水平。稳妥化解股票质押风险，逐家约见高比例质押公司实际控制人、董事长谈话，并选取重点公司、困难公司进行现场督导，压实企业主体责任。

【拟上市公司监管】 大力推动企业上市，推动科创板在辖区落地。按照把握科创属性，保证上市公司质量的要求，重点做好科创板上市工作。在加强宣传动员，有针对性地做好协调推动工作的同时，坚持数量服从质量的原则，督导拟上市企业补足短板、规范发展。2019年辖区有7家公司（含科创板3家）实现首发上市。扎实开展拟上市公司辅导验收工作。优化辅导验收工作制度流程，累计辅导验收17家公司（含科创板6家）。严防“带病申报”，责令1家公司延长辅导期。

【证券期货基金经营机构监管】 打牢证券期货机构合规基础。以落实《建设证券基金行业文化，防范道德风险工作纲要》为重点，制订辖区证券行业文化建设工作方案，推进行业文化建设。加强新业务风控指标监管以及股票质押、信用衍生品、资管业务的合规监管，以此为抓手，推动完善风险防控内生机制。组织开展科创板专项检查，督促辖区证券经营机构做好科创板投资者适当性管理，确保信息系统安全运行。认真开展证券投资咨询机构专项整治、公募基金销售业务专项检查、证券期货机构网络安全专项检查等工作。提高金融机构服务实体经济能力。支持证券期货机构多渠道补充资本，中泰证券IPO申请通过中国证监会发审会审核。引导辖区中泰证券设立民营企业纾困基金，助力缓解民营企业流动性风险。指导期货经营机构创新服务“三农”新模式，稳步推进“保险+期货”试点。

【非上市公众公司与公司债券监管】 以推动中介机构履职尽责为重点，持续规范非上市公众公司和债券发行人。一是优化新三板公司监管机制，研发新三板挂牌公司舆情分析系统，建立风险动态台账与分地区联系人工作机制。以问题和风险为导向，对9家公司进行现场检查及专项核查，采取行政监管措施6家次。重点处置涉及违规担保、资金占用、实际控制人失联、生产经营停滞等44家次的风险事项。二是坚持“以事前尽早预警为目标，以督促中介机构积极作为为抓手，以夯实地方处置责任为重点”的思路，推动公司债券相关各方归位尽责，部分大型民营企业公司债券违约风险得到化解。三是引导企业发行公司债，提高直接融资比重。全年共有91家企业发行债券153只，募集资金1,588.00亿元，创历年来募集资金之最。

【审计资产评估机构监管】 持续加强对于审计和评估机构的监管，推动提升审计评估执业质量。以现场检查强化对会计审计机构的监管威慑。先后开展商誉减值及内部控制检查、审计执业项目专项检查，涉及审计评估项目40个。针对发现的问题，对6家审计机构、2家评估机构以及相关签字人员14人采取行政监管措施，确保压力传导到位。坚持监管与服务并举，开展各类培训，提升会计工作质量。

【稽查与“打非”】 按照“精准立案、精准查处、精准打击”的要求，主动优化案件调查机制，着力提升案件调查效率，严厉打击违法违规行为，净化市场环境。全年承办案件34起，包括正式立案案件15起、初步调查案件19起，15起立案案件中14起已调查终结，办结率达93.33%，承办案件数量和案件办结率均创历年新高。保持对非法证券期货活动严打高压态势。妥善处理涉非线索49条，将4条线索移送公安机关。重点整治场外配资类、非法证券投资咨询活动。积极配合做好防范和打击非法集资工作，组织非法集资风险排查整治专项行动。

【私募基金监管】 稳妥化解私募基金风险，加强私募基金风险排查，梳理已暴露风险和风险隐患私募机构名单11家、重点关注名单15家，分类开展核查处置，及时将涉嫌非法集资的机构移交地方政府处置。强化日常监管，精心制订私募基金强监管防风险工作方案，在全面自查的基础上，开展专项检查17家次，采取行政监管措施11家次。引导私募基金服务创新创业，积极做好创投基金享受税收优惠审查工作。

【投资者保护】 持续加强投资者保护。一是扎实做好投资者诉求处理工作。坚持分类处理原则，全年接收处理投资者诉求共计2,706件，积极稳妥处置群访、缠访、闹访10余起。二是加强投资者教育。联合省有关部门印发《关于推进中小学金融知识普及教育工作的通知》，推进将其纳入国民教育体系。围绕设立科创板、非法集资等重点领域，组织开展“走进科创，你我同行”等投资者教育系列活动100余次，覆盖投资者100万余人。三是稳步推进证券期货纠纷多元化调解工作，推动投服中心与辖区6家机构签订《证券期货纠纷小额诉调合作协议》，指导中证山东调解工作站依法开展调解工作。

（黄 鑫、肖永泼）

附表1

机构概况一览表

局长（或其他称谓的第一负责人）		副局长（或其他称谓的同级领导）	
陈家球		赵洪军、韩汝俊、李蔚春、张兆兵	
地址	山东省济南市经七路86号证券大厦	邮编	250001
网址	http://www.csrc.gov.cn/pub/shandong/	联系电话	0531—86106900

附表2

内设部门及分支机构一览表

年度	内设机构（个）	下设分支机构（个）		员工人数（人）	
		地市级机构数	县区级机构数	员工总数（含非正式员工）	正式员工数
2015	10	0	0	87	87
2016	10	0	0	88	88
2017	10	0	0	88	88
2018	10	0	0	88	88
2019	10	0	0	91	91

中国证券监督管理委员会青岛监管局

【第一负责人简介】 张文鑫，男，1969年1月出生，河北阳原人，中共党员，管理学博士，现任中国证券监督管理委员会青岛监管局（简称青岛证监局）党委书记、局长、一级巡视员，兼任中国证监会经济序列高级职称评审委员会委员、青岛市政协常委。

【综述】 2019年，青岛证监局深入学习贯彻习近平新时代中国特色社会主义思想，在中国证监会和青岛市委市政府的坚强领导下，坚持稳中求进工作总基调，贯彻新发展理念，紧扣深化金融供给侧结构性改革的主线，围绕“打造一个规范、透明、开放、有活力、有韧性的资本市场”的总目标，坚持“四个敬畏、一个合力”，全面推进辖区资本市场改革发展稳定各项工作。在各方共同努力下，辖区资本市场服务实体经济质效明显增强。

【上市公司监管】 2019年，青岛证监局坚持“四个敬畏、一个合力”，加强上市公司监管，促进提高上市公司质量，不断增强资本市场服务供给侧结构性改革和实体经济能力。一是全力确保设立科创板并试点注册制在辖区落地见效。推动海尔生物医疗成功在科创板挂牌上市。二是大力推动提高上市公司质量。制订、实施辖区推动提高上市公司质量行动计划5方面30条政策，探索构建网格化、矩阵式的监管体系；聚焦关键少数，召开辖区董事长座谈会，组织签署诚信自律承诺书；开展对上市公司董事、监事、董秘、财务总监等重点人员的教育培训十余次。三是全力化解股票质押风险。推动地方政府出台实施意见；推动纾困债、纾困基金加快落地；约谈走访公司10家次，年内压减股票质押率80.00%以上公司5家，高风险公司由最高时的10家降至3家；累计压降8家，质押股数由19.34亿股降至4.17亿股（降幅为78.00%），大股东融资额由70.37亿元降至29.35亿元（降幅为58.00%），平均履约保障率由157.00%升至209.00%。四是辖区多层次资本市场规模和直接融资规模不断壮大。9家企业IPO上市，居全国城市第六位，创造辖区历史最好成绩，目前境内上市公司达到39家；首发融资100.54亿元，占全国首发融资额的4.40%；11家上市公司实现股权融资166.69亿元，较上年增长近5倍；上市公司完成并购重组12起，交易总价值为139.00亿元，青岛海尔收购欧洲知名家电企业Candy公司等顺利完成。

【拟上市公司监管】 2019年，青岛证监局持续加大对辖区拟上市挂牌资源的挖掘、培育和服务力度，严把企业上市关。一是进一步强化辅导过程监管，督导券商、会计师、律师等中介机构归位尽责。二是进一步优化辅导备案流程，对辅导备案实施“即来即收、当天备案、当天公示”政策。三是进一步完善现场辅导评估工作程序。通过提前熟悉材料、加班等方式确保验收工作标准不降低，最大限度缩短报审周期，同时严防公司上市后业绩变脸风险。四是持续加大对辖区拟上市资源的挖掘、培育和服务力度。年内新增上市公司9家（含科创板1家），新增过会企业4家（含科创板1家），新增在审企业6家（其中科创板企业2家），新增辅导备案企业7家。

【证券期货基金经营机构监管】 2019年，青岛证监局不断强化机构合规管理，夯实行业持续健康发展的基础，并积极推动辖区机构提升服务实体经济水平。一是行业机构集聚效应更加突出。落实资本市场对外开放政策，高效核准青岛意才成为山东省首家取得基金销售业务牌照的外资金融机构、我国扩大金融业对外开放以来首家获批的外资基金销售机构。积极推进外资法人证券公司、法人期货公司、公募基金公司等各类法人机构新设工作。2019年净增证券类机构4家，总量达到155家；净增基金（公募）类机构1家，总量达到8家；净增期货类机构6家，总量达到46家；净增私募基金35家，总量达到271家；各类机构总数达到480家，财富管理规模超过4,200.00亿元。二是私募基金和期货交割库两个聚集区功能进一步发挥。深度参与全球创投风投大会，指导青岛基金业协会发布《青岛私募基金业发展报告（2019）》。年末私募基金备案产品达553只，同比增长33.60%，是全国增速的3.50倍；实缴管理规模821.00亿元，同比增长28.00%，是全国增速的近4倍。新设6家具有保税交割资质的20号胶交割库（占全国总量的六成），各类期货交割库达到26家、35个存放点（省内排名第一，近三年内实现翻番）。支持青岛保税港区推进20号胶、原油等期货品种的保税交割业务，积极总结和推广山东自贸区建设的先行先试经验。三是整饬行业乱象，掀起私募基金监管风暴。联合公安经侦支队、青岛市地方金融监管局召开专题会议，与市金融监管局签署私募基金监管协作备忘录；年内集中开展现场检查18家次，妥善处置私募基金风险典型个案8起，对6家机构和7名责任人采取行政监管措施，通报中国证券投资基金业协会注销5家机构，提前清退违规募集资金20多亿元；元邦系、东方成安系、鼎汇系、中融系、慈航系等集团风险关联传递问题得到妥善处置。

【挂牌公司与债券监管】 2019年，青岛证监局进一步加强挂牌公司与债券监管，推动辖区多层次资本市场建设取得新成效。挂牌公司监管方面，一是进一步强化对新三板挂牌公司的监管，对4家未按期披露2019年半年报的挂牌公司下发监管关注函，对2家挂牌公司进行年报现场检查，提前摸排挂牌公司摘牌风险，起草挂牌公司风险排查情况报市政府主要及分管领导。二是联合全国股转公司、青岛市非上市公众公司协会举办2018年年报披露与审核工作培训会。2019年，青岛辖区新增3家挂牌公司，总数为89家；蓝海股权挂牌企业净增206家，达到1,735家，全国排名第六，展示企业达到3,133家；全年共有10家新三板公司融资4.45亿元，蓝海股权实现直接融资35.63亿元。

交易所债券监管方面，一是严密盯防债券违约风险。全面细致监测发行人兑付资金筹集风险并建立监管协作机制，提前关注、紧盯督导年内到期的13只、91亿元债券完成回售兑付。二是联合山东证监局、省地方金融监管局、省国资委和上海证券交易所在济南举办全省公司债券和资产支持证券规范发展培训会，辖区有12家企业参加培训。全年青岛辖区交易所实现债券融资885.16亿元，存量突破1,600.00亿元，另有500.00亿元债券已核准待发行、100.00亿元债券正在交易所审核。近三年地方债在交易所市场的发行规模达八成，债券创新品种不断取得突破。

【审计资产评估机构监管】 2019年，青岛证监局坚持以年报监管为抓手，充分发挥中介机构看门人作用，有效促进辖区上市挂牌公司质量。一是结合公司监管情况及时开展商誉、内控专项检查和年报全面检查，压实中介机构责任，统筹做好舆情信息监测。二是约谈2家业务集中度较高的会计师事务所做好监管提醒。三是以年报为载体，做好事中监管，密切与沪深交易所、全国股转公司的协作，实现监管信息的共享与交流、监管互补与监管标准的统一，督导辖区公司及其年审机构审慎执业，切实提高年报审计质量。四是完善人才储备机制，研究规范化、常态化用好中介机构专家库，为深化辖区监管工作提供更好支持。

【稽查执法工作】 2019年，青岛证监局加大稽查执法力度，增强对违法违规行为的震慑力，以稽查震慑力维护辖区市场稳定运行，稽查工作取得扎实进步。一是持续优化稽查执法和审理工作机制。创新落实稽查“总对总”改革，由日常监管处室直接办理公司机构类简单案件，着力探索查审一体化，全力打造大监管、大执法新格局。全年现场检查市场主体家数达到73家，针对各类违规问题实施行政监管措施24件，下发监管关注函35件；全年累计办理案件7起，成案率由前两年的25.00%提升至75.00%；实施行政处罚3起，全年执行罚没款568.40万元，单案罚没金额和总金额均创新高；向稽查局报送刑事追责建议2起，向公安机关移送线索2条并推动1条启动刑事调查，将2名处罚对象纳入失信联合惩戒；1起基金公司从业人员未按规定申报证券投资行为案件被中国证监会公开通报，成为《证券投资基金法》修订以来系统内首单处罚案例。

（宿伟娜）

附表1

机构概况一览表

局长（或其他称谓的第一负责人）		副局长（或其他称谓的同级领导）	
张文鑫		李 新、万景初、陈 群	
地址	山东省青岛市市南区东海西路39号世纪大厦23层	邮编	266071
网址	http://www.csrc.gov.cn/pub/qingdao/	联系电话	0532—85798505

附表2

内设部门及分支机构一览表

年度	内设机构（个）	下设分支机构（个）		员工人数（人）	
		地市级机构数	县区级机构数	员工总数（含非正式员工）	正式员工数
2015	6	0	0	38	33
2016	6	0	0	37	30
2017	6	0	0	38	30
2018	6	0	0	41	33
2019	6	0	0	40	32

国家外汇管理局山东省分局

【第一负责人简介】 周逢民，男，湖南永州人，1963年7月出生，中共党员，大学本科学历；1982年9月参加工作，先后在人民银行沈阳分行、哈尔滨中心支行工作，2001年10月起任人民银行沈阳分行党委委员、副行长，2003年11月起任人民银行沈阳分行党委委员，哈尔滨中心支行党委书记、行长兼国家外汇管理局黑龙江省分局局长，2011年9月起任中国人民银行党校常务副校长，2016年3月起任中国人民银行国库局局长，2017年7月起任中国人民银行济南分行党委书记、行长兼国家外汇管理局山东省分局（简称山东省外汇局）局长。

【综述】 2019年，山东省外汇局认真贯彻落实总局各项工作部署，统筹平衡“促开放”和“防风险”，扎实推进各项改革举措在山东落地见效，积极促进贸易投资自由化、便利化，持续加强事中、事后监管能力建设，不断加大对外汇领域违法违规行为的查处力度，切实防范跨境资金流动风险，积极服务涉外经济发展，各项工作取得显著成效。

【外汇改革】 2019年，山东省外汇局认真贯彻落实重点领域改革举措，不断促进贸易投资自由化、便利化。

一是有序推进货物贸易外汇收支便利化试点工作。总局批准开展试点后，及时组织召开试点动员会议并印发试点指导意见，指导银行完善操作规程、认真筛选试点企业，确保试点业务规范有序开展。截至12月末，辖区已有3家银行和11家企业开展试点业务，极大地便利了企业收付汇业务，得到省政府领导的肯定和企业的一致好评。

二是积极推进资本项目收入结汇支付便利化试点工作。获批试点以来，加大试点政策宣传与企业辅导力度，推进试点业务在烟台经济技术开发区有序开展，试点企业和业务量不断增加。截至2019年末，已有16家试点企业办理便利化支付业务。在此基础上，认真研究扩大和完善资本项目收入结汇支付便利化试点的方案，为下一步在山东扩大试点业务做好准备。

三是推动跨国公司跨境资金集中运营管理政策落地见效。政策调整后，及时向银行、企业讲解政策要点，积极向省政府汇报跨国公司改革政策要点，得到省政府领导的批示和肯定。组织做好规范业务流程、推进业务扩容和新旧政策衔接等工作。截至2019年末，累计指导32家企业按照新政策要求完成重新备案，10家企业完成业务退出，18家企业新增备案，企业参与跨国公司跨境资金集中运营的意愿大幅提升。

四是扎实推进“放管服”改革。推动外汇局政务服务平台网上办理系统试运行，完成全省108个审批机构数据信息铺底和审批项目的网上发布工作，并将部分审批权限下放至县支局，优化业务办理流程，降低市场主体脚底成本；推动优化营商环境、“证照分离”改革全覆盖试点工作，明确全省外汇管理和服务“放管服”“一次办好”等5项改革目标任务和工作措施并抓好落实。

【外汇服务】 2019年，山东省外汇局创新外汇服务方式，不断提高外汇服务水平，努力提升对企业和个人在办理各项外汇业务方面的工作效率和质量，大力支持涉外经济发展。

一是提高外汇精准化服务水平。创新宣传与服务方式，在全省开展“外汇服务进万企”活动，对近2,000家重点涉外企业开展外汇服务需求问卷调查，重点了解企业在汇率避险、贸易结算融资、外汇政策服务等方面的具体需求。组织各级外汇局和商业银行“面对面、点对点”，为企业提供定制化政策宣传及外汇金融服务，实现汇、银、企相关业务的有效对接。截至2019年末，全省各级外汇局和商业银行累计实地走访企业1.10万家次，组织各类集中宣讲和推介活动663场、专项或订制化宣讲辅导2,786次，帮助企业解决具体困难和问题2,000余件，大大提高了外汇政策和银行外汇产品的普及程度，受到地方政府和涉外企业的一致好评，相关工作被《金融时报》和《大众日报》等媒体报道。

二是加大对地方经济发展的政策支持力度。配合做好山东自贸试验区、上合示范区建设以及山东与日韩合作等工作，认真研究山东省自贸试验区总体方案，积极向总局申请在区内开展外汇创新业务。积极推动贸易新业态发展，研究梳理外汇支持新业态发展的便利化措施，在坚持贸易真实性的原则下积极促进跨境电商、市场采购贸易等外贸新业态发展，推动“服务贸易对外付汇税务备案电子化试点”工作取得突破性进展。

三是助推企业提升汇率避险水平。开展涉外企业汇率风险管理调查。针对调查中发现的问题，联合相关银行赴浙江开展涉外企业汇率避险情况考察学习；借鉴先进经验，就提升省内企业汇率避险水平形成相关报告，被省政府领导批示。编制“人民币与外汇衍生产品管理理论与实务”系列微课程。截至2019年末，微视频转发量已近2,000次，受众近4万人次。

【外汇监管】 2019年，山东省外汇局进一步加大外汇监管力度，加强事中、事后监管能力建设，对外汇违法行为保持高压态势，防范跨境资金流动风险。

一是提升经常项目事中、事后监管水平。以“促便利、防风险、强素质”为主题，组织各市中心支局就经常项目便利化举措、指标设计、监管难题以及前沿积极开展研究，不断提升全辖经常项目业务水平。积极开展货物贸易专项核查和个人外汇业务核查，形成有效的监测核查方法，对核查发现的多家跨境资金交易异常企业、个人异常交易线索按规定处理。组织全省银行业金融机构开展经常项目外汇业务专项核查，采取“银行全面自查+外汇局部分抽查”的方式，事前通报异常线索，事中规范评估流程，事后落实差异化监管，督促银行提升规范化水平。

二是强化资本项目事中、事后监管。认真做好资本项目现场核查，加大非现场核查力度，促进银行规范业务操作。对50家重点企业实施穿透式监管，按季度调度生产经营情况和跨境业务开展情况，及时监测重点企业潜在风险。组织起草跨境资金集中运营统计功能需求书，完成跨境资金流动监测与分析系统、资本项目信息系统的设计与需求。组织制作的合规性指标核查等资本业务操作指南微视频被总局采用，并转发全国外汇局和银行参考。

三是加大外汇检查处罚力度。做好枣庄“6·17”、潍坊“2·17”地下钱庄案件的收尾工作。组织撰写的《坚持攻坚克难，破解地下钱庄查处难题——山东“5·05”案开启地下钱庄行政查处工作新模式》，入选中央组织部组织编写的《贯彻落实习近平新时代中国特色社会主义思想 在改革发展稳定中攻坚克难案例》丛书。开展总分行一体化和银行外汇业务专项检查、企业专项检查等，着力打击虚假欺骗性交易。全年共查处违法违规案件372起，处罚没款4,576万元。开展网络炒汇平台集中整治专项行动，对9家非法外汇交易平台网站、1个微信公众号以及4个手机APP开展清理整治工作，协调地方金融办、通信管理局等部门对相关违法媒介采取约谈、取消备案、关停网站等措施进行处置。

四是切实发挥银行机构自律机制的作用。充分发挥省级外汇市场自律机制的作用，指导菏泽、潍坊和临沂3个地市建立市级自律机制。开展“跨境人民币十周年和自律机制成立三周年”主题征文活动和演讲比赛，推动各成员行学习展业原则、提升展业规范化水平。制作“今年你被评估了吗？一堂课搞懂银行外汇业务合规和审慎经营评估”系列微课程，传达最新评估办法，提升评估影响力。加大对银行的惩戒力度，督促银行规范业务管理。

五是加强国际收支申报数据质量管理。持续完善间接申报“一行一策”和直接申报“一类一策”现场核查指南，不断提高核查效率。夯实国际收支统计数据质量，创新联动交叉现场核查方式，对辖内全国性银行的分支机构进行现场核查，以点带面，切实提升数据质量。强化银行卡境外交易管理，制定全省银行卡境外交易核查工作制度，研发银行卡境外交易非现场核查系统，大幅提升逐笔核查效率和数据质量。

【外汇调研】 2019年，在外汇市场和外汇交易日益复杂的形势下，山东省外汇局注重加强监测分析与调查研究工作，对国内外关注的外汇问题进行深入研究，不断提升服务决策水平，力争为各级领导决策提供有效依据。

一是加大外汇专题调研力度。围绕改革重点领域的政策实施情况、跨境资金流动影响因素等问题深入开展调查研究，全年形成调研成果百余篇，近20篇次被国务院、总行、总局及省委省政府领导批示。

二是积极开展外汇管理前沿政策及国际比较研究。组建山东省金融研究学会外汇管理专业委员会，借助外部资源和系统内人员开展课题研究，为扎实做好外汇管理工作提供理论支撑。积极开展跨境金融监管比较研究，全年共完成各类外文编译报告30余篇。

【内部管理】 2019年，山东省外汇局以党建促管理，着力夯实内部管理基础，扎实做好外汇管理各项工作。

一是开展“不忘初心、牢记使命”主题教育。组织分局党员积极参加《中国共产党纪律处分条例》、“复兴讲堂”“每周一讲”等专题讲座和主题党日活动，促进提高党员党性修养，确保主题教育取得实效。开展“纪念外汇局成立四十周年”主题党日活动，编写山东外汇管理40年图册，总结工作经验，激发辖区干部职工工作热情。

二是规范依法行政。组织开展2017—2019年度法规清理工作，及时更新并对外发布《国家外汇管理局山东省分局现行有效规范性文件目录》。推进“互联网+监管”，全面落实执法责任制和问责制，推行“双随机”抽查、执法全过程记录和重大执法决定法制审核制度。按规定做好外汇管理信息公开，全年对外公开行政许可信息8,094条、外汇处罚信息410条。

三是提高外汇科技服务水平。积极探索大数据和人工智能在防范外汇领域风险方面的应用，提高识别虚假欺骗性交易、地下钱庄等外汇违法违规行为的能力。深入开展SAS软件应用，探索利用SAS聚类算法对山东省涉美出口企业跨境贸易投融资情况进行分类，深入分析其跨境资金流动特征。

（王 雪、罗 震）

附表1

机构概况一览表

局长（或其他称谓的第一负责人）		副局长（或其他称谓的同级领导）	
周逢民		陈好孟	
地址	山东省济南市市中区经七路382号	邮编	250021
网址	http://www.safe.gov.cn/shandong/	联系电话	0531—86924114

附表2

内设部门及分支机构一览表

年度	内设机构（个）	下设分支机构（个）		员工人数（人）	
		地市级机构数	县区级机构数	员工总数（含非正式员工）	正式员工数
2015	5	15	92	572	572
2016	5	15	92	570	570
2017	5	15	92	567	567
2018	5	15	88	577	577
2019	5	15	88	582	582

第三部分

金融社团与行业自律组织

山东省金融学会

【第一负责人简介】 周逢民，男，湖南永州人，1963年7月出生，中共党员，大学本科学历；1982年9月参加工作，先后在中国人民银行沈阳分行、哈尔滨中心支行工作，2001年10月起任中国人民银行沈阳分行党委委员、副行长，2003年11月起任中国人民银行沈阳分行党委委员，哈尔滨中心支行党委书记、行长兼国家外汇管理局黑龙江省分局局长，2011年9月起任中国人民银行党校常务副校长，2016年3月起任中国人民银行国库局局长，2017年7月起任中国人民银行济南分行党委书记、行长兼国家外汇管理局山东省分局局长；2018年6月1日被山东省金融学会九届二次会员代表大会选举为山东省金融学会会长。

【综述】 2019年，山东省金融学会以习近平新时代中国特色社会主义思想为指导，全面贯彻落实党的十九大和十九届历次全会精神，在中国金融学会、省民政厅和省社科联的正确领导与关心下，在各会员单位的积极参与、全力配合下，紧紧围绕经济金融中心工作和金融改革发展热点难点问题，完善制度机制，深化课题管理，多形式开展学术活动，积极推动研究成果转化，不断加大科普宣传力度，学会平台影响力显著提升，特色金融智库建设取得新成效。学会获评全国社科联先进社会组织，被省民政厅确立为5A级社会组织。

【党建统领】 2019年，山东省金融学会始终坚持“以党建带业务，以业务促党建”的工作思路，着力加强党的领导和党的建设，树牢“四个意识”，坚定“四个自信”，坚决做到“两个维护”；持续强化规范管理，严守纪律规矩，严格落实中央八项规定精神，确保学会各项工作方向正确、廉洁合规。

多形式开展党建活动。深入开展“不忘初心、牢记使命”主题教育，学会秘书处赴中国共产党山东省党史陈列馆开展“我的初心使命”主题党日活动。与人民银行研究局（所）第二党支部、部分市级金融学会联合开展联学联建党建活动，分别赴枣庄市八路军115师抱犊崮抗日纪念园、邹平市长山中学民族魂纪念馆等爱国主义教育基地参观学习。将党建纳入学会业务培训，在北京大学举办培训班期间，组织全体学员赴中国人民抗日战争纪念馆现场学习。

完善学会党建规章制度。学会秘书处根据党建工作要求，及时修订学会章程，完善党建、意识形态管理有关内容，提交秘书处会议表决通过后予以执行。落实中央有关意识形态工作要求，制定完善《山东省金融学会互联网平台信息管理办法》，规范信息发布流程，明确意识形态审核责任，把牢意识形态方向，增强党建引领。

严格执行学会工作制度。常态化组织召开秘书处成员会议，及时通报学会工作、布置下一步重点工作，审议学会有关制度修订、会员单位入会申请等重大事项。组织召开各专业委员会工作会议，研究山东省金融科技、绿色金融、金融统计调查等领域的发展情况及存在的问题，明确工作职责，制订中长期工作目标和年度工作计划。根据学会人才培训工作要求，面向各会员单位研究骨干，在北京大学组织举办“经济金融理论与实践培训班”，邀请国内知名专家、教授现场授课，有效提升了业务骨干的研究视野和经济金融理论素养。

【金融研究】 2019年，山东省金融学会按照省政府“现代金融服务产业智库”的新要求和高标准，进一步发挥科研工作委员会的学术引领作用，通过课题调研、座谈、研讨等多种方式，紧扣经济金融发展热点难点问题，带动会员单位的专家、学者及金融实务工作者开展学术研究活动，金融智库建设取得明显成效。

积极推动智库建设。组织召开智库建设工作座谈会，邀请省内有关智库的专家学者，为学会智库建设工作出谋划策。创办《现代金融产业智库专报》，直报省委、省政府以及省人大、省政协有关领导同志，加强智库研究成果转化，服务领导决策。自2019年初至今已编发5期，其中《山东省金融支持军民融合问题研究》得到刘强副省长批示。

着力抓好课题全流程管理。在学会科研工作委员会的领导下，学会秘书处继续从选题立项、中期管理和结项评鉴三个环节严格课题管理。2019年度共立项重点研究课题48项，并继续与省社科规划办、省软办、省社科联合作，资助立项50余项省级金融专项课题。组织召开学会重点研究课题、三项省级金融专项课题中期报告会，加强中期督导，提升课题总体质量，并将年度优秀课题集结出版发行。

精心组织高层次学术活动。一是加强与省内科研院校的横向联合。与济南大学连续两年举办“中国金融市场创新发展论坛”，与青岛大学联合举办“2019山东普惠金融发展高端论坛”，邀请全国金融学术研究方面的专家学者及国内知名企业中层和高管现场分享研究心得与观点。二是加强对区域金融改革试验区申创工作的智力支持。与省社科联、临沂市人民政府联合举办“山东社科论坛——金融服务乡村振兴建设高端论坛”，邀请国家相关部委领导现场解读相关政策、法规及实践案例；连续两年与枣庄市人民政府联合举办“山东普惠金融改革发展论坛暨高层次人才枣庄行现代金融专场”，邀请国内相关领域领导和知名专家学者，为优化试验区方案建言献策。三是积极响应省社科联2019年度“社会组织学术活动月”安排，结合学会重点研究课题中期成果，组织举办“宏观经济金融形势分析学术报告会”。此外，联合部分会员单位，围绕金融服务乡村振兴、中美贸易摩擦下的中小银行国际业务发展、多层次资本市场支持新旧动能转换等主题，先后组织举办多场研讨沙龙。

充分调动发挥专委会作用。依托绿色金融专业委员会，先后在德州、淄博两地举办“绿色金融成果巡展暨绿色金融改革创新报告会”。依托金融科技专业委员会，组织举办“山东社科论坛——金融科技与新旧动能转换”，组织开展金融科技助推乡村振兴专题调研。依托金融统计调查专业委员会，助力全省新旧动能转换重大工程，大力开展“金融顾问团”活动，与相关部门组织举办了“全省民营和小微企业金融顾问服务暨‘小微企业金融服务万户行’活动促进会”“山东省文化旅游产业金融顾问活动”等，刘强副省长出席活动并讲话；与潍坊市政府、齐鲁股权交易中心、济南市政府等合作，先后在潍坊、淄博、济南等地开展金融顾问服务，完成的《关于山东省金融顾问团工作开展与优化建议的报告》获刘强副省长批示。

【会刊建设】 作为全国中文核心期刊、复印报刊资料重要转载来源期刊及《中国学术期刊影响因子年报》统计源期刊，学会会刊《金融发展研究》始终坚持正确的办刊方向，不断提高办刊质量，在业界影响力持续提升。

提升学术期刊的理论高度。继续保持对金融改革发展的专业敏锐性，关注经济金融前沿领域，邀请重要专家学者撰稿，就绿色金融、中美贸易摩擦、房地产价格等热点问题组织专题研讨，不断提升学术期刊的理论高度，年度综合影响因子不断大幅提升。

突出服务金融改革发展的重要作用。先后与上海财经大学、南开大学合作，面向基层会员单位组织举办两期金融研究与案例分析培训班；组织开展“改革开放40周年金融理论与实践创新”征文、庆祝中华人民共和国成立70周年金融知识竞赛、“基层央行高效履职与创新发展”主题征文、年度优秀论文评选等活动，通过形式多样的活动和丰富多彩的学术成果，充分发挥了刊物的成果转化和宣传平台作用，较好地服务了金融改革发展。

加快期刊网络化建设。适应网络化、碎片化阅读趋势，创设《金融学前沿研究速递》，对期刊内容及国内外金融研究前沿进行全时效、多方位展示，在全国期刊界具有开创性；出版期刊电子书，拓展数据合作平台，全终端清除阅读障碍，提升阅读体验；在人行系统期刊中率先进行网络首发，确保期刊内容的首创性、时效性、前沿性。

【科普宣传】 2019年，山东省金融学会不断丰富金融科普宣传形式、拓展宣传渠道、提升宣传成效、扩大受众群体，得到省委宣传部、省社科联的充分肯定。

继续承办齐鲁大讲坛。在2019年“金融消费者权益日”前夕，学会与人民银行济南分行金融消费权益保护处共同发起，承办了由省委宣传部、省社科联等联合主办的公益性讲坛“齐鲁大讲坛——金融讲坛”，邀请中国人民大学法学院副院长杨东，以“我国金融消费权益保护的发展现状及未来趋势”为主题做专题讲座。论坛层次高、内容务实，得到社会各界广泛认可。

积极开展新时代文明实践社科普及志愿服务活动。配合山东省暨青岛市第十六届社会科学普及周开幕式活动，联合青岛市金融学会等单位，在平度开展金融知识现场咨询和新时代文明实践社科普及志愿服务活动。在全省市级金融学会设立志愿服务分队，先后在烟台滨海广场、潍坊风筝广场等组织开展多场志愿服务活动。

扎实开展形式多样的科普宣传活动。2019年，继续承担并完成科普读物重点项目《反洗钱知识读本》撰写工作，该读本已出版发行。继续提升学会网站和微信公众平台“汇研识金”的科普宣传作用，连续五年举办“汇研识金”手机摄影大赛，获得社会公众关注与好评，学会科普宣传影响力不断提升。

（王 媛）

附表1

机构概况一览表

会长（或其他称谓的第一负责人）		常务副会长（或其他称谓的同级领导）	
周逢民		董龙训	
地址	山东省济南市经七路382号	邮编	250021
网址	http://www.sdsjrxh.com/	联系电话	0531—86167412

附表2

内设部门及分支机构一览表

年度	内设机构（个）	下设分支机构（个）		员工人数（人）	
		地市级机构数	县区级机构数	员工总数（含非正式员工）	正式员工数
2015	1	0	0	6	5
2016	1	0	0	7	5
2017	1	0	0	8	6
2018	1	0	0	9	6
2019	1	0	0	9	6

山东省钱币学会

【第一负责人简介】 贾广军，男，汉族，1962年4月出生，中共党员，高级经济师，中国人民银行济南分行巡视员。2018年3月在山东省钱币学会第六次会员代表大会上被选举为山东省钱币学会理事长。

【综述】 2019年，在人民银行济南分行党委的正确领导下，在中国钱币学会、中国钱币博物馆和省社会组织管理局、社科联、文物局、新闻出版广电局等业务管理部门的具体指导下，在全体会员和广大钱币爱好者的大力支持下，山东省钱币学会（齐鲁钱币博物馆）紧密结合自身实际，坚持“围绕中心、服务大局”的指导思想和“依法办会、从严治馆”的工作理念，抓住重点、突出特色，圆满完成各项工作任务。山东省钱币学会在省民政厅组织的社会组织等级评估中被评为最高等级——5A级，被省社科联评为“2018—2019年度山东省社科普及先进单位”。常务副理事长兼秘书长贺传芬同志被省社会组织总会评为“双十”新闻人物，先后两次在全国会议上介绍工作经验。学会工作在中国钱币学会2019年度专业考核中获得满分，各项工作均居全国前列。

【制度建设】 2019年初，结合上级管理部门工作要求及工作实际，山东省钱币学会制定《2019年工作指导意见》作为全省钱币学会工作指南。同时，依据中国钱币学会考核要求，结合山东省实际，及时修订市级钱币学会考核细则，有效发挥业务考核对学会工作的促进作用。3月15日，在济南召开“2019年度理事会暨学会工作座谈会”，会议由常务副理事长兼秘书长贺传芬主持。时任人民银行济南分行党委委员、副行长，山东省钱币学会理事长贾广军同志做重要讲话。会议在全面总结2018年工作的基础上，就做好2019年工作进行安排部署，对市级学会工作进行具体指导，形成全省“上下贯通，左右互联”的工作机制，为推动工作再上新台阶奠定基础。上半年还组织对各级会员信息进行整理，建立电子数据库。发展了一批有研究能力、收藏实力的个人会员。指导菏泽、日照市学会完成换届工作，进一步规范市级学会组织建设。下半年结合社会组织等级评估，以及落实总分行清理规范分支机构直属附属关联单位的有关要求，完善各项工作制度十余项，全面加强学会制度化规范化建设。

【金融科普】 一是有效发挥齐鲁钱币博物馆“科普宣传教育基地”作用。博物馆全年共接待各级领导、金融员工、武警战士、中小学生等省内外参观者5,000余人。9月6日，山东省副省长刘强同志来馆参观，人民银行济南分行党委书记、行长周逢民，党委委员、工会主任王珏琰等同志陪同，齐鲁钱币博物馆馆长贺传芬同志担任讲解。刘强副省长对齐鲁钱币博物馆在展示中国悠久钱币历史、弘扬齐鲁特色钱币文化方面的作用给予肯定，欣然留下“应该把钱币文化发扬光大”的题字。首次为全国文博系统钱币专题培训提供专业支持，得到培训班主办单位及广大学员的一致好评。指导菏泽市、枣庄市钱币学会建立起钱币展室，初步构建起辖区钱币展室体系。二是举办三个专题展览。9月在临淄举办“冶铸千秋——中国古代钱范精品展”，展出古代各类钱范精品百余块，这是全国同类展览的首次。下半年举办“锦绣中华——人民币上的风景名胜”巡回展。展览以人民币为主题，形式新颖、特色鲜明，得到总行工会、人民银行文联领导的肯定。10月在曲阜、临沂举办钱币实物专题展。三是举办第四届“鲁泉杯”钱币知识答题活动。以人民币为主题，采取微信答题的形式，共有46家会员单位35万余人参加，较上届增长0.68倍，产生了良好的社会反响，达到了弘扬钱币文化、普及钱币知识的目的。四是开展钱币知识宣传普及志愿服务活动。先后赴济南市经八路小学、爱都小学等开展“钱币知识进校园”活动。应邀赴威海、德州、菏泽、枣庄等地，面向基层会员和钱币爱好者，开展钱币知识公益讲座，受到广泛欢迎。

【金融研究】 一是组织召开两次学术会议。7月在曲阜召开鲁国货币研讨会。会议由山东省钱币学会常务副理事长兼秘书长贺传芬主持，时任人民银行济南分行党委委员、副行长，山东省钱币学会理事长贾广军同志做重要讲话。会议邀请省文物考古研究院和孔子研究院专家做主旨发言，参会人员提交论文20余篇，就鲁国货币状况、鲁国货币体系形成原因等问题进行深入探讨；组织参观鲁国故城国家考古遗址公园和孔子博物馆，将钱币研究与文物考古相结合。此次是山东省首次举办鲁国货币专题研讨会，有力推动了鲁国货币研究的深入开展。10月在临沂召开齐国货币主题学术年会。会议由山东省钱币学会常务副理事长兼秘书长贺传芬主持，人民银行济南分行党委委员、工会主任王珏琰同志做重要讲话。中国钱币博物馆馆长周卫荣、省社科联副主席张宏明到会指导。参会人员提交论文45篇，就齐国货币出土情况、齐刀币铸行时间与分期、《管子》货币思想等议题进行深入研讨。会议期间，还举办了钱币实物展览，组织参观了临沂市博物馆齐国货币专题展。参会论文入编《2019年山东省钱币学会学术年会论文集》。该年会入选省社科联“山东省社会组织学术月”项目。 二是加强课题研究。2019年立项省级课题11项，结项9项，报送全国课题立项申请11项。在全国课题结项中，获得1项优良、2项合格的好成绩。6篇论文入选全国学术年会参会论文。三是红色金融研究工作取得新成果。4月在青岛承办“‘不忘初心，方得始终’纪念五四运动一百周年中国红色金融历史展”，再现了中国红色金融从无到有、从小到大的发展历程。中国人民银行原副行长马德伦、中国钱币博物馆馆长周卫荣出席开幕式。组织广大会员单位参观学习，开展红色金融革命教育。先后派人参加乐陵市委“弘扬冀鲁边精神，加强爱国主义教育”活动和莱州市委“北海银行党性教育基地建设座谈会”，为北海银行冀鲁边分行旧址揭牌，推动莱州市北海银行党性教育基地建设。组织召开四次编撰会，完成《鲁西银行货币》书稿定稿工作。四是精心打造《齐鲁钱币》刊物。《齐鲁钱币》为省钱币学会会刊，是省内唯一的钱币类学术刊物。期刊编辑部按照主管部门要求，全面加强意识形态阵地建设，严格依法合规编发刊物。进一步完善编校流程，细化岗位职责，精心打造特色期刊，圆满完成全年4期编发任务。

（贺传芬、徐建磊）

附表1

机构概况一览表

<table>
<tr><td colspan="2">理事长（或其他称谓的第一负责人）</td><td colspan="2">副理事长（或其他称谓的同级领导）</td></tr>
<tr><td colspan="2">贾广军</td><td colspan="2">贺传芬、刘爱峰、马 林、杨 青、李建平、董 莹、许凤亮、于富海</td></tr>
<tr><td>地址</td><td>山东省济南市经七路382号</td><td>邮编</td><td>250021</td></tr>
<tr><td>网址</td><td>—</td><td>联系电话</td><td>0531—86167213</td></tr>
</table>

附表2

内设部门及分支机构一览表

年度	内设机构（个）	下设分支机构（个）		员工人数（人）	
		地市级机构数	县区级机构数	员工总数（含非正式员工）	正式员工数
2015	1	0	0	5	4
2016	1	0	0	5	4
2017	1	0	0	6	4
2018	1	0	0	6	4
2019	1	0	0	6	3

山东省支付清算协会

【第一负责人简介】 益虎，男，汉族，中共党员，大学本科学历，1979年11月参加工作；历任中国农业银行东营市分行人事科副科长、办公室主任，东营市东营区支行行长，东营市分行副行长、行长、党委书记；2004年5月任中国农业银行山东省分行营业部总经理、党委书记（副厅级），2008年9月任中国农业银行陕西省分行党委副书记（主持工作），2009年4月任中国农业银行陕西省分行党委书记、行长（正厅级），2014年2月任中国农业银行山东省分行党委副书记（主持工作），2014年6月起至今任中国农业银行山东省分行党委书记、行长；2017年6月16日起兼任山东省支付清算协会会长。

【综述】 2019年，山东省支付清算协会深入学习、贯彻习近平新时代中国特色社会主义思想和党的十九大精神，坚持主动作为、高效履职的工作总基调，按照人民银行济南分行工作部署，紧紧围绕"防风险、强服务、促自律、惠民生"工作重心，严格落实各项监管要求，持续推动山东省支付市场规范健康发展，各项工作取得明显成效。协会秘书处荣获2019年度"山东省财贸金融系统五一劳动奖状"，"最美支付人"选树活动获评省级社会组织双十创新事件，专项调研课题活动获评省级社会组织双十特色品牌。

【行业自律】 一是积极响应监管。参加人民银行济南分行2019年支付结算工作会议、山东省2019年支付结算暨打击电信网络新型违法犯罪与移动支付便民工程工作会议，按照监管要求修订完善现有自律管理规范，通过培训交流、门户网站宣传和微信订阅号推送等方式向会员单位传递监管信号，督促会员单位贯彻落实，确保合规发展。二是强化行业自律。深入研究监管与自律管理的关系，不断提升支付服务的质量和普惠程度。发布《山东省企业银行账户结算自律公约》，规范支付清算行为，进一步提升服务实体经济水平。引导和促进金融科技合理化应用和成果转化，做到支付回归本源，推动行业规范发展。三是完善行业自律机制建设。采取座谈交流、问卷调查、同业沙龙等多种形式，建立支付行业信息、风险事件预警和投诉举报奖励共享平台，发挥行业引领作用，为会员单位提供多维度信息服务，积极探索行业标准建设和推动行业自律。

【行业交流】 一是持续打造"支付讲座"品牌。邀请人民银行济南分行相关业务部门负责人，分别对取消企业银行账户开户许可和防范化解重大金融风险相关政策进行解读和经验交流；与中国支付清算协会、中国银联支付学院（上海）合作举办"金融数据资产管理培训班"和"第五期银行卡专项业务培训班"，加强行业间合作交流；在杭州举办第三期支付清算行业高管培训班，邀请浙江大学教授进行培训，加深了会员对支付清算的认识；在中央财经大学（北京）举办"大数据+区块链金融实践案例剖析"培训班。二是举办基础课堂。举办2019年度专项调研课题组研讨活动，邀请人民银行济南分行调查统计处相关专家就如何规范开展专项调研进行了培训。三是举办多次沙龙活动。在充分了解和把握会员单位需求的基础上，举办了两期沙龙活动，对"人工智能在境内和跨境汇款领域的应用"的疑问以及取消企业银行账户开户许可相关政策中的问题做了进一步解答。四是举办行业高端论坛。与金科创新社联合举办"2019金融科技创新发展论坛暨首届金融科技管理人年会"和"2019网络金融技术应用与支付创新论坛"等行业发展论坛，与通联支付网络服务股份有限公司共同举办"金融科技与产业升级"高端论坛。五是紧跟支付行业发展前沿。派员参加《中国支付清算运行报告（2019）》发布暨支付科技服务实体经济研讨会、第八届中国支付清算论坛等活动，把握支付行业前沿。首次组织会员单位参加在深圳举办的中国国际金融服务展、国际金融博览会并现场考察华为集团公司总部。与济南市大数据产业创新发展联盟、省信息资源应用协会、省电子商会、山东计算机学会等行业组织共同签署了《济南市大数据产业创新发展合作协议》，拓展了与其他协会之间的合作空间。

【调查研究】 一是强化课题研究，积极开展专项调研课题活动。聚焦前沿热点，紧扣当前支付清算行业发展的新形势或热点话题，深入研究支付业务创新与风险防范、票据市场发展与应用策略、金融科技应用、人工智能和区块链技术等重点问题，及时开展调查研究，规范开展专项调研课题工作，立项23项调研课题。首次邀请齐鲁工业大学、山东财经大学两所高校参与课题研究，按照计划有序推进专项调研课题研究，形成了一批具有较高理论与实践价值的课题成果，为领导决策提供了有价值的参考依据。二是加强考察交流。开展第三期走进支付机构考察调研活动，组织32家会员单位赴支付宝（中国）网络技术有限公司考察调研；走进四川省支付清算协会和当地支付机构考察调研，学习兄弟协会在行业自律、会员服务、业务开展等方面的先进经验；参观调研莱商银行总部，实地了解公司企业文化与党建方面的工作；走访山东省农信社，就加强账户管理、深化行业服务、推动消费者权益保护等方向进行了深入交流与沟通。三是组织行业座谈研讨。组织召开山东省法人银行机构支付结算工作座谈会、城市商业银行资金清算中心调研座谈会、山东省支付清算行业治理工作座谈会、苏鲁两省支付清算行业交流座谈会等，参加中国支付清算协会第五次准会员工作座谈会，这些培训和研讨会加强了行业互动，促进各会员业务水平提升。

【业务宣传】　一是举办"反欺诈安全知识"有奖答题活动。为了增强社会公众对欺诈行为的识别与防范能力，维护金融消费者权益，配合人民银行济南分行金融消费权益保护处"3·15"金融消费者权益保护宣传活动，协会开展了"反欺诈安全知识"有奖答题活动，吸引6万余人参与，收到有效答卷近三万份，增强了社会公众对欺诈行为的识别与防范能力，提高了公众支付安全意识。二是扎实推进支付安全宣传进校园。组织开展2019年度"支付安全知识进校园"宣传活动，走进济南市天桥区堤口路小学，通过知识讲解和小品演绎为学生们普及支付安全知识，广泛开展支付安全教育。三是举办手机摄影大赛。举办了以"支付发展点亮智慧生活"为主题的手机摄影大赛，共收到22家会员单位报送的507幅参赛作品。对积极组织的会员单位颁发"优秀组织奖"。四是组织参加2019年绿色金融成果巡展活动。协会秘书处派员参加2019年绿色金融成果巡展（德州站）活动，助力建设绿色金融体系，加快绿色金融产品和服务创新。

【协会活动】　一是举办2019年度"最美支付人"选树活动。活动启动以来，得到了会员单位的积极追从，收到了来自34家会员单位推荐的150余个先进个人和集体。经过层层筛选，最终决定授予中国农业银行山东省分行郭玉倩等27名个人、中国建设银行山东省分行济南龙奥支行等7个集体2019年度"最美支付人"荣誉称号。二是举办了第六届"支付清算杯"小品大赛决赛。10家会员单位的小品入围决赛，经过激烈角逐，最终产生了6大类总计16个奖项。三是举办2019年山东省支付结算业务竞赛。全省38家银行机构和46家非银行支付机构共计327名选手参加了决赛笔试。经过角逐，共评选出团体一等奖1个、二等奖3个、三等奖6个、优秀组织奖10个、个人优胜奖50个。四是举办第七届"支付清算杯"山东省网上支付跨行清算系统"手机号码支付"功能推广优秀应用场景案例竞赛活动。经过专家评委的认真评选，共产生了一等奖1个、二等奖3个、三等奖4个、优胜奖8个、优秀组织奖6个。五是组织会员单位参加山东省大数据创新应用技能大赛。协会共组织8家会员单位报送了14个参赛项目。最终齐鲁银行获得大赛一等奖，山东省农村信用社联合社获得二等奖，交通银行山东省分行、邮储银行山东省分行、恒丰银行、潍坊银行、东营银行和莱商银行获得三等奖。

【党建工作】　坚持党组织领办、创办协会的原则，发挥党支部的政治优势和组织优势，推动协会健康有序发展。积极参加山东省社会组织总会的业余党校学习，对协会层面如何开展党建工作有了更清晰的认识。深入开展"不忘初心、牢记使命"主题教育实践活动，扎实推进学习型党组织建设。坚持"三会一课"制度，通过党课教育、主题党日和自主选学等形式，把改进学风贯穿到学习型党组织建设的各个环节，党员的义务、权利在潜移默化中得以渗透落地。积极开展"清明缅怀英烈"主题党日活动、"不忘初心跟党走，支付为民勇向前"主题党日活动，走进济南战役纪念馆、山东小三线9363军工纪念园、莱芜战役纪念馆，再度感悟老一辈革命家的红色故事，回顾革命时期革命家浴血奋战、英勇无畏的英雄事迹。一是召开了协会第二届理事会第三次会议，审议协会工作报告、财务报告和2019年工作要点。二是召开信息联络员工作会议，制定下发山东省支付清算协会调查问卷，加强协会与会员单位的沟通交流，发挥信息联络员的重要纽带作用。三是规范课题研究制度。组织开展山东省社会组织总会专项调研课题活动，共立项15项课题。四是吸收新会员，拓展支付服务市场的覆盖面。协会注重吸收符合条件的支付清算从业机构加入协会，2019年共吸纳4家新会员，扩大了会员规模，持续提升协会的行业影响力。

（丁延生、王　军）

附表1

机构概况一览表

会长（或其他称谓的第一负责人）		副会长（或其他称谓的同级领导）	
益　虎		刘爱峰、景在伦、李文达、董　莹、王宝城、张连怀、刁云涛、李中山、秦　琰、丁延生（执行副会长）	
地址	山东省济南市经七路382号	邮编	250021
网址	http://www.sdzfqs.org.cn/	联系电话	0531—86167701

附表2

内设部门及分支机构一览表

年度	内设机构（个）	下设分支机构（个）		员工人数（人）	
		地市级机构数	县区级机构数	员工总数（含非正式员工）	正式员工数
2015	4	0	0	10	2
2016	4	0	0	10	2
2017	4	0	0	12	2
2018	4	0	0	12	2
2019	4	0	0	12	2

山东省银行业协会

【第一负责人简介】　张强，男，1964年5月出生，汉族，中共党员，高级经济师，1980年12月参加工作；2003年12月至2011年2月历任临沂、淄博等市银监分局党委书记、局长；2011年3月至2017年8月历任原山东银监局财会处处长、政策性银行和邮政储蓄银行监管处处长、监察室主任、城市商业银行监管处处长；2017年9月至2019年11月任山东省银行业协会专职副会长；2019年12月至今任山东省银行业协会专职副会长、二级巡视员。先后荣获原银监会系统首届“百优青年”“监管标兵”等荣誉称号，当选山东省第十一届人大代表。

【综述】　山东省银行业协会成立于2001年7月，是经中国人民银行济南分行同意，山东省民政厅批准成立的非营利性社会团体，2003年业务主管单位变更为山东银监局，2018年底业务主管单位变更为山东银保监局。截至2019年底，协会共有123家会员单位。协会本届理事会为第七届理事会，由2018年3月21日召开的第七届会员大会换届产生。本届会长单位是中国工商银行山东省分行，副会长单位是中国农业银行山东省分行、中国银行山东省分行、中国建设银行山东省分行、交通银行山东省分行、中国邮政储蓄银行山东省分行。根据《山东省银行业协会章程》和有关监管规定，省银行业协会由山东银保监局派驻的专职副会长主持协会日常工作；协会党支部隶属山东银保监局机关党委；秘书处为协会日常办事机构，下设办公室、维权与法律事务部、自律部、培训部、消保中心五个职能部门。2019年，山东省银行业协会被省民政厅评定为5A级社会组织。

【党建工作】　2019年，山东省银行业协会坚持党建引领，认真落实“三会一课”制度，定期召开支部会议、支部（扩大）会议，认真学习习近平新时代中国特色社会主义思想，扎实开展“不忘初心、牢记使命”主题教育。深入开展文明规范服务、创建调查研究，提升行业服务管理水平。开展支部书记讲党课及主题党日活动，开好组织生活会。对会员单位派驻及社招党员实行统一管理，实现党建“全覆盖”。落实山东银保监局党委、纪委廉洁纪律要求，坚持重大事项集体研究决定。2019年减免会费143.75万元，倡议各市协会减免会费442.72万元。向银保监会定点扶贫地区捐赠资金10.00万元，向省定扶贫点捐赠部分物资和5.00万元资金。

【行业自律】　2019年，山东省银行业协会充分发挥行业自律职能。积极参与配合“行业规范建设年”工作，将监管要求转变为自律准则；全年开展合规专题培训，培训350余人；在会刊等开设合规专栏，发稿100余篇，将其纳入文明规范服务达标评估范围。大力推动行业品牌建设，授牌表彰48家2018年“千佳”单位；联动市协会开展48场超过1,000个网点负责人参加的“千佳”现场经验交流；开展2019年文明规范服务达标评估，山东获评4家“百佳”、58家“五星”、58家“四星”、29家“三星”和1家“创建奖”；协会获中国银行业协会“最佳组织奖”。积极推进消保工作，开展“3·15”消保宣传周、防范非法集资教育和普及金融知识万里行活动，参与宣传普及活动网点数为4,721个，组织金融知识普及活动16,046场次、受众526.16万人。认真落实山东银保监局消保四项重点工作，省市消保中心全部设立，行长接待日全面启动，建设消保平台和纠纷调解机制，建立完善各项配套制度。

【风险防范】 一是加大行业维权力度。联合建设银行山东省分行等10家银行对107户债务人共153.69亿元银行债权公示催收，并取得一定成效。在与省法院建立的联合工作机制基础上，加强调度，加快胜诉案件退还进度，全省累计已退还案件16,057件，退还诉讼费2.73亿元。力促建立公平合理的库款守押服务机制，从营商环境角度形成专题报告报省政府。二是协调推进风险化解。对10家联合授信试点企业的运行情况进行持续监测，配合中国银行业协会召开了山东片区联合授信座谈会。按季度对全省债委会的运行情况进行监测分析。年末全省组建债委会法人客户1,099户，授信总额为3.23万亿元，贷款总额为1.40万亿元。主动参与省级债委会工作，推动风险企业债委会债权银行做好权益保护和风险化解工作。制定《债委会自律惩戒办法》，提升债委会效能。按季度对支持新旧动能转换的授信、用信等进行统计、分析，推动银行业支持全省新旧动能转换。

【行业服务】 打造良好行业服务平台。宣传方面，密切与主流媒体合作，建立网站、会刊、公众号立体宣传架构，发稿1,600多篇；举办乡村振兴和社会责任发布会。接受11家中央级主流媒体对山东调研采访，新华社等刊发文章40余篇次，债委会工作等在全国引起较大反响。主办“百行进万企”融资对接仪式，推动融资对接工作。培训方面，联合浙江大学、中山大学举办2期高管研修班，培训高管100多人。举办8期常规培训，培训业务人员1,700余人。配合完成山东银行从业人员资格考试，确保38,000多名考生顺利考试。专委会方面，新组建联合授信专业委员会、银行业廉洁金融文化建设工作委员会。主办辖区财务公司改革发展与风险防控专题会议。通过安保委评选52家“安保先进单位”和52名“安防先进个人”，产生3家全国先进单位和2名先进个人。联合省律协等举办第五届金融法律论坛。积极开展慈善救助，利用银光基金救助71名特困员工，发放救助金71.00万元。

（谭 冰）

附表1

机构概况一览表

会长（或其他称谓的第一负责人）		专职副会长（或其他称谓的同级领导）	
付 捷		张 强	
地址	山东省济南市经十路11666号奥体金融中心D栋11层	邮编	250014
网址	http：//www.sdba.org.cn/	联系电话	0531—86193862

附表2

内设部门及分支机构一览表

年度	内设机构（个）	下设分支机构（个）		员工人数（人）	
		地市级机构数	县区级机构数	员工总数（含非正式员工）	正式员工数
2015	5	0	0	25	7
2016	5	0	0	25	7
2017	5	0	0	21	7
2018	5	0	0	23	7
2019	5	0	0	21	7

山东省证券业协会

【第一负责人简介】 李玮，男，汉族，山东济南人，1962年4月出生，中共党员，博士研究生，正高级会计师；1983年8月参加工作，历任莱芜钢铁总厂财务处副处长、处长，莱芜钢铁股份有限公司财务部主任、副总经理，莱芜钢铁集团有限公司副总经理、总会计师、董事，鲁银投资集团股份有限公司总经理、董事长等职，为第十二届、第十三届全国人大代表；现任中泰证券股份有限公司党委书记、董事长，山东省证券业协会会长。

【综述】 山东省证券业协会的前身为2003年3月4日成立的山东省证券期货业协会，2009年3月更名为山东省证券业协会。在山东省民政厅、山东证监局的指导下，山东省证券业协会严格履行协会会员大会、理事会、常务理事会的各项决议，严格落实《山东省证券业协会章程》，紧密团结和依靠全体会员，切实履行“自律、服务、传导”三大职能，在推进行业自律管理、反映行业意见建议、改善行业发展环境等方面发挥了行业自律组织的作用。2013年，山东省证券业协会被山东省民政厅评为4A级社团组织。2015年11月28日，山东省证券业协会加入山东省社会组织总会，并成为其会员单位。截至2019年，山东省证券业协会共有546家会员单位，其中包括1家法人证券公司、81家分公司，422家营业部、4家证券投资咨询公司、38家私募投资基金管理机构。协会的宗旨是：在国家对证券业实行集中统一监督管理的前提下，进行证券业自律管理；发挥政府与证券行业间的桥梁和纽带作用；为会员服务，维护会员的合法权益；维持证券业的正当竞争秩序，促进证券市场公开、公平、公正，推动证券市场健康稳定发展。

【制度建设】 山东省证券业协会制定了完善的管理制度，主要包括章程、会员管理办法、会费收缴办法等会员管理制度，会员诚信与自律公约、地区自律管理例会制度、投诉举报管理办法、现场检查工作流程等自律管理制度，纪律委员会、业务咨询委员会、财务委员会、投资者教育委员会、私募投资基金委员会等各专业委员会工作规则，财务管理办法、薪酬管理暂行办法、绩效考核暂行管理办法、考勤管理制度等内部管理制度。

【行业自律】 2019年，山东省证券业协会根据证监会、中国证券业协会、山东证监局等有关单位要求，进一步深化行业自律，依靠行业整体力量，主动开展行业自律。

一、投资者教育工作。2019年，协会通过多种渠道方式进行投资者教育，创新投资者教育形式，扩大投资者教育范围，取得了良好的教育宣传效果。包括但不限于：编写印制投资者教育宣传材料；利用互联网开展投资者教育；通过微信公众号开展有奖知识问答等。这些工作大大增加了受众人数，延长了教育周期，受到了投资者的一致好评。

二、投诉举报处理工作。协会探索建立纠纷多元化解机制，为维护辖区市场秩序和投资者合法权益做出了积极贡献。2019年全年协会接收“12386”热线转办的投诉179起，和解率为67.04%。

三、从业人员培训工作。2019年，协会共组织6次各类业务培训，共计培训从业人员1,840人次。通过培训，从业人员及时掌握了有关法律法规、监管要求与业务知识，提高了管理能力、综合素质与职业水平，更好地适应了行业创新发展的需要。

【金融服务】 2019年，山东省证券业协会注重发挥行业组织优势，持续推动证券行业服务实体经济工作。

一、组织投资者走进上市公司。组织投资者走进金雷股份、朗进科技、华鲁恒升等上市公司，了解上市公司运作，支持上市公司发展。

二、开展服务实体经济研讨调研对接。通过组织考察调研、交流座谈、业务对接等多种方式，推动企业了解资本市场，鼓励证券机构服务实体经济。组织机构投资者对隽秀生物、海岳环境、海纳摩擦、鑫海矿业进行了实地考察，深入了解新三板公司经营和公司治理现状、未来发展规划和融资需求。

三、积极开展精准扶贫工作。认真贯彻落实党中央、国务院及证监会有关精准扶贫工作的要求和部署。在山东证监局的指导下，与山东省期货业协会成立了精准扶贫工作小组，制订了工作方案，推动会员单位积极开展精准扶贫工作。

（王　丁、邢瀚允）

附表1

机构概况一览表

会长（或其他称谓的第一负责人）		秘书长（或其他称谓的同级领导）	
李 玮		侯成伟	
地址	山东省济南市经七路86号1101室	邮编	250001
网址	http://www.ssfa.org.cn/	联系电话	0531—86131757

附表2

内设部门及分支机构一览表

年度	内设机构（个）	下设分支机构（个）		员工人数（人）	
		地市级机构数	县区级机构数	员工总数（含非正式员工）	正式员工数
2015	4	0	0	7	5
2016	4	0	0	7	4
2017	4	0	0	10	4
2018	4	0	0	8	4
2019	4	0	0	10	6

山东省期货业协会

【第一负责人简介】 刘庆斌，高级经济师、注册会计师；1992年7月至1997年7月任济南第一机床厂职工；1997年7月至1998年8月任济南市证券管理办公室科员；1998年8月至2004年3月任中国证监会济南证券监管办公室科员、综合处副主任科员、机构监管处副主任科员和主任科员；2004年3月至2008年8月任中国证监会山东监管局机构监管处主任科员、副处长，期货监管处副处长、处长；2008年8月至2014年4月任中国证监会期货监管部公司监管一处正处级干部、处长，期货监管二部审核处处长、综合处处长；2014年7月至2016年8月，任鲁证期货股份有限公司党委书记；2015年8月起任鲁证经贸有限公司董事长，中泰汇融（香港）有限公司董事；2017年8月起担任山东省期货业协会会长，兼任中国期货业协会理事等职。

【综述】 山东省期货业协会是根据《社会团体登记管理条例》设立的山东辖区内期货行业自律组织，是非营利性的行业性社会团体法人。协会成立于2009年5月25日，注册地和常设机构所在地均为济南市，接受中国证监会山东监管局、山东省民政厅的业务指导和监督管理，围绕“自律、服务、传导”三大职能开展工作。

【组织架构】 山东省期货业协会的职能是：负责组织山东辖内期货行业的调查研究、行业自律，反映会员诉求；提供业务培训、业务咨询、业务交流等行业服务，协助监管部门开展行业管理等。其宗旨是：遵守宪法、法律、法规和国家政策，遵守社会道德风尚；在国家对期货业实行集中统一监督管理的前提下，进行期货业自律管理；发挥政府与期货行业间的桥梁和纽带作用，为会员服务、维护会员的合法权益；坚持期货市场的公开、公平、公正，维护期货业的正当竞争秩序，保护投资者利益，推动期货市场健康稳定发展。

山东省期货业协会的会员为注册地在山东（不含青岛）的期货公司及其营业部、异地期货公司驻山东营业部、IB证券公司及其营业部、期货保证金存管银行、期货交割仓库、中介机构等；有关机构自愿申请加入协会，经理事会审议通过后正式成为协会会员。会员大会是协会的最高权力机构，由全体会员组成，每届五年；理事会在会员大会闭会期间领导协会开展日常工作，对会员大会负责。理事会每年至少召开一次会议；协会设会长一名、副会长若干名、监事一名、秘书长一名，协会设秘书处，作为协会日常办事机构。

【制度建设】 山东省期货业协会自成立以来，建立了脉络清晰、符合行业发展定位的制度体系，并根据行业发展与会员需求，持续健全完善各项制度，确保协会职能有效发挥。山东省期货业协会制度体系包括管理制度、人事制度、财务制度、自律规则四个单元，覆盖协会内部管理、行业自律管理的方方面面。在山东证监局的指导下，经过充分征求会员意见，经理事会审议通过，协会制定发布了《山东辖区期货从业人员执业行为失信信息管理暂行办法》《山东辖区期货居间人自律管理办法》《山东辖区期货经营机构自律公约》等自律规则，以督导会员贯彻落实各项自律规则，促进辖区期货市场健康发展、同业间良性竞争。

【行业自律】 开展行业自律管理是山东省期货业协会的重要职能。2019年，协会以制度建设为保障、以理论培训为指导，通过自律管理保护会员正当利益，切实维护了市场和谐发展，促进了长效工作机制的建立。一是举办期货从业人员知识竞赛，督促期货从业人员重视对期货法律法规知识的学习，提升自律、合规、诚信意识，坚持在执业过程中自觉遵纪守法；二是在日常培训、座谈中，合理安排合规自律有关课程。持续强调严格监管、合规执业的重要性和必要性，促进辖区从业人员准确理解并自觉遵守各项法规政策。

【金融服务】 作为期货市场与社会各界的重要桥梁和纽带，2019年，山东省期货业协会注重搭建交流平台，做好期货市场宣传、行业调研，促进行业间、市场间的业务交流与合作，提升期货服务实体经济发展质效。一是组织开展“保险+期货”等专题调研活动，了解相关期货及衍生品工具在服务实体经济中的应用情况，并就相关业务在山东省的推广提出合理化建议。二是组织实体企业开展调研活动，深入学习套期保值等期货及衍生品工具应用经验。三是组织从业人员学习期货、现货知识和开展业务交流、产业基地调研等活动，提升期货经营机构服务实体经济的能力。

（季秋红、王海然、初 迪）

附表1

机构概况一览表

会长（或其他称谓的第一负责人）		副会长（或其他称谓的同级领导）	
刘庆斌		高 军、张 艳、袁西存、季秋红、王海然（秘书长）	
地址	山东省济南市市中区经七路86号	邮编	250001
网址	http://www.sdfa.com.cn	联系电话	0531—86131790

附表2

内设部门及分支机构一览表

年度	内设机构（个）	下设分支机构（个）		员工人数（人）	
		地市级机构数	县区级机构数	员工总数（含非正式员工）	正式员工数
2015	1	0	0	7	1
2016	1	0	0	7	1
2017	1	0	0	6	1
2018	1	0	0	7	1
2019	1	0	0	8	2

山东省保险行业协会

【第一负责人简介】 戴荣达，1964年1月出生，江苏泰州人，香港浸会大学工商管理专业硕士研究生，1988年11月加入中国共产党；1982年9月参加工作，2000年8月进入保险行业，2017年3月任太保产险山东分公司党委书记、总经理；2018年10月至2019年10月，任山东省保险行业协会会长。

魏旭东，男，1955年11月出生，山东梁山人，大学本科学历，中共党员，工程师、高级经济师；1997年10月任中国太平洋保险公司济宁中心支公司副总经理；1999年10月任中国太平洋保险公司济宁中心支公司党委书记、副总经理（主持工作）；2001年3月任中国太平洋人寿保险公司山东分公司总经理助理；2004年4月任中国太平洋人寿保险公司山东分公司副总经理；2011年4月任中国太平洋人寿保险公司山东分公司党委书记、总经理；2014年2月任山东省保险行业协会常务副秘书长；2017年10月任山东省保险行业协会秘书长。

【综述】 山东省保险行业协会成立于1997年9月，是在山东省民政厅登记注册的社团法人，注册资金为50万元。截至2019年12月，共有会员111家，其中省级财产险公司39家、人身险公司56家、市级保险行业协会16家。协会成立以来，已历任八届理事会。

【制度建设】 山东省保险行业协会在制度建设方面坚持依法合规的原则。

一是具有较为完善的法人治理结构。协会建立了会员大会、理事会、会长办公会、秘书长联席会等工作机制，凡是协会和秘书处的重要事项，一律按照章程规定的权限，由秘书长联席会、会长办公会、理事会、会员大会逐级审议通过。确保了公开、公平、民主办会宗旨的贯彻。二是制定了《山东省保险行业协会章程》，为协会的正常运行提供保证，为各会员单位的权利和义务提供保障。三是制定了《理事会议事规则》，建立理事会工作机制，发挥理事会的核心决策作用，制定理事会议事原则、流程，对参会和决议的执行进行了规范。四是制定了《山东省保险行业协会会员管理办法》，明确了会员分类、会籍管理、权利和义务等，规范了会员行为。五是制定了《山东省保险行业协会行业自律管理规则》，完善行业自律政策、公约制定、修改程序，以及标准和自律检查的办法、流程。六是秘书处建立起以岗位责任制为重点的4大类61项管理制度，形成了内部较为完善的制度体系。

【行业自律】 一是规范车险市场，落实车险报行合一。规范车险市场秩序，落实车险合规经营，组织各产险公司签署车险合规经营承诺书；配合车险报行合一的严格执行，对增速异常的公司进行约谈，督促公司依法合规经营，全年共约谈公司15家次；建立举报制度，严厉打击违规行为。二是实施车险实名认证缴费制度。第一，建立车险实名认证缴费制度。第二，积极与第三方平台联系沟通，配合中保信和各公司对实施实名认证缴费制度系统的改造。第三，加强对实名认证缴费制度的宣传和培训，整体来看，实施效果较好，各公司基本能够按照操作实务严格执行，社会舆论平稳，进入常态。三是实施车险保单载明销售渠道信息。印发《关于规范车险业务管理的通知》，杜绝保险公司将直销、电话销售渠道业务虚挂专业中介业务、套取费用的情况。四是防范销售误导，维护寿险市场健康发展。开展新单回访自律检查，共对16个地市的54家三级机构公司进行检查，提高整体规范经营的水平；对意外险、健康险手续费情况进行调研，推进合规管理的有效渗透。五是开展产说会报备工作。为进一步规范各市人身保险公司产品说明会的组织流程，防止因产品说明会引发的销售误导问题，有效保护保险消费者合法权益，推进人身保险业务持续稳健发展，协会要求各市协会不定期敦促辖区内会员公司按时报送产说会信息。对产说会报备有问题的公司及时提醒，确保会员公司产说会报备信息完整无误，根据具体情况指导各市协会进行产说会相关自律检查工作。

【金融服务】 2019年，山东省保险行业协会以服务为宗旨，积极履行协会职能，开展了多项富有成效的工作。

一是整合宣传资源，开展行业宣传工作。搭建行业自媒体宣传平台（一刊、一网、微信、微博），向公众普及保险知识、提示投保注意事项以及发布业内重大新闻活动等；凝聚行业智慧，建立会员单位通讯员联系机制，组建山东保险业“保险知识科学普及专家团”；组织行业开展主题宣传活动。认真落实监管机关部署，做好全省行业宣传活动的组织开展、媒体宣传等工作，主要包括“3·15”国际消费者权益保护日、防范非法集资专题宣传月、食品安全宣传周、“7·8”全国保险公众宣传日、金融知识普及月等。

二是组织高管人员培训，提升行业人员素质。自2016年起，受中国保险行业协会委托，每年组织车险查勘定损人员专业能力认证培训项目、人身险两核人员专业能力认证培训项目、非车险核保人责任险初级认证培训项目等6项制式培训项目线上测试。2019年，受山东银保监局委托，组织山东省保险业高管人员培训，参训人员达1,996人。

三是开展反欺诈和消费者权益保护工作。将反欺诈工作的重点放在了利用互联网技术、大数据技术、人工智能技术等方面，建立了相关数据平台，极大地提高了反欺诈的效率，降低了反欺诈成本，并将防范欺诈风险前置，为保险公司挽回大量的经济损失；设立山东省保险消费者权益保护中心，指导各市协会建立消保分中心，对外公布询诉电话，省市联动处理咨询投诉。建立省市保险机构总经理接待日制度并每月向社会公示，省市协会联动监督、指导公司总经理接待日活动的开展。建立山东保险消费者权益保护平台，开通“鲁小保”24小时投诉微信公众号，拓宽和畅通保险消费投诉维权渠道。

四是运用互联网技术和大数据助力行业健康发展。建设意外险业务风险预警系统，有效地降低并控制了意外险承保业务达到预警条件的出单率，防范了高额意外险欺诈风险；积极贯彻落实“放管服”改革，建设了“山东公安交通管理与保险信息共享服务平台”，2019年8月31日，省协会与山东省公安厅交通管理局联合下发了《关于实施机动车交强险电子保单和公安交通管理综合应用平台信息共享有关工作的通知》，成为全国第一个实现全流程、全电子化服务的省份；建设车险理赔风险预警系统，将车险欺诈预警前置，使公司在理赔前有效规避风险。系统运行后，将大大减少保险欺诈案件，降低公司经营成本；建设医疗险快处快赔系统，与社保系统的软件开发商山大地纬软件股份有限公司和专门服务保险行业的壹健壹康健康管理公司签订协议，建设“一站式”快速理赔平台，实现参保人医疗数据的系统间自动流转和数据上传保险公司理赔平台，在协助保险公司医保控费的基础上，减少传统人工提交、受理、录入等环节，真正让客户实现“零等待”；开展“山东保险创新星火计划”，助推发展现代保险服务业。

（李 晓）

附表1

机构概况一览表

会长（或其他称谓的第一负责人）		副会长（或其他称谓的同级领导）	
戴荣达（会长）、魏旭东（秘书长）		孙茂林、胡 伟、李军凯、黄炳杰、邰富春、魏成和	
地址	山东省济南市舜耕路38—1号	邮编	200013
网址	http://www.sdbx.org/	联系电话	0531—86197112

附表2

内设部门及分支机构一览表

年度	内设机构（个）	下设分支机构（个）		员工人数（人）	
		地市级机构数	县区级机构数	员工总数（含非正式员工）	正式员工数
2015	6	0	0	28	23
2016	6	0	0	29	25
2017	6	0	0	30	27
2018	6	0	0	26	26
2019	6	0	0	31	26

第四部分

政策性银行

国家开发银行山东省分行

【第一负责人简介】 况澜，男，1964年9月出生，重庆人，中共党员，高级工程师，研究生学历。1990年1月进入国家交通投资公司工作；1994年3月加入国家开发银行总行；2007年7月起先后担任国家开发银行湖北省分行副行长、风险管理局副局长、住宅金融事业部住宅评审局局长；2019年7月至今任国家开发银行山东省分行（简称开发银行山东分行）党委书记、行长。

【综述】 2019年，开发银行山东分行以习近平新时代中国特色社会主义思想为指导，围绕山东省委省政府工作重点，积极发挥开发性金融作用，支持山东经济社会发展，业务工作稳中有进、稳中向好。截至2019年底，开发银行山东分行资产总额为4,620.00亿元，本外币贷款余额为4,041.00亿元，其中，人民币贷款余额为3,032.00亿元，外汇贷款余额为145.00亿美元。

一、助推脱贫攻坚，努力完成政治任务。将扶贫工作作为业务工作的首要政治任务，全年发放各类扶贫贷款40.90亿元。一是抓牢教育扶贫。全年发放生源地助学贷款14.15亿元，惠及家庭经济困难学生17.60万人，发放金额和贷款人数均创历史新高。二是推进产业扶贫。聚焦深度贫困地区，加大与龙头企业合作力度，帮扶劳动就业，全年发放产业扶贫贷款26.80亿元；发放易地扶贫搬迁后续就业脱贫发展贷款4.00亿元，帮助搬迁人口持续稳定脱贫。三是开展东西部扶贫协作。引导省内龙头企业赴重庆、湖南等中西部地区投资兴业，发放东西部协作贷款4.70亿元。四是开展消费扶贫。将食堂行政、接待慰问等采购与贫困地区农副产品销售有机结合，全年完成消费扶贫金额37.00万元。

二、履行社会责任，大力开展民生业务。一是继续支持棚改。全年发放棚改贷款133.80亿元。积极探索模式创新，开展济南高新区辛庄安置区棚改项目通过市场化模式运作。二是大力开展民营企业流动性支持专项贷款业务。累计投放46.50亿元专项贷款，缓解了部分民营企业回收应收账款流动性压力。三是积极开展转贷款业务。全年累计完成授信73.70亿元，实现转贷款发放41.00亿元，支持小微企业、个体工商户及农户近千户。四是服务乡村振兴战略。聚焦“三农”高质量发展，全年发放乡村振兴贷款16.49亿元，有力支持农村基础设施建设、农业产业发展和农村公共服务供给。

三、发挥先导作用，助推老旧社区改造试点。分行认真贯彻总行关于支持老旧小区改造工作的要求，围绕省委省政府部署，作为山东省老旧小区改造工作领导小组主要成员，与省住建厅一起共同推动老旧小区改造工作。在总行住宅事业部的指导下，分行组织人员力量，成立工作组专题研究老旧小区改造项目融资模式，提出了“组合地块”开发模式、安置房销售模式、PPP模式、有收益项目自平衡模式、构建公司融资模式五种模式，供山东省参考借鉴。省住建厅在此基础上，创新提出老旧小区改造“4+N”模式，并与分行进行了对接。双方成立联合工作组，深入重点城市，推动构建符合试点要求的重点项目。

四、服务新旧动能转换，支持重点领域发展。一是支持新兴产业发展。围绕全省新旧动能转换“十强”产业项目库，支持项目81个，重点支持了海阳核电、浪潮集团、万华化学等项目。二是支持重大基础设施建设，全年向公路领域发放贷款72.65亿元，重点支持了济青、京台、京沪等高速公路改扩建项目；向铁路领域发放贷款46.00亿元，重点支持了鲁南高铁、东营疏港铁路等项目。三是支持省会济南先行先试。融资支持济南轨道交通建设，轨道R2线银团贷款评审承诺185.00亿元；推动济南新旧动能转换先行区跨黄桥隧项目进展。四是稳步推进国际业务。推动完成哥伦比亚“海洋2号”公路项目融资协议签署及首笔7,900.00万美元的贷款发放，实现对哥业务突破。保障对厄项目资金高效运行，全年发放贷款2.56亿美元、2.06亿元。

五、强化经营管理，提升金融服务水平。一是提升经营管理工作的系统性。形成经营情景分析、经营计划制订、经营计划实施方案、经营监测与分析、动态调度与调整、结果考核与过程考核相结合的管理模式。二是强化综合定价管理。加强LPR贷款定价应用推广。三是积极开展表外业务和中间业务。实现表外受托工作量41.50亿元，中间业务收入2.30亿元。四是积极开展债券承销业务。承销发行兖矿集团、山东高速、济南轨道交通等客户各类债券金额79.00亿元。五是加强同业合作及协同业务。向开发银行子公司推荐德州财金、德州公用水务、日照港、龙口港、邹城利民、山东钢铁等客户的8个项目。六是积极开展金融产品创新。实现保险代理、交易资金托管、票据承兑三项产品。

六、加强风险管控，保持资产质量稳定。一是完善内控合规管理体系。成立内控合规管理工作委员会，不断完善制度建设，开展全方位的风险排查，制订风险预案。二是通过公开竞价、保证人分期代偿、平价转让等多种方式化解处理不良资产。三是强化客户贷后监测。加大对借款人实际经营情况和涉诉涉案信息的了解掌握，严密防范潜在风险。

七、扛起党建责任，推动全面从严治党开创新局面。分行党委全面贯彻落实总行党委各项决策部署，创新思路，统筹谋划，扎实推进党建工作深入开展。一是全面扛起管党治党主体责任。层层传导压力，党委书记与班子成员、支部书记分别签订责任书，强化"一岗双责"意识。发挥党建考核"指挥棒"作用，确保管党治党责任全面落实。二是深入开展"不忘初心、牢记使命"主题教育。创新制作《提示单》，通过《每日动态》展示工作进展和成效，认真开展学习调研，查找问题，检视整改，结合网络问卷调查、强化群众参与、发挥纪委监督作用等创新举措，全面推进问题整改和制度建设，建立长效工作机制。三是努力营造"自由、开放、平等、包容"的团队氛围，积极调动员工的凝聚力、战斗力、创新力。四是加强基层党组织建设，加大对党务干部的培训力度，班子成员定期参加支部党建活动，落实双重组织生活会制度，密切与党员群众的沟通交流。五是深入开展党风廉政建设，将纪检工作纳入全面风险管理流程，建立个人行为排查按季度抽查工作机制，制定正风肃纪禁令，组织全体党员赴廉政教育基地参观，认真对照行内外违纪违法案件开展警示教育，以案明纪。六是坚持以党建带工建、团建，紧扣"新中国成立70周年""五四运动一百周年"主题，开展一系列丰富多彩的工团活动，增进员工的获得感、归属感；夯实人文关怀机制，精准实施关爱帮扶；持续完善基层民主管理，依法维护职工权益；在行内外各类竞赛和评先推优活动中获得多项荣誉。

【计划资金管理】 2019年，开发银行山东分行认真贯彻执行国家宏观调控政策和货币信贷政策，坚持把服务山东高质量发展作为主线，着力发挥开发性金融作用，助力山东新旧动能转换，支持山东社会民生事业发展，不断优化信贷结构，加大信贷资金投放力度，积极争取总行规模资源倾斜，将更多的信贷资金投放到支持山东实体经济上来。通过制订经营计划，调度贷款需求，分析形势，明确目标，实时统筹需求与资源，确保计划资金管理到位。同时，加强流动性精细化管理，通过按季分月逐周到日的头寸需求调度，掌握分行资金流量，提前做好计划安排，对于突发性的紧急资金需求，及时与总行做好沟通，有效满足分行用款需求，头寸预测的及时性和准确性得到提高。

【信贷项目及管理】 2019年，开发银行山东分行坚决执行监管机构及总行管理要求，落实国家政策，充分发挥开发性金融作用，不断加大对山东省扶贫、教育、棚改、水利、新旧动能转换等民生领域和重点领域的支持力度，不断完善对民营企业、小微企业、金融同业的优惠政策，为山东的经济生活发展和增长模式转型提供金融支持和服务。信贷管理方面，做好本外币贷款贷后管理、专项建设基金投后管理各项工作，落实监管要求，细化管理标准，夯实管理基础，提升担保质效，做好资产质量分类，识别防范风险，改善资产质量。在做好金融服务和支持的同时，积极推动风险防范化解，为维护山东金融环境和谐稳定发挥积极作用。

【金融债权维护】 2019年，开发银行山东分行以提高资产质量和保全金融债权为目标，以制度建设为基础，全流程、全方位防范贷款风险，积极主动地开展依法收贷工作，取得了显著成效。高度重视金融债权维护和不良贷款化解工作。一是对难点回收项目进行动态化管理，制订风险预案和化解措施，以防范风险项目转劣、加快不良项目化解进度。二是贯彻总行"依法治行、合法经营"方针，建立了业务部门初步法律风险识别、内部法律部门配合、外部法律专业人士协助的"三道防线"，形成了全流程、全方位的信贷法律风险防范机制，为保障资产质量和维护金融债权提供了机制保障。三是对不良贷款项目制订化解计划，进行统一部署，责任具体到人，为金融债权维护提供了组织和人员保障。

【筹资工作】 开发银行作为中长期债券银行，信贷资金来源主要为发行金融债券，存款业务是筹资的重要补充方式。2019年，开发银行山东分行根据总行存款工作要求，重视做好存款方面的相关工作，提高筹资来源多元性，统筹兼顾，确保发展。

【电子化建设】 2019年，开发银行山东分行按照"服务发展、防控风险"的指导方针，高度重视科技风险防控，不断优化提升内部管理，切实推进信息科技重点项目，积极做好信息化建设、运维和技术服务工作，保障业务正常开展。

一是积极开展信息安全教育，明确风险防控操作要点，发布风险警示，进一步提高员工防控风险水平。二是强化基础运维，排查信息安全隐患，网络、视频、通信整体运行状况良好，全年未发生安全事件。三是对分行网络系统依规完成信息系统等级保护2级备案和测评工作，全面防范信息科技风险。四是严格IT外包管理机制，强化外包过程的风险和质量管控，有效控制外包风险。五是落实总行信息化建设项目要求，配合总行稻香湖机房和各类系统迁移工作，保障各类业务系统平稳运行。

（刘 娱）

附表1

机构概况一览表

行长（或其他称谓的第一负责人）		副行长（或其他称谓的同级领导）	
况　澜		池　勇、刘思嘉、王　强	
地址	山东省济南市历下区经十路11666号 山东省济南市奥体金融中心D栋负1层至14层	邮编	250002
网址	http：//www.cdb.com.cn/	联系电话	0531—81928100

附表2

内设部门及分支机构一览表

年度	内设机构（个）	下设分支机构（个）		员工人数（人）	
		地市级机构数	县区级机构数	员工总数（含非正式员工）	正式员工数
2015	19	0	0	214	214
2016	19	0	0	214	214
2017	20	0	0	218	218
2018	21	0	0	223	223
2019	21	0	0	232	232

国家开发银行青岛市分行

【第一负责人简介】　石太峰，男，中共党员，高级经济师，1969年出生，北京大学经济法专业毕业，博士研究生学历学位。1990年至1994年任职于化工部监察局；1994年进入国家开发银行工作；2006年至2007年参加中组部、团中央“博士服务团”，挂任北部湾经济区管委会办公室副主任；2008年至2019年，先后担任国家开发银行青岛市分行副行长、国际金融局副局长、加拉加斯代表处首席代表（正局级）；2019年7月起任国家开发银行青岛市分行（简称开发银行青岛市分行）党委书记、行长。

【综述】　2019年，开发银行青岛市分行坚持以习近平新时代中国特色社会主义思想为指导，深入开展“不忘初心、牢记使命”主题教育，积极对接市委市政府“十五个攻势”，党的建设、业务发展、风险防控等各项工作取得新成效。截至2019年底，开发银行青岛市分行管理资产2,597.47亿元，表内资产总额为2,150.95亿元；本外币贷款余额为1,927.86亿元，本外币贷款、人民币非个人中长期贷款、外汇贷款余额均居地区同业第一位；不良贷款率连续18个季度保持为零，较好地实现了发展、风险、效益的有机统一。

一、深入开展“不忘初心、牢记使命”主题教育，党建工作质量不断提升。以政治建设为统领，坚定开发性金融服务国家战略的政治自觉。压紧压实管党治党责任，以高质量党建推动分行高质量发展。大力弘扬“首创、奋斗、奉献”的“红船精神”，通过解决员工思想上、作风上的短板，着力破解业务上的短板，以党建攻坚推动业务攻坚，多项业务指标取得突破性进展。廉政勤政齐抓并举，坚守风清气正、干事创业良好政治生态。抓好组织建设，不断增强基层党支部政治功能和组织力。

二、以创新谋划破解发展难题。围绕市委市政府关心的重点难点项目，加大创新力度，全力推动项目落地实施。创新融资模式实现地铁项目授信承诺，对后续项目建设产生较强示范推广意义。支持打造青岛乡村振兴“齐鲁样板”，探索创新以生态振兴、产业振兴推动乡村全面振兴路径，深入拓展“莱西经验”，创新推动支持平度、莱西乡村振兴项目，积极探索可复制可推广的经验模式。

三、牵头引领支持重大项目建设，有效助力青岛市“稳投资”。聚焦上合示范区等重点领域开展银政规划合作，与市发改委、市财政局等多个部门对接，共同梳理基础设施投资项目清单。发挥开发性金融引领作用，全力支持轨道交通、新机场高速、港口等重大交通基础设施补短板。服务国有企业改革，助推融资平台市场化转型发展。

四、立足青岛特色和优势，培育经济发展新动能。深挖海洋资源优势，支持冷链物流、远洋捕捞等重点项目建设。围绕山东新旧动能转换综合试验区建设要求，坚持存量变革与增量崛起并举，支持电力、石油石化等传统产业转型升级，持续优化综合金融服务，深化与海尔、海信、中车四方等领军企业的战略合作，助推青岛制造业发展。

五、聚焦薄弱环节，服务保障和改善民生。支持保障性住房建设，实现首个租赁住房项目落地，创新市场化模式积极推动城市更新业务。坚决贯彻落实党中央关于支持民营、小微企业的部署要求，支持民营和小微企业发展。加大东西部产业扶贫协作力度，联合多家企业赴贵州安顺、甘肃陇南开展调研对接，搭建银政企沟通桥梁。支持健康养老、生态环保、水利、医疗、教育等民生工程建设。

六、高质量推进国际业务，服务共建“一带一路”。积极支持上合示范区建设，统筹推动重点项目落地，配合总行举办“一带一路”与上合银联体金融合作研讨会，共商上合银联体框架内务实合作。孟加拉国超临界燃煤电站国际银团项目、埃及500kV输电线路项目分别荣获“2019年度中国最佳项目及牵头银行奖”“2017—2018年度常态化合作机制最佳项目融资合作奖”。

七、加强精细化管理，综合经营质效持续提升。新签新放贷款实现LPR全覆盖。完善数据管控及重大事项报告长效机制，保持统计报送“零差错”，获人民银行青岛市中心支行统计先进集体二等奖。加强财务管理，严格控制财务运行成本。高标准完成营业网点升级改造，成功获评四星级网点。

【计划资金管理】 2019年，开发银行青岛市分行研究和完善新形势下绩效考核管理机制，充分发挥绩效考核对业务经营发展的促进作用。统筹考虑需求、回收、进度、风险、收益、投向、考核等情景变量，加强运行调度和经营分析，做好多情景预案，确保资源实现最优化配置。做好资金腾挪和头寸管理，合理丰富资金运用途径，进一步提高资金收益。同时，发挥开发银行逆周期调节作用，加快资金支付进度，提高资金利用效率，增强对实体经济的推动作用。

【信贷项目及管理】 2019年，开发银行青岛市分行增设信贷管理处，不断完善信贷管理长效工作机制和业务流程，信贷管理质效进一步提高。不断完善信贷管理长效工作机制，提升“贷前跟踪、贷中审查、贷后提示”的全流程信贷管理理念，加强“严审查、强管理、勤调度、深检查、优服务、重培训”的信贷管理工作措施，强化对信贷管理薄弱环节的风险提示。严抓信贷管理要点，不断规范合同审查、担保管理、贷款发放支付、资产质量分类等重点环节，信贷管理精细化水平显著提升。

【金融债权维护】 2019年，开发银行青岛市分行积极稳妥防控金融风险，持续优化全面、全员、全流程风险管控，资产质量继续保持优良，系统内分支机构风险管理能力评价连续保持强健级，实现“零不良、零处罚、零案件”。全年科学高效开展授信评审和审查审议，进一步完善规章制度体系，强化对重点领域的风险分析，不断提高风险预研预判能力。严把客户项目准入关口，加强客户准入精细化管理工作，及时高效开展客户准入审查、审核、认定等工作。

【筹资工作】 开发银行的信贷资金来源主要为发行金融债券，存款业务为重要的补充方式。2019年，开发银行青岛市分行根据总行存款工作要求，不断完善存款工作长效机制，拓宽存款来源，促进存款工作精细化管理水平的提升，优化资产负债结构。

【电子化建设】 2019年，开发银行青岛市分行优化信息科技治理体系，强化信息安全和科技风险管控，做好源头数据质量管理，有序开展信息科技基础设施完善，全面提升信息科技服务能力，为助推业务发展、提升内部管理和强化全面风险防控提供强有力的支撑。

（宋绍滨、郭 凯）

附表1

机构概况一览表

<table>
<tr><td colspan="2">行长（或其他称谓的第一负责人）</td><td colspan="2">副行长（或其他称谓的同级领导）</td></tr>
<tr><td colspan="2">石太峰</td><td colspan="2">李国颂、唐 力、穆 岚、李相君</td></tr>
<tr><td>地址</td><td>山东省青岛市东海路15号甲联通大厦17层</td><td>邮编</td><td>266071</td></tr>
<tr><td>网址</td><td>http://www.cdb.com.cn/</td><td>联系电话</td><td>0532—81978277</td></tr>
</table>

附表2

内设部门及分支机构一览表

年度	内设机构（个）	下设分支机构（个）		员工人数（人）	
		地市级机构数	县区级机构数	员工总数（含非正式员工）	正式员工数
2015	17	0	0	132	132
2016	17	0	0	130	130
2017	18	0	0	135	135
2018	18	0	0	137	137
2019	19	0	0	143	143

中国农业发展银行山东省分行

【第一负责人简介】 赵富洲，男，1965年10月出生，河南省扶沟县人，中国人民大学经济学硕士；1988年7月在监察部二室工作，历任主任科员、国务院纠正行业不正之风办公室主任科员和副处长；1995年12月进入中国农业发展银行工作，历任总行监察室副处长、处长，黑龙江省分行行长助理、党委委员，总行总务部、监察部副主任，江苏省分行副行长，总行监察部主任、纪委副书记，河南省分行党委书记、行长；2016年2月至今，任中国农业发展银行山东省分行（简称农发行山东省分行）党委书记、行长。

【综述】 2019年，农发行山东省分行在总行党委和山东省委省政府的坚强领导下，坚持以习近平新时代中国特色社会主义思想为指导，扎实开展“不忘初心、牢记使命”主题教育，大力推进创新转型，不断深化内部改革，切实加强合规管理，积极防控金融风险，着力加强队伍建设，勠力同心、团结奋进，强化担当、主动作为，各项工作稳中有进、进中有优，百尺竿头、更进一步，在高质量发展的道路上展现出崭新姿态。

一是党的建设持续深入。扎实开展“不忘初心、牢记使命”主题教育，深入学习贯彻习近平新时代中国特色社会主义思想，把政治建设摆在首位，始终保持政策属性和正确方向。“四个意识”更加牢固，“四个自信”更加坚定，“两个维护”更加坚决，党风行风持续向好，党建旗帜高高飘扬。

二是履职发展成果丰硕。全年累放贷款943.00亿元，年末贷款余额为3,135.80亿元，较2019年初增加474.00亿元，居农发行系统第二位，单位贷款增量居全省大型金融机构首位。贷款支持收购粮食市场份额首次超过50.00%，民营小微企业贷款增长310.00%，扶贫贷款连续4年居全省金融系统首位，支持乡村五大振兴领域实现全面突破并创出典型，棚改、水利、海洋、黄河流域生态保护和高质量发展等领域贷款均居系统首位，彰显了农村金融主力军作用。

三是质量效益显著提升。全年累计清收不良贷款3.40亿元，化解风险贷款13.60亿元。2019年末，不良贷款余额为11.48亿元，不良贷款率为0.37%，较全省金融同业平均水平低2.50个百分点。筹资能力不断增强，存款余额连续6个月保持在千亿元以上，日均存款余额为978.60亿元，居系统内第二位，较2018年底增加112.40亿元。在大幅让利于农的前提下，实现账面利润34.40亿元，再创历史新高。财务可持续能力大幅提升，高质量发展基础更加牢固。

四是治理体系日臻完善。按照打造现代农业政策性银行的目标，稳步推进“八项改革”，大力实施“四大工程”。顺利实现新核心系统上线投产，实现省行集约化运营改革和财务集中核算，内控合规体制改革基本到位，信贷产品制度进一步理顺，全面风险管理体系更趋完善，绩效考评激励约束机制有效健全，信息科技支撑作用进一步彰显。改革红利持续释放，创新动能积厚成势，管理基础有效夯实，服务水平不断提高，治理体系和治理能力向着现代化迈进。

【业务发展】 2019年，农发行山东省分行坚持发展是第一要务，积极适应政策变化、环境变化、形势变化，始终不忘初心、牢记使命，坚守“三农”本源，履行政策使命，实施创新驱动，推动转型发展，以服务乡村振兴为统领，把主业做成专业，在主场增强主动，不断提升金融支农能力，着力打造服务乡村振兴“齐鲁样板”。

一是保障粮食安全，市场份额创历史新高。落实国家最低收购价政策，累放小麦最低收购价贷款49.70亿元，夏粮收购贷款投放、支持收购量实现“双百亿”突破。全年累计支持收购粮油512.20亿斤，支持收购的市场份额达到53.60%。

二是突出重点领域，服务乡村振兴全面突破。率先编制《金融支持山东乡村振兴系统性融资规划》。完善全省乡村振兴重大项目库，已支持项目152个、金额623.00亿元。聚焦农业园区、林业生态、文化旅游等领域，服务乡村产业振兴、生态振兴、文化振兴迈出新步伐，两项乡村振兴贷款产品分获总行优秀创新成果奖和全省新旧动能转换优秀创新奖。支持建设兰陵新农人培训中心、新农人教育实践基地，服务人才振兴和组织振兴实现新突破。积极支持补齐农业农村基础设施短板，突出水利、生态和农村人居环境等重点业务，审批“三项贷款”277.00亿元，中长期贷款品种结构更加均衡。

三是跟进重点战略，金融助力作用更加突出。服务脱贫攻坚，开创“1234”精准产业扶贫模式，大力支持东西部扶贫协作和定点扶贫，全行扶贫贷款余额为218.00亿元，成为全省唯一一家突破200亿元的金融机构。服务黄河流域生态保护和高质量发展，统筹开展“六大行动、两大工程”，黄河生态保护类贷款余额为647.40亿元，占全系统的62.60%。服务经略海洋，有力支持青岛西海岸新区军民融合示范区建设等项目，海洋贷款余额为40.00亿元。服务新旧动能转换，大力支持高端制造业发展，支持建设上合组织地方经贸合作示范区。扶持民营小微，扎实开展“服务民营小微企业提升工程”，创新“产业图谱小微贷”，打造35种特色产品、50余个知名品牌。全年新增小微贷款4.25亿元，全部实行最低优惠利率，大幅降低了企业融资成本。

四是强化创新改革，融资模式更加丰富。积极探索市场化融资模式，化政策拐点为创新起点，推动转型发展。以“三个一”为抓手，规范“土地+”业务，培育成为中长期贷款最具潜力的融资模式。结合实际相继探索了“绿色金融PPP”“公路+乡村旅游”“供水收费”等可复制模式，逐步摆脱了中长期贷款政府购买服务的“路径依赖”。

【信贷管理】 2019年，农发行山东省分行积极开展“行业规范建设年”活动，积极顺应重合规、严监管的态势，合规理念更加深入人心。推进四项规范建设，推进内控合规检查常态化，建立全面排查与日常排查相结合的风险排查机制，强化法律保障和反洗钱管理。严格信贷管理流程。推行信用审批“三维监督管控体系”和“3W1H审查工作法”，优化放款监督流程质效，实行放款监督预审制度，力争做到当日报送、当日审核。规范贷后管理，制定下发自营性大客户及集团客户三级行共管办法，强化大客户和集团客户三级行共管机制。

【风险防控】 2019年，农发行山东省分行持续推进全面风险管理体系建设，积极应对新增风险不断暴露、不良处置难度加大的严峻形势，开动脑筋、大胆创新、攻坚克难，密切监测、严控新增、化解存量，坚决打赢风险防控攻坚战。

一是进一步完善“四链两网”风险诱发因素识别分析方案，积极开展多维度的风险排查，在风险评价指标基础上，研究完善风险预警体系，做到风险苗头早发现、信号早预警、隐患早处置。

二是强化中长期贷款和基金风险防控。印发《地方政府隐性债务防范化解工作方案》，充分运用风险排查、化解、稳定三大工具箱，加强地方政府隐性债务的化解，逐项目完善风险防控预案。创新完善基金管理“山东模式”，推动首次从法律上明确基金专户资金专款专用、不得查封扣划的政策属性，累计收回基金21.7亿元。

三是全力加强风险及不良贷款处置。压实风险防控责任，继续实行“双目标控制”“双线分解”，全年累计计提贷款损失准备46.60亿元，有效提升了风险抵补能力。2019年累计现金清收不良贷款3.40亿元，累计清收风险贷款35户、12.81亿元。

【运营管理】 2019年，农发行山东省分行实施以客户为中心服务管理体系改革，制定客户发展规划和发展目标。认定省行重点客户37家，全行客户数量达到1,082家，增长15.90%。推动“基础产品+营销产品”管理体系改革，优化信贷流程，提升办贷质效。落实LPR利率改革要求，新发放贷款平均利率为5.13%，同比增加19个基点，FTP利差为1.32%，居系统首位。国际结算业务量和国际业务收入继续稳居省级分行首位，在系统内首次办理代开信用证业务，发放首笔欧元外汇贷款，丰富了业务品种。新核心系统上线投产，网上银行业务全面推广，实现省行集中运营和财务集中核算。

（董义利、李晓燕、宿 欣）

附表1

机构概况一览表

<table>
<tr><td colspan="2">行长（或其他称谓的第一负责人）</td><td colspan="2">副行长（或其他称谓的同级领导）</td></tr>
<tr><td colspan="2">赵富洲</td><td colspan="2">吴辉家、孟范君、张艳娟、时祝华、王 华、薛 莹</td></tr>
<tr><td>地址</td><td>山东省济南市市中区经十路20908号</td><td>邮编</td><td>250002</td></tr>
<tr><td>网址</td><td>http://www.adbc.com.cn/</td><td>联系电话</td><td>0531—85189199</td></tr>
</table>

附表2

内设部门及分支机构一览表

年度	内设机构（个）	下设分支机构（个）		员工人数（人）	
		地市级机构数	县区级机构数	员工总数（含非正式员工）	正式员工数
2015	17	17	107	3,325	3,325
2016	17	17	107	3,324	3,324
2017	18	17	107	3,295	3,295
2018	18	17	107	3,189	3,189
2019	19	17	107	3,198	3,198

中国进出口银行山东省分行

【第一负责人简介】　牟毅，男，1967年5月出生，公共管理专业硕士。1988年2月加入中国共产党，1986年9月参加工作。历任中国进出口银行办公室秘书处处长助理、副处长、处长，办公室主任助理，办公室副主任（党委办公室副主任），中国进出口银行评估审查部副总经理，中国进出口银行山东省分行副行长、党委委员。现任中国进出口银行山东省分行（简称进出口银行山东省分行）党委书记、行长。

【综述】　2019年，进出口银行山东省分行以习近平新时代中国特色社会主义思想为指导，贯彻落实党中央、国务院决策部署，立足山东省经济发展实际，充分发挥政策性金融逆周期调节作用，全力支持国家战略和实体经济发展。截至2019年末，进出口银行山东省分行本外币贷款余额合计1,103.80亿元，较年初增长8.75%。

【经营管理】　2019年，进出口银行山东省分行在省委省政府的正确领导下，在有关部门的大力支持和帮助下，贯彻落实总行各项工作部署，下大力气支持实体经济重点领域和薄弱环节，各项工作均取得一定成效，为山东省外经贸稳定发展和新旧动能有序转换做出积极贡献。

一、全力以赴支持外贸外资稳定发展。面对经济下行压力加大、中美经贸摩擦影响加深的外部环境，进出口银行山东省分行聚焦政策性业务这一主业，全力支持稳外贸稳外资。一是主动调整贷款投向，充分发挥“政策性金融促进外贸稳增长机制”的杠杆作用，有效促进政策性业务投放，截至2019年末，进出口银行山东省分行政策性业务占比较年初提高3.73个百分点。二是开展进出口百强企业大走访活动、召开银企座谈会、参加第二届中国国际进口博览会，落实落细稳外贸稳外资工作措施。全年新增贷款中的80.54%用于支持外贸产业。

二、精准发力服务实体经济重点领域。坚守政策性定位，聚焦服务国家战略和实体经济，不断调整优化信贷投放结构，切实把信贷资源投向国家重点领域和重点任务。一是支持传统产业转型升级和新兴产业加快发展，助力制造业高质量发展。截至2019年末，进出口银行山东省分行制造业贷款余额占全部贷款的比重达49.60%。二是制订进出口银行山东省分行加强民营企业金融服务实施方案，加大对民营企业的信贷投放力度，切实提高民营企业金融服务的获得感。持续推广小微企业转贷业务，支持小微企业稳定发展。

三、积极保障重大项目融资需求。加强与政府有关部门和企业的对接，加大对“一带一路”沿线项目山东省内轨道交通、港口建设、航空发展等基础设施项目的支持力度。一是支持企业通过开展国际产能合作、对外承包工程、参与沿线国家政府租屋建设等方式，深度融入“一带一路”建设。截至2019年末，分行“一带一路+”贷款余额为424.66亿元。二是积极对接落地山东的国家发展战略，全力保障重大项目建设融资需求。重点支持了青岛军民融合示范区建设、山东自贸区青岛片区建设，支持了济南轨道交通、大莱龙铁路、青岛地铁等城市基础设施项目，助力省内实现互联互通。

四、不断增强综合金融服务能力。牢固树立质量第一、效益优先的经营理念和精细化、合规化的管理理念，多措并举着力提高政策性金融综合服务水平。一是坚持“政策性业务+”的整体服务策略，发挥政策性业务特别是优惠利率贷款优势，带动贸易融资、国际结算及衍生交易等业务全面发展。二是组织开展“精细化管理强化年”活动，抓实抓细档案管理、贷后检查、评级授信、统计报送四项基础工作，引导精细化管理理念向行为转变。活动取得了较好效果，截至2019年末，进出口银行山东省分行贷后检查和评级授信的完成率均达到100%，档案整理完成率和统计报送准确率均较年初大幅提高。

【转贷业务贷后管理】 截至2019年末，山东省共有转贷项目76个，主要集中在教育、医疗、工业、农业、其他基础设施等领域，具体涉及医药设备引进、经济信息系统建设、消防设备购置、供水、城建、环境改造等项目，贷款资金主要来源于日本、以色列、德国、法国、美国等政府及政策性金融机构。正常类项目贷后检查主要以会谈、走访借款人及担保人为主，以提供财务报表、电话问询、网络信息查询等非现场检查方式为辅。不良类项目多数历史久远，形成不良原因复杂，涉及单位和部门众多，多数无法联系到企业负责人或相关业务人员，贷后现场检查难度大，主要以网络查询为主，通过查询全国工商企业信息公示网、中国裁判文书网等平台追溯企业改制变化情况及现有经营状态。

【不良贷款清收】 2019年，进出口银行山东省分行按照“一类一方、一户一策”的原则，不等不靠、狠抓落实，加快推进存量风险处置，全力压降潜在风险敞口。同时，配合地方政府，联合其他债权行，加强风险项目管理，切实做好风险防范。截至2019年末，分行不良贷款率较年初下降0.82个百分点。

（李向阳）

附表1

机构概况一览表

行长（或其他称谓的第一负责人）		副行长（或其他称谓的同级领导）	
牟 毅		王宇辉、关海英、贾中园	
地址	山东省青岛市市南区东海西路2号甲	邮编	266071
网址	http://www.eximbank.gov.cn/	联系电话	0532—80899999

附表2

内设部门及分支机构一览表

年度	内设机构（个）	下设分支机构（个）		员工人数（人）	
		地市级机构数	县区级机构数	员工总数（含非正式员工）	正式员工数
2015	8	0	0	70	62
2016	8	0	0	71	64
2017	8	0	0	77	71
2018	9	0	0	75	69
2019	9	0	0	79	74

第五部分

国有商业银行

中国工商银行股份有限公司山东省分行

【第一负责人简介】 赵桂德，男，1970年8月出生，吉林省吉林市人，中共党员，硕士研究生学历，高级经济师；历任中国工商银行吉林省分行党委委员、副行长兼营业部党委书记、总经理，内蒙古分行党委书记、行长；2019年11月担任中国工商银行山东省分行（简称工行山东省分行）党委书记、行长，政协第十二届山东省委员会委员。

【综述】 2019年，工行山东省分行在山东省委省政府的正确领导下，在金融监管部门的指导帮助下，认真贯彻宏观调控政策，全面落实金融监管要求，持续提升金融供给能力，保持了健康平稳的发展态势，为山东新时代现代化强省建设做出了积极贡献。

一、加大信贷总量投放，持续为实体经济注入金融活水。认真落实国家货币政策导向，保持合理适度的信贷增量，持续加大对实体经济的支持力度。2019年末，本外币各项贷款余额为7,587.00亿元，排名四行第一。全年累计投放各类贷款3,200.00亿元，较年初净增403.00亿元；还原不良贷款核销、证券化因素后，较年初增加829.00亿元。一是加大对重点项目的支持力度。在存量项目库的基础上，认真梳理省政府重点项目、新旧动能转换优选项目、省企业技术改造重点项目，对重点项目进行再聚焦、再细化；2019年项目贷款净增86.80亿元；已实现投放的新旧动能转换重点项目有39个，累计投放261.80亿元。二是支持新旧动能转换先行区加快发展。坚持资产业务发展与全省重点区域战略相结合，对标全省新旧动能转换综合试验区建设；2019年，济南、烟台地区贷款净增301.00亿元，占全部贷款增量的75.00%；新旧动能“十强”产业贷款增加45.00亿元。三是加大对民营企业的支持力度。坚持“不唯所有制、不唯大小、不唯行业”的原则，持续提升民企金融服务，2019年累计发放民营企业贷款875.00亿元，余额较年初增长72.00亿元，平均利率低于公司贷款平均利率23.00个百分点。同时，全面贯彻刘家义书记与中国工商银行陈四清董事长会谈要求，前瞻性谋划信贷布局，推进打造山东省与工商银行战略合作的“加强版”，致力于精准支持实体经济发展。

二、多渠道满足实体经济融资需求，全面提升金融服务质效。在做好表内信贷资金投放的同时，帮助企业拓宽表外融资渠道，提高直接融资占比，降低资金成本和资产负债率，更好地“稳杠杆”。2019年表外融资累计投放超过2,100.00亿元。一是大力推进债转股业务。有效助力企业去杠杆、降负债，已累计实现投资落地110.00亿元。二是积极拓宽基金融资渠道。工行山东省分行先后与中科招商等4家机构签署新旧动能转换基金战略合作协议，其所参与的济南新旧动能转换引导基金总规模为100.00亿元，其中20.00亿元已成功落地，是山东省引资规模最大、投资落地最快的基金。三是大力发展非金融企业债务融资工具。2019年累计承销各类债券215.00亿元，历史上首夺同业第一，并且保持零违约；创新发行了首单“新旧动能转换债”兖矿集团15.00亿元中期票据、首单“绿色债”水发集团有限公司4.00亿元绿色中期票据。四是积极认购政府债券。2019年认购344.00亿元，2019年末地方债余额为1,746.00亿元；自2013年政府债券开始发行以来，始终保持认购额、余额市场“双第一”。

三、践行国有大行责任担当，不折不扣发展好普惠金融事业。工行山东省分行积极转变观念，健全机制，下沉重心，坚持真做小微、做真小微，形成了具有工行特色的小微金融发展模式。2019年末，工行山东省分行银保监口径和人民银行降准口径普惠贷款分别增长32.50%和35.00%，远高于各项贷款增速，完成了监管部门普惠金融业务发展要求。一是夯实小微专营工作机制，确保机制和队伍“两到位”。二是多渠道强化普惠金融产品支撑作用，“e抵快贷”“经营快贷”“线上供应链”等业务发展迅速；线下重点产品稳步推进，推出工银“科创贷”，累计为70户小微企业提供融资3.50亿元。加大与政府担保、财政风险补偿基金、保险公司等的合作力度，打通财政厅的“山东省政府采购信息公开平台”与人民银行的“中征应收账款融资服务平台”，推出“政采贷”产品，累计为41户小微企业放款1.10亿元。三是做实金融扶贫和涉农业务。2019年末涉农贷款余额为1,655.00亿元；积极服务乡村振兴战略，与山东省农担公司合作推广“惠农贷”，落地212户、投放9,129.00万元；推广农村电商“淘宝贷”，落地106户、投放3,787万元。

四、加快不良贷款清收处置，为区域金融环境改善贡献力量。面对严峻的风险形势，坚持站位大局、主动作为，全力做好控新增、防劣变、优处置工作，不良贷款额和不良贷款率实现“双降”。一是加快不良资产处置。积极争取总行政策支持，加大不良处置资源投入，发挥省市支三级处置团队作用，提升处置效率。2019年，不良贷款处置创历史新高，拨备覆盖率提高近30.00个百分点，风险抵补能力进一步提升。二是加强资产质量管控。严格治理剪刀差，2019年末，剪刀差余额为-16.44亿元，创历史最好水平；加强风险缓释，为841家企业、349.60亿元贷款办理了展期、再融资等业务，缓解了企业资金紧张局面；加强信用风险监控，建立全流程履职监督体系，聚焦钢铁、地炼、焦化等行业开展全面风险排查，制订专门预案，加强风险前瞻管控。三是抓牢大户风险化解。积极发挥债委会工作机制，在137个债委会中任主席行，协调同业共同做好大户风险化解工作。四是提升信用风险管控能力。既注重解决当前问题，也注重完善管理机制，推动信贷业务长期稳健发展。按照各分行资产质量实际情况，实行分类管理，开展精准帮扶。加强信贷队伍建设，持续深入推进“四严”主题活动，重塑审慎稳健的信贷文化。

五、紧抓内控案防，保障安全稳健发展。强化内控管理，深化从严治行，锲而不舍地抓好案件和案件风险管控，确保各项业务规范稳健发展。一是强化内控合规管理。积极落实监管要求，扎实开展“行业规范建设年”活动，案件风险排查、员工异常行为排查、案防履职检查和案件风险“飞行检查”取得积极成效；大力整治违规类诉访事件，同比降幅超过17.00%；连续十年获评“全省金融机构反洗钱A级单位”。二是有力有序推进纪检监察体制改革。以全面从严治党引领全面从严治行，监督执纪问责更加聚焦，形式主义、官僚主义集中整治成效明显，分7个批次完成对省行本部31个部室的专项巡察，“三不”机制更加完善，干部员工遵规守纪的自觉性和主动性进一步增强。三是强化安全生产管理。组织“安全生产月”活动，应急救援演练开展了521次，员工安全意识和安全管理能力进一步增强。四是全面提升风险管控水平。扎实推进反洗钱工作，甄别异常交易报告24.3万余份，反洗钱宣传受众人数超过78万人次，客户信息质量整治取得明显成效。外欺系统共拦截2.06万笔，涉及金额超过3亿元，有效防范了外欺风险。

六、坚持以客户为中心，全方位提升服务水平。把客户满意度提升作为出发点和落脚点，从服务供给侧进行优化升级，努力打造“人民满意银行”。一是着力优化改进网点服务。围绕区域经济社会发展，持续加大网点布局优化和改造提升力度，2019年完成网点迁址优化54家，同比增长68.75%，118家网点实现亮化升级。大力创建服务标杆网点，发挥引领示范作用，济宁兖州支行营业室获评“中银协百佳网点”，日照东港支行营业室等6家网点获评“中银协五星级网点”，获评数量同业最多。二是着力丰富服务方式。积极提供对公网点代办工商登记注册服务，已有204家网点成功办理营业执照。加强场景建设，社保、公积金、税务、银校通等一批服务场景搭建落地见效，为全省居民提供了更加便捷优质的金融服务。三是着力加强消费者权益保护。把服务工作视为全行工作的重中之重，完善服务投诉考核机制，全力压降客户投诉；加大消保宣传力度，连续三年荣获山东银保监局评选的消保宣传先进单位。

【公司业务】 坚持资产、负债业务共同发展。负债业务方面，人民币公司存款时点余额、日均余额均创历史同期最高。资产业务方面，持续加强公司贷款结构优化，重点做好优质项目营销，强化金融产品创新。一是坚持加大信贷投放总量，从区域、行业、客户、品种等多维度持续优化贷款结构。二是加强优质项目营销，优先支持省重点项目、新旧动能转换优质项目，强化全流程管理。三是强化金融产品创新，设计工银“科创贷”产品体系，荣获“2019年度山东省新旧动能转换优秀金融产品”称号；独家承销省内首单扶贫债和首单省属国企“绿色债”。

【投行业务】 坚持以国家政策导向为航标，坚持以客户为中心，聚焦转型提质，提升客户营销服务水平，充分发挥工商银行商投互动、投贷联动的集团优势，全力支持实体经济发展。一是密切跟进山东新旧动能转换，落地全国首只政、银、企合作的百亿元规模新旧动能转换基金并实现项目投资，助推山东转型发展。二是全面接入国企降杠杆、国企资源整合进程，实现多笔债转股、并购业务落地。三是积极支持民营经济，为科创企业、高端制造企业提供全方位融智及投融资服务。

【个人业务】 按照“一体两翼”工作主线，全面提升市场竞争力、效益贡献度、客户满意度和风险控制力。一是个人客户量质提升，全量客户、5.00万元以上客户增量创历年新高，均排名系统第二。二是储蓄存款余额、日均增量双创历史新高。三是强化线上服务，率先实现电子社保卡支付、社保卡加载残疾人证等功能；借记卡新增发卡系统内、同业实现“双第一”；积极发挥工银e钱包优势，助力ETC推广，为全省ETC推广发行工作做出积极贡献。

【中间业务】 以“调整结构、促进增长、规范管理”为核心，以加强系统建设、完善发展机制、强化过程管理、规范业务发展为重点，全面提升中间业务发展质量。推进系统联机收费，组织规范检查，专项治理应收未收、随意减免问题，优化分润模式，强化净收入管理，深入基层开展银行卡等业务调研，强化预算管理，加强信息通报，推动中间业务回归服务本源。2019年实现中间业务收入超过70.00亿元，同比增加0.26亿元，增幅为0.37%。

【国际业务】 贯彻落实省委省政府稳外资、稳外贸工作意见，提升外汇服务水平，加大外贸融资支持力度。一是开展货物贸易收支便利化试点，推进流程优化、提升服务效率。二是借助国际贸易“单一窗口”投产契机，推广网银汇款、网银结售汇等线上业务，完善外汇服务渠道。三是发挥全球化优势，引入境外资源，满足企业融资和保值增值需求。四是挖掘“一带一路”市场机会，为企业“走出去”提供全方位支持。五是推进外汇合规工作制度化、常态化，连续三年获得外汇局综合评价A类评级。

【普惠金融】 按照“做真、做实、做好、做活、做持久”的理念，制定普惠信贷布局，实行“一把手”工程，提高考核权重，深化专营机制改革，圆满完成全年目标。一是在16家二级分行和50家支行成立小微中心。二是“经营快贷”“e抵快贷”“线上供应链”三大线上产品实现突破发展，较年初净增超过60.00亿元。三是创新研发科创普惠贷、科创人才贷、政采贷产品，增量为4.58亿元；创新特色融资方案32个，增量为7.80亿元。四是升级普惠金融2.0服务，发布“万家小微成长计划”。

【住房金融】 认真贯彻落实房地产市场宏观调控相关政策要求，把满足人民群众对美好生活的向往作为出发点和落脚点，坚持“房住不炒”定位，以高质量发展为主线，按照“因地施策、分类指导”原则，积极支持居民自住和改善型住房贷款需求，持续巩固省内“第一个人贷款银行”地位。2019年末，该行个人住房贷款余额达2,865.60亿元，较年初增加365.30亿元，余额、新增均居同业首位；个人住房贷款不良贷款余额、不良贷款率实现“双降”，个人住房贷款业务整体实现高质量可持续发展。

【信用卡业务】 持续推进信用卡互联网业务发展，创新特色产品和优化支付方式，推动信用卡发卡线上线下双轮驱动。一是以营业网点为主阵地，通过码上赢、码上荐等线上发卡模式，推进发卡便捷化，更好地体现发卡为民的业务本质。二是加强与微信、支付宝等第三方的金融合作，主动适应客户的最新消费支付方式，满足客户便捷支付需求。三是推出“e路相伴、幸福可期”工银e分期业务，依据授信标准逐户给予精准授信，更好地满足客户日益增长的金融消费需求。

【电子银行业务】 贯彻“第一手机银行”战略落地实施，一是开展手机银行“百日会战”，按照“必备、潜力、休眠”等维度进行客群细分，实施线上、线下促销激活措施，实现手机银行新增客户和存量客户同业占比“双第一”。二是以“聚富通”为抓手，深挖大型平台客户需求，成功上线滨州幸福滨城、泰安人社、德州精益云、德州思创银联与潍坊和润易购等项目。三是持续开展客户安全宣传，切实保护金融消费者线上交易权益。

【风险控制】 围绕信用风险防控长效机制建设主线，防逾期、控劣变、稳出清、健机制、强管理多措并举，推动全行资产质量近期解困、长期向好。一是强化资产质量管控。不良贷款额、不良贷款率较年初“双降”，处置额创历史新高，剪刀差、潜在风险大幅压降，信贷资产结构持续优化。二是深入推动信用风险防控长效机制建设。推进信贷经营体制改革，实现信贷投放的流量管理，进一步加强移位管理。三是不断提升风险监控水平，构筑起覆盖省市行有效的信用风险监控体系。四是深入开展从严治贷。完善问题检查整改闭环，建立全流程履职监督体系，严控新增融资质量，持续加强内控案防建设，提升信贷经营能力。

（宰维利、庄绪政）

附表1

机构概况一览表

行长（或其他称谓的第一负责人）		副行长（或其他称谓的同级领导）	
赵桂德		徐光林、吴　进、刘爱峰、朱岩峰、吴迎春、张冠军、陈　文、邱　春	
地址	山东省济南市经四路310号	邮编	250001
网址	http://www.icbc.com.cn/	客服电话	95588

附表2

内设部门及分支机构一览表

年度	内设机构（个）	下设分支机构（个）		员工人数（人）	
		地市级机构数	县区级机构数	员工总数（含非正式员工）	正式员工数
2015	26	16	603	21,369	21,336
2016	26	16	592	21,214	21,182
2017	26	16	581	20,550	20,530

续表

年度	内设机构（个）	下设分支机构（个）		员工人数（人）	
		地市级机构数	县区级机构数	员工总数（含非正式员工）	正式员工数
2018	27	16	580	20,354	20,335
2019	27	16	574	20,109	20,090

附表3

主要统计指标1

单位：亿元

项目	2015年	2016年	2017年	2018年	2019年	2019年同比增幅（%）
本外币资产总额	7,133.32	7,466.93	7,871.72	8,672.38	9,122.89	5.19
本外币存款余额	6,661.61	7,092.40	7,541.44	8,383.64	8,985.03	7.17
人民币存款余额	6,478.77	6,929.68	7,380.52	8,250.06	8,846.55	7.23
单位存款	3,032.56	3,219.92	3,474.16	3,807.72	3,751.98	-1.46
储蓄存款	3,446.21	3,709.76	3,906.36	4,377.05	4,905.24	12.07
本外币贷款余额	6,226.87	6,298.79	6,530.33	6,859.38	7,587.58	10.62
人民币贷款余额	6,059.21	6,223.00	6,461.20	6,833.67	7,549.96	10.48
短期贷款	2,619.43	2,581.92	2,162.87	2,022.31	2,133.89	5.52
中长期贷款	3,439.78	3,640.62	4,298.33	4,837.07	5,416.06	11.97
票据融资	348.65	506.44	103.45	99.09	102.63	3.57
利润总额	88.76	34.82	37.94	24.90	-99.74	-500.56
不良贷款余额	145.20	188.51	222.30	314.15	310.05	-1.31
不良贷款占比（%）	2.33	2.99	3.40	4.58	4.09	-10.70

附表4

主要统计指标2

项目	2015年	2016年	2017年	2018年	2019年	2019年同比增幅（%）
单位结算账户（万户）	23.60	26.20	29.92	36.23	42.80	18.13
单位结算金额（亿元）	555,244.00	562,277.00	586,242.00	603,604.00	580,205.00	-4.03
个人结算账户（万户）	3,699.72	4,373.38	4,993.72	6,576.93	7,385.29	12.29
个人结算金额（亿元）	70,951.08	79,757.78	89,516.14	91,125.56	78,137.88	-14.25
信用卡发卡量（万张）	694.69	766.34	904.20	1000.35	952.37	-4.80
信用卡消费额（亿元）	1,010.36	1,289.67	1020.79	1236.33	1,396.85	13.00
企业网银客户（万户）	14.90	17.60	20.80	27.10	35.72	36.89
个人网银客户（万户）	1,234.00	1,399.00	1,632.00	1,818.00	2,171.01	19.60
手机银行客户（万户）	927.60	1,116.00	1,306.00	1,818.00	2,171.01	19.60
现金自助设备（台）	5,078	4,948	4,803	4,682	4,264	-8.93
营业网点（个）	976	941	908	908	889	-2.09
自助网点（个）	560	536	513	492	461	-6.30

中国工商银行股份有限公司青岛市分行

【第一负责人简介】 牛喜军，男，1973年7月出生，汉族，中共党员，研究生学历；1995年7月参加工作；2012年5月任中国工商银行山西省分行党委委员、副行长；2017年3月至今，任中国工商银行青岛市分行（简称工行青岛市分行）党委书记、行长。

【综述】 2019年，工行青岛市分行坚持稳中求进工作总基调，经营效益及存贷款等核心指标实现了两位数的高速增长，强化"比"的思想，夯实工作基础，深化改革创新，发挥大行担当，坚持以服务实体经济为本源，经营发展保持了稳中向好的态势。

【个人金融业务】 2019年，工行青岛市分行树立"打造第一个人金融银行"战略目标，搭建大数据营销场景，建立"线上线下，双线维护"机制，精准锁定目标客户，项目营销齐头并进，整体保持了持续快速增长的势头。截至年末，储蓄存款余额为845.00亿元，较年初新增108.00亿元，增量四行排名第一。全量客户拓展创历史最好水平。客户总量为649.80万户，较年初净增47.50万户。私人银行客户规模达到711户，较年初新增65户，增幅为10.06%。全行中高端客户较年初净增17,693户，同比增长126.00%。信用卡客户数为92万户，客户增量为4.30万户；信用卡有效客户数为49.20万户，客户增量为1.60万户。

【公司业务】 2019年，工行青岛市分行以服务实体经济为己任，充分发挥综合服务优势，做好支持新旧动能转换发展的金融布局，为实体经济企业发展提供充足的资金保障。截至年末，工行青岛市分行本外币各项贷款余额为1,846亿元，较年初增加201.00亿元，余额同业排名第一，信贷结构优化明显。同时，工行青岛市分行开辟了实体经济绿色审批通道，对重大项目、重点客户建立了信贷投行业务"预审会"制度，切实提高业务审批效率，提升客户服务水平，2019年累计发放各项贷款1,219.00亿元，累计发放公司贷款575.00亿元，其中，普惠贷款全面超额完成人民银行和银保监会两个口径计划，增速高出全部贷款增速123.35个百分点；民营企业贷款较年初增加32.00亿元，制造业贷款较年初增加13.00亿元。

【机构业务】 2019年，工行青岛市分行把网格化营销作为机构金融业务营销的重要工具和方法，持续完善配套机制，形成"以点带面+系统推动"的工作格局，网格化营销对于客户拓展的拉动作用日益显现，新拓客户涵盖医保、国土、退役、公检法司、党团工会、街道办等诸多领域，呈百花齐放态势。截至年末，网格化营销新拓机构客户365户，客户总量增长近18.80%。当年新拓日均5.00万元以上机构客户116户。在国家重点机构改革营销上，成功实现国家重点领域全覆盖，财政、社保电子化、公积金二次营销等市级项目也已全部落地，新增存款近50.00亿元。创新方面，坚持G端引领作用，积极推动"智慧政务"建设，线上线下齐发力，助力政府改革。线上，实现了智慧政务突破，与青岛市大数据管理局签订战略合作协议，作为唯一清算银行，合力打造青岛政务通平台；研发投产了社保转移资金批量代付项目、公积金商贷系统项目、线上税务贷项目。线下，与市行政审批局等部门合作，通过进驻审批大厅和网点引入30台综合性政务终端、25台工商注册证照一体机终端、40台税务社保自助机，实现了金融政务功能的交叉输出。

【国际业务】 2019年，工行青岛市分行以创新为驱动，以产品抢市场。成功实现青岛首笔"跨境贷"落地。搭建跨境资金池6户；多币种开户、自贸区新政，实现多例首单落地。挂牌成立青岛西海岸新区分行自贸区支行，为自贸区内新注册企业提供贴身便利的"一站式服务"，为片区内企业提供涵盖国际市场交易、跨市场投融资、贸易结算和融资、全球资金服务、大宗商品交易资金清算等全产品线的综合金融服务，全面助力青岛自贸区高质量发展。牵头金融市场业务中的人民币利率互换，网银远期结售汇、对公商品交易均实现"从无到有"的突破，交易额近1亿元。实现国际结算量279.00亿美元，同比增长89.00%。实现外汇中收13,311.00万元，其中国际结算中收7,194.00万元，同比增长10.40%；实现跨境人民币67.00亿元，同比增长12.80%。

【投行业务】 2019年，工行青岛市分行深入贯彻落实中央支持民营企业发展号召，成功创设青岛市首笔信用风险缓释凭证（CRMW），助力民营企业拓宽融资渠道，增强市场信心，全力支持民营企业稳健发展。顺应国企降杠杆政策趋势，深度参与青岛市国企混改，成功投放青岛市首单国企混改市场化债转股30.00亿元项目，助推重点国企转型升级，对青岛市深化混改、融合发展起到良好的示范引领作用。不断加大服务实体经济力度，助推青岛市资源整合与产业转型升级，先后为各类国企、民企提供并购融资26.00

亿元，全方位服务地方经济发展。主动配合加强政府债务规范化管理，推动完善地方政府举债融资机制，全年累计承销及投资政府债31.70亿元，稳居同业第一，有效缓解市内重大项目建设资金压力，推动城市化进程稳步向前。

【普惠金融】 2019年，工行青岛市分行分类施策，推动“经营快贷”“e抵快贷”“线上供应链”三大产品线快速落地。针对经营快贷白名单客户，区分结算、金融资产、优质机构支持、泛交易链及平台、商户、开户、税务、用工、海关等场景，实行分行—支行—网点三级联动。2019年，总行场景经营快贷余额达3.59亿元，户数为553户。推动e抵快贷稳健发展。e抵快贷具有押品智能评估、贷款自动审批和线上随借随还的业务优势，主动挖掘优质产业链、供应链的上下游客户，严格贷款资金用途，落实经营实体现金流归行管理，实现网贷通业务稳健增长。2019年末，e抵快贷余额达18.50亿元，较年初净增18.4亿元。围绕“一带一路”、军民融合、民生改善、物联互联等经济发展热点领域，重点锁定先进制造业、现代农业、幸福产业、港口物流等行业的优势企业和青岛市龙头企业，全力开拓线上供应链融资。实现线上供应链融资落地12条，其中农业链4条、先进制造业3条、建筑板块5条，贷款余额为2.76亿元，较年初净增2.65亿元。加强区域特色产品创新，增强市场竞争力和影响力。做好分行特色产品“医保贷”等融资方案的营销推动，医保贷户数为112户，融资余额为0.58万元。加强与政府风险补偿基金、中小企业公共服务中心、知识产权服务中心、担保公司和保险公司的合作，深化“投保贷”“政银保”“政府采购贷”“农担贷”和“专利权质押保证贷款”业务，政府合作场景贷款户数为9户，贷款余额为0.42万元。

【个人贷款业务】 2019年，工行青岛市分行积极响应“房子是用来住的、不是用来炒的”政策，全年累计发放住房贷款214.00亿元，2019年末，个人贷款余额为898.00亿元，较年初增长145.00亿元，余额、增量均居同业首位，成为岛城第一按揭银行，进一步满足岛城市民改善民生需求。充分发挥个贷资产证券化在缓解规模压力、优化利率结构、改善资产质量等方面的积极作用。全年正常类证券化出表22.00亿元，实现个人住房贷款证券化服务收入2,860.00万元，进一步提升个人贷款效益贡献。全力推进个人贷款业务经营模式优化工作，上收全辖19家支行实物印章用印、抵押核查、核准放款、档案整理环节，以及6家城区支行信息录入、7家城区支行电子用印环节，实现个人贷款业务“7集中”。

【互联网金融业务】 2019年，工行青岛市分行立足“全量客户”经营理念，坚持B端和G端引领，进而带动C端发展的场景建设策略，加强外部合作和内部联动，着力拓展平台型企业客户，推动线上线下一体化获客、活客和黏客发展模式。2019年末，融e行客户净增36.37万户，同比增幅为36.55%；用户规模达到318.45万户；融e行月均动户为65.13万户，同比增幅为21.31%。坚持B端、G端布局，推动重点场景、重点市场发展。与平台型企业场景合作取得新突破，以“一户一案”的方式，全力推动与平台企业的合作。着力打造智慧银行生态系统（ECOS）建设工程，提高ECOS工程和创新成果在行内外的影响力和渗透力，打造良好、过硬的服务口碑，持续提升客户服务质量和业务竞争力。

（杨 杰、冷家俊）

附表1

机构概况一览表

行长（或其他称谓的第一负责人）		副行长（或其他称谓的同级领导）	
牛喜军		程 青、陈 兵、赵晓滨、孙 伟、李 霞、邵冬霞	
地址	山东省青岛市市南区山东路25号	邮编	266071
网址	http://www.icbc.com.cn/	客服电话	0532—85809988

附表2

内设部门及分支机构一览表

年度	内设机构（个）	下设分支机构（个）		员工人数（人）	
		地市级机构数	县区级机构数	员工总数（含非正式员工）	正式员工数
2015	29	1	19	3,661	3,661
2016	29	1	19	3,574	3,574
2017	30	1	19	3,488	3,488

续表

年度	内设机构（个）	下设分支机构（个）		员工人数（人）	
		地市级机构数	县区级机构数	员工总数（含非正式员工）	正式员工数
2018	30	1	19	3,468	3,468
2019	30	1	19	3,441	3,441

附表3

主要统计指标1

单位:亿元

项目	2015年	2016年	2017年	2018年	2019年	2019年同比增幅（%）
本外币资产总额	1,250.05	1,349.18	1,459.67	1,636.84	1,820.35	11.21
本外币存款余额	1,134.29	1,259.19	1,353.24	1,514.85	1,717.18	13.36
人民币存款余额	1,103.31	1,227.37	1,317.49	1,478.29	1,680.49	13.68
单位存款	501.20	602.10	681.45	780.48	848.74	8.75
储蓄存款	632.95	657.10	671.79	734.37	845.46	15.13
本外币贷款余额	1,230.55	1,298.66	1,439.42	1,602.84	1,845.87	15.16
人民币贷款余额	1,207.96	1,280.30	1,422.65	1,575.15	1,806.00	14.66
短期贷款	410.17	350.17	292.10	263.04	237.22	-9.82
中长期贷款	820.37	948.49	1,147.32	1,339.80	1,572.79	17.39
票据融资	68.73	59.15	24.31	26.01	27.44	5.50
利润总额	33.64	31.39	35.06	29.21	32.39	10.89
不良贷款余额	34.91	34.81	28.69	24.32	23.40	-3.77
不良贷款占比（%）	2.84	2.68	1.99	1.48	1.30	-12.16

附表4

主要统计指标2

项目	2015年	2016年	2017年	2018年	2019年	2019年同比增幅（%）
单位结算账户（万户）	5.25	6.05	6.98	7.25	8.05	11.03
单位结算金额（亿元）	59,876.19	59,270.69	61,219.03	64,268.20	76,402.29	18.88
个人结算账户（万户）	759.82	798.68	825.79	851.23	872.75	2.53
个人结算金额（亿元）	16,670.10	14,944.07	15,720.56	16,703.82	16,750.34	0.28
信用卡发卡量（万张）	104.44	115.01	137.65	148.62	154.32	3.84
信用卡消费额（亿元）	168.90	205.71	195.10	237.98	267.58	12.44
企业网银客户（万户）	3.07	3.42	4.02	4.99	6.33	26.85
个人网银客户（万户）	185.30	203.48	252.50	279.30	271.20	-2.90
手机银行客户（万户）	140.33	145.64	200.40	230.90	315.70	36.73
现金自助设备（台）	906	895	659	590	538	-8.81
营业网点（个）	125	124	123	122	122	0.00
自助网点（个）	78	94	92	67	62	-7.46

中国农业银行股份有限公司山东省分行

【第一负责人简介】 益虎，男，1962年12月出生，1979年11月参加工作，历任中国农业银行东营市东营区支行行长，东营市分行党委书记、行长；中国农业银行山东省分行营业部党委书记、总经理，陕西省分行党委书记、行长，政协第十届陕西省委员会常委；现任中国农业银行山东省分行（简称农行山东省分行）党委书记、行长，山东省政府决策咨询特聘专家，政协第十二届山东省委员会委员。

【综述】 2019年，农行山东省分行以习近平新时代中国特色社会主义思想为指导，认真贯彻落实山东省委省政府和中国农业银行各项决策部署，坚持稳中求进总基调，坚决落实“六稳”举措，聚焦八大发展战略，全力打好三大攻坚战，不断增强金融服务实体经济能力，实现了社会效益和自身发展的同步提升。2019年，各项存款、核心存款日均先后突破万亿元大关，年末余额分别达到10,230.00亿元、10,061.00亿元，较年初分别增加549.00亿元、773.00亿元，总量、增量均居四大国有商业银行首位；各项贷款余额为6,752.00亿元，较年初增加590.00亿元，增量创近十年新高，增量贷存比为149.00%，2016年以来各项贷款增量连续四年保持四大国有商业银行首位。

【公司业务】 2019年，农行山东省分行围绕全省经济发展布局，推进客户营销重心、营销实施路径、金融服务渠道、业务营收模式、营销组织战略“五个转变”，推动公司业务适应新常态、实现新发展。一是全力支持重点项目。组建新旧动能转换项目评估中心，建立柔性团队，全力提升服务新旧动能转换重大工程质效，全年向鲁南高铁、潍莱高铁等62个重点项目新增贷款279.00亿元。二是扩户提质成效突出。启动对公“扩户提质”三年行动，抓住源头获客、场景建设、流量经营、流程优化等关键环节，新开对公结算账户12.24万户，净增8.28万户，账户总量突破38万户。对公重点产品覆盖率为766.00%，同比提高67个百分点。三是优化业务流程。系统内率先实施“一次补充+限时办结”工作机制，对四类重点信贷业务实行全流程限时办结。进一步扩大优先办结、容缺审批范围，在防范风险的同时最大限度地提升办贷质效。全面推进便捷获贷行动，信贷业务平均审批用时缩短0.54天，效率大幅提升。

【投行业务】 2019年，农行山东省分行强力推进抓创新、固优势、补短板、夯基础、控风险各项重点工作，推动金融市场和投行业务再上新台阶。一是投行业务全面提升进位。充分发挥投行“融资+融智+融信”功能，大力推动高端投行有效发展，实现投行收入3.13亿元，创历史新高。承销债务融资工具195.00亿元，市场占有率为8.48%。办理银团业务272笔，风险分散作用得到有效发挥。二是资管业务转型成效显著。聚焦全省重点建设项目和重点企业投融资需求，全年实现非标业务放款83.00亿元，余额为393.34亿元，均居系统内首位。新增理财签约客户8.12万户，对公理财有效客户达598户，日均余额为225.00亿元，较年初增加38.00亿元。三是金融市场业务竞争力大幅提升。分销债市宝43.70亿元，同比增加8.20亿元。分销首期山东省政府柜台债券4.50亿元，累计承销地方债345.72亿元，市场份额为14.85%。办理黄金租赁业务16.22吨，保持系统内领先。

【个人业务】 2019年，农行山东省分行深入推进新时期零售业务战略转型，推动个人业务转型发展。一是个人客户规模与质量“双提升”。新增个人有效客户16.20万户、贵宾客户20.60万户，新开个人Ⅰ类账户421.68万户，个人存款较年初增加622.50亿元，成为系统内标杆。私人银行折效客户、金融资产分别增加1,868户、172.00亿元。成为系统内两家ETC用户超200万户的分行之一。二是网点转型深入推进。积极搭建网点智慧场景，加快实施业务流程再造，网点建设投资执行率、柜面业务电子化率均居系统内首位。在总行网点文明标准服务现场检查中得分居第一位。济南历城支行营业室成功创建全国银行业“百佳”。三是坚持个贷优先，推动“房、消、营”均衡发展，个人贷款余额突破3,000.00亿元，占各项贷款的比重提高2.40个百分点。

【“三农”业务】 2019年，农行山东省分行加大产品和模式创新，全面打造服务乡村振兴主力银行。一是破解“三农”领域融资难融资贵难题。举行“金穗齐鲁·乡村振兴贷”系列产品发布会，创新推出六大类、25个子产品，全年投放610.00亿元，获评“2019年度山东省新旧动能转换十大优秀金融产品”。与省农担深度合作，大力发展线上融资，特色品牌“惠农e贷”较年初增加121.70亿元，余额为167.80亿元，支持20万农户增收致富。二是打通服务“三农”“最后一公里”。全面对接省派乡村振兴服务队，与省委组织部联合，2018年以来累计选派153名干部赴县乡挂职。在寿光市三元朱村建成首个“农业银行服务乡村振兴样板村”，创新村党组织领办合作社“强村贷”，联合省委组织部、省农担强力推进。创新推出“鑫农三资”管理平台、农村集体经济组织贷款，开立农村集体经济组织账户3,821户。三是打起脱贫攻坚政治责任。聚焦“4个2”重点区域，精准扶贫贷款、20个脱贫任务比较重的县支行贷款分别较年初增加12.00亿元、82.00亿元，在全省银行业金融机构精准扶贫政策效果评估中，连续三年评估等次为“优秀”。

【普惠金融】 2019年，农行山东省分行健全服务体系，强化金融产品创新推广，普惠金融业务取得较好成效。一是提升普惠金融服务能力。构建“普惠金融事业部+三农金融事业部”双轮驱动的普惠金融服务体系。人民银行和银保监会口径普惠型小微企业贷款分别增加126.77亿元和84.18亿元，增速分别达到60.60%和62.50%。二是提升普惠金融服务可得性。打造小微企业“金色通道”专属品牌体系，涵盖四大系列、20余种小微企业专项信贷产品及结算类产品。打造“普惠化、移动化、智慧化、场景化”的数字化产品体系，线上贷款较年初增加46.50亿元。三是降低小微企业融资成本。严格执行“七不准”“四公开”要求，对小微企业实施费用减免和利率优惠，2019年，普惠贷款加权平均利率较2018年第一季度下降81个基点，相当于降低融资成本2.00亿余元。

【互联网金融】 2019年，农行山东省分行将数字化转型作为转型突破的关键工程和提升进位的重要抓手，举全行之力加快转型步伐。一是完善体制机制。成立数字化转型推进委员会，设立5个专业办公室，实行牵头行长负责制和柔性团队管理。深化科技体制改革，全面落地IT基础架构扁平化改革。二是场景拓展全面发力。强化生态建设、账户输出，互联网场景项目达到467个，居系统第三位。2019年末，有效消费场景商户净增3,441户，惠农圈场景服务点达到2,945个，产业链场景商户净增8,843户。三是全渠道一体化加快推进。实施线上获客、活客，掌银月活客户达到410万户，“云闪付”客户达到184万户，微信银行活跃客户达到178万户。

【国际业务】 2019年，农行山东省分行紧跟国家战略，推动国际业务转型发展，全年实现国际结算量545.00亿美元，同比提升10.50%。一是大力支持“一带一路”建设。举办“融通四海、跨境共赢”重点客户推介会，强化“工程易融”推广，办理系统内首笔订单通业务，全年为121家客户办理“走出去”业务137.80亿元，与17家境外机构开展合作，境内外联动业务量同比增长7.35%。二是助推人民币国际化和贸易便利化。制定《山东农行自贸区专属金融服务方案》，举办“自贸共赢，伴您同行”高端客户推介会，在烟台自贸区建成金融服务专营机构。组织开展“人民币跨境使用十周年”系列活动，全省首批获得货物贸易便利化试点资格，有效提升服务质效。三是强化产品创新推广。力推创新产品落地，全年办理十大类（15项）重点外汇产品107.00亿美元，同比增长34.00%，实现中收9,204.00万元。突破2项全国首笔业务、9项全省首笔业务。

【风险控制】 2019年，农行山东省分行认真落实省委省政府防范化解重大风险部署要求，紧紧依靠各级党委政府，最大限度化解风险，不良贷款实现“双降”，一批重大风险客户得到妥善处置。加强案件风险防控，深化“三线一网格”管理，标本兼治加大问题整改力度。强化依法合规经营，开展“行业规范建设年”、案件警示教育、屡查屡犯专项治理、历次检查“回头看”、员工行为专项排查等活动，夯实了合规基础。加强反洗钱工作，被评为山东省反洗钱工作先进集体。加强保密管理，细致做好信访维稳、舆情管理和消费者权益保护工作，保持了和谐稳定的发展大局。

（刘 健、马传涛）

附表1

机构概况一览表

行长（或其他称谓的第一负责人）		副行长（或其他称谓的同级领导）	
益 虎		陈光明、郑祖刚、檀树荣、马 林、翟世勇、耿曙明、马景明、邵静河、闵令民、娄 群、胡晓毅	
地址	山东省济南市经七路168号	邮编	250001
网址	http：//www.abchina.com/cn/	客服电话	95599

附表2

内设部门及分支机构一览表

年度	内设机构（个）	下设分支机构（个）		员工人数（人）	
		地市级机构数	县区级机构数	员工总数（含非正式员工）	正式员工数
2015	26	16	162	28,005	27,572
2016	27	16	160	27,815	27,483
2017	26	16	160	27,568	27,253
2018	26	16	161	26,476	26,170
2019	26	16	164	25,698	25,413

附表3

主要统计指标1

单位:亿元

项目	2015年	2016年	2017年	2018年	2019年	2019年同比增幅（%）
本外币资产总额	8,214.54	8,946.91	9,393.25	9,858.07	10,639.34	7.93
本外币存款余额	7,916.39	8,683.46	9,195.70	9,681.22	10,230.26	5.67
人民币存款余额	7,784.45	8,505.05	9,040.00	9,573.66	10,097.41	5.47
单位存款	3,016.71	3,232.43	3,486.96	3,548.93	3,450.20	-2.78
储蓄存款	4,767.74	5,272.62	5,553.06	6,034.73	6,647.21	10.33
本外币贷款余额	5,285.34	5,411.69	5,753.29	6,162.40	6,751.91	9.57
人民币贷款余额	5,168.89	5,367.50	5,679.17	6,089.50	6,672.32	9.57
短期贷款	2,551.51	2,607.00	2,326.69	2,228.13	2,271.85	1.96
中长期贷款	2,617.38	2,760.50	3,352.48	3,861.37	4,400.47	13.96
票据融资	187.10	434.50	400.19	135.02	237.73	76.07
利润总额	—	—	—	—	—	—
不良贷款余额	—	—	—	—	—	—
不良贷款占比(%)	—	—	—	—	—	—

附表4

主要统计指标2

项目	2015年	2016年	2017年	2018年	2019年	2019年同比增幅（%）
单位结算账户(万户)	19.30	20.40	23.80	28.40	36.75	29.40
单位结算金额(亿元)	—	227,134.00	236,149.00	273,990.00	295,913.00	8.01
个人结算账户(万户)	7,182.00	7,331.00	7,401.00	9,533.00	10,171.00	6.69
个人结算金额(亿元)	—	—	—	—	—	—
信用卡发卡量(万张)	452.00	527.00	653.00	789.00	924.00	17.11
信用卡消费额(亿元)	949.00	1,125.00	1,318.00	1,483.00	1,651.00	11.33
企业网银客户(万户)	19.70	23.40	28.20	34.40	44.30	28.77
个人网银客户(万户)	1,167.68	1,240.00	1,498.00	1,707.00	1,953.00	14.41
手机银行客户(万户)	971.24	1,154.00	1,330.00	1,553.00	1,809.00	16.48
现金自助设备(台)	7,162	7,623	7,759	7,081	6,669	-5.82
营业网点(个)	1,420	1,422	1,418	1,375	1,337	-2.76
自助网点(个)	807	872	844	573	420	-26.70

中国农业银行股份有限公司青岛市分行

【第一负责人简介】 王延磊，男，汉族，1962年12月出生，中共党员，大学本科学历，高级经济师；历任中国人民银行青岛市黄岛区办事处农金员，中国农业银行青岛市黄岛区支行信贷员、副科长，中国农业银行青岛市分行农业信贷处副主任科员、主任科员、处长助理，中国农业银行青岛市四方区办事处主任助理、四方支行副行长，中国农业银行青岛市分行信贷管理处副处长、处长，中国农业银行青岛市城阳区支行党委书记、行长；2005年4月任中国农业银行青岛市分行党委委员、党委副书记、副行长，2012年8月任中国农业银行山东省分行党委委员、党委副书记、副行长；2018年4月任中国农业银行青岛市分行党委副书记（主持工作）；2018年8月至今，任中国农业银行青岛市分行（简称农行青岛市分行）党委书记、行长。

【综述】 2019年，农行青岛市分行深入实施“六维方略”，以“同业提升进位、系统力争上游”为目标，以搭建“四梁八柱”为工作主线，转变发展理念，转换发展动力，推动业务经营实现高质量可持续发展。到2019年末，各项存款余额为1,786.00亿元，比年初增加154.00亿元，总量、增量分别居四行第一位、第二位；各项贷款余额为1,503.00亿元，比年初增加160.00亿元，同比多增40.00亿元；实现营业收入55.70亿元、拨备前利润39.20亿元，均创历史新高，均居四行第二位。不良贷款余额和占比分别比年初下降0.70亿元、0.21个百分点。全年未发生案件和责任事故。上缴地方税收4.24亿元，同比增加0.30亿元。

【“三农”业务】 紧紧围绕农业供给侧结构性改革新趋势，大力支持现代农业、新型城镇化、县域民营经济和幸福产业等重点领域，全力推进互联网金融服务“三农”一号工程，加大县域经济支持力度。县域各项存款、贷款分别较年初增长76.90亿元、47.80亿元，增速分别为12.70%、12.00%。涉农贷款较年初增加14.00亿元，达到监管要求。实行“线上线下、城乡、公私”联动服务，推动传统农户贷款经营转型，惠农e贷新发放7.78亿元，余额为11.70亿元。做好建档立卡贫困户贷款投放，金融精准扶贫贷款余额为3,712.00万元，较年初增加1,103.00万元。主动推进东西部扶贫协作，实施消费扶贫300.00余万元。

【普惠金融】 加大小微企业扶植力度，以考核督导、指导帮扶和产品推介为主要抓手，坚持“线上扩户、线下做量”要求，打造普惠贷款线上线下双优势，提升普惠业务发展质效。银保监会和人民银行定向降准口径贷款余额分别为44.50亿元、57.00亿元，较年初分别增长23.00亿元、25.40亿元，全面完成监管要求、降准第二档标准，获银保监局“青岛银行业小微企业金融服务先进单位”称号。加快小微企业金融业务数字化转型，积极推广上线“保理e融”“纳税e贷”“抵押e贷”等多款线上信贷拳头产品，累计办理“链捷贷”12.40亿元、“纳税e贷”11.28亿元、“抵押e贷”1.44亿元；数据网贷项目被评为青岛市金融创新项目创新三等奖。通过开展线上业务，新增小微法人客户1,944户，规模达到14.41亿元。

【公司业务】 主动对接青岛市“十五个攻势”，助推国有企业改革攻势，助力壮大民营企业经济攻势，开展大企业大项目“攻山头”营销活动，新准入国资委直属企业5户、上市公司3户、青岛市重点项目8个、总行核心客户投资项目8个。法人贷款客户比年初增加2,010户，法人贷款余额为877.57亿元，较年初增加54.57亿元。大力实施扩户提质工程，积极推动对公业务转型，新开对公结算账户1.58万户，总量、增量均保持四行首位。年末本外币对公存款时点余额为772.64亿元，较年初增加54.71亿元，被总行评为2019年“春天行动”“对公业务综合营销优胜分行”。

【投行业务】 畅通企业多元化融资渠道，通过产业基金、债券承销、地方债等融资方式积极提供资金支持，投行、资管和金融市场核心产品覆盖率不断提升。对公理财产品日均增量为11.50亿元，日均规模为87.40亿元，规模排名居四行首位。累计承销超短融、金融债共计23.00亿元，实现永续理财融资首单突破，资管资产端存续规模突破百亿元大关。实现债市宝分销额2.28亿元，是上年分销额的1.80倍。联合农银租赁为公交商旅集团落地青岛首笔新能源汽车租赁项目，联动农银投资落地青岛城投实业市场化债转股项目，群岛千帆母基金项目荣获青岛市金融创新三等奖。成功向农银国际推荐有效项目5个，新增投行拓户数15户。

【个人业务】 坚持“大零售”经营理念，加强客户维护培育，强化重点产品推广，提升网点营销服务，完善渠道布局建设，个人业务提质增效。2019年末，个人存款时点余额为1,050.00亿元，比年初增加114.70亿元，余额、增量均居四行第一。

一是积极满足居民多元化理财需求。个人理财余额为

192.60亿元，比年初增加20.00亿元；销售新发基金3.98亿元，同比增加2.19亿元，增幅达122.35%；成功取得建信养老基金、银华美元债基金托管行资格，托管资金16.80亿元，公募基金托管资格实现“零的突破”。

二是努力提升财富管理水平。通过做精客户、做实产品、做细服务，打响“扩户提质攻坚战”，个人有效客户比年初增加30.60万户。其中，个人贵宾客户比年初净增3.80万户，私人银行折效客户比年初增加253户。

三是创新开展数字化、网点、零售和对公业务“四转合一”一体化转型。整合营业网点11个，累计压降自助设备540台，在自贸区、蓝色硅谷等热点发展区域增加机构布局。累计转岗433名柜面人员，网点营销人员占比从37.00%提升到76.00%，业务分流率、高柜压降率均高于系统内均值。着力构建数字化营销服务模式，加快金融生态圈建设，研发上线营销支持系统，实现内外部客户全景图和全视图功能，系统内首批上线智能服务、智能播控系统和智慧货架，精准营销活动平均成功率为20.00%，居系统内第二位。点均个人存款比转型前增长34.00%，点均营收、点均拨备前利润比转型前分别增长23.00%和24.00%。

【中间业务】 实施“打基础、稳阵地、扩战果”战略，加快培育银团、托管、信用卡分期、基金、投行、对公外汇交易等中收新增长点，全年实现中收11.00亿元，同比增长32.00%，17项中间业务有13项份额提升。担保承诺、托管、信用卡分期、交易银行、代理保险、国际结算、投行等业务分别增收110.00%、109.00%、78.00%、72.00%、42.00%、21.00%、19.00%，其中保险、人民币结算、互联网金融、代理贵金属等业务收入居四行首位。

【国际业务】 聚焦国家全面对外开放新格局，强化境内外联动，组织举办人民币汇率及高端金融产品报告会、“人民币跨境使用十周年暨助推国际航运贸易金融创新中心建设攻势”产品推介会等，积极服务外向型客户。全年实现国际结算量267.76亿美元，同比增加15.38亿美元，增长6.09%；跨境人民币结算量为148.06亿元，同比增加42.29亿元，增长40%；结售汇业务量为71.71亿美元，同比增加3.31亿美元，增长4.84%；本外币贸易融资余额为51.77亿元，比年初增加15.24亿元。加强外汇业务合规管理，连续三年在银行执行外汇管理规定考核中荣获A类行称号。在人民银行济南分行举办的“人民币跨境使用十周年”主题征文和演讲比赛中荣获一等奖；在总行举办的跨境人民币业务知识竞赛中荣获二等奖。

【住房金融】 认真贯彻落实国家房地产宏观调控政策，深化优质房企、中介机构战略合作，积极支持居民家庭合理的住房贷款需求，帮助广大居民家庭实现“安居梦”。2019年末，全口径个人贷款余额为625.32亿元，较年初增加105.56亿元，比上年多增5.23亿元，个人贷款在全部贷款中的占比同比提升2.90个百分点，首次高于全行平均水平。

【信用卡业务】 顺应广大居民消费升级和支付结算需求，坚持质量并举原则，积极丰富和拓展信用卡业务功能。新增信用卡有效客户7.60万户、对公有效商户1,021户、小微有效商户2.10万户，累计办理ETC用户30.60万户。实现分期交易额29.20亿元，同比增长12.80亿元，增长率为78.30%；信用卡消费额为139.80亿元，同比增长19.20%；收单交易额为278.20亿元。

【电子银行业务】 围绕“数字化转型”，聚焦掌上银行和开放银行两大线上战略阵地，发挥线上平台支撑作用，深入推进互联网金融转型升级。个人掌银新增有效客户30余万户，掌银月活客户净增18.40万户，微信银行客户净增19.30万户；累计掌银交易1.85亿笔，交易金额为5,611.30亿元，同比分别提升3,416.40万笔和1,189.70亿元。加快金融场景建设，举办“场景金融”新产品发布会，做大做优政务场景、产业链场景、消费场景，累计成功上线智慧“党费、军营、学校、医院、景区、公用事业、物业、加油”等场景86项，拓展个人及对公客户101万户，交易金额达44亿元。新增“专业市场场景”商户7,888户，“惠农e通专业市场版”交易金额为45.00亿元。

【风险控制】 牢牢守住风险底线，加强信贷重点领域风险管控，实行清收处置“项目经理制”，积极开展“亮剑”执行、大额项目“攻坚”和易贬值资产“清零”三项活动，不良贷款实现“双降”。强化双线管理、双基管理、“三线一网格”、科技案防“四支利箭”，不断完善合规经营机制。实行合规专员派驻制，强化运营职责落实；全面加强内控、反洗钱、信息科技、安全保卫、舆情、信访、消费者权益保护等管理，推进“巩固治乱象成果、促进合规建设”工作，开展扫黑除恶专项斗争，组织员工行为排查，全年未发生案件和责任事故。常态化开展“学制度、强素质、促发展”学习教育活动，提高员工合规意识。强化运用大数据、内外部检查成果，提高科技案防水平。创建4家星级网点，服务评价居系统内第三位，获评市政府“海军成立70周年服务保障工作先进单位”。

（宁吉会）

附表1

机构概况一览表

行长（或其他称谓的第一负责人）		副行长（或其他称谓的同级领导）	
王延磊		于 东、兰卫东、孙文秀、范久顺、吴显明、郭宝林	
地址	山东省青岛市市南区山东路19号	邮编	266071
网址	http：//www.abchina.com/cn/	客服电话	95599

附表2

内设部门及分支机构一览表

年度	内设机构（个）	下设分支机构（个）		员工人数（人）	
		地市级机构数	县区级机构数	员工总数（含非正式员工）	正式员工数
2015	22	113	77	2,809	1,375
2016	22	104	86	2,812	1,470
2017	24	92	95	2,776	1,348
2018	24	126	53	2,651	1,288
2019	24	115	51	2,606	1,239

附表3

主要统计指标1

单位:亿元

项目	2015年	2016年	2017年	2018年	2019年	2019年同比增幅(%)
本外币资产总额	1,431.17	1,701.67	1,599.18	1,712.54	1,895.17	10.70
本外币存款余额	1,353.31	1,603.00	1,517.98	1,632.01	1,786.02	9.40
人民币存款余额	1,295.40	1,549.63	1,466.50	1,592.65	1,733.12	8.82
单位存款	483.70	679.55	602.95	682.49	723.36	7.45
储蓄存款	811.67	870.08	863.56	910.15	1,009.76	10.94
本外币贷款余额	975.91	1,045.57	1,222.64	1,342.76	1,502.89	11.93
人民币贷款余额	908.40	990.92	1,160.80	1,295.94	1,452.88	12.10
短期贷款	382.23	361.39	351.16	349.09	373.25	6.92
中长期贷款	482.76	584.20	796.28	927.89	1,079.63	16.35
票据融资	43.41	45.32	12.87	18.47	32.96	78.45
利润总额	15.90	23.32	26.20	17.09	27.29	59.68
不良贷款余额	26.38	17.61	19.57	20.17	19.46	-3.52
不良贷款占比(%)	2.70	1.68	1.60	1.50	1.29	-14.00

附表4

主要统计指标2

项目	2015年	2016年	2017年	2018年	2019年	2019年同比增幅(%)
单位结算账户(万户)	5.12	6.25	7.68	8.62	9.41	9.20
单位结算金额(亿元)	—	—	—	43,502.62	50,841.80	16.90
个人结算账户(万户)	649.60	682.10	691.70	735.70	825.20	12.20
个人结算金额(亿元)	814.49	874.83	867.55	935.35	1,050.00	12.30
信用卡发卡量(万张)	65.89	72.03	81.73	94.31	104.20	10.49
信用卡消费额(亿元)	87.93	94.40	98.23	116.34	139.83	20.19
企业网银客户(万户)	—	—	6.90	8.29	9.40	13.39
个人网银客户(万户)	159.66	205.50	237.50	246.00	281.64	14.49
手机银行客户(万户)	144.85	167.13	200.85	235.53	272.02	15.49
现金自助设备(台)	1,369	1,339	1,305	742	635	-14.40
营业网点(个)	190	190	187	177	166	-6.20
自助网点(个)	61	91	92	47	25	-46.80

中国银行股份有限公司山东省分行

【第一负责人简介】 李民，男，1963年出生，安徽蒙城人，东北财经大学工商管理硕士；历任中国银行安徽省淮北分行办公室主任，安徽省淮南分行副行长，安徽省分行人事教育处处长、党委组织部部长、国际结算部总经理，辽宁省分行党委委员、副行长兼沈阳分行党委书记、行长，贵州省分行党委书记、行长；2018年1月起，任中国银行山东省分行（简称中行山东省分行）党委书记、行长。

【综述】 2019年，中行山东省分行紧紧围绕省委省政府关于全省经济社会发展的决策部署，围绕总行“建设新时代全球一流银行”的战略愿景，坚持激发活力、敏捷反应、重点突破，将服务实体经济、防控金融风险、深化金融改革与推动高质量发展相结合，为推动山东省区域经济发展做出了积极贡献。截至2019年末，中行山东省分行本外币资产总额、负债总额分别达到5,017.21亿元、5,078.09亿元，全年净利润为-87.30亿元，实现不良化解184.00亿元，年末不良贷款余额为134.62亿元，不良贷款率为3.09%，保持了全年“无案件、无事故”的良好局面。

【个人金融业务】 截至2019年末，中行山东省分行本外币个人存款时点余额为2,452.84亿元，同比增长184.19亿元，增幅为8.12%。本外币个人贷款时点余额为1,696.49亿元，同比增长198.11亿元，增幅为13.22%。

创新ETC推广模式，在中行系统内率先实现全线上绑卡，新增ETC用户超过100万户，在中行系统排名第二。投产智能柜台社保卡项目，智能柜台上线场景迁移率为97.87%，列中行系统内第一。发挥自身优势做强特色服务，强化跨境服务体系建设，建立56家跨境服务中心，推出多项海外游学项目，推广中银全球智汇、中银签证通等优势产品。2019年末，五大行结售汇市场份额为64.62%，同比提升1.53个百分点，稳居市场第一。先后研发投产手机银行“云缴费”“二维码支付”“民生缴费”等28个项目。打造山东特色场景，创新探索个人客户在线服务模式。教育场景创新“十二学”项目，服务学校58户、个人用户12.35万户。以区块链技术服务淄博博发食品批发市场商户，落地山东大学线上跨屏支付项目，联合出入境管理局实现微信刷脸支付，进一步提升了金融服务的科技支持能力。

【公司金融业务】 截至2019年末，中行山东省分行本外币公司存款时点余额为2,327.10亿元，同比减少258.56亿元，降幅为10.00%；本外币公司贷款时点余额为2,658.83亿元，同比减少54.17亿元，降幅为2.00%。

加大信贷投放力度，全年本外币贷款累计投放约1.04万亿元。支持全省重点战略，全力支持新旧动能转换、海洋强省、重大基础设施建设等八大发展战略，当年为“十强”产业投放授信367.00亿元，当前表内外授信余额为532.00亿元，较年初新增122.00亿元。全力支持民营经济发展，梳理民营企业白名单，全力支持已签约合作的30家龙头民营企业，为3,630多家省内民营企业授信1,218.00亿元，在公司授信中占比达47.10%，民营企业新投放贷款占比为52.41%。大力推广债转股业务，年内联动中银资产落地济青高速铁路、山东水发环保等市场化债转股项目合计23.14亿元。自主研发“中银E农通”产品，服务区县20个，开立乡镇三资代管中心及村委会账户200余户，被中国银行总行在中行系统推广。

【国际化业务】 持续发挥国际业务专业优势，深化与省市政府的战略合作，率先揭牌济南片区自贸区支行，完成济南和烟台自贸区合作银行签约。推出多项中行系统内首笔、山东同业首笔的创新业务，包括全国首笔单一窗口“关税险”支付业务、全国首笔“零单据”模式出口保理业务等。全年实现国际结算531.00亿美元、跨境人民币681.00亿元、结售汇340.00亿美元，市场份额均保持同业首位。邀请143家山东客商参加第二届进博会对接，达成79笔合作意向，居中行系统内第六，意向金额为9.19亿元。持续做大发债规模，年内共发行境内债13只，合计100.00亿元；发行海外债7只，合计32.70亿美元，发行量居同业前列。

【普惠金融】 截至2019年末，普惠金融贷款余额为161.39亿元，同比增长19.30亿元。创新“场景获客+白名单”普惠金融服务模式，强化科技、出口等12大场景客户精准对接服务。加强与省科技厅的战略合作，累计为全省331家科技型中小企业发放贷款20.10亿元，业务量居同业首位。持续推进开展“百场千户”活动，累计举办29场“百场千户”银企对接会，服务客户675家，着力破解小微融资难融资贵问题。落实乡村振兴战略，涉农贷款余额为1,093.48亿元，占比为24.94%，列中行系统第三位。以省委省政府确定的“4个2”和黄河滩区为扶贫重点，持续加大帮扶力度，2019年末扶贫贷款余额为8.55亿元，同比增长368.00%。

【网络渠道建设】 持续推进网点差异化发展，建成消费分期、高校金融、跨境服务等特色网点86家。巩固厅堂环境整治成果，启动“担当作为、提升服务”专项活动。开展网点劳动组合优化试点工作，营销服务岗位人员占比由试点前的45.12%提升至70.12%，优化农村金融服务环境，升级打造助农3.0版本，目前助农取款服务点为1,074户，服务覆盖农村人群超过300万人，为广大农村居民提供便捷的基础金融服务。创新金融服务渠道，为146万客户提供线上移动金融服务，用户数量居中行系统第四位。上线“智慧医院”24家；搭建“来聚财”示范商圈100个，服务小微商户30余万户，中行系统内排名第二。手机银行省级特色专区“泰山惠玩”和“票靓山东”成功上线，专区上线景点数量达到104家。

【风险内控管理】 加强对重点风险大户的管控，牵头债委会主席行121家，全年累计化解亿元以上不良大户39户94.29亿元，坚守风险底线，狠抓不良清收，做好风险管控，优化信贷结构，强化内控管理，持续提升稳健经营能力。深入开展“合规文化巩固年”，建立“发现—整改—验证—验收—提升”机制，从流程、制度、思想等方面加强顶层设计，营造“不能违、不敢违、不愿违”的合规文化氛围。监管综合管理工作扎实到位，被人民银行评为金融机构综合评价A级单位。成立消费者权益保护办公室，通过转变工作理念、优化工作机制、做实考核评价、强化队伍建设和加强监管沟通五大措施，全面提升客户服务水平。

【党建及文化建设】 加大扶贫攻坚力度，定点扶贫村18个，选派扶贫干部17名，实施帮扶项目12项，年内投入资金130.19万元，物资折款12.89万元，组织扶贫培训98人次。深入开展“不忘初心、牢记使命”主题教育，推动主题教育与担当社会责任、支持实体经济紧密结合。大力培树先进典型，持续挖掘“身边人、身边事”，成立第二批17个先进个人工作室，举办“山东好党员”事迹报告会。扎实推进党建共建，与488家外部单位完成结对共建。推广“复兴壹号”党建平台，与泰山区委组织部开展共建，965个党组织、2万多名党员注册上线。

（李 菁、李瑜宏）

附表1

机构概况一览表

行长（或其他称谓的第一负责人）		副行长（或其他称谓的同级领导）	
李 民		王 魏、杨 青、景在伦、朱志军、仲维功、张 云、郑元昌	
地址	山东省济南市泺源大街22号中银大厦	邮编	250063
网址	http://www.boc.cn/	客服电话	95566

附表2

内设部门及分支机构一览表

年度	内设机构（个）	下设分支机构（个）		员工人数（人）	
		地市级机构数	县区级机构数	员工总数（含非正式员工）	正式员工数
2015	27	16	606	17,226	17,226
2016	28	15	511	13,918	13,918
2017	28	15	509	13,817	13,817
2018	27	16	487	13,686	13,686
2019	25	16	487	13,558	13,558

注：2016年4月，中国银行原山东省分行拆分为中国银行山东省分行和中国银行青岛市分行，相关辖内机构和员工均同步拆分。

附表3

主要统计指标1

单位：亿元

项目	2015年	2016年	2017年	2018年	2019年	2019年同比增幅（%）
本外币资产总额	5,789.32	4,959.53	4,988.60	5,001.87	5,017.21	0.31
本外币存款余额	5,562.55	4,744.60	4,828.75	4,888.30	4,816.17	-1.48
人民币存款余额	5,110.89	4,346.24	4,431.92	4,532.35	4,501.14	-0.69
单位存款	2,645.19	2,306.59	2,387.33	2,361.52	2,126.72	-9.94
储蓄存款	2,272.67	1,995.63	2,016.82	2,137.96	2,336.87	9.30
本外币贷款余额	4,718.65	4,044.21	4,258.29	4,211.38	4,212.53	0.03
人民币贷款余额	4,263.73	3,797.85	4,037.52	4,072.36	4,080.23	0.19
短期贷款	2,083.16	1,810.52	2,024.04	1,726.99	1,616.90	-6.37
中长期贷款	2,088.05	1,876.60	2,164.45	2,248.82	2,463.33	9.54
票据融资	80.42	101.48	55.05	81.29	142.79	75.66
利润总额	26.77	31.20	-50.93	-126.76	-87.30	31.13
不良贷款余额	96.17	89.40	118.91	144.44	134.62	-6.80
不良贷款占比(%)	2.06	2.21	2.79	3.43	3.09	-9.91

附表4

主要统计指标2

项目	2015年	2016年	2017年	2018年	2019年	2019年同比增幅（%）
单位结算账户（万户）	46.16	25.75	26.58	27.89	31.77	13.91
单位结算金额（亿元）	49,100.22	48,100.03	59,430.63	62,402.00	67,395.00	8.00
个人结算账户（万户）	3,713.42	3,482.59	3,576.13	3,678.03	3,780.74	2.79
个人结算金额（亿元）	3,900.75	3,257.28	3,324.39	3,357.18	3,333.54	-0.70
信用卡发卡量（万张）	436.22	389.76	431.50	484.29	534.13	10.29
信用卡消费额（亿元）	1,186.26	1,022.27	990.69	968.90	1,049.55	8.32
企业网银客户（万户）	26.18	20.73	22.04	24.12	27.98	17.70
个人网银客户（万户）	981.73	868.10	945.21	1,045.70	1,127.90	7.90
手机银行客户（万户）	666.05	637.26	730.38	897.80	1,074.50	19.70

续表

项目	2015年	2016年	2017年	2018年	2019年	2019年同比增幅（%）
现金自助设备（台）	3,863	3,099	2,937	2,606	2,390	-8.29
营业网点（个）	623	527	525	504	504	0.00
自助网点（个）	322	265	249	219	180	-17.81

中国银行股份有限公司青岛市分行

【第一责任人简介】 俞群，男，浙江杭州人，1968年11月出生，中共党员，浙江大学EMBA研究生学历，1990年8月参加工作并加入中国银行；历任中国银行浙江杭州市庆春支行行长、金华市分行行长、温州市分行行长，江西省分行行长助理、副行长，浙江省分行副行长等职。2019年11月起任中国银行股份有限公司青岛市分行（简称中行青岛市分行）党委书记。

【综述】 中行青岛市分行牢固树立服务于地方经济，依托于地方经济，在支持地方经济发展过程中实现自身健康发展的理念，紧紧围绕青岛市委市政府提出的“学深圳，赶深圳”目标和组织发起的“十五个攻势”，全力服务青岛经济社会发展大局，在项目和资金上加大投入，积极抢抓发展机遇，提升金融服务水平，经营管理各项工作取得良好成效。

截至2019年末，中行青岛市分行本外币各项存款余额为1,248.65亿元，增幅为9.19%；本外币各项贷款余额为1,309.42亿元，增幅为7.48%。充分发挥国际化、综合化特色优势，积极支持青岛市融入国家“一带一路”建设，累计为全市1万余家企业提供跨境贸易服务，国际贸易结算、跨境人民币结算业务量市场份额连续多年稳居同业首位，连续多年夺得“青岛金融机构最佳口碑”评选活动“岛城第一”称号，并成为岛城贸易金融最专业银行、企业“走出去”首选银行。先后圆满完成青岛“上合峰会”、海军成立70周年多国海军庆祝活动等重大活动的金融服务保障任务，成功承办中国·意大利中小企业经贸合作对接会，为广大中小企业搭建起跨境合作与交流的平台，巧引金融活水为经济社会发展贡献中行力量。

【公司业务】 2019年，中行青岛市分行紧扣总行激发活力、敏捷反应、重点突破的战略要求，打基础、拓客户，抓产品、促创新，精管理、控风险，建机制、育人才，持续加大对实体经济的支持力度，全面推进公司业务高质量发展。

一是倾斜信贷资源，满足重点企业融资需求。坚持服务实体经济与提高发展质量相结合，加大对重点项目、企业的支持力度。截至2019年末，本外币公司贷款余额为576.54亿元，较年初新增17.01亿元。

二是聚焦重点领域，持续夯实负债业务基础。紧跟企业客户发债、IPO等业务动态，先后落地海尔可转债、青岛港IPO、国信纾困债等重点项目。加大产品带动，借助定制表内补贴政策及大额存单、一户通等争揽行外资金。截至2019年末，本外币公司存款（含理财）日均余额为631.07亿元，较年初新增79.05亿元，增幅为14.32%，列系统内第一，全口径日均市场份额为6.35%，较年初新增0.07个百分点。

三是发挥专业优势，服务地方重点战略。协助政府举办自贸区青岛片区金融政策发布会、金融助推“十五个攻势”项目对接会等活动，收到良好效果。联合青岛市民发局承办青岛中小企业国际采购洽谈会，现场达成合作意向近百项。组织青岛40余家中小企业赴上海参加由中国银行总行承办的第二届进博会供需对接会，现场签订合作意向金额超过7,000.00万美元。

【投行业务】 在境内非金融企业债务融资工具承销方面，中行青岛市分行参与青岛重点集团5亿元扶贫债项目，承销份额占40%。该只债券为国内首只易地帮扶扶贫票据，也是山东省内首只扶贫债券。

在境内金融债承销方面，中行青岛市分行作为联席主承销商成功协助企业发行共计80.00亿元小型微型企业贷款专项金融债券，其中3年期共募集60.00亿元，票息分别为3.45%、3.42%；5年期共募集20.00亿元，票息分别为3.84%、3.80%，中行青岛市分行投资及分销量共计16.00亿元。该只债券是中国银行在山东省内首单商业银行债承销业务，该只债券的成功发行进一步丰富了中行青岛市分行在债券承销领域的产品类型，夯实了其在债务资本市场的

"金字招牌"。

在境外债承销方面，中行青岛市分行共参与承销5个项目共计15.00亿美元，其中份额为1.86亿美元，与青岛市全部境外债发行人取得合作，境外债承销市场份额在青岛当地排名第一。还牵头某集团两期共6.00亿美元境外债券项目，实现同类公司5年期境外债券最低价格，作为牵头全球协调人承销某集团3.00亿美元境外债券项目，协助发行人首次亮相国际资本市场并取得同期无评级地方国企发行最低价格。

【个人业务】 中行青岛市分行以民生需求为导向，不断深化金融服务内涵，优化客户服务体验，切实提高金融服务覆盖面和服务效率。

截至2019年末，本外币个人存款日均余额为652.32亿元，较年初新增62.80亿元，增幅为10.65%。时点余额为672.76亿元，较年初新增72.07亿元，增幅为12.00%。人民币存款时点余额为632.35亿元，较年初新增75.44亿元，增幅为13.55%。在非息收入方面，个人业务非息收入超额完成总行计划，截至2019年末，实现个金非利息净收入1.93亿元，同比增长6.44%。

【国际业务】 2019年，中行青岛市分行着力加强客户拓展、产品推广和合规经营，巩固扩大中国银行国际业务品牌优势，扎实推进国际业务健康持续发展。

一是优势业务份额持续保持青岛同业首位。截至2019年末，中行青岛市分行国际贸易结算业务量达323.74亿美元，同比增长5.88%，市场份额为21.96%；跨境人民币结算业务量为288.14亿元，同比增长7.84%，市场份额为26.24%。国际贸易结算市场份额、跨境人民币结算市场份额持续保持青岛同业首位。

二是持续推进线上业务发展。中行青岛市分行紧跟总行"科技赋能交易银行产品"步伐，通过"区块链"福费廷交易平台买入了青岛地区首笔福费廷业务；牵头承办人民银行中征应收账款融资服务平台推介会，成为首家与人民银行平台实现系统对接的商业银行，并成功投放首笔全流程线上融资；大力推动国际结算业务的线上结汇功能，线上结汇金额占比超过48.00%。

三是抢抓自贸区发展机遇。山东自贸区（青岛片区）宣布成立当日，中行青岛市分行率先全面启动自贸区金融服务，彰显了作为自贸区金融服务首选银行的优势地位，截至2019年末，已经争揽自贸区新注册企业开户137家。

四是探索上合示范区业务建设。在国家外汇管理局公布关于支持上合示范区建设十项试点政策后，中行青岛市分行充分利用自身在外汇方面的专业优势，紧跟外汇局简政放权的改革步伐，先后办理了首笔资本项目外汇收入支付便利化试点业务、首笔由银行为企业办理的外债注销登记业务、首笔境内资产变现账户直接结汇业务，成为试点政策落地最多的商业银行。

【普惠金融】 2019年，中行青岛市分行牢固树立"标准化、批量化、差异化、特色化"的发展理念，推动普惠金融业务"增量、扩面、控价、保质"，实现了风险可控前提下的高质量发展。截至2019年末，"两增两控"口径普惠余额为42.72亿元，较年初新增8.15亿元，增幅为23.56%；定向降准口径普惠余额为40.15亿元，较年初新增7.26亿元，占全行人民币贷款新增的12.83%，达到人民银行定向降准第二档标准。

一是高度布局，推进"双示范"创建。通过示范机构建设和示范场景搭建，带动普惠金融业务从机制体制上回归信贷工厂本源，促进"机构专营化、队伍专职化、人员专业化"。

二是精度定位，创新标准化产品。制定《基于场景分析的普惠金融批量获客工作指引》，"一行一策"确定差异化的批量获客策略，精准定位特色市场，通过标准化产品支持优质客群。

三是广度合作，促进银政企联动。与青岛市民发局合作支持"隐形冠军""专精特新"示范企业，与青岛农担合作支持优质涉农企业，与青岛市创业指导中心合作推进小微企业创担贷款业务，提升服务能力。积极参加民营企业政策宣讲及产品展洽会、APEC优化中小企业营商研讨会等，做好产品推广和品牌宣传，拓宽支持民营企业发展渠道。

四是深度挖潜，强化名单式营销。对总行行业白名单、市行结算白名单、纳税信用A级企业名单等进行精细加工和精准投放，持续加大对小微企业的支持力度。

【住房金融】 2019年，中行青岛市分行积极响应支持国家"房地产去库存"策略，紧紧围绕政府、监管机构及总行政策要求，最大限度地支持解决居民住房刚需及改善性住房需求。截至2019年末，中行青岛市分行住房贷款投放87.00亿元，住房贷款余额达416.43亿元，较年初新增42.11亿元。

一是坚持"三个优选"，提升服务能力。中行青岛市分行坚持优选区域、优选开发商和优选客户，重点加强与保利、万科、碧桂园、龙湖、海尔、海信等重点开发商的合作，深化全面战略合作关系。

二是优化服务流程，提高服务效率。针对青岛地区需住房解押方可办理网签，对住房贷款增加"预审批"环节，对其他贷款资料提前审核，提高住房贷款审批效率，提升客户体验，打造住房金融品牌影响力。

三是加强银政合作，提升服务质效。积极满足客户公积金贷款需求，与青岛市公积金中心签署合作合同，开启全机构公积金委托贷款和公积金组合贷款叙做模式，满足居民公积金贷款需求；积极受理军人（武警）公积金贷款业务，自业务开办以来已累计投放近3.00亿元，其中2019年全年实现投放6,566.00万元。

【信用卡业务】 2019年，中行青岛市分行紧紧围绕价值创造和创新发展，坚持消费分期创收主阵地，持续提高信用卡客户、商户发展质量，落实全面风险管控等方面工作。

一是立足场景建设下的年轻、跨境、中高端、车主客群等批量拓展，紧抓ETC、厅堂营销、线上获客、重点项目、交叉配卡，客户规模不断扩大，当年新增信用卡客户6.86万户，同比增长25.25%。

二是坚持做大卡户分期，做好汽车、车位、真实装修等场景分期，做实优客分期，坚持抓特色机构赋能和线上渠道拓展，打造分期特色品牌，当年实现分期交易额32.71亿元，同比增长26.41%，分期余额、交易额市场份额均位列四行第一。

三是强化支付创新应用，以医疗、零售等场景为突破，加强中银智慧付跨屏聚合支付推广，积极推进三大优惠商圈建设，实现商户跨越式发展，当年新增6,236户，同比增长177.57%。

四是银行卡资产质量保持稳定。截至2019年末，银行卡资产关注率为0.65%，较年初下降0.22个百分点；关注额为3,173.00万元，较年初下降335.00万元；银行卡资产不良贷款率为1.76%，不良贷款余额为8,569.00万元；应收账款余额为48.55亿元，较年初增长8.28亿元。

【电子银行业务】 2019年，中行青岛市分行统筹企业互联网金融产品及网上银行服务的创新、研发与管理，搭建企业网络金融产品体系。积极优化丰富手机银行功能，为客户提供网点查询、外币预约等增值服务，为客户打造全方位移动金融服务。截至2019年末，中行青岛市分行企业网银客户达8.27万户，同比增长11.50%；手机银行客户达到208.72万户，同比增长24.63%。

在企业电子银行服务方面，中行青岛市分行企业网银覆盖29大类传统公司金融服务，共计700多项功能，服务包含转账汇款、代收代付、汇票、投资理财、国际结算汇款类、国际结算单证类、供应链融资、电子商务、财政服务等，各项服务及其功能均为独立的模块，通过操作员与产品、功能、账户、权限的灵活组合，为客户量身定制便捷、高效的企业网络金融整体解决方案。

在个人电子银行服务方面，中行青岛市分行为客户提供账户查询、转账汇款、定期存款、自助缴费、信用卡、投资理财、贷款管理、证券服务等手机银行服务，采取生物识别、手机短信验证、动态口令护航、欢迎信息辨真伪、交易限额防风险等多重防护手段，确保客户资金和信息安全；中行青岛市分行为客户设置手机银行专属优惠活动，周密部署开展转账汇款、基金申购、定投费率、话费充值等系列优惠活动，为客户带来实实在在的便利。

【风险控制】 2019年，中行青岛市分行严格落实监管部门要求以及总分行党委战略部署，紧紧围绕“降不良、调结构、促发展、强内控”的风控主线，敏捷反应、狠抓重点，整体呈现较好韧性。

一是资产质量明显向好。截至2019年末，中行青岛市分行不良贷款余额为29.04亿元，较年初下降33.42亿元；不良贷款率为2.72%，较年初下降3.36个百分点。清收化解成效显著，全年实现表内外不良化解84.63亿元，其中实现表内不良化解81.47亿元，完成总行全年任务的131.00%。紧盯大户风险化解，逐户成立专项工作小组，坚持“日通报、周例会、特事特办、急事快办”，全力推进风险化解进程。

二是服务发展质效提升。截至2019年末，总行积极增长与选择性增长行业授信余额为389.22亿元，占比为67.53%，较年初分别增加60.78亿元、11.65个百分点。审批质效不断提升，单一客户、集团客户审批净时效较年初大幅提升，各类审批材料及流程得到有效简化。其中，发起环节取消要件5份，审批环节取消要件2份，放款环节简化材料9份、取消19份，低风险业务优化关键环节5处。

三是合规案防质效提升。截至2019年末，各类内外部检查共发现问题672个，完成整改672个，整改率为100.00%；充分发挥反洗钱监测分析中心专业效能，着力提高甄别质量，全年共报送可疑交易报告1,003份，有力协助有权机关打击洗钱犯罪；开展涉敏因素排查19次，对发现的涉敏事件全部进行了有效处置，全年未发生洗钱及制裁风险事件。在人民银行青岛市中心支行银行业金融机构反洗钱考评中，获得青岛地区第一名及A级评价。

（韩通川）

附表1

机构概况一览表

行长（或其他称谓的第一负责人）		副行长（或其他称谓的同级领导）	
俞 群		隋春玲、郑文礼、刘 钝、郝连才、曾钰恒、付连晔、吴维彬	
地址	山东省青岛市市南区香港中路59号	邮编	266071
网址	http://www.boc.cn/	客服电话	95566

附表2

内设部门及分支机构一览表

年度	内设机构（个）	下设分支机构（个）		员工人数（人）	
		地市级机构数	县区级机构数	员工总数（含非正式员工）	正式员工数
2015	—	—	—	—	—
2016	23	1	14	3,378	3,378
2017	23	1	14	3,405	3,405
2018	23	1	12	3,358	3,358
2019	22	1	12	3,318	3,318

附表3

主要统计指标1

单位：亿元

项目	2015年	2016年	2017年	2018年	2019年	2019年同比增幅（%）
本外币资产总额	—	1,128.78	1,113.94	1,218.33	1,309.42	7.48
本外币存款余额	—	1,075.23	1,083.34	1,143.56	1,248.65	9.19
人民币存款余额	—	953.97	930.16	997.21	1,104.94	10.80
单位存款	—	469.00	392.89	431.32	476.28	10.42
储蓄存款	—	536.00	481.00	506.87	573.05	13.06
本外币贷款余额	—	866.00	951.20	1,027.21	1,069.07	4.08
人民币贷款余额	—	772.00	866.39	937.53	994.11	6.04
短期贷款	—	283.00	302.72	278.01	259.19	-6.77
中长期贷款	—	508.00	555.37	647.62	713.05	10.10
票据融资	—	14.00	6.63	10.53	19.96	89.55
利润总额	—	1.00	-29.00	9.65	6.19	-35.85
不良贷款余额	—	28.32	62.87	62.51	29.07	-53.50
不良贷款占比（%）	—	3.27	6.61	6.09	2.72	-55.34

附表4

主要统计指标2

项目	2015年	2016年	2017年	2018年	2019年	2019年同比增幅（%）
单位结算账户（万户）	—	7.92	8.13	8.50	9.24	8.71
单位结算金额（亿元）	—	24,648.28	21,974.95	25,477.52	28,578.21	12.17
个人结算账户（万户）	—	577.50	620.05	642.25	694.89	8.19
个人结算金额（亿元）	—	198.51	2,344.56	2,861.13	3,227.41	12.80
信用卡发卡量（万张）	—	10.54	13.32	11.21	11.88	5.97
信用卡消费额（亿元）	—	136.35	141.15	140.21	150.47	7.32
企业网银客户（万户）	—	6.53	6.91	7.42	8.27	11.50
个人网银客户（万户）	—	183.97	200.32	222.63	246.85	10.88
手机银行客户（万户）	—	112.65	133.17	167.47	208.72	24.63
现金自助设备（台）	—	628	604	561	479	-14.62
营业网点（个）	—	98	98	108	108	0
自助网点（个）	—	0	0	0	0	0

中国建设银行股份有限公司山东省分行

【第一负责人简介】 段红涛，男，1969年5月出生，中共党员，博士研究生学历，管理学博士学位，正高级经济师。历任中国建设银行湖北省分行党委委员、副行长，青岛市分行党委书记、行长；现任中国建设银行山东省分行（简称建行山东省分行）党委书记、行长。

【综述】 2019年，建行山东省分行认真贯彻国家宏观调控政策和人民银行货币政策，把落实总行“三大战略”与服务山东发展结合起来，主动对接实体经济需求，积极服务新旧动能转换，倾力支持民营小微企业发展，全力维护区域金融稳定，努力为地方建设和民生改善做出建行贡献。

截至2019年末，主要指标完成情况（本外币合计，未经审计）如下：实现拨备前利润153.70亿元；一般性存款日均余额为8,124.40元，新增621.50亿元；各项贷款余额为5,622.10亿元，新增398.50亿元；实现中间业务净收入57.60亿元；不良贷款余额为69.50亿元，不良贷款率为1.24%，逾期贷款余额为72.80亿元，逾期率为1.30%。

【公司业务】 2019年，建行山东省分行持续增强“三个能力”，积极支持地方实体经济，高质量发展普惠金融，落实精准扶贫战略，切实履行国有大行担当。

一是全力支持实体经济。2019年，建行山东省分行优先为动能转换重点企业提供综合融资支持，累计向山东动能转换“十强”产业及重点项目投放贷款960.00亿元。成立制造业营销推进领导小组，制造业贷款余额占全部对公贷款的34.00%。持续推进投行融资，全年实现市场化法治化债转股资金投放12.00亿元。发行山东首单棚改中票。

二是做大做强普惠金融。积极拓宽民营企业融资渠道，截至2019年末，民营企业信贷客户总量占全部企业类信贷客户数量的97.00%；创新推出“惠懂你”“小微快贷”等小微企业服务产品，高效发展普惠贷款。认真落实减费让利要求，降低小微企业融资成本。实现“互联网+不动产抵押登记”全省市县区全覆盖，提升抵押贷款办理效率。

三是服务社会民生。承办全省“一窗受理·一次办好”改革，建成全国首个省级“三网融合”“政务服务一网通办”总门户，并于2019年12月30日正式上线运行，打造了智慧政务“山东模式”。全力推进ETC拓展应用，打造客户体验最佳的业务拓展平台。

四是深化金融扶贫。明确“聚焦党建抓扶贫、聚焦产品抓扶贫、聚焦农户抓扶贫、聚焦金融抓扶贫、聚焦电商抓扶贫、聚焦民生抓扶贫”的扶贫策略，年末精准扶贫贷款余额为53.80亿元。建成系统首家善融商务电商扶贫工作站和助农服务站，对接贫困村165个。开发设计乡村振兴贷系列产品，获批农业农村部金融支农创新试点项目。与省农业农村厅合作建设农村土地承包经营权流转系统，加快搭建农村“三资”管理平台。

【个人业务】 2019年，建行山东省分行明确了“以客户为中心，开放共享、价值共赢、数字互联”的新零售工作思路，持续推动零售优先战略落地，全面提升零售业务价值贡献。

一是推动新零售工作思路落地。积极运用“互联网+平台+数据经营”理念，丰富手段、完善打法，持续提升零售业务贡献。

二是加快平台延伸。推动住房租赁业务开展，延伸住房租赁合作领域；以智慧社区云平台项目推动作为切入点深耕城区；通过“四叠加”加快裕农通服务点辐射，将大零售服务建立在新型客户关系能力之上。

三是加快渠道赋能。推进从“经营手机银行渠道”向“在手机上经营银行”转变，协同推动全渠道建设；加快智能化渠道、特色中心推广建设，丰富网点非金融功能。

四是提升服务品质，注重消费者权益保护。强化客户经理队伍建设，打造私人银行服务品质服务，加大个人客户交叉销售力度，严守合规底线，高度重视消费者权益保护工作。

【中间业务】 2019年，建行山东省分行严格落实监管要求，倡导推动全行为客户提供全面完善的金融服务。各营业网点均在营业大厅醒目位置公示服务价目表，并设有价格专管员，切实做到服务收费公开透明，持续执行免除个人账户部分收费、“七不准”及小微企业“两禁两限”等政策，通过减费让利有力支持实体经济发展。坚持“创新、精细”的发展方向，推进中间业务产品发展，努力拓宽客户服务领域、拓展产品服务范围，着力提升金融服务的能力和水平。

【机构业务】 2019年，建行山东省分行以平台化经营和生态圈建设为抓手，积极应对职业年金运作、养老保险上划、社保收不抵支等不利因素的挑战，通过搭平台、建场景、抓客户、增账户、拓长尾，机构业务实现全面转型发展。围绕社会痛点，以智慧政务为统领，党群、养老、宗教、政法等一系列社会化平台陆续上线运营，成功上线山东财经大学线上缴费系统、“慧缴费”系统、全国首个中央财政零余额批量支付系统，开发上线了农民工工资支付监管平台、全省财政专户资金国库集中支付电子化支付系统和20位缴款码缴纳非税功能。

【国际业务】 2019年，建行山东省分行积极服务山东外向型经济，提升“走出去”客户的“跟随”服务能力。成功承办孟加拉国艾萨拉姆项目5.20亿美元出口买方信贷业务；落实人民币国际化战略发展要求，与阿斯塔纳分行合作办理6.00亿元的跨境人民币结算业务，有力地落实了中哈元首9月会谈关于加强本币清算的要求；加快推进国际业务线上化进程，同业首家实现山东省“单一窗口”金融服务功能落地；践行普惠金融战略，全年新增普惠金融客户236户，累计投放跨境快贷1.90亿元，“跨境e+”成为省内行业品牌；积极参与山东自贸区发展建设，2019年为自贸区内重点客户累计开立保函44.00亿元，信贷投放43.00亿元，新增对公账户823户，办理结售汇1.70亿美元。

【住房金融业务】 2019年，建行山东省分行着力提升房金业务市场应对、业务管控和综合服务能力。围绕惠民安居，做好个人贷款服务。全年累计发放个人住房贷款689.11亿元，支持百姓合理自住购房需求；创新推出龙商贷、烟草商户快贷、裕农通快贷、生态链快贷等产品，全年发放普惠个人贷款103.07亿元。坚持“房住不炒”，加快住房租赁战略推进。搭建“市场监测、租赁监管、公共住房、企业租赁、居民共享”“五位一体”租赁平台，构建“存房+人才安居”业务模式，用自有房产建设5处人才公寓、青年公寓，其中济南项目已投入使用，并纳入济南市委青年人才公寓体系。

【信用卡业务】 2019年，建行山东省分行坚持创新驱动，积极推进信用卡业务转型发展。着力维护和挖掘预审批客户、代工客户等行内客户资源及行外优质客群，不断拓宽获客渠道。加强专业化团队建设，大力开展家装节团购活动，搭建集客获客平台，提升分期消费信贷经营能力。推动重点商户项目落实，扩大移动端宣传，提升品牌知名度和市场影响力。持续推进资产质量管控机制的运营与完善，进一步提升信用风险预警、管理能力，有效改善资产质量。

【电子银行业务】 2019年，建行山东省分行主动将互联网理念和思维落实到转型实践中，切实把网络金融打造成线上经营存、贷、汇和支付等核心业务的“数字银行”。加大网络金融场景输出和大数据线上经营，推进零售业务发展。强化重点客群手机银行挖潜，着力网联协议支付客户拓展，推进个人网银精准化、差异化营销。丰富网络金融生态，提高商户赋能水平，大力拓展直销银行合作机构，打造善付通行业场景。

【风险控制】 2019年，建行山东省分行积极落实人民银行金融稳定的相关要求，资产质量整体趋势向好，资产质量连续三年保持四行最优。

一是落实风险管理主体责任。建立信用风险化解处置“双513责任体系”，构建起党委“统领”、客户部门“主战”、产品部门“主建”的风险管理格局。

二是加大不良资产处置力度。全年累计处置不良235.20亿元，其中核销处置122.90亿元，批量转让82.00亿元。实现已核销现金回收13.03亿元。

三是倾力帮扶经营困难企业。运用再融资、期限调整、业务承接、下调利率等方式，帮扶临时性经营困难企业，全年累计办理风险客户再融资等业务112.50亿元。

四是助力打造诚信金融生态。对公违约信贷客户诉讼率达到90.34%，对违约客户通过媒体公告的比例达到89.48%，已申请限制消费令的占已判决户数的83.38%。

（刘太丽）

附表1

机构概况一览表

<table>
<tr><td colspan="2">行长（或其他称谓的第一负责人）</td><td colspan="2">副行长（或其他称谓的同级领导）</td></tr>
<tr><td colspan="2">段红涛</td><td colspan="2">赵 翀、李建平、楚孔用、朱治昌、刘春龙、董 强</td></tr>
<tr><td>地址</td><td>山东省济南市历下区龙奥北路168号</td><td>邮编</td><td>250099</td></tr>
<tr><td>网址</td><td>http://www.ccb.com/</td><td>客服电话</td><td>95533</td></tr>
</table>

附表2

内设部门及分支机构一览表

年度	内设机构（个）	下设分支机构（个）		员工人数（人）	
		地市级机构数	县区级机构数	员工总数（含非正式员工）	正式员工数
2015	26	16	491	21,282	20,600
2016	26	16	508	21,007	20,478
2017	26	16	529	20,465	20,045
2018	26	16	549	19,809	19,474
2019	26	16	569	19,337	19,336

附表3

主要统计指标1

单位:亿元

项目	2015年	2016年	2017年	2018年	2019年	2019年同比增幅（%）
本外币资产总额	6,953.16	7,388.14	7,710.31	8,240.71	8,872.67	7.67
本外币存款余额	6,440.83	7,060.84	7,379.42	7,916.76	8,307.23	4.93
人民币存款余额	6,238.12	6,895.89	7,217.25	7,780.90	8,170.70	5.01
单位存款	3,004.06	3,360.80	3,561.37	3,769.37	3,653.97	-3.06
储蓄存款	3,234.06	3,535.09	3,655.88	4,011.53	4,516.73	12.59
本外币贷款余额	4,638.20	4,727.07	5,026.48	5,223.66	5,622.11	7.63
人民币贷款余额	4,401.81	4,588.82	4,901.55	5,117.35	5,535.41	8.17
短期贷款	1,522.46	1,646.64	1,707.21	1,652.22	1,632.24	-1.21
中长期贷款	2,709.83	2,764.95	3,119.98	3,374.36	3,774.86	11.87
票据融资	169.53	177.23	74.36	90.77	128.31	41.36
利润总额	83.50	43.54	-30.29	-71.51	-2.04	-97.14
不良贷款余额	80.52	122.06	117.76	150.08	69.50	-53.69
不良贷款占比（%）	1.74	2.58	2.34	2.87	1.24	-56.79

附表4

主要统计指标2

项目	2015年	2016年	2017年	2018年	2019年	2019年同比增幅（%）
单位结算账户（万户）	24.79	27.08	30.45	34.15	39.84	16.64
单位结算金额（亿元）	179,778.59	231,204.36	255,877.75	258,843.79	267,430.62	3.32
个人结算账户（万户）	4,747.68	5,496.38	8,451.88	8,846.54	9,620.28	8.75
个人结算金额（亿元）	30,556.87	37,632.52	50,639.00	51,678.69	60,799.77	17.65
信用卡发卡量（万张）	426.87	497.09	581.20	662.32	735.13	10.99
信用卡消费额（亿元）	1,518.83	1,652.59	1,680.50	1,860.00	1,912.37	2.82
企业网银客户（万户）	21.29	25.12	30.20	36.72	44.23	20.46
个人网银客户（万户）	1,350.64	1,537.97	1,775.92	1,989.49	2,198.00	10.48
手机银行客户（万户）	1,192.24	1,428.30	1,693.23	1,932.24	2,167.00	12.15
现金自助设备（台）	5,062	5,443	5,452	4,936	4,757	-3.63
营业网点（个）	821	828	829	827	808	-2.30
自助网点（个）	855	994	1,017	912	831	-8.88

中国建设银行股份有限公司青岛市分行

【第一负责人简介】 郝子建，中共党员，大学本科学历，高级经济师；1986年参加工作，2013年11月至2015年5月历任中国建设银行山东省分行党委委员兼烟台市分行党委书记、行长，山东省分行党委委员兼营业部党委书记、总经理，2015年5月至2016年7月任中国建设银行山东省分行党委委员、副行长；2016年7月任中国建设银行青岛市分行党委书记、主要负责人，2016年9月任中国建设银行青岛市分行（简称建行青岛市分行）行长。

【综述】 2019年，建行青岛市分行在山东省政府、青岛市政府的正确领导下，深入贯彻落实地方政府及总行各项战略部署与工作要求，扎实加强“三个能力”建设，积极推进“三大战略”，致力于打造服务地方经济建设的主力银行。坚持“系统化+精细化+专业化”内涵式发展，不断拓展高质量发展的路径和基础，各项工作呈现良好的发展势头。

截至2019年末，建行青岛市分行本外币全口径存款时点余额为1,545.78亿元，一般性存款新增48.25亿元，人民币各项贷款余额为1,666.02亿元。实现拨备前利润38.61亿元、税前利润23.15亿元，持续稳定增长。全年纳税4.84亿元，同比增长10.00%，税收贡献持续增长。

【公司业务】 2019年，建行青岛市分行与青岛市政府签署战略合作协议，将服务青岛市“十五个攻势”建设作为推进金融供给侧结构性改革、新金融实践的主战场，加大信贷投放，新增对公贷款154.15亿元。

一是鼎力支持全市重点项目建设。加大对青岛六大功能区、“十五个攻势”项目的服务力度，重点支持高端制造、国际航运、乡村振兴、海洋经济等重大项目，向青岛地铁、胶东机场、火车西站、蓝色硅谷等基础设施项目及新旧动能转换“十强”产业重点客户投放贷款244.00亿元。

二是加大先进制造业、战略性新兴产业支持力度。梳理先进制造业、战略性新兴产业等目标客户共141户，年末制造业贷款余额为147.68亿元。

三是加大民营企业支持力度。当前民营企业信贷客户总量为5,663户，占全部企业类信贷客户数量的95.00%，较年初新增2,395户，本年累计向大中型民营企业投放信贷资金266.00亿元。

四是加大涉农领域支持力度。支持青岛地区现代农业、高科技农业项目和农业龙头企业，持续主动授信12.00亿元，有力地带动了下游养殖户脱贫。

五是积极推进ETC业务。深入贯彻落实国家战略要求，自2019年4月起，ETC新增66.11万台。

【投行业务】 2019年，建行青岛市分行积极应对资管新规落地新挑战，大力发展投行资管业务，理财融资量、债券承销量继续保持同业领先优势。一是加强债权承销业务。2019年完成债券承销业务量75.48亿元，参与银行间承销的非金债券发行总量为40.00亿元，承销份额为24.01亿元。二是探索债券投资模式。2019年完成债券投资业务14.50亿元，积极探索无授信覆盖债券投资模式，成功办理1.20亿元无授信覆盖私募债自主投资业务。三是优化财务顾问业务。提升融智能力，重点拓展核心财务顾问业务，实现收入总量与业务质量双提升。四是加大产品创新力度。先后完成承销及投资认购青岛市人才综合体建设专项债券、承销及投资认购青岛市产业园区建设专项债券以及不良资产重组财务顾问等产品创新，拓宽业务思路。

【个人业务】 2019年，建行青岛市分行落实零售优先战略，以客户为中心，加快数字化经营，搭平台、建生态，推动各项业务高质量发展。

一是强化资金源头拓展。紧盯资金流，围绕代发、消费、县域、核心客群四大资金源头，全力以赴抓源头、强承接、固留存，做大定期存款份额，提升活期存款日均贡献，个人存款新增创历史同期新高。

二是增强资产配置能力。加强分析研究，把握市场的结构性机会，持续开展“两高一常”等活动，合理配置客户金融资产，持续提升价值贡献。

三是打造卓越客户关系。重点围绕“获客、活客、留客”三个维度，推进个人客户“五化”经营，做大客户规模、深挖存量贡献、强化客户关系，实现客户规模和金融资产同步增长。

四是加快场景获客引流。系统性思维布局金融生态系统，积极融合账户出海和新支付工具，获得地铁第三方独家合作机遇，全力拓展高频生态入口，增强客户黏性，提升客户服务能力。

【国际业务】 2019年，建行青岛市分行积极对接青岛上合示范区、自贸区建设，积极探索服务模式创新、产品创新、制度创新，持续提升参与国际竞争的能力。一是支持上合示范区建设。制订上合示范区综合服务方案，第一时间办理首笔外债注销登记业务。2019年累计为区内企业办理资本项目直接投资登记业务3.00亿美元。二是支持青岛自贸区建设。全面启动自贸区金融服务，为自贸区企业办理跨境收支业务9.00亿美元，贷款投放6.00亿元。三是拓宽融资渠道。通过境内外业务联动，累计办理跨境融资业务67.00亿元。四是创新引领突破。实现大宗商品“货押融资”线上模式新突破，系统内首家推出“区块链+物联网”物流金融产品，并入选“2019中国物流与供应链金融优秀案例”，累计发放融资38笔、金额6,500.00万元。

【普惠金融】 2019年，建行青岛市分行贯彻落实普惠金融战略的各项政策措施，进一步推进服务重心下沉。2019年普惠金融贷款余额为78.17亿元，较年初新增32.01亿元，增速达69.35%。

一是搭建生态平台。搭建山东地区首个线上银税互动平台，累计发放贷款34.26亿元，市场占比为70.00%以上，受到市政府及银行监管部门的肯定；与青岛市公积金中心合建“薪金云贷”数据直连平台；完成首批“交易快贷”平台建设落地。

二是促进客户拓展。筛选纳税企业、科技云贷、建行“惠懂你”等目标客户5.65万户；推进网络供应链业务，上线核心企业平台新增29个，累计拓展普惠金融客户315户，普惠金融余额为4.81亿元；推进“营业网点+工商驻点”双线代理工商注册及银行开户，新开账户1.67万户，同比增长12.53%。

三是助力乡村振兴。运用“建行裕农通+日日顺乐农”乡村普惠服务平台，以及“裕农通+益农信息服务社”“裕农通+退役军人”等合作模式，在青岛市乡村建设裕农通服务点6,153个，实现青岛市5,652个行政村全覆盖。

四是提升社会形象。积极开展“金智惠民”工程，组织67期惠民培训班，培训7,000余人，在青岛起到良好的示范作用。“劳动者港湾”实现123个网点全覆盖，累计服务30万人次，累计下载APP 6.20万次，擦亮了公益服务品牌。

【住房金融】 2019年，建行青岛市分行以共享经济为基础构建住房租赁商业模式，全面服务百姓安居乐业。住房租赁综合服务平台全年累计注册用户14.64万户，累计发布社会化房源6.81万户。

一是密切银政合作。与青岛市政府签署合作协议，明确建行住房租赁服务平台为青岛市政府唯一指定平台，成为政府“第二批中央财政支持住房租赁市场发展试点城市”申报合作银行，完成青岛市6万余套公租房信息和7万余条社会化房源的系统管理全覆盖。

二是密切银企合作。加大与世联红璞、龙湖地产等23家租赁企业的合作力度，“CCB 建融家园”上线房源近2,000套；高投创业大厦、嘻嗨公寓等13个社区签约 “智慧社区”平台；优选青岛租赁企业开办存房业务，成功撮合办理907笔。

三是加强平台创新。创新“CCB网上不动产超市”，为市民在选房、贷款、资金监管等方面提供“一站式”服务；创新“智慧停车管理模式”，目前该系统提供50个停车场、1.80万余个停车位。

【信用卡业务】 2019年，建行青岛市分行坚持走结构化发展之路，优化客户结构，深化客户经营，客户规模、贷款余额、资产质量、中收价值创造等核心指标排名四行前列。一是加强客户拓展。深化联动、数据、管理等五个赋能，助推“新客”拓展；加强促活、消费、升级一体化经营，协助“老客”晋升。二是加快分期推进。加快推动分期业务数据扩容、品牌打造、资源转化、自助渠道同步，借助分期通，装修、购车分期，账单、现金分期等产品，不断提升中收贡献度。

【电子银行业务】 2019年，建行青岛市分行深入贯彻“移动优先”发展战略，紧扣“金融+互联网”和“智慧青岛”发展方向，持续打造移动金融生态系统。一是构建移动金融生态场景。依托无感支付、聚合支付等创新支付产品，复制推广烟草、上合场馆、眼科医院、无感停车等成功案例，助推智慧青岛建设。二是提升善融商务服务能力。发挥平台优势，推进善付通、企业外联服务输出，组织开展“惠在善融”团购活动21期。三是加强银政合作精准扶贫。联合市北区政府，对接甘肃西和县、贵州西秀区，异地营销扶贫商户3户，组织开展善融扶贫营销活动，打造青岛扶贫品牌亮点。

【风险控制】 2019年，建行青岛市分行坚决守住不发生系统性、区域性风险的底线，打好防范化解金融风险攻坚战，积极主动作为，不断提升全面风险管理能力，全年各项业务安全运营、各类风险总体稳定，无重大风险和责任事故发生。

一是加强防范金融风险能力。认真落实总行及监管部门防风险的各项工作部署，层层压实党委主体责任，不断完善风险预警监测管理体系，有效平衡好不良处置、风险暴露、成本管控、结构优化等关键环节。2019年末不良贷款余额为15.86亿元，较年初减少13.80亿元，不良贷款率为0.92%，下降1.15个百分点，逾期额为16.74亿元，较年初下降0.01亿元，逾期率为0.97%，下降0.20个百分点。

二是加强内控合规管理水平。遵循“管住人、看住钱、扎牢制度防火墙”的导向，以“两个确保、五个减少” 为管理目标，以运行、推进、管控三大机制为实施路径，以基础管理、网格化管理为抓手，以队伍建设、科技支撑、文化创建为基础保障，压实“三个责任”，守牢“三道防线”，推进人人尽责的合规管理体系建设，提升全行合规能力和水平。

（安 瑜）

附表1

机构概况一览表

行长（或其他称谓的第一负责人）		副行长（或其他称谓的同级领导）	
郝子建		郭中华、刘从正、徐 海、管恩新、王德平、周兆华	
地址	山东省青岛市深圳路222号	邮编	266061
网址	http://www.ccb.com/	客服电话	95533

附表2

内设部门及分支机构一览表

年度	内设机构（个）	下设分支机构（个）		员工人数（人）	
		地市级机构数	县区级机构数	员工总数（含非正式员工）	正式员工数
2015	23	1	90	3,432	3,432
2016	23	1	98	3,314	3,314
2017	23	2	102	3,187	3,187
2018	23	2	110	3,059	3,059
2019	24	2	118	3,092	3,092

附表3

主要统计指标1

单位：亿元

项目	2015年	2016年	2017年	2018年	2019年	2019年同比增幅（%）
本外币资产总额	1,181.16	1,235.54	1,375.89	1,523.41	1,712.86	12.44
本外币存款余额	1,086.47	1,117.58	1,199.48	1,384.38	1,441.84	4.15
人民币存款余额	1,033.47	1,042.60	1,113.96	1,326.40	1,382.15	4.20
单位存款	522.70	527.28	583.58	754.94	744.81	-1.34
储蓄存款	490.88	502.66	516.30	571.46	637.34	11.53
本外币贷款余额	1,036.09	1,151.87	1,365.49	1,432.66	1,721.15	20.15
人民币贷款余额	976.43	1,061.79	1,170.96	1,382.09	1,666.02	20.54
短期贷款	196.78	238.67	249.12	263.41	308.18	17.00
中长期贷款	694.59	794.02	916.81	1,103.55	1,310.32	18.74
票据融资	83.42	56.73	3.62	7.61	46.01	504.60
利润总额	5.98	2.51	18.51	23.46	23.15	-1.32
不良贷款余额	18.96	39.91	30.76	29.66	15.86	-46.53
不良贷款占比（%）	1.83	3.47	2.25	2.07	0.92	-55.56

附表4

主要统计指标2

项目	2015年	2016年	2017年	2018年	2019年	2019年同比增幅（%）
单位结算账户（万户）	4.87	5.85	6.62	7.74	8.93	15.37
单位结算金额（亿元）	2,686,500.64	3,972,105.00	—	—	—	—
个人结算账户（万户）	856.50	884.16	—	—	—	—
个人结算金额（亿元）	—	—	—	—	—	—
信用卡发卡量（万张）	71.60	75.13	81.08	91.54	96.66	5.73

续表

项目	2015年	2016年	2017年	2018年	2019年	2019年同比增幅（%）
信用卡消费额（亿元）	151.64	154.01	161.85	200.00	216.90	8.50
企业网银客户（万户）	3.20	3.97	4.85	6.27	7.66	22.17
个人网银客户（万户）	168.17	187.51	211.72	235.48	258.42	9.74
手机银行客户（万户）	139.91	166.52	202.11	220.30	255.16	15.82
现金自助设备（台）	813	879	805	717	609	-15.06
营业网点（个）	122	122	123	125	124	-0.80
自助网点（个）	484	550	521	479	398	-16.91

交通银行股份有限公司山东省分行

【第一负责人简介】　于启春，男，汉族，1973年2月出生，河北吴桥人，中南财经大学金融专业毕业，高级工商管理硕士。2012年进入交通银行工作，任北京市分行党委委员、副行长；2017年3月任交通银行股份有限公司山东省分行（简称交行山东省分行）行长，8月任党委副书记（主持工作），代为履行行长职责，12月任党委书记；自2018年3月任交行山东省分行行长。

【综述】　2019年，交行山东省分行坚持以习近平新时代中国特色社会主义思想为指导，全面贯彻党的十九大会议精神，扎实推进“不忘初心、牢记使命”主题教育，遵循“186”战略施工图，紧扣“三增三降”重点工作，把服务当地实体经济发展和防范化解金融风险良好结合，抢抓发展机遇，深化转型改革，强化能力建设，经营发展活力不断增强。在全行干部员工的共同努力下，2019年系统内绩效考核排名较上年提升5位，连续两年实现较大幅度提升，业务发展总体呈现稳中向好态势。

【公司业务】　2019年，交行山东省分行主动对接服务国家战略，突出客户发展主线，加大全辖“树场景，建系统，搭平台”一体化的产品建设和推广力度，不断提升服务实体经济能力。

一、强化全辖一体化营销力度，提升综合服务客户能力。一是强化高层营销的头雁效应，有效维护重点客户、重点项目；二是发挥省行大客户部的区位优势，牵头做好省级或省管客户的一体化综合服务；三是加强与北管部的联动营销，加强与央企驻鲁企业、烟草、国网、军队等的深入合作。

二、加强系统平台产品建设，满足客户差异化需求。一是以项目制管理为抓手，搭建政府类、医院、学校等客户的金融服务平台，满足其日常业务管理需求；二是大力推广智慧金服平台，满足客户不同场景的收款结算需求；三是建立与企业的系统直连，满足客户不同的结算、资金管理需求。

三、加大线上产品的创新推广力度，提升客户体验。一是不断优化和创新链金融、票据池、在线承兑、标贴等产品，便捷了业务办理手续；二是与第三方机构建立数据交互，提高了开户、进口企业通关、招投标等业务效率。

【投行业务】　2019年，交行山东省分行坚定目标，着眼未来，努力通过债券承销、资产流转等投行类业务助力实体经济发展。一是积极推动债券业务发展，通过直接融资工具为省内企业类客户节约融资成本。2019年，累计为15户优质客户发行债券19只、金额177.00亿元。二是通过资产流转模式多渠道解决客户融资困难。积极协助客户对接各类外部机构，通过融资租赁、保险债权计划、信托、公司债、企业债等方式为24家企业解决融资需求，累计投放资产流转规模超过130.00亿元。三是积极参与山东省地方政府债投标，并连年担任主承销商。2019年，通过参与山东省政府一般债、专项债投标发行工作，累计中标71.28亿元。

【个人业务】　2019年，交行山东省分行突出价值创造和财富管理特色，扎实推进零售转型发展，总行条线排名第十位。

一是推动金融科技赋能客户经营。借助三大平台、九大渠道，实施策略互补、服务接力的一体化营销与服务。依托智能外呼、大数据策略模型等线上手段，开展特色外呼、线上线下一体化企业行等营销活动。存款、AUM、有效活跃客户等关键指标增速创近年来新高。

二是网点转型不断深化。“一个班子、两支队伍”配备到位，网点员工交叉持证加快推进，网点外拓向“制度化、常态化、有组织”转变，“手机+智能机具+手持终端”的协同服务模式初步形成。

三是分层分类经营全面铺开。构建“基础+财管+私银”三层经营体系，以客户生命周期管理为抓手，持续推进客户经营策略精准优化，做大客户规模。全行有效商户数增势明显，交叉销售力度加大，建立板块级交叉销售工作机制。

四是“好客交行”消保服务品牌建设取得成效。1家网点获评中国银行业协会文明规范服务百佳示范单位、6家网点获评五星级网点、1家网点获评四星级网点，获评数量当地同业领先。在山东银保监局开展的消保评级中，获得“一级”评级结果。

【国际业务】 2019年，交行山东省分行立足交行全球化网络，认真对接新旧动能转换项目，大力推进贸易便利化，有效服务实体经济。一是积极对接发展改革委、商务厅、外汇局等政府部门聚焦的境外施工、境外承包工程等重点企业项目，为其匹配离在岸跨境综合服务产品。开拓“一带一路”客户，通过办理涉外担保业务为电建总公司、中铁十四局等企业境外项目发放融资约1.90亿美元。二是成功开立山东省分行首个外债专户，吸收外债资金6,000.00万美元。三是加快推广油企链综合服务方案。联合总行在潍坊举办“山东省石油贸易与跨境金融论坛”，为全省地炼企业开立国际证21.53亿美元，融资6.44亿美元；开立国内证38.59亿元，融资5.43亿元。四是在全辖范围内创新和优化对公网银结汇和跨境汇款电子单证等线上产品，提升客户体验，网银新签客户191户，汇款1,047笔。五是与中信保山东分公司签订了《信保通融资信息系统客户服务协议》，并推进该业务落地。六是成功举办中国（山东）自由贸易试验区交流会暨自贸区战略合作签约仪式，与济南高新区管委会、烟台经济开发区管委会和中国重汽、山东银座汽车、烟台恒邦冶炼等签订了金融服务框架协议。

【普惠金融】 2019年，交行山东省分行党委高度重视普惠金融业务，多次召开专题会议研究推进，将普惠金融业务作为落实金融社会责任、全力支持实体经济的一项政治任务来抓。一是紧盯主体指标，聚焦重点业务，设置专项奖励，保障规模供应，加强板块联动和条线融合，积极推进工作落实。二是运用创新产品，力推线上业务。充分利用线上产品流程较短、审批快捷、落地迅速的优势，重点推广线上抵押贷、线上税融通两项创新型产品。三是聚焦链属金融，拓展小微项目。积极推进供应链业务，配置专人管理，建立多部门日常沟通机制，开展核心企业与链属企业的联动营销，形成常态化工作推动机制。截至2019年末，“两增”口径贷款余额为90.04亿元，比年初增加32.64亿元，增幅为56.86%；“两增”口径贷款客户数达到3,710户，比年初增加2,026户，增幅为120.31%；降准口径贷款余额为82亿元，比年初增加28.25亿元，增幅为52.56%，全面完成了总行、地方监管部门下达的普惠金融工作任务。

【住房金融】 2019年，交行山东省分行在个人住房贷款业务上多措并举、重点突破。一是推行差异化服务策略，房贷业务优先支持大众刚需。推行线上抵押信用消费贷款和惠民贷，惠及客户5万户，支持民营和小微企业稳步健康发展。二是完善组织架构，加强队伍建设，加强客户经理实战培训，提高从业人员素质。2019年投放突破百亿元关口，增量在系统内排名第九，市场占比比年初提升19个基点，实现了总行排名和市场占比双提升。

【信用卡业务】 2019年，交行山东省分行以“搭环境，促消费，惠民生”开展系列信用卡“最红星期五”品牌活动。一是丰富“最红星期五”品牌内涵。扩大“最红星期五”活动覆盖范围，打造场景化、精准化、属地化的活动模式，提升与客户日常生活的融合度，增强客户获得感。二是加大信用卡风险管控力度，保持业务高质量发展。获客前端严格遵守销售指引，切实执行“亲核亲访亲签”的监管要求；做好信用卡业务的服务提升、消费维权、司法催收工作，持续关注存量客户风险状况，严格把控新发生业务风险，严惩各类违规行为。

【电子银行业务】 2019年，交行山东省分行围绕客户和市场需求，充分发挥科技创新主动性，提升支撑和驱动业务发展能力。

一是确保信息系统安全稳定运行，全年系统、网络可用率和重要业务系统运行率均达100.00%，为业务系统的稳定运行保驾护航。

二是大力推进银政、银企平台对接、线上金融服务相关系统开发工作。2019年，开发省税银社保征缴系统、财政集中支付电子化等43个项目，密切了与政府平台的业务合作，为全辖业务发展提供了良好的技术支持。

三是科技赋能，落实基层减负要求。围绕绩效激励改革、重点业务指标通报等重点工作，通过“搭平台、建系统”优化工作流程，减轻基层工作负担，提升工作效率。

四是推动产品创新，助力创新项目成果落地。建设推广慧金融、慧智付等9项总行创新产品，助力客户拓展和效益提升；持续优化重汽财资管理系统，深化银企合作。

【风险控制】 2019年，交行山东省分行持续推进风险授信管理改革，强化风险管理能力建设，稳定资产质量，坚守风险底线，打好防范化解金融风险攻坚战。

一是继续坚持总体审慎的风险偏好，回归服务实体经济的本源，构筑各类风险的严密防线。围绕国家“六稳”要求，找准高质量发展方向，加大对基建领域“补短板”重点项目的支持力度，积极推动制造业高质量发展，支持国企国资改革，合规审慎开展政府类业务。

二是盯防好重点领域，守住不发生系统性金融风险的底线。针对重点和关键领域落实系统性风险防控，准确定位发生风险信号的客户和项目；进一步把握地方政府隐性债务的实质性风险，妥善处置，落实债权，加固担保；持续跟踪中美经贸谈判和事态演变，加强风险排查，及时应对；持续关注信用债市场变化，平衡好风险与收益，加大对风险债券的动态监测、评估；继续严防互联网金融风险和非法集资风险，关注由此引发的信用卡等个人业务共债客户的风险。

三是坚决稳定资产质量，积极拓宽风险化解处置渠道，加快处置、压降风险存量。不断提高临期管理水平，落实“三早”工作要求，严控新增逾期欠息，依托风险监测系统精准定位潜在风险客户，持续实施名单制管理，防止“前清后冒、边清边冒”现象发生。加大全量风险资产的处置化解力度，在依法合规的前提下多渠道加快不良资产的处置。

【授信业务】 2019年，交行山东省分行以总行信贷政策为准则，准确识别并控制授信业务风险，加强授信管理，授信业务持续、健康发展。

一是积极支持山东区域经济发展。明确重点业务领域，建立储备项目名单，提升服务实体经济能力，并积极培育契合山东区域经济发展的新客户。

二是持续推动“一行一策”项目落地，支持前台营销发展。通过“一行一策”指导省辖分行因地制宜，确定多元化、特色化的发展目标和经营策略，做好差异化管理，指导全辖前台在选项择户中有的放矢，精准对接行业发展动向，支持实体经济发展，累计对接项目235项、金额1,086.89亿元。

三是全面落实总行授信和风险管理深化改革工作要求，打好风险防控攻坚战。根据总行授信架构深化改革24项内容与要求，实施《山东省分行授信管理深化改革推进方案》，完成“一部三中心”的授信架构建设，各项授信改革项目稳妥有序推进；实行后评估机制，加强行权管理；放款中心集中上收省行统一管理，提高了审批效率，缩减审批用时30.00%，防范了操作风险。

（闫家强）

附表1

机构概况一览表

行长（或其他称谓的第一负责人）		副行长（或其他称谓的同级领导）	
于启春		董　莹、姚　桢、赵秀军、孙　亮、刘鹏涛、刘安奎	
地址	山东省济南市共青团路98号	邮编	250012
网址	http://www.bankcomm.com/	客服电话	95559

附表2

内设部门及分支机构一览表

年度	内设机构（个）	下设分支机构（个）		员工人数（人）	
		地市级机构数	县区级机构数	员工总数（含非正式员工）	正式员工数
2015	25	16	116	3,613	3,613
2016	30	16	143	3,706	3,706
2017	31	16	143	3,668	3,666
2018	31	16	141	3,601	3,601
2019	30	16	130	3,613	3,604

附表3

主要统计指标1

单位:亿元

项目	2015年	2016年	2017年	2018年	2019年	2019年同比增幅(%)
本外币资产总额	1,791.89	2,027.62	1,927.83	2,003.18	1,955.50	-2.38
本外币存款余额	1,664.30	1,914.21	1,815.73	1,883.17	1,922.94	2.11
人民币存款余额	1,649.99	1,901.25	1,801.36	1,870.69	1,905.51	1.86
单位存款	1,171.19	1,370.76	1,277.79	1,296.55	1,274.65	-1.69
储蓄存款	431.52	495.28	523.57	574.15	630.86	9.88
本外币贷款余额	1,001.75	1,095.38	1,145.81	1,227.25	1,350.78	10.07
人民币贷款余额	949.36	1,071.75	1,120.02	1,209.81	1,331.68	10.07
短期贷款	663.58	614.35	582.21	567.25	521.16	-8.13
中长期贷款	261.80	412.20	506.69	575.97	719.75	24.96
票据融资	11.86	30.62	29.26	64.11	87.22	36.05
利润总额	11.09	7.70	-9.55	-24.95	-44.00	-76.35
不良贷款余额	14.79	22.16	39.80	36.83	54.52	48.03
不良贷款占比(%)	1.48	2.02	3.47	3.00	4.04	34.67

附表4

主要统计指标2

项目	2015年	2016年	2017年	2018年	2019年	2019年同比增幅(%)
单位结算账户(万户)	4.51	4.54	4.55	4.95	5.69	14.95
单位结算金额(亿元)	2,128.50	2,366.32	2,248.38	2,305.14	2,353.74	2.11
个人结算账户(万户)	810.99	1,077.02	1,304.87	1,442.35	1,514.05	4.97
个人结算金额(亿元)	537.56	643.26	713.15	761.47	861.99	13.20
信用卡发卡量(万张)	301.07	385.85	433.28	481.00	478.00	-0.62
信用卡消费额(亿元)	1,192.90	1,397.30	1,631.32	2,075.00	1,898.00	-8.53
企业网银客户(万户)	2.20	2.28	2.52	2.56	3.36	31.25
个人网银客户(万户)	253.01	277.41	298.19	332.70	366.82	10.26
手机银行客户(万户)	82.12	105.81	148.92	187.11	219.61	17.37
现金自助设备(台)	1,314	1,055	794	669	544	-18.69
营业网点(个)	132	159	159	157	146	-7.00
自助网点(个)	272	229	195	131	86	-34.35

交通银行股份有限公司青岛分行

【第一负责人简介】 杨勇，男，汉族，1970年4月出生，山东诸城人，武汉大学国际金融专业本科毕业，中国海洋大学MBA学位；1992年7月在交通银行青岛分行（简称交行青岛分行）参加工作，历任国外业务部副科长、科长、经理助理，国际业务部副经理（主持工作）；2005年8月起任交行青岛分行党委委员、副行长，2015年3月起主持交行青岛分行全面工作，2015年10月起任交行青岛分行党委书记、行长。

【综述】 交行青岛分行成立于1988年2月，是交通银行总行直接管辖的直属行之一，设有20家中心直属支行、25家二级支行、4家社区支行，覆盖青岛全部区市。交行青岛分行认真贯彻落实国家决策部署，坚持服务实体经济宗旨，以优质高效的金融服务推动实体经济良性循环，助推地区经济高质量发展。截至2019年末，人民币存款余额为1,082.20亿元，各项人民币贷款余额为699.47亿元。不良资产率为1.20%，资产质量继续优于本地同业平均水平。连续获得经营管理优胜单位，在交通银行37家省直分行中排名第八，并且是唯一一家获此荣誉的直属分行。2019年，交行青岛分行营业部获评交通银行精神文明单位；大客户一部党支部获评“先进基层党组织”，嘉定路支行获评“交通银行五一巾帼标兵岗”，高新区支行荣获“山东省财贸金融系统五一劳动奖状”，四方支行荣获“青岛金融五一劳动奖状”。多名员工分别荣获“全国金融五一劳动奖章”“交通银行五一巾帼标兵”“交通银行‘优秀共产党员’”“山东省财贸金融系统五一劳动奖章”“青岛市工人先锋”“青岛市‘五好’女职工”等荣誉称号。

【公司业务】 交行青岛分行主动对接地方政府发展战略，积极融入地方经济发展。一是全力承接青岛市“十五个攻势”。围绕“双招双引”“海洋攻势”“国际航运贸易金融创新中心建设攻势”等领域，为重点项目建设提供融资支持。推动交通银行总行与青岛市政府互换《青岛市国际航运贸易金融创新中心建设战略合作协议》，2019年11月成立“航运金融中心”，全力支持港口、机场建设和发展，累计为青岛港集团提供资金支持近100.00亿元，为新机场提供了近30.00亿元的资金支持；整合海内外交行机构，加强渠道联动，协助引进了中集创赢复合材料、益海嘉里、金美投资、华越投资等上亿美元资本落户青岛；助力自贸区青岛片区及上合示范区建设。办理了片区资本金划转第一单，发放了首笔片区企业流动资金贷款。二是主动对接“一带一路”倡议。积极与交银集团海外分支机构开展业务联动，支持客户参与国家“一带一路”工程建设及企业“走出去”战略实施。充分发挥金融全牌照优势，利用丰富的平台资源和产品体系，对接重点客户如海尔、赛轮以及海运等公司的跨境金融服务需求，协助企业的海外并购以及境外的日常经营周转。截至目前，通过银团、信用证、出口融资等方式，积极服务“走出去”企业，累计投放资金约60.00亿元。三是全力支持当地重点企业发展。以多元化方式，支持海尔、海信、地铁、青岛港、水务、能源集团等本地重点企业，主动参与城投、国信、华通等市、区两级国有投资平台公司、重大基础设施、PPP等项目，形成了支持青岛经济建设的“叠加效应”。

【普惠金融】 交行青岛分行聚焦平台类、项目类、产业链等客户群，创新推广特色产品和服务模式，推动普惠资产业务高质量发展。截至2019年末，全面完成“两增两控”指标，其中，普惠小微贷款较年初净增8.26亿元，普惠小微贷款客户数较年初净增562户，新发放小微贷款加权平均利率较年初下降0.78个百分点。一方面，聚焦产业链金融。围绕核心企业上下游产业链，积极满足以民营企业为主的中小供应商、经销商、零售商的应收账款融资、商票贴现等业务需求，持续推广“快易贴”“快易收”“快易付”等产品，为企业提供融资服务。另一方面，加强服务创新力度。围绕基础融资、特色融资、贸易融资等领域，优选快捷抵押贷、线上税融通、优贷通等符合青岛区域特色的产品，简化业务流程，提升普惠金融服务的精准度。优化审批流程，与高创融资担保公司合作，创新推出“见保即贷”业务模式，累计为20余家科创小微企业提供近1亿元贷款支持。2019年，在中国人民银行济南分行开展的小微企业信贷政策导向效果评估中连续两年获评“优秀”；连续四年被青岛银保监局评选为辖区“小微企业金融服务先进单位”。

【零售业务】 交行青岛分行不断提升金融服务质效，推动零售业务实现长足发展。一是协助搭建民生平台。让“数据多跑路，百姓少跑腿”，“一站式”解决了市民的公共服务需求。联手青岛市相关部门搭建了非税收缴、公积金、住房维修基金、琴岛通、税银社保征缴等十几个民生平台，配合青岛市住房公积金完成住房和城乡建设部“双贯标”系统上线，配合人社部门推进山东省农民工工资支付监管平台上线工作，根治工程建设领域欠薪问题。研发

"社银直通车智慧服务平台"项目，在"2019中国新型智慧城市发展论坛"典型案例评选中获服务类典型案例奖项，是岛城金融同业中唯一入选项目。研发"社保一体化发卡"，在交通银行系统内首次实现了社保联名卡金融账户和社保账户的联动发卡，大幅压缩社保卡业务办理时间。作为青岛市社保主要合作银行，主动对接服务相关政府民生部门，完成了八大系统的开发上线工作。二是做好客户群维护。聚焦六大重点客群，推进客户生命周期管理和场景营销。丰富客户活动，搭建全新增值服务体系，涵盖财富、健康、文化等多方面需求。2019年，各类客户指标均名列系统前茅。三是推动网点服务模式转型。2019年，启动厅堂服务模式转型，从人员、机具、系统、服务、厅堂及体制机制等方面，促进网点经营效能增长和综合服务提升。积极推进线上线下一体化经营策略，加强新工具新平台使用，让客户足不出户即可享受全方位金融服务。

【风险管理】 2019年，交行青岛分行坚持稳健经营，严守风险与合规底线。一是建系统。持续推进风险监测体系建设，将预警信号核查纳入业务全流程管理，对接"青岛不动产登记服务平台"，成为系统内首批成功将本地特色数据接入风险监测系统的分行之一。全力防范和化解金融风险，对潜在风险资产早识别、早预警。截至2019年末，共处理风险预警信号1,080个。二是抓清收。持续做好问题类贷款处置，综合运用诉讼、重组、批转、核销等措施，加大风险资产处置力度，实现不良资产高效处置。2019年，获得交通银行总行"重大风险处置项目攻坚奖"等4个类别的奖项。三是抓案防。开展纪委书记"面对面"活动，全年与236名AB职等员工面对面谈话交流，完成基层谈话全覆盖，构筑一线全员案防监督网络。深化案防"5+N"专项治理工作，持续推进案件警示教育活动，抓好案防长效机制建设，从源头上防范和杜绝案件隐患。

【文化建设】 幸福家园建设成果丰硕。投入资金275.00万元，为员工解决10件"小事、实事、具体事"。开展"我和我的祖国"红歌传唱活动，增强员工民族自豪感和历史责任感。作为系统内两家分行之一，全程参与总行"光荣绽放，成就梦想"劳模巡回宣讲活动。积极组织兴趣协会活动，跑友会参加多项马拉松赛事，在当地跑出了一抹交行蓝。聚焦员工风采展示，组织开展"最美家庭"评选活动，组织"最美女员工"评选活动，成功举办分行第十五届职工运动会。以"春送绿色、夏送清凉、秋送养生、冬送温暖"为主线，继续推出"四季关爱"主题活动。组织六一节亲子活动、关爱老兵活动等，将幸福交行氛围延伸至员工家庭。

积极履行社会责任。连续18年协办市政府主办的"青岛市新年音乐会"，连续17年冠名市体育局主办的"青岛市万人健康跑"活动，连续12年冠名市纠风办主办的电台直播节目"行风在线"栏目。

（李庆童）

附表1

机构概况一览表

行长（或其他称谓的第一负责人）		副行长（或其他称谓的同级领导）	
杨 勇		闫春阳、刘 正、徐芝清、程熙忠、华勐慧	
地址	山东省青岛市市南区中山路6号	邮编	266001
网址	http://www.bankcomm.com/	客服电话	95559

附表2

内设部门及分支机构一览表

年度	内设机构（个）	下设分支机构（个）		员工人数（人）	
		地市级机构数	县区级机构数	员工总数（含非正式员工）	正式员工数
2015	23	1	49	1,376	1,326
2016	24	1	47	1,361	1,329
2017	24	1	44	1,318	1,301
2018	24	1	44	1,314	1,303
2019	25	1	49	1,314	1,307

附表3

主要统计指标1

单位:亿元

项目	2015年	2016年	2017年	2018年	2019年	2019年同比增幅(%)
本外币资产总额	895.01	1,007.67	1,019.65	1,085.78	1,229.59	13.24
本外币存款余额	830.34	906.68	916.01	1,023.72	1,105.11	7.95
人民币存款余额	782.06	853.55	890.55	1,004.98	1,082.19	7.68
单位存款	501.92	565.11	581.84	671.34	705.29	5.06
储蓄存款	280.13	288.44	308.71	333.64	376.89	12.96
本外币贷款余额	547.63	540.97	587.91	664.92	706.58	6.27
人民币贷款余额	534.57	534.83	583.15	660.60	699.46	5.88
短期贷款	215.46	143.60	146.78	165.28	190.28	15.13
中长期贷款	266.87	355.37	400.18	434.79	480.74	10.57
票据融资	44.98	33.66	34.25	58.80	27.94	-52.48
利润总额	7.21	9.97	15.58	12.20	23.14	89.67
不良贷款余额	14.34	6.64	10.48	5.98	8.49	41.97
不良贷款占比(%)	2.62	1.23	1.78	0.90	1.20	33.33

附表4

主要统计指标2

项目	2015年	2016年	2017年	2018年	2019年	2019年同比增幅(%)
单位结算账户(万户)	2.59	2.75	2.70	3.14	4.00	27.39
单位结算金额(亿元)	58,057.02	103,091.93	73,320.16	20,909.25	18,354.75	-12.22
个人结算账户(万户)	688.93	575.81	591.95	329.89	291.04	-11.78
个人结算金额(亿元)	7,766.86	8,452.00	14,425.30	6,977.09	6,314.15	9.50
信用卡发卡量(万张)	8.00	9.99	11.76	14.06	15.79	12.30
信用卡消费额(亿元)	259.00	293.78	322.01	382.00	350.48	-8.25
企业网银客户(万户)	1.16	1.30	1.48	1.70	2.25	52.00
个人网银客户(万户)	125.26	139.34	158.39	137.22	155.00	12.96
手机银行客户(万户)	85.35	95.92	120.21	138.47	163.00	17.72
现金自助设备(台)	541	498	428	341	249	-26.68
营业网点(个)	49	46	44	44	49	11.37
自助网点(个)	94	101	38	23	15	-34.78

中国邮政储蓄银行股份有限公司山东省分行

【第一负责人简介】 焦玉泉，男，辽宁盖县人，1962年10月出生，中共党员，高级会计师，硕士研究生学历；1984年7月参加工作，历任辽宁省邮政局副局长、党组成员，辽宁省邮政公司副总经理、党组成员，中国邮政储蓄银行辽宁省分行党委书记、行长；2014年12月任中国邮政储蓄银行高级资深经理；2017年1月至今任中国邮政储蓄银行山东省分行（简称邮储银行山东省分行）党委书记、行长。

【综述】 2019年，在集团、总行的正确领导和各级监管部门的指导下，邮储银行山东省分行坚持以习近平新时代中国特色社会主义思想为指导，认真落实集团、总行工作部署和监管部门要求，坚持"3221"经营思路，推动邮政集团与省政府签署战略合作协议，发展势头持续向好，员工士气空前高涨，取得了总部认可、社会认同、员工满意的良好业绩。

截至2019年末，邮储银行山东省分行各项存款余额为6,259亿元，增长538亿元，分居省内国有大行第四位、第二位；各项贷款余额为2,764亿元，增长522亿元，分居省内国有大行第五位、第二位。不良贷款率连续四年保持省内大中型银行最优。

【公司业务】 2019年，邮储银行山东省分行扎实推进"固本提标"活动，努力推动业务发展。公司存款实现日均余额640.13亿元，居邮储系统第七位，机构账户达5,890户，居邮储系统第四位，成功取得省级国库集中支付资格，新增财政资格13个。战略客户省、市、县及重点城区营销体系初步形成，各级行领导"金牌客户经理"作用有效发挥，与山东国惠、水发集团、省退役军人事务厅等多个单位签订战略合作协议，公司贷款净增83.6亿元，居邮储系统第五位。票据业务完成贴现263.5亿元、承兑61.9亿元，各项指标均居邮储系统前列。

【金融同业业务】 2019年，邮储银行山东省分行大力发展标准化业务，成功加入山东省联社系统重要性银行名单，成功办理首笔保险债权投资计划、ABS和保险资金托管业务。办理同业融资47笔、金额264.00亿元，居邮储系统第二位，票据买断新增74.50亿元，居邮储系统第一位。

【投行业务】 2019年，邮储银行山东省分行坚持"拓宽渠道、拓展客户、推广产品"的发展思路，深入客户需求，定制承销方案，提升综合服务能力，完成债券承销57.83亿元，居邮储系统第六位，储备项目27个，较上年增长15个。实现投行业务收入2,903.40万元，完成全年计划的126.23%。

【个人业务】 2019年，邮储银行山东省分行贯彻落实个金转型发展工作，以重点项目拉动、支付场景带动、综合营销联动为重要手段，狠抓百日攻坚行动、"十大抓手"转型竞赛等措施落地，存款规模稳步提升。全辖储蓄存款余额为5,674.15亿元，本年累计净增565.36亿元，居邮储系统第三位。以代发工资等批量代发项目拓展为基础，压实社保卡、退役军人服务卡、腾讯联名卡三个重点卡项目的落地，本年发放借记卡725.48万张，居邮储系统第一位。

【中间业务】 2019年，邮储银行山东省分行坚持"一补一提一加强"，加强理财队伍建设，提高资产配置能力，助推复杂型中间业务持续增长。国债销量为77.08亿元，居邮储系统第一位。抢抓保险开门红发展时机，在稳规模基础上加快向保障型保险产品转型，累计销售代理保险218.86亿元，居邮储系统第三位。不断推进理财业务向净值化转型发展，大力发展基金业务，逐步将基金业务打造成新的中间业务增长点。理财保有量同比增长53.83亿元，居邮储系统第五位。基金有效销量达24.83亿元，居邮储系统第一位。在重点产品主推期充分预热，员工培训到位，宣传营销到位，实物贵金属业务累计销售金额达7,147.34万元，居邮储系统第三位，实现手续费收入1,244.22万元，居邮储系统第一位。

【国际业务】 2019年，邮储银行山东省分行秉持"稳健增长、协同发展、优化整合、提升管理"的经营理念，围绕贸易融资、供应链融资、国际结算和福费廷四大业务主线，加强规划与协调，压实责任强化基础，对标分析持续改进，推动贸易金融业务实现高质量发展。人民币融资累计发放262.78亿元，同比净增50.00亿元，居邮储系统第一位；福费廷累计发放209.41亿元，同比净增3.67亿元，居邮储系统第五位；结售汇累计5.51亿美元，居邮储系统第二位；国际结算量达8.49亿美元，居邮储系统第五位；汽车金融全口径业务收入超过2,500.00万元，实现供应链、汽车经销商融资业务突破。

【普惠金融】 2019年，邮储银行山东省分行将"金融精准扶贫""普惠小微""普惠涉农"作为重点政治指标推进。

其中金融精准扶贫贷款实现净增11.30亿元，完成总行下达目标的706.00%，居邮储系统第五位；普惠小微实现净增1.10万户、62.00亿元，完成监管考核计划的183.50%；涉农贷款年增128.00亿元，连续4年增长超过100.00亿元，普惠涉农年增48.00亿元，完成监管计划的252.00%。深化平台合作，实现“零售业务批量做”，小额重点推进信用村建设和专业市场开发，信用村贷款余额为16.00亿元，商贷通净增19.60亿元；小企业重点推进银担、银政等合作，14家市行与科技局签署风险补偿协议，合作贷款余额为3.20亿元，与省银税互动平台实现系统对接，银税互动贷款规模为4.80亿元。加快线上产品推广，极速贷净增42.00亿元，邮家贷净增4,075.00万元，均居邮储系统第一位；小微易贷净增1.30亿元，居邮储系统第五位。

【住房金融】 2019年，邮储银行山东省分行准确把握“房住不炒”的政策导向，确保住房贷款合理投放，重点支持居民刚性和改善性住房需求，提高首套房贷款的服务效率，做好规模管控、提升业务质量，保持住房贷款稳健发展，住房贷款年度新增164.66亿元，余额为1,040.68亿元。

【信用卡业务】 2019年，邮储银行山东省分行精准定位五大优质客群，强化协同发展，推行“营销开发七步法”，实现业务量质齐升。新增发卡61万张，居邮储系统第三位，结存190万张，居邮储系统第二位；新增客户40万户，居邮储系统第二位、省内国有大行第三位。优质客群新增发卡占55.00%，年轻客户占49.00%，提升5.30个百分点，中收占比提升近9个百分点。

【电子银行业务】 2019年，邮储银行山东省分行以收单、手机银行、快捷支付等战略性业务为抓手，推进金融与场景深度融合。商户收单业务新增7万户，居邮储系统第一位；联动存款12.00亿元，居邮储系统第三位。手机银行新增激活客户83.20万户，居邮储系统第五位，月活客户数居邮储系统前列。快捷支付绑卡账户新增100万户，居邮储系统第五位。

【风险控制】 2019年，邮储银行山东省分行认真开展“巩固乱象成果 促进合规建设”活动，问题整改率为100.00%。深入开展“行业规范建设年”“合规文化走基层”和案件警示教育活动，市县行长带头讲合规、讲案例，共宣讲7,696次，参与人员达5.70万人次。反洗钱实现可疑交易分析全省集中处理，分析质量居邮储系统第三位；圆满承办全省反洗钱实务培训班。健全消保考评体系，建立投诉督查督办机制，实施“双线考核”，消保工作水平有效提升。加强信用风险管控，落实经营主责任人制，建立大额授信客户“三单”机制，实行名单制分类分策管理。推进授信审批动态分档管理、差异化授权和“一站式”审查审批，审批效率进一步提升。

（刘贝贝、王 植）

附表1

机构概况一览表

行长（或其他称谓的第一负责人）		副行长（或其他称谓的同级领导）	
焦玉泉		常 江、赵 峰、韩 勇、李 强、许凤亮	
地址	山东省济南市高新区经十路7000号 汉峪金融商务中心四区6号楼	邮编	250102
网址	http://www.psbc.com/	客服电话	95580

附表2

内设部门及分支机构一览表

年度	内设机构（个）	下设分支机构（个）		员工人数（人）	
		地市级机构数	县区级机构数	员工总数（含非正式员工）	正式员工数
2015	20	16	109	12,443	11,445
2016	20	16	109	12,247	11,384
2017	23	16	107	12,001	11,260
2018	23	16	107	11,687	10,997
2019	24	16	107	11,443	10,751

附表3

主要统计指标1

单位:亿元

项目	2015年	2016年	2017年	2018年	2019年	2019年同比增幅(%)
本外币资产总额	3,954.68	4,852.88	5,484.49	6,046.06	6,671.27	10.34
本外币存款余额	3,840.02	4,712.26	5,265.16	5,721.09	6,259.52	9.41
人民币存款余额	3,839.76	4,711.51	5,261.48	5,720.14	6,258.53	9.41
单位存款	426.88	522.05	582.68	610.56	582.94	-4.52
储蓄存款	3,412.88	4,159.37	4,678.80	5,109.58	5,675.59	11.08
本外币贷款余额	1,070.04	1,302.01	1,695.61	2,035.17	2,431.01	19.45
人民币贷款余额	1,070.04	1,302.01	1,682.22	2,030.02	2,431.01	19.75
短期贷款	416.26	360.30	564.83	683.81	802.84	17.41
中长期贷款	653.78	841.97	1,117.39	1,346.21	1,628.17	20.94
票据融资	81.05	175.05	121.71	206.61	333.25	61.30
利润总额	15.89	19.25	23.62	29.65	40.10	35.25
不良贷款余额	8.20	7.27	6.33	8.44	9.15	8.44
不良贷款占比(%)	0.71	0.49	0.00	0.38	0.33	-13.16

附表4

主要统计指标2

项目	2015年	2016年	2017年	2018年	2019年	2019年同比增幅(%)
单位结算账户(万户)	5.05	5.33	5.23	5.65	5.98	5.84
单位结算金额(亿元)	11,060.01	16,116.17	17,090.61	20,568.33	20,093.18	-2.31
个人结算账户(万户)	8,525.35	8,782.46	10,237.02	10,702.28	11,771.12	9.99
个人结算金额(亿元)	18,242.55	23,366.65	27,837.45	31,059.49	31,903.63	2.72
信用卡发卡量(万张)	14.20	15.02	40.50	55.20	60.90	10.33
信用卡消费额(亿元)	202.17	242.70	290.78	414.69	533.44	28.64
企业网银客户(万户)	1.42	1.51	1.53	1.74	2.04	17.24
个人网银客户(万户)	914.05	1,157.28	1,436.85	1,642.83	1,818.75	10.71
手机银行客户(万户)	713.66	1,012.40	1,387.17	1,667.07	1,937.45	16.22
现金自助设备(台)	4,617	5,453	6,452	6,597	6,648	0.77
营业网点(个)	2,714	2,689	2,681	2,678	2,671	-0.26
自助网点(个)	1,396	1,374	1,372	1,372	1,389	1.24

中国邮政储蓄银行股份有限公司青岛分行

【第一负责人简介】 李楠，男，1963年10月出生，中共党员，广西岑溪人，大学本科毕业，高级会计师；2017年9月至今，任中国邮政储蓄银行股份有限公司青岛分行（简称邮储银行青岛分行）党委书记、行长。

【综述】 2019年以来，邮储银行青岛分行以习近平新时代中国特色社会主义思想为指导，在地方政府和监管部门的支持下，在集团公司党组、总行党委的正确领导下，坚持新发展理念，按照2019年初制定的“调结构、提规模、控风险，打造城乡‘双轮驱动’格局，实现青岛分行高质量发展”的思路，坚定不移地推进转型升级，持续深化改革，努力服务实体经济，稳步防控金融风险，经营业绩持续向好。2019年，邮储银行青岛分行资产规模达到571.00亿元，增长10.15%；负债规模达到530.00亿元，增长8.99%。其中，信贷规模达到418.00亿元，增长5.89%。

【业务发展情况】 一是负债业务。加强组织、通报和督导，先后组织开门红誓师大会、季度发展总结会、跨年度营销启动会等，解决思想问题和方法问题，强化日常督导，推广业务发展经验。截至2019年末，全辖储蓄存款时点余额净增49.26亿元，增幅为11.05%；2019年，全辖储蓄存款日均余额净增38.01亿元，增幅为8.73%。

二是资产业务。围绕青岛“十五个攻势”，加大实体经济支持力度，持续推进“大走访、大营销”，扩大客户规模。截至2019年末，小企业法人贷款净增7.17亿元。小额贷款净增4.20亿元；住房贷款净增6.74亿元；金融市场向总行推荐投资同业存单25.00亿元、金融债3.20亿元、住房贷款资产支持证券5.40亿元。

三是中收业务。截至2019年末，信用卡发卡量同比增长20.68%；网络金融净增快捷支付绑卡6.40万户；条码支付业务净增商户1,830户。投行业务实现零的突破，总、分、支行三级联动，承销青岛城投和青岛银行债券18.68亿元。ETC新增发卡3.90万张。

四是公司业务。2019年，邮储银行青岛分行相继走访自然资源规划局、医保局、民政局、交通局、财政局、国税局、公积金中心、退役军人事务局等机构类客户；青岛城投集团、中交一航局二公司、青岛港、西海岸海洋控股、国信集团、新希望六和等企业类客户，并牵头推动与青岛移动、联通、电信、交行中核汇能山东分公司、古镇口军民融合创新区管委会等签署战略合作协议。

五是小企业金融业务。截至2019年末，普惠型小微企业贷款净增12.30亿元；普惠型小微企业贷款增速为35.72%；普惠型小微企业贷款户数为4,449户，高于上年水平；普惠型小微企业贷款不良率为0.55%。加大授信服务支撑力度，大力推动平行作业，小企业审批数量增幅超过20.00%，提高信审质效。

六是“三农”金融业务。截至2019年末，涉农贷款新增1.14亿元。金融精准扶贫方面，贯彻执行国家精准扶贫战略部署，制定全年金融精准扶贫贷款任务目标，发放国家级建档立卡贫困户扶贫贷款3,915.00万元，净增3,546.00万元；发放产业精准扶贫贷款7.19亿元，帮扶建档立卡贫困人口102万人。

七是绿色金融。积极引导发展绿色金融，制订2019年加强绿色银行建设工作方案，开展“优化营商环境”“便捷获得信贷”专项活动，进一步提升绿色信贷服务质效。

【风险管控】 一是案防工作。完成对市区全部网点两次全覆盖合规检查，对部分自营及代理网点开展整体接管式检查，全年未发生重大资金案件。消保工作监管考评成绩近三年逐年提升，连续四年获总行“案防先进单位”荣誉称号，获总行2017—2018年“金盾奖”先进单位荣誉称号。

二是资产保全处置。全年不良贷款清收4,449.00万元，核销呆账3,723.52万元，超额完成年核销计划，收取抵债资产4,300.00万元。截至2019年末，不良贷款率为0.52%，较年初压降0.16个百分点。

三是安全保卫工作。持续推进网点安全管理标准化达标活动，巩固达标成果。有序试点办公场所安全管理、消防管理“双达标”工作，成功通过总行验收。圆满完成70周年国庆全行安全生产保障任务，全年未发生安全生产责任事故。

【党建工作】 一是加强理论武装，强化思想建设。定期召开党委理论学习中心组学习会议和民主生活会，党员干部的理论水平和思想认识得到提升。二是持续推进巡视整改常态化制度化，深入推进中央巡视和集团公司党组专项巡视总行党委反馈问题整改。三是扎实推进基层党组织标准化、规范化“示范支行”建设，强基固本。四是高质量推进“不忘初心、牢记使命”主题教育。坚持把学习教育、调查研究、检视问题、落实整改贯穿始终。五是持续推进党风廉政建设和反腐败工作，认真落实中央八项规定及实施细则精神，多形式严查隐形变异“四风”问题，防止反弹回潮；高质量高标准落实巡视巡察工作部署，分两批对4

家支行开展巡察工作，发现问题70项；开展党的十八大以来党纪政务处分执行情况检查，组织“形式主义、官僚主义”问题整治工作，切实做好监督执纪工作。六是发挥工会服务职工群众和维护职工群众合法权益的作用，围绕重点业务发展和职工疾苦开展慰问；多个文体活动项目斩获佳绩。

（段浩然）

附表1

机构概况一览表

行长（或其他称谓的第一负责人）		副行长（或其他称谓的同级领导）	
李 楠		江守湖、王 平、孙 皓	
地址	山东省青岛市市南区延安三路222号	邮编	266071
网址	http://www.psbc.com/	客服电话	95580

附表2

内设部门及分支机构一览表

年度	内设机构（个）	下设分支机构（个）		员工人数（人）	
		地市级机构数	县区级机构数	员工总数（含非正式员工）	正式员工数
2015	17	12	0	1,146	1,084
2016	18	12	0	1,154	1,115
2017	18	12	0	1,170	1,153
2018	19	12	0	1,141	1,125
2019	21	12	0	1,175	1,147

附表3

主要统计指标1

单位：亿元

项目	2015年	2016年	2017年	2018年	2019年	2019年同比增幅（%）
本外币资产总额	412.58	476.74	485.67	517.99	570.55	10.15
本外币存款余额	401.12	462.50	464.91	486.78	530.50	0.09
人民币存款余额	400.55	460.82	463.19	486.01	529.69	0.09
单位存款	34.02	31.92	30.42	40.01	34.31	-0.14
储蓄存款	366.19	415.17	432.72	446.00	495.38	0.11
本外币贷款余额	187.55	254.48	317.60	395.00	418.25	0.06
人民币贷款余额	187.53	254.23	317.02	395.00	418.25	5.89
短期贷款	37.59	41.76	72.86	103.17	—	—
中长期贷款	120.63	167.41	214.16	245.85	—	—
票据融资	23.57	43.62	26.85	43.63	61.27	40.42
利润总额	0.94	1.39	1.33	1.76	3.96	124.29
不良贷款余额	1.04	1.19	1.15	2.69	2.21	-17.73
不良贷款占比（%）	0.56	0.47	0.36	0.68	0.52	-23.53

附表4

主要统计指标2

项目	2015年	2016年	2017年	2018年	2019年	2019年同比增幅(%)
单位结算账户（万户）	0.46	0.51	0.56	0.59	0.66	11.86
单位结算金额（亿元）	1,147.00	1,374.00	1,664.00	1,887.00	1,827.00	-3.17
个人结算账户（万户）	732.85	796.81	825.80	839.74	984.59	17.25
个人结算金额（亿元）	2,267.95	2,426.31	2,714.14	2,738.13	2,637.42	-3.68
信用卡发卡量（万张）	134.15	156.82	349.51	873.59	1,062.39	21.61
信用卡消费额（亿元）	6.72	9.00	11.69	20.57	37.07	80.23
企业网银客户（万户）	0.09	0.14	0.19	0.25	0.32	28.00
个人网银客户（万户）	78.07	98.28	117.96	135.08	148.90	10.20
手机银行客户（万户）	60.38	86.48	113.34	133	154.10	15.90
现金自助设备（台）	502	660	613	598	590	-1.34
营业网点（个）	266	266	266	266	262	-1.50
自助网点（个）	17	15	14	12	11	-8.30

第六部分

股份制商业银行

恒丰银行股份有限公司

【第一负责人简介】 陈颖，女，汉族，湖北武汉人，研究生学历，经济学博士，副研究员，山东省第十三届人大代表；历任中国银行业监督管理委员会国际部国际监管研究处处长、国际部（港澳台事务办公室）副主任、银行监管一部（负责国有大型银行监管）副主任、银行监管三部（负责外资银行监管）副主任，青岛监管局党委书记、局长，山东监管局党委书记、局长，现任恒丰银行股份有限公司（简称恒丰银行）党委书记、董事长。

【综述】 2019年是恒丰银行发展史上极不平凡的一年，在山东省委省政府的坚强领导下，在监管部门的大力支持下，恒丰银行深入学习贯彻习近平新时代中国特色社会主义思想，以高质量发展为目标，以“打造用心倾听的敏捷银行”为发展愿景，坚持“与客户共发展、与员工同成长”的价值观，围绕“做牢基础、做实主业、做大零售、做强本土、做细成本”的战略导向，全面加强党的建设，聚焦主业、回归本源，担当作为、狠抓落实，顺利完成市场化改革股改建账，资产质量显著提升，核心资本进一步充实，主要经营指标超额完成预算任务，各项监管指标达成监管要求。截至2019年末，全行资产规模达10,239.27亿元，其中存款余额为5,494.06亿元；负债规模达9,366.15亿元，其中贷款（含贴现）余额为4,345.93亿元。

【公司业务】 2019年，恒丰银行公司业务聚焦“抓主业、调结构、提质量、补短板、强内功”的经营方略，积极落实恒丰银行市场化改革、促进实体经济发展等相关工作要求，妥善应对内外部挑战，推进各项工作稳步开展。一是客户结构方面，聚焦客户分层，建立差异化开发机制。2019年度全行对公客户增长2.58%，其中有效基础客户增长34.00%。二是坚持“优化结构、固本强基”的原则，提高资产回报收益。退出行业周期下行行业，转向战略性新兴产业、新旧动能转换等符合国家战略导向的领域。2019年末对公贷款（含贴现）余额为4,056.00亿元，对公贷款平均利率水平较上年提升5个基点。三是负债结构方面，通过重点产品和专业服务提升客户综合贡献和黏性，着力提升结算性存量等低成本负债占比，2019年度日均存款中活期占比为31.80%，较上年提升3.79个百分点。

【个人业务】 2019年，恒丰银行积极推进“做大零售”战略，以金融科技为抓手，以重构机制体制为保障，融合“线上线下”，推动“客户、产品、渠道”升级，加快数字化转型，做大资产负债规模。一是丰富产品体系，关键指标稳步提升。加强全客群产品体系建设，研发“月月息+零存整取”大额存单组合产品，引入爆款保险和贵金属产品，推出车主卡、京东联名卡等多款信用卡，上线联合贷款、信用贷款等信贷产品。截至2019年末，储蓄存款余额为1,099.78亿元，同比增长11.84%，其中个人消费贷款增长220.44%，信用卡累计发卡量增长979.60%。二是聚焦重点客群，服务百姓美好生活。与高速合作推广ETC业务，实现新增绑定客户68万余户，得到了省委省政府领导和省交通厅的认可和表扬；落实乡村振兴战略，率先在山东省内布局助农取款服务点，打通乡村个人金融服务的“最后一公里”。截至2019年末，累计开业71家，服务客户近4,000人。

【国际业务】 2019年，恒丰银行积极抓住中国资本市场国际化进程加速等机遇，大力拓展外汇资本金、外债、跨境股权转让、境外清算/上市资金回流等资本项下业务，推出外汇网银汇款功能，助力全行国际结算再上新台阶。同时，恒丰银行紧跟国家“一带一路”、山东“海洋强省”等重大战略，利用跨境并购、银团贷款、信保融资、港口仓单融资等跨境投融资业务，全力推进相关重点项目落地，支持中资企业和中国装备“走出去”。2019年恒丰银行实现国际结算量为628.00亿元，同比增长35.00%，其中跨境汇款业务量为551亿元，同比增长54.00%，进出口托收业务总额为11.35亿元，同比增长34.00%。截至2019年末，恒丰银行与全球87个国家或地区的约700家银行建立了代理行关系。

【中间业务】 2019年，恒丰银行加快重点产品研发落地，拓宽中间业务收入渠道。结算方面，推进蜂鸟计划、恒惠结算等营销活动，努力做大信用证、保理、保函等传统贸易融资业务，通过支付结算、票据业务、供应链金融、现金管理等多维度拓展业务，全面提升中收贡献、节约风险资产、拓宽客群基础，实现综合收益派生；财富管理方面，加大理财产品、基金、保险及贵金属等业务的宣传及推动力度，丰富合作公司和产品货架，满足客户多样化投资需求；托管方面，不断扩大行外托管业务市场占比，特别是提升投资二级市场、银行间债券交易市场等标准化产品的市场份额。2019年，交易银行业务持续稳健发展。全年共实现非息收入7.84亿元；理财产品、基金、保险及贵金属等财富管理业务实现收入1.44亿元，其中理财业务收入突破1.00亿元，同比增长

10.00%；实现账面托管费收入3.56亿元。

【电子银行业务】 2019年，恒丰银行关注移动互联网、AI、大数据等技术发展所带来的机遇和挑战，加强对金融科技的重视程度和投入力度，主动拥抱金融科技，通过金融科技为电子银行业务发展注入新动能。一是以“小步快跑、快速迭代”的形式，对手机银行转账、账户、理财、信用卡、电子回单等影响客户体验的重点功能进行升级迭代，提升客户体验。二是制订“一贯”客户转化方案。推进小金贯3.0产品开发，开展管理办法和合同拟定配套工作，加速“一贯”平台用户的转化。三是推进手机银行UI及交互体验优化项目，探索并进行开放银行建设。四是升级移动业务平台。实现“借记卡开卡+信用卡申请+短信、手机银行签约+理财签约风评”的组合交易，简化重复环节，提升业务办理效率，拓展服务半径。

【风险控制】 2019年，恒丰银行持续完善全面风险管理体系，夯实风险管控基础。发布了《恒丰银行三年风险攻坚战暨发展规划（2018—2020年）风险管理工程子规划》，统筹谋划全行风险管理工作；发布了《恒丰银行关于进一步明确全行风险管理架构相关事宜的通知》，明确全行风险管理治理架构；印发了《恒丰银行2019年风险管理策略》和《一般公司客户类行业授信政策指引》，初步建立风险政策指引体系；建立了风险全流程管控机制，开展各类风险的识别评估；优化了非零售评级体系，完成债项评级体系开发，不断提升风险计量水平；改善及优化了总分行授信审批流程，优化了出账审核管理流程，打造了精细化的贷后管理体系和机制，完成了不良资产剥离，总体资产质量有效改善；完善了流动性风险管理信息系统，丰富流动性量化管理手段；印发了《恒丰银行操作风险三大工具管理办法（2019年版）》，开展操作风险管理工具机制梳理与运用工作；启动了新一代市场风险系统建设，提升市场风险管控精细化水平。

（吴 双、刘 思、李 畅）

附表1

机构概况一览表

董事长		行长	
陈 颖		王锡峰	
地址	山东省济南市历下区泺源大街8号	邮编	250012
网址	http://www.hfbank.com.cn/	客服电话	95395

附表2

内设部门及分支机构一览表

年度	内设机构（个）	下设分支机构（个）		员工人数（人）	
		地市级机构数	县区级机构数	员工总数（含非正式员工）	正式员工数
2015	33	33	194	9,550	7,751
2016	58	44	233	10,855	9,605
2017	54	50	238	11,046	10,041
2018	67	50	250	10,560	10,344
2019	31	50	249	10,832	10,684

附表3

主要统计指标1

单位：亿元

项目	2015年	2016年	2017年	2018年	2019年	2019年同比增幅（%）
本外币资产总额	10,609.80	12,126.87	13,341.80	10,783.36	10,239.27	-5.05
本外币存款余额	6,380.58	7,724.83	7,916.50	5,567.24	5,494.06	-1.31
人民币存款余额	6,097.35	7,473.29	7,503.28	5,472.83	5,367.46	-1.93
单位存款	4,842.53	6,225.08	6,318.70	4,489.47	4,267.68	-4.94
储蓄存款	1,254.83	1,248.22	1,184.58	983.36	1,099.78	11.84

续表

项目	2015年	2016年	2017年	2018年	2019年	2019年同比增幅(%)
本外币贷款余额	3,011.52	3,899.30	4,609.20	4,399.44	4,095.25	-6.91
人民币贷款余额	2,747.57	3,738.23	4,480.89	4,304.58	4,036.19	-6.24
短期贷款	1,944.96	1,951.50	1,970.86	2,034.73	2,345.05	15.25
中长期贷款	734.46	1,581.80	2,049.21	1,935.99	1,526.97	-21.13
票据融资	157.61	408.18	220.43	252.69	250.68	-0.79
利润总额	103.66	115.56	89.82	18.29	-6.54	-135.74
不良贷款余额	46.43	76.74	89.68	164.04	143.72	-12.38
不良贷款占比(%)	1.47	1.78	1.86	3.53	3.31	-6.23

附表4

主要统计指标2

项目	2015年	2016年	2017年	2018年	2019年	2019年同比增幅(%)
单位结算账户(万户)	7.39	12.10	9.06	8.87	9.49	6.99
单位结算金额(亿元)	128,135.80	209,595.30	315,666.87	184,068.97	162,392.59	-11.78
个人结算账户(万户)	244.34	286.68	313.39	324.03	358.49	10.63
个人结算金额(亿元)	8,853.10	10,965.71	12,695.30	14,584.45	15,766.18	8.10
信用卡发卡量(万张)	0.00	0.01	2.17	2.59	47.19	1,722.01
信用卡消费额(亿元)	0.00	0.01	6.84	16.52	73.53	345.04
企业网银客户(万户)	3.44	4.68	5.63	6.22	7.28	16.98
个人网银客户(万户)	36.04	54.22	78.29	98.02	124.08	26.59
手机银行客户(万户)	30.81	66.93	98.80	125.75	160.83	27.90
现金自助设备(台)	767	982	1,086	1,111	1,010	-9.09
营业网点(个)	256	306	334	346	340	-1.73
自助网点(个)	113	112	102	89	55	-38.20

中信银行股份有限公司济南分行

【第一负责人简介】 孙波，男，1962年3月出生，中共党员，高级理财规划师，毕业于南京农业大学金融学专业；历任中国农业银行溧阳支行副行长、溧阳市农村信用合作联社理事长兼主任、中信银行常州分行行长、中信银行上海分行副行长等职，2017年5月至2018年1月，任中信银行济南分行党委副书记、副行长（主持工作）；2018年1月至2018年4月任中信银行济南分行党委书记、副行长（主持工作）；2018年4月至今，任中信银行股份有限公司济南分行（简称中信银行济南分行）党委书记、行长。

【综述】 中信银行济南分行成立于1994年5月，是中信银行总行在山东省内设立的一级分行，目前管辖淄博、济宁、东营、临沂、滨州五家二级分行，下辖46家营业网点。中信银行济南分行深入学习贯彻习近平新时代中国特色社会主义思想，坚持“稳中求进”工作总基调，扎实推进“控风险、调结构、稳增长”各项工作，以“功成不必在我”的境界情怀和“功成必定有我”的责任担当，积极践行新发展理念，努力推动分行各项工作实现高质量发展。2019年是中信银行济南分行新三年发展规划攻坚之年，该行以党建引领、体系优化、价值转型、业务创新、风险防控、合规内控、人才立行为支点，在深化网点差异化定位、专业化经营的基础上，坚持“以客户为中心，以产品为纽带，以项目为抓手”，“专业、高效、综合”的差异化竞争优势逐步显现。截至2019年末，中信银行济南分行各项存款余额为973.00亿元，其中，自营存款余额为943.00亿元；表内外各项融资规模为2,633.00亿元，其中，一般性贷款余额为787.00亿元。

【公司业务】 2019年，中信银行济南分行以客户为中心，以创新为动力，在新兴领域培育先发优势，全面提升公司金融业务核心竞争能力。2019年末，中信银行济南分行对公时点存款余额为676.60亿元，对公人民币一般性贷款余额为406.70亿元。与省内重点客户及新旧动能转换各类项目不断实现新突破，合作客户覆盖了区域内大企业、百强企业和主流行业龙头企业，为践行“有担当、有温度、有特色、有尊严的区域最佳综合金融服务企业”奠定了客户基础。强化与中信集团子公司的协同联动，为山东区域内众多大型企业提供了协同金融服务，并为集团子公司加快在山东进行产业布局创造积极有利的条件。交易银行品牌建设卓有成效，公司网银、现金管理、多银行资金管理系统、贸易融资规模等各项业务全面发展，上线了山东省内首笔以B2B电商平台为基础的票付通业务，实现了交易过程中的票据支付场景。普惠金融方面，作为中信系统普惠金融业务试点分行，搭建完成审查、审批、放款、贷后管理“四集中”的运营管理平台，全面推进普惠金融体系建设，加快推进专业服务团队建设和标准化产品落地。2019年末，按照监管考核口径，中信银行济南分行普惠贷款余额为54.03亿元，同比增加13.05亿元，并全面完成2019年小微企业“两增两控”目标。

【个人业务】 2019年，中信银行济南分行围绕总、分行新三年战略规划部署，持续深化精细管理、优化营销体系、强化队伍建设，实现平稳较快发展。2019年末，中信银行济南分行零售业务营业净收入为7.06亿元，营收占比持续提升；个人存款余额规模实现历史性突破，达到266.10亿元，管理资产时点余额为654.10亿元；零售客户总量达到276.60万户，其中中高端客户总量达到11.40万户。年内，利用平台及产品优势，加强重点渠道开发与拓展，全年有效代发83.40亿元，连续举办8场英国“如意签”活动，出国金融特色品牌优势更加凸显，积极拓展信约宝、信用卡联合营销等场景化获客渠道；集中优势资源，优化营销推动模式，搭建分行属地化借记卡增值服务体系，优化客户权益平台。固化深化合规管理体系，大力组织开展“金融知识万里行”“金融知识进校园”等系列宣传活动，履行企业社会责任，积极推进文明规范服务网点创建，年内2家支行被评为“五星级”示范单位，为可比同业最多。

【国际业务】 2019年，通过经营结构优化、产品组合创新、渠道开拓搭建等措施，中信银行济南分行国际业务取得了优异的经营成果。业务发展方面，积极贯彻国家政策，抓住人民币汇率双向波动机遇，持续推进跨境人民币业务开展，有效帮助企业规避汇率风险。2019年实现跨境人民币收付量110.73亿元，同比增长25.53%；累计为8家大型优质客户备案跨境双向人民币资金池业务，总备案金额达440.71亿元。内控合规方面，通过建立政策、执行、监督相互制衡的内控体系，为业务发展保驾护航，成果显著。在国家外汇管理局山东省分局2019年度银行外汇业务合规与审慎经营评估情况通报中继续蝉联股份制银行首位，第九次获评省、市两级“A级银行”。

【中间业务】 2019年，中信银行济南分行将中间业务作为重点战略业务来推进，积极培育盈利增长新引擎。公司板块在巩固并扩大投行、托管等重点产品优势的基础上，将对公有效户获客和中间业务增收有机结合，提升客户体验，扩大收入来源。零售板块持续加大“支付结算、财富管理、私人银行、增值服务”等业务的推动力度，拥抱金融科技，做大零售客户的支付结算，加强借贷融合，充分释放渠道产能，向信用卡客户代销基金、信托、保险等各类资管产品，向借记卡客户代销各类信用卡增值服务产品，体系化推动私人银行客户综合经营，提升价值贡献。金融市场板块加强国际业务、同业业务发展，加强产品创新，抢抓业务机会，提升市场竞争力。2019年实现中间业务收入4.63亿元，同比增加0.65亿元，增长16.30%。

【电子银行业务】 2019年，中信银行济南分行电子银行业务认真贯彻执行“稳中有进”的工作思路，结合自身发展特点，努力整合现有业务资源，积极搭建线上线下一体化的批量获客渠道，敢于走在全行业发展的前沿，为全行业务的跨越式发展研究探索，积极拓展各类行业的代收代缴电子化渠道，持续深化精细管理、优化营销体系、强化合规建设，推动电子银行业务全面发展。2019年，中信银行济南分行拥有手机银行客户137万户、电子银行客户160万户。

【风险控制】 2019年，中信银行济南分行积极贯彻风险管理体制改革要求，不断完善全面风险管理体系，同时，紧紧围绕“控风险、调结构、稳增长”的发展总基调，以风险合规文化季为依托，持续加强分行风险合规文化建设。以风险防控“三道关”为抓手，努力守住资产质量底线：强化对存量客户的分类管理，进优退劣，加快结构调整步伐；组建专职清收团队，实现对清收项目、清收人员的集中管理、集中调度；搭建预警信息平台，加强临期管理和平行作业，资产质量有效提升。

（纪 媛）

附表1

机构概况一览表

行长（或其他称谓的第一负责人）		副行长（或其他称谓的同级领导）	
孙 波		柳永生、张海鹰、毕新宇、宋有华、康 超	
地址	山东省济南市泺源大街150号中信广场	邮编	250011
网址	http：//www.citicbank.com/	客服电话	95558

附表2

内设部门及分支机构一览表

年度	内设机构（个）	下设分支机构（个）		员工人数（人）	
		地市级机构数	县区级机构数	员工总数（含非正式员工）	正式员工数
2015	19	5	42	1,550	1,486
2016	22	5	42	1,586	1,548
2017	23	6	43	1,568	1,563
2018	24	6	40	1,529	1,528
2019	23	6	40	1,544	1,544

附表3

主要统计指标1

单位:亿元

项目	2015年	2016年	2017年	2018年	2019年	2019年同比增幅（%）
本外币资产总额	1,068.24	1,110.26	942.6	879.13	937.02	6.58
本外币存款余额	1,038.89	1,151.56	911.34	883.99	1,040.12	17.66
人民币存款余额	995.14	1,130.28	877.64	858.92	998.61	16.26
单位存款	653.44	733.37	637.07	594.56	640.10	7.66
储蓄存款	168.11	158.48	153.78	200.73	261.05	30.05
本外币贷款余额	550.38	682.76	705.63	791.25	855.72	8.15
人民币贷款余额	528.66	664.17	676.47	789.17	855.36	8.39
短期贷款	309.86	300.23	249.53	228.28	239.54	4.93
中长期贷款	218.81	363.94	426.94	508.68	545.28	7.20
票据融资	35.56	18.72	22.29	48.71	68.56	40.75
利润总额	6.06	10.56	-3.83	-26.06	-8.73	66.50
不良贷款余额	7.72	6.65	14.91	56.14	27.25	-51.46
不良贷款占比（%）	1.40	0.97	2.11	7.10	3.18	-55.21

附表4

主要统计指标2

项目	2015年	2016年	2017年	2018年	2019年	2019年同比增幅（%）
单位结算账户（万户）	1.97	2.12	2.19	2.19	2.64	20
单位结算金额（亿元）	23,708.90	41,533.50	36,015.77	36,567.77	84,327.96	130
个人结算账户（万户）	172.39	212.56	209.33	245.47	279.04	13
个人结算金额（亿元）	8,972.90	8,758.83	9,690.90	9,130.53	9,565.45	4

续表

项目	2015年	2016年	2017年	2018年	2019年	2019年同比增幅（%）
信用卡发卡量（万张）	24.06	27.70	49.45	53.37	69.98	31.12
信用卡消费额（亿元）	387.30	547.30	759.16	932.57	1,524.72	63.50
企业网银客户（万户）	0.79	0.92	0.99	1.14	1.64	43.86
个人网银客户（万户）	70.13	82.69	98.74	126.10	144.37	14.49
手机银行客户（万户）	48.39	73.72	92.50	118.74	137	15.38
现金自助设备（台）	466	380	310	211	175	-17.06
营业网点（个）	42	42	42	40	40	0.00
自助网点（个）	284	233	175	108	88	-18.52

中信银行股份有限公司青岛分行

【第一负责人简介】　刘泽云，男，1971年7月出生，中共党员，财政部财政科学研究所财政学专业博士；1996年参加工作，获得中信银行总行贸清部、营业部、同业及投行管理部、风险管理部等多个部门重要岗位的工作历练；2006年4月起历任中信银行国际业务部总经理助理、副总经理，资产托管部副总经理（主持工作）、总经理，国际业务部总经理等职；现任中信银行股份有限公司青岛分行（简称中信银行青岛分行）党委书记、行长，阿尔金银行股份公司董事、中信金融租赁有限公司董事。

【综述】　2019年，中信银行青岛分行坚持以习近平新时代中国特色社会主义思想为指导，坚决贯彻集团、总行决策部署和监管要求，按照“党建统领、规划落地、聚焦重点、稳中求进”的工作思路，明确“十大工程①”，居危思进，深化转型，以钉钉子精神推动各项工作，取得明显成效，为分行下一步高质量可持续发展奠定了坚实基础。

一是资产质量显著改善。2019年末，不良贷款余额为20.75亿元，减少10.84亿元。不良贷款率为2.33%，下降1.29个百分点，低于9月末山东省股份制银行平均水平。拨备覆盖率为125.40%，较年初提升7.70个百分点，风险抵御能力进一步提升。问题贷款限额、贷款迁徙率及逾期60天以上非不良考核指标全面完成总行下达任务。

二是经营效益大幅提升。全年实现营业净收入25.55亿元，同比增加3.25亿元，增幅为14.58%；实现非息收入5.76亿元，增幅为46.20%；实现净利润0.48亿元②。成本收入比为37.37%，同比改善6.72个百分点；风险资本回报率同比提升30.57个百分点。

三是资产规模保持平稳。表内外综合融资规模为1,395.00亿元，与年初基本持平。各项贷款余额为890.00亿元，增长17亿元。其中个人贷款余额为342.00亿元，还原资产转让因素，实际增长46.00亿元，增幅为14.60%。

四是负债规模稳中有升。自营存款时点余额为935.00亿元，增长114.00亿元，增幅为13.82%。自营存款日均余额为864.00亿元，增长47.00亿元，增幅为5.69%。其中，个人存款日均余额为251.00亿元，增长45.00亿元，增幅为22.10%。

五是客户总量持续增长。对公客户总量为3.40万户，增量为3,972户，增量组内排名第三，计划完成率为131.00%。对公基础客户有6,837户，较上年增加396户；对公有效客户有4,255户，较上年增加271户。零售客户总数为292万户，增量为15万户。零售有效客户增量为1.33万户，贵宾客户增量为3,650户，私人银行客户增量为164户。

【公司业务】　2019年，中信银行青岛分行服务实体经济的水平不断提升。制造业贷款余额为234.00亿元，民营企业贷款余额为301.00亿元，占比分别达到43.00%、55.00%，在全行处于高水平。有序压降房地产行业贷款，开发贷余额较年初下降21.91亿元。成立普惠金融一级部，普惠金融贷款增加9.48亿元，增幅为30.00%，普惠金融贷款户数增加595户，小微企业贷款利率最低可至4.15%③，全面完成监管“两增两控”目标要求。启动公司客户服务一体化建设，与山东港口集团、国信、中建八局等重点企业签署战略合作协议，与日照市政府、潍城区政府等地市、区县政府深化战略合作，为万华化学、海洋石油工程等重点客户提供一揽子综合金融服务。充分发挥集团金融全牌照优势，大力发展债券推介和债券投资业务，与集团子公司协同联合融资近70亿元，丰富了服务手段，注入了更多中信财智。

【个人业务】 2019年，中信银行青岛分行零售业务场景更加丰富、增值体系日益完善、用户体验不断提升，核心个人存款日均、管理资产日均余额较年初分别增加39.00亿元、68.00亿元。大力发展智慧金融，青岛高速移动收费、妇儿医院代发、烟台智慧物业等重点项目相继落地；在全国率先上线贝壳找房居间管家项目，交易量及沉淀存款系统内均排名首位；积极探索“互联网+党建”创新途径，党费通业务累计服务272个党支部、4,758名党员。联合中信医疗与青岛市发改委及青岛市卫健委签署战略合作协议，为半岛智慧诊疗提供了“中信方案”。

【国际业务】 2019年，中信银行青岛分行积极融入山东自贸区及上合示范区建设，有序推进青岛自贸区支行迁址，完成烟台自贸区支行迁址挂牌。实现跨境人民币结算量83亿元，同比增长17.00%，国际业务收付汇量、结售汇量市场占有率继续保持股份制银行首位，获评外汇管理“A类银行”；推动涉外保函、跨境资本、跨境资金集中运营重点产品落地，进一步提升跨境金融服务能力，助力青岛国际航运贸易金融中心建设。紧抓财富管理试验区建设机遇，着力推动金融同业和基金托管等相关服务，效果显著。

【中间业务】 2019年，中信银行青岛分行抢抓新旧动能转换的市场机遇和稳增长逆周期调节的政策窗口，积极推动“债权+股权”“投行+商行”“境内+境外”“牌照+非牌照”的联动协同营销，提升综合融资价值贡献，投资银行综合融资规模达到364.00亿元；金融市场轻资本收入3,902.00万元；托管规模达到1,547.00亿元，增幅为43.50%，实现托管中间业务收入3,040.00万元。

【电子银行业务】 手机银行和移动支付应用场景不断丰富，客户活跃度不断提升。积极运用支付结算产品，参与智慧城市建设，相继推出“智慧出行”“智慧党建”“智慧校园”“智慧医疗”“智慧旅游”“智慧物业”“智慧停车”等服务，主动贴近社会需求，为广大客户提供便捷支付服务。

【风险控制】 一是风险管理基础不断夯实。持续强化风险合规文化建设，积极推动“1+3”制度体系落地，授信管理部门实现了对于重点项目、大额项目、创新项目100%参与贷前调查、核保及贷后检查环节，充分发挥“三道防线”作用，防风险与促发展更趋协调。二是问题资产处置再创新高。通过重点难点项目集中攻关、分支联动、拓宽处置渠道等措施，累计完成表内不良资产处置30.48亿元。三是内控合规管理不断加强。推进“平安中信”建设，深化“413合规行动”，组建兼职合规干部队伍，开展警示教育，强化员工行为“十禁”教育。持续做好外规内化落地工作，全面梳理分行存量制度309件，废止110个，新增64个，整体风险合规意识得到明显增强。

注：

①分别为对公存款提质增量工程、对公客户基础夯实工程、零售客户分层分群经营工程、零售存款规模提升工程、金融市场板块效益贡献提升工程、新增授信质量控制工程、存量问题资产化解工程、“413合规行动”落实工程、考核激励机制优化调整工程、基层党支部标准化建设工程。

②受拨备计提、核销等因素影响。

③根据小微企业产品特点，配置特定普惠金融贷款利率，在不考虑贴现的情况下，小微企业贷款利率最低可至4.15%。

（邱志刚）

附表1

机构概况一览表

行长（或其他称谓的第一负责人）		副行长（或其他称谓的同级领导）	
刘泽云		副行长：张强军、陈秋实、张佑晶 行长助理：娄　勇、吴从勇	
地址	山东省青岛市市南区香港中路22号	邮编	266071
网址	http://www.citicbank.com/	客服电话	95558

附表2

内设部门及分支机构一览表

年度	内设机构（个）	下设分支机构（个）		员工人数（人）	
		地市级机构数	县区级机构数	员工总数（含非正式员工）	正式员工数
2015	20	5	47	1,761	1,722
2016	20	5	47	1,787	1,731

续表

年度	内设机构（个）	下设分支机构（个）		员工人数（人）	
		地市级机构数	县区级机构数	员工总数（含非正式员工）	正式员工数
2017	22	5	48	1,738	1,689
2018	22	5	48	1,677	1,641
2019	24	5	48	1,668	1,633

附表3

主要统计指标1

单位:亿元

项目	2015年	2016年	2017年	2018年	2019年	2019年同比增幅（%）
本外币资产总额	1,104.82	1,115.37	1,037.59	966.62	977.52	1.12
本外币存款余额	927.63	909.45	961.17	831.28	945.44	13.73
人民币存款余额	872.14	827.76	880.76	782.77	900.89	15.09
单位存款	558.88	554.58	575.90	510.91	604.61	18.34
储蓄存款	196.38	191.81	160.22	215.11	268.09	24.63
本外币贷款余额	633.32	750.05	841.37	873.25	831.13	-4.82
人民币贷款余额	580.30	704.11	820.71	848.55	815.49	-3.90
短期贷款	340.95	327.09	294.64	275.63	226.07	-17.98
中长期贷款	238.30	365.87	507.94	529.57	589.04	11.23
票据融资	24.05	10.97	17.44	42.33	58.77	38.84
利润总额	14.07	4.16	6.47	-10.34	-0.35	—
不良贷款余额	10.88	12.02	17.60	31.59	20.75	-34.31
不良贷款占比（%）	1.68	1.60	2.09	3.62	2.33	-35.64

附表4

主要统计指标2

项目	2015年	2016年	2017年	2018年	2019年	2019年同比增幅（%）
单位结算账户（万户）	3.19	3.47	3.62	3.69	4.11	11.38
单位结算金额（亿元）	20,006.00	20,015.00	33,444.00	19,866.00	20,186.00	1.61
个人结算账户（万户）	140.26	197.46	179.37	220.96	245.00	10.81
个人结算金额（亿元）	11,743.00	15,974.00	10,822.00	15,156.67	15,784.00	4.14
信用卡发卡量（万张）	20.27	22.96	16.77	30.50	20.45	-32.95
信用卡消费额（亿元）	286.00	361.00	226.00	307.00	486.00	58.31
企业网银客户（万户）	1.15	1.35	1.74	1.98	2.65	33.84
个人网银客户（万户）	81.93	95.47	115.43	148.30	169.00	13.96
手机银行客户（万户）	52.40	75.41	106.69	132.03	153.76	16.46
现金自助设备（台）	476	446	390	307	262	-14.66
营业网点（个）	52	52	53	53	53	0.00
自助网点（个）	60	67	61	36	21	-41.67

中国光大银行股份有限公司济南分行

【第一负责人简介】 朱军，男，汉族，1965年8月出生，中共党员，大学本科学历，经济师职称；历任光大银行石家庄分行公司业务部总经理兼国际业务部总经理，石家庄分行唐山分行行长，石家庄分行副行长等职；2018年5月，任中国光大银行股份有限公司济南分行（简称光大银行济南分行）党委书记；2018年10月，任光大银行济南分行行长。

【综述】 2019年，光大银行济南分行以习近平新时代中国特色社会主义思想为指导，深入贯彻党中央决策部署，全面落实中央经济工作会议精神和中央领导重要批示指示精神，以“稳、实、新、进”的工作总要求，深入开展主题教育活动，践行新发展理念，加快“敏捷、科技、生态”转型，推动高质量发展，提升价值创造能力，完善机制建设，弥补发展短板，妥善化解风险，经营成果、基础管理、精神面貌明显提升，各项工作迈出坚实步伐。

【公司业务】 2019年，光大银行济南分行全力服务国家战略，支持实体经济和制造业发展，积极满足民营企业、小微企业融资需求，提升普惠金融服务能力，助力山东新旧动能转换。光大银行济南分行坚持“总量平稳增长、结构持续优化”策略，推动非授信客户的存款增长，加强客户结算资金沉淀，促进核心存款持续增加，贷款质量保持稳定。截至12月末，光大银行济南分行本外币贷款余额为447.09亿元，比上年末增加31.02亿元，存款余额为540.31亿元。积极搭建小微业务平台，推进专营支行建设，努力拓宽小微业务渠道，积极支持小微企业发展，截至2019年12月31日，普惠金融业务余额为22.52亿元，较年初增长5.33亿元。其中，对公普惠金融业务余额为6.08亿元，较年初增长3.04亿元；零售普惠金融业务余额为16.44亿元，较年初增长2.29亿元。

【个人业务】 2019年，光大银行济南分行持续加强市场营销，存款稳步增长，深化财富管理银行转型，推动个人客户财富E-SBU生态链建设，财富管理创收能力增强，充分发展“名品”建设，深度挖潜客户综合贡献。顺应市场变化，以网点转型和服务质量为抓手，致力于构建综合金融服务体系和平台，以AUM财富总量、代理理财、零售贷款、零售存款为四大工作重点，各项业务齐头并进、均衡发展，取得较好经营业绩，一是以“提升客户总量、优化客户结构”为核心目标，从新客户拓展和存量客户挖掘两方面入手，以客户生命周期管理为主线，逐步构建全新的营销服务模式。二是坚持“存款立行”的经营思路，深化客户综合经营，持续推动零售存款规模稳步增长，积极拓展渠道场景、出国金融项目等重点工作，组织开展精准化营销，提升客户综合效益贡献度；自营理财规模稳步增长，截至12月末，自营理财余额为84.99亿元，较年初新增10.00亿元，带动全行AUM快速增长。三是积极落实资管新规要求，加快个人理财业务转型，加强理财经理专业能力和销售能力，网均和人均效能显著提升。截至12月末，零售存款时点余额达到103.34亿元。

【贸易金融业务】 按照总分行相关部署，光大银行济南分行明确贸易金融业务营销目标，优化产品结构，以控制风险为前提、以提升利润为中心、以创新产品为导向，围绕重点行业、重点客户、重点产品，加强营销组织和营销支持，加强外汇管理和合规管理，一是加强政策引导，实现产品结构的优化，引导经营单位着力营销国际结算业务和表外业务，优化产品结构，拓展新的发展空间；二是推广清单式营销机制，扩大客户群体总量；三是紧抓总行名品工程，大力发展供应链金融业务。积极推进阳光融e链在线融资，通过网银、第三方平台或银企直连等电子平台，为客户提供全流程电子化金融服务。

【同业业务】 2019年，光大银行济南分行大力发展持有到期信托受益权业务、债券持有到期业务，加大小微企业贴现支持，从贴现规模、贴现利率同时提供差别服务，真正响应总行支持中小企业融资的号召。大力发展托管业务，丰富中间收入来源。加强与省内同业机构的交流，积极开展同业授信业务，拓展同业资金来源，实现合作共赢。加强对二级分行业务的管理与指导，促进业务健康发展。

【数字金融业务】 2019年，光大银行济南分行将电子银行部升级为数字金融部，持续推进数字化转型，落实普惠便民战略，统筹推进云缴费业务发展，扩大项目接入，促进财政非税线上收缴业务，以增客户、创中收为核心目标，以拓展渠道、联动营销、产品为主要抓手，重点做好云缴费、云支付、e托管、e电商项目推广，规模与效益快速增长，云缴费、e电商、e托管、e容贷均取得了突破性的成绩，呈现良好的发展势头。2019年新增云缴费用户12.04万户。不断提高综合服务水平，加强设备的运营管理，重点进行优化配置，进一步完善自助设备的用户体验。

【风险控制】 2019年，光大银行济南分行防范和化解金融风险，严格贷款分类管理，完善资产质量全流程管控机制，加快存量不良贷款处置，强化对风险的统筹管理。以“三道防线”为基础，持续强化“第一道防线”管理职责，实现风险管控前移并节约管理资源。以案例化形式进行通报警示并提出进一步管理要求，引导全行合规经营。

（刘 佳）

附表1

机构概况一览表

行长（或其他称谓的第一负责人）		副行长（或其他称谓的同级领导）	
朱 军		黄炳华、林 燕、王正明、辛 锋、黄 秦	
地址	山东省济南市经七路85号	邮编	250002
网址	http://www.cebbank.com	客服电话	95595

附表2

内设部门及分支机构一览表

年度	内设机构（个）	下设分支机构（个）		员工人数（人）	
		地市级机构数	县区级机构数	员工总数（含非正式员工）	正式员工数
2015	18	1	14	743	117
2016	18	1	14	786	119
2017	19	1	16	851	75
2018	21	1	16	879	75
2019	21	1	16	883	75

附表3

主要统计指标1

单位：亿元

项目	2015年	2016年	2017年	2018年	2019年	2019年同比增幅（%）
本外币资产总额	455.39	608.16	523.10	508.05	556.79	9.59
本外币存款余额	411.00	488.73	472.84	488.44	540.31	10.62
人民币存款余额	407.47	483.29	464.14	484.61	537.60	10.93
单位存款	348.07	418.37	400.13	401.66	421.35	4.90
储蓄存款	62.93	70.36	72.71	86.78	101.67	17.16
本外币贷款余额	285.59	353.63	387.90	416.07	447.09	7.46
人民币贷款余额	282.10	350.65	384.67	412.19	438.43	6.37
短期贷款	157.22	154.15	138.89	133.86	139.94	4.54
中长期贷款	107.55	178.27	241.84	268.99	277.49	3.16
票据融资	16.29	17.90	4.78	7.88	19.13	142.77
利润总额	3.42	4.61	1.46	-9.51	0.26	-102.73
不良贷款余额	4.73	6.20	7.38	20.21	9.91	-50.96
不良贷款占比（%）	1.66	1.75	1.90	4.86	2.22	-54.32

附表4

主要统计指标2

项目	2015年	2016年	2017年	2018年	2019年	2019年同比增幅（%）
单位结算账户（万户）	0.68	0.72	0.78	1.05	1.34	27.62
单位结算金额（亿元）	813.40	833.12	902.55	953.17	1,002.73	5.20
个人结算账户（万户）	84.00	88.20	96.50	105.04	117.60	11.96
个人结算金额（亿元）	18.56	21.33	23.34	25.67	28.24	10.01
信用卡发卡量（万张）	6.41	8.68	6.90	13.94	20.51	47.13
信用卡消费额（亿元）	443.22	526.00	608.00	734.00	870.40	18.58
企业网银客户（万户）	0.60	0.65	0.71	0.904	1.28	41.59
个人网银客户（万户）	58.00	62.13	66.98	72.89	79.95	9.69
手机银行客户（万户）	55.40	61.60	68.26	56.89	65.27	14.73
现金自助设备（台）	225	220	172	135	123	-8.89
营业网点（个）	22	22	27	29	29	0.00
自助网点（个）	11	11	5	0	0	0.00

中国光大银行股份有限公司青岛分行

【第一负责人简介】 朱小庆，男，汉族，甘肃张掖人，1967年10月出生，中共党员；2005年6月至2009年5月，任中国光大银行海口分行党委委员；2005年8月至2009年5月，任中国光大银行海口分行行长助理；2009年5月至2015年2月，任中国光大银行南宁分行党委委员、纪委书记、副行长；2015年2月至2016年4月，任中国光大银行海口分行副行长；2015年7月至2016年4月，任中国光大银行海口分行纪委书记；2016年4月任中国光大银行青岛分行行长；现任中国光大银行股份有限公司青岛分行（简称光大银行青岛分行）党委书记、行长。

【综述】 光大银行青岛分行成立于1994年，是光大系统内较早成立的分行之一，现有员工1,000余人，在东营、临沂、日照设有3家二级分行，全辖设有31家支行营业网点、29家社区银行网点。光大银行青岛分行自成立以来积极投身于山东省经济社会发展，助力国家海洋发展战略，秉承务实担当的作风，坚定改革创新的步伐，逐步打造完善、先进、特色的金融服务体系，已成为推动山东省经济振兴腾飞的金融中坚力量。2019年，光大银行青岛分行紧紧围绕“服务实体经济、防范金融风险、深化金融改革”三大任务和“打造一流财富管理银行”的战略愿景，以“有情怀、有质量、有特色、有创新、有底线、有口碑、有活力、有责任”银行为标准，打响阳光品牌、做好集团联动，强化客户基础，狠抓风险管理，优化体制机制。各项主要指标实现新突破、政银合作取得新成绩、协同对接做出新贡献、队伍建设凝聚新力量、党建工作达到新高度，实现了更高质量的发展。截至2019年末，光大银行青岛分行资产规模达570.00亿元，一般存款余额为565.00亿元，贷款余额为399.00亿元，不良贷款率远低于同业平均水平，荣获《当代金融家》“2019年度十佳财富管理分行”等称号。

【经营发展情况】 2019年，光大银行青岛分行借助光大集团与青岛市签署战略合作协议的有利契机，充分发挥综合金融、产融合作特色优势，不断加深在各领域的银政合作关系，积极对接上合示范区、自贸区、青岛市“十五个攻势”以及所辖临沂、东营和日照等区域的重大项目，助力新旧动能转换、经济转型升级和现代化产业体系建设。夯实客户基础工作稳步推进，年内新增公司类客户5,863户。机构业务实现独立运营，客户、资格和规模实现跨越式发展，机构存款年内最高突破200.00亿元，财政类存款突破140.00亿元，规模及增量均创历史新高。普惠金融亮点突出，设立了第一家普惠金融专营支行，有效实践了“业务专业化、人员专职化”经营思路，全面完成了银保监会“两增两控”任务指标。

贸易金融业务保持同业对标优势，2019年贸易金融中间业务收入达13,595.00万元。通过积极推进总行名品战略，实现债换宝、农民工工资保函、供应链云平台、福费廷区块链等十余项贸易金融名品成功落地，累计落地超过9.00亿美元。同业业务持续保持系统内优势地位，截至2019年末，同业资产（含贴现）时点余额为62.67亿元，同业负债时点余额为150.66亿元，累计贴现发生额为47.78亿元，同比增加16.24亿元。托管业务摆脱经济下行的不利影响，撮合业务和纯托管业务发展迅速，2019年托管规模已突破570.00亿元。

光大银行青岛分行以“财富转型”“个贷转型”“网点转型”为契机，保持零售存款、AUM的良好增长势头，积极推进财富管理转型，不断提升阳光财富管理的知名度与认可度，市场影响力不断扩大。截至2019年末，实现零售AUM余额537.85亿元，同比新增35.06亿元。深入开展个贷业务流程优化，制定标准化实施细则，开发便捷审批系统，促进业务办理效率不断提升。截至2019年末，个贷余额达155.78亿元，同比增加13.36亿元；零售普惠贷款余额达15.32亿元，同比增加3.58亿元，监管目标完成率为179.00%。服务方面，光大银行青岛分行以创星服务为推手，通过标准化销售服务流程的落地实施，厅堂服务不断优化，客户体验全面提升，客户投诉量同比下降55.00%，辖内两家支行被评为中国银行业协会五星级服务网点。

深化数字金融赋能业务转型，做大数字金融基础板块，电子渠道客户签约率和活跃度持续提升，2019年新增快捷支付绑定客户33.22万户，快捷支付活跃率达85.00%。紧跟云缴费“CEG”发展战略，围绕基础缴费、政务缴费、B2B缴费、云生活项目、党团工会费等场景，有效推进青岛辖区“生活圈、企业圈、政务圈”三大生态圈覆盖率，2019年新上线缴费项目43项，新增云缴费APP使用客户15.30万人，逐步打造行业领先的市场竞争力。

光大银行青岛分行持续深化风险管理体制机制改革，推进“全面、全程、全员”风险管理体系建设，完善统一审批管理体系，风险管理人才队伍建设取得较大成果。严格落实从严治贷、依法治贷、铁腕治贷“三个治贷”要求，强化“正面清单”的导向作用和“负面清单”的刚性约束，通过开展信贷领域穿透式检查、“巩固治乱象成果、促进合规建设”等各类风险专项整治，风险把控、风险识别和风险处置能力进一步提升，资产质量进一步优化。

（付培栋、陈　昊）

附表1

机构概况一览表

行长（或其他称谓的第一负责人）		副行长（或其他称谓的同级领导）	
朱小庆		傅伟堂、王　侃、樊效峰、任　海、李　鹏	
地址	山东省青岛市市南区香港西路67—69号	邮编	266071
网址	http://www.cebbank.com/	客服电话	95595

附表2

内设部门及分支机构一览表

年度	内设机构（个）	下设分支机构（个）		员工人数（人）	
		地市级机构数	县区级机构数	员工总数（含非正式员工）	正式员工数
2015	23	3	22	951	825
2016	25	4	25	1,060	929
2017	25	4	26	1,046	953
2018	26	4	27	1,043	949
2019	27	4	27	1,047	971

附表3

主要统计指标1

单位：亿元

项目	2015年	2016年	2017年	2018年	2019年	2019年同比增幅（%）
本外币资产总额	912.47	809.38	810.11	788.16	570.08	-27.67
本外币存款余额	686.92	744.98	715.67	754.24	569.96	-24.43
人民币存款余额	680.42	731.88	694.57	734.78	549.42	-25.23

续表

项目	2015年	2016年	2017年	2018年	2019年	2019年同比增幅（%）
单位存款	249.31	300.26	283.48	307.31	361.33	17.58
储蓄存款	95.57	104.94	99.17	149.01	181.62	21.88
本外币贷款余额	363.57	423.07	428.47	434.43	398.64	-8.24
人民币贷款余额	359.44	414.99	417.91	429.24	393.57	-8.31
短期贷款	205.82	190.42	178.59	165.33	110.07	-33.42
中长期贷款	122.01	189.61	236.75	249.95	252.68	1.09
票据融资	30.08	32.49	2.12	13.02	30.38	133.33
利润总额	9.06	5.18	4.78	-0.81	-9.72	1,100.00
不良贷款余额	1.80	4.35	4.13	2.83	7.83	176.68
不良贷款占比（%）	0.50	1.03	0.96	0.65	1.96	201.54

附表4

主要统计指标2

项目	2015年	2016年	2017年	2018年	2019年	2019年同比增幅（%）
单位结算账户（万户）	1.15	1.20	1.21	1.57	2.04	29.94
单位结算金额（亿元）	11,204.06	9,689.56	9,381.23	11,562.74	10,748.40	-7.04
个人结算账户（万户）	96.85	108.50	237.90	296.33	346.91	17.07
个人结算金额（亿元）	4,345.53	5,229.49	6,356.43	6,603.72	6,163.01	-6.67
信用卡发卡量（万张）	70.26	90.19	114.52	155.78	179.95	15.52
信用卡消费额（亿元）	197.07	283.44	398.02	574.00	707.93	23.33
企业网银客户（万户）	0.81	0.88	1.02	1.87	2.40	23.84
个人网银客户（万户）	50.51	60.90	70.99	80.63	89.63	11.16
手机银行客户（万户）	36.71	44.83	54.38	77.87	90.97	25.81
现金自助设备（台）	372	352	312	257	128	-50.19
营业网点（个）	50	56	59	60	60	0.00
自助网点（个）	19	15	11	3	1	-66.67

中国光大银行股份有限公司烟台分行

【第一负责人简介】 夏伟，男，1976年3月出生，1997年参加工作，历任光大银行烟台支行营业部总经理助理、贸易金融部副总经理，烟台开发区支行行长，烟台分行公司业务管理部总经理、党委委员、行长助理、副行长；2018年8月至今，任中国光大银行股份有限公司烟台分行（简称光大银行烟台分行）党委书记、行长。

【综述】 2019年，光大银行烟台分行以“不忘初心、牢记使命”主题教育为引领，强化党建纪检、坚守使命初心，凝聚价值创造共识，推动经营管理迈上了新平台。光大银行烟台分行总资产、一般性存款规模、零售管理资产规模均迈上了300亿元平台。整体呈现出“有数字、有质量，有方向、有目标，有担当、有形象”的新特点。

【公司业务】 2019年，光大银行烟台分行“调结构、增效益”取得实效。大力加强项目储备，优化项目库管理机制，强化综合服务能力建设，资负结构、客户结构、效益结构进一步优化，与优质国企、上市公司、重点民企的合作关系继续深化，与威高集团、烟台港集团签订战略合作协议，银企关系更加深化；支持普惠金融业务取得成效。截至2019年末，对公存款余额为231元，新增38亿元；普惠贷款余额为19.40亿元，新增2.90亿元，全面完成“两增两控”监管指标。对公客户总数突破1万户，新开户2,925户，有效户净增898户，授信户新增115户。

【个人业务】 2019年，光大银行烟台分行聚焦上规模、增存款、提产能，管理资产、对私存款、核心存款等规模类指标，营收、中收等效益类指标均大幅超额完成总行预算。截至2019年末，光大银行烟台分行管理资产达到343亿元，新增56亿元；储蓄存款余额为100亿元，新增19亿元；个贷余额为60亿元，增长7亿元，增量创历史新高；信用卡业务营业收入为3.7亿元；零售客户总量突破120万户，达到129万户，潜力及以上客户新增7,435户。

【国际业务】 2019年，光大银行烟台分行以具有竞争优势的外汇交易产品和阳光供应链金融为着力点，积极支持进出口企业融资需求，重点打造了以“财汇盈”“阳光供应链”为代表的贸易金融名品，利用丰富的境内外平台，帮助企业规避汇率风险，实现境内外融资。全年实现收付汇量44亿美元，同比增长15%，表内外贸易融资余额为114亿元，同比增长55%。

【中间业务】 2019年，光大银行烟台分行以低资本占用业务为导向，大力发展中间业务。全年全行实现中间业务收入4亿元；公司条线实现中间业务收入1.2亿元，其中贸易金融中间业务收入为5,652万元，同比增长20%；零售业务中间业务收入为1.10亿元，其中代理中收6,000万元，同比增长25%。2019年，光大银行烟台分行承销债券56亿元，市场占比为20%，烟台地区市场排名第一。

【电子银行业务】 2019年，光大银行烟台分行以网络和电子支付活跃户、收单业务、线上贷款等产品为依托，大力发展特色缴费和机构重点项目。“云缴费”新增40项，实现了生活缴费领域的全覆盖、项目的同业输出。其中，取暖费归集6.8亿元，同比增长64%；“云缴费”在蓬莱地区教育领域形成规模效应和品牌效应。

【风险控制】 2019年，光大银行烟台分行贯彻落实集团和总行支持实体经济要求，优先支持先进制造业、全市238个重点项目、基础设施补短板领域和“独角兽”科创类企业等的融资需求，以及中长期贷款，行业结构、期限结构持续优化。通过主动加强预警管理、重点监测、诉讼清收、追加担保等措施，积极优化信贷质量，化解潜在和存量风险，全力打好资产质量保卫战。2019年，光大银行烟台分行不良贷款实现“双降”。不良贷款率为1.38%，较年初下降0.28个百分点；关注率为1.13%，较年初下降1.05个百分点，较可比同业均值分别低0.78个和2.89个百分点。年内累计处置不良贷款4亿元，同比增长86%；信用卡全口径催收8,239万元，同比增长43%。

2019年，光大银行烟台分行将纪检监督与内部审计、法律合规、风险管理等各种监督力量有效整合，织密制度之网，筑牢合规堤坝，构建起了党委统一指挥、全面覆盖、权威高效的合规运行体系。光大银行烟台分行紧抓总行巡视审计问题整改和党风廉政建设，重拳出击追责问责违反党纪行规、员工行为失范50人次，是2018年的6倍；组织签订了党风廉政建设责任书、落实亲属回避制度、完成员工经商办企业排查，将党风廉政建设落到实处。

（曹敬波、杨鸿远）

附表1

机构概况一览表

行长（或其他称谓的第一负责人）		副行长（或其他称谓的同级领导）	
夏 伟		唐 宁、刘雨梦、杨 林、张清艳、李 帅	
地址	山东省烟台市芝罘区南大街111号	邮编	264000
网址	http://www.cebbank.com/	客服电话	95595

附表2

内设部门及分支机构一览表

年度	内设机构（个）	下设分支机构（个）		员工人数（人）	
		地市级机构数	县区级机构数	员工总数（含非正式员工）	正式员工数
2015	15	6	5	448	424
2016	16	6	5	453	429
2017	18	6	6	487	463

续表

年度	内设机构（个）	下设分支机构（个）		员工人数（人）	
		地市级机构数	县区级机构数	员工总数（含非正式员工）	正式员工数
2018	18	7	6	488	464
2019	20	7	6	493	469

附表3

主要统计指标1

单位:亿元

项目	2015年	2016年	2017年	2018年	2019年	2019年同比增幅（%）
本外币资产总额	312.09	269.72	292.85	300.24	378.06	25.92
本外币存款余额	296.97	243.52	260.27	274.11	331.49	20.93
人民币存款余额	274.77	221.80	233.19	243.71	294.99	21.04
单位存款	213.00	161.36	172.79	166.37	197.83	18.91
储蓄存款	61.77	60.44	60.40	77.34	95.74	23.78
本外币贷款余额	156.86	176.11	201.23	218.03	252.36	15.75
人民币贷款余额	149.31	162.53	179.94	195.06	224.08	14.88
短期贷款	76.91	61.32	67.67	83.63	95.02	13.62
中长期贷款	66.24	91.14	107.30	105.57	121.40	14.99
票据融资	5.91	10.01	4.63	5.05	7.28	44.25
利润总额	3.89	3.86	4.56	4.23	4.41	4.26
不良贷款余额	1.33	1.07	1.65	3.61	3.48	-3.69
不良贷款占比（%）	0.85	0.61	0.82	1.66	1.38	-16.87

附表4

主要统计指标2

项目	2015年	2016年	2017年	2018年	2019年	2019年同比增幅（%）
单位结算账户（万户）	0.52	0.55	0.62	0.77	1.00	29.88
单位结算金额（亿元）	1,944.00	2,960.00	3,415.00	4,188	4,774.00	14.00
个人结算账户（万户）	78.49	83.36	87.72	87.63	129.65	48.29
个人结算金额（亿元）	5,010.35	5,410.21	5,323.03	5,521.30	6,546.04	18.00
信用卡发卡量（万张）	7.33	11.33	12.35	13.58	12.47	-8.00
信用卡消费额（亿元）	141.60	200.75	270.31	352.88	395.66	12.00
企业网银客户（万户）	0.45	0.48	0.57	0.77	0.92	19.48
个人网银客户（万户）	30.84	35.60	39.20	46.50	57.80	24.30
手机银行客户（万户）	19.60	21.90	25.90	33.21	54.20	63.20
现金自助设备（台）	80	72	70	72	64	-11.10
营业网点（个）	11	11	12	13	13	0.00
自助网点（个）	27	22	21	17	15	-11.70

华夏银行股份有限公司济南分行

【第一负责人简介】 符盛丰，男，汉族，1963年8月出生，中共党员，高级会计师；历任中国人民银行会计司财务处副处长、会计制度处副处长，华夏银行太原分行党委书记、行长，华夏银行北京分行行长，华夏银行总行会计部总经理；现任华夏银行股份有限公司济南分行（简称华夏银行济南分行）营销总监，济南分行党委书记、行长。

【综述】 2019年，华夏银行济南分行坚持稳中求进工作总基调和新发展理念，旗帜鲜明抓党建，全力以赴谋发展，深化改革创新，强化经营转型，加强精细化管理，提高综合服务能力，努力打造“华夏服务”品牌，推动各项业务持续健康发展，进一步树立良好的企业形象。

【公司业务】 2019年，华夏银行济南分行积极融入主流经济，聚焦省内重大项目，不断加大对实体经济的信贷支持力度，深化营销机制转型，强化产品创新运用，推动公司业务稳健持续发展。一是持续深化客户开发，提升综合服务能力，为3.60万户公司客户提供优质金融服务，机构客户营销及政府类平台资格获取取得新突破。二是积极服务于山东省新旧动能转换综合试验区建设和自由贸易试验区总体方案，2019年营销山东省新旧动能转换基金16只，计划规模为190.00亿元；在济南片区和烟台片区成立专业服务机构，积极落实各项结算便利化措施，为自贸区企业提供更加快捷的金融服务。三是“商行+投行”作业模式进一步优化。整合业务资源，建立业务闭环，“贷、承、投、顾”协同，在服务省内重点企业和项目上实现突破。托管规模突破千亿元，近三年年均复合增长率超190%，同业渠道搭建力度和资源贡献度不断加大。四是打造“金融服务的资源整合者”，全力推进经营转型。持续打造绿色金融特色业务，作为省内首家签约金融机构，与山东省能源局签署战略合作协议，全面助力省内绿色能源发展。推进金融科技创新，加大自主开发力度，有力服务和支持了业务发展。

【个人业务】 2019年，华夏银行济南分行坚持以客户为中心，通过构建金融生态圈，积极搭建营销平台，提升客户服务体验，强化重点产品营销，个人业务实现较好发展。一是积极推进营销机制建设，强化资源配备，做大个人客户群体，提升规模占比和盈利贡献度。截至2019年末，华夏银行济南分行个人基础客户数量为15.65万户，较年初净增1.89万户。二是强化“以产品打市场”营销模式，重点打造理财、代发、商户三大增存主渠道，积极推进社区、老年、出国、ETC四大生态圈建设，夯实发展基础。三是积极顺应消费升级，推动个贷业务过百亿元大关，较年初增长24.69亿元。做强消费信贷客群，完善消费场景搭建，提升市场影响力，全年信用卡业务新增发卡12.79万张。四是切实强化消费者权益保护工作，推进网点规范服务和消保服务内训双提升工程。2019年，辖属聊城建设支行、滨州分行营业部被评为“中国银行业文明规范服务五星级营业网点”，华夏银行济南分行被山东省银行业协会评为“普及金融知识万里行”活动优秀组织单位。

【国际业务】 2019年，华夏银行济南分行进一步强化资源整合和精细化管理，加大国际业务产品组合运用力度，大力发展轻资产、轻资本业务，实现国际业务收入、规模和客户的均衡增长。一是强化产品运用，加大境外发债、代理同业结算及二级市场福费廷业务营销力度，增加国际结算量，拓宽增收渠道。二是客户基础进一步夯实，联动营销，多点发力，有效提高业务办理效率，综合客户服务能力显著提升。将结算、融资、避险、资金等国际业务向客户进行综合推介，增强客户黏性。三是国际业务优势不断凸显。同业代理业务稳步发展，资本项下业务贡献突出，打造新的利润增长点，与省内重点企业的良好合作关系得到进一步夯实。四是严守合规底线，多措并举提高外汇业务管理水平。2019年，在外汇局山东省分局银行外汇业务合规与审慎经营评估考核中均被评为A类行。

【中间业务】 2019年，华夏银行济南分行积极调整业务结构，推动经营转型，深挖中间业务增长潜力，实现中间业务净收入7.92亿元。一是在做好资管、托管、债务融资工具承销和结算等业务的基础上，大力发展贸易金融业务和信用卡业务，贸易金融业务利润为1.18亿元，实现信用卡中间业务收入5.85亿元，同比增长26.00%。二是加大托管营销力度，聚焦信托财产保管、银行理财、证券投资基金、保险资产保管和资金监管等领域，做大资产托管规模，带动中间业务收入增长。三是做大票据贴现业务规模，实现年初超百亿元目标。四是以现金管理和理财业务为重点，积极发展财富管理业务。

【电子银行业务】 2019年，华夏银行济南分行积极适应互联网金融发展，强化主动担当作为意识，充分发挥网络金融平台互联互通、线上化服务优势，细化措施，强力推动，在获客引流、带动中收及存款增长方面取得实效。一是全面推广手机银行5.0，实施网络金融客户协同渐进式营销，带动渠道服务价值提升。二是深入开展电子支付客群营销，积极与第三方支付公司开展网联业务合作对接，组织挖掘细分潜力客户，助力电子支付客群成长。三是运用公司网络金融基础产品体系，服务广大实体企业，满足客户多元化需求。2019年末，华夏银行济南分行移动银行客户数累计达86.79万户，较年初净增14.86万户。

【风险控制】 2019年，华夏银行济南分行进一步深化全面风险管理，强化总体风险管控，着力提升资产质量，实现稳健经营运行。一是抓好业务结构调整，持续优化信贷结构，强化授信业务全流程风险管控，严把授信准入关，切实提高贷后管理工作质量，塑造良好信贷文化。二是强化风险穿透式管理，坚持信用风险、流动性风险、市场风险、操作风险、声誉风险、案件风险统筹管理，按照实质重于形式的原则穿透式管理，实现动态把控，确保全行平稳运营。三是加强内控合规建设，深入贯彻落实总行和监管部门的工作要求，保持案防高压态势，完善洗钱风险管理体系，加强营业场所和员工异常行为管理，打造全员合规文化。四是立足"风险为本"，强化安全保卫和维稳工作，稳健推进运营体制改革，确保"零案件"工作目标，为全行经营发展营造良好环境。

（蒯祎樯）

附表1

机构概况一览表

行长（或其他称谓的第一负责人）		副行长（或其他称谓的同级领导）	
符盛丰		刘增文、李延伟、杨晓丽、王玉芳	
地址	山东省济南市纬二路138号	邮编	250000
网址	http：//www.hxb.com.cn/	客服电话	95577

附表2

内设部门及分支机构一览表

年度	内设机构（个）	下设分支机构（个）		员工人数（人）	
		地市级机构数	县区级机构数	员工总数（含非正式员工）	正式员工数
2015	17	7	43	1,504	1,343
2016	19	7	49	1,549	1,410
2017	19	7	50	1,643	1,507
2018	20	8	56	1,649	1,556
2019	20	8	55	1,570	1,477

附表3

主要统计指标1

单位：亿元

项目	2015年	2016年	2017年	2018年	2019年	2019年同比增幅（%）
本外币资产总额	654.12	730.23	770.06	777.10	669.76	-13.81
本外币存款余额	600.21	679.56	683.02	617.56	659.91	6.86
人民币存款余额	561.96	647.51	655.35	593.06	615.91	3.85
单位存款	261.56	286.81	377.28	295.12	323.08	9.47
储蓄存款	118.71	135.55	141.81	159.62	188.93	18.36
本外币贷款余额	515.29	578.01	637.76	663.41	652.99	-1.57
人民币贷款余额	475.51	551.85	605.99	642.58	625.91	-2.59
短期贷款	333.54	355.18	360.95	298.39	278.93	-6.52
中长期贷款	134.11	189.53	241.24	321.03	346.98	8.08

续表

项目	2015年	2016年	2017年	2018年	2019年	2019年同比增幅（%）
票据融资	4.81	3.30	1.00	11.52	25.55	121.79
利润总额	13.22	14.22	11.10	-1.37	-22.24	—
不良贷款余额	3.98	5.88	8.43	20.06	20.33	1.35
不良贷款占比（%）	0.77	1.02	1.32	3.02	3.11	2.98

附表4

主要统计指标2

项目	2015年	2016年	2017年	2018年	2019年	2019年同比增幅（%）
单位结算账户（万户）	2.34	2.55	3.11	3.37	3.67	8.90
单位结算金额（亿元）	10,789.00	12,728.00	15,628.00	15,643.00	15,428.88	-1.37
个人结算账户（万户）	108.20	121.13	130.75	138.33	146.61	5.99
个人结算金额（亿元）	5,885.00	6,077.00	7,669.00	7,724.00	6,730.88	12.86
信用卡发卡量（万张）	7.05	15.03	20.61	34.75	12.79	-63.19
信用卡消费额（亿元）	128.10	221.88	382.99	600.45	641.96	6.91
企业网银客户（万户）	1.25	1.56	2.04	2.27	2.49	9.69
个人网银客户（万户）	27.36	30.39	31.80	33.15	33.94	2.38
手机银行客户（万户）	24.01	38.45	53.59	70.21	84.25	20.00
现金自助设备（台）	264	273	267	218	200	-8.26
营业网点（个）	47	48	50	56	55	-1.79
自助网点（个）	64	71	69	65	63	-3.08

华夏银行股份有限公司青岛分行

【第一负责人简介】　于丰星，男，汉族，1968年4月出生，山东省青岛即墨人，中共党员，会计师、工程师，在职研究生学历、硕士学位，毕业于武汉理工大学工商管理专业；1991年7月参加工作，历任中国银行即墨支行副行长，华夏银行城阳支行副行长、行长，华夏银行即墨支行行长，华夏银行青岛分行副行长等职，现任华夏银行股份有限公司青岛分行（简称华夏银行青岛分行）党委书记、行长。

【综述】　2019年，华夏银行青岛分行在华夏银行总分行党委的正确领导下，认真贯彻总分行年初工作会议要求，紧紧围绕效益这一核心目标，深化机制转型、优化结构调整、强化资源整合，各项工作发展基础得到进一步夯实，经营态势持续向好，主要经营指标符合预期。全年实现拨备前利润14.89亿元、中间业务净收入5.76亿元，一般性存款日均增量为36.84亿元；个人金融资产总量为344.00亿元，完成计划的101.50%；运营费用成本收入比降低；普惠金融发展取得新成果，小微企业条线贷款增量为3.75亿元，完成计划的37.50%。

【公司业务】　2019年，华夏银行青岛分行坚持融入主流经济，助力供给侧结构性改革，持续加大对本地重点项目、民生领域和战略性新兴产业的金融支持力度。全年新增对公客户2,000户，公司客户数突破2.80万户，实现对公表内贷款余额288.00亿元，新增融资租赁、债权融资计划、保险债权投资计划等产品投放315.00亿元。用“商行+投行”“核心+生态”的发展策略服务重点项目和重点客户。深化与人保资管等金融机构的合作，支持城投、国信等本地平台项目开发，促进地方经济发展。推广华夏银行龙惠贷业务品牌，惠及万余家经销商，助力海尔集团产业升级。推进与新华锦等大型企业系统直连，创新构建供应链金融平台和APP信贷管理模式，公司业务信息化建设进一步提速，营销保障能力和综合服务水平迈上新台阶。

【个人业务】 2019年，华夏银行青岛分行延续个人业务特色分行良好势头，对标同业、做强特色，以建设财富、联动、商贸、消费、普惠金融五大营销工程为主线，争做青岛地区最具竞争力的银行。强化“华夏服务，传递幸福”品牌建设，扎根社区，积极对接街道、居委会开展惠民系列活动，进一步提升品牌影响力；围绕车服务、餐饮、观影、健康、儿童娱乐等主题商户活动，2019年卡均交易额大幅提升，提高了持卡人满意度与忠诚度；加快助农服务点建设，覆盖平度、即墨、胶州、胶南等县域地区，服务客户3,400余户，切实将普惠金融服务范围扩展至广大农村地区。针对中老年、中高端客户需求，推出“微信课堂”、网点沙龙、财富讲座、贵金属展销会等特色服务，全年个人业务实现中收4.56亿元，同比增长14.00%；个人存款日均余额为126.59亿元，较年初增加15.54亿元，余额排名当地可比同业第四位。全年新增信用卡VIP客户5.98万户，拉动中收3.62亿元。

【国际业务】 2019年，华夏银行青岛分行国际业务认真贯彻总行“上量、提效、守规、控险”八字方针，积极开展精准营销，客户基础进一步夯实。年内实现国际结算量40.60亿美元、结售汇19.30亿美元，国际业务有效客户数量达到575户，新增35户。同时，继续扎实推进国际业务结构调整，转型发展起步良好，国际结算收益率、结售汇收益率均高于系统内平均水平，国际业务结构更加合理。年内持续压缩高风险融资业务，积极拓展纯结算业务，国际业务整体运行更加稳健，业务风险持续降低，服务能力大幅提高。

【中间业务】 2019年，华夏银行青岛分行大力推进中间业务发展，实现中间业务净收入5.76亿元。实现信用卡中间业务净收入3.61亿元；推进同业团队建设，大力发展债务融资工具承销、理财销售、同业投资等业务，同业条线完成中间业务收入0.20亿元；国际业务实现结构转型，主动退出高风险客户、培养新客户，国际业务量和中间业务收入稳步增加，国际条线实现中间业务收入0.69亿元。

【电子银行业务】 2019年，华夏银行青岛分行公司电子银行业务产品不断丰富。紧跟未来银行发展方向，搭建电子银行综合金融服务平台，大力发展移动金融业务。依托手机银行、直销银行平台，通过互联网应用场景衔接，构建“直销银行+生态圈”的客户服务体系，业务发展较快。公司网银客户达30,788户，同比增长15.34%；公司网银使用客户达18,981户，同比增长7.3 %；公司网银交易客户达14,742户，同比增长11.60%；新开公司客户开通网银比例达到96.00%，同比持平；企业网银动账交易达301,163万笔，同比增长84.00%。

【风险管理】 2019年，华夏银行青岛分行扎实推进全面风险管理新体制，持续完善风险管理机制，形成了覆盖信用风险、市场风险、操作风险、信息科技风险等各种风险类别的全面风险管理体系；进一步完善全面风险管理考核实施细则、二级分行首席风险官考核实施细则、风险管理与内部控制委员会工作实施细则等制度，通过考评制度有效促进各条线、各层级风险管理责任落到实处。

（强 滨、贺丽妍、邵大恺）

附表1

机构概况一览表

行长（或其他称谓的第一负责人）		副行长（或其他称谓的同级领导）	
于丰星		赵 劼、崔 巍、顾新静、刘佳来、邵作钢	
地址	山东省青岛市市南区东海西路5号甲	邮编	266071
网址	http：//www.hxb.com.cn/	客服电话	95577

附表2

内设部门及分支机构一览表

年度	内设机构（个）	下设分支机构（个）		员工人数（人）	
		地市级机构数	县区级机构数	员工总数（含非正式员工）	正式员工数
2015	17	1	28	750	750
2016	18	1	30	816	816
2017	20	1	31	854	854

续表

年度	内设机构（个）	下设分支机构（个）		员工人数（人）	
		地市级机构数	县区级机构数	员工总数（含非正式员工）	正式员工数
2018	20	1	31	844	844
2019	20	1	31	813	813

附表3

主要统计指标1

单位：亿元

项目	2015年	2016年	2017年	2018年	2019年	2019年同比增幅（%）
本外币资产总额	501.26	463.15	443.44	441.28	429.74	-2.62
本外币存款余额	348.13	331.23	354.92	360.99	381.11	5.57
人民币存款余额	313.33	307.34	332.30	348.11	372.69	7.06
单位存款	226.93	215.30	258.19	245.73	252.63	2.81
储蓄存款	86.40	92.04	96.73	115.26	128.48	11.47
本外币贷款余额	310.07	363.43	376.87	417.66	429.44	2.82
人民币贷款余额	277.32	335.22	353.13	403.30	420.12	4.17
短期贷款	145.09	177.59	180.59	175.29	168.34	-3.96
中长期贷款	132.23	157.63	196.28	228.01	261.10	14.51
票据融资	18.40	5.45	2.14	5.08	2.07	-59.25
利润总额	2.05	3.94	2.59	-2.02	-4.33	—
不良贷款余额	5.98	5.67	9.74	11.26	13.97	24.07
不良贷款占比（%）	1.93	1.56	3.00	2.70	3.25	20.37

附表4

主要统计指标2

项目	2015年	2016年	2017年	2018年	2019年	2019年同比增幅（%）
单位结算账户（万户）	1.39	1.48	2.27	2.50	2.60	4.00
单位结算金额（亿元）	7,876.33	8,984.15	10,247.79	11,914	9,028.41	-24.20
个人结算账户（万户）	66.47	73.47	84.00	95.77	107.24	11.98
个人结算金额（亿元）	3,865.56	4,017.00	4,174.00	4,337.00	4,510.00	4.00
信用卡发卡量（万张）	8.57	12.67	19.37	31.79	38.27	20.38
信用卡消费额（亿元）	130.97	201.73	310.66	330.22	357.36	8.22
企业网银客户（万户）	0.99	1.20	1.56	1.83	2.22	21.30
个人网银客户（万户）	16.04	17.44	18.56	19.15	19.39	1.20
手机银行客户（万户）	14.07	24.81	34.03	43.62	52.70	20.82
现金自助设备（台）	290	234	217	199	123	-38.20
营业网点（个）	28	29	35	37	37	0.00
自助网点（个）	60	57	26	26	20	-23.07

中国民生银行股份有限公司济南分行

【第一负责人简介】 徐文华，男，浙江杭州人，中共党员，硕士研究生学历，经济师；历任中国民生银行杭州分行党委委员、行长助理、副行长，温州分行党委副书记（主持工作）、党委书记、行长；2018年10月起任中国民生银行股份有限公司济南分行（简称民生银行济南分行）党委书记、行长。

【综述】 2019年，民生银行济南分行按照总行战略部署，为支持区域经济高质量发展，积极推进“促改革转型、推区隔经营、抓管理提升、强合规建设”的经营策略，持续深化改革创新举措，不断改进金融服务方式，构建全面风险管理体系，促进各项业务较快发展和经营管理水平持续提升。截至2019年，各项存款余额为1，121.93亿元，同比增加77.74亿元，其中储蓄存款余额为269.55亿元，同比增加51.13亿元；各项贷款余额为1，021.71亿元，同比增加143.56亿元；2019年共实现营业收入40.98亿元。

【公司业务】 2019年，民生银行济南分行依托“民营企业的银行、科技金融的银行和综合服务的银行”三大战略定位，持续加大对全省新旧动能转换工程和民营及中小企业的支持力度，做强公司金融。坚持与民营企业共成长，与省内一批优秀民营企业建立了战略合作关系，推行“1+3”样板间服务模式，为民企提供全方位的综合金融服务，着力打造民企服务首选银行的品牌形象。实施中小企业“萤火计划”，以“股东服务思维”的方式，整合银行内外部资源，联合省科技厅举办了“萤火计划”科创企业投资峰会，为省内科创企业提供“融资 + 融智 + 融商”的“一站式”综合服务。积极参与隐性债务风险化解工作，成为省内隐性债务置换的首家落地金融机构。2019年，民生银行济南分行公司业务实现净收入21.14亿元；公司业务金融资产余额为1，285.61亿元，其中对公贷款余额为524.79亿元，同比增加30.51亿元；对公客户达2.16万户，同比增加0.25万户。

【个人业务】 2019年，民生银行济南分行持续推进零售客群经营，实施财富革新计划导入，推动客户化厅堂模式全覆盖，加强零售产品适配销售，调整资产结构，做大零售业务。坚持“做小微企业的银行”战略定位，持续优化业务流程，推行云账户“流量经营”优化项目和“互联网+不动产抵押登记”项目，进一步提升小微企业结算、融资便利化水平；大力推广“网乐贷”“政采贷”等信用类贷款，满足小微企业融资需求。2019年，民生银行济南分行零售业务实现净收入13.19亿元；金融资产规模突破600.00亿元，余额达644.84亿元，新增69.88亿元；零售有效客户数为19.14万户，同比增加0.94万户；零售贵宾客户数为12.85万户，同比增加0.75万户；私人银行达标客户数为620户，同比增加70户；个人贷款余额为286.84亿元，同比增加50.9亿元，其中小微贷款余额为136.30亿元，同比增加18.06亿元。

【国际业务】 2019年，民生银行济南分行主动顺应外贸发展新趋势，积极支持对外贸易便利化，2019年，实现国际结算量18.79亿美元，同比增加5.44亿美元，并取得了多项业务突破，相继落地了关税保函、汇总征税保函、付款保函+福费廷、区块链国内证、分离式保函等业务；协助客户实现境外发债回流1.30亿美元。持续加大金融科技力量、创新服务模式，推进“国际贸易单一窗口”平台上线应用，举办“海纳百川 · 关通天下”暨客户海关业务座谈会，为进出口企业提供了报关报检、退税缴税、支付结算、贸易融资等全流程、线上化、“一站式”服务。

【中间业务】 2019年，民生银行济南分行注重加强产品应用和产品推广，推动中间业务收入结构改善和业务多元化发展，盈利能力进一步提升。承销融资发债206亿元，在系统内排名第三位；债务融资工具承销规模在分行当地（除青烟威日）同业中排名第一位，保持了区域领先地位。推动资产证券化业务多维度突破，实现了首单ABN、CLO、CMBS等业务落地；助力客户成功发行4笔境外美元债业务；托管业务规模突破1，500.00亿元。2019年，民生银行济南分行实现中间业务收入3.96亿元。

【电子银行业务】 2019年，民生银行济南分行积极落实科技金融战略要求，充分利用直销银行、手机银行、“民生付”“银企直联”等电子银行产品，加强网络产品和业务平台建设，不断增强产品体验，强化银企直联、网络支付等平台建设，促进网络金融与传统业务的深度融合，打造开放高效的创新平台，为客户提供更丰富的产品和更智慧的服务。截至2019年末，民生银行济南分行零售线上平台用户数达到224.60万户，同比增加22.60万户，在系统内排名第四位；直销银行客户数为78.50万户，在系统内排名第四位。

【风险控制】 2019年，民生银行济南分行加强全面风险管理，强化授信审查与评级管理，优化了授信设计与产品配置。推进“坏银行”专业化经营管理，落实问题资产清收“五专”机制，从改变清收处置模式、梳理优化业务流程、创新考核方式办法、深入精细化管理等方面入手，加快问题资产处置进度。截至2019年末，民生银行济南分行不良贷款占比为1.44%。坚持“强管理、重合规”，开展了“精益进取 追求卓越”管理提升年和“坚守底线 行稳致远”合规文化建设年活动，不断夯实各项基础工作，增强了管理对业务发展的促进作用。在中国人民银行济南分行2019年度金融机构综合评价中获评“A级单位”。

（王华栋、李 新）

附表1

机构概况一览表

行长（或其他称谓的第一负责人）		副行长（或其他称谓的同级领导）	
徐文华		彭曙光、韩咏军、陈 红、马 涛	
地址	山东省济南市市中区舜耕路28号拱北楼	邮编	250014
网址	http://www.cmbc.com.cn	客服电话	95568

附表2

内设部门及分支机构一览表

年度	内设机构（个）	下设分支机构（个）		员工人数（人）	
		地市级机构数	县区级机构数	员工总数（含非正式员工）	正式员工数
2015	24	5	46	2,013	1,817
2016	23	6	47	1,971	1,808
2017	27	7	48	1,899	1,763
2018	26	7	48	1,923	1,785
2019	27	7	48	1,921	1,783

附表3

主要统计指标1

单位：亿元

项目	2015年	2016年	2017年	2018年	2019年	2019年同比增幅（%）
本外币资产总额	1,121.03	1,289.09	1,106.26	1,115.86	1,178.58	5.62
本外币存款余额	963.59	1,044.43	991.97	1,044.19	1,121.93	7.45
人民币存款余额	933.04	1,028.73	986.71	1,033.16	1,112.31	7.66
单位存款	693.87	799.79	782.99	816.67	844.70	3.43
储蓄存款	239.17	228.94	208.97	216.49	267.61	23.61
本外币贷款余额	589.20	854.75	883.49	877.14	1,020.71	16.37
人民币贷款余额	589.20	854.71	883.46	872.41	1,018.92	16.79
短期贷款	461.62	432.00	451.43	389.69	381.80	-2.02
中长期贷款	107.86	305.12	387.87	424.01	561.98	32.54
票据融资	14.31	112.76	40.17	25.07	42.77	70.60
利润总额	16.38	14.12	6.33	-17.25	3.78	121.91
不良贷款余额	5.33	8.00	17.71	12.26	14.74	20.23
不良贷款占比（%）	0.90	0.92	2.00	1.40	1.44	2.86

附表4

主要统计指标2

项目	2015年	2016年	2017年	2018年	2019年	2019年同比增幅（%）
单位结算账户（万户）	5.06	6.09	8.57	10.04	11.89	18.43
单位结算金额（亿元）	26,440.00	26,350.00	22,161.00	21,263.00	23,174.00	8.99
个人结算账户（万户）	185.70	223.30	283.50	317.94	344.02	8.20
个人结算金额（亿元）	23,280.00	24,218.00	18,548.00	25,389.00	19,648.00	-22.61
信用卡发卡量（万张）	16.37	27.13	55.69	62.47	100.19	60.38
信用卡消费额（亿元）	479.84	579.46	855.12	1,220.93	1,608.46	31.74
企业网银客户（万户）	3.40	3.08	3.36	3.87	4.78	23.51
个人网银客户（万户）	64.40	78.30	93.40	117.80	131.80	11.88
手机银行客户（万户）	94.60	120.00	142.00	187.00	202.00	8.02
现金自助设备（台）	652	610	537	432	342	-20.83
营业网点（个）	147	162	170	138	128	-7.25
自助网点（个）	268	87	76	66	34	-48.48

中国民生银行股份有限公司青岛分行

【第一负责人简介】　范国德，汉族，1962年10月出生，中共党员，山东长岛人，硕士研究生学历，高级经济师；2017年3月任中国民生银行青岛分行党委书记，2017年6月至今任中国民生银行股份有限公司青岛分行（简称民生银行青岛分行）党委书记、行长。

【综述】　民生银行青岛分行成立于2006年3月18日，是中国民生银行在山东省内设立的第二家一级分行。经过十多年的发展，民生银行青岛分行在青岛、烟台、威海、日照四地已设立36家分支机构（含营业部），其中二级分行3家，同城支行17家，县域支行16家。

【公司业务】　2019年，民生银行青岛分行坚定不移地执行中央关于更好地服务民营企业实体经济的政策方针，坚持以客户为中心，围绕“民营企业的银行、科技金融的银行和综合服务的银行”三大战略定位。践行民企战略，全行上下联动，初步实现总行级战略客户深度开发。组建供应链金融推动与操作专项管理团队，实行前中后台一体化管理，推广重点客户综合服务模式，落实“一户一策”方案，实现供应链金融新突破。

【个人业务】　2019年，民生银行青岛分行坚持以夯实个人客群经营为核心，以做大客群规模，做深客群经营为目标，着力推进“轻经营模式”以及“C7+FC经营模式”，打通从新客、大众客群（M）、财富客群（XYZ）到私人银行客群（P）的递进经营通道。以客户为中心，全力提升客户体验，做优服务。加快“产品、管理、技术”三大平台建设。加快产品创新，不断充实产品货架；不断创新和优化考核体系，持续推进零售作业和管理标准化，强化团队能力建设和培训等相关配套保障体系建设，为客群经营策略落地提供系统平台支持。

【国际业务】　2019年，民生银行青岛分行坚持“深耕场景、丰富产品”，运用产品服务客户，回归业务本源。开展全球账户可视、跨境资金池、电子保函等产品重点营销，“单一窗口”签约客户数位列系统第一。通过国际信贷产品为客户提供中长期资金，满足企业对外工程承包、跨境并购、企业境外投资等“走出去”的需求。

【中间业务】　2019年，民生银行青岛分行根据市场变化不断调整策略，中间业务从办理传统的支付结算类、代理类和担保类业务发展到提供各类理财业务、投行业务和贵金属业务等综合型金融服务，业务规模和质量都有明显进步，较好地满足了客户对支付结算、投资理财、风险管理等方面日益增长的金融消费需求。

【电子银行业务】 2019年，民生银行青岛分行顺应时代发展，积极拓展电子银行业务，培养新利润增长点。电子银行客户数及直销银行客户数、金融资产实现跨越式增长；重视开展网络金融平台项目，布局线上批量获客；致力于“主动走出去”，先后与多家数据分析公司、加工制造类企业、金融公司等开展网络金融平台项目合作。

【风险控制】 2019年，民生银行青岛分行多措并举，创新管理模式，严把风险，严控不良。加速问题资产处置，实施问题资产专业化经营，明确划分“好银行”和“坏银行”管理。“好银行”方面，确立“全面贷后、实质贷后”的指导思想，对客户重新进行分类，建立贷后台账，拟定更加细致、覆盖范围更广的全面贷后方案，在贷后过程中发现问题、处理问题，尽可能降低风险。加强风险预警，及时下达排查工单，对存在实际风险的客户第一时间发起预警并制定风险化解措施，提升对授信客户风险识别的及时性和准确性，为风险化解争取宝贵时间。“坏银行”方面，针对每笔问题资产的特点，采取“一户一策”的清收处置策略，灵活运用诉讼、转让、核销等各种清收手段最大限度地保障分行利益，实现不良、逾期指标“双降”。加深风险文化教育，建立健全全面风险管理体系，彻底扭转“重发展、轻管理，重数据、轻内涵，重创新、轻风险”等现象，夯实发展基础。

（曲 静、王 垒）

附表1

机构概况一览表

行长（或其他称谓的第一负责人）		副行长（或其他称谓的同级领导）	
范国德		高建绪、李加岭、林 青、李少波、徐 峰	
地址	山东省青岛市崂山区海尔路190号民生大厦	邮编	266100
网址	http://www.cmbc.com.cn	客服电话	95568

附表2

内设部门及分支机构一览表

年度	内设机构（个）	下设分支机构（个）		员工人数（人）	
		地市级机构数	县区级机构数	员工总数（含非正式员工）	正式员工数
2015	29	3	30	1,048	956
2016	27	4	33	1,014	934
2017	25	4	33	956	902
2018	25	4	32	909	861
2019	25	4	32	898	875

附表3

主要统计指标1

单位：亿元

项目	2015年	2016年	2017年	2018年	2019年	2019年同比增幅（%）
本外币资产总额	420.73	389.24	417.70	663.87	911.71	37.33
本外币存款余额	378.54	318.91	352.39	604.40	887.34	46.81
人民币存款余额	368.74	311.24	308.88	536.88	838.85	56.25
单位存款	297.26	238.84	249.39	457.39	726.34	58.80
储蓄存款	71.48	72.40	59.49	81.05	108.79	34.23
本外币贷款余额	273.83	319.97	330.45	458.14	466.29	1.78
人民币贷款余额	273.83	319.97	330.45	390.11	441.91	13.28
短期贷款	138.57	165.48	159.36	146.34	136.69	-6.59
中长期贷款	109.73	141.90	161.86	228.85	280.61	22.62

续表

项目	2015年	2016年	2017年	2018年	2019年	2019年同比增幅（%）
票据融资	25.51	12.60	6.65	9.11	15.66	71.90
利润总额	2.92	-10.69	3.10	-10.56	-6.22	—
不良贷款余额	8.66	21.68	15.31	13.05	8.14	-37.62
不良贷款占比（%）	3.16	6.78	4.63	2.85	1.75	-38.60

附表4

主要统计指标2

项目	2015年	2016年	2017年	2018年	2019年	2019年同比增幅（%）
单位结算账户（万户）	1.91	2.06	2.20	3.00	3.00	0.00
单位结算金额（亿元）	40.44	36.62	53.59	128.01	183.26	43.16
个人结算账户（万户）	49.87	66.36	74.93	127.00	145.00	14.17
个人结算金额（亿元）	72.10	73.44	60.50	31.08	31.11	0.10
信用卡发卡量（万张）	3.92	7.53	15.38	29.32	14.28	-51.30
信用卡消费额（亿元）	101.92	130.83	217.70	539.43	388.05	-28.06
企业网银客户（万户）	1.30	1.71	2.09	2.50	3.16	26.40
个人网银客户（万户）	13.94	15.21	16.43	27.05	36.80	36.04
手机银行客户（万户）	40.36	58.57	72.91	84.21	92.66	10.03
现金自助设备（台）	339	269	220	136	135	-0.01
营业网点（个）	33	37	37	36	36	0.00
自助网点（个）	229	174	143	82	12	-85.37

招商银行股份有限公司济南分行

【第一负责人简介】 辛亮，男，汉族，中共党员，1969年12月出生，大学本科学历，工程师；1989年参加工作，历任中国建设银行北京分行集团客户部副总经理、战略客户一部总经理，招商银行北京分行党委委员兼总行战略客户一部总经理、副行长，招商银行乌鲁木齐分行党委书记、行长；2019年2月起，任招商银行股份有限公司济南分行（简称招商银行济南分行）党委书记、分行行长。

【综述】 2019年是招商银行济南分行发展史上浓墨重彩的一年。这一年，在监管部门和社会各界的关心指导下，全行员工团结一心、众志成城，乘势而上，在服务地方经济社会发展和内部考核方面，取得了一份亮丽的成绩单。资产规模、盈利能力持续提升，客群基础和存款规模不断增长，存量风险有效化解，业务结构进一步优化，内部管理齐步提升，员工队伍建设得到加强，服务水平和社会形象再上台阶。招商银行济南分行践行开放融合理念，以金融科技为手段，不断提升服务客户的能力，打造最佳客户体验银行，在服务山东省和济南市经济社会发展过程中贡献力量。

【公司业务】 2019年，深化公司金融体制改革初见成效。招商银行济南分行从名单选择、经营模式、组织架构与队伍、协同机制与流程、赋能五个维度，完成了战略客户深化经营改革实施方案。分层分类的客户经营体系不断完善。机构客户围绕关系、资格、产品、系统“四位一体”服务体系，先后完成了公积金、电子社保卡、公共资源交易电子保函等战略性业务。战略客户方面，建立了重点客户高层拜访常态机制，深入推进“一户一策”，实施“三环”综合化经营，深耕“内环”、连接“中环”、拓展“外环”。大中客群和基础客群建设与经营团队紧密结合，重新梳理了同城经营团队与济南各区的对接关系，深入推进“一区一策”集约化经营。小企业客户方面，继续加大小微、民营企业融资支持力度，优化小企业适用信贷产品，简化小企业信贷流程，使小企业获得信贷流程更加高效便捷。

【个人业务】 2019年，招商银行济南分行继续以打造最佳客户体验银行为目标，发挥“开放融合”的战略优势，深入推进零售金融数字化转型，紧抓“客户”和“科技”，持续强化把月活用户作为北极星指标的经营理念，不断走出传统经营模式的舒适区，拓展服务边界，构建零售客户生态体系，形成平台—场景—客群的三联体系，践行金融科技，破题未来经营，提升客户体验。招商银行济南分行坚持因势而变，以金融场景为基构，以招商银行APP为平台堡垒，从用户、客户、转化、价值等维度构建边界护城河，从便民、出行、“两票”、公积金等泛金融场景出发，将科技触角深入到支行网点线上店，打造线下网点、线上店的双轨模式，不断增强线上线下融合体验力，在零售业务领域继续领跑同业。

【国际业务】 2019年，招商银行济南分行取得国家外汇管理局“银行外汇业务合规与审慎经营评估考核”省市双“A级行”。使用非授信类国际结算产品带动国际业务客群，进而充实国际贸易融资客户，带动国际贸易融资发展。巩固衍生交易客户群，针对重点客户开通招银避险平台，强化招银避险品牌建设。增强监管政策把控能力，充分利用政策红利，深入发掘两战客户的全球化经营进程、境外主体经营情况、融资情况、投资情况，利用招商银行跨境金融离在岸一体化的优势，在客户境外流动性支持、债务转换、项目融资、并购融资等各方面，提供综合化服务方案。打破传统思维，扩大中资企业借外债业务客群范围，打造厚实的跨境融资客群基础，同时，为同业客户跨国经营提供境外资金支持，提升离岸金融客群质量。打破地域经营限制，拓展优质离岸金融客户，持续发掘无风险资产投放业务机会，此外，抓住客户核心诉求，对券商境外投资业务流动资金提供支持，发挥跨境金融联动优势，提升离岸资产撮合能力。

【中间业务】 批发条线，中间业务全面回归本源，整体保持稳定发展。全面把握交易机会，发挥山东省区域传统优势，票据业务多点开花，贴现规模和转贴现、再贴现业务量再创新高。交易银行稳健发展，结算、内外贸、金融市场等支柱业务均取得长足发展，探索创新型支付结算模式，企业APP推广成效显著。借助2019年直接融资市场阶段性机会，债券承销、并购、结构化融资业务均有斩获。资管业务方面，不断拓宽资管业务边际，筹建资金渠道，创新资产组织形式，首次实现保险资金撮合放款。2019年，零售条线紧抓“客户”和“科技”两大关键点，拓展服务边界，深入推进零售金融数字化转型，构建“全产品、全渠道、全客群”的服务体系，资产负债规模增长迅速，零售规模再上新台阶。财富管理方面，深化双金客群新模式经营，深入推进顾问式服务，通过对客户进行全面资产检视，为客户提供投资框架下的全产品配置策略，设计完善的财富保障架构并建立传承意识，累计实现多单家族信托签约，管理客户资产再创新高。零售信贷方面，深入推进小微企业金融服务改善提升，加强小微企业贷款投放力度，大力扶持小微企业发展，陆续开展多项金融精准扶贫工作，设计区域性金融产品，对贫困地区的重点行业进行精准信贷支持。

【风险控制】 2019年，面对山东地区对公信贷需求不足及曲折变化的风险形势，按照年初“坚守底线、调整结构、加快处置、助力转型”的指导思想，紧密围绕招商银行济南分行资产质量、结构调整、风险防范、赋能减负、合规整治等工作重点，抓落实促合规，服务经营部门，资产质量进一步改善，信贷结构进一步优化，风险管理能力和水平得到显著提升。一是客观准确反映资产质量，加快存量风险资产出清；二是主动拥抱新动能行业和优质客户，助力资产结构转型；三是针对重点风险领域开展业务排查，防范风险隐患；四是建章立制，全面规范操作风险管理；五是开展风险合规管理活动，夯实风险治本措施；六是增强内外部协调能力，全面完成外部监管工作要求。年度内不良贷款额、不良贷款率逐季“双降”，为后续资产质量持续向好奠定了坚实的基础。

（赵光远）

附表1

机构概况一览表

<table>
<tr><td colspan="2">行长（或其他称谓的第一负责人）</td><td colspan="2">副行长（或其他称谓的同级领导）</td></tr>
<tr><td colspan="2">辛 亮</td><td colspan="2">张 洪、于 冬、伊晓棠、郑 玲、廖国忠、娄文杰、齐君承</td></tr>
<tr><td>地址</td><td>山东省济南市高新区汉峪金融商务中心</td><td>邮编</td><td>250012</td></tr>
<tr><td>网址</td><td>http：//www.cmbchina.com/</td><td>客服电话</td><td>95555</td></tr>
</table>

附表2

内设部门及分支机构一览表

年度	内设机构（个）	下设分支机构（个）		员工人数（人）	
		地市级机构数	县区级机构数	员工总数（含非正式员工）	正式员工数
2015	20	7	49	1,763	1,519
2016	20	7	49	1,922	1,582
2017	20	7	50	2,106	1,643
2018	20	7	52	2,198	1,672
2019	23	7	53	2,203	1,692

附表3

主要统计指标1

单位:亿元

项目	2015年	2016年	2017年	2018年	2019年	2019年同比增幅(%)
本外币资产总额	825.29	770.94	689.62	796.09	887.59	11.49
本外币存款余额	736.39	609.35	640.53	704.42	808.23	14.73
人民币存款余额	721.74	594.90	626.85	692.25	798.37	15.33
单位存款	482.35	391.01	392.66	413.71	448.60	8.43
储蓄存款	235.54	195.91	205.25	252.17	320.42	26.98
本外币贷款余额	659.35	667.00	636.76	678.35	783.56	15.51
人民币贷款余额	641.24	659.47	631.60	674.37	780.42	15.73
短期贷款	366.06	273.18	269.03	251.02	227.82	-9.24
中长期贷款	256.81	271.08	305.21	366.06	440.88	20.44
票据融资	18.37	115.21	57.36	57.29	111.72	95.01
利润总额	15.50	-10.68	-34.29	6.30	13.04	106.98
不良贷款余额	8.91	16.95	36.13	32.75	28.27	-13.68
不良贷款占比(%)	1.35	2.54	5.67	4.83	3.61	-25.26

附表4

主要统计指标2

项目	2015年	2016年	2017年	2018年	2019年	2019年同比增幅(%)
单位结算账户（万户）	3.93	2.66	3.33	4.26	12.06	183.10
单位结算金额（亿元）	32,153.00	36,162.00	39,142.10	34,402.20	37,682.18	9.53
个人结算账户（万户）	235.79	185.37	220.00	270.18	503.57	86.38
个人结算金额（亿元）	12,053.00	13,481.00	14,970.00	24,009 .00	23,347.32	-2.76
信用卡发卡量（万张）	16.03	21.09	22.90	23.36	21.37	-8.51
信用卡消费额（亿元）	414.90	470.92	510.11	602.96	652.94	8.29
企业网银客户（万户）	1.52	1.63	2.61	3.48	4.44	27.60
个人网银客户（万户）	101.92	115.37	120.71	124.69	125.82	0.90
手机银行客户（万户）	112.98	125.97	126.12	195.67	296.29	51.42
现金自助设备（台）	441	402	384	365	333	-8.77
营业网点（个）	56	56	50	52	53	1.92
自助网点（个）	73	76	61	74	43	-41.89

招商银行股份有限公司青岛分行

【第一负责人简介】 张连怀，男，1966年1月出生，籍贯安徽，上海财经大学货币银行学专业硕士研究生，西南财经大学产业经济学在职博士研究生学历，中共党员，高级经济师；1989年参加工作，2015年9月至今任招商银行股份有限公司青岛分行（简称招商银行青岛分行）党委书记、行长。

【综述】 招商银行青岛分行是招商银行设立的一级分行，成立于2000年5月。截至2019年末，招商银行青岛分行辖有日照、潍坊2家二级分行，在青岛地区设有35家支行。2019年，在招商银行总行和青岛市委市政府以及监管机构的正确领导和大力支持下，招商银行青岛分行深入贯彻总行"一体两翼"和打造"轻型银行"的各项战略部署，奋力拼搏，持续提升服务水平，继续加强精神文明建设和企业文化建设，积极履行企业社会责任，进一步树立了良好的企业形象。

【公司业务】 2019年，招商银行青岛分行进一步深入推进体制改革，通过改革的红利促进业务发展。紧紧把握"客户"和"科技"两大未来增长核心要素，不断提升行业认知能力，提高战略客户"三环"经营能力，加强对公客群数字化经营，探索破题产业互联网，通过推动体制改革进一步完善客户服务体系和客户经营管理体系，公司业务实现了有质量的稳健发展。

【个人业务】 2019年，招商银行青岛分行线上经营能力持续提升。以科技赋能，加快分行数字化经营，加大对FinTech的投入力度，围绕政府服务、公共便民服务、居民个性化服务生态圈，以客户为中心，用服务升级带动持续发展，打造金融科技差异化竞争优势，零售利润贡献占比持续攀升，勇担"一体"重任；同时结合代发产品，以智慧食堂、智慧停车、智慧党建为重要场景构建职工生态，全力实现职工客群全覆盖，提升客群的深度经营能力。

【风险控制】 2019年，招商银行青岛分行持续做好资产质量管控工作，全面完成总行资产质量预算，不良贷款额、不良贷款率持续"双降"，资产规模持续提升，资产质量稳中向好，保持同业领先且优于总行平均水平。

【内部管理】 2019年，招商银行青岛分行大力推进3.0管理新模式，持续打破竖井，将赋能减负落到实处。通过"扶油瓶"工作的开展，持续优化基础管理工作。通过大幅缩减无效培训，升级员工培训方式，切实减轻员工负担。积极推动合规与业务相融合，实现全面无监管处罚、无重大审计发现，外汇管理、反洗钱管理再次获得A级考评的好成绩。

【党建工作】 2019年，招商银行青岛分行不断加强基层党组织建设，夯实党建基础，推动业务发展，全面落实从严治党要求，努力开创战略转型新局面：坚持问题导向，坚持"回头看"，形成"自查—整改—验收"的良性循环；组织各党支部扎实开展"不忘初心、牢记使命"主题教育、"纪念建党98周年系列主题活动"，贯彻落实"学思践悟'五种意识'"主题活动；全面上线智慧党建系统，实现招商银行青岛分行党建工作电子化、标准化、流程化；大力推广党费云缴费平台，新增缴费党员11,334人，充分发挥党建促B端合作、向C端引流；严格落实"一岗双责"制度，自觉把党的建设、党风廉政建设与业务经营发展同部署、同落实、同检查、同考核，为贯彻落实"轻型银行""一体两翼"的战略目标提供坚强有力的政治保障。

（高倩倩）

附表1

机构概况一览表

行长（或其他称谓的第一负责人）		副行长（或其他称谓的同级领导）	
张连怀		綦 琨、王 智、马 龙、郭志强、姚 红	
地址	山东省青岛市海尔路65号	邮编	266000
网址	http://www.cmbchina.com/	客服电话	0532—829395555

附表2

内设部门及分支机构一览表

年度	内设机构（个）	下设分支机构（个）		员工人数（人）	
		地市级机构数	县区级机构数	员工总数（含非正式员工）	正式员工数
2015	24	4	35	1,770	1,770
2016	24	2	35	1,420	1,420
2017	32	2	33	1,437	1,437
2018	32	2	33	1,448	1,448
2019	32	2	33	1,466	1,466

附表3

主要统计指标1

单位:亿元

项目	2015年	2016年	2017年	2018年	2019年	2019年同比增幅（%）
本外币资产总额	677.02	562.06	573.65	698.16	717.67	2.79
本外币存款余额	524.73	510.20	541.85	659.94	675.79	2.40
人民币存款余额	483.99	473.17	495.25	633.97	650.60	2.62
单位存款	281.31	291.92	310.43	395.75	369.84	-6.55
储蓄存款	202.68	181.25	184.82	238.22	280.76	17.86
本外币贷款余额	500.65	412.69	394.18	394.18	471.58	19.64
人民币贷款余额	494.03	407.34	393.35	393.35	464.54	18.10
短期贷款	255.84	150.55	138.21	89.71	95.88	6.88
中长期贷款	194.25	216.71	238.84	287.36	335.06	16.60
票据融资	43.94	40.08	16.30	16.28	33.60	106.39
利润总额	-14.56	-13.87	2.43	15.43	15.86	2.79
不良贷款余额	18.58	23.05	11.24	11.36	4.92	-56.69
不良贷款占比（%）	3.71	5.58	2.85	2.54	1.04	-59.06

附表4

主要统计指标2

项目	2015年	2016年	2017年	2018年	2019年	2019年同比增幅（%）
单位结算账户（万户）	3.20	2.90	3.50	4.30	5.64	31.16
单位结算金额（亿元）	7,600.00	7,100.00	7,300.00	7,960.00	8,231.00	3.40
个人结算账户（万户）	273.78	228.56	237.81	290.49	314.81	8.37
个人结算金额（亿元）	233.56	257.95	272.59	301.66	342.65	13.59
信用卡发卡量（万张）	25.49	37.00	48.50	63.00	28.00	-50.31
信用卡消费额（亿元）	—	—	—	—	624.00	—
企业网银客户（万户）	0.67	0.55	2.30	3.40	4.92	44.71
个人网银客户（万户）	36.80	61.40	58.25	31.18	11.48	-63.18
手机银行客户（万户）	53.54	85.12	114.34	150.40	197.98	31.64
现金自助设备（台）	307	288	281	227	199	12.33
营业网点（个）	34	35	35	35	35	0.00
自助网点（个）	148	134	130	92	76	-17.39

招商银行股份有限公司烟台分行

【第一负责人简介】　王智华，男，汉族，1964年10月出生，山东荣成人，中共党员，大学本科学历，1981年参加工作；2009年9月任招商银行威海分行筹备组负责人，2010年1月任招商银行威海分行党委书记、行长，2016年5月起历任招商银行烟台分行党委委员、纪委书记、副行长，2019年4月起代为履行招商银行烟台分行行长职务，2019年9月至今任招商银行股份有限公司烟台分行（简称招商银行烟台分行）党委书记、行长。

【综述】　招商银行烟台分行2016年升格为一级分行，下辖威海分行1家二级机构。升格以来，招商银行烟台分行实现了快速发展，截至2019年末，全行人民币自营存、贷款分别达236.00亿元和166.00亿元，分别较升格前增加76.00亿元和43.60亿元，年复合增速分别达13.80%和10.70%。招商银行烟台分行遵循“因您而变”的服务理念，以全领域、多渠道的金融服务，助力烟威地区经济发展和人民群众美好生活。

2019年，在招商银行总行“数字化时代银行经营新模式”的理念指引下，招商银行烟台分行积极探索科技与客户的交汇融合渠道，以客户为中心开拓创新，努力塑造区域市场新的生态环境。

【公司业务】　2019年，招商银行烟台分行在流程端落实创新举措，推进客户经理、审贷官、产品经理“铁三角”作业模式，对接客户需求，提供精准服务。通过风险前置，提升流程能效。在客户端执行“一户一策”，综合配置产品服务，满足客户多点金融需求。做实“名单制”，围绕核心客户，开拓上下游产业链，以点带面落实服务实体经济的责任。在行业端，联合风险、合规条线开展行业认知研究，聚焦新动能、战略性新兴行业，组织策略配置产品，积极助推区域经济转型升级。在小微端，上线“商事E线通”系统，打通税务系统数据，提升业务效率。全行依托总行“千鹰展翼”计划，打造精品，扶持优质小微企业成长。2019年，普惠信贷净增4600.00万元，全面完成监管机构考核及总行任务。

【个人业务】　2019年，招商银行烟台分行积极响应总行号召，以“客户+科技”为中心，积极打造零售服务铁军，提升客户服务体验；以“金融科技银行”为发展目标，重点打造场景化金融服务。利用手机银行APP平台开展各类活动，如家家悦二维码支付活动、“两票”商户活动、烟威地区“1分购”场景等。资产配置方面，致力于成为客户的财富顾问，以专业能力和客户视角为每位客户提供综合化产品配置。服务方面，年内采用总行服务质量监测系统，配合健全的服务评审体系，为客户提供优质的厅堂体验。业务管理方面，推动产品经理向“一专多能”的方向发展，从中台走向一线，与客户对接，以专业能力服务客户需求。

【国际业务】　2019年，招商银行烟台分行通过进口开证、国际保理等特色业务有效支持了进出口企业对外贸易的金融需求，并推出了跨境汇款电子单证业务功能和网银批量汇款功能，提升了进口客户业务的境外汇款时效性。截至2019年末，共有107个客户开通该功能，办理130笔电子单证汇款业务，汇出金额为1,495.00万美元。外汇业务成绩突出，在山东省外汇指定银行执行外汇管理规定考核中斩获“A类行”荣誉，同时在烟台市外汇指定银行执行外汇管理规定考核评级中第九次蝉联A类行。

【中间业务】　公司业务方面，借助投资银行业务优势，招商银行烟台分行大力推进债券承销、并购金融项目。做好客户顾问服务。发挥自身投研能力，为客户提供量身定做的财务顾问服务，认真解决客户投融资疑问并为客户提出规划建议参考，取得客户的信任和高度认可。零售业务方面，招商银行烟台分行对接招商系统内优质资源，围绕客户需求量身配置资源，充分满足客户的多维需求。

【电子银行业务】　公司业务方面，依托招商银行总行企业APP搭建烟台分行专区，上线票据贴现利率计算、发票云、国际账上结算通、推介会直播、招行产品一点通等产品服务。截至2019年末，企业APP平均月活用户为2,518户。零售业务方面，手机银行APP专区活跃用户达到6.50万户，较上年增长3.70万户。特色活动开展卓有成效，通过引入外部合作方丰富APP生态。2019年，完成了车主平台和客户权益体系平台的搭建，将客户权益进行了整合，对生活缴费、出行、商超场景进行了重点打造，为客户带来多元的便捷体验。

【风险控制】　截至2019年末，招商银行烟台分行不良贷款余额为0.85亿元，不良贷款率为0.51%，实现了不良贷款“双降”，不良贷款率继续大幅低于烟台、威海区域银行业2.68%和1.68%的平均不良贷款率，也大幅低于招行系统

1.16%的平均不良贷款率。一方面，全面压实风险管理工作，通过开展多样的宣教活动，树立全行的风险管理意识，建立全员风险管理文化；另一方面，推进风险前置，落实“铁三角”作业机制，联合业务部门开展行业研究，严格防范各类风险；在把控风险的前提下，提升流程效率。在业务风险之外，高度重视内控合规工作。通过系统化管理，实现零案件、零风险、零事故。2019年，招商银行烟台分行获评烟台银保监分局“行业规范建设年标杆单位”。

（曲岩岩）

附表1

机构概况一览表

行长（或其他称谓的第一负责人）		副行长（或其他称谓的同级领导）	
王智华		于泽增、阳华生、王 胜	
地址	山东省烟台市开发区珠江路66号正海大厦	邮编	264000
网址	http: //www.cmbchina.com/	客服电话	95555

附表2

内设部门及分支机构一览表

年度	内设机构（个）	下设分支机构（个）		员工人数（人）	
		地市级机构数	县区级机构数	员工总数（含非正式员工）	正式员工数
2015	—	—	—	—	—
2016	19	2	16	569	473
2017	19	2	16	612	495
2018	20	2	17	662	515
2019	20	2	17	682	530

附表3

主要统计指标1

单位：亿元

项目	2015年	2016年	2017年	2018年	2019年	2019年同比增幅（%）
本外币资产总额	—	167.05	172.50	203.96	245.57	20.40
本外币存款余额	—	160.06	164.82	195.81	235.98	20.51
人民币存款余额	—	149.61	152.83	186.71	227.74	21.98
单位存款	—	91.63	95.45	112.31	132.81	18.25
储蓄存款	—	57.98	57.38	74.39	94.93	27.61
本外币贷款余额	—	122.51	131.29	141.48	166.08	17.39
人民币贷款余额	—	120.81	129.98	140.42	164.95	17.47
短期贷款	—	63.68	69.71	60.37	36.76	-39.11
中长期贷款	—	51.76	56.55	74.03	118.21	59.67
票据融资	—	5.37	3.73	6.02	9.99	65.90
利润总额	—	0.09	2.04	1.32	1.88	42.20
不良贷款余额	—	2.50	0.82	0.92	0.85	-7.17
不良贷款占比（%）	—	2.04	0.63	0.65	0.51	-21.54

附表4

主要统计指标2

项目	2015年	2016年	2017年	2018年	2019年	2019年同比增幅（%）
单位结算账户（万户）	—	1.89	1.93	2.19	3.58	63.47
单位结算金额（亿元）	—	5,523.70	6,113.26	7,445.06	7,756.77	4.19
个人结算账户（万户）	—	81.25	91.32	100.24	120.61	20.32
个人结算金额（亿元）	—	7,019.33	8,034.80	7,762.91	6,567.37	-15.40
信用卡发卡量（万张）	—	10.74	19.44	27.11	50.38	85.83
信用卡消费额（亿元）	—	225.83	286.44	365.33	274.51	-24.86
企业网银客户（万户）	—	0.65	0.71	0.99	1.35	36.68
个人网银客户（万户）	—	5.98	8.96	10.74	10.30	-4.10
手机银行客户（万户）	—	34.69	47.35	67.06	93.88	39.99
现金自助设备（台）	—	139	137	121	99	18.18
营业网点（个）	—	16	16	17	17	0.00
自助网点（个）	—	34	34	31	29	-6.45

兴业银行股份有限公司济南分行

【第一负责人简介】　俞裕辉，男，1968年6月出生，福建福清人，1990年7月参加工作，中共党员，大学本科学历；历任兴业银行南平分行党委书记、行长，乌鲁木齐分行党委书记、行长；现任兴业银行股份有限公司济南分行（简称兴业银行济南分行）党委书记、行长。

【综述】　兴业银行济南分行是兴业银行在山东设立的省级管辖行，2001年7月正式开业。自成立以来，兴业银行济南分行一直秉承“打造一流银行”的办行理念，在服务地方经济中迅速发展壮大，资产质量与综合效益屡创新高，各项业务均取得长足发展，经营管理指标全面优化，产品服务功能日益完善，树立了全新、健康、优良的企业形象。目前，兴业银行济南分行已在潍坊、烟台、淄博、济宁、临沂、泰安、滨州、威海、东营、聊城、日照、菏泽开设了12家二级分行，另外在章丘、寿光、青州、邹城、蓬莱等地成立了多家县域支行，初步形成了立足济南、辐射全省的服务网络和“省—分—支”三级管理的组织架构，拥有了一支创业精神饱满、专业素质过硬、富有朝气、奋发向上的职业团队。

2019年，面对外部经营环境的复杂变化，兴业银行济南分行严格贯彻国家金融政策，按照总行“稳中求进、稳中求新、稳中求精”的工作基调，大力推动“1234”战略实施，兴业银行济南分行各项业务均呈现出稳健发展的良好势头，综合竞争力及品牌影响力持续攀升。

【公司业务】　2019年，兴业银行济南分行公司业务以“防风险、促转型”为主线，积极适应新常态，响应国家供给侧结构性改革号召，勇于创新，锐意进取，为稳定金融环境、扶持实体经济、促进产业结构调整做出了较大的贡献。一是聚焦民生发展，加大重大项目的支持力度，如积极参与地方政府债券投标、地方棚改项目等。二是以行业调研为抓手，关注新旧动能转换重大工程，在地炼、铝加工、造纸、纺织等省内特色产业加大信贷投放，支持实体经济发展更加精准、有效。三是助力企业直接融资，为客户提供多元化融资渠道。2019年，兴业银行济南分行债券承销金额和市场占有率均列山东省金融机构前列，拓宽了实体企业融资渠道，有效降低了企业融资成本。四是着力发挥经营特色，大力发展绿色金融业务。截至2019年末，绿色融资余额达到649.41亿元，已累计在山东省节能环保领域提供融资超过1,100亿元，支持了550多个客户。五是加快产品创新，重点扶持实体中小微企业成长。针对中小企业票据融资需求较大的特点，推出“兴享”票据池产品，可以全面满足企业在票据查询、保管、托收、统计、融资、增值等方面的业务需求，让企业票据管理问题迎刃而解。

【个人业务】 2019年，兴业银行济南分行个人业务围绕“以客户为中心”的经营理念，不断提升服务水平，加大新产品的推广力度，加强品牌建设，各项指标均实现了快速发展。一是以网点组织架构改革为契机，全面提升各网点服务水平，积极打造精品服务网点。多次获得“山东省银行业文明规范服务示范单位”“中国银行业文明规范服务五星网点”“中国银行业文明规范服务千佳示范网点”等荣誉称号。二是加大新产品、新技术的推广力度，为客户提供更加便捷、满意的服务。针对个人客户推出的移动支付业务、“安愉人生”理财业务、“兴业通”等产品深受客户好评，其中，“安愉人生”是国内首个养老金融服务方案。三是加快网点建设，打造营业厅、综合支行、社区银行、自助银行等多元化服务网络。截至2019年末，兴业银行济南分行已在省内13个地市设立分支机构，对外营业网点总数在系统内排名第二。

【国际业务】 2019年，兴业银行济南分行国际业务以产品为抓手，以服务为基础，继续保持良好发展势头。通过与兴业银行香港分行联动，为内地企业提供更加多元化的融资渠道。2019年，被兴业银行总行评为“跨境业务十佳分行”。

【中间业务】 2019年，兴业银行济南分行结合市场环境变化，不断加大产品创新力度，提高金融服务能力，进一步优化业务结构，夯实中间业务发展基础，中间业务收入占利润总额的比重稳步提升。2019年，兴业银行济南分行营业收入、非息收入增幅均超过20%。

【电子银行业务】 2019年，兴业银行济南分行电子银行业务以“科技兴行，服务客户”为发展理念，不断加大科技创新投入，致力于打造现代化、电子化、综合化的服务保障体系。目前，已形成“在线兴业”网上银行、“无线兴业”手机银行、“热线兴业”电话银行、微信银行等多产品综合金融服务平台。截至2019年末，兴业银行济南分行企业网银客户达到2.7万户，个人网银客户达到53.52万户，手机银行客户达到398.72万户。

【风险控制】 2019年，面对严峻的风险形势，兴业银行济南分行发挥行业调研作用，完善沙盘作业，加强信用准入管理，风险管理工作更加全面有效。不良处置取得较大突破，成功处置了多笔大额不良贷款。截至2019年末，不良贷款率较年初下降0.28个百分点，较本地同类型股份制银行年末平均不良贷款率低1.34个百分点。

不断加强内控管理，深化合规经营理念。2019年，兴业银行济南分行积极开展“行业规范建设年”“治乱象促合规”、反洗钱等专项检查，继续推动“兴航程”合规内控强化执行年活动，加强多层级问责机制，持续强化员工异常交易行为排查，合规经营理念更加深入人心。

（赵 翔）

附表1

机构概况一览表

行长（或其他称谓的第一负责人）		副行长（或其他称谓的同级领导）	
俞裕辉		魏 军、曾 勇、穆晓达、吴永林	
地址	山东省济南市高新区经十路7000号 汉峪金融商务中心六区1号楼	邮编	250001
网址	http：//www.cib.com.cn	客服电话	95561

附表2

内设部门及分支机构一览表

年度	内设机构（个）	下设分支机构（个）		员工人数（人）	
		地市级机构数	县区级机构数	员工总数（含非正式员工）	正式员工数
2015	21	11	13	1,950	1,663
2016	21	11	12	2,094	1,774
2017	20	12	13	2,252	1,903
2018	19	13	13	2,322	1,988
2019	21	13	13	2,255	2,009

附表3

主要统计指标1

单位:亿元

项目	2015年	2016年	2017年	2018年	2019年	2019年同比增幅(%)
本外币资产总额	1,623.95	1,510.17	1,708.28	1,833.73	1,862.66	1.58
本外币存款余额	1,153.41	1,225.13	1,472.23	1,575.52	1,636.48	3.87
人民币存款余额	1,134.63	1,177.72	1,434.31	1,538.23	1,612.07	4.80
单位存款	1,013.16	1,013.99	1,087.93	1,233.13	1,338.70	8.56
储蓄存款	140.25	138.36	146.21	206.00	262.39	27.37
本外币贷款余额	693.73	885.32	1,083.61	1,412.98	1,593.72	12.79
人民币贷款余额	661.50	834.45	1,030.34	1,357.84	1,573.04	15.85
短期贷款	381.48	351.16	380.70	422.14	449.01	6.37
中长期贷款	269.91	456.08	634.43	857.30	1,025.80	19.65
票据融资	1.10	28.96	11.66	72.97	94.49	29.49
利润总额	14.59	9.61	-13.95	-10.84	-8.69	—
不良贷款余额	8.93	14.94	32.72	30.64	30.12	-1.70
不良贷款占比(%)	1.29	1.69	3.02	2.17	1.89	-12.90

附表4

主要统计指标2

项目	2015年	2016年	2017年	2018年	2019年	2019年同比增幅(%)
单位结算账户(万户)	3.35	3.67	4.21	4.70	5.07	7.78
单位结算金额(亿元)	26,438.00	26,015.10	31,545.04	36,090.28	37,065.06	2.70
个人结算账户(万户)	139.96	279.54	213.20	403.41	449.24	11.36
个人结算金额(亿元)	13,377.26	12,019.68	13,417.10	17,025.49	16,871.88	-0.90
信用卡发卡量(万张)	10.50	24.78	45.10	41.32	31.55	-23.64
信用卡消费额(亿元)	290.00	442.54	752.01	1,109.60	1,359.90	22.56
企业网银客户(万户)	1.25	1.71	2.23	2.56	2.70	5.47
个人网银客户(万户)	52.04	55.69	53.52	53.52	53.52	0.01
手机银行客户(万户)	117.08	173.22	240.04	317.22	398.72	25.69
现金自助设备(台)	369	365	334	297	265	-10.77
营业网点(个)	41	46	49	48	48	0.00
自助网点(个)	28	28	19	11	6	-45.45

兴业银行股份有限公司青岛分行

【第一负责人简介】 彭光辉，男，中共党员，大学本科学历；历任兴业银行杭州分行嘉兴分行行长，杭州分行党委委员、行长助理、副行长等职；现任兴业银行股份有限公司青岛分行（简称兴业银行青岛分行）党委书记、行长。

【综述】 2019年，兴业银行青岛分行以习近平新时代中国特色社会主义思想为指导，坚决贯彻落实监管政策及总行工作会议精神，按照“稳中求进、稳中求新、稳中求精”的工作总基调，积极拓规模、调结构、补短板、防风险，业务发展态势向好，创新转型取得突破，服务实体卓有成效，高质量、可持续发展的步伐更加坚定。截至2019年末，兴业银行青岛分行各项存贷款增幅均位居辖区同类行前列，全年实现净营运收入15.02亿元，累计缴纳税款1.48亿元，先后获得崂山区优秀企业、普惠金融创新奖、卓越私人银行等荣誉，品牌影响力和美誉度节节攀升。

【公司业务】 2019年，兴业银行青岛分行以金融服务实体经济为出发点，主动沉下心、沉下身、沉下力，围绕辖区“十五个攻势”和新旧动能转换，着力完善组织体系，创新产品服务，盘活信贷资源，持续加大对地区重点项目、民生领域和战略性新兴产业的金融支持力度。深入践行“商行+投行”战略，充分发挥协同联动优势，着重发力海洋经济、民营经济、高端制造业等，其中民营企业贷款余额及户数分别较年初增长46.00%和54.00%；不断强化对“普惠金融”和“三农”产业的扶持，坚持减费让利，创新服务，先后落地兴业银行青岛分行首笔“专利权质押保险贷款”和“税易融”业务，超额完成普惠小微企业“两增两控”目标；继续保持债券承销、FICC、绿色金融、资产托管等领先优势，灵活运用特色产品，“一户一策”为辖区客户量身定制综合金融服务方案，逐步打开客户合作新局面。

【个人业务】 2019年，兴业银行青岛分行坚持零售业务转型的战略方针，逐步完善“社区化、轻型化、智能化、人性化”的优质服务体系，更好地满足辖区个人客户便捷、多元的金融服务需求。围绕“以客为尊”，积极打造“三位一体”的组织架构，通过“3+1”的人才梯队建设和精细化管理，全面提升零售团队服务能力；主动契合资管新规导向，依托公私联动，灵活运用投行思维和工具，推进财富管理转型升级；以提升客户体验为目标，持续加大创新力度，聚焦线上自助平台搭建，金融科技差异化竞争优势逐步显现；构建纵向到底、横向到边、上下贯通、协调高效的消费者权益保护机制，确保全方位、全流程贯彻执行消保理念，2019年，兴业银行青岛分行获评青岛市文明单位，新增1家五星级营业网点。

【国际业务】 2019年，兴业银行青岛分行回归交易银行业务本源，践行“专业制胜、合规制胜”的理念，从完善沙盘、提升客户服务体验、强化风险控制等方面稳步搭建高效稳定的金融支持平台，实现跨境金融、供应链金融和现金管理的齐头并进。跨境结算保持优势，全年突破70亿美元，创历史最好成绩；围绕家电制造、轨道交通、建筑施工等产业链，积极推动线上融资模式创新，客户服务能力显著增强；广泛拓展医疗、教育、住建、交通四大生态圈，全网收单、银企直联新增客户数位居系统内同类行前列；持续探索自贸区本外币一体化金融服务模式，通过制度完善、产品跟进，主动为青岛成为“新时代改革开放新高地”贡献金融力量。

【中间业务】 2019年，兴业银行青岛分行依托总行长期深耕直接融资市场形成的牌照、业务、机制和文化优势，精准聚焦地方实体经济，致力于成为优秀的综合金融服务供应商。培育专业的债券承销服务队伍，并建立起债券承揽、承做、承销及投资、交易与存续期管理各环节的全链条产品体系，全年累计承销债务融资工具81.90亿元，保持全市场第一；结合城市发展需求，通过PPP、银团贷款、资产证券化等多元产品，创新资产构建模式，有效降低企业融资成本；不断完善托管运营服务，目前已为全国1,000多家银行、信托、证券等金融机构托管产品规模近5,000.00亿元，为青岛财富管理改革试验区集聚了品牌效应；持续打造FICC品牌特色，全力满足实体企业对汇率、利率、固定收益、大宗商品等业务避险和资金增益的需求。2019年，兴业银行青岛分行净非息收入同比增长25.00%，盈利能力显著增强。

【电子银行业务】 2019年，兴业银行青岛分行顺应科技发展大潮，依托总行银行业首家金融科技子公司的先发优势，积极推进线上场景拓展和多端生态互联。新增“好兴动”APP上线商户342户，与餐饮、娱乐等商户深度合作，全面融入辖区用户吃、喝、玩、乐等生活消费场景；中标全行首个海关全账户、分行首个医保收入账户项目，上线青岛土储中心土地招标保证金系统、开发对接青岛财政非税电子化系统、青岛市住房维修金管理系统等，加强与公共事业单位互联和数据共享；持续推广“兴业管家”，为企业打造集转账汇款、财富管理、银企对账于一体的综合金融服务平台；以“银银平台”标准化接入模式，向青岛银行、青岛农商行等开展科技和产品输出，形成“共建、共享、共有、共赢”的综合金融开放服务平台，2019年累计代销青岛银行理财产品近百亿元。

【风险控制】 2019年，兴业银行青岛分行依托总行统一授信信息化建设项目上线，严格监督贷前、贷中、贷后各环节的履职，进一步强化资产质量管控；全面梳理存量不良项目，按照“先易后难、一户一策”的原则逐户制订化解处置方案，不良清收成效显著；紧紧围绕监管政策及总行“兴航程”合规经营示范年活动，扎实推进“合规走基层”“一把手讲合规”“合规内控学习月”等活动，严肃开展责任追究和员工异常行为排查，推动风险内控管理水平迈上新台阶。

（盖真萍）

附表1

机构概况一览表

行长（或其他称谓的第一负责人）		副行长（或其他称谓的同级领导）	
彭光辉		步延进、廖卫华、丁武民、刘方勃	
地址	山东省青岛市崂山区同安路886号	邮编	266000
网址	http：//branch.cib.com.cn/QingDao/	客服电话	95561

附表2

内设部门及分支机构一览表

年度	内设机构（个）	下设分支机构（个）		员工人数（人）	
		地市级机构数	县区级机构数	员工总数（含非正式员工）	正式员工数
2015	21	1	15	677	516
2016	18	1	16	618	544
2017	15	0	14	529	468
2018	15	0	14	551	461
2019	16	0	14	591	466

附表3

主要统计指标1

单位：亿元

项目	2015年	2016年	2017年	2018年	2019年	2019年同比增幅（%）
本外币资产总额	884.83	1,034.92	449.09	420.71	521.35	23.92
本外币存款余额	551.32	523.07	315.53	341.48	436.60	27.86
人民币存款余额	526.05	518.04	305.99	331.05	392.96	18.70
单位存款	232.30	261.78	203.99	183.15	276.60	51.02
储蓄存款	38.48	38.81	28.50	34.85	57.20	64.13
本外币贷款余额	190.58	256.9	206.55	256.47	354.23	38.12
人民币贷款余额	184.85	255.40	201.23	252.14	347.20	37.70
短期贷款	107.79	109.75	69.66	109.34	155.07	41.82
中长期贷款	80.87	136.59	119.48	120.70	158.01	30.91
票据融资	1.29	10.16	12.04	16.77	26.61	58.68
利润总额	8.32	11.07	2.44	-1.85	-3.68	-98.92
不良贷款余额	1.60	2.58	2.02	16.74	22.19	32.56
不良贷款占比（%）	0.84	1.00	0.98	6.53	6.26	-4.13

附表4

主要统计指标2

项目	2015年	2016年	2017年	2018年	2019年	2019年同比增幅(%)
单位结算账户（万户）	1.09	1.19	1.13	1.54	1.76	14.29
单位结算金额（亿元）	19,409.82	20,753.28	46,311.27	36,298.84	21,152.60	-41.73
个人结算账户（万户）	29.67	35.66	41.38	47.57	54.83	15.26
个人结算金额（亿元）	2,723.34	2,819.11	2,147.16	2,287.55	2,509.78	9.71
信用卡发卡量（万张）	2.94	6.04	15.24	8.69	4.30	-50.52
信用卡消费额（亿元）	78.90	111.48	111.08	157.00	188.30	19.94
企业网银客户（万户）	0.33	0.40	0.41	0.41	0.79	92.68
个人网银客户（万户）	16.35	16.68	19.71	19.89	19.32	-2.86
手机银行客户（万户）	32.10	42.96	43.17	53.12	59.81	12.59
现金自助设备（台）	99	82	85	73	57	-21.92
营业网点（个）	24	24	23	22	22	0.00
自助网点（个）	11	14	19	14	8	-42.85

广发银行股份有限公司济南分行

【第一负责人简介】　赵殿斌，男，研究生学历，高级经济师，高级投行分析师；从事金融行业工作26年，先后在工商银行各层级行工作；2015年起任广发银行总行投资银行部总经理，2018年起任广发银行股份有限公司济南分行（简称广发银行济南分行）党委书记、行长；先后荣获“2016年广州市高层次专业人才”“2017年产业领军人才重点项目产业急需人才”“2018年度济南市市中区重点产业领军人才”等荣誉或称号。

【综述】　2019年，广发银行济南分行始终坚持党建引领发展，深入贯彻集团党委“重振国寿”战略部署，稳步落实总行党委“三步走”目标要求，在监管部门的指导支持下，坚决执行分行“一二三四”发展战略，全力实施“三年脱困”中期规划，各项工作企稳向上，主要指标完成良好，转型发展逐渐加速，不良资产全面压退，内控管理逐步提升，员工精神面貌焕然一新，为广发银行济南分行2020年高质量发展奠定了坚实的基础。

【公司业务】　2019年，广发银行济南分行支持服务国家战略项目落地。重点支持政府背景类、国有控股、上市公司、学校医院、房地产开发贷等重点领域客户项目投放。国有控股企业授信占比提升至年末的49.93%。支持优质小微金融业务蓬勃发展，全年对公小微信贷增量为0.87亿元，捷算通联名卡活跃卡净增516张。客户结构进一步优化。不断提升济南、青岛、潍坊、烟台等不良贷款率较低区域授信，年末上述区域授信余额占比超过半数，达到52.14%。不断提升基建类贷款、房地产贷款、文教卫生类等风险较低行业授信，年末上述行业授信余额占比超过半数，达到52.39%。不断提升担保措施优质的抵质押类授信，年末授信余额占比达到34.40%。持续压降风险较高的制造业授信占比，年末下降至36.90%；客户质量不断攀升。评级BBB级以上的授信批复敞口占比增加至81.97%，授信客户数量增长至155户，较年初增加52户，占比提升至年末的55.75%。投行与金融市场业务板块贡献不断提高。累计已有8家机构、团队投放同业投资非标业务13笔、金额85.24亿元，投资银行营业收入为1.15亿元。交易银行产品规模不断做大，达114.70亿元，计划完成率为107.00%；实现跨境人民币结算量2.42亿元，国际结算量12.19亿美元。金融市场业务突出托管业务优势，规模达319.40亿元，直贴转卖断业务交易量实现111.00亿元。

【个人业务】　2019年，广发银行济南分行个人业务各项指标快速发展，亮点频出，多数指标超额完成计划任务。狠抓过程管理，做好条线上下联动，除个人日均存款实现两位数增长外，营收、新增私人银行有效户等六项指标均超额完成任务指标，其中保险向银行迁徙借记卡客户增量和总量均排名系统内第二。个人贷款实现又好又快发展。加大房地产项目、二手房中介合作力度，用足按揭贷款额度，顺应居民消费趋势，推动信用消费贷及“抵押易”协调发展，个贷业务余额为58.61亿元，增幅为60.46%，增幅排名股份制银行第一位。信用卡发展保持省内前列。坚持通过渠道发卡和商户拓展，实现信用卡活跃卡快速发展。大济南地区总发卡量突破350万张，广发银行济南分行渠道当年新增激活客户数3.57万户，实现营业收入11.60亿元。

【国际业务】 2019年，广发银行济南分行交易银行强化产品运用与结合，全面落地总行主推的13种“双轻”业务，交易银行产品规模不断做大，达114.70亿元；实现跨境人民币结算量2.42亿元，国际结算量12.19亿美元。

【风险控制】 2019年，广发银行济南分行在贷前审批方面，一是优化信贷审批流程，完成授信审查条线架构、人员及流程的整合调整。二是明确授信政策导向和风险偏好，加强授信指引及组合管理工作。三是平行开展协同营销，坚持业务发展与风险管理并重，强化与客户经理的沟通交流，降低内部沟通成本。在贷后管理方面，一是强化出账审核力度，提前介入业务流程，确保出账环节合规高效。二是发挥贷后预警作用，严格落实贷后管理平行作业要求，与客户经理真正达成“一个目标，多方审视”的管理目标。三是合理管控新增逾欠，结合总行任务指标，广发银行济南分行机构各部门分头行动、分类管理、分策化解，有效控制分行问题贷款梳理。

【保银协同】 2019年，广发银行济南分行注重与国寿三司的交流互通，使得国寿、广发“一家人”的理念不断加深，联合营销、综合经营的独特品牌竞争优势逐渐显现，在全辖内确定了“由个人客户推介营销到对公客户联合营销，由产品交叉营销协同到综合金融全面协同”的协同发展基调。全年召开三次山东“三司一行”综合金融营销联席会议，“保银协同”理念进一步融合。代理销售国寿期缴保费3,794.00万元，计划完成率为157.00%，其中济宁分行成功营销高净值客户，出单国寿“鑫裕宝”1,100万元保费超大单。2019年12月12日，中国人寿集团与山东省人民政府签订了全面战略合作协议，广发银行作为国寿集团重要成员，受到省市各级政府的重点关注，并已多次征询广发银行业务需求，标志着山东地区“保银协同”进入新篇章。

（郭经浩）

附表1

机构概况一览表

行长（或其他称谓的第一负责人）		副行长（或其他称谓的同级领导）	
赵殿斌		张社教、张 峰、刘玉娟、郑中华	
地址	山东省济南市经四路15号广发银行大厦	邮编	250001
网址	http://www.cgbchina.com.cn/	客服电话	400—830—8003

附表2

内设部门及分支机构一览表

年度	内设机构（个）	下设分支机构（个）		员工人数（人）	
		地市级机构数	县区级机构数	员工总数（含非正式员工）	正式员工数
2015	13	4	10	520	502
2016	15	6	16	607	597
2017	16	6	19	623	615
2018	16	6	20	594	594
2019	16	6	18	585	585

附表3

主要统计指标1

单位:亿元

项目	2015年	2016年	2017年	2018年	2019年	2019年同比增幅(%)
本外币资产总额	198.93	241.62	273.15	263.76	350.86	33.03
本外币存款余额	190.58	225.22	202.56	176.74	219.31	27.20
人民币存款余额	190.24	224.88	200.99	176.09	217.77	26.78
单位存款	176.38	187.15	181.94	143.49	185.04	28.85
储蓄存款	14.20	16.92	18.38	25.44	33.64	31.24
本外币贷款余额	159.41	236.21	270.23	276.12	370.72	34.27
人民币贷款余额	156.99	227.25	265.94	263.58	370.43	40.50
短期贷款	115.02	147.53	166.06	144.70	177.71	27.88
中长期贷款	42.10	75.57	88.16	99.26	177.99	79.32
票据融资	0.03	4.16	9.71	16.91	9.26	-45.22
利润总额	2.48	2.30	-5.45	-16.87	-23.96	—
不良贷款余额	0.84	0.88	0.32	13.29	19.62	47.63
不良贷款占比(%)	0.53	0.37	0.12	4.81	5.29	9.98

附表4

主要统计指标2

项目	2015年	2016年	2017年	2018年	2019年	2019年同比增幅(%)
单位结算账户（万户）	0.30	0.36	0.41	0.41	0.44	7.32
单位结算金额（亿元）	61.95	54.94	74.55	61.80	62.98	1.91
个人结算账户（万户）	10.87	20.93	34.92	46.16	51.05	10.59
个人结算金额（亿元）	14.21	17.10	18.35	20.07	31.21	55.51
信用卡发卡量（万张）	70.10	108.60	147.98	201.60	240.30	19.20
信用卡消费额（亿元）	381.86	639.90	895.39	1,640.75	1,692.30	3.14
企业网银客户（万户）	0.23	0.22	0.25	0.26	0.34	30.77
个人网银客户（万户）	44.08	75.39	111.85	147.43	178.68	21.20
手机银行客户（万户）	28.63	58.13	103.20	165.66	227.35	37.24
现金自助设备（台）	79	99	109	91	70	-30.00
营业网点（个）	14	22	25	26	24	-7.69
自助网点（个）	46	42	36	43	41	5.00

平安银行股份有限公司济南分行

【第一负责人简介】 王欣，男，汉族，1974年10月出生，中共党员，研究生学历，高级经济师；1996年7月入职平安银行（原深圳发展银行），2017年5月任平安银行济南分行党委书记，2017年9月任平安银行济南分行副行长（主持工作），2017年12月任平安集团团体综合金融发展委员会山东分会会长，2018年3月至今任平安银行股份有限公司济南分行（简称平安银行济南分行）党委书记、行长；曾获得“齐鲁金融领军人物”荣誉称号。

【综述】 2019年，平安银行济南分行依托平安集团“金融+科技”的强大平台，直面改革转型压力，切实转变发展模式，进一步强化经营管理与风险管控，在区域经济增速下降的条件下，多项指标排名位居系统内前列。截至2019年末，平安银行济南分行本外币各项存款余额为270.35亿元，较年初增加51.81亿元，增幅为23.71%。本外币各项贷款余额为338.25亿元，较年初减少17.72亿元，降幅为4.98%。

整体来看，2019年，平安银行济南分行经营管理稳健，全行干部员工队伍稳定、士气高涨，对山东区域经济社会发展以及辖内居民生活做出了积极贡献。

【公司业务】 2019年，平安银行济南分行坚持以服务实体经济为己任，积极探索“对公做精”之路，不断深化综合金融，全力推动山东新旧动能转换。作为平安集团团体综合金融发展委员会山东分会的会长单位，牵头集团驻济南产险、养老险、寿险、租赁等机构，综合运用债券承销、综合金融、资产托管、结构化融资等业务模式，联动支持山东实体经济发展。实现债融承销规模130.50亿元，同比增长30.00%，连续两年破百亿元，总承销规模在山东区域排名第八位，同比提升2个位次，在股份制银行中排名第四位，同比提升3个位次。

【个人业务】 2019年，平安银行济南分行在服务实体经济的同时，紧跟中央政策，积极发展面向普通百姓的普惠金融，全力推动零售业务转型。截至2019年末，平安银行济南分行零售AUM实现351.00亿元，较年初新增113.00亿元，增幅为56.00%。零售贷款重点产品月发放额创历史新高，发放体量跻身系统内前10位。“宅易通”贷款产品领先市场完成全省房管局系统线上对接，实现抵押登记T+0，有效缩短贷款时长。在网点服务方面，平安银行济南分行在山东布局多家“全产品、共享式”智能新门店，将传统服务的“面对面”升级为“肩并肩”，更贴心地为客户提供“一个客户、一个账户、多种产品、智能金融服务”，打造更懂普通百姓的新网点。

【国际业务】 2019年，平安银行济南分行不断强化国际业务发展。根据山东省新旧动能转换的各项工作要求，进一步明确了新动能行业准入政策，不断做大做强山东地炼行业的“一行一策”，推动炼化企业向国际化、集约化发展。积极推进信用证及福费廷转卖业务的发展。该业务为济南分行在系统内的特色产品，为广大客户及同业所接受认可，询价及交易渠道广泛。目前平安银行济南分行已与十几家银行同业建立了合作关系，近年来业务量在系统内排名稳居前列。

【中间业务】 2018年，平安银行济南分行瞄准“行业银行、交易银行、综合金融”三大业务方向，大力发展中间业务，经过一年的努力，中间业务在效益、规模、创新等方面已成为引领公司业务发展的主导力量。截至2019年末，平安银行济南分行投行综拓业务累计实现中间业务收入9,201.00万元，较上年同期增长18.00%。结构化融资业务中收为4,637.00万元，同比增长9.00%；纯托管业务中收为1,817.00万元，同比增长52.00%；对公综拓业务中收为1,205.00万元，同比增长36.00%。

【电子银行业务】 2019年，平安银行济南分行发挥平安集团科技金融优势，致力于各类政府交易结算平台构建工作。积极发展省级平台业务，服务产权流转和现货交易。平安银行济南分行与山东某交易中心达成全面战略合作，服务中心保证金结算、不良资产处置、投行基金等多个领域，支持省内国有企业产权流转。

【风险管控】 2019年，平安银行济南分行高度关注当前经济金融新常态下的风险防控，突出抓好重点领域的风险化解工作，加大不良贷款处置力度，切实增强风险管理的实效性。截至2019年末，平安银行济南分行不良贷款率已优化到2.62%，较年初下降4.81个百分点，对标8家股份制银行同业不良贷款率排名较年初优化2个位次，在不良贷款率管控方面取得积极改善。

（张　睿、梁菲菲）

附表1

机构概况一览表

行长（或其他称谓的第一负责人）		副行长（或其他称谓的同级领导）	
王 欣		孙丰娟、蒋 鑫、郑 涛	
地址	山东省济南市经十路13777号中润世纪广场17号楼	邮编	250014
网址	http://bank.pingan.com/	客服电话	95511

附表2

内设部门及分支机构一览表

年度	内设机构（个）	下设分支机构（个）		员工人数（人）	
		地市级机构数	县区级机构数	员工总数（含非正式员工）	正式员工数
2015	25	3	17	740	663
2016	25	3	17	791	733
2017	17	5	16	708	657
2018	17	6	14	751	724
2019	17	6	18	732	719

附表3

主要统计指标1

单位：亿元

项目	2015年	2016年	2017年	2018年	2019年	2019年同比增幅（%）
本外币资产总额	426.56	529.86	354.40	338.81	333.17	-1.66
本外币存款余额	379.89	392.18	297.75	217.71	270.35	24.18
人民币存款余额	374.61	389.42	287.67	215.99	268.19	24.17
单位存款	349.23	360.89	266.42	173.98	201.93	16.07
储蓄存款	30.66	31.29	31.33	43.73	68.41	56.44
本外币贷款余额	350.64	444.21	358.84	355.97	338.25	-4.98
人民币贷款余额	344.36	441.07	357.95	350.68	317.66	-9.42
短期贷款	211.01	230.23	159.44	140.86	120.48	-14.47
中长期贷款	139.63	213.98	199.35	215.11	217.76	1.23
票据融资	5.30	4.41	0.05	0.00	0.01	—
利润总额	3.43	6.63	-40.09	-26.79	-33.95	—
不良贷款余额	5.51	6.61	9.32	26.46	8.88	-66.44
不良贷款占比（%）	1.57	1.49	2.60	7.43	2.62	-64.74

附表4

主要统计指标2

项目	2015年	2016年	2017年	2018年	2019年	2019年同比增幅（%）
单位结算账户（万户）	0.84	0.97	0.74	0.79	0.53	-32.91
单位结算金额（亿元）	43.67	44.71	44.74	71.16	69.56	-2.25
个人结算账户（万户）	7.80	9.03	108.18	—	—	—
个人结算金额（亿元）	7.98	8.00	8.03	—	—	—
信用卡发卡量（万张）	88.33	92.68	134.15	268.56	370.51	37.96
信用卡消费额（亿元）	183.70	218.25	664.17	1,449.06	2,094.57	44.55
企业网银客户（万户）	0.57	0.66	0.67	0.65	0.68	4.62
个人网银客户（万户）	21.28	32.26	39.70	—	83.00	—
手机银行客户（万户）	16.80	27.60	62.20	25.50	103.00	303.92
现金自助设备（台）	72	74	69	72	75	4.17
营业网点（个）	21	22	24	23	24	4.35
自助网点（个）	36	31	31	4	0	—

平安银行股份有限公司青岛分行

【第一负责人简介】　王珺，女，1967年出生，山东龙口人，中共党员，硕士研究生学历，从事金融行业工作26年。1990年10月参加工作，曾就职于山东省青岛市市南审计局；1993年2月入职平安保险（集团）股份有限公司；2012年入职平安银行青岛分行，担任青岛分行销售总监，并先后兼任公司业务发展一部主管、对公综拓/投资银行部总经理、投资银行部总经理等职；2015年8月任平安银行青岛分行行长助理；现任平安银行股份有限公司青岛分行（简称平安银行青岛分行）党委书记、行长。

【综述】　截至2019年底，平安银行青岛分行账面资产余额为491.73亿元，增幅为24.29%；总存款余额为410.35亿元，总贷款余额350.80亿元；下辖烟台、日照、威海3家异地二级分行，22家支行，11家社区支行。全年在青岛地区共缴纳税款2.46亿元，纳税总额一直保持青岛市前50，为推动地方经济发展、支持地方财力做出了积极贡献。

【公司业务】　2019年，平安银行青岛分行发挥科技赋能，加强公司业务创新，积极助力分行转型。打造数字银行，推动公司业务线上化，企业少跑腿、提效降成本；加大普惠和民营企业支持力度；供应链金融业务依托平台，推动成效显现；投行业务复杂投融模式创新探索初见成效；网金业务着力经营生态圈，消费金融效果显著；积极认购政府专项债，支持当地经济发展；发挥集团综合金融优势，实现基础设施类重大项目投放，积极参与青岛市人才住房建设，为政府满足各类引进人才住房需求贡献力量。

【个人业务】　2019年，平安银行青岛分行在“科技引领，零售突破，对公做精”三大转型发展战略下，零售转型进入第二阶段——全面打造AI内驱的“3+2+1”经营体系，打造“领先的智能化零售银行”，青岛分行正以科技赋能零售业务转型，推动AI Bank建设，打造新型的智能化门店，为用户提供更便捷、更智能、更全面的金融服务。在线下推出“轻型化、社区化、智能化、多元化”的零售新门店，在线上不断迭代优化口袋银行APP，并通过线上线下融合的智能OMO服务体系，将客户的口袋银行APP与零售新门店无缝对接，实现了多种服务场景的线上线下融合。截至2019年底，平安银行青岛分行零售AUM达到479.00亿元，零售存款余额达到138.00亿元，零售贷款余额达到137.00亿元。

【国际业务】　2019年，平安银行青岛分行国际业务继续保持较为健康稳定的发展，业务规模和经营收益与上年基本持平。秉持发展与风控并重的原则，确保外汇合规及贸易融资风险控制，无违规问题、无新增不良。根据总分行战略导向，平安银行青岛分行重点支持外向型实体企业、“走出去”的龙头企业。依托自身离岸金融优势，为企业提供低成本的外债贷款、海外代付等产品，实现银企共赢。

国际业务及内贸中间业务方面，平安银行青岛分行大力推动有真实贸易背景的国际/国内证业务发展，推动票据业务、供应链融资等，重点支持本地实体企业，实现了贸易融资规模与中收双增长。同时大力推广科技金融引领作用，平安橙E融资、外汇交易通、平安好链等平台系统，可为广大内外贸客户提供线上化的高效便利服务，为分行业务发展提供了技术保障。

【中间业务】 在投资银行领域，依托综合金融优势积极探索客户“商行+投行+投资”的复杂投融资模式，在债务融资工具、债券承销、并购、银团、资本市场等业务条线积极作为，并积极引入兄弟公司协同险资投资、证券承揽等工具满足客户不断增长的复杂投融资需求，降低客户对于金融服务的获得成本，有效支持了企业生产经营，助力地区产业升级和动能转换。

【电子银行业务】 电子银行方面，充分发挥科技引领作用，加强产品创新，互联网支付结算模块围绕公司转型战略，为平台企业用户赋能，提升其深度经营能力，以产业互联网、消费互联网平台客户为中心，集成优势产品能力，以云收款、云账户、云付款等为平台客户及其项下的B、C端用户提供贴合其需求的互联网支付结算综合服务方案；现金管理模块通过银企直连打通客户财务系统与银行业务通道，为客户提供直连资产池、本外币现金池、集团现金管理、智能清分等多项服务。平安银行青岛分行公司网金部2019年聚焦上市公司集团票据池直连项目、无车承运人ETC充值缴费及网络货运平台搭建，以及网约车、二手车、汽配维修等一系列车生态云账户项目，深挖场景，做精对公产品，从而为企业客户提供综合解决方案。

【风险控制】 对公客户方面，坚持走可持续、高质量发展之路，严守资产质量生命线。经营理念从“规避风险”向“经营风险”转变，风险与业务高效协同，有力支持业务发展；持续推进风险前置，以方案管理风险、以管理规避风险，制定风险地图，明确关注行业、关注领域、关注客户，做好“一户一策”风险防控方案制订，有效指导风险处置及业务拓展；聚焦小微客户群、战略客户群，一方面，紧跟国家政策导向，聚焦符合国家战略方向的行业；另一方面，通过场景化获客、平台化经营、智能化风控方式，做好小微客户群服务工作，有效控制风险。

零售客户方面，坚持科技引领，结合“技防+人防”的管控措施。客户准入充分利用大数据分析刻画客户完整画像，业务审批实现集中化操作，在降低操作风险的同时提升业务前端进件质量；通过个贷系统分类预警监测、集中供款监测、B+系统的共债数据监测等手段实时监测，对异常情况提前发现、及时处置；通过贷款资金监测“三道防线”，建立多维度的贷款资金监测体系，保障贷款资金用途合规；在逾期压降方面，充分利用AI催收技术，降低M_0—M_1转化率，提升贷款资产质量。

（宋钦娟）

附表1

机构概况一览表

行长（或其他称谓的第一负责人）		副行长（或其他称谓的同级领导）	
王　珺		庄复兴、谷　辉、纪小倩、迟珊珊、赵学军、卢玉君	
地址	山东省青岛市崂山区苗岭路28号金岭广场2号楼	邮编	266100
网址	http://bank.pingan.com/	客服电话	95511

附表2

内设部门及分支机构一览表

年度	内设机构（个）	下设分支机构（个）		员工人数（人）	
		地市级机构数	县区级机构数	员工总数（含非正式员工）	正式员工数
2015	20	2	14	693	673
2016	22	3	15	716	702
2017	15	3	16	612	598
2018	16	4	16	686	675
2019	15	4	18	670	664

附表3

主要统计指标1

单位:亿元

项目	2015年	2016年	2017年	2018年	2019年	2019年同比增幅(%)
本外币资产总额	329.02	391.28	362.49	395.62	491.73	24.29
本外币存款余额	245.95	325.71	256.79	310.54	410.35	32.14
人民币存款余额	215.77	288.15	221.61	228.25	348.36	52.62
单位存款	171.46	197.88	156.94	148.38	233.25	57.20
储蓄存款	40.65	42.72	44.41	53.36	57.22	7.23
本外币贷款余额	262.42	290.44	278.10	341.80	350.80	2.63
人民币贷款余额	231.60	250.16	245.02	284.32	282.37	-0.69
短期贷款	114.67	113.31	76.30	89.49	64.67	-27.73
中长期贷款	112.77	134.42	167.52	193.48	216.75	12.03
票据融资	3.30	1.94	0.00	0.15	0.95	533.33
利润总额	2.45	-0.83	-1.56	-12.91	-21.93	—
不良贷款余额	1.04	2.52	1.58	14.99	15.24	1.67
不良贷款占比(%)	0.40	0.87	0.57	4.39	4.34	-1.14

附表4

主要统计指标2

项目	2015年	2016年	2017年	2018年	2019年	2019年同比增幅(%)
单位结算账户(万户)	—	2.30	2.50	6.06	1.06	-82.50
单位结算金额(亿元)	—	9,332.00	10,821.00	9,761.45	6,721.48	-31.14
个人结算账户(万户)	—	71.51	83.32	91.16	101.98	11.87
个人结算金额(亿元)	—	2,805.00	3,389.00	6,998.50	8083.56	15.50
信用卡发卡量(万张)	14.28	16.26	23.51	27.80	22.13	-20.38
信用卡消费额(亿元)	193.61	247.27	324.45	543.04	661.39	21.80
企业网银客户(万户)	0.32	0.50	0.60	0.68	0.72	5.80
个人网银客户(万户)	—	—	—	36.99	43.26	16.95
手机银行客户(万户)	—	—	—	9.98	10.08	1.00
现金自助设备(台)	84	98	106	114	102	-11.70
营业网点(个)	29	28	28	30	32	6.67
自助网点(个)	14	12	12	11	6	-45.00

上海浦东发展银行股份有限公司济南分行

【第一负责人简介】 葛宇飞，男，汉族，1969年12月出生，山东莒县人，中共党员，研究生学历，硕士学位；1992年7月参加工作，历任浦发银行办事员、科员、副科长，支行副行长、行长，上海分行合规部总经理；2008年5月，任浦发银行上海分行行长助理、副行长，上海分行副行长兼上海自贸区分行副行长；2014年7月，任浦发银行南昌分行党委书记、行长；2017年7月，任浦发银行总行审计部负责人；2018年3月至今，任上海浦东发展银行股份有限公司济南分行（简称浦发银行济南分行）党委书记、行长。

【综述】 2019年，浦发银行济南分行认真贯彻省委省政府关于金融支持实体经济发展的战略部署，深化基础管理，推进“降旧控新”，明确客群重建，着力队伍培养，扎实推动党建和各项经营管理工作有序开展，为经济社会发展做出了应有贡献。截至2019年末，本外币存款余额为604.80亿元，同比增加7.91亿元，增幅为1.33%；本外币贷款余额为651.17亿元，同比下降137.71亿元，降幅为17.46%；不良贷款余额为46.86亿元，同比下降11.52亿元；实现账面利润-61.08亿元，同比多亏26.16亿元。

【公司业务】 持续深化客户经营，稳步推进结构调整。聚焦分行“一行一策”客户名单，按图索骥，加快营销。创新客户经营模式，开展分层分类经营，客户结构调整在一定程度上取得实质性突破。从客户结构看，“一行一策”客户业务量明显提升，信贷投放余额为150.00亿元，占比为18.00%，提升6个百分点。从业务结构看，多渠道融资拓展提速，实现非信贷融资301.04亿元，其中债券承销156.77亿元，在山东区域排名第二，市场份额为7.04%；完成代理承销144.27亿元。从具体业务看，落地了一批重点项目和重点业务。投行业务方面，分别为齐鲁交通、浪潮信息发行10.00亿元超短期融资券，利率均创同期同级别市场最低；为山东能源发行30.00亿元中期票据和30.00亿元超短期融资券，这是分行单笔最大金额债券承销业务；落地分行首单山东黄金矿业股份并购贷款6.00亿元；为齐鲁交通落地全国首单高速公路广告收益资产支持票据，创山东证券化产品历史最低利率。交易银行业务方面，与香港分行跨境联动，为山东高速香港子公司发放2.00亿美元贷款；为中通客车办理分行首笔美元出口代付业务；为日照港集团办理融资租赁保理7,227.00万元；落地分行首笔中企云链保理业务。

【零售业务】 强化渠道、场景和线上获客与经营，加强公私联动、厅堂联动，加快网点转型。零售基础以上客户、零售中高端客户分别净增1.49万户、0.71万户，手机银行有效户新增33.80万户，信用卡活跃账户净增10.78万户，零售营收占比为46.26%，同比提高6.94个百分点。全力推动总行确定的大型开发商对接工作，积极促进项目落地，推动对接大型房产中介等渠道，开展二手房按揭贷款业务，零售信贷获客渠道和经营能力持续增强。加强与大型购物中心、品牌连锁超市、加油站等的合作，年内拓展稳定信用卡获客场景50个，信用卡场景、客群经营能力进一步提升。

【风险管理】 全面加强风险管控，加快不良处置化解。按照“降旧控新”工作思路，加强对授信客户风险集约化、穿透式管理，全力推进风险资产压降工作。全年累计处置化解不良贷款101.14亿元，其中现金清收2.80亿元、分类上调1.29亿元、常规核销32.95亿元、打包转让64.10亿元，实现已核销资产现金清收1.94亿元，2019年末逾期贷款与不良贷款比率为95.92%，风险家底客户余额同比减少85.27亿元。“五降”目标得到实现，风险资产逐步出清，结构调整持续深化。加强了风险管理对业务发展的引领和支持，“一行一策”投向政策扎实推进，重点支持项目和优质客户授信审批效率不断提高，助推分行转型发展。

【科技运营】 提升运营与科技支撑能力。扎实开展智慧运营攻坚专项行动，推动作业模式、运营工具创新。总行智慧运营清单中可推行的27项全部完成，14项自主创新工具投产上线。全面推行运营“三才”人员队伍建设，实现运营人员由操作型向综合服务型转变。提升科技创新和数字化管理水平，完成信息科技项目开发35项。

【合规内控】 提升合规内控管理水平。扎实开展“行业规范建设年”“巩固治乱象成果、促进合规建设”等活动，多角度加强员工行为管理和案件风险排查。加大问责工作力度，2019年累计问责2,814人次，其中信贷风险问责2,688人次，员工违规问责126人次。全员依法合规意识明显增强，合规管理成效初步显现。

【党建工作】 深入学习习近平新时代中国特色社会主义思想，扎实开展“不忘初心、牢记使命”主题教育，统一全行思想，凝聚全员共识。狠抓基层党支部规范化、标准化建设，全面提升抓党建促发展“党建领航工程”，提升基层组织力。组织开展了党委巡察、党建考核，召开案例警示教育大会，增强了干部员工的廉洁自律意识和底线红线意识。

加快干部人才队伍建设。完善干部管理和考核评价机制，推动实施运营等板块组织架构改革，推行零售信贷新模式，搭建有成长梯度的营销队伍体系。完善绩效考核分配机制，激发和调动全员内生动力与活力。深入开展文明创建活动，泰安分行营业部、潍坊分行营业部、自贸区支行营业部荣获中国银行业文明规范服务五星级营业网点称号，潍坊分行荣获市级文明单位称号。

（廖 峰）

附表1

机构概况一览表

行长（或其他称谓的第一负责人）		副行长（或其他称谓的同级领导）	
葛宇飞		钟玉明、丁剑波、张志、管瑞宁	
地址	山东省济南市历下区黑虎泉西路139号	邮编	250001
网址	http://www.spdb.com.cn/	客服电话	95528

附表2

内设部门及分支机构一览表

年度	内设机构（个）	下设分支机构（个）		员工人数（人）	
		地市级机构数	县区级机构数	员工总数（含非正式员工）	正式员工数
2015	24	8	25	1,303	1,101
2016	26	9	28	1,468	1,156
2017	26	10	27	1,444	1,179
2018	23	11	27	1,416	1,279
2019	23	11	27	1,316	1,228

附表3

主要统计指标1

单位：亿元

项目	2015年	2016年	2017年	2018年	2019年	2019年同比增幅（%）
本外币资产总额	1,032.53	982.13	910.70	833.20	752.38	-9.70
本外币存款余额	948.97	800.65	819.06	596.89	604.80	1.33
人民币存款余额	925.60	784.11	807.69	584.53	596.73	2.09
单位存款	781.29	681.91	694.67	451.83	441.27	-2.34
储蓄存款	122.89	102.20	113.02	132.70	155.46	17.15
本外币贷款余额	738.14	844.83	810.30	788.88	651.17	-17.46
人民币贷款余额	723.63	830.71	805.54	786.07	642.73	-18.24
短期贷款	465.87	439.28	382.72	312.36	235.77	-24.52
中长期贷款	192.27	391.43	405.61	438.01	388.65	-11.27
票据融资	22.76	17.74	17.21	35.70	18.31	-48.71
利润总额	13.13	-5.95	-40.46	-34.92	-61.08	—
不良贷款余额	17.46	17.47	46.15	58.38	46.86	-19.73
不良贷款占比（%）	2.37	2.07	5.70	7.40	7.20	-2.70

附表4

主要统计指标2

项目	2015年	2016年	2017年	2018年	2019年	2019年同比增幅(%)
单位结算账户（万户）	2.03	2.31	2.36	2.46	2.54	3.33
单位结算金额（亿元）	15,666.27	17,483.78	20,711.19	26,032.60	26,451.70	1.61
个人结算账户（万户）	107.93	157.29	179.39	247.56	267.41	7.99
个人结算金额（亿元）	731.03	798.50	5,601.00	13,121.00	13,215.00	0.72
信用卡发卡量（万张）	47.40	97.12	169.95	260.69	318.15	22.04
信用卡消费额（亿元）	249.69	410.50	820.65	1,343.47	1,672.30	24.48
企业网银客户（万户）	1.04	1.27	1.47	1.81	2.17	19.89
个人网银客户（万户）	9.20	13.08	114.70	164.10	187.50	14.26
手机银行客户（万户）	24.20	99.50	137.60	205.90	250.00	21.42
现金自助设备（台）	238	312	230	209	200	-4.50
营业网点（个）	56	59	65	65	63	-3.08
自助网点（个）	121	222	49	34	28	-17.65

上海浦东发展银行股份有限公司青岛分行

【第一负责人简介】　张湧，男，1972年出生，历任浦发银行天津分行公司金融部副总经理（主持工作），公司金融业务一部总经理，滨海新区业务部总监兼总行直接股权基金业务部副总经理，天津分行副行长，天津分行行长；现任上海浦东发展银行股份有限公司青岛分行（简称浦发银行青岛分行）党委书记、行长。

【综述】　浦发银行青岛分行成立于2003年3月，经营区域覆盖青岛、烟台、威海三地。开业以来，认真贯彻总行发展战略，积极参与地方经济建设，不断探索金融创新途径，努力提升客户服务水平，各项业务持续健康发展，赢得了社会各界和广大客户的良好口碑。截至2019年末，浦发银行青岛分行实现总资产706.00亿元，全年实现营业收入21.62亿元，不良贷款率为0.61%。2019年，浦发银行青岛分行被总行评为“十佳分行”，位列第二，取得历史最好成绩。

【公司业务】　2019年，公司存款实现超百亿元跨越式增长，人民币存款日均增量突破120亿元，增量计划完成率位列浦发系统内第一。公司人民币贷款较年初增长77.00亿元，各项贷款增量位列青烟威地区股份制银行同业第一位，有力地支持了当地企业发展。非信贷融资总量接近180.00亿元，其中，债务融资工具发行规模在青烟威地区继续领先，同业排名第二；成功承办了总行第八届股权高峰论坛。普惠金融业务、供应链业务均实现较快发展；票据贴现业务量突破200.00亿元，系统内排名第四，陆续落地城农商行利率债分销等多笔金融市场首单业务。服务效率进一步提高，率先落地首笔票交所系统内自营资金投资票据资管业务、青岛地区首笔“绿色票据直通车”模式再贴现业务等首笔业务。

【个人业务】　2019年，浦发银行青岛分行围绕分行“聚焦客户、转型发展”的整体工作思路，进一步优化完善零售客户分层梯度经营体系，打造“财富因投入而不同”的财富管理品牌。推出财富业务、信用卡业务、零售信贷业务、私人银行业务以及零售客户经营新体系的五极发展新模式，零售业务协同、融合发展，不断向建设一流数字生态银行的发展目标前进。截至2019年末，浦发银行青岛分行零售存款余额为105.43亿元，较年初增长25.71亿元，增幅为32.00%；个人金融资产余额为293.96亿元，较年初增长20.87亿元，增幅为8.00%；个人贷款余额为160.60亿元，较年初增长29.60亿元，增幅为23.00%。个人客户总量达到137.22万户，较年初新增19.88万户，增幅为17.00%。全年实现零售业务收入6.52亿元，实现零售中间业务收入3.34亿元。

【国际业务】 2019年，浦发银行青岛分行坚持“以客户为中心”的服务理念，为客户提供最优质高效的国际贸易融资服务。通过多年来在国际贸易金融领域和离岸银行领域的积累和沉淀，浦发银行青岛分行已形成了本外币、离在岸、境内外联动服务的经营特色和理念，涵盖在岸分行、海外分行、自贸区分行和离岸银行的国际化经营网络，可产品多样化、手续便利化、流程高效化、多渠道多方面地满足境内客户和非居民客户在跨境经贸活动中的金融需求。截至2019年底，浦发银行青岛分行服务的国际结算客户超过1,200户，国际结算量超过40.00亿美元（其中跨境人民币3.60亿元）；离岸客户数超过1,000户，离岸国际业务量超过74.00亿美元。为多家企业提供了跨境贸易融资及外汇避险产品服务，助力外贸企业客户拓展国际市场。同时，浦发银行青岛分行认真研究和贯彻国家外汇政策导向，业务发展与合规经营有机结合，荣获“2019年度执行外汇管理规定情况考核A级行”称号。

浦发银行青岛分行具有离岸业务牌照，致力于服务“走出去”的跨境客户。不仅具备深厚的跨境金融行业经验，而且凭借众多国际平台，对企业跨境金融服务需求具有更深刻的洞察与理解，可以为正在“全球布局、跨国经营”的企业提供投融资、并购发债、资金管理、汇率避险等一揽子跨境综合金融产品和服务，并因此在当地市场获得了一定的知名度。截至2019年底，浦发银行青岛分行服务离岸客户数超过1,200户，离岸国际业务量超过80.00亿美元。

【中间业务】 2019年，浦发银行青岛分行各类中间业务扎实推进，取得较好成绩。一是传统表外业务实现较好增长，银行承兑汇票余额为183.00亿元，较年初增长43.00亿元，增幅为24.00%；保函余额为20.00亿元，较年初增长3.00亿元，增幅为19.00%；信用证余额为51.00亿元，较年初增长8.00亿元，增幅为22.00%。二是投行非信贷融资规模接近180.00亿元，债券发行数量和规模辖区排名居于前列。三是交易银行现金管理、国际结算等各类中间业务保持良好发展态势。2019年度，浦发银行青岛分行在现金管理、国际结算等各类中间业务上保持良好发展态势。其中，公司理财继续保持系统内领先，实现销售收入超过3,000万元，系统内排名第六。

【电子银行业务】 2019年，浦发银行青岛分行打造个人手机银行10.0版APP，通过大数据加持和API对接，满足用户多方面需求。进一步体现了“无界·有我”的零售业务理念，巩固了浦发银行移动金融的领先形象。截至2019年末，浦发银行青岛分行手机银行客户数达70余万户，当年新增超过15万户，手机银行月活客户数超过10万户。网银客户数达57万余户，当年新增近10万户。当年电子银行（网银、手机银行、微信银行以及自助银行）累计交易笔数超过14,000万笔，累计交易额超过3,100.00亿元。

【风险控制】 2019年，浦发银行青岛分行构建全面风险管理体系，压实“三道防线”责任，夯实风险管理基础；结合区域环境和分行战略，重点开展海洋经济、科技金融、物流行业和汽车等行业的研究，持续提高专业引领能力；加强全员风险文化培育，推进“前瞻精准、慎行知止”的风险观在全行落地，形成“风险防控人人有责”的良好局面。截至2019年末，浦发银行青岛分行贷款总额为576.00亿元，不良贷款总额为5.42亿元，不良贷款率为0.94%，资产质量保持稳定；年内审批对公授信金额1,622.00亿元，较上年增长约385.00亿元，特别是在科技金融领域给予重点支持，有力地推动了辖区内实体经济发展。

（胡建平、曲苗苗、纪文娜）

附表1

机构概况一览表

行长（或其他称谓的第一负责人）		副行长（或其他称谓的同级领导）	
张 湧		丛威娜、孙保进、姜辉胜	
地址	山东省青岛市崂山区海尔路188号	邮编	266100
网址	http://www.spdb.com.cn/	客服电话	95528

附表2

内设部门及分支机构一览表

年度	内设机构（个）	下设分支机构（个）		员工人数（人）	
		地市级机构数	县区级机构数	员工总数（含非正式员工）	正式员工数
2015	30	2	27	708	629
2016	28	2	34	733	666

续表

年度	内设机构（个）	下设分支机构（个）		员工人数（人）	
		地市级机构数	县区级机构数	员工总数（含非正式员工）	正式员工数
2017	29	2	36	752	673
2018	23	2	31	725	654
2019	23	2	31	758	695

附表3

主要统计指标1

单位：亿元

项目	2015年	2016年	2017年	2018年	2019年	2019年同比增幅（%）
本外币资产总额	765.00	744.00	560.00	541.00	706.00	30.50
本外币存款余额	490.00	509.00	488.00	441.00	543.00	23.13
人民币存款余额	464.00	484.00	461.00	409.00	523.00	27.87
单位存款	401.00	430.00	407.00	333.00	421.00	26.43
储蓄存款	63.00	54.00	54.00	76.00	102.00	34.21
本外币贷款余额	268.00	330.00	344.00	456.00	575.00	26.10
人民币贷款余额	254.00	305.00	328.00	445.00	568.00	27.64
短期贷款	114.00	124.00	125.00	158.00	199.00	25.95
中长期贷款	113.00	163.00	188.00	204.00	265.00	29.90
票据融资	26.00	18.00	15.00	83.00	105.00	26.51
利润总额	7.97	7.61	5.27	5.12	2.05	59.96
不良贷款余额	1.16	2.54	2.10	2.50	5.42	116.80
不良贷款占比（%）	0.43	0.77	0.61	0.55	0.93	69.09

附表4

主要统计指标2

项目	2015年	2016年	2017年	2018年	2019年	2019年同比增幅（%）
单位结算账户（万户）	—	—	—	—	—	—
单位结算金额（亿元）	—	—	—	—	—	—
个人结算账户（万户）	49.22	58.65	70.06	85.15	100.22	17.70
个人结算金额（亿元）	—	—	2,095.21	2,311.96	2,049.19	-11.37
信用卡发卡量（万张）	4.68	13.14	23.39	25.79	16.91	-34.43
信用卡消费额（亿元）	63.36	113.25	232.52	380.37	473.19	24.40
企业网银客户（万户）	—	—	—	—	—	—
个人网银客户（万户）	17.48	34.61	39.33	49.40	57.26	15.91
手机银行客户（万户）	15.60	28.19	43.82	60.46	76.24	26.10
现金自助设备（台）	118	123	93	82	80	-2.44
营业网点（个）	29	34	36	34	31	-8.82
自助网点（个）	79	82	52	45	41	-8.89

浙商银行股份有限公司济南分行

【第一负责人简介】 张强，男，1966年出生，河北唐山人，中共党员，硕士研究生学历；1987年参加工作，2008年加入浙商银行，历任浙商银行西安分行党委委员兼计划财务部总经理，杭州分行行长助理，西安分行行长助理、副行长；2015年1月任浙商银行股份有限公司济南分行（简称浙商银行济南分行）党委书记、行长。

【综述】 2019年，面对复杂严峻的经济金融形势，浙商银行济南分行紧紧围绕“两最”总目标，深入贯彻平台化服务战略，始终自觉服务实体经济和山东新旧动能转换，坚定不移地推动转型发展，强化风险管控与内部管理，各项业务再上新台阶，系统内综合绩效考评二类行排名第一。

【公司业务】 2019年，浙商银行济南分行以服务实体经济为中心，应用区块链技术与金融科技创新，助力山东新旧动能转换及产业转型升级，平台化创新服务模式全面推广。全年新增应收款链平台有效户151户，保兑余额为91.60亿元，较上年同期新增44.00亿元，应收款保兑余额增量以及有效户均排名全行第二。2019年末，资产池有效户数为1,025户，入池资产余额为347.50亿元，系统内综合排名第一。易企银平台有效户数为29户，累计融资额度为78.40亿元，系统内排名第三。“e家银”代发工资平台代发667户，有效户数为534户，系统内排名第二。

浙商银行济南分行深化各类创新场景应用。积极推动平台化产品向供应链金融下游延伸，运用“订单通、分销通、分期通”等供应链金融应用场景，拓展下游经销商模式的供应链金融业务。成功办理全行首单企业版分销通业务以及英轩重工分期通业务。积极搭建地方国资系统易企银平台，临沂城投、邯郸建投、寿光金投等项目成功落地，完成潍坊投资集团、济宁祥城投资、金乡城建等业务方案，进一步深化了与地方政府的合作。依托应收款链“H+M”“1+N”“A+B”三大授信模式，撬动核心企业上下游客户，批复瑞康医药下游医院14家、药厂3家，批复额度为3.84亿元，应收款保兑0.49亿元。为济南二建、天元建设、莒县中医院、济南四建、济南三箭、瑞康医药等企业累计办理应收款保兑10.10亿元。

【国际业务】 2019年全年，浙商银行济南分行实现国际结算量76.81亿美元，同比增长7.06%；带动中间业务收入约5,573.00万元，同比增长10.20%；国际业务基础客户为310户；代客外汇资金交易39.64亿美元，同比增长13.72%。

融合平台化理念，办理全行首批“出口池+分期通”业务。通过网上银行，利用资产池额度创新推出电子汇总征税保函。服务外贸企业数量从上年同期的240户增加至310户，增长29.00%。

【普惠金融】 2019年，浙商银行济南分行普惠型小微贷款余额为32.65亿元，较年初新增8.24亿元，增长33.80%，超额完成年度监管指标。一是转变小企业经营服务模式，大力发展平台化供应链金融业务。依托核心企业供应链上下游，积极推动“1+N”“H+M”等公小联动。二是紧跟新旧动能转换政策导向，积极拓展小微园区集群业务。三是切实降低小微企业融资成本。充分运用“连续贷”“到期转”等无还本续贷产品，与山东省、济南市两级政府主导的“阳光应急转贷基金”签订合作协议，提供阳光化转贷资金服务，有效缓解小微企业授信到期后的转贷资金压力。

【零售业务】 2019年，浙商银行济南分行积极推广“e家银”资产池，帮助客户打通个人、家庭及亲友圈的资产和负债，实现资产效益性和流动性的平衡。截至2019年末，入池总资产为27.91亿元，融资余额为6.60亿元。研发升级“爱筑”智慧社区APP功能及增值服务，面向物业公司、园区、写字楼提供线上缴费、物业管理、报修巡检等服务，打造“医”“食”“住”“行”等全方位的生活、办公应用场景，累计签约智慧社区项目30个，受众客群覆盖4.30万户。打造学习型团队，不断提升一线人员自身素质及专业能力，在济南市地方金融监督管理局举办的2019年第二届泉城金融理财师大赛中，5名理财经理获“百强金融理财师”称号，1名理财经理获“十佳金融理财师”称号。

【中间业务】 2019年，浙商银行济南分行实现中间业务收入0.75亿元，较年初增加0.21亿元，增长38.90%。其中，国际结算手续费收入0.25亿元，较年初增加0.07亿元，增长38.90%；担保承诺业务手续费收入0.23亿元，比年初增加0.05亿元，增长27.8%；结算业务手续费收入0.14亿元，与上年基本持平。

【电子银行业务】 2019年，在金融科技加速向实体企业渗透的大环境下，浙商银行济南分行贴近实体企业的金融需求，不断强化网络金融平台建设，综合运用网络金融特色产品，推动各类场景应用，深化线下业务线上化、线上线下一体化，为实体企业提供嵌入式金融服务。与多家集团公司、财务公司以及票据池（资产池）优质合作企业实现银企直联系统对接。2019年，新增电子银行企业客户2,000户，新增企业客户电子银行开通率为92.47%；新增电子银行个人客户36,600户，新增个人客户电子银行开通率为95.25%。

【风险控制】 2019年，浙商银行济南分行认真贯彻人民银行、监管部门及总行风险管控各项政策要求，遵循授信业务集中审批和有限授权的风控模式，积极应对区域信用风险变化，不断完善全面风险管理体系，着力强化风险与合规管理，在积极化解存量风险的同时，重点防范大额风险，授信业务质量整体优良。2019年末，各项贷款不良率为1.01%，贷款逾期率为0.84%，同比分别下降0.62个和0.52个百分点。持续开展“三类客户”研究工作。下发目标客户清单493户，其中开展授信合作218户，批复额度合计440.14亿元。“医药、基建、电力、电信”等重点行业新增授信140.16亿元，运用平台化产品累计出账28.40亿元。制订平台化集群授信方案，筛选131家企业作为集群开发第一阶段目标客户。对小企业风险经理实行轮值派驻和定期岗位交流，定期通报风险经理审查业务预警情况，并对风险经理履职和操守情况进行电话回访。

【合规内控】 2019年，浙商银行济南分行严格落实“从严治行、从严管控、从严检查、从严问责、从严处罚”的内控管理要求，持续深化内控理念宣贯，积极开展“精耕细作深化年”“案件警示教育”“行业规范建设年”等相关活动，扎实推进“巩固治乱象成果、促进合规建设”工作，建立健全问题整改常态化、长效化机制，不断提升内控管理能力及执行力，推动内控合规管理更加精准、高效，全面。2019年，全行无重大案件、重大操作风险事件和重大违规事件发生，荣获“济南市单位内部治安保卫工作先进嘉奖”，以及“济南市消防工作先进单位”“四星级平安单位”等荣誉称号。

（王钰敏）

附表1

机构概况一览表

行长（或其他称谓的第一负责人）		副行长（或其他称谓的同级领导）	
张　强		吴宝国、张宏华、迟英明、杜长峰	
地址	山东省济南市历下区草山岭南路801号	邮编	250101
网址	http：//www.czbank.com/	客服电话	95527

附表2

内设部门及分支机构一览表

年度	内设机构（个）	下设分支机构（个）		员工人数（人）	
		地市级机构数	县区级机构数	员工总数（含非正式员工）	正式员工数
2015	22	2	1	306	278
2016	26	3	2	515	458
2017	27	5	5	663	603
2018	31	6	6	704	657
2019	27	6	6	679	654

附表3

主要统计指标1

单位：亿元

项目	2015年	2016年	2017年	2018年	2019年	2019年同比增幅（%）
本外币资产总额	330.47	418.25	474.59	533.88	589.71	10.46
本外币存款余额	216.51	322.05	387.07	409.79	483.21	17.92
人民币存款余额	215.49	316.44	343.50	367.65	435.18	18.37
单位存款	212.15	310.17	325.00	311.38	363.59	16.77
储蓄存款	3.34	6.27	17.41	33.25	50.62	52.24

续表

项目	2015年	2016年	2017年	2018年	2019年	2019年同比增幅（%）
本外币贷款余额	124.30	174.54	239.62	288.01	337.65	17.24
人民币贷款余额	120.30	161.92	187.85	256.87	315.43	22.80
短期贷款	81.35	92.31	105.34	129.08	120.33	-6.78
中长期贷款	38.95	69.61	82.51	114.91	159.07	38.43
票据融资	0.26	5.83	0.18	7.82	32.64	317.39
利润总额	0.96	1.43	-1.42	-1.34	8.77	—
不良贷款余额	3.47	4.26	4.68	4.71	3.41	-27.60
不良贷款占比（%）	2.83	2.44	1.95	1.63	1.01	-38.04

附表4

主要统计指标2

项目	2015年	2016年	2017年	2018年	2019年	2019年同比增幅（%）
单位结算账户（万户）	0.12	0.25	0.33	0.51	0.79	54.90
单位结算金额（亿元）	2,973.55	4,763.91	8,952.35	9,747.17	15,525.00	59.27
个人结算账户（万户）	0.67	8.12	20.27	34.22	39.61	15.75
个人结算金额（亿元）	77.13	408.56	1,443.59	1,587.90	2148.40	35.30
信用卡发卡量（万张）	0.48	5.28	12.48	18.63	19.63	5.37
信用卡消费额（亿元）	0.72	6.42	17.96	65.70	87.56	33.33
企业网银客户（万户）	0.15	0.21	0.33	0.47	0.67	42.55
个人网银客户（万户）	0.67	1.84	4.40	7.38	8.87	20.14
手机银行客户（万户）	0.24	1.88	4.78	8.35	10.52	25.99
现金自助设备（台）	5	9	20	27	40	51.85
营业网点（个）	4	6	10	13	13	0.00
自助网点（个）	0	0	0	0	0	0.00

渤海银行股份有限公司济南分行

【第一负责人简介】　鞠加亮，男，汉族，1973年1月出生，山东沂水人，中共党员，大学本科学历，经济师；1995年7月参加工作，曾先后在中国建设银行山东省分行，深圳发展银行济南分行、北京分行，招商银行济南分行工作；2007年7月入职渤海银行，2009年11月起，历任南京分行党委委员、风险总监、副行长，济南分行党委委员、副行长，2016年9月任渤海银行上海审批中心总经理；2019年5月至今，任渤海银行股份有限公司济南分行（简称渤海银行济南分行）党委书记、行长。

【综述】　2019年，渤海银行济南分行深入开展“不忘初心、牢记使命”主题教育，以主题教育进一步把准发展方向。认真学习领会习近平新时代中国特色社会主义思想和党的十九大精神，旗帜鲜明讲政治，牢固树立“风控第一、合规优先”的理念，做到不讲政治的钱坚决不挣，监管不合规的钱坚决不挣，风险不可控的钱坚决不挣。

渤海银行济南分行坚定回归本源，服务实体经济，支持重点项目建设；截至2019年末，渤海银行济南分行已服务全省新旧动能转换企业22户，表内外融资额累计43.80亿元。

渤海银行济南分行全年保持零案件、零重大操作风险事件，安全运营无事故。渤海银行济南分行始终以客户为中心，致力于打造“客户最佳体验现代财资管家”，加强金融消费者权益保护，经读者评议，获《大众日报》年内评选的“3·15诚信金融品牌”称号。

【公司业务】 2019年，渤海银行济南分行不断优化信贷资源配置，积极争取总行政策支持，加大对省内优质民营企业和小微企业的扶持力度，坚持“用好增量、盘活存量、做大流量”，实现资产、负债和收益同步增长的轻资产发展模式。2019年，渤海银行济南分行累计向优质客户发放各类表内外融资240.00亿元，积极服务当地经济建设。

践行社会责任，依托“小额快捷通”“渤发贷”等满足小微企业融资需求的金融产品，渤海银行济南分行积极支持小微企业发展，2019年末，渤海银行济南分行普惠型小微企业贷款余额为3.43亿元，较年初增加2.85亿元，增幅为491.38%。

【个人业务】 2019年，渤海银行济南分行紧紧围绕总行提出的“六个突破，三个转变”经营思路，牢牢把握“十个新”和“七抓七强”总体要求，坚持存款立行，以优质的金融产品和服务带动储蓄存款增长。坚持客群稳行，从客户提升和客户回流两个方面夯实客户基础；通过金融生态建设，增强获客维客能力。截至2019年末，渤海银行济南分行财富资产余额为189.80亿元，其中储蓄存款余额为30.20亿元，较年初新增8.90亿元；财富资产年日均余额为188.10亿元。

强化科技元素，线上线下协同发展，渤海银行济南分行建立了完善的消费金融体系。2019年先后上线渤银市民贷、线上拎包贷、渤税经营贷、烟台公信贷等多个产品，满足不同客户资金需求。普惠金融方面，推出大蒜质押个人生产经营贷款业务，助力当地小微企业高质量发展。

以星级网点创建为契机，服务质量不断提升，渤海银行济南分行营业部2019年获“中国银行业文明规范服务五星级营业网点”称号；渤海银行济南分行服务管理工作2019年系统内考核排名第一，以优质服务赢得广大客户的信赖和支持。

【国际业务】 渤海银行济南分行着力推广贸易金融资源节约型服务方案，在控制风险的前提下，大力推动国际业务开展，重点做好客群提升，通过信用证、保函和汇款等多种产品，积极满足客户国际结算需求。同时积极搭建线上业务系统，实现线上网银结售汇功能。积极寻找市场机遇，加强代理行往来沟通，宣传跨境人民币业务，大力推动内保直贷、衍生品、海外代付等国际业务开展。2019年，渤海银行济南分行完成国际结算业务量12.89亿美元。

【中间业务】 2019年，渤海银行济南分行坚持以“以投行和资管为特色的综合型银行”为转型发展方向，实现中间业务净收入3.84亿元。主要包括结算手续费、同业咨询顾问费、理财业务、托管费、投资管理费、见证保证手续费、委托代理收入等。

渤海银行济南分行积极推动投行业务发展，2019年，将债券承销业务作为发展重点，充分发挥银行间市场规模、产品、全国性股份制银行牌照及同业资源优势，为本地企业直接融资提供有效支持，助力企业优化融资结构、丰富融资渠道，全年牵头或作为主要参与机构，共为省内9家企业承销发行各类债券产品17只，募集资金合计超过137亿元，增幅超过100.00%。积极与券商、信托、基金公司、资产管理公司进行对接，广泛搭建业务渠道。

2019年，依托不断丰富的理财产品、信托产品、代理保险、贵金属等产品，渤海银行济南分行电子银行及零售代理类收入较快增长。

【电子银行业务】 2019年，渤海银行济南分行以“两个结合、两个赋能”为引领，加强生态银行建设，坚定执行总行金融科技转型发展战略，搭建分行属地化金融科技生态体系，努力实现业务的“线上化、数据化、智能化”，打造“平台银行、生态银行、场景银行”。

2019年，渤海银行济南分行实现金融科技转型收益692.68万元，生态客户数新增11,353户，平台生态客户业务量为3,134万笔，渠道生态客户业务量替代率为88.00%，云闪付开通率为35.00%。科技赋能，为客户提供更加便捷的线上服务。

（刘向真）

附表1

机构概况一览表

行长（或其他称谓的第一负责人）		副行长（或其他称谓的同级领导）	
鞠加亮		徐庆吉、季惠芳、刘 楠	
地址	山东省济南市经十路9777号鲁商国奥城	邮编	250011
网址	http://www.cbhb.com.cn/	客服电话	95541

附表2

内设部门及分支机构一览表

年度	内设机构（个）	下设分支机构（个）		员工人数（人）	
		地市级机构数	县区级机构数	员工总数（含非正式员工）	正式员工数
2015	21	4	6	468	420
2016	22	4	6	483	440
2017	25	4	6	484	449
2018	24	4	5	472	449
2019	26	4	5	449	433

附表3

主要统计指标1

单位：亿元

项目	2015年	2016年	2017年	2018年	2019年	2019年同比增幅（%）
本外币资产总额	295.74	345.25	292.73	313.23	322.26	2.88
本外币存款余额	250.81	308.61	277.20	293.55	313.84	6.91
人民币存款余额	250.79	308.58	265.51	291.81	299.77	2.73
单位存款	236.93	294.52	248.87	270.49	221.06	-18.27
储蓄存款	13.86	14.06	16.64	21.29	30.23	41.99
本外币贷款余额	122.97	176.94	232.07	245.23	283.65	15.67
人民币贷款余额	106.17	169.04	227.45	241.28	263.90	9.38
短期贷款	60.66	63.52	75.29	66.71	96.43	44.55
中长期贷款	45.51	105.52	152.15	174.57	167.47	-4.07
票据融资	16.74	2.98	1.65	0.80	10.13	1,166.25
利润总额	3.61	7.22	8.01	4.77	-3.09	-164.78
不良贷款余额	2.63	2.91	1.70	8.31	14.86	78.82
不良贷款占比(%)	1.88	1.61	0.72	3.30	5.06	53.33

附表4

主要统计指标2

项目	2015年	2016年	2017年	2018年	2019年	2019年同比增幅（%）
单位结算账户（万户）	0.26	0.29	0.31	0.31	0.33	4.90
单位结算金额（亿元）	—	—	—	—	—	—
个人结算账户（万户）	32.80	38.66	45.55	59.02	62.75	6.33
个人结算金额（亿元）	—	—	—	—	—	—
信用卡发卡量（万张）	—	0.41	0.43	0.32	0.51	59.38
信用卡消费额（亿元）	—	1.49	2.87	3.33	6.56	97.00
企业网银客户（万户）	0.22	0.24	0.26	0.27	0.28	3.70
个人网银客户（万户）	10.64	13.26	16.08	18.10	19.48	7.62
手机银行客户（万户）	8.62	11.17	13.99	16.06	17.52	9.09
现金自助设备（台）	35	35	36	36	36	0.00
营业网点（个）	15	15	15	14	14	0.00
自助网点（个）	0	0	0	0	0	0.00

第七部分

其他银行类金融机构

一、农村金融机构

山东省农村信用社联合社

【第一负责人简介】 孙开连，男，汉族，1967年9月出生，山东龙口人，西安交通大学管理学博士；1987年10月入党，1989年8月参加工作，历任淄博市体改委主任科员，淄博证券交易自动报价系统副总经理，威海市国资委副主任，威海市委组织部副部长，威海市环翠区区长、区委书记，威海市经济技术开发区党工委书记、管委会主任，德州市委常委、副市长、德州经济技术开发区党工委书记；2015年5月任山东省农村信用社联合社党委副书记、主任，2018年7月任山东省农村信用社联合社（简称山东省联社）党委书记、理事长。

【综述】 2019年，全省农商银行坚持以习近平新时代中国特色社会主义思想和党的十九大精神为指导，全面贯彻落实省委省政府工作部署和要求，紧紧围绕山东省联社党委“123456”总体工作思路，坚守服务“三农”和实体经济的经营宗旨，进一步深化改革，开拓创新，提高服务水平，推动转型发展，各项工作取得了显著成效和积极变化。截至2019年末，全省农商银行系统各项资产总额为2.46万亿元，增幅为8.47%；各项存款余额为1.97万亿元，较年初增加1,751.00亿元，增幅为9.76%；各项贷款余额为1.30万亿元，全年实际累计投放1.25万亿元，余额较年初增加1,330.00亿元，考虑核销处置等因素，实际新增1,654.00亿元，增幅为14.10%，存贷款余额连续15年居全省银行业首位；实现各项收入1,105.00亿元，降幅为0.50%；拨备前利润为320.00亿元，降幅为16.54%；全年缴纳税金88.95亿元，为支持地方经济和社会发展做出了积极贡献。

【服务“三农”和实体经济】 2019年，全省农商银行选派4,538名优秀干部到乡镇、居村挂职，创新推出五大系列50多个信贷产品，发放乡村振兴贷款247.53亿元，新增普惠型涉农贷款301.00亿元；累计投放民营企业贷款7,931.00亿元，累计投放小微企业贷款3,219.00亿元；在农区延伸设立4.80万个村级金融服务点，在城区增设536个社区代理服务点，全面开展整村授信和网格化营销，农户、行政村和城区居民授信覆盖面分别达到25.61%、39.41%和16.62%；累计发放扶贫贷款212.91亿元，向黄河滩区脱贫迁建提供贷款13.50亿元。

【深化改革】 2019年，山东省联社改革稳步推进，对内设部室进行整合优化，部室由20个减为16个，104个关键岗位全部实行竞争上岗，公开招聘182名，选拔88名重点院校毕业生到山东省联社培养锻炼。派出机构改革取得阶段性成效，12家办事处改制为审计中心，规范派出机构内部科室设置，实施差异化考核。农商银行改革持续深化，“三项机制”改革实现突破，全年淘汰中层管理人员1,580名，压缩机关冗余人员1,502名，新增一线客户经理2,314名。

【转型发展】 2019年，全省农商银行持续加强信贷结构调整，零售贷款余额、户数、占比分别为5,791.6亿元、225.90万户、44.44%，分别较年初增加1,018.90亿元、35.10万户、3.66个百分点；持续推进资金业务结构调整，标准化、高信用、高流动性资产占比分别达到91.54%、87.91%、87.10%，存量信用债较年初下降441.40亿元，委外业务投资余额较年初下降381.10亿元；持续推进经营网点转型，全年撤并迁建网点596家，改造老旧网点860家，新建自助型网点180家，新上智慧柜员机6,135台，释放内勤人员4,580人，电子银行替代率为87.26%。

【信息科技】 2019年，山东省联社不断加强科技平台建设，以业务需求为导向，以技术安全为基础，加快核心银行系统迭代升级，加快关联系统配套开发，2019年全年新上核心银行系统迭代开发项目61个、常规项目181个、特色类项目24个。各市科技中心上收工作顺利完成，实现了信息科技部归口管理。山东省联社持续发挥行业优势，着力为“小法人”打造“大平台”。一是健全行业审计平台，借助审计信息系统，加强非现场审计。二是完善“一体两翼，四大保障”信息科技平台，推动“信e贷”等67个项目顺利上线，信息系统安全稳定运行。三是优化资金清算服务平台，提升资金使用效率和效益。四是打造教育培训平台，完善网络学院运行机制，加大线上线下培训工作力度。五是建设法律服务平台，启动了在线法律咨询服务工作。六是培育电子商务平台，以智e购、智e付等为主体的金融服务平台运行良好，客户活跃度及交易规模不断提高。

【风险控制】 2019年，山东省联社全面风险管理工作紧紧围绕完善风险管理组织架构，建立监测评估机制，推进全面风险管理系统建设等工作重点，通过建章立制、监测预警、组织开展调研、风险评估、加强资本管理等措施，推动全面风险管理工作有序开展。全省农商银行持续抓关键、守底线，坚决打好风险防范化解攻坚战。深入开展风险隐患排查，突出做好风险机构处置工作，全省有5家风险机构由“重点”迁徙为“一般”、3家机构由“一般”迁徙为“潜在”、7家“潜在”机构彻底退出风险机构名单。建立健全风险监测预警、帮扶救助和联合处置机制；优化法人结构业务流程，完善前中后台监督制约机制；加大业务指导、合规审查和审计监督力度，完善事前事中事后监督制约机制；进一步完善资金调剂、风险互助和流动性风险救助三大机制，坚决守住不发生系统性风险的底线。

（罗旭东）

附表1

机构概况一览表

党委书记、理事长（或其他称谓的第一负责人）		党委副书记、副理事长、主任（或其他称谓的同级领导）	
孙开连		郭永利	
地址	山东省济南市历下区转山西路1号	邮编	250014
网址	http://www.sdnxs.com	客服电话	96668

附表2

内设部门及分支机构一览表

年度	内设机构（个）	下设分支机构（个）		员工人数（人）	
		地市级机构数	县区级机构数	员工总数（含非正式员工）	正式员工数
2015	18	17	112	76,634	74,886
2016	20	17	108	75,533	74,616
2017	17	18	107	74,274	73,649
2018	20	18	107	72,520	71,907
2019	16	26	99	70,986	70,433

附表3

主要统计指标1

单位：亿元

项目	2015年	2016年	2017年	2018年	2019年	2019年同比增幅（%）
本外币资产总额	17,944.73	20,046.16	21,510.67	22,639.98	24,559.70	8.48
本外币存款余额	13,559.56	15,160.73	16,589.63	17,936.26	19,687.02	9.76
人民币存款余额	13,549.91	15,146.79	16,564.59	17,907.12	19,649.91	9.73
单位存款	2,163.24	2,656.85	3,238.84	3,547.03	3,523.59	-0.66
储蓄存款	11,235.54	12,191.50	12,966.40	13,720.45	15,137.78	10.33
本外币贷款余额	9,159.40	9,655.61	10,440.49	11,702.39	13,031.89	11.36
人民币贷款余额	9,131.17	9,653.19	10,419.01	11,684.13	13,017.04	11.41
短期贷款	6,083.26	6,215.65	6,347.78	6,601.44	6,730.99	1.96
中长期贷款	2,485.20	2,788.70	3,526.54	4,209.17	5,046.30	19.89
票据融资	556.03	646.16	553.62	873.52	1,170.91	34.05
利润总额	204.30	195.54	163.03	160.97	153.69	-4.52
不良贷款余额	—	—	—	—	—	—
不良贷款占比（%）	—	—	—	—	—	—

附表4

主要统计指标2

项目	2015年	2016年	2017年	2018年	2019年	2019年同比增幅（%）
单位结算账户（万户）	48.00	53.00	58.00	62.00	70.00	12.90
单位结算金额（亿元）	—	—	—	—	—	—
个人结算账户（万户）	13,800.00	15,093.00	15,855.00	17,889.00	18,870.00	5.48
个人结算金额（亿元）	—	—	—	—	—	—
信用卡发卡量（万张）	6,243.00	6,849.00	7,567.00	8,275.00	9,395.85	13.55
信用卡消费额（亿元）	—	—	—	—	—	—
企业网银客户（万户）	17.74	21.21	26.56	33.73	46.23	37.06
个人网银客户（万户）	456.48	454.66	475.96	888.44	1,263.87	42.26
手机银行客户（万户）	408.67	501.77	703.18	922.17	1,263.87	37.05
现金自助设备（台）	11,321	12,286	12,944	12,991	12,048	-7.26
营业网点（个）	5,134	5,112	5,043	4,983	4,952	-0.62
自助网点（个）	—	—	—	28	757	2,603.57

青岛农村商业银行股份有限公司

【第一负责人简介】　刘仲生，男，1965年出生，山东青岛胶南人，中共党员，高级经济师，研究生学历，博士在读，青岛市第十五届、第十六届人大代表；1985年参加工作以来，先后在人民银行系统、日照银监局、山东省农村信用社日照办事处、山东省农村信用社济宁办事处工作；2011年1月至2012年6月任青岛市农村信用社联合社党委书记、理事长；2012年6月起任青岛农村商业银行股份有限公司（简称青岛农商银行）党委书记、董事长。

【综述】　青岛农商银行成立于2012年6月20日，是山东省第一家农村商业银行。截至2019年末，共设立16家分支机构，其中2家地市级分行、14家县区级支行。

【机构改革】　2019年，青岛农商银行立足“公众银行、省级银行、集团银行”的改革转型发展架构，以“领先、特色、高质量发展”为基调，开启改革发展“二次创业”，实施转型创新“十大工程”，质量、效益、规模持续保持均衡协调发展，再创历史佳绩，成为全国最年轻的A股银行和长江以北第一家上市农商行。2019年，围绕区域市场内的国家战略部署和经济发展规划，出台了专属对接服务方案、精准营销清单和行业营销指引，加快军民融合特色支行、海洋金融特色支行、专业贸易港口银行建设，先后与人社局等8家市直机关建立金融服务业务关系，取得市级财政专户资金存放等6类资质，首批开启社保医保延伸服务，机构客户呈现全面破局之势。2019年，成功发行全国首单军民融合专项债券5亿元，对接市级“双招双引”项目3个、市级重点建设项目16个、行业重点项目53个，分别提供授信31.2亿元、78.7亿元和48.36亿元。围绕上合示范区和山东自贸区建设需要，借助金融对外开放东风，建立专营机构、推出专属产品、提供专属服务，分别开设两大区域内首家专营银行机构，办理首笔跨境人民币便利化、NRA账户不落地结汇等业务，并在全国农商银行中率先开办央行互换项下新加坡元贷款业务。实现国际结算量148.9亿美元、代客结售汇54.5亿美元，同比分别增长14.29%和12.92%。跨境人民币业务余额为52亿元，同比增长99.1%，建立境外代理行595家，较年初增加20家。

【经营管理】　2019年，青岛农商银行全面深入推进“党建示范引领、标杆普惠银行塑造、行业交易银行打造、平台开放银行创新、特色金融建设、内控合规强化、资产质量优化、信贷结构调整、优质服务提升、人文农商深化”十大工程，整体保持了业务发展快、资产质量优、业务结构好、效益增势足、风险抵补能力强的良好态势。截至2019年末，各项存款余额为2,318.67亿元，较年初增加260.33亿元，增长12.65%，存量和增量均居全市银行机构第一位，其中存量市场份额为12.59%，增量市场份额为14.06%。各项贷款余额为1,796.47亿元，较年初增加436.34亿元，增长32.08%。实现营业收入87.32亿元、归属母公司股东净利润为28.25亿元，同比分别增长17.02%和16.78%。不良贷款率为1.46%，较年初下降0.11个百分点。拨备覆盖率为310.23%，较年初提高20.18个百分点。

【电子化建设】 2019年，青岛农商银行成立了数据治理应用委员会，设立数据运管中心，推进数据标准编制、整合平台搭建、应用体系构建等工作，数字化转型取得长足进步。2019年，合作上线“智慧社区”“城市攻略”等场景并融入APP，先后推出“跨境e家”“商户管家”等线上服务平台，创新搭建微信营销系统、客户管理系统等精准拓展工具，开发“信e贷”“商e贷”等6款电子产品，网贷平台接入“齐鲁工惠”“青岛政务”等政府APP，直销银行注册用户突破80万人。截至2019年末，手机银行有效客户数为176.24万户，企业网银为8.77万户，分别较年初增加40.34万户和2.7万户。电子银行替代率为87.78%，较年初提高8.8个百分点。网贷累放5.13亿元，余额为1.99亿元，分别较年初增加5.58亿元、1.48亿元。直销银行注册用户80.81万户、管理金融资产65.35亿元，累计交易金额为708.56亿元，分别较年初增加44.16万户、30.51亿元、408.13亿元。全年开展信息科技项目118个。

【风险控制】 2019年，青岛农商银行全力加强风险抵御能力建设，发展质量更加优质。完善贷款审批事前介入机制，搭建贷后预警模型，深入开展表内外“双清收”专项活动。推进房地产等重点领域的贷后管理等重点环节、市场风险等重点类型的风控管理，厘清“三道防线”职责边界，强化协同效果。坚持审慎经营理念，突出重点领域风险防控。风险防御能力继续增强。截至2019年末，不良贷款余额为25.82亿元，占比为1.47%，较年初分别增加5亿元、下降0.08个百分点。全年累计清收处置不良贷款22.45亿元，其中表外已核销贷款0.82亿元，处置抵贷资产1.6亿元。

（隋功新、王柏青、吴元军）

附表1

机构概况一览表

董事长（或其他称谓的第一负责人）		行长（或其他称谓的同级领导）	
刘仲生（党委书记、董事长）		刘宗波（党委副书记、行长）	
地址	山东省青岛市崂山区秦岭路6号农商财富大厦	邮编	266000
网址	http://www.qrcb.com.cn/	客服电话	400—11—96668

附表2

内设部门及分支机构一览表

年度	内设机构（个）	下设分支机构（个）		员工人数（人）	
		地市级机构数	县区级机构数	员工总数（含非正式员工）	正式员工数
2015	20	0	16	5,127	5,038
2016	21	1	16	5,105	5,063
2017	22	1	16	5,206	5,096
2018	22	1	15	5,192	5,052
2019	22	2	14	5,098	4,976

附表3

主要统计指标1

单位:亿元

项目	2015年	2016年	2017年	2018年	2019年	2019年同比增幅(%)
本外币资产总额	1,660	2,065	2,483	2,898	3,416.67	17.90
本外币存款余额	1,294.5	1,524.18	1,737.61	2,058.34	2,318.67	12.65
人民币存款余额	1,289.79	1,517.18	1,724.75	2,041.57	2,302.38	12.77
单位存款	413.65	563.78	723.78	981.44	1,108.26	12.92
储蓄存款	874.14	954	1,000.97	1,060.13	1,194.12	12.64
本外币贷款余额	947.81	1,002.35	1,105.45	1,360.13	1,769.47	30.10
人民币贷款余额	933.28	996.46	1,098.49	1,352.58	1,786.89	32.11
短期贷款	331.76	293.42	323.98	380.52	426.39	12.05
中长期贷款	589.6	689.69	763.48	909.62	1,260.89	38.62
票据融资	11.92	13.35	11.03	62.44	47.66	-23.67
利润总额	24	26	28	30	31.10	3.67
不良贷款余额	18.83	19.77	20.9	20.82	25.82	24.02
不良贷款占比(%)	1.99	1.97	1.89	1.55	1.47	-5.16

附表4

主要统计指标2

项目	2015年	2016年	2017年	2018年	2019年	2019年同比增幅(%)
单位结算账户(万户)	10.56	11.57	12.91	14.34	16.26	13.39
单位结算金额(亿元)	16,630.98	17,028.48	21,818.53	22,484.95	23,680.62	5.32
个人结算账户(万户)	738.84	711.49	704.86	694.82	686.54	-1.19
个人结算金额(亿元)	3,747.79	3,556.38	4,440.71	4,660.52	10,222.20	119.34
信用卡发卡量(万张)	0.44	0.61	0.95	1.85	12.01	549
信用卡消费额(亿元)	0.15	2.18	2.35	4.6	9.98	117
企业网银客户(万户)	2.37	3.27	4.62	6.57	8.77	33
个人网银客户(万户)	—	—	—	—	—	—
手机银行客户(万户)	16.44	35.19	75.18	128.08	176.24	38
现金自助设备(台)	730	812	861	811	756	-7
营业网点(个)	354	361	361	359	356	-0.84
自助网点(个)	53	64	86	106	146	37.73

山东省农村商业银行名录

序号	单位名称	单位地址	单位电话
1	山东章丘农村商业银行股份有限公司	山东省济南市章丘区明水汇泉路2550号	0531—83215885
2	山东平阴农村商业银行股份有限公司	山东省济南市平阴县锦水河街中段龙山小区22号	0531—87875331
3	山东济阳农村商业银行股份有限公司	山东省济南市济阳县城开元大街华宇舜苑小区	0531—84230779
4	山东商河农村商业银行股份有限公司	山东省济南市商河县商中路488号	0531—84882268
5	济南农村商业银行股份有限公司	山东省济南市转山西路1号	0531—67721316
6	莱芜农村商业银行股份有限公司	山东省济南市莱芜区鲁中东大街28号	0634—6292801
7	青岛农村商业银行股份有限公司	山东省青岛市崂山区秦岭路6号	0532—85933797
8	山东张店农村商业银行股份有限公司	山东省淄博市张店区柳泉路256号	0533—3588017
9	山东临淄农村商业银行股份有限公司	山东省淄博市临淄区齐兴路88号	0533—7161272
10	淄博博山农村商业银行股份有限公司	山东省淄博市博山区沿河西路57号	0533—4177092
11	淄博淄川农村商业银行股份有限公司	山东省淄博市淄川区松龄东路29号	0533—5181578
12	山东周村农村商业银行股份有限公司	山东省淄博市周村区新建中路57号	0533—6403756
13	山东桓台农村商业银行股份有限公司	山东省淄博市桓台县城镇南大街380号	0533—8215069
14	山东高青农村商业银行股份有限公司	山东省淄博市高青县青城路58号	0533—6973789
15	山东沂源农村商业银行股份有限公司	山东省淄博市沂源县城鲁山路1号	0533—3238790
16	枣庄农村商业银行股份有限公司	山东省枣庄市薛城区民生路766号	18106377659
17	山东滕州农村商业银行股份有限公司	山东省枣庄滕州市善国南路76号	0632—5564059
18	东营农村商业银行股份有限公司	山东省东营市东营区南一路282号	18562078899
19	山东广饶农村商业银行股份有限公司	山东省东营市广饶县城花苑路285号	0546—6445111
20	山东垦利农村商业银行股份有限公司	山东省东营市垦利县中兴路187号	0546—2526009
21	山东利津农村商业银行股份有限公司	山东省东营市利津县津三路276号	0546—5623359
22	烟台农村商业银行股份有限公司	山东省烟台市高新区科技大道57号	0535—6651502
23	山东莱州农村商业银行股份有限公司	山东省烟台莱州市光州西路356号	0535—2211630
24	山东龙口农村商业银行股份有限公司	山东省烟台龙口市港城大道707号	0535—8515199
25	山东莱阳农村商业银行股份有限公司	山东省烟台莱阳市龙门西路497号	0535—7210780
26	山东蓬莱农村商业银行股份有限公司	山东省烟台蓬莱市南关路160号	0535—5959227
27	山东招远农村商业银行股份有限公司	山东省烟台招远市魁星路199号	0535—8113427
28	山东栖霞农村商业银行股份有限公司	山东省烟台栖霞市跃进路427号	0535—5213141
29	山东海阳农村商业银行股份有限公司	山东省烟台海阳市海阳路208号	0535—3235013
30	山东长岛农村商业银行股份有限公司	山东省烟台长岛县乐园大街132号	0535—3213893
31	潍坊农村商业银行股份有限公司	山东省潍坊市北宫东街5007号	0536—8668896
32	山东寿光农村商业银行股份有限公司	山东省潍坊寿光市银海路19号	0536—5222195
33	山东青州农村商业银行股份有限公司	山东省潍坊青州市驼山中路3188号	0536—3260352
34	山东安丘农村商业银行股份有限公司	山东省潍坊安丘市青云大街631号	0536—4225721
35	山东诸城农商行股份有限公司	山东省潍坊诸城市密州东路43号	0536—6095216
36	山东高密农村商业银行股份有限公司	山东省潍坊高密市康成大街（东）2088号	0536—2328777
37	山东昌邑农村商业银行股份有限公司	山东省潍坊昌邑市北海路136号	0536—7210146
38	山东临朐农村商业银行股份有限公司	山东省潍坊市临朐县龙泉南路31号	0536—3165331
39	山东昌乐农村商业银行股份有限公司	山东省潍坊市昌乐县昌盛街571号	0536—6271016
40	济宁农村商业银行股份有限公司	山东省济宁市建设路31号	19953778833
41	山东曲阜农村商业银行股份有限公司	山东省济宁曲阜市大成路南首	0537—4494113
42	山东兖州农村商业银行股份有限公司	山东省济宁兖州市建设东路271号	0537—3415455

续表1

序号	单位名称	单位地址	单位电话
43	山东邹城农村商业银行股份有限公司	山东省济宁邹城市东滩路1669号	0537—5217697
44	山东微山农村商业银行股份有限公司	山东省济宁市微山县夏镇奎文东路	0537—8226910
45	山东鱼台农村商业银行股份有限公司	山东省济宁市鱼台县湖凌二路北首	0537—6218155
46	山东金乡农村商业银行股份有限公司	山东省济宁市金乡县青年路9号	0537—8728904
47	山东嘉祥农村商业银行股份有限公司	山东省济宁市嘉祥县建设南路42号	0537—6838404
48	山东汶上农村商业银行股份有限公司	山东省济宁市汶上县中都大街88号	0537—7211194
49	山东泗水农村商业银行股份有限公司	山东省济宁市泗水县泉兴路中段	0537—4221008
50	山东梁山农村商业银行股份有限公司	山东省济宁市梁山水泊中路118号	0537—7328027
51	山东东平农村商业银行股份有限公司	山东省泰安市东平县稻香街1号	0538—2851069
52	泰山农村商业银行股份有限公司	山东省泰安市财源大街36号	0538—6271756
53	岱岳农村商业银行股份有限公司	山东省泰安市岱岳区财兴街90号	0538—8227099
54	新泰农村商业银行股份有限公司	山东省泰安新泰市青龙路879号	0538—7211196
55	肥城农村商业银行股份有限公司	山东省泰安肥城市泰临路078号	0538—3301001
56	山东宁阳农村商业银行股份有限公司	山东省泰安市宁阳县七贤路944号	0538—5687169
57	山东威海农村商业银行股份有限公司	山东省威海市海滨中路56号	0631—5286018
58	山东文登农村商业银行股份有限公司	山东省威海文登市世纪大道86号	0531—8458375
59	山东荣成农村商业银行股份有限公司	山东省威海荣成市成山大道中段8号	0631—7552900
60	山东乳山农村商业银行股份有限公司	山东省威海乳山市胜利街101号	0631—6620656
61	日照市东港农村商业银行股份有限公司	山东省日照市海曲中路55号	0633—8258008
62	日照岚山农村商业银行股份有限公司	山东省日照市岚山区岚山西路	0633—2681809
63	山东莒县农村商业银行股份有限公司	山东省日照市莒县振兴东路18号	0633—6222813
64	山东五莲农村商业银行股份有限公司	山东省日照市五莲县城沿河路382号	0633—5229017
65	德州农村商业银行股份有限公司	山东省德州市德城区大学西路1576号	0534—2235680
66	山东乐陵农村商业银行股份有限公司	山东省德州市乐陵市阜新路399号	0534—6808837
67	山东禹城农村商业银行股份有限公司	山东省德州市禹城市汉槐街181号	0534—7223365
68	德州陵城农村商业银行股份有限公司	山东省德州市陵城区陵州路272号	0534—8225013
69	平原农村商业银行股份有限公司	山东省德州市平原县平安东大街476号	0534—4253283
70	夏津农村商业银行股份有限公司	山东省德州市夏津县新市街3号	0534—3211520
71	武城农村商业银行股份有限公司	山东省德州市武城县振华街西首84号	0534—6213728
72	山东齐河农村商业银行股份有限公司	山东省德州市齐河县齐鲁大街215号	0534—5325306
73	山东临邑农村商业银行股份有限公司	山东省德州市临邑县开元大街61号	0534—4432741
74	山东宁津农村商业银行股份有限公司	山东省德州市宁津县福宁大街西首	0534—5222434
75	山东庆云农村商业银行股份有限公司	山东省德州市庆云县中心街北首	0534—3326277
76	山东临沂兰山农村商业银行股份有限公司	山东省临沂市解放路215号	0539—8221560
77	山东临沂河东农村商业银行股份有限公司	山东省临沂市河东区府前街	0539—8385071
78	罗庄农村商业银行股份有限公司	山东省临沂市罗庄区湖东路78号	0539—8268035
79	山东郯城农村商业银行股份有限公司	山东省临沂市郯城县人民路269号	0539—6223077
80	山东兰陵农村商业银行股份有限公司	山东省临沂市兰陵县城顺和路中段	0539—5261997
81	莒南农村商业银行股份有限公司	山东省临沂市莒南县城新建北段	0539—8283826
82	山东沂水农村商业银行股份有限公司	山东省临沂市沂水县城鑫华路42号	0539—2234902
83	山东蒙阴农村商业银行股份有限公司	山东省临沂市蒙阴县新城东路156号	0539—4272979
84	山东平邑农村商业银行股份有限公司	山东省临沂市平邑县浚河路85号金融大厦	0539—4216019
85	山东费县农村商业银行股份有限公司	山东省临沂市费县县城钟山路168号	0539—5228089

续表2

序号	单位名称	单位地址	单位电话
86	沂南农村商业银行股份有限公司	山东省临沂市沂南县城朝阳路34号	0539—3262005
87	临沭农村商业银行股份有限公司	山东省临沂市临沭县沭新东街31号	0539—6213707
88	山东聊城润昌农村商业银行股份有限公司	山东省聊城市冠县冠宜春东路145号	0635—5685908
89	聊城农村商业银行股份有限公司	山东省聊城东昌府区军需南路2号	18653617177
90	山东临清农村商业银行股份有限公司	山东省聊城临清市古楼东街26号	0635—2425828
91	山东阳谷农村商业银行股份有限公司	山东省聊城市阳谷县谷山北路64号	0635—6211078
92	山东莘县农村商业银行股份有限公司	山东省聊城市莘县振兴街92号	0635—6118038
93	山东茌平农村商业银行股份有限公司	山东省聊城市茌平县振兴路西首1412号	0635—4219196
94	山东东阿农村商业银行股份有限公司	山东省聊城市东阿县曙光街中段	0635—3265123
95	山东高唐农村商业银行股份有限公司	山东省聊城市高唐县官道南路108号	0635—3906066
96	山东邹平农村商业银行股份有限公司	山东省滨州市邹平县城鹤伴一路35号	0543—4351140
97	山东博兴农村商业银行股份有限公司	山东省滨州市博兴县博城五路522号	0543—2328606
98	滨州农村商业银行股份有限公司	山东省滨州市滨城区黄河六路363号	18654365839
99	山东惠民农村商业银行股份有限公司	山东省滨州市惠民县南关大街207号	0543—5330167
100	山东阳信农村商业银行股份有限公司	山东省滨州市阳信县阳城四路667号	0543—8232090
101	山东无棣农村商业银行股份有限公司	山东省滨州市无棣县院前街71号	0543—6360358
102	菏泽农村商业银行股份有限公司	山东省菏泽市人民路809号403室	18953008039
103	曹县农村商业银行股份有限公司	山东省菏泽市曹县青岛路中段	0530—3316969
104	定陶农村商业银行股份有限公司	山东省菏泽市定陶县青年路中段	0530—2217001
105	山东成武农村商业银行股份有限公司	山东省菏泽市成武县永昌路69号	0530—8622756
106	单县农村商业银行股份有限公司	山东省菏泽市单县向阳路中段063号	0530—4657171
107	山东巨野农村商业银行股份有限公司	山东省菏泽市巨野县前进路82号	0530—8211597
108	山东郓城农村商业银行股份有限公司	山东省菏泽市郓城县东门街中段	0530—6528719
109	山东鄄城农村商业银行股份有限公司	山东省菏泽市鄄城县鄄四路中段014号	0530—2426283
110	山东东明农村商业银行股份有限公司	山东省菏泽市东明县五四路东段	0530—7212727

二、城市商业银行

齐鲁银行股份有限公司

【第一负责人简介】 王晓春，女，汉族，1960年出生，江苏邳州人，中共党员，研究生学历，管理学硕士学位，山东大学行政管理专业，高级经济师；自1995年11月起，历任中国人民银行山东省分行综合计划处副处长，中国人民银行济南分行货币信贷管理处副处长、处长，中国银行业监督管理委员会山东监管局政策法规处处长，中国银行业监督管理委员会山东监管局副局长、党委委员；2011年3月任齐鲁银行股份有限公司（简称齐鲁银行）董事长、党委副书记，2012年3月至今任齐鲁银行党委书记、董事长。

【综述】 齐鲁银行是山东省成立最早、最先实现中外合作的城市商业银行。成立23年来，齐鲁银行始终坚守“服务城镇居民、服务中小企业、服务地方经济”的市场定位，逐步探索出一条“特色经营、服务地方”的区域中小银行高质量发展之路。2019年5月25日，中共中央政治局常委、国务院总理李克强亲临齐鲁银行视察，肯定了齐鲁银行民营及小微金融服务取得的成绩，指示包括齐鲁银行在内的中小银行要尽心竭力服务民营及小微企业，与它们共同打造“齐鲁青未了”的大好局面。

【公司业务】 2019年，齐鲁银行对标学习优秀同业，眼睛向内抓存量打基础，外拓思路抓焦点解难点，稳步推进对公业务转型。业务方面，住建领域优势扩大。2019年，中标济南市历城区、历下区、天桥区建筑工程劳务保证金监管资格，具备建筑工程劳务保证金、农民工工资监管及代发、新建商品房预售资金和住房维修资金等多项监管资格。成为山东省公共资源交易中心主办银行，成为中国清洁发展机制基金管理中心（财政部政府和社会资本合作中心）、山东省财政厅在山东省开展清洁基金绿色创新投资业务的唯一合作银行。创新方面，细化供应链金融行业场景研究，打造平台金融，以“银企家园”公司金融平台为中心，完善交易银行框架，成功上线“链赢金科联盟链”“融易资产池”等线上金融服务产品，助力企业有效管理资产与负债、清晰掌握并促进存量资产流动。

【个人业务】 2019年，齐鲁银行以不断满足消费者日益丰富的金融需求为己任，着力打造“老百姓信赖和喜爱”的零售金融产品和服务。打造全系列多品牌理财产品体系，既有普惠大众的“周期型、净值型”系列理财，又有满足高净值人群的“尊享盈”“私享盈”及“私人银行定制”理财；发行儿童卡、宝贝金账户、儿童存单等儿童金融产品，服务家庭客群过万户；推出省内城商行首张齐鲁小微企业卡，发行齐鲁拥军卡，为客户提供差异化的贴心服务；依托政府大数据平台，拓展“齐鲁市民贷”服务地域，打造线上“齐鲁无忧贷”，实现消费信贷服务线上化、风控智能化、运营精细化；积极优化信用卡用卡环境，推出消费通卡，发行京东联名信用卡，大幅提升了客户用卡体验。

【国际贸金业务】 2019年，齐鲁银行紧跟自贸区政策东风，通过做精做透客户、做专做活产品、做强做优服务等措施，积极应对经济外贸下行、贸易摩擦引发的汇率波动、进出口下滑等一系列不利影响。同时，率先在自贸区设立专营支行，作为首批入驻金融机构，全力打造齐鲁自贸服务新名片。

【中间业务】 积极履行“市民银行”社会责任，服务省市战略、为全市居民提供优质服务，开展了水电气暖等23项民生类缴费业务服务，获得山东省税务局关于城乡居民社会保险征收的银行代理资格，负责济南社会保险待遇金、金融社保IC卡等发放工作，深化市外分行、县域地区的公共事业服务，实现泰安泰燃燃气、聊城双源电力、聊城南湖校园充值、济阳水费等业务拓展。

【电子银行业务】 2019年，齐鲁银行手机银行、微信银行等移动端客户规模快速提高，智能机具快速推广普及，实现了线上线下渠道有机结合。全行电子渠道交易量、交易额持续增长，电子渠道分流率较上年提高3.51个百分点，达到84.62%。个人手机银行客户新增30.99万户，增幅为33.00%，微信银行新增19.14万户，增幅为187.39%。智能柜台已覆盖绝大部分个人柜面业务功能，实现网点100.00%覆盖，全行装机289台，年交易量达423.17万笔，个人柜面业务替代率已达37.85%。

【风险控制】 2019年，齐鲁银行深入落实金融供给侧结构性改革，保持定力固本源，审慎运作提质效，持续提升金融服务。以“决战每一天，提质控险活动年”活动为抓手，提升风险管理质效；优化集中放款中心运行，切实防范放款过程中的操作风险；构建机构风险管理评价体系，充分调动全行风险管理政策的执行力和控制风险能力的主动性；风险管理技术效能提升，信用风险预警管理系统落地运行，操作风险、市场风险管理系统功能不断优化，全面风险防控体系建设持续完善。

（张 娜）

附表1

机构概况一览表

行长（或其他称谓的负责人）		副行长（或其他称谓的同级领导）	
王晓春（党委书记、董事长）、黄家栋（党委副书记、副董事长、行长）、赵学金（监事长、工会主席）		张常平（市纪委、市监委驻齐鲁银行纪检监察组组长）、崔 香、张海燕（首席审计官）、李九旭、葛 萍、陶文喆	
地址	山东省济南市市中区顺河街176号	邮编	250001
网址	http://www.qlbchina.com/	客服电话	400—609—6588

附表2

内设部门及分支机构一览表

年度	内设机构（个）	下设分支机构（个）		员工人数（人）	
		地市级机构数	县区级机构数	员工总数（含非正式员工）	正式员工数
2015	21	5	108	2,860	2,664
2016	21	6	118	2,953	2,733
2017	21	8	122	3,315	2,969
2018	22	10	128	3,422	3,097
2019	22	12	136	3,685	3,300

附表3

主要统计指标1

单位：亿元

项目	2015年	2016年	2017年	2018年	2019年	2019年同比增幅（%）
本外币资产总额	1,521.17	2,059.45	2,335.23	2,622.67	3,027.85	15.45
本外币存款余额	1,224.20	1,458.23	1,612.59	1,802.73	2,023.34	12.24
人民币存款余额	1,214.27	1,445.09	1,597.24	1,791.55	2,019.65	12.73
单位存款	809.60	955.77	1,022.26	1,125.51	1,201.39	6.74
储蓄存款	349.74	450.25	535.76	655.15	816.66	24.65
本外币贷款余额	690.96	857.79	982.25	1,152.75	1,355.43	17.58
人民币贷款余额	682.23	848.33	966.91	1,142.53	1,353.67	18.48
短期贷款	313.92	317.87	322.50	415.18	476.41	14.75
中长期贷款	247.88	436.77	572.52	648.99	774.89	19.40
票据融资	108.08	75.41	58.02	58.04	72.26	24.51
利润总额	14.26	19.52	23.51	25.30	26.61	5.17
不良贷款余额	15.23	14.53	15.19	18.93	20.33	7.40
不良贷款占比（%）	2.20	1.69	1.55	1.64	1.50	-8.54

附表4

主要统计指标2

项目	2015年	2016年	2017年	2018年	2019年	2019年同比增幅（%）
单位结算账户（万户）	4.90	6.73	7.22	8.19	9.41	14.90
单位结算金额（亿元）	19,508.83	24,157.97	24,513.09	28,507.38	31,822.00	11.63
个人结算账户（万户）	284.00	316.87	385.79	520.20	578.40	11.19
个人结算金额（亿元）	6,208.00	8,005.27	9,720.43	11,448.07	11,624.67	1.54
信用卡发卡量（万张）	0.56	0.79	4.95	11.58	26.36	127.63
信用卡消费额（亿元）	1.53	1.70	12.56	55.42	92.69	67.25
企业网银客户（万户）	4.17	4.81	5.56	6.84	8.16	19.30
个人网银客户（万户）	46.76	60.90	69.30	75.01	78.54	4.71
手机银行客户（万户）	39.06	56.54	71.56	93.82	124.81	33.03
现金自助设备（台）	458	454	475	443	402	-9.26
营业网点（个）	114	125	131	139	149	7.19
自助网点（个）	107	114	128	134	145	8.21

莱商银行股份有限公司

【第一负责人简介】 岳隆杰，男，汉族，1966年3月出生，山东淄博人，中共党员，大学本科学历，高级经济师；1985年参加工作，历任山东银行学校教员，中国人民银行淄博市分行科员、副主任、主任，淄川区支行党委书记、行长，淄博市中心支行副行长，东营市中心支行党委书记、行长，济宁市中心支行党委书记、行长等职；2012年1月至2013年7月，任中国人民银行济南分行营业管理部党委副书记、副主任；2013年7月至9月，任莱芜市政府党组成员，中国人民银行济南分行营业管理部党委副书记、副主任；2013年9月至2015年6月，任莱芜市人民政府副市长（挂职）、党组成员，中国人民银行济南分行营业管理部党委副书记、副主任；2015年6月至2016年1月，任莱商银行党委书记；2016年1月至今，任莱商银行股份有限公司（简称莱商银行）党委书记、董事长。

【综述】 莱商银行在总行设有15个职能部室，在济南、徐州、菏泽、济宁、泰安、临沂、聊城、日照8个地市共设有1家营业部、8家分行，营业网点总数为104家，在职员工1,800余人。此外，莱商银行在天津武清、山东东营、河南南阳方城和山西五台共发起设立4家村镇银行。

莱商银行以“做客户放心满意的银行”为愿景，在服务当地经济、服务中小企业、服务城乡居民的过程中实现了自身的高质量稳健发展。

截至2019年末，莱商银行资产总额为1,319.00亿元，各项存款余额达到941.00亿元，贷款余额为693.00亿元，发展速度居山东城商行前列。良好的经营业绩使莱商银行的社会公信力不断提升，先后被授予“全国五一劳动奖状”“全国守合同重信用企业”“中国银行业文明规范服务示范单位”“中国银行业星级服务机构”等荣誉称号。被《金融时报》评为“年度最佳小微金融服务中小银行”。

【公司业务】 截至2019年12月末，对公日均存款余额为571.35亿元，较年初增加92.66亿元，增长19.36%；对公时点存款余额为651.52亿元，较年初增加149.21亿元，增长29.70%，其中保证金为143.31亿元，较年初增加46.77亿元，增幅为48.44%。全行对公类（含个人经营）贷款为546.32亿元，较年初增加9.91亿元；银行承兑汇票业务余额为268.77亿元，较年初增加75.95亿元，增幅为39.39%。

【贸易金融业务】 2019年，莱商银行实现国际结算业务量16.68亿美元，同比增长8.00%。办理代客结售汇12.72亿美元，同比增长7.30%，其中客户通过网银渠道自助结汇2.61亿美元，同比增长68.40%。全年开立国内信用证39.82亿元，同比增长57.50%。办理国内证福费廷37.01亿元，同比增长74.00%。全年共实现贸易金融中间业务收入8,035万元，同比增长31.80%，其中国内证及福费廷中间业务收入为4,407万元，同比增长54.80%。全年累计办理各类表内贸易融资折人民币40.74亿元，同比增长35.50%，共实现利息收入1.04亿元，同比增长45.10%。

【个人业务】 截至2019年末，莱商银行储蓄存款余额为285.49亿元，较年初增加40.40亿元，增幅为16.48%。其中保本理财为5.44亿元，占比为1.90%；活期储蓄存款为105.37亿元，占比为36.91%，较年初增加3.31亿元，增幅为3.24%；定期储蓄为174.68亿元，占比为61.19%，较年初增加45.18亿元，增幅为34.89%。个人消费贷款为137.49亿元，较年初增加59.34亿元，增长75.93%。

【中间业务】 2019年，莱商银行实现中间业务收入14,101.10万元，同比减少8,536.70万元，降幅为37.70%；其中，国内结算业务收入为12,741.26万元，同比减少8,480.35万元；国际结算业务收入为1,359.84万元，同比减少56.35万元；国内结算业务收入方面，国内信用证业务收入为4,407.31万元，同比增加1,560.45万元；国际结算收入方面，实现信用证业务收入1,264.73万元，同比减少60.48万元；实现汇兑损益1,859.82万元，同比减少466.31万元；其中，结售汇损益为1,670.52万元，同比增加32.24万元；其他汇兑损益为189.30万元，同比减少498.55万元。

【电子银行业务】 截至2019年末，莱商银行借记卡发卡量为229.55万张，较年初增长29.06万张，卡内存款为119.86亿元，较年初增加17.31亿元；有银行卡特约商户2,996户、POS机具4,924台，较年初分别减少105户、1,064台，收单资金为43.30亿元；个人网银有24.70万户，企业网银有3.40万户，个人手机银行有49.65万户，企业手机银行有1,048户，有ATM256台、智能柜台209台、高速现金出纳机87台、助农终端58台；支付宝签约52.03万户，财付通签约55.52万户，总交易金额为116.91亿元；直销银行资产总额为39.00亿元，较年初增长33.13亿元，增幅为564.40%。

【风险控制】 莱商银行全面风险管理体系由董事会、监事会、高级管理层、全面风险管理部门、风险管理主控部门、风险管理责任部门、内审部门及各分支机构构成。莱商银行始终坚持依法合规经营理念，遵循“风险与收益匹配”原则，不断完善全面风险管理体系，持续优化风险管理制度，扎实推动风险管理措施落地实施，风险管理涵盖所有业务和操作环节，全面风险管理水平显著提升。

（邵 勇、吕 梁）

附表1

机构概况一览表

党委书记、董事长		行长	
岳隆杰		朱 鸣	
地址	山东省济南市莱芜区龙潭东大街137号	邮编	271100
网址	http：//www.lsbankchina.com/	客服电话	400—669—6629

附表2

内设部门及分支机构一览表

年度	内设机构（个）	下设分支机构（个）		员工人数（人）	
		地市级机构数	县区级机构数	员工总数（含非正式员工）	正式员工数
2015	22	8	73	1,937	1,937
2016	19	8	83	1,939	1,939
2017	15	8	91	1,870	1,868
2018	15	8	93	1,961	1,862
2019	15	8	96	2,111	1,880

附表3

主要统计指标1

单位：亿元

项目	2015年	2016年	2017年	2018年	2019年	2019年同比增幅(%)
本外币资产总额	643.06	830.97	1,024.31	1,196.96	1,319.21	10.21
本外币存款余额	425.50	556.88	675.01	756.52	940.75	24.35
人民币存款余额	423.57	554.44	670.96	753.42	937.82	24.48
单位存款	297.94	401.24	482.27	510.22	653.44	28.07
储蓄存款	126.20	154.80	191.02	245.09	286.04	16.71
本外币贷款余额	317.62	411.72	462.11	621.52	693.12	11.52
人民币贷款余额	297.77	398.14	453.64	614.62	686.58	11.71
短期贷款	259.66	311.06	327.18	400.23	410.77	2.63
中长期贷款	19.38	55.99	111.31	204.55	260.80	27.50
票据融资	12.48	25.99	9.20	3.89	4.12	5.91
利润总额	3.24	3.96	5.82	6.03	7.34	21.71
不良贷款余额	10.41	11.34	19.15	17.77	16.86	-5.12
不良贷款占比（%）	3.28	2.75	4.14	2.86	2.43	-15.03

附表4

主要统计指标2

项目	2015年	2016年	2017年	2018年	2019年	2019年同比增幅(%)
单位结算账户（万户）	3.38	4.11	4.68	5.13	5.67	11.00
单位结算金额（亿元）	157.53	223.24	296.87	344.31	383.10	11.30
个人结算账户（万户）	149.64	184.47	205.66	224.15	251.50	12.20
个人结算金额（亿元）	56.14	65.08	81.11	99.48	104.10	4.60
信用卡发卡量（万张）	0.31	0.35	0.39	0.43	0.53	23.25
信用卡消费额（亿元）	0.70	0.72	0.69	0.71	0.63	-11.27
企业网银客户（万户）	1.22	1.81	2.41	2.92	3.40	16.44
个人网银客户（万户）	13.30	18.00	20.37	22.22	24.70	11.16
手机银行客户（万户）	11.92	20.54	27.57	35.44	49.75	40.38
现金自助设备（台）	218	263	305	353	343	-2.83
营业网点（个）	81	91	99	102	104	2.00
自助网点（个）	111	124	134	136	133	-2.21

青岛银行股份有限公司

【第一负责人简介】 郭少泉，男，1962年出生，北京大学高级管理人员工商管理硕士学位，高级经济师；1980年12月至2000年4月任职于中国建设银行青岛分行，曾任建行系统支行副行长、行长及分行副行长等职；2000年4月至2009年11月任职于招商银行，曾任青岛市分行行长、天津分行行长；2009年11月加入青岛银行股份有限公司（简称青岛银行），担任党委书记，2010年1月起任青岛银行董事长。

【综述】 青岛银行于1996年11月成立，前身是青岛城市合作银行、青岛市商业银行，现为全国第二家“A+H”股上市城商行，山东省内首家A股上市银行。

青岛银行主要向客户提供公司及个人存款、贷款、支付结算等服务和产品，通过零售银行、公司银行、金融市场三大业务板块驱动发展，形成坚实的客户基础，塑造特色鲜明、高质量发展的新金融业务模式。已在济南、烟台、威海等山东省主要城市设有14家分行，分支机构总数达到141家，并先后成立山东首家科技支行、文创支行等特色支行。2017年，发起设立了青岛青银金融租赁有限公司。

2019年，青岛银行首次获得《亚洲银行家》“中国年度商业银行理财产品”权威大奖；连续两年跻身世界银行300强；连续四年荣膺服务业最高荣誉“五星钻石奖”；成功入选山东省“十强”产业集群领军企业，位列“现代金融服务”行业榜首。

【公司业务】 青岛银行公司业务聚焦做大客群战略，坚持开拓创新，强化营销力度和产品支持，加快信贷投放，提升综合服务能力，持续打造公司金融专业银行，实现了公司业务规模和效益的稳健增长。2019年，公司业务营业收入为52.67亿元，同比增长36.30%，占营业收入的54.77%。

【零售业务】 青岛银行以“客群建设”为核心，加强零售银行业务产品体系建设，增强服务效能，夯实客群基础，壮大客群规模，做大零售金融资产，提高零售银行业务的综合贡献度。在此基础上，快速推进智慧网点项目建设，丰富完善线上渠道，促使网点向智能化转型，充分满足客户多元化金融需求。2019年，零售业务实现营业收入20.86亿元，同比增长31.70%，占营业收入的21.69%。

【金融市场业务】 面对复杂的宏观经济形势、严峻的金融市场环境，青岛银行金融市场业务发挥自身优势，挖潜增效、全面突破，持续优化资产负债结构，努力提高资产收益和资本效益。2019年，金融市场业务营业收入为19.27亿元，同比增长11.27%，占营业收入的20.04%。

【电子银行业务】 青岛银行将电子银行业务作为创新发展的重要突破口，围绕“提升客户体验”，持续优化手机银行、网上银行等线上服务渠道，加强金融科技应用，强化开放合作，推动产品和服务快速更新迭代，全面增强渠道服务能力。截至2019年末，企业网上银行客户共11.73万户，个人网上银行客户共73.29万户，手机银行用户共235.62万户。

【国际业务】 青岛银行坚持以“专业赢得尊重”的服务理念，致力于打造综合性的跨境金融服务体系，服务区域性外贸经济，实现与客户共同成长。2019年，落地全国首笔中国—新加坡货币互换项下新加坡元融资业务，实现国际业务新增客户511家，实现国际结算64.31亿美元，同比增长134.79%。

【风险控制】 2019年，青岛银行进一步完善风险管理框架，严格落实风险管理的定期报告制度，根据风险承受能力和经营战略确定风险偏好，完善风险管理信息系统，支持各主要业务条线的风险识别、计量和控制，完善各类风险管理的内控机制，充分发挥风险管理委员会的职能，确保相关决策信息的准确性和全行风险管理政策的有效实施。

（邴文豪）

附表1

机构概况一览表

<table>
<tr><td colspan="2">董事长</td><td colspan="2">行长</td></tr>
<tr><td colspan="2">郭少泉</td><td colspan="2">王 麟</td></tr>
<tr><td>地址</td><td>山东省青岛市崂山区秦岭路6号</td><td>邮编</td><td>266061</td></tr>
<tr><td>网址</td><td>http://www.qdccb.com/</td><td>客服电话</td><td>96588</td></tr>
</table>

附表2

内设部门及分支机构一览表

年度	内设机构（个）	下设分支机构（个）		员工人数（人）	
		地市级机构数	县区级机构数	员工总数（含非正式员工）	正式员工数
2015	25	8	92	3,409	2,970
2016	25	11	100	3,672	3,276
2017	25	13	115	3,913	3,545
2018	30	14	120	4,176	3,781
2019	31	14	127	4,450	4,058

附表3

主要统计指标1

单位:亿元

项目	2015年	2016年	2017年	2018年	2019年	2019年同比增幅（%）
本外币资产总额	1,861.17	2,779.06	3,026.88	3,103.26	3,652.09	17.69
本外币存款余额	1,227.34	1,813.47	1,901.02	2,072.34	2,409.53	16.27
人民币存款余额	1,219.62	1,805.18	1,891.43	2,065.48	2,387.87	15.61
单位存款	691.60	918.50	1,061.06	1,145.86	1,457.36	27.18
储蓄存款	449.45	486.36	521.98	568.71	647.72	13.89
本外币贷款余额	727.00	872.65	981.59	1,301.87	1,762.42	35.38
人民币贷款余额	721.03	866.71	978.95	1,300.30	1,748.62	34.48
短期贷款	349.08	302.81	334.87	433.17	486.66	12.35
中长期贷款	334.32	522.97	614.35	798.35	1,168.53	46.37
票据融资	35.71	38.74	29.51	67.73	62.50	-7.72
利润总额	23.49	26.46	26.47	24.10	26.82	11.29
不良贷款余额	8.64	11.84	16.59	21.17	28.52	34.72
不良贷款占比(%)	1.19	1.36	1.69	1.68	1.65	-1.79

附表4

主要统计指标2

项目	2015年	2016年	2017年	2018年	2019年	2019年同比增幅（%）
单位结算账户（万户）	6.83	7.72	9.00	10.93	12.73	16.47
单位结算金额（亿元）	20,124.13	24,025.91	28,239.41	32,870.69	35,481.44	7.94
个人结算账户（万户）	278.05	342.60	373.94	373.47	424.43	13.65
个人结算金额（亿元）	18,084.46	23,755.57	26,216.50	23,056.83	30,917.84	34.09
信用卡发卡量（万张）	1.98	2.18	2.49	18.06	115.57	539.92
信用卡消费额（亿元）	4.42	4.80	4.11	11.79	182.77	1,450.21
企业网银客户（万户）	5.17	5.94	7.47	8.89	11.73	31.97
个人网银客户（万户）	58.17	64.58	69.78	72.35	73.29	1.30
手机银行客户（万户）	50.45	77.50	111.31	156.42	235.62	50.63
现金自助设备（台）	313	468	482	472	450	-4.66
营业网点（个）	100	111	127	134	141	5.22
自助网点（个）	84	98	101	102	107	4.90

齐商银行股份有限公司

【第一负责人简介】 杲传勇，男，汉族，1960年出生，山东章丘人，中共党员，清华大学EMBA；自1989年6月起，历任中国人民银行淄博市分行临淄区支行党组成员、副行长、外汇局副局长，中国人民银行淄博市分行临淄区支行党组书记、行长、外汇局局长，淄博市城市信用合作社联合社党总支书记、主任、理事长、总经理，中国人民银行淄博市分行调研员（副处级），淄博市城市信用合作社联合社党总支书记、理事长、总经理，淄博城市合作银行党委书记、董事长、行长，淄博市商业银行党委书记、董事长、行长，淄博市商业银行党委书记、董事长；2009年6月至今任齐商银行股份有限公司（简称齐商银行）党委书记、董事长。

【综述】 齐商银行成立于1997年8月28日，是全国第四批由城市信用社组建的股份制商业银行。2009年2月13日，经中国银监会批准，淄博市商业银行更名为齐商银行。现有注册资本金38.88亿元，在职员工2,900余人，下辖淄博支行和西安、济南、滨州、东营、潍坊、济宁、威海、临沂8家分行，在临沂市控股发起设立了1家村镇银行，全行营业网点共126家。

自成立以来，齐商银行便确立了坚守“市民银行”和“中小企业主办行”的市场定位，认真贯彻执行国家宏观经济金融政策，坚持走稳健经营、可持续发展道路，将服务实体经济和防范金融风险放在首位，深入推进转型发展和结构调整，持续提升合规内控建设，为服务城乡居民、服务中小企业、服务地方经济做出了积极贡献，获评省委省政府“泰山产业领军人才”工程，荣获原银监会“全国银行业金融机构小微企业金融服务先进单位”“全国金融系统青年五四奖章集体”等多项荣誉。尤其2019年以来，齐商银行坚持“稳发展、调结构、防风险、促转型、增效益”的工作思路，突出“小微金融、零售金融、互联网金融”三个重点，立足完善“产品创新、综合营销、授信审批、人才培育、考核激励”五项机制，进一步促进了“经营管理水平、创新发展质量、金融服务效能、风险防控能力、经营效益和社会形象”五大提升，全行高质量发展迈上新台阶。截至2019年末，齐商银行资产总额为1,244.07亿元，较年初增加175.37亿元；各项存款余额为1,019.18亿元，较年初增加200.67亿元，各项贷款余额为764.77亿元，较年初增加162.87亿元；全年实现经营利润13.68亿元，净利润为5.84亿元。

【公司业务】 2019年，公司业务稳健发展，经营效益持续提升，服务实体经济能力进一步增强。截至2019年末，各项贷款余额为764.77亿元，较年初增加162.87亿元，其中，小微企业贷款余额达到521.05亿元，单户授信1,000.00万元以下（含）小微企业贷款余额为94.67亿元，小微金融增长、风险防控、成本控制等方面多项发展，全面完成“两增两控”监管指标。信贷产品的多元化极大地促进了齐商银行的经营发展，公司金融产品创新不断实现突破，应收账款融资、金融租赁、供应链金融、银团贷款及电子商业汇票业务得到广泛推广，信贷资产质押再贷款项目和信贷资产证券化项目顺利推进，丰富了资金投资渠道，扩大了创利空间，优化了信贷资产结构。小微金融标准化信贷技术体系实现新突破，标准化、批量化业务水平有效提升，产品创新动能不断优化，“人才贷”“创业无间贷”“军民融合贷”“养殖棚舍施工贷”等特色产品进一步充实普惠专项产品库，普惠金融服务质效得到极大提升。

【个人业务】 财富管理方面，通过深耕以“金达”系列理财产品、代理代销产品为主的多层次综合财富管理服务，不断丰富财富管理产品线，成为老百姓身边真正的“个人金融专家”。截至2019年末，全行累计销售理财产品334.16亿元，理财客户数达96,000余户。2019年8月正式发行信用卡，有效完善了齐商银行在零售服务领域的产业链条，截至2019年末，累计发卡4.87万张，为广大市民提供了更加优质、便捷、安全的现代金融服务。个贷业务经营质效显著提升，年内完善标准化操作体系建设，修订了15项业务常用制度，编写发布《个人贷款标准化操作手册》，规范预抵押操作标准化流程，进一步提升业务标准化程度。全行消费类贷款余额为103.63亿元，较年初增长12.87亿元，完成全年计划的110.41%，实现了个人消费贷款“双百”目标。年末个贷中心余额为17.63亿元，较年初增长1.90亿元。

【国际业务】 2019年，齐商银行的国际业务始终秉持“合规发展”的经营理念和“中小企业主办行”的市场定位，着力为客户提供优质、高效、专业的国际结算服务。因时而变，顺势而为，攻坚克难，不断拓展境内外代理行渠道。截至2019年末，齐商银行拥有境内外代理行435家，遍布全球63个国家和地区，极大地满足了客户业务拓展和跨境结算便利化需求。注重产品创新和客户体验，上线SWIFTgpi全球速汇产品，并在全省城商行中第一家推出GPI短信通知服务，客户汇款信息随时掌握。积极应对复杂多变的外部环境，紧抓市场研判，防范汇率风险，外汇交易稳健发展，连续六年位列“银行间外汇市场百强”。国际业务已经成为齐商银行对接境内外同业和客户的重要桥头堡和展示合规经营的主要窗口。

【中间业务】　2019年，齐商银行以产品创新为抓手，通过引进基金、保险、贵金属等代销业务，不断丰富金融产品种类。大力发展线上收单业务，加强以二维码支付为基础的场景合作，进一步提升金融服务水平，增强客户体验，加强专业人才队伍建设，持续提升员工金融服务能力，打造齐商银行财富管理品牌。

【电子银行业务】　2019年，齐商银行积极探索网络金融合作新模式，聚焦业务创新和产品研发，推出“e账户体系”“e齐惠农贷”“e齐市民贷”等互联网金融产品，有效扩充消费金融市场覆盖面。通过线上线下的互联互通，优化系统功能108项，实现了综合缴费平台、在线供应链平台、投融资平台等业务板块的精准获客。为个人客户开启“财智人生”，为企业客户开创“财富未来”，凭借网络金融工作的突出成效，齐商银行获得“中小银行数字化转型突破奖”“中小银行金融科技实践优秀奖”“最受欢迎直销银行”“最受欢迎开放银行”等多项荣誉称号。截至2019年末，互联网渠道客户数量突破70万户，同比增长36.40%，动账交易代替率达93.00%。

【风险管理】　2019年，齐商银行持续统筹推进全面风险管理体系项目建设，在各类风险管理和内部控制方面建立了符合现代银行监管要求的框架体系。坚持以服务实体经济发展为基础，以有效防范授信风险为底线，不断完善授信体制机制建设，多措并举强化授信风险防控，授信管理机制不断完善；不断提高资产负债管理能力，确保负债总量适度、来源稳定、结构多元；有效发挥派驻风险经理管理模式优势，持续提升市场风险管理水平；强化操作风险系统应用，持续提升操作风险管理水平；坚持科技发展和风险防范并重，加强数据质量管控，持续开展专项检查、评估，未发生重大网络安全事件；持续保持安全运营，未发生重大声誉风险事件；坚持“合规是发展的基石”“合规创造价值”理念，深入开展了“行业规范建设年”以及“巩固治乱象成果、促进合规建设”系列活动，内控管理水平得到了明显提升。

（高　波、王立哲）

附表1

机构概况一览表

行长（或其他称谓的负责人）		副行长（或其他称谓的同级领导）	
杲传勇（党委书记、董事长） 赵晓东（党委副书记、行长）		侯全明、王　强、王　涛、孙高荣、马慧玲、邹　倩	
地址	山东省淄博市张店区金晶大道105号	邮编	255000
网址	http://www.qsbank.cc/	客服电话	96588

附表2

内设部门及分支机构一览表

年度	内设机构（个）	下设分支机构（个）		员工人数（人）	
		地市级机构数	县区级机构数	员工总数（含非正式员工）	正式员工数
2015	23	7	107	2,908	2,367
2016	24	8	114	2,962	2,633
2017	22	8	125	2,981	2,799
2018	24	8	126	3,011	2,816
2019	23	8	118	2,911	2,756

附表3

主要统计指标1

单位:亿元

项目	2015年	2016年	2017年	2018年	2019年	2019年同比增幅(%)
本外币资产总额	815.17	1,010.23	1,045.63	1,068.70	1,244.07	16.41
本外币存款余额	654.52	735.31	763.35	818.51	1,019.18	24.52
人民币存款余额	648.28	729.56	758.10	815.55	1,015.01	24.46
单位存款	433.23	471.45	505.96	520.12	680.24	30.79
储蓄存款	215.05	258.11	252.14	295.43	334.77	13.32
本外币贷款余额	432.14	497.91	547.34	601.90	764.77	27.06
人民币贷款余额	428.10	489.93	538.62	596.33	759.63	27.38
短期贷款	371.32	381.12	362.39	362.84	408.34	12.54
中长期贷款	56.78	108.81	176.23	233.49	351.29	50.45
票据融资	39.50	37.99	37.32	38.52	37.88	-1.66
利润总额	7.11	6.73	7.52	6.73	7.28	8.17
不良贷款余额	9.41	9.92	11.96	13.16	14.22	8.05
不良贷款占比（%）	2.18	1.99	2.18	2.19	1.86	-15.07

附表4

主要统计指标2

项目	2015年	2016年	2017年	2018年	2019年	2019年同比增幅(%)
单位结算账户(万户)	3.45	4.35	5.24	5.93	6.08	2.53
单位结算金额(亿元)	10,959.00	11,746.00	13,193.00	16,415.00	18,062.00	10.03
个人结算账户(万户)	90.75	103.68	99.52	105.79	114.16	7.91
个人结算金额(亿元)	2,972.00	4,173.00	5,395.00	5,458.00	4,354.00	-20.22
信用卡发卡量(万张)	0.61	0.82	1.12	1.45	4.87	235.86
信用卡消费额(亿元)	1.89	3.52	5.04	6.20	8.49	36.94
企业网银客户(万户)	1.71	2.36	2.84	3.27	3.71	13.45
个人网银客户(万户)	9.24	13.23	14.64	16.13	20.25	25.54
手机银行客户(万户)	10.59	17.03	27.91	43.25	57.55	33.06
现金自助设备(台)	375	414	402	360	322	-10.60
营业网点(个)	114	122	133	133	126	-5.26
自助网点(个)	22	26	31	29	26	-10.3

烟台银行股份有限公司

【第一负责人简介】 吴明理，男，1963年1月出生，中共党员；1979年11月在中国人民银行蓬莱县支行参加工作，历任中国人民银行烟台市分行计划科科员，经济技术开发区支行副行长，烟台市分行副行长，威海市中心支行副行长；2001年10月任中国人民银行威海市中心支行党委书记、行长，2007年4月任中国人民银行烟台市中心支行党委书记、行长，2017年2月任中国人民银行济南分行纪委副书记兼纪检监察一处处长；2018年7月任烟台银行党委书记；2018年12月至今，任烟台银行股份有限公司（简称烟台银行）党委书记、董事长。

【综述】 2019年，面对严峻复杂的形势，烟台银行坚持以习近平新时代中国特色社会主义思想为指导，坚持稳中求进工作总基调，围绕“做大零售，做精对公，深耕本土，风控先行”的工作主线，内外协调强力攻坚克难，改革创新提升发展质量，加快建设具有鲜明地域特色和核心竞争力的市民银行。截至2019年末，全行资产总额达到1,039.18亿元，较年初增加177.46亿元，增幅为20.59%；各项存款余额为662.51亿元，较年初增加60.57亿元，增幅为10.06%；各项贷款余额为463.38亿元，较年初增加80.79亿元，增幅为21.12%；实现净利润2.70亿元。

【公司业务】 2019年，烟台银行立足“服务地方经济，服务中小企业，服务烟台百姓”的市场定位，着力提升对全市经济社会发展的贡献度，主动对接全市城市建设、制造业、创新驱动、医药健康、海洋经济、民生事业、旅游文化等项目建设，在新一轮全市重点项目建设大潮中发挥了更大作用。2019年以来，推出了“供应商优易贷”“科技成果转化贷”“小企业法人按揭贷款”“中征平台政采通”及“创业贷”系列等7个新产品，通过新产品的推广使用，更好地支持了当地经济及小微企业发展。

【个人业务】 2019年，烟台银行持续强化业务管理，市场竞争力逐步增强。推出了厅堂营销系统及优化CRM客户管理系统，为全行业务营销提供了有力支持；升级改造基金系统，提高了日常工作效率；引进代销理财业务，丰富了代销产品体系，建立代销贵金属的抽检机制，保证代销产品质量；跨业合作实施两个银医项目、一个银校项目，引进山东高速ETC业务，进一步丰富了银行卡应用场景；工会卡客户群体效应显现，2019年末工会卡发卡量达到24.78万张，客户贡献度持续提升。

【国际业务】 2019年，烟台银行以组建贸易金融部为契机，充分依托烟台外向型经济较发达的优势，不断提升贸易金融及本外币联动服务能力。截至2019年末，全年共处理汇款、信用证、保函、托收等国际结算业务和各类贸易融资业务8,157笔，国际结算量达9.72亿美元。累计结汇3.97亿美元、售汇1.44亿美元；全年共开立国际、国内信用证25.46亿元；开立外币保函2,379.40万美元；表内外贸易融资业务量合计达38.51亿元；全年共买入、卖出福费廷业务6.58亿元。截至2019年末，烟台银行代理行网络遍布全球40多个国家和地区的200多家银行，结算网络畅通，打造了烟台银行国际结算、贸易融资、外汇资金、外汇会计、代理行服务等完善的产品体系。

【电子银行业务】 2019年，烟台银行坚持以“客户为中心”的服务理念，以渠道优化为基础，以“强化产品推动与创新、做大做实客户规模、丰富线上线下应用场景”为发展思路，打造“数字化”与“线上化”相结合的客户服务平台，有效推进电子银行业务快速发展。截至2019年末，电子银行存量客户达81.53万户，个人电子银行客户渗透率为89.35%，企业电子银行客户渗透率为62.61%，电子银行业务分流率为85.99%，实现中间业务收入423.72万元。

【风险控制】 2019年，烟台银行持续提升风险管理质效，风险处置取得初步进展。扎实做好风险分类管理，综合运用定期监测、现场检查、风险排查等方式，切实提高分类精准性；纵深推进全面风险管理项目建设，升级风险管理技术与工具，持续夯实风险管理基础；强化各类风险分析预警、监督监测与控制，通过开展风险数据与信息统计、研判及分析，开展风险识别评估与检查监督，强化重大风险预警事项管理督导，切实防范业务经营中的各类风险，提升风险管理质效。

（郄丽宁）

附表1

机构概况一览表

党委书记、董事长		行长（或其他称谓的同级领导）	
吴明理		王建光	
地址	山东省烟台市芝罘区海港路25—18号	邮编	264000
网址	http://www.yantaibank.net/	客服电话	400—831—1777

附表2

内设部门及分支机构一览表

年度	内设机构（个）	下设分支机构（个）		员工人数（人）	
		地市级机构数	县区级机构数	员工总数（含非正式员工）	正式员工数
2015	22	0	78	1,802	1,506
2016	16	0	84	1,897	1,574
2017	16	1	84	1,939	1,769
2018	18	2	80	1,937	1,837
2019	19	2	81	1,832	1,784

附表3

主要统计指标1

单位:亿元

项目	2015年	2016年	2017年	2018年	2019年	2019年同比增幅（%）
本外币资产总额	533.69	702.74	872.30	861.72	1,039.18	20.59
本外币存款余额	469.35	533.10	597.70	601.94	662.51	10.06
人民币存款余额	467.13	529.26	591.24	598.82	658.84	10.02
单位存款	216.71	261.92	306.21	280.48	267.91	-4.48
储蓄存款	235.71	243.02	237.99	263.22	296.78	12.75
本外币贷款余额	308.34	316.73	338.38	382.59	463.38	21.12
人民币贷款余额	304.89	312.80	333.46	380.79	462.62	21.49
短期贷款	180.59	181.48	217.07	205.46	262.17	27.60
中长期贷款	109.05	118.19	111.53	158.33	187.08	18.16
票据融资	15.17	13.14	4.64	15.11	12.81	-15.22
利润总额	5.47	6.08	6.63	4.90	3.51	-28.37
不良贷款余额	8.56	7.97	7.31	13.87	13.35	-3.75
不良贷款占比（%）	2.78	2.52	2.16	3.65	2.88	-21.10

附表4

主要统计指标2

项目	2015年	2016年	2017年	2018年	2019年	2019年同比增幅（%）
单位结算账户（万户）	5.41	5.24	7.45	7.89	8.89	12.67
单位结算金额（亿元）	5,290.26	5,878.10	6,624.52	9,218.87	6,812.97	-26.10
个人结算账户（万户）	123.75	94.22	169.65	202.45	223.60	10.45
个人结算金额（亿元）	889.91	923.04	1,084.06	1,973.62	1,848.48	-6.34
信用卡发卡量（万张）	—	—	—	—	—	—

续表

项目	2015年	2016年	2017年	2018年	2019年	2019年同比增幅（%）
信用卡消费额（亿元）	—	—	—	—	—	—
企业网银客户（万户）	0.65	1.00	1.36	1.60	1.76	10.00
个人网银客户（万户）	1.58	3.56	5.14	5.52	5.67	2.72
手机银行客户（万户）	3.81	16.19	31.47	43.34	53.99	24.57
现金自助设备（台）	121	134	156	154	154	0.00
营业网点（个）	74	78	85	82	83	1.22
自助网点（个）	9	10	12	12	11	-8.33

潍坊银行股份有限公司

【第一负责人简介】　郭虎英，男，汉族，1962年1月出生，中共党员，大专学历，高级经济师；1979年11月参加工作，历任潍坊证券公司副总经理，山东省资金融通中心潍坊办事处副主任，中国人民银行潍坊市中心支行党委委员、纪委书记、监察室主任，潍坊银监分局党委副书记、副局长，聊城银监分局党委书记、局长；2016年4月至今，任潍坊银行股份有限公司（简称潍坊银行）党委书记、董事长。

【综述】　2019年，潍坊银行坚守“三个立足”市场定位，坚持创新驱动、激发活力，坚持质量为先、稳健经营，坚持底线思维和结果导向，不断提升风险管理水平，积极推进转型发展，经营管理实现稳中有进、进中向好。截至2019年末，全行总资产为1,422.45亿元，较年初增加172.20亿元，增长13.77%；各项存款余额为1,047.78亿元，较年初增加186.85亿元，增长21.70%；贷款余额为650.15亿元，较年初增加99.46亿元，增长18.06%；实现经营利润27.19亿元，增长25.96%；年缴纳税金6.09亿元，位居全市金融企业第一；不良贷款率为1.82%，资本充足率为12.98%，拨备覆盖率为143.18%；主要监管指标持续达标。

【公司业务】　2019年，潍坊银行立足地方经济，持续加大对新旧动能转换、乡村振兴、基础设施建设、新型城镇化建设、社会民生及消费升级等关键领域的信贷投放。截至2019年末，向潍坊市级10个重大项目和170个重点项目中的24个项目发放贷款18.75亿元，通过金融市场新投放潍坊当地结构化融资业务45.65亿元，累计购买潍坊区域企业发行债券19.70亿元。稳步推进公司业务向交易银行转型，“链赢通”“商易贷”等交易银行新产品受到市场认可。运用“中征”平台办理供应链金融业务超百笔、金额5.56亿元，超额完成人民银行目标；试点核心企业昌大集团案例得到人民银行充分肯定。

【个人业务】　2019年，潍坊银行持续推动个人业务发展，加强客户分层分类维护，实现对客户的精准营销，推出“聚福存折”“乐安居”“惠农存单”等专属储蓄产品。上线符合新规要求的“现金宝”“零钱宝”等净值型理财产品。建设“鸢都优选”同城电商平台，积极搭建新型消费场景，打造“城市级”线上流量入口。

【电子银行业务】　2019年，潍坊银行持续探索电子银行业务，持续推进网络贷款产品研发与渠道创新，依托互联网核心系统和网贷系统，上线“百度尊享贷”“一咻·360借条”“一咻·V车贷”等产品。强化自营网络贷款产品创新，探索场景金融模式，满足客户个性化金融需求。进一步优化和完善网上银行、手机银行、微信银行、风筝银行（直销银行）等线上渠道功能建设，极大提升客户体验。数字化银行建设全面启动，完成74家网点的智慧柜台设备布设。

【国际业务】　2019年，潍坊银行积极克服中美贸易争端等事件对国内进出口业务的影响，加强对国际业务的营销指导，优化升级业务系统，紧紧抓住外汇资产、负债、结算三大发展主项，强化贸易金融各项指标推动工作。加强外汇资金流动性管理，优先保障收付汇资金使用。强化合规经营意识，保证国际业务健康平稳发展。2019年全行累计完成国际结算量38.91亿美元，较上年同期增加4.28亿美元，同比增长12.37%；全年完成结算手续费收入2,923.00万元，较上年同期增加597.00万元，同比增长25.67%。

【中间业务】 2019年，潍坊银行注重业务协调发展，致力于建立信贷利差收入、投资收益、中间业务收入协调推动的多元化收益结构。2019年实现中间业务收入2.43亿元（净收入为1.37亿元）。2019年在代理业务收入方面尤其突出，实现中间业务收入0.87亿元。

【风险控制】 2019年，潍坊银行持续强化风险防控，坚持底线思维，提升风控管理质量。积极推动全面风险管理体系建设，按照“大风控”理念，突出抓好信用风险、操作风险、流动性风险、声誉风险等重点风险防控。加强战略风险管理，根据客户、业务、市场等发生的重大变化，出台新一轮战略规划，对战略执行及时纠偏和调整。持续强化资产质量管理，每年制定不良贷款处置规划，实行“台账管理、逐笔销号”和行领导包靠机制，突出不良核销处置，做实“能核尽核”。制订智慧风控体系搭建工作方案，着力搭建贷后管理制度体系，加快推进风险预警系统建设。修订完善费用管理、采购管理等制度办法。加强“三防一保”工作，实现“利奇马”极端天气期间安全正常运转，完成“迎接建国70周年”等金融安全生产工作任务。全年安全运营无事故。

（徐敬超）

附表1

机构概况一览表

行长（或其他称谓的负责人）		副行长（或其他称谓的同级领导）	
郭虎英（董事长）、马　杰（行长）、王　丙（监事长）		李子刚、冯怀春	
地址	山东省潍坊市奎文区胜利东街5139号	邮编	261041
网址	http://www.bankwf.com/	客服电话	400—61—96588

附表2

内设部门及分支机构一览表

年度	内设机构（个）	下设分支机构（个）		员工人数（人）	
		地市级机构数	县区级机构数	员工总数（含非正式员工）	正式员工数
2015	9	4	80	2,275	2,275
2016	10	5	81	2,346	2,346
2017	12	5	88	2,410	2,410
2018	23	5	93	2,356	2,356
2019	23	6	100	2,487	2,487

附表3

主要统计指标1

单位：亿元

项目	2015年	2016年	2017年	2018年	2019年	2019年同比增幅（%）
本外币资产总额	926.37	1,015.13	1,137.00	1,250.25	1,422.45	13.77
本外币存款余额	628.23	735.47	803.00	860.93	1,047.78	21.70
人民币存款余额	625.47	725.59	786.50	855.61	1,042.52	21.85
单位存款	346.19	403.53	467.99	484.46	581.33	20.00
储蓄存款	261.28	298.74	318.51	371.15	461.19	24.26
本外币贷款余额	427.98	452.25	485.20	550.69	650.15	18.06
人民币贷款余额	420.68	444.99	475.53	540.19	642.80	19.00
短期贷款	356.44	319.76	279.93	290.21	330.85	14.00
中长期贷款	64.24	125.24	195.60	249.98	311.95	24.79
票据融资	25.82	28.76	24.94	24.90	30.16	21.12

续表

项目	2015年	2016年	2017年	2018年	2019年	2019年同比增幅（%）
利润总额	9.73	9.10	9.33	9.42	10.38	10.19
不良贷款余额	8.26	5.88	6.14	11.07	11.83	6.87
不良贷款占比（%）	1.93	1.30	1.27	2.01	1.82	-9.45

附表4

主要统计指标2

项目	2015年	2016年	2017年	2018年	2019年	2019年同比增幅（%）
单位结算账户（万户）	3.80	4.80	5.00	7.21	6.36	-11.79
单位结算金额（亿元）	221.41	279.09	363.74	420.94	296.69	-29.52
个人结算账户（万户）	285.78	336.12	350.24	376.23	337.06	10.41
个人结算金额（亿元）	251.83	295.51	315.00	363.87	361.52	-0.65
信用卡发卡量（万张）	0.86	0.93	0.94	0.99	1.03	4.04
信用卡消费额（亿元）	3.97	4.07	3.30	3.16	2.89	-8.54
企业网银客户（万户）	1.80	2.40	2.80	3.25	3.92	20.62
个人网银客户（万户）	37.40	45.02	49.93	53.19	60.14	13.07
手机银行客户（万户）	29.60	40.31	50.00	60.78	71.04	16.88
现金自助设备（台）	328	366	412	436	624	43.12
营业网点（个）	83	85	92	97	106	9.28
自助网点（个）	19	23	25	24	26	8.33

临商银行股份有限公司

【第一负责人简介】 汲长虹，男，汉族，山东莒南人；2019年5月至2019年12月，历任临沂市政府副秘书长（正县级），临商银行创新发展领导小组组长、临时党委书记；2019年12月至今，任临商银行股份有限公司（简称临商银行）党委书记、临商银行创新发展领导小组组长。

【综述】 2019年，临商银行在临沂市委市政府的正确领导和各级监管部门的政策指引下，新一届党委以高质量创新发展为核心，高质量发展效应凸显。截至2019年末，全行各项存款余额为744.00亿元，各项贷款余额为570.00亿元，实现账面利润4.30亿元，被市委市政府授予“临沂市优秀企业”称号。现辖90家分支机构，横跨鲁浙两省，共有员工2,100余人。

【公司业务】 2019年，临商银行紧紧围绕全市加快新旧动能转换战略部署，以“重点客户提质、制度管理提效”为抓手，突出结构调整和质量效益，优化信贷资源配置，助推地方经济转型升级。积极对接战略项目。主动对接省级重点项目企业、全市战略企业、新旧动能转换企业等，重点介入新一代信息技术、高端装备、新能源新材料等新兴产业和高端化工、现代高效农业、文化旅游等行业，全年共准入公司战略合作类和支持类客户179户。抓实存款提升管理，公司存款稳步增长，总量达224.00亿元。优化信贷资源配置，充分发挥资金综合配置和金融杠杆作用，把好投向、盘活存量、用好增量，增加金融资源有效供给。

【个人业务】 2019年，临商银行持续深化零售转型，创新推出“两卡”，与市总工会联合开发工会惠员卡，该卡以特约服务商家为合作单位，是集“身份识别、特惠服务、公共服务、帮扶服务、金融服务”于一身的公益性惠民卡，截至2019年末，累计发行68万张。与市退役军人事务局联合发行退伍军人军属专用的拥军卡，可享受公交便利、金融优惠、服务优先等一揽子便捷式服务，开创了全国该项业务的先河。创新发展线上业务。围绕个人消费贷、线上业务等重点，研发上线薪E贷、工惠贷、税易贷等网络金融新产品，与京东数科签约合作，上线银票秒贴，推广商票业务，截至2019年末，累计签发商票5.00亿元，办理商票贴现3.90亿元。大力发展普惠金融。深入贯彻国家惠农金融政策，下沉金融网点，推进新型普惠金融服务站建设，目前签约1,000余家新型普惠金融服务站，有效提高了金融服务覆盖面。

【国际业务】　截至2019年末，临商银行实现国际业务结算量14.20亿美元，完成计划任务的101.00%。实现条线贸易融资利息收入2,108.00万元，中间业务收入完成计划任务的96%。临沂本埠实现账面利润2,074.00万元，完成计划任务的104.00%。同时，全行客户跨境人民币业务规模持续增长。2019年，跨境人民币业务累计办理152笔、金额1.40亿元，同比上涨112.00%。围绕全行创新发展目标和企业需求，推出国内证福费廷转卖业务，增加中间业务收入160.00万余元，沉淀公司存款1亿余元。在与中国出口信用保险公司合作的基础上，2019年新准入中国人民财产保险股份有限公司，让客户在办理出口信保融资业务时有更丰富的选择。

【中间业务】　2019年，临商银行持续推进中间业务创新，优化收入结构，在稳步发展传统中间业务的同时，重点加快电子银行、理财等中间业务创新步伐。银行卡方面，截至2019年末，累计发行借记卡238.70万张，同比增加43.70万张。实现借记卡手续费收入1,330.00万元；累计发行公务卡1.43万张，同比增加0.12万张，总授信额度为4.23亿元，透支余额为4,970.52万元，实现公务卡手续费收入189.00万元。代理业务方面，全年共实现理财业务收入2,937.00万元；实现惠商宝业务手续费收入220.00万元；实现代理保险业务手续费收入62.00万元。

【电子银行业务】　2019年，临商银行电子银行客户数量持续增长，交易笔数、交易金额再创新高。手机银行用户新增11万户，同比增长74.70%，存量用户达30.99万户；网上银行用户新增1.30万户，存量用户达17.40万户；短信平台用户新增19.90万户，存量达104.70万户；微信银行用户新增3.90万户，存量用户达9.50万户，电子银行渠道资金交易笔数达21.59万笔，金额6,872.60亿元，同比分别增长50.90%和9.20%，网络金融分流率达87.30%，同比提升5.95个百分点，实现手续费收入511.59万元，电子替代率达80.81%。

【风险控制】　2019年，临商银行抓实“控险提质”主线，风险有效管控，经营质量稳固提升。围绕环保治理开展风险隐患排查，抓好潜在风险退出、抵质押率、逾期欠息等专项治理，全年退出风险贷款6.20亿元，抵质押率为54.44%，同比提升3.46个百分点。不良贷款实现“双降”。2019年全年累计清收化解不良贷款25.83亿元，截至2019年末不良贷款余额为13.86亿元，不良贷款率为2.43%，同比下降0.77个百分点。基础管理持续夯实。抓实外部法规制度内生化建设，组织开展行业规范建设年、管理问题整改建设年、合规大讲堂等活动，上线风险预警系统，有效防控操作风险。

（牛雅静）

附表1

机构概况一览表

第一负责人		其他负责人	
汲长虹		周曙光、戴晓峰、庄依、臧文勇、徐毅、徐建、韩伟、王震江、刘建军、葛磊	
地址	山东省临沂市兰山区北京路37号	邮编	276037
网址	http://www.lsbchina.com/	客服电话	400—69—96588

附表2

内设部门及分支机构一览表

年度	内设机构（个）	下设分支机构（个）		员工人数（人）	
		地市级机构数	县区级机构数	员工总数（含非正式员工）	正式员工数
2015	25	1	79	2,076	1,967
2016	25	2	86	2,110	2,032
2017	25	3	86	2,133	2,045

续表

年度	内设机构（个）	下设分支机构（个）		员工人数（人）	
		地市级机构数	县区级机构数	员工总数（含非正式员工）	正式员工数
2018	25	3	87	2,171	2,084
2019	25	3	86	2,152	2,139

附表3

主要统计指标1

单位：亿元

项目	2015年	2016年	2017年	2018年	2019年	2019年同比增幅（%）
本外币资产总额	692.37	751.94	774.82	819.02	882.97	7.81
本外币存款余额	576.83	608.74	643.29	673.47	744.47	10.54
人民币存款余额	559.97	598.81	637.89	668.69	742.76	11.08
单位存款	351.74	382.97	420.57	435.22	477.49	9.71
储蓄存款	197.48	215.24	215.41	231.84	264.34	14.02
本外币贷款余额	419.83	456.07	485.03	525.67	569.99	8.43
人民币贷款余额	395.35	441.05	474.56	519.91	567.39	9.13
短期贷款	305.35	339.97	345.91	349.55	348.14	-0.40
中长期贷款	80.96	76.25	97.23	125.34	154.64	23.38
票据融资	7.92	23.54	29.87	43.18	63.79	47.73
利润总额	16.01	13.06	12.93	11.99	14.60	21.77
不良贷款余额	9.84	9.83	21.43	16.85	13.86	-17.74
不良贷款占比（%）	2.34	2.15	4.42	3.21	2.43	-24.30

附表4

主要统计指标2

项目	2015年	2016年	2017年	2018年	2019年	2019年同比增幅（%）
单位结算账户（万户）	2.29	2.30	2.70	3.10	3.50	12.9
单位结算金额（亿元）	165.20	194.50	223.30	234.75	247.57	5.46
个人结算账户（万户）	173.40	191.48	205.87	382.23	427.76	11.91
个人结算金额（亿元）	70.12	80.70	78.85	81.12	79.32	-2.21
信用卡发卡量（万张）	0.79	1.12	1.21	1.31	1.43	9.10
信用卡消费额（亿元）	4.07	5.55	5.29	5.38	5.38	0.00
企业网银客户（万户）	1.25	1.48	1.77	2.15	2.63	22.33
个人网银客户（万户）	9.10	11.20	12.90	13.93	14.74	5.81
手机银行客户（万户）	5.37	8.89	14.93	20.73	30.99	49.49
现金自助设备（台）	195	236	262	293	309	5.12
营业网点（个）	81	89	90	91	90	-1.10
自助网点（个）	5	8	10	10	10	0.00

威海市商业银行股份有限公司

【第一负责人简介】 谭先国，男，汉族，1966年10月出生，山东文登人，中共党员，研究生学历；1993年7月参加工作，先后获得过“山东省优秀青年企业家”“山东省十大杰出青年企业家”“山东省优秀企业家”“山东省劳动模范”“全国五一劳动奖章”“全国劳动模范”等荣誉和称号；现任威海市商业银行股份有限公司（简称威海市商业银行）党委书记、董事长，全国人大代表。

【综述】 2019年，威海市商业银行各项业务实现了平稳有序发展。主要呈现以下六大特点。

一是规模大幅增长。资产总额平稳保持在2,200.00亿元以上，存贷款增幅均达到20.00%以上，主要业务指标增长均创历史最好水平。二是资产质量保持稳定。不良贷款率为1.82%，始终保持在较低水平；资本充足率达到16.00%以上，各项监管指标持续全面达标并改善，发展更加科学稳健。三是效益不断提升。始终坚持“效益兴行”，不断强化创新创效，全年实现经营利润34.91亿元，同比增长39.61%；实现净利润16.04亿元，同比增长59.00%。四是改革红利持续释放。深入推进“两端型零售银行”改革，坚持“对公辐射零售，零售引领未来”，坚持“做零售就是做未来，做平台就是做未来，做线上就是做未来，做消贷就是做未来”，不断加强“两端”引领，持续释放改革能量，有力地推动了业务增长。五是发债顺利完成。成功发行30.00亿元无固定期限资本债券，成为全国首批、山东省首家发行无固定期限资本债券的城市商业银行，进一步增强了资本实力，为业务发展提供了有力支撑。六是品牌影响力持续扩大。连续四年被评为“全国十佳城市商业银行”，荣获“十佳手机银行创新奖”，社会影响力和品牌美誉度进一步提升。

【公司业务】 2019年，公司业务充分发挥“总对总”营销作用，加强高端客户“名单制”管理，推动“一个中心、三项制度、五大重点、三大目标”的“1353”方针，支持省内5大新兴产业授信总额27.48亿元，用信总额为22.34亿元，为经济社会发展做出了积极贡献。

【个人业务】 2019年，威海市商业银行持续推进“两端型零售银行”改革，在优化完善威海地区改革的基础上，对分行进行了战略转型改革，多措并举地实现各项零售业务跨越式增长。2019年，威海市商业银行推出信用卡业务，推进理财销售系统、消费贷款线上审批等重点项目建设，进一步提高了产品和服务供给能力。同时积极顺应未来互联网发展趋势，持续完善网点布局及功能分区，推进网点智能化、轻型化转型，为全行零售业务持续发展夯实基础。

【国际业务】 威海市商业银行自2009年开办国际业务以来，紧跟市场需求，不断推陈出新，打造了跨境人民币、国际结算、贸易融资、外汇资金、代理行服务等一套完善的业务体系。2019年山东自贸区成立后，迅速启动自贸区金融服务方案，抢抓自贸区发展机遇。截至2019年，全辖累计完成国际结算量37.70亿美元，外汇存款余额为25,431.88万美元，有效外汇客户数为954户。

【中间业务】 2019年，威海市商业银行开展的中间业务包含六大类：一是包括网上银行、手机银行等在内的支付结算类中间业务；二是银行卡及收单类业务；三是代发工资、理财业务、代理保险等代理类中间业务；四是承兑业务、国际结算业务、代理资产业务以及顾问咨询业务；五是财务顾问类中间业务；六是保管箱等其他类中间业务。近年来，威海市商业银行零售中间业务收入总量稳健增长，收入结构明显改善。

【电子银行业务】 威海市商业银行开展的电子银行业务包括网上银行、手机银行、直销银行、微信银行、电话银行、短信银行等线上金融服务平台。2019年手机银行客户规模突破100.00万户大关，实现历史性突破，客户增幅、增速连续3年在山东省城商行中名列第一。威海市商业银行手机银行品牌影响力明显提升，荣获《银行家》“十佳手机银行创新奖”，中国金融出版社“用户体验年度案例奖”，山东省“手机号码支付”功能推广优秀应用场景案例竞赛二等奖。

【风险控制】 威海市商业银行已建立了与经营战略、发展状况相适应的全面风险管理体系和集中统一、垂直独立的风险管理治理架构。2019年，持续开展各类实质性风险管理建设，通过全面风险管理体系建设项目实施和成果应用显著优化了信用风险、市场风险、操作风险、流动性和银行账户利率等风险管理体系，建立了完善的内部资本充足评估程序。目前，银行内部控制组织架构和内部控制体系分工合理、职责明确、报告关系清晰，内部控制措施适宜、有效，内控管理情况良好。

（冷朝晖、王 晶）

附表1

机构概况一览表

行长（或其他称谓的负责人）		副行长（或其他称谓的同级领导）	
谭先国（董事长）、孟东晓（行长）、邓　卫（监事长）		刘　河、张仁钊、刘昌杰、毕秋波、陶遵建、邢志强、张晓东	
地址	山东省威海市宝泉路9号	邮编	264200
网址	http://www.whccb.com/	客服电话	96636

附表2

内设部门及分支机构一览表

年度	内设机构（个）	下设分支机构（个）		员工人数（人）	
		地市级机构数	县区级机构数	员工总数（含非正式员工）	正式员工数
2015	23	9	102	2,838	2,713
2016	23	13	105	3,103	2,966
2017	24	14	109	3,126	3,015
2018	24	15	100	3,073	3,023
2019	25	15	104	3,092	3,038

附表3

主要统计指标1

单位：亿元

项目	2015年	2016年	2017年	2018年	2019年	2019年同比增幅（%）
本外币资产总额	1,512.78	1,863.40	2,044.98	2,033.32	2,244.77	10.40
本外币存款余额	931.23	1,105.15	1,200.96	1,157.84	1,422.01	22.82
人民币存款余额	926.34	1,096.42	1,186.46	1,147.04	1,404.27	22.43
单位存款	617.54	774.74	797.74	700.20	827.27	18.15
储蓄存款	308.80	321.68	388.72	446.84	577.00	29.13
本外币贷款余额	523.22	585.22	665.14	752.09	924.54	22.93
人民币贷款余额	518.80	582.61	663.14	750.77	920.67	22.63
短期贷款	335.91	335.59	321.99	342.60	365.63	6.72
中长期贷款	153.34	198.08	299.04	340.57	484.16	42.16
票据融资	28.34	46.34	39.18	66.18	66.63	0.68
利润总额	20.44	20.91	19.58	11.33	19.25	69.90
不良贷款余额	5.06	6.29	9.78	13.70	16.68	21.75
不良贷款占比（%）	0.97	1.07	1.47	1.82	1.82	0.00

附表4

主要统计指标2

项目	2015年	2016年	2017年	2018年	2019年	2019年同比增幅（%）
单位结算账户（万户）	2.63	2.96	3.61	4.12	4.62	12.14
单位结算金额（亿元）	—	—	—	—	—	—
个人结算账户（万户）	124.71	175.50	230.38	261.25	293.17	12.22
个人结算金额（亿元）	—	—	—	—	—	—
信用卡发卡量（万张）	—	—	—	1.62	3.39	109.26
信用卡消费额（亿元）	—	—	—	3.54	10.54	197.74
企业网银客户（万户）	1.18	1.58	2.16	2.86	3.78	32.17
个人网银客户（万户）	16.64	19.32	23.16	28.04	34.15	21.79
手机银行客户（万户）	7.68	22.26	47.80	75.69	107.00	41.37
现金自助设备（台）	216	253	269	261	267	2.30
营业网点（个）	111	118	122	114	118	3.51
自助网点（个）	119	126	129	122	124	1.64

日照银行股份有限公司

【第一负责人简介】 王森，男，山东日照人，1962年10月出生，中共党员，大学本科学历，高级经济师，工商管理硕士学位；1979年11月参加工作，历任日照市城市信用社中心社副主任，日照市商业银行副行长、监事长，日照银行行行长等职；先后荣获“全国企业文化创新优秀管理者”“山东省企业管理优秀个人”“山东省富民兴鲁奖章”“山东省金融高端人才”等称号；2014年12月至今，任日照银行股份有限公司（简称日照银行）党委书记、董事长。

【综述】 日照银行是一家由国有股份、企业法人股份及自然人股份共同组成的具有独立法人资格的股份制商业银行。现辖9家分行、7家中心支行、3家直管支行，总行设23个部室，注册资本为39.35亿元，共有员工2,600余人。截至2019年末，资产总额为1,659.00亿元，存款余额为1,197.00亿元（不含非银同业存款），贷款余额为827.00亿元，实现账面利润10.53亿元，上缴税金4.67亿元。在山东银保监局辖内13家城商行中，总资产、存贷款余额、净利润均列第三位；在日照辖区，存款市场份额连续11年保持第一位，表内外授信总量连续5年保持第一位，缴纳地方税收连续11年保持全市企业前列、金融企业第一位。

【公司业务】 2019年，日照银行坚持把自身发展放到地方经济发展大局中谋划，坚定扛起地方银行的责任担当。一是积极对接国家、省、市重大决策部署，持续推进服务新旧动能转换十条措施全面落地，支持新旧动能转换“十强”产业客户298户，授信总额为188.00亿元。二是提升综合化金融服务质效，全年投放投行项目88.00亿元，成功发行日照市首只绿色金融债券30.00亿元，全年新增对公存款99.00亿元。三是积极做好普惠金融创新发展，推进服务民营经济十条措施落地落细。承办“科创企业进日照·好伙伴成长计划”投贷联动大会。小微贷款余额为360.00亿元，普惠金融领域贷款余额为91.00亿元，达到中国人民银行定向降准二档和银保监会“两增两控”目标，自2018年监管考核“两增两控”指标以来，两年实现翻番增长；存量“好伙伴”客户达到704户，投放信贷资金80.00多亿元，“好伙伴成长计划”获“2019金融服务民营及中小企业案例征集优秀案例奖”，支持小微企业创新做法被人民银行和银保监会写入《中国小微企业金融服务白皮书》。

【个人业务】 2019年，日照银行着力加快零售金融转型升级。一是发行日照志愿者卡、体育卡、钢铁卡，开办ETC业务，开发社保卡新功能，推动“旅游一卡通”建设，上线社区金融、移动展业等系统，做好建筑业农民工工资代发。二是成立日照银行济南分行消费金融中心，推出线上信用消费贷款“便民贷”，上线阳光贷“征审合一”功能。三是出台发展惠农金融服务乡村振兴十条措施，推出“乐农宝”专属理财产品和“乐农卡”，配备流动银行服务车，全年新建金融惠民服务站205处，总数达到573处。个人金融资产达639.00亿元，比年初增加130.00亿元；储蓄存款余额为482.00亿元，比年初增加89.00亿元，占比提高1.33个百分点；个人贷款余额为119.00亿元，比年初增加45.00亿元，占新增贷款的34.89%。

【国际业务】 2019年，日照银行克服中美贸易摩擦不利影响，实现国际结算量37.47亿美元。在山东省城商行办理首笔中征应收账款线上反向保理业务，通过该平台为60多家供应商投放反向保理融资1.05亿元，投放量在全省金融系统位列第一。依托核心企业信用和智能风控手段，推出“厂商银”“商票通”“e仓通”等产品，在提高风控水平的同时满足实体企业融资需求，为产业链注入流动资金，累计投放表内外贸易融资244.00亿元。在山东省城商行首家投产SWIFT GPI项目，为客户提供更加快速、安全、高效、透明的跨境支付服务。

【中间业务】 2019年，日照银行通过加强资源整合、增强创新能力、完善中间业务定价机制、规范中间业务收费标准等方式，不断增强综合化金融服务对中间业务的拉动作用。实现中间业务收入2.85亿元，占全部营业收入的比例为6.18%。

【电子银行业务】 2019年，日照银行坚持“对标提升、建设场景、加快创新、精细运营、打造品牌”发展思路，客户规模及交易量实现较大突破。优化手机银行、网上银行等线上服务渠道，上线139项新功能；加快智慧银行建设，进一步提升网点服务效能；强化开放合作，推动场景金融建设，开办“优聚财2号”“优聚宝·现金快线”等产品。电子银行开户数为131.75万户，完成交易1,486.56万笔、交易额8,368.34亿元。

【风险控制】 2019年，日照银行继续把资产质量管控列为全行工作的“头号工程”。创新实施问题资产分类分层管理，优化完善不良贷款化解会商机制，加强督办跟踪和考核问责，成立“专班”实施重点突破，开展“清案行动”，全面推动法院诉讼执行工作。全行不良贷款余额为14.27亿元，不良贷款率为1.73%，不良贷款余额和占比实现“双降”。

（张丽敏）

附表1

机构概况一览表

<table>
<tr><td colspan="2">行长（或其他称谓的负责人）</td><td colspan="2">副行长（或其他称谓的同级领导）</td></tr>
<tr><td colspan="2">王　森（党委书记、董事长）、闫　鸣（党委副书记、行长）、杨宝峰（监事长）</td><td colspan="2">焦自竺、黄　玲、毕坤传、王永健、袁玲玲、孙艺祥、王惠斌、陈　迎</td></tr>
<tr><td>地址</td><td>山东省日照市烟台路197号</td><td>邮编</td><td>276826</td></tr>
<tr><td>网址</td><td>http://www.bankofrizhao.com.cn/</td><td>客服电话</td><td>400—68—96588</td></tr>
</table>

附表2

内设部门及分支机构一览表

年度	内设机构（个）	下设分支机构（个）		员工人数（人）	
		地市级机构数	县区级机构数	员工总数（含非正式员工）	正式员工数
2015	21	6	53	1,994	1,796
2016	22	7	57	2,050	1,897
2017	22	8	66	2,198	2,051
2018	22	9	76	2,366	2,220
2019	23	9	84	2,624	2,405

附表3

主要统计指标1

单位:亿元

项目	2015年	2016年	2017年	2018年	2019年	2019年同比增幅(%)
本外币资产总额	910.91	1,043.06	1,238.40	1,472.83	1,658.59	12.61
本外币存款余额	667.96	792.54	890.66	1,021.58	1,207.02	18.15
人民币存款余额	634.63	769.20	884.13	1,017.02	1,201.38	18.13
单位存款	456.82	514.87	565.90	624.48	719.24	15.17
储蓄存款	177.80	254.32	318.23	392.54	482.14	22.83
本外币贷款余额	441.37	508.20	568.87	698.23	827.08	33.78
人民币贷款余额	416.60	498.77	562.74	692.52	824.07	19.17
短期贷款	345.53	357.58	317.54	351.76	380.37	8.13
中长期贷款	71.07	141.19	245.20	321.46	420.02	30.66
票据融资	22.73	24.63	19.42	16.42	21.63	31.73
利润总额	9.65	8.86	8.19	8.56	10.53	23.01
不良贷款余额	11.10	11.19	18.08	14.69	14.27	-2.86
不良贷款占比(%)	2.52	2.20	3.18	2.11	1.73	-18.01

附表4

主要统计指标2

项目	2015年	2016年	2017年	2018年	2019年	2019年同比增幅(%)
单位结算账户(万户)	5.49	6.52	8.93	10.69	12.72	18.99
单位结算金额(亿元)	14,304.00	15,336.00	17,420.00	19,373.00	24,526.00	26.60
个人结算账户(万户)	153.17	179.02	222.51	302.60	359.37	18.76
个人结算金额(亿元)	2,974.00	3,615.00	4,167.00	5,181.00	5,893.00	13.74
信用卡发卡量(万张)	1.02	1.15	1.32	1.91	2.06	7.85
信用卡消费额(亿元)	3.60	4.37	4.14	4.85	6.18	21.52
企业网银客户(万户)	2.28	3.04	4.00	5.17	6.95	34.43
个人网银客户(万户)	15.15	17.38	17.62	19.20	20.70	7.81
手机银行客户(万户)	13.07	16.20	22.50	31.24	50.09	60.34
现金自助设备(台)	227	236	249	261	260	-0.38
营业网点(个)	59	64	74	85	93	9.41
自助网点(个)	49	53	124	135	138	2.22

东营银行股份有限公司

【第一负责人简介】 高传星，男，汉族，1970年出生，山东广饶人，中共党员；曾任垦利县农村信用合作社主任，广饶县农村信用合作联社副主任，广饶农村合作银行行长、董事长，广饶农村商业银行股份有限公司董事长；2013年1月任山东省农村信用社联合社东营办事处党委副书记、副主任（主持工作）；2014年1月任山东省农村信用社联合社东营办事处党委书记、主任；2016年5月起任东营银行党委书记，2016年6月至今任东营银行股份有限公司（简称东营银行）董事长、党委书记。

【综述】 2019年，东营银行践行新发展理念，积极投身金融动能转换，全力服务地方经济发展，贯彻实施“一二三四五”的总体发展思路，取得了良好发展业绩。截至2019年末，全行共有员工1,563人，分支行95家；资产总额为1,091.94亿元，较年初增加54.13亿元，增长5.22%；资本净额为108.78亿元，较年初增加15.48亿元，增长16.59%；各项存款余额为819.22亿元，较年初增加122.99亿元，增长17.66%；贷款余额为533.60亿元，较年初增加101.33亿元，增长23.53%。实现经营利润13.86亿元、净利润4.19亿元，资本充足率为12.87%，核心一级资本充足率为9.73%，高质量发展取得良好成效。

【公司业务】 东营银行公司业务加快向综合金融服务转变。以服务实体经济为根本，紧跟地方政府经济决策部署，主动对接服务国家战略，全面融入新旧动能转换重大工程，深入企业一线，聚焦企业需求，创新产品服务，打造综合金融服务样板。对接融入新旧动能转换重大工程，参与新旧动能转换项目64个、授信40.79亿元。聚焦小微民企，大力发展普惠金融，新增普惠金融贷款10.09亿元，新增有贷户1,847户，小微、民企客户达到9,107户，圆满完成“两增两控”任务目标。

【个人业务】 零售业务打造“幸福之家”品牌。东营银行加快推进转型，制订转型方案，探索搭建零售队伍，上线网贷平台，推出线上业务，倾情打造“幸福之家”零售金融品牌，涵盖“幸福成长”“幸福安康”“幸福生活”“幸福无忧”“幸福尊享”“幸福e家”六大体系，满足客户的投资、购房、消费、创业等各类资金需求，积极服务乡村振兴，新增助农取款点193家，总数达到221家，为广大客户提供便捷、优质的金融服务。

【国际业务】 2019年，东营银行国际业务居于全省城商行前列。以服务当地外贸实体经济为宗旨，提供国际结算、贸易融资、外汇交易、汇率避险等金融服务，并推出“供应链贸易融资”“代融通”“汇惠存”“汇惠盈”“合作办理远期结售汇”等特色金融服务，实现业务结算量45.03亿美元，连续11年获评“执行外汇管理法规考核A类行”。

【中间业务】 2019年，东营银行坚持多元化发展道路，积极拓展中间业务种类，满足客户的差异化金融需求。新推出线上保险、贵金属、黄金积存等特色业务，大力发展国际业务、资金业务，积极发展跨境人民币结算、信用证等业务，借助债券、票据等工具，不断丰富资金来源，加大资金运作力度，积极发展理财业务，丰富理财产品。收入渠道不断拓展，中间业务收入占总收入的比重稳步上升。

【电子银行业务】 2019年，东营银行电子银行业务以惠民服务、提质增效为目标，紧跟互联网金融发展趋势，积极拥抱金融科技，大力发展手机银行、微信银行、社区金融、移动支付等渠道业务，拓展东营e卡通等便民场景应用，将线上线下业务紧密结合，打造丰富的线上渠道服务体系。上线CBUS5.0等24项信息系统，推出黄河e贷、人才贷等线上产品，深化与京东、大数等金融科技公司的合作，智慧银行建设取得显著成效。

【风险控制】 2019年，东营银行始终坚持审慎发展理念，将风险管理作为生命线工程，坚决打赢风险防控攻坚战。扎实推进全面风险管理体系建设，实施风险总监派驻制，制定实施风险管理政策，建立完善涵盖风险偏好、指标监测、信息报告、系统支持的风险防控机制，突出抓好信用风险、流动性风险、声誉风险、操作风险、信息科技风险等具体风险防控工作。强化内控合规管理，开展“行业规范建设年”活动，持续开展案防检查、飞行检查、业务检查，组织案防警示教育、合规培训，合规文化深入人心，为东营银行高质量发展提供有力保障。

（丁玉磊）

附表1

机构概况一览表

董事长		行长	
高传星		高树松	
地址	山东省东营市东营区府前大街87—1号	邮编	257000
网址	http://www.dyccb.net/	客服电话	400—62—96588

附表2

内设部门及分支机构一览表

年度	内设机构（个）	下设分支机构（个）		员工人数（人）	
		地市级机构数	县区级机构数	员工总数（含非正式员工）	正式员工数
2015	16	5	16	1,162	1,162
2016	16	5	18	1,214	1,214
2017	16	5	16	1,336	1,336
2018	18	5	19	1,386	1,386
2019	18	6	21	1,561	1,561

附表3

主要统计指标1

单位：亿元

项目	2015年	2016年	2017年	2018年	2019年	2019年同比增幅（%）
本外币资产总额	559.96	643.49	882.18	1,037.80	1,091.94	5.22
本外币存款余额	450.29	524.82	590.40	690.66	819.22	18.61
人民币存款余额	449.62	522.86	587.21	682.65	810.02	18.66
单位存款	267.65	281.30	315.93	359.03	415.13	15.63
储蓄存款	181.97	241.56	273.95	323.62	394.88	22.02
本外币贷款余额	288.76	330.80	362.59	430.69	532.02	23.53
人民币贷款余额	281.13	319.48	350.72	414.32	519.59	25.41
短期贷款	247.2	260.89	273.72	272.31	288.89	6.09
中长期贷款	33.93	58.59	77.00	132.89	219.57	65.23
票据融资	16.33	16.99	11.13	4.27	4.78	11.94
利润总额	9.32	9.50	9.65	8.52	5.33	-37.44
不良贷款余额	3.38	5.46	5.21	8.35	10.90	30.54
不良贷款占比（%）	1.17	1.65	1.44	1.94	2.05	5.67

附表4

主要统计指标2

项目	2015年	2016年	2017年	2018年	2019年	2019年同比增幅（%）
单位结算账户（万户）	2.16	2.57	2.95	3.93	4.84	23.16
单位结算金额（亿元）	143.25	203.22	158.67	288.95	358.11	23.93
个人结算账户（万户）	118.94	118.99	165.05	138.64	150.12	8.28
个人结算金额（亿元）	43.96	62.76	66.01	70.42	85.99	22.11
信用卡发卡量（万张）	0.66	0.73	0.88	1.15	1.39	20.87
信用卡消费额（亿元）	2.87	3.21	2.71	2.96	3.69	24.66
企业网银客户（万户）	1.30	1.60	1.99	2.58	3.37	30.62
个人网银客户（万户）	16.69	20.51	22.71	23.86	24.27	1.72
手机银行客户（万户）	6.81	11.59	16.91	23.46	30.50	30.00
现金自助设备（台）	169	178	208	246	259	5.28
营业网点（个）	55	60	71	81	96	18.52
自助网点（个）	1	1	1	2	0	-100

德州银行股份有限公司

【第一负责人简介】 董合平，男，汉族，1972年3月出生，中共党员，博士研究生学历，高级经济师；1996年7月参加工作，历任第67集团军高炮旅政治部宣传科实习学员、五营二连二排排长（副连职）、政治部宣传科副连职干事，第26集团军高炮旅政治部宣传科副连职干事，山东天同证券有限责任公司政工部干部、济宁营业部副总经理、总经理，山东省国资委规划发展处干部、副调研员，资本运营与收益管理处调研员、处长，办公室（党委办公室）主任；2015年10月至今，历任山东省国有资产投资控股有限公司党委委员、副总裁，德州银行股份有限公司（简称德州银行）党委副书记、董事长。

【综述】 2019年，德州银行干部员工积极应对挑战、抢抓机遇、突破提升，经受住经济下行的重大考验，经营业绩好于预期、盈利能力保持较高水平，各项工作取得了突出成绩。全行资产规模和经营绩效继续稳步提升，截至2019年末，总资产达到544.88亿元，较年初增长10.90%；贷款总额为293.70亿元，增幅为19.85%，存款总额为459.58亿元，增幅为9.98%；营业总收入为25.84亿元，增长37.86%，利润总额为2.47亿元，增幅为48.70%，净利润为1.80亿元，增长150.76%。

【公司业务】 2019年，德州银行先后组织开展全市“面点线”金融服务，承办“首贷培植”等大型专场活动，研发“政银保”“政采贷”等创新产品，进一步提升了市场竞争力。作为首贷培植典型，做法被全国主流媒体报道。截至2019年末，全行对公有效户数为23,049户，比年初增长4,310户；有贷户资金归行率15.01%，比年初提高8.70个百分点；普惠贷款余额为24.92亿元，增速为20.86%，贷款户数为2,541户，实现了监管评定从“警示档”到“达标档”的进步。培植发放“首贷”客户187户、贷款2.39亿元，被中国人民银行德州市中心支行推荐为标杆行。

【个人业务】 2019年，德州银行积极做好网点效能提升的各项调研和准备工作，大力发展个人业务。2019年末，零售客户达104.72万户，增加14.71万户；储蓄存款余额为279.19亿元，较年初增长24.58%；个人贷款余额为74.30亿元，较年初增长54.87%。德州银行储蓄存款余额净增50.82亿元，位列全市第二；市场份额为10.27%，同比提升0.74个百分点。此外在全民贷、法拍贷、助贷业务的创新方面积极作为，与阿里巴巴合作的法拍贷，是全省第一笔全部线上出单的法院拍卖房产贷款业务，网点转型成效显著。

【国际业务】 2019年，德州银行坚持业务合规为重、数据质量为先的外汇经营理念，严格按照外汇管理政策法规，合规审慎办理各项业务，在中国人民银行德州市中心支行2019年度银行外汇业务合规与审慎经营评估中位次大幅提升，获评A级行。通过积极走访，多方努力，同业渠道建设取得重大进展，先后取得中国银行等4家同业20.50亿元授信额度，新拓展6家海外代理行，互委业务取得突破性进展。围绕“重点客户、重点区域、重点产品”，开展精准营销和本外币联动营销，全年新增有效户24户。

【中间业务】 2019年，德州银行金融市场业务开拓创新，盈利能力持续提升，实现利息收入10.56亿元，较上年增加2.29亿元，增幅为28.00%，实现利差收入7.33亿元。有序推进理财净值化转型，创新推出“德财富—现金宝”系列产品，收益在省内乃至全国处于领先水平，成为德州银行财富管理的又一款拳头产品。首获北京金融资产交易所副主承销商资格，参与承销1.00亿元债权，投行业务实现零的突破。2019年末，管理资产263.52亿元，其中表内资产219.17亿元，表外资产44.35亿元，实现收入10.56亿元，实现利差7.33亿元，完成民营企业票据贴现26.73亿元，均超额完成任务指标。资产配置超市场平均收益45个基点，实现浮盈4,397.02万元。通过主动走出去争取同业授信50.00亿元，创新产品“现金宝”走在了城商行的前列，获批北京金融资产交易所债权融资计划副承销资格，实现了第一笔业务的落地，创收75.00万元。

【电子银行业务】 一是大力推动手机银行（企业版）和手机银行四期、个人网上银行3.0、财付通和支付宝线下收单等创新业务项目发展。截至2019年末，电子银行替代率为96.97%；各项业务中间业务收入为515.76万元，占全行中间业务收入的10.88%。二是积极推广银行卡、手机银行、网上银行、微信银行、特约商户。截至2019年末，借记卡累计发卡128.40万张，较上年增长7.30万张。银行卡存款余额为60.65亿元，占全行存款的13.20%，有效拓宽了利润创收渠道。

【风险控制】 全面风险管理体系建设进一步加强。一是修订完善七大风险管理制度，编制完成《2019年度德州银行风险偏好陈述书》，稳步推进全面风险管理暨新资本管理办法项目群实施，建立健全风险监测预警工作机制。二是成立大额授信联合调查组，强化中后台风险控制合力，信用风险防控能力进一步增强。三是持续强化内控合规，全面开展“行业规范建设年”等专项活动，年内新建制度56项，修订73项，废止105项，有效夯实内控合规管理基础。

（孙 晶）

附表1

机构概况一览表

<table>
<tr><td colspan="2">行长（或其他称谓的负责人）</td><td colspan="2">副行长（或其他称谓的同级领导）</td></tr>
<tr><td colspan="2">董合平（党委书记、董事长）、牛洪春（党委副书记、监事长）、赵鸣翠（党委副书记）</td><td colspan="2">郑亚林、杜成金、吴玉华、徐圣颖、刘凤焕、镡方东、姜忠洲、王树志、朱建丽</td></tr>
<tr><td>地址</td><td>山东省德州市经济技术开发区三八东路1266号</td><td>邮编</td><td>253077</td></tr>
<tr><td>网址</td><td>http://www.dzbchina.com/</td><td>客服电话</td><td>400—849—6588</td></tr>
</table>

附表2

内设部门及分支机构一览表

年度	内设机构（个）	下设分支机构（个）		员工人数（人）	
		地市级机构数	县区级机构数	员工总数（含非正式员工）	正式员工数
2015	21	2	64	933	392
2016	22	3	63	984	376
2017	24	3	64	979	385
2018	24	3	64	959	381
2019	24	3	64	961	376

附表3

主要统计指标1

单位：亿元

项目	2015年	2016年	2017年	2018年	2019年	2019年同比增幅（%）
本外币资产总额	425.30	468.29	465.48	491.34	544.88	10.90
本外币存款余额	321.80	370.46	375.10	417.88	459.58	9.98
人民币存款余额	321.60	370.04	374.61	416.91	458.87	10.06
单位存款	151.71	184.67	176.59	195.81	160.60	-17.98
储蓄存款	169.89	185.38	198.02	224.10	279.19	24.58
本外币贷款余额	198.70	222.02	217.61	245.06	293.70	19.85
人民币贷款余额	196.89	221.48	216.76	244.17	293.25	20.10
短期贷款	121.63	122.26	119.86	107.31	98.68	-8.04
中长期贷款	36.66	60.09	59.01	84.07	118.79	41.30
票据融资	37.28	36.96	36.33	50.88	74.88	47.17
利润总额	4.74	3.61	2.36	1.66	2.47	48.80
不良贷款余额	5.16	5.74	5.95	7.69	8.00	4.03
不良贷款占比（%）	2.60	2.58	2.74	3.14	2.72	-13.38

附表4

主要统计指标2

项目	2015年	2016年	2017年	2018年	2019年	2019年同比增幅（%）
单位结算账户（万户）	2.20	2.60	3.12	3.75	4.58	22.13
单位结算金额（亿元）	4,840.24	4,553.61	4,889.83	5,460.11	5,926.11	8.53
个人结算账户（万户）	100.46	114.36	129.94	127.37	134.44	5.55
个人结算金额（亿元）	1,859.90	2,056.90	2,004.23	2,269.13	2,031.78	-10.46
信用卡发卡量（万张）	0.36	0.39	0.50	0.54	0.56	3.70
信用卡消费额（亿元）	0.52	1.02	0.65	1.10	0.96	-12.73
企业网银客户（万户）	1.08	1.38	1.78	1.98	2.65	33.84
个人网银客户（万户）	7.74	9.11	9.87	11.85	12.79	7.93
手机银行客户（万户）	7.20	17.04	21.79	21.42	28.30	32.12
现金自助设备（台）	216	226	219	210	199	-5.24
营业网点（个）	66	66	67	67	64	-4.48
自助网点（个）	21	24	19	14	11	-21.43

济宁银行股份有限公司

【第一负责人简介】 杜强，男，汉族，中共党员，1968年出生，在职研究生，管理学博士，高级经济师，山东省政协委员；历任济宁市公共汽车公司党委副书记、总经理，济宁市民用航空管理局党组副书记、副局长，兼任济宁曲阜机场有限公司党委副书记、总经理，济宁北湖省级旅游度假区管委会党工委委员、副主任，济宁市政府投融资管理中心党组副书记、副主任，并先后兼任济宁市城建投资有限责任公司总经理、董事长，济宁经济技术开发区党工委副书记、管委会主任，济宁银行党委副书记、行长；2019年5月任济宁银行党委书记、董事长。

【综述】 2009年12月，济宁市商业银行更名为济宁银行股份有限公司（简称济宁银行）。截至2019年末，济宁银行资产总额为956.96亿元，同比增长24.76%；各项存款余额为703.23亿元，同比增长27.75%；各项贷款余额为509.56亿元，同比增长25.12%。济宁银行共有80家分支机构，其中分行7家，分布在菏泽、枣庄、淄博、泰安、临沂、日照、聊城。英国《银行家》杂志公布的2019年全球银行1,000强榜单中，济宁银行排名提升19位，列第847名。同时，获评“2019年度最具竞争力中小银行”荣誉称号。

【公司业务】 近年来，济宁银行以科技赋能数字化转型为路径，以服务实体经济发展为己任，调整战略布局，创新金融产品，大力推进主营业务转型升级，截至2019年末，全行本外币单位贷款余额为245.55亿元，同比增长17.95%。2019年，济宁银行围绕市委市政府确定的“5+5”“十强”产业和“1234”重点城建项目，加大信贷资金支持力度，累计支持新旧动能转换相关企业160户、融资规模33.10亿元。济宁银行以小微产品为载体，不断推进普惠金融，自主研发了针对小微企业的线上经营贷产品“智能微贷”、支持企业便捷获得贷款的“综合金融服务平台”，全年累计支持中小微企业955户，发放贷款179.51亿元。

【个人业务】 2019年，济宁银行着力打造“互联网+智慧生活+金融科技”服务模式，积极构建线上线下一体化普惠金融服务体系，搭建“消费金融星云网贷”平台，依托此平台推出了服务城乡居民的纯线上、纯信用个人消费贷产品“济时雨”。该产品推行“311”审批机制，实现3分钟申请、1分钟审批、1分钟到账，有效提升了信贷服务水平。同时推出了深耕本地“一站式”生活服务平台“惠济生活”、服务企业和员工的“薪动”平台等，进一步提升服务小微企业和城乡居民的能力和水平。截至2019年末，济宁银行本外币个人贷款余额为228.57亿元，同比增长34.82%。

【国际业务】 2019年，济宁银行围绕监管部门“外汇服务进万企”“汇力惠企”及跨境人民币结算十周年活动要求，稳步推动国际业务发展。截至2019年末，共与全球306家金融机构建立代理行关系，其中境内代理行98家，境外代理行208家，覆盖全球33个国家和地区，2019年累计办理结算业务10.84亿美元，办理市场结售汇平盘业务29.59亿美元。

【电子银行业务】 2019年，济宁银行坚持科技引领转型，在全省首建CBUS5.0智慧银行系统，目前全行电子渠道交易占比达到86.00%，在山东省城商行中排名第一位。手机银行和微信银行的客户规模、新增数量在全省城商行排名均在前三位。同时，济宁银行将金融与科技深度融合，全力搭建“消费金融星云网贷”平台、“慧济生活”APP、“大数据金桥”三大服务平台，有效提升了金融服务承载能力和服务手段，进一步增强了金融服务的便利性。

【风险控制】 2019年，济宁银行强化“源头”把控、“过程”把控、“结果”把控，建立健全大数据风控体系，全行不良贷款率为1.64%，同比下降0.32个百分点，拨备覆盖率达到170.79%，超过监管要求20.79个百分点。

（吴 凡）

附表1

机构概况一览表

行长（或其他称谓的负责人）		副行长（或其他称谓的同级领导）	
杜 强（董事长）、陈振勇（行长）		梁汝亮、张衍珍、成祥茂、刘志刚、贾广东、焦春华、官 振、吕美晶	
地址	山东省济宁市金宇路6号济宁银行大厦	邮编	272000
网址	http://www.jn-bank.com/	客服电话	400—677—0537

附表2

内设部门及分支机构一览表

年度	内设机构（个）	下设分支机构（个）		员工人数（人）	
		地市级机构数	县区级机构数	员工总数（含非正式员工）	正式员工数
2015	19	6	16	1,449	1,159
2016	23	6	20	1,486	1,218
2017	23	6	21	1,563	1,397
2018	27	7	24	1,629	1,535
2019	27	7	24	1,606	1,529

附表3

主要统计指标1

单位:亿元

项目	2015年	2016年	2017年	2018年	2019年	2019年同比增幅（%）
本外币资产总额	437.79	534.63	617.41	767.02	956.96	24.76
本外币存款余额	324.78	390.74	457.10	550.47	703.23	27.75
人民币存款余额	324.04	390.27	455.78	554.33	702.02	26.64
单位存款	135.08	166.71	202.37	244.78	291.56	19.11
储蓄存款	183.87	223.57	253.02	304.61	410.38	34.72
本外币贷款余额	235.87	264.49	284.78	407.25	509.56	25.12
人民币贷款余额	235.60	264.05	284.23	406.42	508.19	25.04
短期贷款	150.84	157.71	143.00	252.11	314.51	24.75
中长期贷款	35.55	70.80	110.93	124.78	159.62	27.92
票据融资	48.59	35.12	29.84	29.23	33.94	16.11
利润总额	5.27	5.79	6.68	7.00	7.35	5.00
不良贷款余额	6.47	4.63	5.19	7.99	8.36	4.63
不良贷款占比（%）	2.74	1.75	1.82	1.96	1.64	-16.33

附表4

主要统计指标2

项目	2015年	2016年	2017年	2018年	2019年	2019年同比增幅（%）
单位结算账户（万户）	4.25	4.78	5.59	6.69	7.18	7.32
单位结算金额（亿元）	117.66	95.27	113.87	130.21	141.19	8.43
个人结算账户（万户）	129.73	155.26	172.69	189.92	207.17	9.08
个人结算金额（亿元）	101.07	122.32	133.26	137.94	139.02	0.78
信用卡发卡量（万张）	—	—	—	—	—	—
信用卡消费额（亿元）	—	—	—	—	—	—
企业网银客户（万户）	1.98	2.57	3.16	4.26	5.47	28.40
个人网银客户（万户）	23.99	25.44	26.22	28.97	31.58	9.01
手机银行客户（万户）	7.11	14.88	25.79	39.88	59.62	49.50
现金自助设备（台）	265	308	329	328	308	-6.10
营业网点（个）	60	68	71	76	80	5.26
自助网点（个）	31	53	59	59	49	-16.95

泰安银行股份有限公司

【第一负责人简介】 王希娟，女，汉族，1963年8月出生，山东肥城人，中共党员；历任中国银行业监督管理委员会泰安监管分局党委委员、副局长、党委书记、局长，中国银行保险监督管理委员会泰安监管分局主要负责人，泰安市人民政府副秘书长；2019年11月起任泰安银行股份有限公司（简称泰安银行）党委书记。

【综述】 泰安银行成立于1986年，至今已有30多年的发展历史，先后经历了城市信用社、泰安市城市信用社股份有限公司、泰安市商业银行、泰安银行等发展时期。2007年8月16日，组建成立泰安市商业银行，2015年11月12日更名为泰安银行。截至2019年末，全行资产总额为652.98亿元，各项存款余额为521.35亿元，贷款余额为327.66亿元，实现拨备前利润10.92亿元。

【公司业务】 2019年，泰安银行公司业务逐步建立起以传统信贷产品为基础，以“快易贷”“科贷通”“政银合作”“三押一推”四大创新品牌为亮点的多元化金融产品服务体系，每一个品牌分别在企业担保方式、企业成长阶段、降低融资成本、丰富融资方式等领域的核心融资需求方面进行了深入挖掘与精准突破。2019年，泰安银行坚持改造升级项目重点服务、新领域项目创新服务，全力形成“十强”行业服务合力，在金融领域为各行业的改革升级提供资金支持，为全市新旧动能转换实现“存量变革、增量崛起”的目标注入资金活力，为本地重点项目建设及本地经济发展转型升级贡献金融力量。

【个人业务】 2019年，泰安银行零售业务创新发展，个人消费贷款运用科技助推业务，打造产品的普惠性、简易性、功能性，推出纯信用线上消费贷款——市民快贷，与泰安市住房公积金中心合作推出住房公积金委托贷款。财富类产品推出代销信托业务，拓宽了客户投资渠道。践行普惠金融，支持乡村振兴，上线新助农系统，实现了村民资金现场存入，保障了资金安全。截至2019年末，累计建设助农取款服务点1,056家，辐射70余个乡镇及街道，惠及村民40余万人。方便市民，实现了泰安市城乡居民社会保险费代收，累计推出18项生活代缴费业务；推动移动支付便民工程建设，与山东银联联合推出优惠乘车、金秋购物节活动；顺应移动支付形势，让利于民，开展了微信、支付宝绑卡活动，较好地满足了市民的生活需求。

【国际业务】 2019年，泰安银行国际业务依托灵活、高效、自主决策的独特优势，努力为泰安当地外贸企业提供便捷、优质、高效的服务。国际业务突出一个“快”字，作为SWIFT一级会员单位，清算速度快、收付汇快捷。彰显一个“活”字，决策链条短，市场反应敏锐，服务灵活全面。作为外汇交易中心直接会员单位，能够提供优惠的结售汇报价。跨境人民币业务稳步开展，方便客户快捷办理跨境人民币业务。

【中间业务】 金融市场业务积极响应经济政策指引和金融监管要求，以合规经营、防控风险为基调，研究、探索中小银行金融市场业务综合化、多元化的经营思路，实现金融市场业务全面发展。业务开展兼顾安全性、流动性和效益性原则，充分发挥调节功能。向政策性银行申请转贷业务，支持当地中小企业发展。票据交易系统成功接入上海票据交易所，对小微企业贴现实施优惠利率，助力普惠金融服务。

资产管理业务在资管新规及配套细则的指导下，依托专业管理团队，通过产品组合与创新，发行人民币理财系列产品——“金紫薇”理财产品。“金紫薇”系列理财产品种类丰富、投资期限多样、安全稳健、购买方便，自面市以来累计发售3,400余周期，为客户实现理财收益近20.00亿元，拓展服务理财客户70,000余户，资产管理规模稳居泰安市各银行机构前列。

【电子银行业务】 泰安银行电子银行业务系统是泰安银行精心为客户打造的移动金融综合服务平台。2019年，手机银行UI全新改版，新增手机号转账、人脸开通软UK、社保缴费、电子工资单、加油卡充值等多项功能，实现了线上服务能力在民生领域的深度延伸；企业网银新增一键对账、流水打印、电子印章等新功能，助力企业客户轻松实现移动办公；“缴费宝”便民缴费平台上线“党费缴费”“出租车缴费”等五大类场景，为社区、商场、学校等社群用户提供种类丰富的在线费用缴纳和管理。

【内部管理】 2019年，泰安银行以建立“预防”为主的主动性全面风险管理机制为目标，以精细化的“内控管理”为基础，以“风险管理”为主干，以“合规管理”为前提，以“全面风险管理体系建设项目”为抓手，“以风险促管理，以管理强风险”，在建设各类风险管理体系的同时，全面推进内部管控精细化、流程化、专业化建设，为各条线引入先进管理理念和科学技术手段，强化意识、体系和量化工具建设，适应金融变革和发展转型的需要，持续推进“以风控促管理，以管理强风控”的精细化管理。

（陈 潇）

附表1

机构概况一览表

行长（或其他称谓的负责人）		副行长（或其他称谓的同级领导）	
王希娟（党委书记）、闫 明（党委副书记、行长）、史建国（党委委员、监事长）		刘培军、赵传迎、李成山、商云峰、张 波	
地址	山东省泰安市长城路3号	邮编	271000
网址	http://www.taccb.com/	客服电话	400—658—6588

附表2

内设部门及分支机构一览表

年度	内设机构（个）	下设分支机构（个）		员工人数（人）	
		地市级机构数	县区级机构数	员工总数（含非正式员工）	正式员工数
2015	21	1	41	1,268	870
2016	21	1	60	1,379	881
2017	20	2	65	1,456	1,002
2018	20	2	70	1,440	1,026
2019	22	2	75	1,393	1,049

附表3

主要统计指标1

单位：亿元

项目	2015年	2016年	2017年	2018年	2019年	2019年同比增幅（%）
本外币资产总额	503.67	607.41	538.69	537.17	652.98	21.56
本外币存款余额	314.70	370.34	401.14	432.47	521.35	20.55
人民币存款余额	314.70	370.32	401.01	432.17	521.33	20.63
单位存款	105.65	137.40	150.65	145.33	164.26	13.03
储蓄存款	163.53	184.66	212.71	248.56	294.06	18.31
本外币贷款余额	165.15	193.06	215.42	246.42	327.66	32.97
人民币贷款余额	165.15	193.06	215.42	245.01	327.59	33.70
短期贷款	97.55	112.56	118.06	119.14	150.85	26.62
中长期贷款	57.89	68.47	87.78	117.19	161.14	37.50
票据融资	9.71	12.03	8.59	8.18	15.61	90.83
利润总额	5.14	6.52	5.85	5.26	6.10	15.97
不良贷款余额	3.78	3.75	4.44	11.56	6.21	-46.28
不良贷款占比（%）	2.29	1.94	2.06	4.69	1.89	-59.70

附表4

主要统计指标2

项目	2015年	2016年	2017年	2018年	2019年	2019年同比增幅（%）
单位结算账户（万户）	1.24	1.37	2.08	2.34	2.69	15.00
单位结算金额（亿元）	57.59	95.26	111.34	123.00	146.84	19.00
个人结算账户（万户）	63.52	77.19	90.40	107.52	121.47	12.00
个人结算金额（亿元）	31.35	33.90	38.61	43.76	46.46	6.00
信用卡发卡量（万张）	0.09	0.10	0.11	0.12	0.13	8.33
信用卡消费额（亿元）	0.10	0.12	0.15	0.26	0.23	-11.54
企业网银客户（万户）	0.83	0.96	1.10	1.30	1.58	21.54
个人网银客户（万户）	5.46	6.69	9.37	12.03	14.52	20.70
手机银行客户（万户）	8.78	14.13	22.30	27.78	39.43	41.94
现金自助设备（台）	191	208	250	266	213	-19.92
营业网点（个）	42	61	67	72	77	7.00
自助网点（个）	62	68	74	63	21	-66.67

枣庄银行股份有限公司

【第一负责人简介】　陈大章，男，1964年5月出生，汉族，中共党员，研究生学历，高级经济师；2010年度荣获银监会批准标兵。2018年1月至2018年4月，任枣庄银行党委副书记、董事长；2018年4月至今，任枣庄银行股份有限公司（简称枣庄银行）党委书记、董事长。

【综述】　2019年，枣庄银行紧紧围绕“服务地方、服务民生、服务中小”的市场定位，深入践行普惠金融，加大转型创新力度，提升服务实体经济水平，各项业务稳健发展。全行设置20个职能部室，下设2家异地分行、28家支行，员工总数为758人。截至2019年末，资产总额为241.20亿元，负债总额为193.16亿元；各项存款181.81亿元，各项贷款余额为140.92亿元；经营利润为1.88亿元，净利润为0.82亿元，上缴税收0.90亿元。

【公司业务】　2019年，枣庄银行坚持服务实体经济本源，支持传统产业转型升级，全力做好优势特色产业、重点工业企业、重点建设项目、新旧动能转换项目的信贷支持，通过制定差异化的授信策略，进一步优化信贷资源配置，将更多的信贷资源投入到了实体经济建设领域，对公贷款发放量、增速均位居本地金融机构第一名。不断加大对民营企业、小微企业信贷的投放力度，民营企业、小微企业投放占比位居全市金融机构前列，圆满完成监管部门“两增两控”监管指标，有效助力了实体经济高质量发展。积极响应普惠金融发展，做好普惠金融服务平台建设工作，普惠金融服务平台总录入量和放款量均居本市金融机构第一名。进一步优化信贷管理模式，加快信贷业务转型升级，本着“集约经营、垂直管理”的原则，对全行信贷业务授权模式和审批流程进行了优化调整，进一步简化授信审批流程，提高业务办理效率，提升信贷业务质量，加强信贷风险管理，从而加快普惠金融等零售业务的转型发展。不断提升产品创新能力和服务客户水平，不断满足企业差异化需求。针对小微企业、民营企业担保难问题，积极进行市场调研，制定出台了相关政策文件，与政府职能部门合作，运用科技成果转换风险补偿机制，在最大限度地降低科技成果转换贷款风险的同时，灵活运用专利权、商标权质押等担保方式为科创企业办理授信业务。积极践行社会责任，持续做好金融扶贫工作。认真贯彻落实各级政府扶贫工作会议精神，多渠道、多方式、多措施增加对扶贫项目、贫困户的金融支持。

【个人业务】　2019年，枣庄银行立足地方经济，充分发挥经营体制活、决策链条短的优势，积极承担“普之于城、惠之于民”的社会责任，丰富个人贷款品种，为个人客户提供多元化金融产品和服务。针对信用水平良好的公务员、企业高管、个体工商户、创业大学生等群体推出“即时贷”系列产品，一次授信、循环使用，实现了客户自主放款，随用随还；为满足老百姓购房刚性需求，推出了个人购房按揭贷款，贷款期限最长30年，解决了购房客户融资难、利率高等问题；围绕与老百姓息息相关的结婚、购车、家装、旅游、留学等消费内容，推出了无抵押无担保的个人消费信贷产品——幸福易贷，解决了客户担保难、担保贵的问题。

【中间业务】 资管新规发布以来，枣庄银行认真落实新规要求，积极转型理财业务。一是从产品数量、产品发行规模、收益率等方面逐步控制理财业务规模，压降保本理财占比；二是推动理财业务转型系统建设，根据净值型理财销售需求，更新全行理财销售系统；三是加强理财资金投资运作，提升中间业务收入，通过开展枣庄银行幸福理财系列产品开户相关工作，逐步实现主动化的运作管理。2019年，枣庄银行全年累计发行幸福理财系列理财产品49期，总募集金额为58.55亿元，余额为17.92亿元，其中，非保本类理财产品共募集56.22亿元，保本类理财产品共募集2.33亿元，全年累计为客户实现理财收益9,036.07万元，实现理财中间业务收入2,279.63万元，其中手续费收入为955.12万元，资产投资超额收益为1,324.50万元，所发行理财产品均如期兑付。

【电子银行业务】 2019年，枣庄银行为提升服务效率，不断优化电子银行功能，加大风险防控力度，提高客户账户资金的安全性，为客户带来全新体验。

为增强客户转账便利性，上线手机号码支付功能，通过输入对方姓名、手机号码、开户行即可完成转账，转账流程大大简化；为增强客户身份信息识别能力，保障客户账户资金安全，上线人脸识别系统并应用于手机银行中，确保客户操作的真实性、安全性和合规性；为增强对电子银行业务的风险监测与识别能力，上线电子银行业务监测与风险预警系统，切实提升支付结算管理中电信网络反诈骗、反洗钱、银行卡风险管理的工作能力。

【风险控制】 1. 信用风险。2019年，在信用风险管控方面，枣庄银行全面落实制定的工作思路和方针，努力完善授信管理体制和制度建设，完成了法人客户统一授信管理、授信业务审批管理、异地授信管理、房地产和土地估价机构等制度的修订与完善。上线了新一代信贷系统，努力优化金融资源配置，退出低效领域，提高授信准入门槛，持续清收、压降存量风险，推动信用风险状况持续好转。

2. 流动性风险。在严格执行国家宏观调整政策的基础上，始终坚持统一领导、分级管理、实时监控、动态调整的基本原则，加大每日大额资金监测力度，建立流动性数据统计日报机制，以确保流动性充足。加强风险偏好管理，合理进行指标限额设置；逐步完善流动性风险管理体系，修订完善流动性风险管理相关制度；强化流动性风险应急演练，落实应急处置预案，丰富应急演练场景设置，拓展资金融通渠道。

3. 市场风险。一是加强同业业务风险管控。关注市场动态与政策变化，针对市场变化及时调整投资策略，做好风险把控。二是加强票据业务风险管控。以电子票据的风险防控为重点，加强与人民银行、分支行、同业间的沟通交流；同时进一步加强同业间的业务联系，密切关注票据市场动向，转变经营理念。三是与支行沟通市场价格，建立科学的定价机制。四是加强理财业务风险管控。以加强理财资金投资运作风险管理为重点，完善风险防控体系；加强对理财账户的共同管理，完善理财资金投资流程，逐步提升事前风险防范能力；同时推进行内理财业务IT系统建设，对理财系统进行更新完善。五是投行业务方面，加强与城商行、证券、基金公司等机构关于投行业务的合作探讨，积极推进利率互换、ABS等新型业务的开展，完善业务品种，拓宽投资渠道，同时降低单一业务品种带来的市场风险、系统风险。

4. 信息科技风险。为防范信息科技风险，确保各信息系统安全、稳定、高效运行，枣庄银行重视信息化建设能力和网络安全保障能力的提高。加强网络安全防护，严防外部网络攻击风险，重点做好应对邮件攻击、病毒入侵等安全防御措施；严肃值班纪律，加强重大负面舆情监控；对ACS系统、电子商业汇票系统、二代支付系统、网银互联系统、报表系统、机房消防、机房供电、无纸化系统开展应急演练。

5. 声誉风险。枣庄银行一方面通过舆情监测软件7×24小时监测网络信息报道情况，另一方面加强部门沟通，做好前期应急方案准备工作，形成了网点、总行部室、网络监测的网格监测体系。同时，加强舆情分析，强化优质文明服务，保护金融消费者权益不受侵害。

（李 阳）

附表1

机构概况一览表

党委书记、董事长		副行长	
陈大章		张德安、刘 磊、颜海龙	
地址	山东省枣庄市薛城区光明大道1666号	邮编	277100
网址	http://www.zzbank.cc/	客服电话	400—68—96196

附表2

内设部门及分支机构一览表

年度	内设机构（个）	下设分支机构（个）		员工人数（人）	
		地市级机构数	县区级机构数	员工总数（含非正式员工）	正式员工数
2015	17	2	22	737	638
2016	17	3	25	845	717
2017	17	3	27	818	741
2018	17	3	27	774	717
2019	20	3	27	758	721

附表3

主要统计指标1

单位：亿元

项目	2015年	2016年	2017年	2018年	2019年	2019年同比增幅（%）
本外币资产总额	161.70	202.18	222.94	232.81	241.20	3.60
本外币存款余额	133.52	153.20	165.17	164.26	181.81	10.68
人民币存款余额	133.52	153.20	165.17	164.26	181.81	10.68
单位存款	78.32	71.04	78.31	76.52	83.81	9.53
储蓄存款	55.20	82.16	77.79	71.93	75.00	4.27
本外币贷款余额	88.51	103.84	139.42	103.12	140.92	36.66
人民币贷款余额	88.51	103.84	139.42	103.12	140.92	36.66
短期贷款	68.90	82.15	94.81	67.57	86.38	27.84
中长期贷款	7.90	9.75	12.65	9.55	45.62	377.66
票据融资	11.71	10.27	7.34	25.84	8.82	-65.85
利润总额	1.89	1.83	1.69	1.42	1.05	-26.37
不良贷款余额	3.25	2.95	3.58	3.76	4.80	27.74
不良贷款占比（%）	3.67	2.84	2.57	3.65	3.41	-6.58

附表4

主要统计指标2

项目	2015年	2016年	2017年	2018年	2019年	2019年同比增幅（%）
单位结算账户（万户）	0.61	0.73	0.84	1.01	1.15	113.86
单位结算金额（亿元）	11.97	19.98	30.76	47.55	46.94	98.72
个人结算账户（万户）	30.26	38.57	44.46	47.85	51.96	108.59
个人结算金额（亿元）	32.13	27.55	23.31	23.28	25.89	111.21
信用卡发卡量（万张）	—	—	—	—	—	—
信用卡消费额（亿元）	—	—	—	—	—	—
企业网银客户（万户）	0.21	0.30	0.41	0.54	0.68	25.93
个人网银客户（万户）	5.29	6.53	8.15	9.39	10.09	7.45
手机银行客户（万户）	2.86	5.19	8.44	10.79	13.27	22.98
现金自助设备（台）	95	121	132	134	123	-8.21
营业网点（个）	24	28	30	30	30	0.00
自助网点（个）	33	42	44	45	40	-11.11

北京银行股份有限公司济南分行

【第一负责人简介】 房旭，男，中共党员，1970年出生，山东经济学院计划统计专业毕业，大学本科学历；1992年7月至2010年8月，就职于中国农业银行，历任槐荫支行行长、莱芜分行行长等职；2010年9月，入职北京银行，历任济南分行行长助理、济南分行副行长、总行公司银行部副总经理、济南分行常务副行长等职；现任北京银行股份有限公司济南分行（简称北京银行济南分行）党委书记、行长；2017年，获评“济南市优秀企业家”。

【综述】 北京银行济南分行是北京银行设在山东的省级管辖行，目前下辖聊城分行、潍坊分行两家二级分行，分行营业部、大明湖支行等20家支行、7家小微支行、20家社区支行。

【公司业务】 一是平衡资产负债，推进LPR定价改革，稳步扩大负债规模，为资产投放奠定基础，严格落实中国人民银行统一部署，LPR定价贷款占比超过90.00%。二是着力拓展银团贷款，增强服务实体经济能力，发放银团贷款20笔、金额24.00亿元。三是提升机构业务，全年承销三期共9.30亿元地方政府债，支持山东省重点项目建设。四是创新业务模式，承销全国首单高速公路广告收益ABN和山东省首单商业不动产租金ABN。五是打造瞪羚特色品牌，服务小微企业，“瞪羚快贷”被授予“2019年山东省新旧动能转换优秀金融产品”荣誉称号。六是加快线上化转型，便利企业融资，“京信链”产品荣膺总行战略级产品，累计实现放款156笔、金额5.11亿元。

【个人业务】 一是产品销售转型初见成效。经过坚持不断的产能提升和人员培训，综合资产配置能力及专业水平不断提升。二是信用卡业务实现跨越式发展。新增信用卡客户及中收均创历史新高。三是倾力打造出国金融服务“金管家”。出国金融产品体系不断丰富，品牌知名度进一步提升。四是个贷业务渠道有效拓宽。二手房E贷业务，在贝壳找房的纯商业贷款中占比位居前列；与济南市不动产登记中心合作实现抵押业务线上办理。

【国际业务】 一是办理美元债投资金额合计18.40亿元，同比增长86.00%，新增跨境投资规模全行第一。二是开辟跨境人民币业务新渠道，实现结算量11.35亿元，业务量较上年同期增长83.07%。三是推出自贸专属服务方案，主办山东自贸创新论坛，自贸区业务迅速起步。

【同业业务】 一是持续推进同业专营，优化存量业务结构，压缩非标业务规模，提升标准化产品占比；二是推动托管业务发展，2019年抢抓山东省新旧动能转换、山东自贸区机遇，新增托管规模85.00亿元；三是打通人民银行再贴现业务渠道，降低小微、民营企业融资成本，2019年累计办理再贴现业务6,000.00余万元。

【风险控制】 一是加强重点领域风险管控。扎实开展担保圈风险调查、高耗能产业、资金监管账户等18项风险排查；主动压降高风险资产，退出潜在风险客户。二是推进合规管理强化工程，完成“巩固治乱象成果、促进合规建设”等排查活动，持续开展“行业规范建设年”等专项活动。三是加大不良资产处置，2019年累计处置不良资产4.11亿元，提升了北京银行济南分行资产质量。

（张胜利、季 玮）

附表1

机构概况一览表

行长（或其他称谓的第一负责人）		副行长（或其他称谓的同级领导）	
房 旭		田 宏、王树民、廖 瑾	
地址	山东省济南市经十路11890号	邮编	250014
网址	http://www.bankofbeijing.com.cn/	客服电话	0531—82036666

附表2

内设部门及分支机构一览表

年度	内设机构（个）	下设分支机构（个）		员工人数（人）	
		地市级机构数	县区级机构数	员工总数（含非正式员工）	正式员工数
2015	13	2	10	425	401
2016	14	3	11	451	428
2017	14	3	13	474	439
2018	14	3	15	511	467
2019	14	3	17	525	480

附表3

主要统计指标1

单位：亿元

项目	2015年	2016年	2017年	2018年	2019年	2019年同比增幅（%）
本外币资产总额	687.35	568.81	592.53	678.80	746.24	9.94
本外币存款余额	279.12	372.50	419.44	452.86	478.07	5.57
人民币存款余额	273.36	363.19	409.48	440.02	466.25	5.96
单位存款	247.28	330.56	373.49	396.50	415.15	4.70
储蓄存款	26.08	32.63	35.99	43.52	51.10	17.42
本外币贷款余额	343.82	416.55	549.36	651.87	723.16	10.94
人民币贷款余额	330.52	403.44	536.08	635.20	707.32	11.35
短期贷款	121.55	152.86	204.34	214.74	203.78	-5.10
中长期贷款	132.34	206.47	286.48	389.03	435.47	11.94
票据融资	76.63	44.11	45.25	31.43	68.07	116.58
利润总额	6.67	6.17	3.64	-1.13	6.77	—
不良贷款余额	2.11	4.62	4.20	2.59	9.39	262.55
不良贷款占比(%)	0.61	1.11	0.76	0.40	1.30	225.00

附表4

主要统计指标2

项目	2015年	2016年	2017年	2018年	2019年	2019年同比增幅(%)
单位结算账户（万户）	0.26	0.28	0.32	0.36	0.41	13.89
单位结算金额（亿元）	253.00	333.00	385.00	443.00	450.00	1.58
个人结算账户（万户）	17.09	22.72	29.16	35.92	43.37	20.74
个人结算金额（亿元）	67.78	104.56	245.0	271.21	334.50	23.33
信用卡发卡量（万张）	5.65	7.22	8.84	11.96	14.51	21.32
信用卡消费额（亿元）	24.82	23.42	31.07	37.82	46.44	22.79
企业网银客户（万户）	0.15	0.16	0.18	0.19	0.21	10.53
个人网银客户（万户）	10.25	12.85	16.96	11.70	13.87	18.55
手机银行客户（万户）	3.22	6.06	9.58	12.38	17.65	42.57
现金自助设备（台）	81	98	106	109	107	-1.83
营业网点（个）	25	33	40	41	47	14.63
自助网点（个）	12	15	16	15	6	-60.00

天津银行股份有限公司济南分行

【第一负责人简介】 李国红，男，51岁，汉族，天津人，中共党员，高级政工师，高级经济师；1986年12月参加工作，1993年6月加入中国共产党，现任天津银行股份有限公司济南分行（简称天津银行济南分行）党委书记、行长。

【综述】 天津银行济南分行成立于2010年5月28日。自成立以来，天津银行济南分行坚持以习近平新时代中国特色社会主义思想为指导，深入贯彻党的十九大精神，牢固树立“质量第一、效益优先”的发展理念，扎实推进“转型+创新”双轨发展战略，紧紧围绕服务实体经济、防范化解金融风险和深化金融改革创新三大任务，不断深化改革，加强创新，健全管理和内控机制，提高风险防范能力。截至2019年12月，天津银行济南分行共设有东营、泰安、烟台3家二级分行以及14家一类支行。

同时，天津银行济南分行及辖属分支机构先后荣获山东省文明单位、全国金融系统五四红旗团委、省级文明规范示范单位、省级青年文明号、微笑服务窗口、支持实体经济贡献奖、山东金融业客户服务奖、服务小微企业优秀金融产品奖、“3·15优秀金融品牌”、星级服务网点、平安单位等荣誉。未来发展中，还将本着“根植济南、服务山东”的理念，倾力打造精品银行和特色银行。

【公司业务】 2019年，天津银行济南分行继续实行“转型+创新”双轨战略，支持新旧动能转换，推进便捷获得信贷，实施“四个一批”，促进对公业务提质增效。一是加快转型，从规模粗放扩张向效益导向的集约化发展方式转变，提高综合竞争力；二是按照“新增一批、维护一批、维持一批、退出一批”要求，实现客户精细化管理，提质增效；三是紧靠山东半岛蓝色经济区等建设热点，因地制宜，服务中小企业，支持当地经济发展；四是通过优化开户服务、改进业务流程等措施积极推进便捷获得信贷行动。

【个人业务】 2019年，天津银行济南分行积极响应“转型+创新”发展战略，以储蓄及个人综合金融资产增长为主要目标，持续开展零售竞赛活动和对客营销活动；利用传统产品和创新产品，线上线下相结合，不断提升零售业务规模。通过开展线上贷款业务，做大做强自营线上个人消费贷款“天天贷”“商超e贷”产品，丰富个贷产品，扩大客群覆盖面，为小微企业及个体工商户提供更加便捷的融资服务，用实际行动支持实体经济发展。

【国际业务】 2019年，天津银行济南分行国际结算主要业务品种为跨境汇款、进口信用证。进口、出口贸易融资业务以进口信用证项下押汇、汇款项下代付业务为主；国内贸易融资以国内信用证及国内信用证福费廷业务为主。天津银行济南分行始终秉承"合规经营"的发展理念，以服务实体经济为政策导向，积极对接"一带一路"建设和中国（山东）自由贸易试验区战略规划，重点深挖国际市场潜力，提升拓客黏客能力，不断提升金融服务水平。随着中国经济全球化进程的不断加快，天津银行济南分行也在积极推动跨境人民币业务发展，提升跨境人民币结算业务在国际结算量中的占比，为人民币国际化持续贡献力量。

【中间业务】 2019年，天津银行济南分行紧密围绕提质增效的经营发展思路，致力于丰富中间业务产品，以完善的产品体系，为客户提供全方位金融服务。天津银行济南分行通过财富产品销售、信用卡分期业务吸引新客户新资金，通过发展信用证、银行承兑汇票、保函等交易银行表外业务，实现开证费、承兑费、福费廷手续费等中间业务收入。另外，借助A类主承销商资格，积极营销承销业务，推进中间业务发展，更好地服务企业客户。

【电子银行业务】 2019年，天津银行济南分行将自身内建平台和外接流量平台进行了深度筛选和整合。通过深化"转型+创新"的思路开展业务，继续借助创新宣传、智能网点建设、搭建金融生态圈等方式全面提升客户体验；借助外部大数据和自有数据对传统模式进行深化改革，完成数字化流程再造。继续以客户为中心，优化业务流程，改善并提升客户体验，线上线下业务相结合，综合提升业务软实力，回归金融业务本源，为客户提供便利的金融交易渠道和金融综合服务。

【风险控制】 2019年，天津银行济南分行不断提升风险管理体系的"全局观"。一是强化流程管理，在全面风险管理框架下，切实履行部门职责，定期召开会议研究部署，采取综合措施，防范流动性风险、操作风险和法律风险，有效化解信用风险；二是推动重点风险精细化管理，不断完善预警和押品管理工作，满足风险识别、评估、控制、监测、报告全流程，覆盖信用风险、市场风险、流动性风险和操作风险四大核心领域；三是拆分"坏银行"，组建资产保全团队，逐步上收不良资产、已核销不良资产等，探索制定差异化清收策略，既通过清收评分、账龄和不良金额三个维度进行案件风险分层，又依据客户不同还款概率，配合不同清收手段、频率等提升催收效率。

（张 琳）

附表1

机构概况一览表

行长（或其他称谓的第一负责人）		副行长（或其他称谓的同级领导）	
李国红		刘亚军、张维东、张慧侠、程晓琴	
地址	山东省济南市市中区经十路20999号三箭瑞福苑	邮编	250001
网址	http：//www.bank-of-tianjin.com/	客服电话	956056

附表2

内设部门及分支机构一览表

年度	内设机构（个）	下设分支机构（个）		员工人数（人）	
		地市级机构数	县区级机构数	员工总数（含非正式员工）	正式员工数
2015	10	2	8	513	470
2016	10	3	10	644	592
2017	10	3	12	593	554
2018	10	3	13	587	574
2019	11	3	15	541	538

附表3

主要统计指标1

单位：亿元

项目	2015年	2016年	2017年	2018年	2019年	2019年同比增幅（%）
本外币资产总额	485.20	502.59	448.91	395.27	337.62	-14.58
本外币存款余额	277.15	301.68	281.42	239.27	242.62	1.40
人民币存款余额	276.70	301.46	280.02	225.30	215.27	-4.45
单位存款	228.69	248.33	247.50	209.29	197.78	-5.50
储蓄存款	18.06	18.13	16.88	13.50	17.49	29.56
本外币贷款余额	200.40	285.5	349.08	317.91	263.18	-17.22
人民币贷款余额	198.22	285.37	347.63	300.31	237.99	-20.75
短期贷款	142.26	235.38	248.22	153.06	105.83	-30.86
中长期贷款	28.03	47.47	98.07	143.75	130.78	-9.02
票据融资	29.66	2.50	1.34	3.40	0.29	-91.47
利润总额	10.14	12.19	11.32	1.65	4.45	169.70
不良贷款余额	0.91	3.31	4.84	9.41	7.67	-18.49
不良贷款占比（%）	0.45	1.16	1.41	2.96	2.91	-1.69

附表4

主要统计指标2

项目	2015年	2016年	2017年	2018年	2019年	2019年同比增幅（%）
单位结算账户（万户）	0.36	0.34	0.38	0.35	0.31	-11.43
单位结算金额（亿元）	1,043.00	1,402.89	2,005.74	2,144.15	1,684.99	-21.41
个人结算账户（万户）	4.69	7.91	7.37	8.64	10.27	18.87
个人结算金额（亿元）	165.59	220.54	214.15	210.12	221.52	5.43
信用卡发卡量（万张）	0.79	1.10	1.33	1.50	1.58	5.51
信用卡消费额（亿元）	2.35	3.35	3.23	3.29	2.45	-25.38
企业网银客户（万户）	0.20	0.23	0.25	0.28	0.32	14.29
个人网银客户（万户）	1.64	1.79	2.80	5.19	6.56	26.40
手机银行客户（万户）	1.55	1.80	2.78	5.61	7.19	28.16
现金自助设备（台）	46	60	53	40	46	15.00
营业网点（个）	21	29	17	16	18	12.50
自助网点（个）	3	0	0	0	0	—

河北银行股份有限公司青岛分行

【第一负责人简介】 田振宇，男，汉族，1972年6月出生，河北肃宁人，中共党员，大学本科学历，助理经济师；历任河北银行衡水分行行长助理、副行长、总行小企业金融部总经理，多次获得全行“先进工作者”“优秀共产党员”等荣誉称号；现任河北银行股份有限公司青岛分行（简称河北银行青岛分行）行长、党委书记。

【综述】 2019年，河北银行青岛分行紧紧围绕总行“四场战役”，找准分行发展中的痛点和难点，攻坚克难，转型发展，在发展中解决问题、夯实基础，各项业务平稳发展。截至2019年12月31日，河北银行青岛分行各项存款余额为30.46亿元，较年初增长1.59亿元；日均存款较年初增长6.37亿元，其中对公日均存款余额为21.65亿元，较年初增长2.25亿元；储蓄存款日均余额为9.13亿元，较年初增加4.12亿元，增长82.13%；各项贷款余额为79.98亿元，较年初增加15.57亿元，增长24.17%。其中，非贴现贷款余额为27.65亿元，较年初增加0.72亿元，增长2.67%；个人贷款余额为38.86亿元，较年初增加6.54亿元，增长19.81%；小企业贷款余额为13.61亿元，较年初增加3.55亿元，增长35.29%。下设13个营业网点，包括分行营业部、胶州支行、莱西支行、京口路支行、开发区支行、即墨支行、敦化路支行、大尧三路社区支行、书院路社区支行、绍兴路社区支行、宁夏路社区支行、台东一路社区支行、平度支行。共有员工193人，本科以上员工179人，占全行员工总数的92.75%。

【业务发展】 2019年，河北银行青岛分行公司业务转型成效显现，绿色存款营销亮点频现。存款营销由授信派生向服务营销、感情营销转变，纯存款营销观念逐步确立，绿色存款营销亮点频现，其中胶州支行对公存款全部为绿色存款，支行绿色存款最高达5.70亿元，日均存款余额为4.00亿元。授信业务从域外市场转向青岛本地，新增本地客户9户，金额9.10亿元，新增客户均为青岛市优质企业或弱周期行业客户。公司授信业务实现了从支行散打向分行统筹规划、分支行系统营销的转变。

零售业务实现了二次转型，成果显著。储蓄存款稳步提升，补齐了储蓄存款增长短板。个贷业务规模持续增加，个贷产品结构不断优化，信用卡发卡量、电子银行覆盖率等多项指标超额完成任务目标。在2019年市场竞争异常激烈的情况下，全年小微贷款余额增长3.55亿元。

【内部管理】 2019年，河北银行青岛分行积极落实“打基础、立规矩、谋发展”的工作目标，将合规工作作为分行重要工作来抓。通过合规建设、廉政教育、提升员工业务素质等方式大力推行合规管理文化。2019年，在银保监局城商行运行通报会上，监管机构领导对河北银行青岛分行合规工作发生的巨大转变提出表扬，对河北银行青岛分行的合规建设机制表示肯定。一是建立了分行合规管理体系。搭建了经营机构自查、条线部门检查、合规部门抽查、分行领导督察“四位一体”的检查模式，从源头上发现问题、整改问题，不留后遗症。2019年共计处罚179人次，处罚金额为347,027.65元。二是建立了阶段性调度会制度。根据河北银行青岛分行每半年全面合规自查一次的节奏要求，建立了每月调度会制度。三是打造多层次的培训体系。组织中层管理人员赴兄弟分行面对面学习经验；组织支行行长到总行参加网点产能提升培训和到其他分行现场驻点；持续组织营业室主任、柜员、理财经理到石家庄分行轮训，提升一线营销人员的业务技能。四是建立竞赛体系，督促全员比学赶超。在河北银行总行第二届反洗钱知识竞赛中，取得了团体第一名的好成绩，在总行公司业务竞赛中获得了团体三等奖。五是强化案防、警示教育。实行了告知函、廉洁服务卡、电话回访等制度，从源头上控制“吃、拿、卡、要”的不良风气，努力打造客户心目中的廉洁、高效形象。

（陈广敬）

附表1

机构概况一览表

行长（或其他称谓的第一负责人）		副行长（或其他称谓的同级领导）	
田振宇		聂双双	
地址	山东省青岛市市南区香港中路61号乙远洋大厦A座	邮编	266071
网址	http://www.hebbank.com/	客服电话	0532—66985080

附表2

内设部门及分支机构一览表

年度	内设机构（个）	下设分支机构（个）		员工人数（人）	
		地市级机构数	县区级机构数	员工总数（含非正式员工）	正式员工数
2015	11	5	4	213	153
2016	11	6	4	207	162
2017	11	8	4	194	161
2018	10	8	5	192	165
2019	10	8	5	194	178

附表3

主要统计指标1

单位:亿元

项目	2015年	2016年	2017年	2018年	2019年	2019年同比增幅（%）
本外币资产总额	60.79	73.08	78.79	65.34	77.27	18.26
本外币存款余额	42.79	55.72	25.94	28.88	30.46	5.47
人民币存款余额	42.78	55.68	25.92	28.87	30.41	5.34
单位存款	37.28	48.47	16.29	21.74	15.44	-28.98
储蓄存款	5.50	7.21	4.74	6.34	10.52	65.93
本外币贷款余额	61.13	63.01	79.47	64.42	79.98	24.15
人民币贷款余额	58.09	61.75	78.39	64.14	79.98	24.7
短期贷款	30.15	23.07	35.92	13.76	16.44	19.48
中长期贷款	27.94	38.68	40.09	50.65	63.55	25.47
票据融资	1.00	10.98	0.50	—	—	—
利润总额	-0.15	0.28	-0.69	-2.08	-2.33	—
不良贷款余额	1.95	1.95	3.34	0.41	4.1	900
不良贷款占比（%）	3.19	3.09	4.21	0.64	5.13	701.56

附表4

主要统计指标2

项目	2015年	2016年	2017年	2018年	2019年	2019年同比增幅（%）
单位结算账户（万户）	—	—	—	—	—	—
单位结算金额（亿元）	—	—	—	—	—	—
个人结算账户（万户）	—	—	—	—	—	—
个人结算金额（亿元）	—	—	—	—	—	—
信用卡发卡量（万张）	0.004	0.006	0.042	0.064	0.087	26.40
信用卡消费额（亿元）	3.63	3.30	2.70	2.45	2.16	13.40
企业网银客户（万户）	0.0048	0.0153	0.0288	0.005	0.0125	150.00
个人网银客户（万户）	0.29	0.45	0.30	0.15	0.07	114.00
手机银行客户（万户）	0.41	0.62	1.10	0.66	1.09	39.40
现金自助设备（台）	—	—	—	—	—	—
营业网点（个）	8	10	12	13	13	0.00
自助网点（个）	—	—	—	—	—	—

三、村镇银行

2019年山东省村镇银行概况

在山东省委省政府的正确指导下，2019年辖区各金融监管部门坚持稳中求进工作总基调，坚持新发展理念，持续推进村镇银行风险防控、坚守定位、强化服务、合规发展，有效履行监管职责，促进辖区村镇银行实现了整体稳健发展。各村镇银行以“立足县域、支农支小”为基本目标和工作要求，积极服务乡村振兴战略，大力支持普惠金融发展，为促进辖区经济发展做出了应有的贡献。

一、基本情况

截至2019年末，山东省共有村镇银行126家，与2018年持平，村镇银行数量居全国首位；各村镇银行共设立支行及以下分支机构437家，共拥有正式员工8,131人。村镇银行实收资本合计为111.95亿元，较上年增加2.64亿元，同比少增0.15亿元；从机构出资情况来看，注册资本分布在0.30亿～5.80亿元之间。其中，0.30亿～1.00亿元之间的数量最多，共有108家，占比为85.71%；大于1.00亿元的有18家，占比为14.29%。

从村镇银行发起机构来看，农商行是村镇银行的主要发起机构。全省32家农商行发起组建了96家村镇银行，占村镇银行总数的76.20%。其中，上海农商行和莱州农商行发起组建的村镇银行数量最多（各10家），青州农商行、龙口农商行次之（各7家）。

从村镇银行控股权来看，主发起人多为实际控股人。126家村镇银行中，主发起人持股比例最低为15.00%、最高为100.00%，持股比例超过50.00%的有90家，占比为71.43%；处于40.00%～50.00%区间的有21家，占比为16.67%；处于30.00%～40.00%区间的有9家，占比为7.14%；处于15.00%～30.00%区间的有6家，占比为4.76%。

从村镇银行的区域分布情况来看，主要呈现两个特点：一是分布区域广。山东省村镇银行的布局涵盖了辖区内的全部17个地市，并且实现了山东省县域全覆盖。二是各地市村镇银行数量分布不均衡。济宁的村镇银行数量最多，达到13家；其次是烟台和潍坊各11家、临沂10家、德州10家；枣庄的村镇银行数量最少，只有1家。

二、经营情况

在“普惠金融”“乡村振兴”等国家战略引导下，各大银行纷纷回归县域，快速抢占农村和小微企业市场，县域、农村市场这块蛋糕正在被各主要金融机构分割，村镇银行夹缝中求生存发展的压力加大。但村镇银行始终坚守支农支小市场定位，坚持金融供给“查缺补遗”的制度安排，摆正自身与其他银行的互补和竞争关系。在经营方式上，错位其他银行辐射区域、服务对象，走差异化发展道路，并积极发展丰富多彩的“草根”特色金融产品，农村金融服务的生力军作用逐步显现，整体业务发展稳中有进。

一是村镇银行利润指标增幅较大。2019年，山东省村镇银行共实现营业收入41.65亿元，同比增加2.32亿元，增幅为5.91%；共实现营业利润7.63亿元，同比增加5.60亿元，增幅为275.69%；共实现利润总额8.66亿元，同比增加5.04亿元，增幅为138.95%；共实现净利润6.45亿元，同比增加5.51亿元，增幅为584.12%。

二是村镇银行盈利手段过于单一。受专业技术人才匮乏、管理水平不高、资产规模较小、所处地理环境多为经济欠发达的县域、投融资对象多为小微企业和农户等因素影响或者制约，村镇银行营业收入难以实现“多点开花”“齐头并进”等局面，手续费及佣金净收入、租赁收益、投资收益等渠道收益很低甚至没有，营业收入主要依赖存贷款利差获得收益。2019年，山东村镇银行共实现利息净收入42.23亿元，同比提高3.31亿元，增幅为8.50%；利息净收入占营业收入的101.39%，较上年提高2.43个百分点。

三、资产负债情况

近年来，山东省村镇银行资产和负债规模呈现出持续攀升的趋势。由于负债规模增幅高于资产规模增幅，导致山东省村镇银行整体资产负债率持续走高，这种状况需要引起关注。据统计，2015—2019年，山东省村镇银行整体资产负债率分别为85.03%、85.67%、87.05%、88.59%、89.78%，其中2019年同比提高1.19个百分点。

从资产端来看，山东省村镇银行各类贷款规模进一步扩大。截至2019年末，山东省村镇银行资产总额为1,310.88亿元，同比增长17.58%，其中各项贷款余额为821.11亿元，同比增长20.61%；各项贷款占资产总额的62.64%，同比提高1.58个百分点，存放同业款项占资产总额的22.03%，同比下降2.44个百分点，资产端的贷款与存放同业占比“一增一降”，反映了村镇银行资金投向实体领域的趋势较为明显；从贷款期限看，短期贷款余额为552.86亿元，同比增长11.43%；中长期贷款余额为264.40亿元，同比增长44.94%；从贷款投向看，制造业、批发和零售业、农林牧渔业贷款居各行业贷款余额前三位。

从负债端来看，山东省村镇银行各项存款余额稳步增长。截至2019年末，山东省村镇银行负债总额为1,176.91亿元，同比增长19.17%，其中各项存款余额为1,097.06亿元，同比增长20.69%，存款余额占负债总额的比例为93.22%，同比增加1.18个百分点；从存款结构看，个人存款余额为722.05亿元，较年初增加167.74亿元，占各项存款的比重为65.82%；单位存款余额为375.00亿元，较年初增加20.4亿元，占各项存款的比重为34.18%。

四、服务“三农”情况

村镇银行作为我国新型农村金融机构的重要组成部分，其历史定位就是“解决农村地区银行业金融机构网点覆盖率低、金融供给不足、银行业竞争不充分等问题”。山东省各村镇银行自成立以来，认真执行国家支持农村经济发展的各项金融政策，专注提升“三农”和小微企业基础金融服务水平，在“支农支小”方面发挥了重要作用，有效支持了山东省县域地区的经济发展。

截至2019年末，山东省村镇银行涉农贷款余额为658.16亿元，同比增长18.46%，涉农贷款占比为80.15%，“支农支小”市场定位进一步稳固；小微企业贷款余额为287.35亿元，同比增长5.52%，小微企业贷款占比为34.99%；农户贷款余额持续增加。截至2019年末，山东省村镇银行农户贷款余额为401.91亿元，同比增长29.22%。

五、风险管理情况

山东监管部门始终将风险防控作为村镇银行监管工作的重中之重，大力推动化解信用风险，不断完善村镇银行公司治理机制建设，提升内控管理水平，夯实合规文化建设。在经济下行等复杂环境中，有效防控信用风险，全年未发生流动性风险、声誉风险，村镇银行整体风险管控水平得以提升。

截至2019年末，全年累计处置不良贷款18.72亿元，同比多处置4.12亿元，同比提升44.98个百分点。年末，不良贷款余额为14.17亿元，较年初减少1.81亿元；不良贷款率为1.91%，较年初下降0.71个百分点，实现了自2015年以来首次“双降”。但从单家看，仍有个别机构不良贷款率超过5.00%，关注类贷款占比较高，后续风险防控压力依然较大。

（尹佳琪、李　硕、黄珊珊）

附表1

村镇银行主要业务指标

单位：亿元

项目	2015年	2016年	2017年	2018年	2019年	2019年同比增幅（%）
合计实收资本	83.30	101.13	106.52	109.31	111.95	2.42
各项贷款余额	377.71	481.54	579.08	680.79	821.11	20.61
其中：涉农贷款余额	336.30	422.47	499.84	555.58	658.16	18.46
农户贷款余额	142.40	180.12	245.04	311.02	401.91	29.22
小微企业贷款余额	201.90	251.60	267.86	272.31	287.35	5.52
各项存款余额	503.92	661.80	792.32	908.92	1,097.06	20.70
其中：个人存款	262.12	364.75	462.21	554.31	722.05	30.26
单位存款	241.57	297.04	330.10	354.60	375.00	5.75
不良贷款占比（%）	1.40	1.29	1.31	2.43	1.82	-25.10

附表2

山东省村镇银行名录

序号	单位名称	单位地址	单位电话
1	济南高新北海村镇银行股份有限公司	山东省济南市高新区世纪大道15612号理想嘉园2号楼沿街商铺	0531—66771588
2	济南槐荫沪农商村镇银行股份有限公司	山东省济南市槐荫区张庄路263号	0531—55706870
3	济阳北海村镇银行股份有限公司	山东省济南市济阳县济北街道银河路23—5号	0531—81179990
4	山东历城圆融村镇银行股份有限公司	山东省济南市历城区二环东路3218号	400—0157—678
5	平阴蓝海村镇银行股份有限公司	山东省济南市平阴县翠屏街90号	0531—58719998
6	山东商河汇金村镇银行股份有限公司	山东省济南市商河县花园街1号	0531—58717778

续表1

序号	单位名称	单位地址	单位电话
7	章丘齐鲁村镇银行股份有限公司	山东省济南市章丘区明水铁道北路1529号2幢	0531—83117777
8	济南长清沪农商村镇银行股份有限公司	山东省济南市长清区灵岩路2098号	0531—55615997
9	青岛即墨惠民村镇银行股份有限公司	山东省青岛市即墨区鹤山路878号	0532—66091729
10	青岛西海岸海汇村镇银行股份有限公司	山东省青岛市黄岛区车轮山路88号	0532—85185887
11	青岛莱西元泰村镇银行股份有限公司	山东省青岛莱西市青岛路39号	0532—83961915
12	青岛平度惠民村镇银行股份有限公司	山东省青岛平度市红旗路27号	0532—88337771
13	青岛胶州中成村镇银行股份有限公司	山东省青岛胶州市澳门路457号新城市花园小区网点楼459号网点	0532—83982999
14	青岛城阳珠江村镇银行股份有限公司	山东省青岛市城阳区正阳中路160号—12	0532—67762858
15	青岛崂山交银村镇银行股份有限公司	山东省青岛市崂山区深圳路156号1号楼	0532—66070829
16	青岛黄岛舜丰村镇银行股份有限公司	山东省青岛市黄岛区珠江路1389号	0532—83138988
17	沂源博商村镇银行股份有限公司	山东省淄博市沂源县城鲁山路与军民路路口	0533—3227197
18	山东临淄汇金村镇银行股份有限公司	山东省淄博市临淄区临淄大道759号	0533—7877999
19	山东周村青隆村镇银行股份有限公司	山东省淄博市周村区正阳路财富广场（正阳路与电厂路交会口西南角）	0533—6238816
20	桓台青隆村镇银行股份有限公司	山东省淄博市桓台县中心大街兰香园29号楼	0533—8228527
21	山东高青汇金村镇银行股份有限公司	山东省淄博市高青县文化路36号	0533—6991888
22	淄博博山北海村镇银行股份有限公司	山东省淄博市博山区水河路7号	0533—4916000
23	淄博淄川北海村镇银行股份有限公司	山东省淄博市淄川区吉祥路4号	0533—5178789
24	山东滕州中银富登村镇银行有限责任公司	山东省枣庄滕州市善国北路42号	0632—3598160
25	东营莱商村镇银行股份有限公司	山东省东营市东营区南一路282号	0546—8037778
26	垦利乐安村镇银行股份有限公司	山东省东营市垦利区景苑路10号	0546—2779766
27	广饶梁邹村镇银行股份有限公司	山东省东营市广饶县傅家路与正安路交叉口101号	0546—6686789
28	东营河口中成村镇银行股份有限公司	山东省东营市河口区仙河镇汉江路30号	0546—8879577
29	东营融和村镇银行股份有限公司	山东省东营市东营区东三路218—1号	0546—7905766
30	山东利津舜丰村镇银行股份有限公司	山东省东营市利津县津二路中段银座花园小区西门	0546—5028699
31	龙口中银富登南山村镇银行股份有限公司	山东省烟台龙口市东江镇南山工业园南山中路3号	0535—8802055—610
32	蓬莱民生村镇银行股份有限公司	山东省烟台蓬莱市海市路5号海景苑社区国宾大酒店金融大厦	0535—5952008
33	莱州珠江村镇银行股份有限公司	山东省烟台莱州市文化东街672号	0535—2750000
34	海阳珠江村镇银行股份有限公司	山东省烟台海阳市海阳路181号	0535—3107730
35	烟台福山珠江村镇银行股份有限公司	山东省烟台市福山区福海路133—216号	0535—6319008
36	山东招远中银富登村镇银行有限责任公司	山东省烟台招远市温泉路文峰投资大厦	0535—2722888
37	栖霞中银富登村镇银行有限公司	山东省烟台栖霞市霞光路311号	0535—3148008
38	莱阳胶东村镇银行股份有限公司	山东省烟台莱阳市龙门西路瑞豪都市名家小区2号楼103号临街商铺（1—2层）	0535—7757600
39	牟平胶东村镇银行股份有限公司	山东省烟台市牟平区工商大街579—7号	0535—3453388
40	山东芝罘齐丰村镇银行股份有限公司	山东省烟台市芝罘区胜利路372号附1号	0535—3030116
41	山东莱山齐丰村镇银行股份有限公司	山东省烟台市莱山区迎春大街253号	0535—3025511
42	寿光张农商村镇银行股份有限公司	山东省潍坊寿光市广场街164号	0536—2230369
43	潍坊市寒亭区蒙银村镇银行股份有限公司	山东省潍坊市寒亭区泰祥街4571号	0536—2201517

续表2

序号	单位名称	单位地址	单位电话
44	高密惠民村镇银行有限责任公司	山东省潍坊高密市利群路919号	0536—2331806
45	青州中银富登村镇银行有限公司	山东省潍坊青州市范公亭东路泰丰广场A区3201	0536—2139000
46	山东诸城中银富登村镇银行有限公司	山东省潍坊诸城市兴华东路39号	0536—2160601
47	山东临朐聚丰村镇银行股份有限公司	山东省潍坊市临朐县朐山路5184号	0536—3619199
48	潍坊市奎文区中成村镇银行股份有限公司	山东省潍坊市奎文区樱北花园商业楼15—22号	0536—8051761
49	昌乐乐安村镇银行股份有限公司	山东省潍坊市昌乐县方山路6000号	0536—2186118
50	潍坊市潍城区北海村镇股份有限公司	山东省潍坊市潍城区月河楼商务大厦B区1号楼	0536—8300299
51	安丘北海村镇股份有限公司	山东省潍坊安丘市金融街西首金融中心三号楼	0536—4393300
52	昌邑北海村镇股份有限公司	山东省潍坊昌邑市天水路108号恒鼎新都汇南首	0536—7225668
53	济宁儒商村镇银行股份有限公司	山东省济宁市洸河路171号	0537—2366388
54	济宁高新村镇银行股份有限公司	山东省济宁市吴泰闸路105号	0537—3238711
55	兖州中成村镇银行股份有限公司	山东省济宁市兖州区青州路维多利亚花园东门右侧商业楼	0537—5179881
56	山东邹城中银富登村镇银行有限责任公司	山东省济宁邹城市太平东路518号	0537—5219759
57	山东梁山民丰村镇银行有限责任公司	山东省济宁梁山县水泊西路中段（财政局对面）	0537—5109661
58	鱼台青隆村镇银行股份有限公司	山东省济宁鱼台县建设路北滨湖孝贤居小区1号楼（102—106）	0537—6588788
59	泗水齐丰村镇银行股份有限公司	山东省济宁泗水县泉鑫路3号	0537—4110912
60	济宁蓝海村镇银行股份有限公司	山东省济宁市太白湖新区荷花路101号	0537—2033117
61	山东金乡蓝海村镇银行股份有限公司	山东省济宁金乡县金曼克大道南首路西1巷5号	0537—8973111
62	曲阜中银富登村镇银行有限公司	山东省济宁曲阜市春秋路24号	0537—4695566—671
63	嘉祥中银富登村镇银行有限公司	山东省济宁嘉祥县建设北路200号	0537—6866299—671
64	汶上中银富登村镇银行有限公司	山东省济宁汶上县中都大街商务楼3—006号	0537—7217222—671
65	微山北海村镇银行股份有限公司	山东省济宁微山县商业街北首滨湖春天小区西门	0537—3188905
66	泰安沪农商村镇银行股份有限公司	山东省泰安市长城路中段名仕尚座A8	0538—8067677
67	山东新泰齐丰村镇银行股份有限公司	山东省泰安新泰市金斗路6号	0538—5016000
68	山东肥城民丰村镇银行有限责任公司	山东省泰安肥城市龙山路阳光玫瑰园C栋Z区	0538—5066887
69	宁阳沪农商村镇银行股份有限公司	山东省泰安宁阳县金阳大街501号	0538—5047688
70	东平沪农商村镇银行股份有限公司	山东省泰安东平县汇河街御景苑9号楼	0538—6066017
71	乳山天骄村镇银行股份有限公司	山东省威海乳山市世纪大道100号	0631—6872879
72	山东荣成汇丰村镇银行有限责任公司	山东省威海荣成市成山大道东段198号商业02	0631—7587970
73	山东文登中银富登村镇银行有限责任公司	山东省威海市文登区文山东路29号	0631—8360189
74	威海富民村镇银行有限责任公司	山东省威海市渔港路38号	0631—5355378
75	莒县金谷村镇银行股份有限公司	山东省日照莒县银杏大道356号	0633—6221813
76	日照九银村镇银行股份有限公司	山东省日照市岚山区岚山西路619号	0633—2687619
77	日照沪农商村镇银行股份有限公司	山东省日照市天津路55—18号	0633—8075188
78	五莲中银富登村镇银行有限公司	山东省日照五莲县罗山路28号	0633—2157002—662
79	日照蓝海村镇银行股份有限公司	山东省日照市海曲东路35号安泰水晶城33号楼一层、三层	0633—8867960

续表3

序号	单位名称	单位地址	单位电话
80	莱芜珠江村镇银行股份有限公司	山东省莱芜市莱城区龙潭东大街戴花园19号沿街楼	0634—5662720
81	莱芜中成村镇银行股份有限公司	山东省莱芜市钢城区艾山街道逯家庄村府前大街69号	0634—6653355
82	临邑中银富登村镇银行有限公司	山东省德州临邑县城区迎曦大街鑫都御景苑A区一号	0534—4226226—663
83	庆云乐安村镇银行股份有限公司	山东省德州庆云县建设街1199号	0534—3787678
84	禹城胶东村镇银行股份有限公司	山东省德州禹城市开拓路名仕嘉园小区大门东侧101—104号临街商业楼（1—3层）	0534—7280927
85	齐河胶东村镇银行股份有限公司	山东省德州齐河县永乐路187号	0534—5660576
86	宁津胶东村镇银行股份有限公司	山东省德州宁津县文昌路领秀城社区南门东侧4—7号临街商业楼（1—2层）	0534—5222032
87	夏津胶东村镇银行股份有限公司	山东省德州夏津县中山南路德兴商业街C4—03号临街商业楼（1—4层）	0534—3262296
88	陵城圆融村镇银行股份有限公司	山东省德州陵城区南环路加州锦城24号沿街楼	0534—6126629
89	乐陵圆融村镇银行股份有限公司	山东省德州乐陵市阜盛东路107号乐福家园西北角沿街楼	0534—2117887
90	武城圆融村镇银行股份有限公司	山东省德州武城县向阳路利城金岸沿街楼101—104号	0534—5070898
91	平原圆融村镇银行股份有限公司	山东省德州平原县富民大街琵琶湾商业街3号	0534—2166893
92	临沂河东齐商村镇银行股份有限公司	山东省临沂市河东区东兴路2420号	0539—8088901
93	沂水中银富登村镇银行有限公司	山东省临沂沂水县正阳路西段世纪广场2号楼B01号	0539—2252566
94	临沭民丰村镇银行有限责任公司	山东省临沂临沭县常林大街与苍山路交会处	0539—7199905
95	山东兰陵村镇银行股份有限公司	山东省临沂兰陵县兰陵路与文峰路交会处克拉国际写字楼	0539—5205566
96	山东莒南村镇银行有限公司	山东省临沂莒南县天桥路与嵋山路交会处	0539—7393326
97	费县梁邹村镇银行股份有限公司	山东省临沂费县钟山路与政通路交叉口	0539—5227818
98	山东郯城汉源村镇银行股份有限公司	山东省临沂郯城县郯东路169号	0539—2659911
99	山东平邑汉源村镇银行股份有限公司	山东省临沂平邑县蒙阳路155号	0539—4689603
100	山东蒙阴齐丰村镇银行股份有限公司	山东省临沂蒙阴县新城路81号	0539—7951098
101	山东沂南蓝海村镇银行股份有限公司	山东省临沂沂南县正阳路南段上上城沿街房七号楼01号	0539—2659076
102	聊城沪农商村镇银行股份有限公司	山东省聊城市东昌府区兴华东路67号	0635—5058988
103	临清沪农商村镇银行股份有限公司	山东省聊城临清市古楼新村2988号中央帝景A区12号	0635—2976707
104	阳谷沪农商村镇银行股份有限公司	山东省聊城阳谷县谷山北路65号	0635—2957222
105	茌平沪农商村镇银行股份有限公司	山东省聊城茌平县枣乡街3000号（茌平县财政局一层东大厅、三层四层办公楼）	0635—2980923
106	莘县青隆村镇银行股份有限公司	山东省聊城莘县通运路中段燕塔公园片区C区4号楼16室	0635—7697693
107	东阿青隆村镇银行股份有限公司	山东省聊城东阿县香江路66号	0635—3288088
108	高唐青隆村镇银行股份有限公司	山东省聊城高唐县南湖路中段西侧16号	0635—2960000
109	山东冠县齐丰村镇银行股份有限公司	山东省聊城冠县振兴路与兴华路交会处西北角	0635—2916666
110	邹平浦发村镇银行股份有限公司	山东省滨州邹平市鹤伴一路968号	0543—4338096
111	山东邹平青隆村镇银行股份有限公司	山东省滨州邹平市长山镇范公路302号	15726494086
112	山东博兴新华村镇银行股份有限公司	山东省滨州博兴县博城二路78号	0543—2318988
113	无棣中成村镇银行股份有限公司	山东省滨州无棣县海丰十四路157号	0543—5076008
114	山东惠民舜丰村镇银行股份有限公司	山东省滨州惠民县城南关街157号	0543—5053888
115	滨州河海村镇银行股份有限公司	山东省滨州市黄河二路369号	0543—5169888

续表4

序号	单位名称	单位地址	单位电话
116	阳信河海村镇银行股份有限公司	山东省滨州阳信县信德路909号	0543—8230888
117	山东沾化青云村镇银行股份有限公司	山东省滨州市沾化区富国路571号	0543—7310266
118	曹县中银富登村镇银行有限公司	山东省菏泽曹县工业路东段路南（曹县中行对过）	0530—3258606
119	单县中银富登村镇银行有限公司	山东省菏泽单县文化路西巴黎城A01号（单县广播电视剧南邻）	0530—4619000—656
120	东明中银富登村镇银行有限公司	山东省菏泽东明县工业路中段（东明新华书店大门南侧1—2楼）	0530—6256099
121	巨野中银富登村镇银行有限公司	山东省菏泽巨野县麒麟大道与招商街交叉口（西北角）	0530—8200567
122	鄄城包商村镇银行有限责任公司	山东省菏泽鄄城县人民路与鄄五路交叉路口东南角	0530—2350166
123	山东成武汉源村镇银行股份有限公司	山东省菏泽成武县吕台路与伯乐路交会东北角1—6A#	0530—5696366
124	菏泽牡丹北海村镇银行股份有限公司	山东省菏泽市牡丹区黄河路匹克花园	0530—5523336
125	郓城北海村镇银行股份有限公司	山东省菏泽市郓城县金河路东段路北	0530—6850055
126	定陶河海村镇银行股份有限公司	山东省菏泽市定陶区万泰国际商贸城1栋101—105	0530—6271999

四、外资银行

汇丰银行（中国）有限公司济南分行

【第一负责人简介】 薛洁，2011年加入汇丰银行（中国）有限公司（简称汇丰中国）济南分行（简称汇丰银行济南分行），就职于工商金融服务部，任工商金融服务部副总监，负责济南及山东省内除青岛、潍坊、日照、威海、烟台以外的10个地市的工商业务工作；2012年9月起，任汇丰银行济南分行副行长；2015年2月经山东银监局批复同意，任汇丰银行济南分行行长。

【综述】 汇丰中国是首批本地注册的外资法人银行，于2007年4月2日正式开业，总行位于上海，由设于香港特别行政区的香港上海汇丰银行有限公司全资拥有。汇丰银行济南分行现有超过170个网点，是内地网点最多、地域覆盖最广的外资银行。汇丰银行济南分行是进驻济南的首家外资银行，于2009年7月21日正式开业。汇丰银行济南分行业务区域覆盖济南及周边地区，面向中外资企业和个人客户提供全面的本外币银行服务。

【经营管理】 2019年，汇丰银行济南分行各项业务运转良好。作为第一家济南地区的外资银行，汇丰银行济南分行在产品与服务方面丰富和活跃了当地的金融市场。对公业务方面，客户以大型国企、上市公司和世界500强为主。业务种类多样化，银企合作产品逐渐增多，积极推进外汇资金集中运营业务。个人业务方面，精选和引进海外成熟的金融产品，2019年未发生重大客户投诉。在发展业务的同时，注重风险控制，保持较高的信贷资产质量。强调合规经营，确保汇丰银行济南分行各项业务健康可持续发展。同时，汇丰银行济南分行力求在人才培养、企业社会责任等方面全面发展。

【风险控制】 2019年，汇丰中国拥有全面风险管理架构，董事会及其下属专门委员会积极承担监控银行风险管理有效性的最终责任。董事会下设的管理委员会经董事会授权，负责处理银行的管理、经营和日常运营事宜，包括风险管理工作。首席风险控制官与其他高级管理层负责持续监控本行所有职能部门的风险管理情况，并向管理委员会下设的风险管理委员会汇报情况。风险偏好方面，汇丰中国董事会及高级管理层积极推进制定与发展战略相适应的风险偏好文件，将其作为风险管理的重要核心工具之一，运用于公司战略、资本规划、业务经营和风险管理的各个主要环节，并定期审阅风险偏好的执行情况。汇丰银行济南分行在风险管理方面全面严格执行由汇丰中国股东、董事会（及其下属专门委员会）、监事和高级管理层共同制定的各类内控和风险管理制度，确保在各个层面风险管理的有效性和良好表现。

（刘嘉应）

附表1

机构概况一览表

行长（或其他称谓的第一负责人）		副行长（或其他称谓的同级领导）	
薛 洁		黄 斐、王翠达	
地址	山东省济南市市中区经七路88号1—107室	邮编	250001
网址	http://www.hsbc.com.cn	客服电话	0531—55598666

附表2

内设部门及分支机构一览表

年度	内设机构（个）	下设分支机构（个）		员工人数（人）	
		地市级机构数	县区级机构数	员工总数（含非正式员工）	正式员工数
2015	10	0	0	31	31
2016	10	0	0	33	33
2017	10	0	0	32	32
2018	10	0	0	28	28
2019	10	0	0	29	29

汇丰银行（中国）有限公司青岛分行

【第一负责人简介】 张苏宁，女，1979年7月出生，中国人民大学财政金融学院硕士；2006年7月加入汇丰银行“银行家管理培训生计划”，历任汇丰银行大连分行贸易及供应链部门经理、工商业务部经理、工商业务副行长，唐山分行行长、上海自贸区支行行长，北京分行工商金融总监等职；自2018年6月20日起，任汇丰银行（中国）有限公司青岛分行（简称汇丰银行青岛分行）行长。

【综述】 香港上海汇丰银行有限公司于1865年在香港和上海成立，此后从未间断在中国的服务，是汇丰集团的创始成员和集团在亚太区的旗舰。汇丰银行（中国）有限公司（简称汇丰中国）由香港上海汇丰银行有限公司全资拥有，已在内地50多个城市设立了约170个服务网点，是内地网点最多、地域覆盖最广的外资银行。汇丰中国于1992年1月在青岛设立代表处，1993年2月升格为分行。紧随汇丰中国本地注册之后，汇丰银行青岛分行于2007年4月取得了对本地居民提供人民币零售业务的资格，并从此全面开展外汇业务和人民币业务。截至2019年末，汇丰银行青岛分行在青岛拥有1家分行和3家同城支行，是青岛地区占市场份额最大的外资银行之一。

【经营管理】 2019年，汇丰银行青岛分行经营稳健，资产信贷质量良好。依托集团对内地市场的深入了解和丰富的国际金融服务专业经验，汇丰银行青岛分行大力助推本地金融发展，不断提升数字化平台的服务能力，努力为本地客户提供全面优质的金融服务，不断满足客户对国际化金融服务的需求，并积极响应“一带一路”倡议，致力于凭借环球服务网络帮助本地企业探索国际化道路。同时，汇丰银行青岛分行将继续坚持稳健经营原则，切实落实各项监管要求，确保各项业务健康可持续发展。

（安 源）

附表1

机构概况一览表

行长（或其他称谓的第一负责人）		副行长（或其他称谓的同级领导）	
张苏宁		孙翠霞、张 鑫	
地址	山东省青岛市香港中路76号颐中皇冠假日酒店8楼711—714房间、718房间、911房间、918房间及1209房间	邮编	266071
网址	http://www.hsbc.com.cn/	客服电话	0532—80978088

附表2

内设部门及分支机构一览表

年度	内设机构（个）	下设分支机构（个）		员工人数（人）	
		地市级机构数	县区级机构数	员工总数（含非正式员工）	正式员工数
2015	12	1	4	124	124
2016	12	1	4	124	124
2017	12	1	4	134	134
2018	12	1	4	140	140
2019	12	1	3	140	140

渣打银行（中国）有限公司青岛分行

【第一负责人简介】 于涛，男，毕业于大连理工大学，硕士学位；拥有22年丰富的金融从业经验，在业务的拓展、操作和审批等各个环节拥有丰富的实践经验，熟悉商业银行尤其是外资银行的金融产品、服务流程及内控要求，具备较高的业务素质和风控能力；2018年6月19日至今，任渣打银行（中国）有限公司青岛分行（简称渣打银行青岛分行）行长，全面负责分行治理并致力于企业银行和个人银行业务发展。

【综述】 渣打银行青岛分行自2006年12月开业以来，各项业务发展稳定，经营状况良好。目前，渣打银行青岛分行在青岛拥有1家分行、4家支行，是在青岛网点最多的外资银行。渣打银行青岛分行充分利用本行优势，在服务于财富管理、中小企业，以及“引进来”的大型跨国企业和“走出去”的本地企业方面做出了应有的贡献。目前，渣打银行青岛分行的业务范围包括个人银行业务、小微企业金融服务、商业银行业务、全球性企业及金融机构业务。作为一家国际性银行，渣打银行青岛分行在财富管理、小微企业服务、人民币国际化、“一带一路”以及帮助企业“引进来、走出去”等业务方面具有优势。

2019年，渣打银行青岛分行不断通过加强内控制度建设，严密遵守内控制度。以合规为基础，以提升内控管理水平为核心，稳步落实风险管理体系建设目标，努力建立和完善案防工作长效机制。坚决落实“轮岗制度”“强制休假”等规定，加强基层机构负责人、客户经理、理财经理和业务经理等重要岗位的跟踪管理，同时按照渣打（中国）制定的员工行为准则，要求所有员工都必须遵守准则。消费者权益保护工作也是重点工作。渣打银行青岛分行秉承“公平对待客户”的原则，不断建立健全各项工作机制，深入领会监管精神，积极听取客户反馈并及时加以改进。

【金融服务】 2019年，渣打银行青岛分行以客户为中心，充分考量市场风险与客户需求，不断丰富产品线和提升自身产品的开发能力，满足客户多元化的资产配置需求。大力支持小微企业的特色产品“无抵押贷款”，资产质量优良，不良贷款率一直控制在较低水平。

中小企业服务也是渣打银行青岛分行的战略性业务单元。2006年开业伊始，渣打银行青岛分行就引入了专业化团队来支持当地中小企业的发展，并不断加强对中小企业服务团队的人员配备和服务网点的拓展。青岛海尔路支行及青岛城阳支行为各类小微企业提供企业贷款、现金管理、贸易与供应链融资等金融产品。向中小企业客户提供了金融解决方案，并受到了本地中小企业的欢迎，帮助很多企业解决了资金上的燃眉之急，有力支持了本地中小企业健康持续发展。

（宋 柏）

附表1

机构概况一览表

行长（或其他称谓的第一负责人）		副行长（或其他称谓的同级领导）	
于 涛		—	
地址	山东省青岛市香港中路9号香格里拉中心办公楼27层	邮编	266071
网址	https://www.sc.com/cn/	客服电话	400—888—8083

附表2

内设部门及分支机构一览表

年度	内设机构（个）	下设分支机构（个）		员工人数（人）	
		地市级机构数	县区级机构数	员工总数（含非正式员工）	正式员工数
2015	11	1	4	53	24
2016	11	1	4	30	24
2017	11	1	4	28	22
2018	11	1	4	29	21
2019	11	1	4	28	21

东亚银行（中国）有限公司青岛分行

【第一负责人简介】 张勇，对外经济贸易大学EMBA，在银行业担任高级管理人员达20年之久；担任东亚银行（中国）有限公司青岛分行（简称东亚银行青岛分行）行长前曾担任过北京分行行长1年、哈尔滨分行行长5年，深谙内地银行业经营环境和市场法则，拥有丰富的专业知识和管理经验，所在银行机构为数以百计的国内企业提供了总金额超过百亿元的融资支持；积极参加各项有建设性的社会活动，注重利用自身社会影响力为中国经济与社会建设贡献力量。

【综述】 东亚银行青岛分行于2006年12月正式开业。截至目前，个人银行服务包括各类账户服务、个人网银、本外币理财产品销售、信用卡业务、个人住房按揭贷款、个人房产抵押贷款等业务品种。企业银行业务包括各类账户服务、支付结算业务、结售汇业务及各类对公授信业务品种（包括房地产开发贷款、商业抵押贷款、定期贷款、循环贷款、银团贷款、酒店贷款、国际结算及贸易融资、承兑汇票、银行保函以及其他经批准的业务）。

【经营管理】 东亚银行青岛分行自开业以来，各项业务发展稳定，经营状况良好，积极利用自身境外集团的平台资源优势，运用境内外联动的跨境产品，更好地服务于企业的跨境投融资需求，同时，针对目前境内外市场利率汇率走势及预期，在原有跨境产品系列基础上推出了结合金融衍生品业务的产品系列，满足了客户的外汇避险需求，节约企业财务成本，更好地服务客户。

在落实贸易融资业务方面，东亚银行青岛分行依托便捷的境内外网络优势，结合青岛港口城市区域特点，通过单笔贸易融资业务可同时带动存款、贷款、中收业务，同时针对贸易融资客户的上下游优质企业，进行联合营销，一方面可以监控资金流，另一方面更好地拓展了分行有效客户基础。

【风险控制】 2019年，东亚银行青岛分行认真贯彻落实全面风险管理理念的工作部署，各项业务发展继续保持平稳增长，积极加强风险防控监测，采取切实有效措施，风险管控能力进一步提升，总体风险状况良好，表现为：各项业务风险管控良好，信用风险、流动性风险、市场风险、操作风险、声誉风险、贷款集中度风险较低。

在信贷风险防控方面，东亚银行青岛分行加大信贷监控力度，妥善处理业务发展与防控风险的关系。对于现有存量客户，提高回访频率，尤其加强对资金面和经营面的关注，加强贷后管理，继续贯彻早预防、早发现、早处理、早收回的方针，严控风险。对于新增客户，按照服务实体经济、发展绿色金融的政策指引，结合总行信贷政策、准入机制，坚持做好客户的KYC，加强对客户第一还款来源及对外担保的调查，做到有进有退、有保有压。

东亚银行青岛分行认真学习贯彻总行提出的全面风险管理理念，将“强内控、防风险”作为各项业务发展的首要条件，注重依法合规经营，定期开展案件防控排查及员工行为排查，实行重要岗位轮岗及强制休假，积极开展案件防控培训教育及反洗钱培训，同时组织员工进行法制教育及合规考试，对合规工作常抓不懈，保证了银行的稳健经营及可持续发展。

（张贵康、刘 欣、刘 晖）

附表1

机构概况一览表

行长（或其他称谓的第一负责人）		副行长（或其他称谓的同级领导）	
张 勇		孙善功、隋 青	
地址	山东省青岛市香港西路67号甲	邮编	266071
网址	http：//www.hkbea.com.cn/	客服电话	95382

附表2

内设部门及分支机构一览表

年度	内设机构（个）	下设分支机构（个）		员工人数（人）	
		地市级机构数	县区级机构数	员工总数（含非正式员工）	正式员工数
2015	15	0	2	129	109
2016	16	0	1	116	101
2017	17	0	1	99	91
2018	16	0	1	81	78
2019	18	0	1	71	68

企业银行（中国）有限公司青岛分行

【第一负责人简介】 李承燮，男，1968年2月出生，毕业于釜山国立大学；1994年进入韩国中小企业银行工作，曾就职于韩国中小企业银行钟路分行、营业部、人事部工会、信贷管理部、综合企划部、坡州广滩分行，企业银行（中国）有限公司苏州分行，韩国中小企业银行本部企业金融中心、创业风险支援团等部门和机构；2019年4月起担任企业银行（中国）有限公司青岛分行（简称企业银行青岛分行）行长。

【综述】 企业银行青岛分行的前身是韩国中小企业银行青岛分行，成立于2003年7月15日，现位于青岛市崂山区苗岭路36号国际发展中心一层、二层网点，是中国加入世界贸易组织后第一家落户青岛的外资银行，也是青岛第一家韩国独资银行，2009年6月22日转制为外商独资银行分支机构。2010年1月15日，企业银行（中国）有限公司城阳支行作为企业银行青岛分行辖属的第一家支行正式开始对外营业；2013年12月19日，企业银行（中国）有限公司青岛经济技术开发区支行正式开始对外营业。企业银行青岛分行秉承“审慎经营”的理念开展各类外汇业务及人民币业务。2019年，企业银行青岛分行及下辖2家支行在总行的领导下，严格遵守监管法律法规，积极配合当地监管机构有效地开展各项工作。

【经营管理】 2019年，企业银行青岛分行在李承燮行长的带领下，继续努力开展业务、拓宽服务领域、提高服务质量。致力于对小微企业的贷款扶持；通过人民币业务、外币业务服务的不断完善，在维护原有客户的基础上不断增加新业绩；不断开发新产品，利用个人住房贷款、保单融资、高新技术企业贷款、政府采购贷款、“奥齿泰”个人经营性贷款、种植牙采购贷款等产品，加大宣传力度、扩展服务领域。

截至2019年底，企业银行青岛分行资产总额、各项贷款、负债总额及各项存款较年初均实现增长，不良贷款及不良贷款率较年初实现“双降”，经营状况有所改善。资产总额为154,224.31万元，同比增加11,100.50万元，增幅为7.76%；各项贷款余额为115,310.67万元，同比增加10,967.54万元，增幅为10.51%；期末不良贷款余额为83.60万元，同比减少2,592.04万元，年末不良贷款率为0.07%，同比下降2.49个百分点；负债总额为142,224.79万元，同比增加8,339.52万元，增幅为6.23%；各项存款余额为140,606.91万元，同比增加9,035.14万元，增幅为6.87%；2019年利润为1,999.52万元，同比增加2,760.98万元，增幅为362.59%。

【风险控制】 企业银行青岛分行秉承韩国母行的优秀经营理念，不断加强合规经营。2019年，企业银行青岛分行通过合规审核、合规检查、内部检查等形式，加强业务风险防范，并不断加强内外部监管法规和业务流程的培训，将合规经营理念落实到位。首先，企业银行青岛分行合规部对下辖支行的业务定期开展合规性检查和评估、现场检查及非现场监测，并就发现的问题整理合规检查报告，跟踪整改落实情况。同时，企业银行青岛分行不断加强对贷款业务、账户开立、信用证押汇等业务的合规审核工作。其次，企业银行青岛分行通过每季度业务合规性和内控管理风险排查的方式，对信贷、对账、外汇、重要岗位管理、理财业务、印鉴管理、重空管理等业务进行风险排查，有效防范风险。最后，企业银行青岛分行通过日、月、季检查、特命检查、突击检查、对下辖支行实施季度检查等形式，加强风险防范。

（于 清、杨 倩）

附表1

机构概况一览表

行长（或其他称谓的第一负责人）		副行长（或其他称谓的同级领导）	
李承燮		—	
地址	山东省青岛市崂山区苗岭路36号国际发展中心一、二层	邮编	266061
网址	http://www.ibkcn.com/	客服电话	400—606—9000

附表2

内设部门及分支机构一览表

年度	内设机构（个）	下设分支机构（个）		员工人数（人）	
		地市级机构数	县区级机构数	员工总数（含非正式员工）	正式员工数
2015	8	1	2	71	60
2016	8	1	2	70	60
2017	8	1	2	72	62
2018	8	1	2	68	58
2019	8	1	2	66	56

企业银行（中国）有限公司烟台分行

【第一负责人简介】 曹汉承，男，1965年9月22日出生，毕业于韩国弘益大学国际贸易专业；1990年进入韩国中小企业银行工作，2009年任企业银行（中国）有限公司青岛城阳支行行长，2017年10月11日起担任企业银行（中国）有限公司烟台分行（简称企业银行烟台分行）行长。

【综述】 企业银行烟台分行的前身为韩国中小企业银行烟台分行，成立于2006年8月16日；于2009年6月1日随着该行中国法人机构的成立转制为企业银行（中国）有限公司烟台分行；地址是山东省烟台市芝罘区北马路75号三水大厦5号楼303室，辖内设烟台经济技术开发区支行1家支行，上级机构为企业银行（中国）有限公司，总部位于天津。

截至2019年末，企业银行（中国）有限公司已在全国范围内拥有天津、青岛、沈阳、烟台、苏州、深圳、武汉、北京8家一级分行机构，以及部分分行辖属8家支行级机构，机构分布在全国主要经济中心城市及其周边，网点布局注重覆盖实体制造业企业集中和发达地区。

【经营管理】 企业银行烟台分行的经营范围涵盖对个人及企业的人民币及外汇业务，包括吸收公众存款、发放贷款，办理票据承兑与贴现；提供信用证服务及担保，办理国内外结算；从事银行卡业务，提供保管箱服务等。服务区域主要为烟台、威海等周边地区，2019年，各类业务继续向内陆地区延伸，包括河南、广州、江苏在内的异地区域，也是本行业务的辐射范围。2019年，企业银行烟台分行在存、贷款业务方面均有新业务开展。存款业务方面，分、支行营业部开展了大额存单业务及结构性存款业务，进一步完善了存款产品品种，为不同客户群体提供多样化的存款服务；贷款业务方面，开办了个人住房贷款业务，进一步扩大了客户范围，拓宽了贷款种类，为烟台市发展贡献外资银行的力量。

截至2019年末，企业银行烟台分行资产总额为19.25亿元，同比增长13.41%；负债总额为18.31亿元，同比增长16.44%；贷款余额为11.34亿元，同比下降6.52%；存款余额为18.21亿元，同比增长16.49%；截至2019年末，企业银行烟台分行实现账面经营利润-564.64万元，较上年同期减少3,087.35万元。

【风险控制】 企业银行烟台分行在努力提高自身经营管理水平的同时也非常重视风险控制。内控管理方面，企业银行烟台分行强化合规管理和文化建设，认真梳理规章制度，细化操作流程，提高规范化经营管理水平。在信用风险管控方面，严格授信条件，严格落实贷款“三查”，加强业务审查和放贷审核，防范信用风险和操作风险。

2019年，企业银行烟台分行严格按照山东省银保监局、烟台银保监分局和人民银行济南分行、人民银行烟台市中心支行各项工作要求，结合各类文件指示精神，切实做好各项工作，认真落实“行业规范建设年”各项工作。企业银行烟台分行成立了以行长为组长，由合规负责人担任副组长的工作小组，结合年度工作安排切实做好全年工作，并先后进行了重点业务重点岗位自查、警示教育培训自查、案防知识测试、非法集资风险排查及案件风险“飞行检查”。

2019年第三季度，开展员工异常行为排查工作，具体工作由合规部门牵头、其他部门参与，对内控制度、日常管理和员工具体行为等多个方面进行排查，全年员工行为管理方面较为规范。

2019年第三、第四季度，在全行开展违规涉企服务收费专项治理工作和小微企业融资收费全面排查，具体排查工作采用各业务部门全面自查及信贷部重点自查的方式。经自查，各类结算类业务共2.70万余笔、手续费收入涉及233.77万元，信贷服务业务615笔、累计收费37.58万元。企业银行烟台分行在收费及服务方面较为规范。

2019年，企业银行烟台分行落实监管要求，开展各项自查及整改工作，各项工作开展顺利有序，效果显著。通过各类工作规范开展，在合规文化建设、落实监管要求、规范合规操作、科学有效管理等各个方面水平大大提升。

（宋世静）

附表1

机构概况一览表

行长（或其他称谓的第一负责人）		副行长（或其他称谓的同级领导）	
曹汉承		权珉中、朴亨孺、朴永镇、宋世静	
地址	山东省烟台市芝罘区北马路75号三水大厦5号楼303室	邮编	264001
网址	http：//www.ibkcn.com/	客服电话	400—606—9000

附表2

内设部门及分支机构一览表

年度	内设机构（个）	下设分支机构（个）		员工人数（人）	
		地市级机构数	县区级机构数	员工总数（含非正式员工）	正式员工数
2015	3	1	1	36	21
2016	3	1	1	38	22
2017	3	1	1	41	23
2018	3	1	1	47	24
2019	3	1	1	49	28

韩亚银行（中国）有限公司青岛分行

【第一负责人简介】 贾葳，女，汉族，中共党员，从事银行工作30余年；2000年至2005年，历任招商银行青岛分行公司业务部总经理、高科园支行行长；2005年至2015年，历任中国进出口银行总行营业部对外担保处处长，山东省分行公司业务处处长、评估审查处处长和中间业务处处长；2015年6月18日至今，任韩亚银行（中国）有限公司青岛分行（简称韩亚银行青岛分行）行长。

【综述】 韩亚银行青岛分行为韩国独资银行，其前身为青岛国际银行，成立于1996年6月26日。2007年12月，经中国银行业监督管理委员会批准，青岛国际银行改制为韩亚银行青岛分行，营运资金为1亿元等值人民币。韩亚银行青岛分行下辖青岛城阳支行、青岛经济技术开发区支行2家支行，共有正式员工76人。韩亚银行青岛分行位于青岛市市南区香港中路12号丰合大厦C区，毗邻青岛市政府，地处青岛金融区域中心。主要经营业务包括存款、贷款、人民币结算、贸易融资、国际结算业务及理财产品等。服务对象面向包括中国居民在内的所有客户群体。

【经营管理】 韩亚银行青岛分行自2015年开始推行本土化改革，聘请优秀中国金融人才担任分行行长，全面实行本土化。截至目前，韩亚银行青岛分行客户结构发生了较大变化，中资客户与韩资客户各占一半，改变了原来以韩资客户为主的单一客户结构，为银行的稳健发展奠定了良好的客户基础。同时，韩亚银行青岛分行对信贷结构进行了逐年优化，授信种类及授信结构更加趋于合理，实现了净利润的持续增长。

截至2019年末，韩亚银行青岛分行资产总额为41.55亿元，同比增加4.43亿元；负债总额为39.78亿元，同比增加4.38亿元；各项存款余额为38.96亿元，同比增加3.39亿元；各项贷款余额为34.89亿元，同比增加4.18亿元；利润总额（税前账面利润）为8,047.72万元。2019年，韩亚银行青岛分行整体经营平稳，资产及负债规模稳步提升，盈利能力较为稳定。

【风险控制】 2019年度，韩亚银行青岛分行始终坚持以“保证国家有关法律法规及规章的贯彻执行，保证银行发展战略和经营目标的实现，保证风险管理的有效性，以及业务记录、会计信息、财务信息和其他管理信息的真实、准确、完整和及时性”为内部控制管理目标，在内部控制体系的完善、内部控制职责的履行、内部控制措施的改进、内部控制保障的提升，以及内部控制的评价和监督等方面，均开展了相应的工作并取得较大进展。

（辛花贤子）

附表1

机构概况一览表

行长（或其他称谓的第一负责人）		副行长（或其他称谓的同级领导）	
贾葳		薛佳蕾	
地址	山东省青岛市市南区香港中路12号丰合大厦C区	邮编	266071
网址	http://www.hanabank.cn/	客服电话	400—885—1111

附表2

内设部门及分支机构一览表

年度	内设机构（个）	下设分支机构（个）		员工人数（人）	
		地市级机构数	县区级机构数	员工总数（含非正式员工）	正式员工数
2015	6	1	3	98	98
2016	6	1	3	83	83
2017	6	1	3	80	80
2018	6	1	3	80	80
2019	6	1	2	76	76

韩亚银行（中国）有限公司烟台分行

【第一负责人简介】 杨涛，男，1968年出生，大学本科学历；1995年进入交通银行莱阳支行工作，2001年起历任交通银行莱阳支行信贷科科长、副行长、行长，2012年任交通银行牟平支行行长，2013年任交通银行烟台分行党委委员、行长助理；2015年10月任韩亚银行（中国）有限公司烟台分行（简称韩亚银行烟台分行）行长。

【综述】 韩亚银行烟台分行的前身为青岛国际银行烟台分行，于2007年12月24日改制成立，是在烟台设立的首家外资银行，也是山东银监局辖属范围内成立的首家外资银行。目前，韩亚银行烟台分行设置信贷部、国际结算部、营业部、综合部、风险部、合规部、市场部及韩国部8个部门。截至2019年末，分行员工共计35人，包括1名韩国人和34名中国人。主要经营外汇业务和人民币业务，包括：吸收公众存款；发放短期、中期和长期贷款；办理票据承兑与贴现；买卖政府债券、金融债券，买卖股票以外的其他外币有价证券；提供信用证服务及担保；办理国内外结算；买卖、代理买卖外汇；从事外币兑换；从事同业拆借；从事银行卡业务；提供保管箱服务；提供资信调查和咨询服务；经中国银保监会批准的其他业务。

【经营管理】 2019年，韩亚银行烟台分行强化内部管理，注意防范经营风险。截至2019年末，韩亚银行烟台分行资产总额为19.29亿元，同比增加1.56亿元，增长8.79%。其中贷款总额为10.77亿元，同比增加0.52亿元，增长5.07%；负债总额为17.94亿元，同比增加1.44亿元，增长8.7%；存款总额为17.46亿元，同比增加1.48亿元，增长9.25%；净利润为3,511.86万元，同比增加1,230.68万元，增长53.95%；不良资产率为零。

作为烟台地区第一家外资银行，韩亚银行烟台分行以本土化战略统领全局，紧紧围绕“服务地方经济、服务当地百姓”的工作中心，努力创新金融服务、大力提升服务水平、鼎力支持地方经济发展、不断提高对当地经济社会发展的贡献度，实现了与地方经济的共同发展。凭借烟台市作为沿海开放城市的外向型经济优势，韩亚银行烟台分行加快发展国际结算、贸易融资、信用证等国际业务，积极拓展进出口贸易融资新产品。为体现韩资银行服务特点，韩亚银行烟台分行提供与韩国母行统一标准的客户服务和韩国语服务。在服务本土居民的同时，为在中国的韩国客户提供无障碍交流服务，促进中韩经贸交流。

韩亚银行烟台分行每周都进行金融知识和礼仪方面的培训，定期进行交流和总结，使员工的客户服务水平稳步提高。通过专业和优质的客户服务，年内韩亚银行烟台分行未收到客户投诉，客户普遍反映韩亚银行烟台分行的服务环境、服务水平等方面周到贴心，处理业务专业迅速。

（段 霄）

附表1

机构概况一览表

行长（或其他称谓的第一负责人）		副行长（或其他称谓的同级领导）	
杨 涛		—	
地址	山东省烟台市开发区长江路161号天马中心1号楼1501号、1502号、1508号、4号楼123号	邮编	264006
网址	http://www.hanabank.cn/	客服电话	400—885—1111

附表2

内设部门及分支机构一览表

年度	内设机构（个）	下设分支机构（个）		员工人数（人）	
		地市级机构数	县区级机构数	员工总数（含非正式员工）	正式员工数
2015	6	1	1	42	42
2016	6	1	1	39	39
2017	6	1	1	37	37
2018	8	1	0	34	34
2019	8	1	0	35	35

瑞穗银行（中国）有限公司青岛分行

【第一负责人简介】 李忠，大学本科学历，拥有25年银行工作经验；先后在第一劝业银行上海分行、瑞穗银行（中国）有限公司（简称瑞穗中国）营销部门任要职；2015年11月，任瑞穗银行（中国）有限公司青岛分行副行长，2019年4月，任瑞穗银行（中国）有限公司青岛分行（简称瑞穗银行青岛分行）行长。

【综述】 瑞穗中国是日本瑞穗银行股份有限公司的全资子公司，总部位于上海。2007年6月，作为首批外资银行之一和首家日资银行，完成了本地法人注册。截至2019年末，瑞穗中国已拥有16个营业网点，注册资本为95.00亿元。

2008年4月，经中国银监会核准，瑞穗银行青岛分行成立，2008年4月28日正式开业，营业地址是青岛市香港中路59号青岛国际金融中心44楼，目前，瑞穗银行青岛分行可为山东地区对公客户提供各种本外币金融服务，包括存款、贷款、票据承兑与贴现、信用证服务及担保，办理国内外结算、提供资信调查和咨询服务等。

【经营管理】 自2008年开业以来，瑞穗银行青岛分行已经与山东地区众多中外资企业建立了银企业务往来关系，作为“支持客户与社会持续发展，协助解决各项课题的最佳合作伙伴”，瑞穗银行青岛分行从客户在中国事业发展所需要的融资和资金运用、资金管理的效率化、公司设立、事业发展计划的探讨、战略合作、企业并购重组、全球化业务发展等各方面，向客户提供全面的综合性金融支持。

2019年，瑞穗银行青岛分行以成为扎根于中国的顶尖的外资金融机构为目标，积极建设“开放、挑战、信赖”的企业文化，在将挑战新业务领域、加强个性化的提案型营销、扩大可持续盈利的资产负债结构作为战略重点的同时，继续加强能确保稳健经营的公司治理体制、构建支撑成长的业务基础、确立稳定的财务和收益基础、提高客户满意度和员工满意度，在扩大业务规模的同时坚持稳健的管理体制，实现审慎合规经营。

2019年，瑞穗银行青岛分行积极参与并协助山东省政府、济南市政府、烟台市政府以及烟台经济技术开发区赴日举办各类相关说明会。2019年12月，瑞穗银行青岛分行、日本瑞穗银行、青岛银行在日本签署业务合作协议，达成三方战略合作意向。

【风险管理】 2019年，瑞穗银行青岛分行继续业绩考核与风险管理并重的方针，持续强化信用风险、操作风险、案件风险等各项风险管控。信用风险防控方面，在授信业务中遵循公共性、安全性、收益性、分散性和成长性的基本原则，通过对各项交易的贷前调查、贷时审核及贷后检查等各道工作程序的授信管理，有效贯彻和落实授信业务的全流程管理。操作风险防控方面，继续加强内部制度建设，不断完善业务操作流程，促使制度覆盖到业务经营和管理的各个环节和各个层面，进一步堵塞管理漏洞。同时，加强各项内部制度落实情况和后续跟踪、监督工作，确保各项制度有效落实。案件风险防控方面，落实风险防控主体责任、完善内控管理、强化案防培训、精练案防排查项目、不断夯实案防基础，提升各层级员工的案防责任意识。

自开业以来，瑞穗银行青岛分行未发生不良贷款或其他风险事件。

（李香淑）

附表1

机构概况一览表

行长（或其他称谓的第一负责人）		副行长（或其他称谓的同级领导）	
李 忠		高桥英明	
地址	山东省青岛市香港中路59号青岛国际金融中心44楼	邮编	266071
网址	https://www.mizuhobank.com/china/cn/index.html	客服电话	0532—80970001

附表2

内设部门及分支机构一览表

年度	内设机构（个）	下设分支机构（个）		员工人数（人）	
		地市级机构数	县区级机构数	员工总数（含非正式员工）	正式员工数
2015	7	0	0	55	46
2016	7	0	0	56	51
2017	7	0	0	52	49
2018	7	0	0	50	45
2019	7	0	0	50	46

南洋商业银行（中国）有限公司青岛分行

【第一负责人简历】　陶伟，男，汉族，1973年5月出生，山东淄博人，大学本科学历，中共党员；1995年9月参加工作，历任中国银行淄博分行副行长，中银香港青岛分行企金部组主管，南洋商业银行（中国）有限公司青岛分行客户经理、高级客户经理、主管、副行长（营销），南洋商业银行（中国）有限公司北京分行副行长（营销）；2019年2月至今，任南洋商业银行（中国）有限公司青岛分行（简称南商（中国）青岛分行）行长。

【综述】　南洋商业银行（中国）有限公司源自香港，是中国信达资产管理股份有限公司全资拥有的外商独资商业银行，是中国信达集团打造跨境综合金融服务的一个重要组成部分。南洋商业银行（中国）有限公司（简称南商）于1949年12月14日由庄世平先生创办于香港，始终秉承“以客为先、以礼待人”的服务宗旨和“信誉第一、服务至上”的服务原则，南商以立足香港、背靠祖国、面向世界，服务各地客户为己任。经过70余年的发展，南商已成为一家具有相当经营规模和实力的银行集团，在香港拥有42家分行，在内地拥有36家分行。

南商（中国）青岛分行的前身为香港宝生银行青岛分行，于1994年11月18日正式成立并对外营业。中银香港集团重组合并后，原香港宝生银行青岛分行于2002年5月1日更名为中国银行（香港）有限公司青岛分行。自2009年8月1日起，中银香港原内地分支行均改制并入南洋商业银行（中国）有限公司，中银香港青岛分行也改制更名为南洋商业银行（中国）有限公司青岛分行。2016年5月30日南洋商业银行并入中国信达，成为中国信达资产管理股份有限公司的全资附属机构。

多年来，南商（中国）青岛分行坚持以客户为中心，立足改革转型，积极创新发展，在巩固发展传统银行业务的同时，积极打造特色跨境金融业务品牌，通过高效协同发展，逐渐成长为具备深度综合金融服务能力的商业银行。

【经营管理】　2019年，南商（中国）青岛分行积极应对外部的挑战和压力，结合“不忘初心、牢记使命”主题教育，着力为客户提供简明、高效、优质、灵活的境内及跨境金融服务，保持审慎合规的经营原则，坚持党建业务双轮驱动，加快结构转型，加强风险防控，各项业务健康平稳发展。

南商（中国）青岛分行响应国家发展战略，积极服务实体经济。通过“普惠宝——支小助农在线融资平台”加大对小微企业和“三农”客户的信贷支持，取得了良好的成效。通过挖掘优质授信客户、积极拓展跨境业务、拓宽跨境合作渠道，全年公司业务稳步发展，稳质增存；个人业务以外币存款为抓手、以小微企业为支撑、以跨境联动为纽带，深耕跨境联动客户服务，加大企个金联动及信达集团协同，着力解决客户多方面的融资需求。

2019年6月9日，南商（中国）青岛分行成立党支部。党支部成立后，各项党建工作有序开展。一是完善组织架构，健全基层组织，建立党建制度，规范党员管理。二是深入开展主题教育。通过自学、集中研讨、在线学习、调查研究和问题整改，确保主题教育全覆盖、常态化、重创新、有实效。

2019年是南商（中国）IT新线建设的收获之年。全行上下全力以赴，历经项目回归测试、投产演练、南港供数、监管报备、上线切换等各项工作，顺利完成新一代系统的建设投产。新线投产标志着分行IT自主建设能力有了显著的提升，科技对业务的响应速度得到大幅提高，客户服务能力及内部管理能力得到较大改善。

【风险控制】 2019年，南商（中国）青岛分行坚守合规底线，提升风控能力，加大风险排查力度，保持案防高压态势，不断完善内控机制。组织开展了“巩固治乱”“屡查屡犯”问题治理等专项排查，并将整治乱象内嵌于日常检查计划中。针对检查中发现的问题，举一反三，落实有效整改，完善内部控制，健全制度，强化执行，稳固合规经营基础。时刻保持案防高压态势，通过组织员工观看案件警示教育片、通报典型案例等形式，以案为鉴、以案明纪，筑牢员工拒腐防变的思想防线。通过开办“业务大讲堂”“法规天天学”等培训活动，加强对员工的合规培训及业务培训，不断提升员工的专业能力和服务水平。

2020年，南商（中国）青岛分行将继续坚持稳中求进的工作总基调，坚持抓战略重点的落实，坚持抓业务质量的提升，坚持抓市场化改革的推进，坚持抓人才队伍的建设，最终实现“专业经营、效率至上、价值创造”的高质量转型发展。

（由志欣、王 蕾）

附表1

机构概况一览表

行长（或其他称谓的第一负责人）		副行长（或其他称谓的同级领导）	
陶 伟		彭 革、林相发	
地址	山东省青岛市市南区南京路66号（南门）	邮编	266071
网址	http://www.ncbchina.cn/	客服电话	0532—66707676

附表2

内设部门及分支机构一览表

年度	内设机构（个）	下设分支机构（个）		员工人数（人）	
		地市级机构数	县区级机构数	员工总数（含非正式员工）	正式员工数
2015	8	3	0	63	38
2016	8	3	0	61	35
2017	11	3	0	70	38
2018	11	3	0	63	34
2019	10	2	0	66	23

日本山口银行股份有限公司青岛分行

【第一负责人简介】 川田正博，男，1969年出生，1992年3月毕业于松山大学法学部；1992年4月进入日本山口银行工作，先后任职于日本山口银行西新川分行、名古屋分行、松山分行，历任松山分行行长助理、益田分行行长助理、青岛分行行长助理、床波分行行长；2017年至今，任日本山口银行股份有限公司青岛分行（简称山口银行青岛分行）行长。

【综述】 日本山口银行股份有限公司（简称山口银行）位于日本山口县下关市，是一家在日本上市的经营稳健的地方银行，其母公司为日本山口金融集团，下设银行、证券、信托、资产管理等公司。除了在青岛、大连和韩国的釜山设有分行之外，在香港还设有代表处。山口银行于1985年11月在青岛设立代表处，1992年升格为山口银行青岛分行，目前属于外国银行分行，山口银行青岛分行被中国银保监会指定为在中国境内的管理行。

受益于中国的改革开放和经济迅速发展，山口银行青岛分行的客户除部分中国企业外，多数都是从日本来中国投资的日资企业，因此，经营活动不仅仅局限于当地，还积极地向上海、北京以及其周边地域辐射。多年来，山口银行青岛分行努力开拓新客户，扩大在中国的业务范围。山口银行青岛分行的业务范围主要包括：对各类客户的外汇业务和对除中国境内公民以外客户的人民币业务，吸收存款，发放贷款，买卖政府债券、金融债券，提供信用证服务及担保，办理国内外结算，买卖、代理买卖外汇，从事同业拆借，提供资信调查和咨询服务等。2011年6月起山口银行青岛分行办理人民币跨境结算业务，对日本和中国的境内外客户提供人民币计价结算的便利性。

山口银行青岛分行定期举办山口县中小企业产品项目推介会，以及以投资贸易为目的的中小企业经济信息交流会；作为社会贡献的一环，每年举办山口银行杯日语大奖赛，2019年的是第18届。优胜团队的师生都由山口银行总行赞助赴日本研修一周；每年组织青岛市上清路小学部分师生到日本交流学习一周；每年资助1~2名中国大学生到日本大学完成学业；每年邀请青岛市金融、商贸、事务管理人士到日本进行商务交流，加强沟通合作。

【经营管理】 2019年，山口银行青岛分行注重精细化管理和流程管理，所有事项均按照规定流程办理，分工清晰，职责明确，同时注重细节和痕迹化，在符合制度要求的基础上，加强人性化管理。自成立以来，一贯坚持普惠金融服务，着重支持中国境内的各类中小企业发展，客户行业主要包括机械、化工、汽车配件、电子等制造业，以及农业、物流、服务业等，主要为客户提供人民币存贷款、结算、结售汇、外汇买卖等金融服务。山口银行青岛分行不断强化营业力度、推进业务发展，迅速应对客户的需求，保证提供优质的金融服务，同时，秉持与客户共同发展的理念，除合理适当的贷款利率之外，从不提高贷款利率、不收取不合理的费用或者变相收费，有效减轻了企业客户的财务负担，促进中小企业良好发展。

【风险控制】 山口银行青岛分行持续加强各项制度建设，始终做到有章可依、有规可循；不断确保分行内部控制制度的有效性，操作规章落实到位，内控贯穿于各业务环节和流程；针对外籍员工人数多的状况，积极开展合规培训，加强本地化学习，并定期开展考试，测试评估学习效果；注重科技系统改造升级，优化系统操作和风险控制；突出合规管理，以合规为先，形成了良好的合规文化、合规氛围；定期或不定期开展内部检查，聘用毕马威会计师事务所实施外部审计；实施信用风险和流动性风险等各种风险的全面管理，加强反洗钱管理，设置专职人员、开发反洗钱软件，努力防范洗钱和恐怖融资；2019年，山口银行青岛分行重点开展了“巩固整治乱象成果、促进合规建设”活动，努力预防、化解风险，积极稳妥地开展各项经营活动，多年来未有风险案件和不良资产发生。

（金奉爱）

附表1

机构概况一览表

行长（或其他称谓的第一负责人）		副行长（或其他称谓的同级领导）	
川田正博		竹中健二、姬广伟	
地址	山东省青岛市香港中路76号颐中假日皇冠酒店2楼	邮编	266071
网址	ybk2@ymfgqd.com	客服电话	0532—85766222

附表2

内设部门及分支机构一览表

年度	内设机构（个）	下设分支机构（个）		员工人数（人）	
		地市级机构数	县区级机构数	员工总数（含非正式员工）	正式员工数
2015	5	1	0	27	27
2016	5	1	0	28	28
2017	5	1	0	26	26
2018	5	1	0	25	25
2019	5	1	0	29	29

华侨永亨银行（中国）有限公司青岛分行

【第一负责人简介】 邹仁杰，女，1996年毕业于东北财经大学投资经济管理系，至今已有超过30年的银行从业经验；1988年至1998年，分别在建设银行青岛分行及华夏银行青岛分行先后担任了企业发展部客户经理、支行副行长、支行行长、公司业务部总经理，负责业务发展和行政管理工作；2010年加入华侨永亨银行（中国）有限公司（原华侨银行（中国）有限公司），在华侨永亨银行（中国）有限公司任职期间，2010年12月至2018年1月任华侨永亨银行（中国）有限公司青岛分行（简称华侨永亨银行青岛分行）行长，2018年1月至2019年10月担任珠三角地区总部业务总经理；2019年11月28日至今，任华侨永亨银行青岛分行行长。

【综述】 华侨永亨银行青岛分行的前身为1997年设立的华侨银行青岛代表处，2011年升格为青岛分行，并于2011年9月18日开业；2016年更名为华侨永亨银行（中国）有限公司青岛分行，并于7月18日正式对外营业。华侨永亨银行青岛分行未开展个人业务，现有员工19人。开业以来，华侨永亨银行青岛分行无违规、无事件、无不良，顺利通过人民银行、银保监局、公安局等外部监管机构的各项检查。

【经营管理】 华侨永亨银行青岛分行目前的营销策略主要是依托青岛及山东半岛地区的港口区位优势及母行在新加坡和中国香港市场的海外优势，结合本机构信贷资源及现有业务产品，推动中资客户“走出去”，在新加坡、马来西亚、泰国等东南亚和“一带一路”沿线国家为中资客户提供全面服务；为中资客户在海外资本市场融资提供便利，如海外发债、IPO、海外并购贷款等，培育一批能与华侨永亨银行建立稳定合作关系的客户群体，为今后的业务发展打下基础。

同时，依托华侨银行集团资源，利用现有产品与客户需求相结合，全方位营销，围绕客户做深做透，致力于向客户提供更多业务选择，增加客户对华侨永亨银行的认知度，提升华侨永亨银行青岛分行在山东地区的品牌效应。

2019年末，华侨永亨银行青岛分行总资产为68,607.30万元，同比增加6,826.78万元，增幅为11.05%；负债总额为47,144.90万元，同比增加6,429.25万元，增幅为15.79%；各项存款余额合计7,741.87万元，同比降低32,021.10万元；各项贷款余额合计69,826.29万元，同比增加19,846.02万元，增幅为39.71%。

【风险控制】 截至2019年末，华侨永亨银行青岛分行各项存贷款均为对公业务，未涉及个人贷款及现金业务，华侨永亨银行青岛分行自开业以来未发生不良贷款或其他风险事件。

（孙 伟）

附表1

机构概况一览表

<table>
<tr><td colspan="2">行长（或其他称谓的第一负责人）</td><td colspan="2">副行长（或其他称谓的同级领导）</td></tr>
<tr><td colspan="2">邹仁杰</td><td colspan="2">—</td></tr>
<tr><td>地址</td><td>山东省青岛市市南区香港中路9号
香格里拉办公楼24层2402—2407</td><td>邮编</td><td>266071</td></tr>
<tr><td>网址</td><td>http://www.ocbc.com.cn/</td><td>客服电话</td><td>400—894—0089</td></tr>
</table>

附表2

内设部门及分支机构一览表

年度	内设机构（个）	下设分支机构（个）		员工人数（人）	
		地市级机构数	县区级机构数	员工总数（含非正式员工）	正式员工数
2015	5	1	0	24	24
2016	5	1	0	22	22
2017	5	1	0	21	21
2018	4	1	0	20	20
2019	4	1	0	19	19

韩国釜山银行股份有限公司青岛分行

【第一负责人简介】 林男圭，男，1971年出生，韩国籍，大学本科学历，1998年入职韩国釜山银行股份有限公司（简称釜山银行），1998年至2013年期间，先后在釜山银行多家分行负责外汇业务，2013年至2019年在釜山银行多家分行负责贷款业务并晋升为副行长，2019年2月履职青岛担任青岛分行检查总负责人，2019年11月至今担任韩国釜山银行股份有限公司青岛分行（简称釜山银行青岛分行）行长。

【综述】 釜山银行1967年10月设立于韩国港口城市釜山。2012年，釜山银行战略性地将自己的第一家海外分行设立在各方面条件均十分优越的青岛。釜山银行青岛分行在总行“内实经营”的发展方针指引下，充分发挥总行与地区紧密结合的优势，通过内部信息共享等方式，深入挖掘客户金融需求，为客户量身打造金融产品。持续为客户提供多样化的国际结算服务和贸易融资产品及人民币存贷款及结算服务。

【经营管理】 釜山银行成立52年来，专注于为客户提供优质的金融服务。釜山银行一直秉承着“携手地区走向世界，心系顾客创造未来”的经营理念，努力确保新的成长动力和灵活应对金融环境变化的能力。目前釜山银行已突破地方性银行的局限，成长为以银行为核心的具有国际竞争力的综合性金融集团，并树立了“成为全球超一流的地区金融集团”的经营目标。为此，釜山银行通过增强经营能力、风险管理，推进内部革新，强化社会责任经营，增强应对未来的能力，按照战略计划的安排，积极稳妥地推进各项工作。

釜山银行青岛分行在总行发展方针的指引下，充分发挥总行与地区紧密结合的优势，通过内部信息共享等方式，深入挖掘客户金融需求，为客户量身打造金融产品。分行依托总行种类丰富的国际贸易结算产品、资源和经验支持，为客户提供多样化的国际结算服务和贸易融资产品。

另外，长期致力于支援中小企业的发展也是釜山银行的经营特色之一。釜山银行青岛分行针对绿色产业、新兴产业以及高科技产业中小而强的企业，不断加大支持的力度，并探索出一套信用评价和风险管理的体系，有效地进行风险控制。釜山银行青岛分行目前的客户主要集中在制造业中的中小企业，根据这一特点，在现有经营范围内，不断努力开发新的业务品种，在发放常规流动资金贷款之外，积极开拓贸易融资领域。目前，釜山银行青岛分行为客户提供信用证项下的各类业务、进出口押汇、托收等结算融资服务。

为了给客户提供更方便、快捷的金融服务，釜山银行青岛分行于2015年积极申请并于同年年末获准开展人民币业务，2019年分行在复杂的经济及金融环境下，各项业务都取得了长足的发展，资产质量持续提高，内部控制持续完善，存贷款业务均取得了稳定的增长。

（郝璐玭）

附表1

机构概况一览表

行长（或其他称谓的第一负责人）		副行长（或其他称谓的同级领导）	
林男圭		—	
地址	山东省青岛市崂山区香港东路195号8号楼1403/1404室	邮编	266000
网址	http://www.busanbank.co.kr	客服电话	0532—86679021

附表2

内设部门及分支机构一览表

年度	内设机构（个）	下设分支机构（个）		员工人数（人）	
		地市级机构数	县区级机构数	员工总数（含非正式员工）	正式员工数
2015	8	1	0	20	20
2016	8	1	0	18	18
2017	8	1	0	17	17
2018	8	1	0	19	19
2019	8	1	0	18	18

第八部分

非银行类金融机构

一、证券公司

中泰证券股份有限公司

【第一负责人简介】　李玮，男，1962年出生，中共党员，经济学博士，正高级会计师；曾任莱芜钢铁集团有限公司董事、副总经理、总会计师，鲁银投资集团股份有限公司董事长、总裁，第十二届全国人大代表等职；曾荣获“全国五一劳动奖章”“山东省劳动模范”等荣誉称号。现任中泰证券股份有限公司（简称中泰证券）党委书记、董事长，第十三届全国人大代表，亚洲金融合作协会副理事长，中国证券业协会理事，山东省证券业协会会长，山东省金融学会副会长，山东金融业联合会副理事长，山东大学校董等职。

【综述】　中泰证券成立于2001年5月，目前在全国28个省份设有42家分公司、280多家证券营业部，控股鲁证期货股份有限公司、中泰资本股权投资管理（深圳）有限公司、中泰金融国际有限公司、中泰证券（上海）资产管理有限公司、中泰创业投资（深圳）有限公司，参股万家基金管理有限公司、齐鲁股权交易中心有限公司，形成了集证券、期货、基金等于一体的综合性证券控股集团。近几年，公司共为500多家企业提供股权、债券融资服务，实现融资额9,000.00多亿元，其中为山钢集团、辰欣药业等省内100多家企业融资1,400.00多亿元；为200多家省内企业提供新三板挂牌服务，为60多家企业提供新三板做市服务；推荐400多家企业在齐鲁股权交易中心和蓝海股权交易中心挂牌；为齐鲁高速、山东黄金等29家省内企业提供1,300.00多亿港元的境外融资服务。截至2019年底，公司总资产为1,466.13亿元，净资产为350.07亿元。2019年实现营业收入97.09亿元，净利润为22.94亿元。目前公司服务客户600多万户，管理客户资产超过万亿元。2007—2019年，公司累计实现利润323.31亿元，上缴税金223.72亿元，其中为山东省缴纳税金148.74亿元（母公司），为股东分红67.30亿元。公司多次被山东省政府授予“山东省金融发展贡献奖”“山东省金融创新奖”等荣誉。

【经纪业务】　中泰证券积极推动经纪业务向财富管理转型，目前在北京、上海、广东设立了三个财富中心，从市场上引进了多名财富管理专业人才，搭建了类型丰富、结构合理的产品体系。2019年，实现代理买卖证券业务净收入19.66亿元，行业排名第13位。

【投行业务】　中泰证券拥有一支600余人的专业团队，其中保荐和准保荐代表人近150名，能够为企业提供IPO上市、再融资、债券融资、新三板推荐挂牌和定增、资产证券化等一体化的综合金融服务。2019年完成股票主承销项目11单，其中IPO主承销家数排名行业第九名，债券主承销产品908只，行业排名第九位；累计推荐550家企业在新三板挂牌，行业排名第三位；为356家企业提供新三板做市服务，累计做市家数行业排名第一位。

【投资业务】　面对持续震荡的市场行情，中泰证券坚持稳健投资，加大市场研判力度，认真做好权益类、债券类、衍生品投资。

【资产管理业务】　中泰证券于2014年底成立了资管子公司，目前团队规模为130余人，能够为客户提供现金管理类、货币类、债券类、权益类、量化类等多元化金融产品。截至2019年底，资产管理规模为1,353.00亿元，其中主动管理规模为922.00亿元，预计行业排名第12位左右。

【期货业务】　中泰证券控股的鲁证期货，目前已在香港联交所上市，是国内期货行业第一家在境内外主板上市的公司、香港联交所第一家以期货为主业的上市公司以及山东省第一家境外上市金融企业。

【基金业务】　截至2019年底，中泰证券子公司万家基金管理规模为1,219.00亿元，较年初增长44.00%；实现营业收入7.13亿元，利润为9,338.00万元。

【私募投资基金业务】　中泰证券子公司中泰资本累计投资项目44个、金额19.44亿元，涉及新能源、新材料、医疗医药、互联网等领域。

【国际业务】　2013年，中泰证券在香港设立了中泰金融国际公司，目前注册资本为17.90亿港元，具有证券交易、期货、投资咨询、资管、融资等全业务牌照。2019年，完成了19单IPO项目、72个债券融资项目，累计融资近1,300.00亿港元，较2018年增长25.70%。

【风险控制】 中泰证券设立了合规总监、首席风险官，建立了包括合规、风控、法律、审计稽核在内的大风控业务线；组建了近百人的合规风控队伍；在各业务条线、分支机构设立了合规风控总监，强化对业务的前端控制和过程监控；按时召开全员合规风控大会，从制度流程、绩效考核等方面进一步优化合规风控体系建设；针对产品代销、投行等重点业务领域，组织开展了69次合规检查、11次合规自查、8次专项检查和6次风险排查；从系统建设、检查督导等方面积极推进反洗钱工作，公司在人民银行济南分行反洗钱分类评级中被评为AA级；持续加强合规风控宣导与培训，2019年开展合规风控培训100多次，参训近8,000人次；积极推动流动性风险管理信息系统建设，做好流动性风险压力测试、应急演练工作，有效防范流动性风险。

（邹永莉）

附表1

机构概况一览表

董事长（或其他称谓的第一负责人）		其他领导（或其他称谓的同级领导）	
李玮		—	
地址	山东省济南市经七路86号	邮编	250001
网址	https://www.95538.cn/index.html	客服电话	95538

附表2

内设部门及分支机构一览表

年度	内设机构（个）	下设分支机构（个）		员工人数（人）	
		地市级机构数	县区级机构数	员工总数（含非正式员工）	正式员工数
2015	39	199	68	5,837	4,261
2016	45	210	68	6,408	5,938
2017	44	246	72	6,914	6,538
2018	46	257	68	6,760	6,429
2019	48	257	68	6,693	6,380

附表3

主要统计指标

单位：亿元

项目	2015年	2016年	2017年	2018年	2019年	2019年同比增幅（%）
资产总额	1,360.15	1,230.26	1,322.38	1,359.63	1,466.13	7.83
负债总额	1,038.28	902.26	981.00	1,031.99	1,116.07	8.15
营业收入	150.45	83.47	81.69	70.25	97.09	38.20
投资收益	34.51	10.67	14.33	22.60	24.78	9.67
利润	80.27	31.83	23.77	14.08	28.33	101.28
净利润	60.91	25.33	18.96	10.70	22.94	114.37

中信证券（山东）有限责任公司

【第一负责人简介】　姜晓林，中国科学技术大学信息科学专业学士，大连理工大学EMBA，曾在大连市信息中心、平安证券大连营业部、君安证券大连营业部、大鹏证券大连营业部、中信证券大连营业部、中信证券沈阳营业部工作；2012年4月任中信万通证券有限责任公司副总经理、营销管理部行政负责人，曾荣获“青岛市崂山区优秀企业家”“济南市五一劳动奖章”“山东省金融高端人才”等荣誉称号；现任中信证券（山东）有限责任公司（简称中信证券（山东）公司）董事长兼总经理、法定代表人，青岛证券期货业协会会长。

【综述】　中信证券（山东）公司是山东省内两家法人证券公司之一，是国内龙头券商中信证券的全资子公司，注册地为青岛市崂山区，注册资本为25亿元。中信证券（山东）公司的前身为1988年经中国人民银行总行批准、中国人民银行青岛市中心支行出资800万元设立的“青岛证券公司”。历经多年、多次增资改制、扩股、更名，2013年9月中信证券（山东）公司股东变为中信证券1家，2014年4月正式更名为“中信证券（山东）有限责任公司”。中信证券（山东）公司立足青岛，辐射山东、河南两省，拥有70家证券分支机构。除证券经纪、证券投资基金代销、代销金融产品、融资融券等主营业务外，依托中信证券资源，中信证券（山东）公司可为政府、企业提供债权、股权融资等金融服务，可为上市企业的股权托管、高端客户的财富管理及资产配置等提供优质的服务与资源。近几年，中信证券（山东）公司在聚合服务资源、拓展营销渠道、客户分级分类服务等方面做了有益探索，财富管理转型取得积极进展；通过协同中信证券开展山东市场的投行、证金、资管、固守、托管、场外衍生品等业务，服务山东经济发展。截至2019年底，中信证券（山东）公司总资产为197.74亿元，净资产为64.33亿元；2019年实现营业收入13.19亿元，净利润为3.92亿元；目前服务客户200多万户，管理客户资产规模为2,000多亿元；2014—2019年，累计纳税26.41亿元。中信证券（山东）公司多次获评“山东省服务业先进单位”“山东省纳税先进单位”“青岛市文明单位”“青岛市金融发展突出贡献单位”等荣誉称号。

【经纪业务】　2019年，中信证券（山东）公司充分利用多业务覆盖和完整的产品体系培育客户，挖掘客户价值，做大客户资产，对客户服务实现由零售业务到财富管理的转化。深耕山东市场，对上市公司、金融同业和高净值客户的综合业务需求保持高度敏感。在巩固零售业务优势的同时，积聚财富管理客户资源，为机构经纪夯实基础。客户服务方面，2019年，有效户率达38%，连续四年持续上升。根据客户需求及风险等级，利用多业务覆盖和完整的产品体系积聚客户资源。为高端客户提供产品定制服务，2019年共落地16单。重点拓展银行渠道，通过券商与银行的业务互补，促成了银行、券商、客户的多赢局面。机构业务方面，在山东市场，协同中信证券投行委完成4单A股股票主承销项目，新增IPO辅导备案项目6单；协同中信证券债券承销业务线完成了106单债券承销项目，融资金额为332.65亿元；协同中信证券证券金融业务线新增股票质押式报价回购项目7单，融资规模为14.66亿元；协同中信证券资产管理部新增主动管理业务7单，规模约为19.50亿元，目前存量主动管理规模约为76亿元；协同中信证券固定收益部实现各类债券销售66笔，规模约为72亿元；落地债券衍生品业务32单，名义本金约为27.80亿元；协同中信证券托管业务线新增托管业务25单，新增托管业务规模约为8.20亿元；协同中信证券股权衍生品业务线新签约场外衍生品协议50单，新增场外衍生品规模约为8亿元。

【风险控制】　中信证券（山东）公司高度重视合规风控工作，不断完善公司治理、合规风控和制度建设，形成了以董事会、监事、经营管理层、合规总监（兼任首席风险官、首席反洗钱官）、合规稽核及法律事务部、各部门和分支机构负责人及各部门和分支机构合规人员为主干的多级合规风控和全面风险管理体系，各履其责，压实责任，全面提升合规风控、风险管理、反洗钱业务管理效能。2019年，中信证券（山东）公司修订（或制定）涉及合规风控、全面风险管理、反洗钱管理制度20余项，制度已成为全员合规、主动合规的准绳，制度精神也逐渐融入企业文化；定期集中组织线上、线下合规风控培训，提升员工主动合规意识，已成为合规风控培训的常态；对分支机构进行了多次合规检查及内部稽核，组织分支机构开展各类合规自查，并及时对整改情况进行督查。

（张兰辉）

附表1

机构概况一览表

董事长（或其他称谓的第一负责人）		其他领导（或其他称谓的同级领导）	
姜晓林		—	
地址	山东省青岛市市南区东海西路28号龙翔广场1号楼东5层 山东省济南市市中区经七路156号国际财富中心15层	邮编	266071 250001
网址	http://sd.citics.com	客服电话	95548

附表2

内设部门及分支机构一览表

年度	内设机构（个）	下设分支机构（个）		员工人数（人）	
		地市级机构数	县区级机构数	员工总数（含非正式员工）	正式员工数
2015	9	55	10	2,656	2,355
2016	10	57	11	2,551	2,371
2017	10	58	11	2,308	2,205
2018	10	59	11	2,407	2,368
2019	9	59	11	2,571	2,564

附表3

主要统计指标

单位:亿元

项目	2015年	2016年	2017年	2018年	2019年	2019年同比增幅（%）
资产总额	280.80	218.01	168.27	169.01	197.74	17.00
负债总额	232.91	165.12	111.13	108.6	133.41	22.85
营业收入	29.31	15.69	13.97	11.88	13.19	11.03
投资收益	0.39	0.84	1.59	0.06	3.03	4,950.00
利润	16.09	6.64	6.01	4.50	5.24	16.44
净利润	12.03	5.04	4.60	3.29	3.92	19.15

二、保险公司

中国人民财产保险股份有限公司山东省分公司

【第一负责人简介】 胡伟，男，汉族，1968年10月出生，中共党员，大学本科学历，高级经济师；1990年7月参加工作，历任中国人民财产保险股份有限公司济宁市分公司办事处业务员，支公司副科长、科长、经理助理、副经理、经理，分公司副总经理；2008年2月任济宁市分公司党委书记、总经理，2010年12月任济南市分公司党委书记、总经理；2011年2月任山东省分公司党委委员、副总经理（2011年2月至2014年12月兼任济南市分公司党委书记、总经理）；2018年10月至今任山东省分公司主要负责人。

【综述】 中国人民财产保险股份有限公司山东省分公司（简称人保财险山东分公司）在山东省15个市（不含青岛）设有260余家县区级经营机构，业务范围从农业生产、交通运输、对外贸易等经济社会重要领域，到关系百姓的机动车辆、“菜篮子”“米袋子”等，覆盖国民经济与人民生活的各个方面，积极参与山东省新旧动能转换工程落地，为重大标志性项目提供全面风险保障，先后独家或首席承保了高铁高速、电力核电、交通航空等国家重大工程项目，有力保障了新旧动能转换重点项目有序推进。2019年累计为428.32万辆机动车、1.70万家企事业单位、4,700余万城乡居民和职工提供风险保障55.00万亿元，上缴税收20.90亿元；处理赔案398.90万件，支付赔款136.60亿元。

【经营管理】 近年来，人保财险山东分公司深入推进转型发展，通过提供风险管理、服务精准扶贫、保障新旧动能转换、投身新农村建设、助力普惠金融事业等举措，持续发挥服务民生、保障经济、稳定社会的关键职能，努力实现企业商业价值与社会责任的高度统一。

坚持党建引领，实现发展转型的新合力。坚持党的领导，加强党的建设，系统广大党员不断增强“四个意识”，坚定“四个自信”，做到“两个维护”，深刻学习领会习近平新时代中国特色社会主义思想，深入开展“不忘初心、牢记使命”主题教育活动。坚持党建与业务发展结合好，与经营管理结合好，深化党建一体化建设，推动以客户为中心的转型，实现公司管理持续优化，实现了党建引领。

服务“三农”大局，将强农惠农政策送到百姓心中。认真落实强农惠农政策，不断加大对农村地区的资源投入，耗资上亿元在全省建成三农营销服务部400余个、三农保险服务站近万个、三农保险服务点5万余个。自2006年山东省开办农业保险以来，先后开办小麦、玉米、森林、生猪、价格指数、风力指数等保险产品120余个，为全省8,000万农户提供了1,800.00亿元的风险保障，财政补贴资金放大效应近40倍，累计支付赔款近40.00亿元，1,000万余户（次）农户获得保险补偿。

承办大病保险，服务社会医疗保障体系建设。大病保险参保人群达4,700万人。自2013年开办大病保险业务以来，累计赔款支出近百亿元，累计补偿630万余人次，提升基本医疗保险实际报销比15个百分点，有力减少了“因病致贫、因病返贫”现象的发生，为参保群众构建起了第二道生命防线。

精准施策推进扶贫脱贫，脱贫攻坚取得新成效。2019年，为全省贫困（含低收入）人口（353万人(户)）提供风险保障3,140.00亿元，覆盖县区103个；创新开发扶贫农业综合保险“扶贫产业保”及“扶贫产业收益保险”等专属扶贫保险产品；在菏泽、潍坊等地开展防贫保险试点，有效建立长效防贫新机制。加强扶贫干部派驻，累计派驻驻村干部、第一书记、扶贫工作队近50人次。

布局普惠金融，重点支持民营和小微企业发展。2019年，在枣庄、泰安、滨州等地开办支农融资业务，放款金额达820.00万元，涉及当地龙头企业、中小微企业及养殖大户。通过出口信用保险特有的“保风险、促出口、利融资”功能，服务全省外贸企业近600家，提供出口信用风险保障200.00余亿元；通过出口信用险保单增信功能，助力企业获得银行融资3.00亿多元。自2018年11月启动至今，先后为企业提供关税保证保险467笔，帮助企业减少关税保证金占用58.00亿元。

【员工培训】 2019年，人保财险山东分公司紧扣经营发展、业务管理、依法合规经营主题，分层分类开展各类培训，有针对性地提升干部员工的能力和素质，努力开创培训工作新局面。全年共举办各类培训班741期次，覆盖68,219人次；组织各类专业技术资格考试4场次，覆盖1,200余人次，举办网络培训班30余期次，培训覆盖2,500余人次；通过组织青年金融论坛、送培训下基层培训、"PICC大讲堂"等多种方式提高公司员工的业务技能。

【客户服务】 人保财险山东分公司以"保险+科技+服务"为核心，打造"心服务芯理赔"体系建设。理赔工作中，大到"温比亚""利奇马"台风、鲁西南雨雪冰冻等严重灾害事故赔付十几亿元，小到每一次车辆剐蹭赔付都勇于担当、倾情守护；在抗击"利奇马"台风中，省市县多级联动、迅速反应，依托科技理赔设备和技术手段，积极抢险救灾，以实际行动维护山东经济社会稳定。在工作手段方面，突出金融科技力量，使用卫星遥感技术丈量受灾面积，有效提升查勘理赔效率和精准度。创新推出"警保联动"、自主理赔、在线理赔等多项举措，让服务有温度，让理赔更简单，把服务推向了新的高度。

（张 磊）

附表1

机构概况一览表

总经理（或其他称谓的第一负责人）		副总经理（或其他称谓的同级领导）	
胡 伟		翟瑞贞、崔建生、李普廷、黄 海	
地址	山东省济南市经十路8000号龙奥金座2号楼	邮编	250011
网址	http://www.epicc.com.cn/	客服电话	95518

附表2

内设部门及分支机构一览表

年度	内设机构（个）	下设分支机构（个）		员工人数（人）	
		地市级机构数	县区级机构数	员工总数（含非正式员工）	正式员工数
2015	22	16	264	9,119	7,997
2016	23	16	272	9,255	8,569
2017	23	16	262	9,426	8,883
2018	25	16	267	9,478	8,975
2019	22	16	262	9,540	9,107

附表3

主要统计指标

项目	2015年	2016年	2017年	2018年	2019年	2019年同比增幅（%）
总资产（亿元）	29.8	31.55	34.77	39.15	43.49	11.09
签单数量（万件）	650.98	721.39	844.19	1,030.92	1,159.37	12.46
保费收入（亿元）	151.59	171.26	189.55	192.48	208.87	8.52
处理赔案（万件）	182.27	200.19	263.31	338.91	398.94	17.71
赔付支出（亿元）	96.3	110.01	119.84	138.41	134.69	-2.69

中国人寿保险股份有限公司山东省分公司

【第一负责人简介】 魏成和，男，汉族，1962年11月出生，中共党员，高级经济师，山东大学经济学院保险专业研究生合作导师；1980年11月参加工作，现任中国人寿保险股份有限公司业务总监，山东省分公司党委书记、总经理。

【综述】 2019年是中国人寿保险股份有限公司山东省分公司（简称中国人寿山东省分公司）"三年三步走"战略承上启下的关键之年。全省系统围绕"重振国寿"战略，以"鲁八条"为行动纲领，坚持"思想再解放、改革再深化、国寿再出发、履职必担当"的指导思想，积极应对各种挑战，持续强化履职尽责，真抓实干，奋勇争先，各项事业发展达到了既定目标，实现了积极突破，开创了良好局面。

【经营管理】 2019年，中国人寿山东省分公司紧紧围绕"五大重振目标"在山东落地执行，推动各级"思想再解放、改革再深化、国寿再出发、履职必担当"，通过紧握改革创新总抓手、坚持转型升级总路径、筑牢队伍建设总基础、实现富员强司总目标，持续推动中国人寿山东省分公司转型发展。在全省系统开展"履职尽责"大讨论活动，推动各级干部员工在解放思想中统一思想、在履职尽责中强化作为、在真抓实干中彰显担当。深入推动"鼎新工程"在山东落地执行，完成了"三定"改革任务，顺利实现了银团队伍的平稳过渡。

【业务拓展】 2019年，中国人寿山东省分公司实现总保费426.50亿元（含大病），同比增长4.45%，市场份额为21.14%，位居市场首位。续期保费281.93亿元，同比增长3.97%。长险首年标保、首年期交、10年期、保障型、大短险分别达成43.30亿元、84.70亿元、47.10亿元、30.00亿元、38.40亿元，同比分别增长42.70%、4.30%、45.50%、57.00%、28.50%，全省系统新单创费21.54亿元，同比增长65.53%。

【员工培训】 为进一步提高各级干部员工的综合素质与专业能力，2019年，中国人寿山东省分公司成立了全省教育培训工作委员会，全力推进"大教培"体系建设。全年举办各类培训298期，培训人次达4.10万人，其中管理人员培训4,000余人次。进一步加强对党员领导干部的培训，除了积极参加集团党校培训，还充分利用上海浦东干部学院、山东省委党校以及当地高校资源，邀请知名专家教授讲授专题党课，举办了3期党支部书记轮训班、3期全省领导干部培训班、1期党员发展对象培训班。各市分公司也积极响应省公司号召，借助当地党校资源，开展37期领导干部培训班。

【客户服务】 以"科技国寿"为载体，创新服务模式，整合服务资源，加速推进服务转型。2019年，中国人寿山东省分公司联络中心呼入申请量为121.71万通，应答量为120.29万通，接通率为98.83%，服务满意度为98.95%。全年为客户提供各类通知服务信息7,000余万条，为客户提供各类保全服务718.19万人次。以"品质少年、健康家庭、财智菁英、多彩生活"四大服务计划为核心，在线上线下全方位开展普惠客户服务活动。全省通过客户资源管理平台发布各类客户服务活动2,057场。上线"VIP尊享生活"平台，基于"尊享健康、尊享关怀、尊享特权、尊享安全、尊享保单+"五大模块，提供12个服务项目，进一步丰富了高端客户服务体系。

【服务大局】 充分发挥协调、纽带作用，助力省政府与集团公司签署全面战略合作协议，并牵头"三司一行"推动商定事项落地。积极服务地方经济发展，全年纳税6.70亿元。借助新办公大楼良好的软硬件条件，吸引27家优质企业入驻办公，为地方带来5.00亿元的税收。密切与政府相关部门的沟通联系，续签了大病保险服务协议，推动东营、临沂长期护理保险业务实现新突破。

（王婷婷）

附表1

机构概况一览表

<table>
<tr><td colspan="2">总经理（或其他称谓的第一负责人）</td><td colspan="2">副总经理（或其他称谓的同级领导）</td></tr>
<tr><td colspan="2">魏成和</td><td colspan="2">侯清英、胡 斌、张 明、徐明光、王清涛、王晓晨</td></tr>
<tr><td>地址</td><td>山东省济南市历下区经十路11001号中国人寿大厦</td><td>邮编</td><td>250012</td></tr>
<tr><td>网址</td><td>http://www.e-chinalife.com/sd/index.html</td><td>客服电话</td><td>95519</td></tr>
</table>

附表2

内设部门及分支机构一览表

年度	内设机构（个）	下设分支机构（个）		员工人数（人）	
		地市级机构数	县区级机构数	员工总数（含非正式员工）	正式员工数
2015	15	16	131	6,315	5,478
2016	15	16	131	6,351	5,561
2017	16	16	131	6,522	5,701
2018	16	16	131	6,535	5,763
2019	17	16	131	6,594	5,842

附表3

主要统计指标

项目	2015年	2016年	2017年	2018年	2019年	2019年同比增幅（%）
总资产（亿元）	1,101.15	1,257.01	1,375.01	1,530.25	1,756.97	14.82
签单数量（万件）	589.78	663.42	645.09	683.7	590.10	-13.69
保费收入（亿元）	258.51	317.25	376.67	408.38	426.54	4.45
处理赔案（万件）	38.89	44.78	61.46	80.03	123.44	54.24
赔付支出（亿元）	90.97	149.47	131.22	144.76	94.79	-34.52

泰山财产保险股份有限公司

【第一负责人简介】　朱华建，男，汉族，研究生学历，管理学博士学位，正高级会计师；历任山东省商业综合公司财务科办事员、副科长、科长，山东银座鞋业财务总监，渤海集团财务部副部长，银座奥森热电财务总监，山东世界贸易中心财务部部长，北京银座合智房地产开发公司财务总监，山东省商业集团总公司驻北京办事处主任、财务管理中心主任助理、财务管理中心副主任，山东省国资委财务监督处处长，国泰租赁党委副书记、总经理等职；现任泰山财产保险股份有限公司（简称泰山保险）党委书记、董事长。

【综述】　泰山保险是经原中国保险监督管理委员会批准成立的首家注册地在山东的全国性保险法人机构，由山东高速集团等16家省管企业发起设立，注册资本为20.30亿元。2010年12月29日获准开业，2010年12月31日注册成立，2011年1月18日揭牌开业。主要经营范围：财产损失保险；责任保险、信用保险和保证保险；短期健康保险和意外伤害保险；上述业务的再保险业务；国家法律、法规允许的保险资金运用业务；经保险监管机构批准的其他业务。2019年，泰山保险坚定不移地贯彻落实山东省委省政府和省国资委决策部署，忠实履行国企职责，按照稳中求进、进中求好、好中求快的经营策略，创新保险产品和服务，全力服务全省新旧动能转换工程、乡村振兴战略、民生建设。积极应对“利奇马”等台风灾害，第一时间开启理赔服务绿色通道，共支付赔款约4,500.00万元，助力灾区尽快恢复生产生活；无偿为巨野县1,000个扶贫大棚提供了7,000.00多万元的风险保障，进一步擦亮“国资惠农”脱贫攻坚品牌，公司荣获2019年度全省扶贫先锋企业荣誉称号。

【经营管理】　2019年，泰山保险实现保险业务收入22.71亿元，同比增长30.57%；实现利润总额1,651.68万元，连续5年实现盈利；总资产达到44.81亿元，资产负债率为57.58%；偿付能力充足率为363.34%；保费规模在全国财产险公司中排名第39位。国际著名信用评级机构惠誉正式确认泰山保险财务实力评级为“BBB+”，评级展望为“稳定”，较上次公司财务实力评级提高一个等级，在国内同类型保险机构中居于前列。公司坚持依法合规经营，坚决守住风险底线，持续加强内部控制，不断完善风险防范体系，公司治理能力和风险防范能力得到不断加强，荣获人民银行济南分行保险业金融机构综合评价等级A级、银保监会分类监管风险评级A类等称号。

【业务拓展】 2019年，泰山保险率先发展、赶超发展、科学发展的蓝图初步显现。全年实现车险保费收入19.35亿元，同比增长32.45%。继续提升意健险、责任险等非车险业务品质，实现保费收入4.21亿元，同比增长21.66%。严格管控业务品质，加大优质业务投入和拓展力度，两大主力险种都呈现出规模和效益协调发展的良好态势。不断增强投资风险防控能力，把好投资项目入口关和投后管理。建立双重信用风险管理机制，全年信用风险可控，未发生信用风险事件。电商载体平台建设不断完善，搭建的“泰好保”“泰宝保”等移动销售平台，为销售一线科技赋能，客户服务水平持续提升。“政银保”业务累计帮助全省160余家中小微企业实现融资1.60亿元，缓解了部分小微企业的融资难题。充分发挥农业保险在扶贫工作中的保障作用，补强服务薄弱环节，扩大价格指数保险等创新险种的覆盖范围，为农户提供生产和销售环节的“双保险”，为全省59.22万户农户提供了31.29亿元的风险保障。

【员工培训】 2019年，泰山保险紧紧围绕“人才兴司”的总体要求，本着利用内部资源、采取多种手段、注重实用技能、逐步提高素质的原则，科学制订培训计划，落实培训内容，提高培训的系统性和有效性。建立起包括全员培训、条线培训、新员工培训、线上培训在内的多层次、多维度培训体系。积极开展各种荣誉奖项评选，创新培训方式方法，激发各级机构、培训管理人员、兼职讲师工作热情。各业务部门认真梳理监管部门的新政策、新规定、新办法，持续加大培训考试力度，逐步夯实培训管理基础、提升培训管理水平。

【客户服务】 2019年，泰山保险践行拼搏奉献、承责担当、思变图强的精神，坚决贯彻“客户留得住，关键靠服务”工作要求。严格履行理赔风险管控职责，积极践行“诚信重如泰山”的服务理念，推动“三提升”工作落实。进一步完善优化制度体系，加快客服理赔信息化建设。增强条线服务意识，不断提升服务效率和服务能力，创新客户服务关怀理念，形成了车辆维护保养和健康关怀的增值服务项目。2019年，泰山保险实现报案电话畅通率94.60%、客户满意度99.56%、异议信息处理率100.00%，保险业服务评价获得BBB等级，服务水平稳步提升。

（王文君、朱广瑜、姜　敏）

附表1

机构概况一览表

总经理（或其他称谓的第一负责人）		副总经理（或其他称谓的同级领导）	
朱华建		安中涛（主持经营）	
地址	山东省济南市高新技术开发区舜华路1173号	邮编	250101
网址	http：//www.taishanpic.com.cn/	客服电话	400—607—7777

附表2

内设部门及分支机构一览表

年度	内设机构（个）	下设分支机构（个）		员工人数（人）	
		地市级机构数	县区级机构数	员工总数（含非正式员工）	正式员工数
2015	13	35	72	1,479	1,467
2016	15	36	81	1,419	1,407
2017	16	38	91	1,499	1,485
2018	14	40	104	1,949	1,924
2019	19	42	118	2,290	2,259

附表3

主要统计指标

项目	2015年	2016年	2017年	2018年	2019年	2019年同比增幅（%）
总资产（亿元）	34.63	36.09	38.42	39.24	44.81	14.20
签单数量（万件）	69.59	85.25	112.78	131.53	232.94	77.10
保费收入（亿元）	12.77	13.84	15.52	17.39	22.71	30.57
处理赔案（万件）	10.82	9.64	10.91	14.74	20.15	36.70
赔付支出（亿元）	5.81	6.79	8.13	8.81	11.38	29.17

中国平安财产保险股份有限公司山东分公司

【第一负责人简介】　李军凯，男，54岁，汉族，中共党员；2016年7月至今任中国平安财产保险股份有限公司山东分公司（简称平安产险山东分公司）总经理、中国平安集团驻山东省机构委员会书记、山东省保险行业协会副会长、山东省保险学会副会长。

【综述】　平安产险山东分公司于1993年成立，下辖济南、东营、滨州、泰安、济宁、菏泽、聊城、枣庄、莱芜、德州10个地市的11家三级机构。26年来，平安产险山东分公司始终坚持“专业创造价值”的宗旨，夯实党建基础，引领公司高质量发展，坚持合规经营，积极保障民生、服务社会经济，以实际行动诠释“回馈社会，建设国家”的企业使命。依托公司强大的科技创新应用，深化“数据产险”转型，通过实现经营管理的全面线上化、搭建完整的数据生态体系，打造“智慧产险”。在不断为客户创造价值的同时，积极履行社会责任，为精准扶贫、社会公益贡献应有的担当。

【经营管理】　2019年，平安产险山东分公司矢志不渝地为客户构建美好生活的风险保障，为山东提供经济活力的金融保障。坚持“保险姓保”，服务驻地发展。严格执行山东银保监局、保险行业协会的规定及要求；加强自我约束，积极维护市场秩序，理性参与市场竞争，推动行业改革；积极通过市场调研，深挖客户潜在需求，运用科技创新，不断探索新的产品和销售模式，不断升级风险筛选能力，不断提升客户服务品质，服务民生和社会经济。深入推进精准扶贫，践行公益使命。全辖开展公益扶贫活动42次。2019年的纳税超过9.85亿元，当前提供就业岗位45,400余个，其中在职员工2,400余人、个人代理人43,000余人。

【业务拓展】　业务增长稳健，服务保障全面，服务“三农”大局，助力小微发展。2019年实现保费收入76.35亿元，增速为19.22%，辖区内市场占有率第二。理赔服务精准高效，全力支持台风等自然灾害应对。大力支持农险发展，创新构建现代农业风险管理体系，为农险承保、查勘、风控、理赔等环节的难题提供相应的解决方案，实现农户、标的、风险的精细化管理，强化防灾防损工作。支持小微企业发展，专注小微产品创新，私人定制多种保障产品。

“金融+科技”推动线上平台，客户数据化经营。2019年，“平安好车主”APP平台辖区内用户量突破300万人，其中绑车用户接近200万人，月均活跃用户数达到100万人，车险客户月活跃超60万人。2019年3月开展的合家欢产品推广活动中，历时5天为101,267户家庭送去保障，覆盖保障人群约81万人，活动期间平均每4.40秒就有一户家庭选择平安合家欢。

【员工培训】　平安产险山东分公司重视人才梯队建设，强化以人为本的管理理念，通过多元化、多维度的培训方式全方位搭建员工培养体系。线上培训借助知鸟APP，利用远程直播、必修课推送、线上考试和智能陪练等功能，配合线下各类培训项目运作，取得良好效果。针对不同人群搭建相应的闭环式培训体系，确保人课匹配，形成学习经验、复制优秀的良性循环，为公司人才培养奠定了坚实的基础。

【客户服务】　客户服务全面升级，“双精准”服务落地。平安产险山东分公司依托科技创新，持续升级客户服务能力，通过人员、保单、车辆、出险场景、损失五大属性建立客群标签，突破了之前大一统的服务及理赔模式。结合场景与客群标签，制定最优服务策略与理赔策略，最终实现51类客群的精准服务，覆盖出险客户占比超70.00%，全面实现“精准服务，精准理赔”线上化实施。

（徐春杰）

附表1

机构概况一览表

总经理（或其他称谓的第一负责人）		副总经理（或其他称谓的同级领导）	
李军凯		钱 烽、王国全、陈 睿	
地址	山东省济南市历下区经十路省博物馆东侧华润中心写字楼49—52层	邮编	250014
网址	http://www.pingan.com/	客服电话	0531—80977008

附表2

内设部门及分支机构一览表

年度	内设机构（个）	下设分支机构（个）		员工人数（人）	
		地市级机构数	县区级机构数	员工总数（含非正式员工）	正式员工数
2015	20	11	63	1,865	1,676
2016	20	11	66	2,041	1,907
2017	20	11	66	2,588	2,465
2018	23	11	67	2,546	2,412
2019	24	11	67	2,433	2,316

附表3

主要统计指标

项目	2015年	2016年	2017年	2018年	2019年	2019年同比增幅（%）
总资产（亿元）	41.20	46.59	57.66	75.17	154.06	104.95
签单数量（万件）	284.35	331.01	431.12	518.92	661.67	27.51
保费收入（亿元）	38.78	40.18	51.87	64.05	76.35	19.20
处理赔案（万件）	38.65	29.91	35.27	44.73	61.10	36.60
赔付支出（亿元）	15.94	17.89	19.23	23.77	32.32	35.97

中国平安人寿保险股份有限公司山东分公司

【第一负责人简介】 黄炳杰，中国人民大学会计学专业毕业，1996年11月进入平安人寿，历任平安人寿厦门分公司组训、营业区经理、客户服务部副经理、区域拓展部副经理；2004年8月任平安人寿泉州中心支公司营销培训部经理；2006年1月任平安人寿三明中心支公司总经理，2007年5月任平安人寿福建分公司副总经理，2011年9月任平安人寿浙江分公司副总经理兼温州中心支公司总经理，2015年3月任平安人寿济南分公司临时负责人，2015年6月任平安人寿济南分公司副总经理（主持工作），2019年4月任平安人寿济南分公司总经理；曾获得1999年、2003—2005年度平安人寿总公司优秀员工奖，2012年荣获中国平安保险（集团）“15年长期服务奖”，2017年荣获中国平安保险（集团）“20年长期服务奖”，2019年荣获国际保险节暨保险名家联盟授予的“2018年度保险名家经理人奖”及中国保险报业股份有限公司授予的“2019年中国保险年度经理人”。

【综述】 2019年5月，中国平安人寿保险股份有限公司济南分公司更名为中国平安人寿保险股份有限公司山东分公司（简称平安人寿山东分公司）。平安人寿山东分公司是中国平安人寿保险股份有限公司在山东省境内设立的省级分支机构。个险业务范围覆盖济南、烟台、济宁、泰安、德州、聊城、菏泽、枣庄、莱芜，银保业务范围覆盖除青岛之外的山东省各地市，为客户提供简单、便捷、高效的金融服务体验。自成立以来，平安人寿山东分公司秉承“金融+科技”的战略指引，根植齐鲁大地精心耕耘。在保持公司平稳、可持续发展的基础上，有效增强了社会风险抵御能力，彰显了企业和行业价值，为助力山东省经济社会高质量发展做出了积极贡献。

【经营管理】 平安人寿山东分公司依托集团“金融+科技”双驱动战略，在合规经营、防范风险的前提下，开启平台经营新时代，持续提升产品、科技两大核心竞争力，推动内含价值及规模持续健康稳定增长。全年平安人寿山东分公司实现总保费收入111.52亿元，同比增长9.70%；赔付支出16.66亿元；个险代理人规模达到38,069人。

【业务拓展】 一是创新升级业务模式。平安人寿山东分公司运用领先科技，打造未来发展新引擎，创新升级业务模式。通过以“金管家”APP为核心的移动金融生活平台，连通线上、线下多场景客户经营。二是秉承“保险姓保”理念。平安人寿山东分公司不断对主力保障型产品进行优化升级，丰富产品种类，构建多元化保障供给体系，为客户提供“诊断—治疗—康复”全流程解决方案和服务支持。三是加强代理人队伍建设。依托增员及晋升平台标准化运作，改善留存，实现代理人队伍稳健增长；实施线上线下相结合的代理人培训体系，提升培训效率；完善绩优体系建设。

【员工培训】 平安人寿山东分公司始终将人才培养当作员工管理的第一要务，重视内外勤的成长。最好的培训在平安，培养最优秀的人才。2019年，平安人寿山东分公司搭建内勤各级人才梯队库，分别针对新人、骨干员工、基层管理干部、高层领导开设不同的特色课程，确保人才梯队库的充足性、稳定性和持续性，使其不断提升自我。外勤员工则按照总部远程培训模式操作，借助科技力量实现培训全流程线上化。持续优化入司前培训操作，优化“线上报名”“人脸考勤”流程，严格把控参训学员真实性，提升培训效率。

【客户服务】 在理赔服务方面，平安人寿山东分公司一直倾力为客户打造“简单便捷、友善安心”的服务体验，提出七项服务承诺，包括“信守合约、为客户寻找理赔理由”“异地受理、全国通赔”“重特事故、绿色通道”“标准案件、资料齐全、两日赔付”“服务多渠道，简单便捷真安心”等。2017年重磅推出“闪赔”服务。2019年，“闪赔”案件占比已达55.00%，超6.50万位客户享受到极致“闪赔”服务。

在基础服务方面，一是结合客户需求及日常客户满意度情况反馈，对续期客户服务时效进行了重新强调。明确要求续期服务人员在接到客户需求时必须在一个工作日内进行响应、在五个工作日内完成客户服务需求；通过对续期服务人员进行全面的服务技能培训，提高为客户续期服务水平。二是大力推广多渠道服务。“平安金管家”APP保单服务在为客户提供保单基础信息查询及业务办理的同时，不断优化升级，上线更多服务项目，为客户带来更加安全、快速、便捷的极致服务体验，真正打造了“指尖上的客服中心”。三是不断提高客户服务质量。保护保险消费者合法权益，定期开展存量客户身份识别排查工作，检视客户信息的完整性和准确性，对各触点进行严格把控。

在加值服务方面，2019年，平安人寿山东分公司联动客服节与幕天捐书项目，开展“千城万区”公益行动，号召百万代理人走进万家社区开展“捐书”“平安行动”系列活动。客服节以“陪伴与成长”为核心理念，将客户家庭与少儿作为核心服务群体，为客户家庭提供了涵盖学习、欢乐、呵护、回馈等主题的上千场线上线下活动。客服节与中国最大的有声音频平台喜马拉雅FM合作，宣传推广“平安金管家”APP“平安之声”FM电台，为寿险保单客户提供免费听书的绿色通道。业内首创保险知识科普节目《保险易点通》，每周更新科普保险知识，大力提升客户的维权能力。

（唐 敏、马子誉）

附表1

机构概况一览表

<table>
<tr><td colspan="2">总经理（或其他称谓的第一负责人）</td><td colspan="2">副总经理（或其他称谓的同级领导）</td></tr>
<tr><td colspan="2">黄炳杰</td><td colspan="2">王捷宇、孙志兴、胡海梅、胡月明、陈 侃、邹心书、冯 涛、任志华</td></tr>
<tr><td>地址</td><td>山东省济南市市中区胜利大街56号</td><td>邮编</td><td>250002</td></tr>
<tr><td>网址</td><td>http://www.pingan.com/</td><td>客服电话</td><td>95511</td></tr>
</table>

附表2

内设部门及分支机构一览表

年度	内设机构（个）	下设分支机构（个）		员工人数（人）	
		地市级机构数	县区级机构数	员工总数（含非正式员工）	正式员工数
2015	16	8	84	1,187	1,180
2016	16	8	97	1,396	1,390
2017	17	8	97	1,599	1,577
2018	17	8	97	1,649	1,624
2019	17	8	97	1,681	1,670

附表3

主要统计指标

项目	2015年	2016年	2017年	2018年	2019年	2019年同比增幅（%）
总资产（亿元）	299.41	343.19	395.57	459.08	532.26	15.94
签单数量（万件）	29.24	38.46	48.45	51.96	53.83	3.60
保费收入（亿元）	49.29	64.96	86.16	101.65	111.52	9.71
处理赔案（万件）	8.92	10.45	12.94	15.75	18.33	16.41
赔付支出（亿元）	8.63	12.03	14.64	17.15	16.66	-2.86

注：

1.总资产、保费收入、处理赔案、赔付支出业务口径为个险、银保；个险：济南、烟台、济宁、泰安、枣庄、聊城、德州、菏泽、莱芜；银保：全省不含青岛地区；

2.签单数量业务口径为个险、银保、其他；个险、其他：济南、烟台、济宁、泰安、枣庄、聊城、德州、菏泽、莱芜；银保：全省不含青岛地区；

3.保费收入及赔款支出均按《企业会计准则解释第2号》文后新口径统计。

中国平安财产保险股份有限公司青岛分公司

【第一负责人简介】 黄渭，男，1969年10月出生，四川成都人，中共党员，大学本科学历，美国森坦那瑞大学MBA；1998年6月加入中国平安，历任平安人寿新疆分公司硬件管理室主任、哈密支公司经理、平安产险总部新渠道西区业务部销售总监、西区电销中心总经理等职；2016年11月起任中国平安财产保险股份有限公司青岛分公司（简称平安产险青岛分公司）总经理。

【综述】 平安产险青岛分公司是中国平安财产保险股份有限公司设在山东半岛地区的省级管辖分公司，业务范围覆盖青岛、淄博、潍坊、烟台、威海、日照、临沂七个地市，下辖分支机构59个。平安产险青岛分公司成立27年来，业务发展突飞猛进，经营管理水平稳步提升，大项目承保能力持续加强，与中国船舶集团、中玻集团、山东核电、山东电建、青岛国信集团、青岛地铁、海尔集团、青岛港、日照港、烟台港、烟台中集来福士、南山集团、齐鲁石化、山东海化、歌尔股份、金锣集团等各行业翘楚均保持良好的业务合作关系。近几年，公司先后获得“青岛市纳税50强”“青岛市最佳车险理赔服务产险公司”“山东省消费者满意单位”“全国优质服务公众满意单位”等多项殊荣。

【经营管理】 2019年，在“金融+科技”发展战略指引下，平安产险青岛分公司在数据经营、科技赋能、生态经营等方面部署重点工作，实现业绩稳健增长，为公司持续推升高质量发展提供动能；坚定不移推进科技创新，走智能化、数据化经营之路，依托大数据和“好车主”平台，为广大车主提供理赔信任额度。构建数据驱动的平台化经营模式，持续赋能前端队伍、支持合作伙伴，努力实现“先知、先觉、先行”；秉承“客户导向”经营理念，推动个人、团体客户智慧经营平台落地应用。个人客户智慧经营平台洞察客户需求，赋能客户全流程生态经营，为客户提供定制化的保险服务；团体客户智慧经营平台具备中台支持、营销支持、客户服务、经营决策四大功能，搭建企业客户七大场景线上化、无纸化功能；借助“平安好生活”个人保险生活服务平台，逐步搭建全方位、多层次、差异化的保险保障体系和增值服务体系；践行企业社会责任，不遗余力地参与精准扶贫工作，积极发挥保险社会管理功能，进一步发挥保险业作为社会“稳定器”和经济“助推器”的作用，在民生、政保、医疗健康领域不断提升服务实体经济能力。

【员工培训】　平安产险青岛分公司持续注重提升员工的专业技能及行业竞争力，通过线上线下多种方式的培训促进员工综合技能的提升。

2019年共组织线下培训27次，覆盖管理培训生、入司一年内新员工、行业化销售团队精英、潜质干部队伍、中后台销售支持等群体，通过线下实操及方法论的培训，提升员工自身管理技能及专业技能。

2019年，加快培训工作的线上转型，密切结合AI时代员工对培训需求的改变，应用平安集团自主研发的两大线上智能培训平台——“知鸟”和“知码”APP，组织线上培训达442余次，涉及远程直播、必修课推送、在线考试、话术通关、知识竞答、话题讨论等多种线上方式，覆盖分公司全体员工，满足员工智能时代高效化、碎片化、方便化学习需求。

【客户服务】　2019年，平安产险青岛分公司全面实现承保单证电子化和承保流程线上化改革，车险单证已全面实现电子化，部分财意险也上线电子保单。业务员可通过B端实现业务自助办理，客户通过好车主、官微、小程序等C端实现90.00%的业务线上自助办理。全年车险电子保单占比为99.00%，承保全流程线上化率为99.00%，个车自助批改率为85.00%；平安好车主APP功能升级，全面打造“车保险、车服务、车生活”一站式车服务平台，已上线查保单、一键理赔、车损测算、年检代办等基础服务，同时推出紧急接电、车内消毒、停驶有礼、违章查办等多项特色服务，涉及交管服务、用车养车、保险服务等多个方面，已成为广大客户用车养车的必备神器。在三八妇女节、六一儿童节、圣诞节等节日期间，“好车主”上线30余场专题活动，累计参与用户210万人，受到客户广泛好评。

（王　超）

附表1

机构概况一览表

总经理（或其他称谓的第一负责人）		副总经理（或其他称谓的同级领导）	
黄　渭		霍逢光、陈东永、林　辉、李　强	
地址	山东省青岛市崂山区苗岭路28号平安银行大厦	邮编	266071
网址	http://www.pingan.com/	客服电话	95511

附表2

内设部门及分支机构一览表

年度	内设机构（个）	下设分支机构（个）		员工人数（人）	
		地市级机构数	县区级机构数	员工总数（含非正式员工）	正式员工数
2015	16	8	59	2,143	1,969
2016	16	7	56	2,135	1,927
2017	17	7	59	2,244	2,026
2018	17	7	59	2,345	2,140
2019	13	7	59	2,106	1,992

附表3

主要统计指标

项目	2015年	2016年	2017年	2018年	2019年	2019年同比增幅（%）
总资产（亿元）	61.08	67.44	76.19	88.07	94.25	7.02
签单数量（万件）	366.38	432.07	504.18	606.25	858.26	41.57
保费收入（亿元）	51.17	50.72	59.70	67.23	67.30	0.10
处理赔案（万件）	47.32	45.61	53.66	76.03	97.03	27.62
赔付支出（亿元）	21.16	24.37	26.37	32.70	35.84	9.60

中国平安人寿保险股份有限公司青岛分公司

【第一负责人简介】　李旭，男，1966年出生，籍贯浙江，中共党员，贵州财经学院贸易经济专业本科毕业，经济学学士；1996年12月加入平安人寿，历任贵州分公司人事行政部负责人、贵州分公司总经理助理、四川分公司副总经理、贵州分公司总经理、重庆分公司总经理等职，2019年1月起任平安人寿青岛分公司总经理；先后荣获2004年度集团“优秀经理”、2012年度集团“十五年长期服务纪念章”“三级平安勋章”、2015年度“全国保险系统劳动模范”、2017年度集团“20年长期服务贡献奖”等荣誉或称号。

【综述】　中国平安人寿保险股份有限公司青岛分公司（简称平安人寿青岛分公司）是中国平安人寿保险股份有限公司在山东省设立的第一家二级机构，目前管辖山东省内青岛、淄博、潍坊、临沂、日照、威海、东营、滨州八地市业务。2019年，平安人寿青岛分公司通过47,000余名寿险代理人和119个营销服务网点为超过480万名客户提供了保险保障服务；实现总保费收入180.11亿元，同比增长8.52%，其中新业务规模保费为47.93亿元；期末保户储金及投资款为289.06亿元，年度净增27.06亿元。

【经营管理】　2019年，在我国经济增长放缓和经济结构转型的不利环境下，平安人寿青岛分公司以“提升队伍收入”为目标，主动拥抱变革、调整产品结构。在产品方面，积极响应政府及监管的号召，不断优化产品、服务等各个经营环节，主动进行产品策略调整，积极推动保障型产品开发，着力加强保障型产品经营。在人力方面，跟进“共好晋升”，结合“优才政策”，优化培训体系，力争在增员环境中实现人力管理新突破。在合规方面，严格落实各项监管法规，积极构建风险管控长效机制，发现问题及时处理，避免重大违规隐患产生。

2019年，平安人寿青岛分公司继续贯彻以客户需求为导向的理念，以费率市场化产品和互联网保险产品作为新的增长点，持续推动产品结构优化和调整。全年，保障型产品保费收入实现快速增长，其中普通型寿险新单保费收入为20.72亿元，同比增长37.58%，健康险新单保费收入为22.01亿元，同比增长4.82%，意外险新单保费收入为2.42亿元；上述三类纯保障型产品新单保费合计45.15亿元。

【业务拓展】　2019年，平安人寿青岛分公司通过个险、银保、电销等渠道积极为广大客户提供优质服务。全年个险渠道实现保费收入159.01亿元，同比增长7.85%，银保渠道实现保费收入5.11亿元，同比增长5.81%，电销渠道实现保费收入16.10亿元，同比增长16.67%，三大渠道业务均保持稳健增长态势。

【员工培训】　2019年，平安人寿青岛分公司持续完善分层级员工培训体系。对普通员工、基层主管、中高级经理等各层级人员进行细分，共提供12大类培训，充分满足员工职业生涯发展各阶段的职业素养提升诉求和培训需求。在人才培养方面，采取“双动力”培养模式，即HR培养与直线部门自培养相结合。HR负责通用技能培训，直线部门负责专业技能培训。顺应时代及科技进步，借助线上学习平台，通过课程配送、在线考试、直播培训等方式，有力提升员工培训的及时性、丰富性和全面性，同时为员工自主学习提供优质资源及便利条件。

【客户服务】　中国平安一直致力于成为国际领先的科技型个人金融生活服务提供商，平安人寿借助人工智能持续创新服务模式，在业内率先推出“智慧客服”，通过生物识别、大数据、远程视频、AI科技等技术实现“在线一次性业务办理”，给客户带来“足不出户、安全可靠、高效便捷”的极致服务体验。在健康管理服务方面，持续提升客户体验，线上咨询更加高效快捷。目前该服务全国累计覆盖客户4,581万人，2019年覆盖客户1,730万人；平安人寿青岛分公司辖内累计覆盖客户176万人，2019年覆盖客户70万人。

在理赔环节，平安人寿青岛分公司持续推动销售队伍服务意识的提升，通过引导业务队伍深入学习理赔服务知识，提升专业技能，以服务促进销售；清楚“保险是社会的稳定器”，倡导“回归保障本源”理念，以专业为核心，用实际行动持续向公司客户传递保险的意义与功用，同时深度开展重疾先赔服务，向符合重疾赔付的客户，提供绿色服务通道，切实为客户提供“有温度”的理赔；继续推动线上“安e赔”理赔品牌，通过业务员端“口袋e”APP、客户端“平安金管家”APP、运营督导端“快易达”APP等实现并扩大移动端的理赔在线申请范围，公司后台OCR植入、智能化审核模型、闪赔案件占比的提升，以及快速赔付的“理赔e化”流程，让客户更快地获知理赔结果，感受到商业保险在社会发展中对于民众的实际意义。

（周 琪）

附表1

机构概况一览表

总经理（或其他称谓的第一负责人）		副总经理（或其他称谓的同级领导）	
李 旭		智 勇、徐 前、薛 军、逯星火、李邦海、马 健、王 孟、宛兵亚	
地址	山东省青岛市香港中路61号甲远洋大厦B座5—6层	邮编	266071
网址	http://www.life.pingan.com/	客服电话	95511

附表2

内设部门及分支机构一览表

年度	内设机构（个）	下设分支机构（个）		员工人数（人）	
		地市级机构数	县区级机构数	员工总数（含非正式员工）	正式员工数
2015	15	7	64	1,247	1,235
2016	15	7	67	1,384	1,373
2017	16	7	73	1,683	1,676
2018	16	7	92	1,705	1,702
2019	16	7	92	1,690	1,688

附表3

主要统计指标

项目	2015年	2016年	2017年	2018年	2019年	2019年同比增幅（%）
总资产（亿元）	497.39	576.63	645.83	779.08	910.30	16.84
签单数量（万件）	41.15	51.83	64.74	87.64	78.52	-10.41
保费收入（亿元）	25.08	37.68	53.81	54.36	47.93	-11.83
处理赔案（万件）	10.98	13.09	16.17	20.45	24.67	20.64
赔付支出（亿元）	12.06	15.99	20.23	27.41	28.06	2.37

中国太平洋财产保险股份有限公司山东分公司

【第一负责人简介】 戴荣达，男，汉族，1964年1月出生，江苏泰州人，工程师，香港浸会大学工商管理专业硕士研究生，1988年11月加入中国共产党，1982年9月参加工作；2000年8月进入保险行业，历任中国太平洋财产保险股份有限公司组织部专务、副处长、处长，人力资源部总经理助理、组织部部长助理、副总经理、副部长；2011年3月任中国太平洋财产保险股份有限公司无锡分公司党委书记、总经理，2013年3月任中国太平洋财产保险股份有限公司江西分公司党委书记、总经理；2017年3月任中国太平洋财产保险股份有限公司山东分公司（简称太平洋产险山东分公司）党委书记、总经理。

【综述】 太平洋产险山东分公司是太平洋产险系统在山东省的管辖公司，承保以人民币和外币计价的各种财产保险、短期健康保险和意外伤害保险业务，承保业务涉及电力、汽车、农业、机械、化工、电子、水利、建筑、桥梁、公路、航空航天、船舶以及高科技产业等各行各业、各个领域。太平洋产险山东分公司下辖150家支公司、11家营销服务部，分支机构遍布全省。

2019年，太平洋产险山东分公司实现保费收入59.98亿元；全年累计服务个人客户160万人、团体客户4.40万家。全年累计提供风险补偿27.30亿元。

【经营管理】 2019年，太平洋产险山东分公司深入推进转型发展，以“太保服务”为牵引，践行转型2.0，强化创新引领，配套科技赋能与人才队伍支撑，坚持客户经营不动摇，聚焦服务能力建设，积极转换发展动能，努力在区域突破中推动和实现高质量发展。

一、服务国家战略，构建创新驱动体系

太平洋产险山东分公司积极响应政府号召，围绕乡村振兴战略，统筹布局，扎实推进山东乡村建设工作。顺应发展趋势，加快农险发展。推介太保“e农险”“保险+期货”等创新优势，有序组织农险招标。

促进经济发展，服务转型升级。通过总部经济优势、保险资金运用、保证保险产品等助力山东当地经济发展，增添金融市场活力。

改善民生保障，践行社会责任。设计推广“山东特色、创新升级”的“防贫保险”产品和服务。在潍坊、枣庄、德州、济宁等地为15万建档立卡人群提供保险保障，利用脱贫守护保险解决贫困群体因病、因学、因意外造成的返贫问题。积极参与“灾害救助”，做好2019年“利奇马”超强台风的应对工作。通过灾前防灾防损、灾中快速救援、灾后迅速查勘理赔，助力灾后重建及恢复生产。运用微信自助、AIC智能检测、远程视频定损、无人机全景采集等智能理赔工具快速查勘定损。

二、坚持以客户需求为中心，加强客户经营模式创新

建立全员客户经理制，提供全生命周期客户服务。推动线上化平台建设，丰富服务体系内容，将微信公众号和个人微信工作号定位为线上客户经营的重要平台。探索风控新模式，在风险“减量”中做大“供给侧”，从简单的“险后”补偿转向“险中”防控、险前“预警”，建立风险减量管理新商业模式。构建“智慧防护保”平台，以“保险+服务”的业务模式切入传统业务领域，在利用物联网及相关技术提升风险管理能力方面进行了新的探索和尝试。

三、加强党的建设，贯彻落实主题教育实施工作

根据集团党委和总公司党委的部署，结合山东实际情况，制定并下发《山东分公司贯彻落实集团党委关于开展“不忘初心、牢记使命”主题教育的实施方案》，制定详细的任务清单。按照主题教育工作指引的要求，组织主题教育党委班子中心组学习（5次）、主题教育党日活动（2次）、主题教育基层调研（8次）、形成调研整改意见（50条次）。按照分公司主题教育实施方案，组织辖内各级党组织开展专项活动；发挥工会、团委组织优势，联系广大群众、发动青年员工，开展群众性主题教育宣传工作，进一步密切党群关系。

【业务拓展】 2019年，太平洋产险山东分公司在严控业务风险的前提下，开展了多种产品创新。“精防保”智慧管理平台、“智慧防护保”平台、“洋务通”管理平台的研发和应用不仅促进了公司业务发展，更是服务助力社会经济。

2019年，太平洋产险山东分公司积极拓展重大财产险项目。承保晨鸣集团财产险、货运险等一揽子业务，累计保额达994亿元；承保利星行机械（昆山）有限公司工程机械综合保险，累计保额达22.00亿元；承保民航机队航空器综合保险业务，累计保额达1.20亿元；承保中远物流的物流责任险业务，累计保额达2.00亿元；承保北京地铁工程险及运营保险业务，累计保额达151.00亿元；承保济南轨道交通集团建设投资有限公司工程险业务，累计保额达5.00亿元；承保国网山东省电力公司一揽子业务，累计保额达180.00亿元；承保华电集团一揽子业务，累计保额达793.00亿元。

【员工培训】 2019年，太平洋产险山东分公司围绕公司经营发展目标，加强关键人才培养。开展线上线下培训，着力提高员工各项保险业务能力和素质，为公司加快发展提供智力支撑。重点开展高管培训、县域储备经理“蓝海特训营”培训班、“师课同建”讲师培训、“启航太平洋”新员工培训，以及各条线专业培训班等。积极贯彻落实集团、总公司培训工作要求，组织落地培训项目，根据不同参训对象的特点，量身定制培训课程，强化培训针对性、有效性，助力公司业务加快发展。

【客户服务】 一、服务评价蝉联AAA

2019年，太平洋产险山东分公司积极贯彻银保监会、总公司各项要求，持续开展“看行业、看自身、看客户”系列活动，推动太保服务各项举措落地实施，重协同、重监管、重服务，有序推进各项服务评价工作，优化基础管理建设，加强新工具应用，推出太好车、太贴心、互信赔、专享赔、e农险、权益中心等线上承保理赔服务工具，保证客户服务的可得性和顺畅便捷，不断提升服务质效，切实提高消费者的服务体验和满意度。2019年，太平洋产险山东分公司面向客户做好各项消费者知识宣传普及工作，通过线上携手主流媒体、线下融入互动活动等方式开展金融服务宣传月活动，提高客户风险防范意识，践行公司社会责任。最终山东分公司服务评价连续两年获得了司内最高的AAA评级，为总公司达成银保监会服务评价最高评级AA助力。

二、深化车险电子保单推广

2019年，太平洋产险山东分公司不断深化车险电子单证推广，实现了承保全流程电子化，为广大车险消费者提供更便捷、更高效的保险服务和交互友好的全新体验。全辖家庭自用车电子保单覆盖率达98.00%，全险种、全车型电子保单覆盖率达90.00%，全辖车险电子投保单覆盖率达85.00%。2019年仅单证印刷节省用纸超700万张，用实际行动积极倡导节约资源和保护环境。

三、举办第三届客户节

2019年10月，太平洋产险山东分公司推出为期一个月的第三届客户节。本届客户节以“共享美好”为主题，与客户共同记录保险时代的变迁，为客户送出专属红包礼遇，传递公司对全体客户的祝福，与客户相聚岱岳之巅共享美好，见证公司在保险服务领域中的最新成果，以及从公司高管到一线全员服务的价值与理念。太平洋产险山东分公司牢记责任使命，坚持以服务国家战略、实体经济和人民美好生活为根本，积极发挥保险社会“稳定器”和经济“助推器”的作用，用责任担当、用智慧加码、用温度守护，做优做实“太保服务”。客户对此次客户节提供的极致服务给予了高度评价和肯定。

（李 宁、赵 荣）

附表1

机构概况一览表

总经理（或其他称谓的第一负责人）		副总经理（或其他称谓的同级领导）	
戴荣达		韦 慧、徐 冰、李家裕、李昆明、李宏宇、邹 雷	
地址	山东省济南市历下区经十路13777号中润世纪广场15栋	邮编	250014
网址	http://www.property.cpic.com.cn/xccbx/	客服电话	95500

附表2

内设部门及分支机构一览表

年度	内设机构（个）	下设分支机构（个）		员工人数（人）	
		地市级机构数	县区级机构数	员工总数（含非正式员工）	正式员工数
2015	19	16	149	3,409	3,085
2016	19	16	153	3,403	3,080
2017	27	16	153	2,885	2,611
2018	27	16	152	2,988	2,704
2019	28	16	150	2,976	2,698

附表3

主要统计指标

项目	2015年	2016年	2017年	2018年	2019年	2019年同比增幅（%）
总资产（亿元）	7.97	8.98	12.98	13.25	15.31	15.55
签单数量（万件）	1,755.24	2,358.65	2,107.93	2,515.92	3,466.61	37.79
保费收入（亿元）	45.14	43.22	47.38	52.70	59.98	13.82
处理赔案（万件）	49.94	36.42	34.36	38.15	45.90	20.31
赔付支出（亿元）	26.79	25.76	23.05	25.86	27.29	5.53

中国太平洋人寿保险股份有限公司山东分公司

【第一负责人简介】　郜富春，男，1967年12月出生，汉族，研究生学历，硕士学位，经济师；1990年8月参加工作，1998年6月加入中国共产党。2008年至今，历任中国太平洋人寿保险股份有限公司山西分公司总经理、党委书记、总公司客户资源管理部总经理，现任中国太平洋人寿保险股份有限公司山东分公司（简称太平洋寿险山东分公司）党委书记、总经理；2009年9月至2012年6月曾任第三届山西省保险行业协会会长，先后获得“2011年度中国保险杰出领导力奖”“2011中国最受职业经理人推崇的企业家”“2012年度卓越职业经理人”“2015年、2016年太平洋保险集团‘海洋之星’全国一等奖、总裁二等奖”“山东省金融学会2018—2019年度先进工作者”等荣誉。

【综述】　太平洋寿险山东分公司是中国太平洋人寿保险股份有限公司在山东地区的分支机构。

2019年，太平洋寿险山东分公司在政府和监管部门的正确领导下，紧紧围绕集团、总公司“客户体验最佳，业务质量最优，风控能力最强，成为行业健康稳定发展的引领者”转型2.0工作要求，坚持“价值可持续增长”的经营理念，积极应对外部环境挑战，公司上下通过不懈努力，业务整体发展稳定，队伍建设质量并举，客户经营能力有所提升，标保贡献稳中有进，取得良好成效。2019年，公司保费收入为158.93亿元，同比增长5.41%，系统内排名第一位；队伍机构不断优化，年末总人力为75,518人，同比增长16.50%。

太平洋寿险山东分公司以“做一家负责任的保险公司”为使命，积极开展精准扶贫和社会公益工作。2019年，通过大病保险扶贫模式，为28.17万名建档立卡人口提供了1,708.94亿元的医疗风险保障，赔付3,626.07万元；参与扶贫特惠保险项目，为近2万名建档立卡贫困人口提供近60.00亿元的保障，累计赔付776.00万元；与枣庄市扶贫办展开合作，为全市11.25万建档立卡贫困人口提供亿万保障。

【经营管理】　2019年，太平洋寿险山东分公司秉承“队伍为基、客户为本、产品为体、体验为魂”的经营理念，以“聚焦队伍”为内核，坚持高质量队伍建设，实现“优增、强训、高留”；以“聚焦赋能”为支撑，科技赋能、产品赋能、服务赋能；以“聚焦价值”为方向，实现价值可持续增长。扬长避短，苦练内功，扎实落地人力发展、培训赋能、基础管理、客户经营四项重点工作，努力实现队伍又快又好发展、产能稳步提升。

【业务拓展】　2019年，太平洋寿险山东分公司主要从“队伍建设、客户经营、转型赋能及强化协同”等方面稳步推进业务发展。队伍建设方面，聚能发力，加快高质量人力发展，主要从“机构差异化推动、常态增员提速和晋升强体双赢”三个层面推动高质量的人力发展及深化“双基”，实现可持续的产能提升；客户经营方面，强化协同赋能，提升获客能力，以太保蓝本为核心，搭建多个平台；转型赋能方面，通过训练式早会、新人训练标准化、双新工程、PVC客户管理系统、深化科技个险运用，赋能业务发展；强化协同方面，推动寿销车自有客户、产险优质名单资源共享，持续推进“双百工程”寻求突破，积极升级太优贷，实现多渠道协同新跨越。

2019年底，团体业务进行架构优化，推进政保业务管理精进、增量扩面、科学布局，团险业务创新销售模式、优化业务结构、提升价值，团个协同巩固成果、持续深化；通过“双创、双控”，实现“双升、双降”，持续探索团体业务高质量发展之路，努力构建健康稳定发展的生态圈。

【员工培训】 2019年，太平洋寿险山东分公司立足现实、尊重规律，紧紧围绕业务可持续发展，积极探索并创新双轮驱动模式，建立内外勤培训体系，通过培训赋能一线，取得了较好的成效。围绕内勤管理团队梯队建设及管理能力赋能，以增强组织学习基因，加强员工能力建设，保障转型人才供给为目标，聚焦师资支撑队伍技能提升，落地一线，赋能一线，内育外引，主要采取了“新员工线上及线下培训、微课堂线上培训、T-MBA人才培养计划、青年员工轮岗计划、管培生人才引进计划”。切实将培训作为人才发展的助推器，为实现公司经营目标和转型目标提供人才支撑和组织保障。针对外勤团队自主经营意识及能力提升，围绕“夯基赋能·标准落地”，持续落实四项“标准化”——岗前培训、衔接训练、准主管培育、训练式早会，深入推动四项“体系化”——主管辅导、绩优培育、产品推动、师资培养，打造健康持续经营新动能，支撑队伍持续成长。

【客户服务】 2019年，太平洋寿险山东分公司以客户为中心，深入推进营运“1231”工程建设，围绕客户关键旅程，优化服务流程、界面，提升客户体验；依托科技平台、数字支撑，推进智能应用项目集群落地和成果转化，持续打造“智慧、责任、温度”的太保服务。

一、升级服务模式，促进客户体验

持续升级服务模式，升级服务触点，改善客户体验：推动全司业务共享和客户便利化，实现服务全国通办，作业全司共享；规范服务行为，建立长效客户诉求快处机制，保护消费者权益；精细打造“理赔信使”与“服务管家+灵犀二号”服务团队，给客户带来有温度的服务；发布运营“泉遇·智享家”门店，以体验式服务提升客户满意度。

二、延伸服务生态，优化服务举措

统一服务柜面标准，从客户视角出发，梳理形成规范的客户旅程多触点服务流程，打造“体验式服务+场景化营销”柜面服务体系。同时以“灵犀智能机器人”和“云柜面”为代表的智能柜面服务则通过语音交互、图像识别、智能路由等技术，打通移动服务“最后一公里”，让客户享受足不出户的智能“云”保全服务。

三、布局科技赋能，丰富智能供给

借助科技智能应用，进一步为客户提供极速、极简、有温度的服务。借助智能承保、易核保、云柜面、太e赔、太慧赔、扫码快赔等智能用，全程呵护客户的投保、理赔、变更等保险服务。2019年，实施“太e赔、直连快赔、扫码报案、绿色通道、暖心服务”五大服务举措，提升理赔服务能级，实现客户从出险至收款的“一站式”智慧、温暖的理赔体验。

四、畅通绿色通道，践行社会责任

拓宽线上线下多种服务渠道，全国统一客户服务电话95500，保证7×24小时服务，为客户提供咨询、查询、投诉和报案等服务；针对重大事件（如特大交通事故、洪水、雪灾、地震、飞机失事等）开通绿色理赔通道，及时主动寻找客户，核实身份，快速处理。2019年，山东首赔“利奇马”“斯里兰卡恐怖袭击”案件，得到当地政府的认可和社会好评。

（李炳宪）

附表1

机构概况一览表

总经理（或其他称谓的第一负责人）		副总经理（或其他称谓的同级领导）	
邰富春		唐德亮、李哲、庄岩、蒋鹏、张剑、马希梅	
地址	山东省济南市经十路13777号中润世纪广场14栋	邮编	250014
网址	http://www.cpic.com.cn	客服电话	95500

附表2

内设部门及分支机构一览表

年度	内设机构（个）	下设分支机构（个）		员工人数（人）	
		地市级机构数	县区级机构数	员工总数（含非正式员工）	正式员工数
2015	18	16	128	2,722	2,699
2016	19	16	130	2,852	2,844
2017	18	16	129	2,940	2,927
2018	21	16	129	3,069	3,057
2019	17	16	129	3,076	3,063

附表3

主要统计指标

项目	2015年	2016年	2017年	2018年	2019年	2019年同比增幅（%）
总资产（亿元）	24.23	28.54	35.34	42.05	48.01	14.20
签单数量（万件）	301.40	346.69	619.61	586.70	584.42	-0.39
保费收入（亿元）	86.81	109.87	134.15	150.78	158.93	5.41
处理赔案（万件）	5.08	6.10	8.32	12.20	14.83	21.56
赔付支出（亿元）	6.28	12.71	12.40	14.80	16.25	9.80

华泰人寿保险股份有限公司山东分公司

【第一负责人简介】 刘永谋，男，1972年出生，中共党员，山东大学EMBA，现任华泰人寿保险股份有限公司业务总监兼山东分公司党委书记、总经理；曾任吉林通用机械集团副总经理、团委书记，吉林经贸委处长助理等职；2001年加入平安保险公司，2015年任职华泰人寿保险股份有限公司山东分公司（简称华泰人寿山东分公司）总经理，入选华泰集团高潜后备干部培养计划；被山东省企业家协会、山东省企业联合会等六部门授予第二十三届“山东省优秀企业家”荣誉称号，并获得《中国保险报》、中保网评选的“中国保险机构年度经理人”称号；2018年获中国保险行业协会“中国保险行业2018年度营销管理（人身保险）核心人才”荣誉称号，2019年被《中国保险报》评选为“2019年中国保险年度经理人”。

【综述】 华泰人寿保险股份有限公司是一家总部设在北京的全国性寿险公司，2005年正式开业，目前已开设20家省级分公司及400余家分支机构和营业网点。其主要股东华泰保险集团股份有限公司，在坚持业务稳步发展的同时，依靠内生式资本积累，逐步发展为集财险、寿险、资产管理于一体的金融保险集团；另一主要股东美国安达集团，曾被《福布斯》杂志评为130家全球业绩最佳企业之一。

华泰人寿山东分公司秉承“专业品质、恒久保障”的经营理念，坚持合规经营，在全省14个地市设立了分支机构，内外勤综合人力已达5,500余人。2018年度，华泰人寿山东分公司被人民银行山东省分行评为A类机构；2019年上半年，被人民银行济南分行评为2018年度反洗钱A类机构，并连续三年获得山东银保监局监管评级A类。

华泰人寿山东分公司积极履行社会法人职责，努力回馈社会。积极开展“小小铅笔”爱心公益活动，关注留守儿童；积极响应国家精准扶贫号召，帮扶贫困群众；配合交警部门宣传交通安全知识，为小学生捐赠荧光衣；通过开展多种形式的社会公益活动，做一名称职的社会公益法人。

【经营管理】 华泰人寿山东分公司2019年规模保费收入为7.66亿元，同比增长19.31%。万张保单投诉量为0.25件/万张，亿元保费投诉量为2.87件/亿元。

【业务拓展】 华泰人寿山东分公司以个险业务为主营渠道，收展、团银、综拓为辅助渠道，各项业务齐头并进，有序发展。

一、个险营销渠道围绕团队、绩优和平衡三个指标进行绩效考核。形成人有指标、做有路径、奖有标准、学有典范的管理环境。该渠道考核结果在2019年的各项指标中皆名列华泰系统前茅。

二、收展渠道紧紧围绕“队伍建设、基础管理、客户挖掘”三大核心，紧盯K2继续率。2019年全年K2、K3继续率均在90.00%以上，新单开拓606.00万元。

三、团银渠道围绕“渠道开拓、团单增长、项目突破”三大重点，立足交叉、渠道和直销多轮齐转。2019年呈现了思路有新意、发展有新奇、业务有新绩的良好局面。

四、综拓渠道为华泰人寿新开产寿协同业务渠道，2019年综合保费收入为3,053.83万元。

【员工培训】 2019年，围绕“组织发展”主线，完善培训体系化建设，推广智能化微课应用，支持提升中支机构的培训自主化能力。全年分公司层面共计举办各类培训班24期、培训1,408人次，为业务发展奠定了坚实的基础。对内勤、中高层及红专人才等员工，进行了针对性的培训，共计116人次、26课时。

【客户服务】 华泰人寿山东分公司致力于“专业服务、客户至上”的客户服务理念，严格履行反洗钱法定职责、积极进行反欺诈、非法集资宣传，切实保护消费者权益。通过设立微信公众号、定期组织客户服务节、优质客户健康体检、移动投保创新服务等活动，不断优化公司服务流程、提升客户服务体验。

（徐星文、王建群）

附表1

机构概况一览表

总经理（或其他称谓的第一负责人）		副总经理（或其他称谓的同级领导）	
刘永谋		—	
地址	山东省济南市历下区泺文路48号	邮编	250011
网址	http://www.life.ehuatai.com/	客服电话	95509

附表2

内设部门及分支机构一览表

年度	内设机构（个）	下设分支机构（个）		员工人数（人）	
		地市级机构数	县区级机构数	员工总数（含非正式员工）	正式员工数
2015	11	12	35	294	294
2016	11	12	39	304	304
2017	13	13	46	350	350
2018	13	13	52	411	411
2019	13	14	55	403	403

附表3

主要统计指标

项目	2015年	2016年	2017年	2018年	2019年	2019年同比增幅（%）
总资产（亿元）	0.48	0.69	0.94	1.18	1.49	26.27
签单数量（万件）	2.94	4.60	5.69	6.02	7.16	18.94
保费收入（亿元）	0.82	1.33	1.95	2.04	2.05	0.49
处理赔案（万件）	0.29	0.36	0.44	0.54	0.75	38.88
赔付支出（亿元）	0.63	0.75	0.81	0.63	0.70	11.11

太平财产保险有限公司山东分公司

【第一负责人简介】 陈中乾，男，汉族，1968年11月出生，中共党员，大学本科学历，从事保险工作20余年；曾经在平安保险、安邦保险及太平财产保险有限公司任职；2009年12月，任太平财产保险有限公司山东分公司党委书记、总经理；2016年3月，任太平财产保险有限公司市场总监兼山东分公司党委书记、总经理；2017年12月起，任太平财产保险有限公司助理总经理兼山东分公司党委书记、总经理。

【综述】 太平财产保险有限公司山东分公司（简称太平财险山东分公司）隶属于保险央企中国太平保险集团，设立于2003年7月，下设威海、潍坊、淄博、滨州、济宁、烟台、济南、临沂、德州、日照、东营、聊城、菏泽、枣庄、泰安、莱芜16家中心支公司和55家支公司，服务网络遍布全省，主要经营车险、财产险、水险和意康险等业务。2019年完成保费收入22.02亿元，同比增长3.00%，市场排名第八位；实现利润0.72亿元，连续10年经营盈利，实现保费规模与经营效益持续增长。

【经营管理】 2019年，在中国太平保险集团“共享太平”的发展理念指导下，太平财险山东分公司勇担重任，坚决执行渠道专业化、管理精细化战略，保持良好发展势头。

一、深化“产品—渠道—机构”三维互动

车险严格执行“报行合一”监管要求，财产险在政保项目、集签客户等方面集中对接，农险推行全辖三、四级机构县域承保资格落地。通过加强三级机构承保牵头人队伍建设，支持一线业务发展，构建“产品—渠道—机构”的三维互动体系，支撑公司整体发展。

二、加强县域布局，提升服务覆盖范围

2019年，太平财险山东分公司新开济宁邹城、临沂沂南、东营广饶、菏泽单县4家四级机构，县域覆盖规模进一步提升。在机构发展中，太平财险山东分公司建立了垂直化的支持体系，根据不同县域的经济特征、地理位置、人文特色差异性地配置队伍和资源，扩大当地行业影响力。

三、贯彻国家战略，向服务国家战略转型

中国太平保险集团的战略新定位，是要把财险打造成为“集团服务国家战略的主要平台和创新发展的重要力量”。在这一战略指引下，太平财险山东分公司严格对标山东省委省政府下发的一系列关于加强推进山东经济新旧动能转换发展的相关要求，重点布局山东省八大战略。在新旧动能转换、乡村振兴、海洋强省、打造对外开放新高地等各方面致力于提供风险保障。

四、管控金融风险，合规保驾护航

太平财险山东分公司坚持风险为本，借助行业规范建设年活动、反洗钱现场检查、管理基础大检查等契机，梳理规章制度、理顺工作链条、强化风险管控职能、赋能机构合规，推动本条线实施转型升级，提高合规风控能力。在2019年度反洗钱工作中，太平财险山东分公司获评反洗钱先进单位，临沂中心支公司获得反洗钱业务竞赛团体优秀组织奖。

五、全面从严治党，提供政治保障

夯实党建主体责任，太平财险山东分公司成立了党建工作领导小组并建立了党建工作专题研究会议制度，实施了“季度+年度”党组织书记述职考评机制，继续实施“量化考核、分类定级”党建考核机制。科技赋能，探索“互联网+智慧党建”云管理平台。开展“支部牵头干、部门马上办”活动，全年共办理109项需办事项，党员、群众满意度达到100.00%。大力推行“主题党日+”模式，提高生活质量。高质量开展“不忘初心、牢记使命”主题教育，为保险业发展汇聚强大力量。

【业务拓展】 2019年，太平财险山东分公司坚定扛起服务国家战略大旗，重点布局山东省八大战略，在乡村振兴和海洋强省方面重点创新。在乡村振兴方面，国内首创农业社会化经营主体收入保险，对加快农村改革，促进新型集体化经营，提高村集体和农民收入，化解农户和新型经营主体后顾之忧，加快土地流转速度，推广农业社会化服务和土地托管服务，带动乡村振兴特别是产业振兴、组织振兴具有重要意义。在海洋强省方面，国内首创海洋牧场创新项目，创新推出深远海网箱“保险+信贷”项目，这是金融服务创新项目“保险+信贷”首单业务，填补了该领域国内空白，为山东海洋强省战略做出贡献，成功入围农业农村部金融支农创新项目采购清单。

【员工培训】 2019年，太平财险山东分公司全方面开展各条线、多层次的培训，成功举办了各类培训117期，覆盖6,955人次。其中，内外勤新人培训共举办9期、覆盖1,256人次，新进干部培训5期、覆盖53人次，岗位专业技能提升培训88期、覆盖4,986人次，管理技能类培训7期、覆盖371人次，赋能分享类培训7期、覆盖289人次。公司建立了岗前培训制度，为新进130余名员工提供岗前培训。

【客户服务】 2019年，太平财险山东分公司以提升时效、降赔减损为主要工作方向，经营模式逐步向以客户为中心转型，稳步提升公司整体客户服务水平。车损案件推行“小案快处、快赔，大案快到、快定”；人伤案件实施“快”“免”“暖”，全流程客户自助、微信自助理赔、视频定损、DPR模式，小额人伤线上快赔、人伤免单证、人伤住院无忧、人伤伤残免鉴定，打造线上理赔队伍，实现“一站式”在线理赔。

（杜钦杰、张 祥）

附表1

机构概况一览表

<table>
<tr><td colspan="2">总经理（或其他称谓的第一负责人）</td><td colspan="2">副总经理（或其他称谓的同级领导）</td></tr>
<tr><td colspan="2">陈中乾</td><td colspan="2">李 健（副总经理）、邵 立（助理总经理）</td></tr>
<tr><td>地址</td><td>山东省济南英雄山路129号祥泰广场1号楼19层</td><td>邮编</td><td>250002</td></tr>
<tr><td>网址</td><td>http://www.etaiping.com/</td><td>客服电话</td><td>95589</td></tr>
</table>

附表2

内设部门及分支机构一览表

年度	内设机构（个）	下设分支机构（个）		员工人数（人）	
		地市级机构数	县区级机构数	员工总数（含非正式员工）	正式员工数
2015	11	15	31	1,822	1,339
2016	12	16	42	3,035	1,583
2017	14	16	46	4,030	1,788
2018	16	16	51	4,595	1,983
2019	16	16	55	4,837	2,130

附表3

主要统计指标

项目	2015年	2016年	2017年	2018年	2019年	2019年同比增幅（%）
总资产（亿元）	0.94	1.04	2.65	4.89	5.43	11.00
签单数量（万件）	76.96	96.47	128.64	171.36	245.40	43.20
保费收入（亿元）	11.71	15.31	18.96	21.38	22.02	3.00
处理赔案（万件）	10.99	16.40	19.45	24.46	24.27	-0.80
赔付支出（亿元）	4.26	5.99	7.31	9.52	9.68	1.70

太平人寿保险有限公司山东分公司

【第一负责人简介】 彭献民，男，汉族，中共党员，1967年6月出生，1989年7月毕业于南开大学，大学本科学历；1989年7月至2001年11月，曾在中国人民保险公司江西分公司、平安保险任职；2001年11月至2016年4月，历任太平人寿总公司部门负责人、大连分公司总经理、苏州分公司总经理等职；2016年5月起任太平人寿保险有限公司山东分公司（简称太平人寿山东分公司）党委书记、总经理。

【综述】 太平人寿山东分公司于2003年7月28日在济南正式开业，服务网络覆盖全省（除青岛）。截至2019年末，辖内共设有16家中心支公司、62家支公司、16家营销服务部；期末有效承保人次为592.87万，期末有效保险金额为40,773.45亿元。

2019年，太平人寿山东分公司坚持以习近平新时代中国特色社会主义思想为指引，紧跟太平集团“国家所需、太平所向”的战略导向，坚持“共享太平”的发展理念，全力践行“为您分担风险、与您共享太平”的社会责任，围绕“创造安全、健康、富裕的美好生活”的太平使命，在激烈的竞争环境中，各项业务始终保持健康稳定的发展态势。

【经营管理】 2019年，在中国太平集团和太平人寿总公司的正确领导下，太平人寿山东分公司按照“稳增长、争进位、强基础、防风险、优服务”的经营方针，迎难而上、砥砺前行，公司发展稳中有进，市场份额不断提升。一是业务发展稳中有进，市场份额不断提升。在新会计准则下，2019年，太平人寿山东分公司实现原保险保费收入135.46亿元，同比增长15.30%，其中新单保费收入40.52亿元，续期保费收入94.94亿元；原保险保费收入市场排名第五，与2018年持平；市场份额为6.70%，较2018年末提升0.30个百分点。二是坚守底线，防范风险。夯实基础工作，培育合规文化。落实反洗钱工作要求，加强反洗钱宣传。完善合规管理体系，提升全员合规的自觉性和主动性。创新落实纪检各项工作部署，做细做实日常监督。三是坚持创新驱动。公司常规化举办“创客大赛”，创新开办“创新论坛”。经过“创太平”首届创客大赛，“谋赢2018”第二届创客大赛及“谋胜2019”第三届创客大赛，公司及各中支内勤员工的创新积极性更高，公司的创新氛围更浓厚。

【业务拓展】 太平人寿山东分公司围绕“创造安全、健康、富裕的美好生活”的太平使命，用服务打动客户，用服务赢得市场，推动业务高质量发展。创新经营模式，用服务赢得市场。以高端客户为突破点，以高品质主顾经营活动带动业务发展，通过TMBA班、儒商问道服务吸引高净值客户，积极推进服务平台建设。

【员工培训】 太平人寿山东分公司以多主题多方式培训，丰富不同层级干部员工的视野，提升岗位技能。增补“远航计划”“启航计划”，落实人才库建设；通过“新员工轮岗锻炼”，组织“启航训练营”等项目累计推动255人次员工参与各类轮岗交流；与山东大学、北京大学合作开展“青春赋能”素质提升培训，持续推动员工EAP培训，组织“幸福领导力”中管干部培训等，持续提升干部员工岗位技能和基本素养。

【客户服务】 2019年，太平人寿山东分公司始终坚持“创造卓越客户体验”的理念，坚守“以客户为中心”的初心，致力于不断提升客户服务体验。

一、“用新”提速，创造更加便捷的服务体验

建设智慧营业厅，实现了让客户全程零排队、零等待；积极推动空中签名、太平慧眼、太平通APP等潮品体验型服务项目在山东落地，极大地提升了太平在齐鲁大地的知名度和品牌美誉度；积极推动全流程电子化服务进程，优化“运营在线”服务咨询平台，推广“秒赔”服务。

二、“用心”服务，打造全方位的服务形式

坚持“以客户为中心”，建立了“健康、讲座、文娱”多样化的客户服务活动体系。增值服务使用率同比增长75.00%；有近900位VIP客户申请非体检类增值服务，服务申请率同比增长96.00%；24小时电话医生共使用686例，占比为41.40%，专家门诊预约共使用521例，占比为31.40%，住院探视服务共使用247例，占比为14.90%；专家门诊预约服务共使用521例，同比增长102.70%。

（郭 凯）

附表1

机构概况一览表

总经理（或其他称谓的第一负责人）		副总经理（或其他称谓的同级领导）	
彭献民		曾 青、柳 涛、赵 琳、刘 敬	
地址	山东省济南市共青团路25号绿地普利中心19层、25层	邮编	250000
网址	http://www.cntaiping.com/	客服电话	95589

附表2

内设部门及分支机构一览表

年度	内设机构（个）	下设分支机构（个）		员工人数（人）	
		地市级机构数	县区级机构数	员工总数（含非正式员工）	正式员工数
2015	14	16	75	2,142	1,037
2016	16	16	78	2,600	1,212
2017	17	16	78	3,041	1,284
2018	19	16	78	2,834	1,345
2019	19	16	78	2,525	1,401

附表3

主要统计指标

项目	2015年	2016年	2017年	2018年	2019年	2019年同比增幅（%）
总资产（亿元）	38.68	28.41	36.32	52.54	65.54	24.75
签单数量（万件）	49.54	44.06	63.67	101.06	124.48	23.17
保费收入（亿元）	69.75	84.03	103.77	117.48	135.46	15.30
处理赔案（万件）	3.10	3.66	4.76	8.47	12.91	52.38
赔付支出（亿元）	14.63	13.70	14.48	18.72	17.58	-6.07

三、信托公司

山东省国际信托股份有限公司

【第一负责人简介】 万众，男，1973年9月15日出生，江苏六合人，1996年7月毕业于山东经济学院国际贸易系，2002年毕业于天津财经学院，管理学硕士，高级经济师；1996年参加工作，历任山东省国际信托股份有限公司基金贷款管理部项目经理、基金投资部经理、信托业务二部经理、公司副总经理，鲁信实业集团有限公司总经理、董事长，山东省国际信托股份有限公司党委副书记、总经理；现任鲁信集团党委委员、副总经理，山东省国际信托股份有限公司（简称山东国信）党委书记、董事长。

【综述】 山东国信初创于1987年3月，是经中国人民银行和山东省人民政府批准设立的非银行金融机构。2007年6月，获中国银监会批复同意换发新的金融许可证，名称变更为"山东省国际信托有限公司"。2015年7月，完成股份制改造工作，正式更名为"山东省国际信托股份有限公司"。现为中国信托业协会理事单位。

山东国信立足于打造"一流的资产管理专业服务商+卓越的综合金融服务提供商"，现已发展成为以资金信托、财产信托、投资银行、资产管理和证券投资基金等业务为主，投资方式涵盖贷款、股权投资、资产证券化、收益权证券化、融资租赁等多种形式的综合性金融服务机构，拥有一大批优质的企业合作伙伴和忠诚的高净值客户资源，形成了规范的公司治理体系，综合实力不断增强，盈利手段日益丰富，具有很好的社会信誉和品牌影响力。

【信托业务】 2019年，山东国信牢牢把握"稳中求进"的工作总基调，统筹推进"强党建、促改革、回本源、助实体、优结构、防风险"各方面工作，总体保持平稳运行。

一、提质增效，信托业务结构持续优化

2019年实现营业收入18.87亿元，同比增长11.33%；受托管理的信托资产规模达2,576.64亿元，同比增长11.10%。信托资产结构质量持续优化，"提质增效"效果显现。2017—2019年，主动管理业务规模增长趋势明显，分别达到779.06亿元、896.60亿元和1,096.80亿元，规模占比分别为29.60%、38.70%和42.60%，业务收入贡献率逐年递增，分别为69.40%、70.40%和76.78%。

二、不忘初心，本源信托保持行业先导地位

家族信托业务继续保持领先地位，首创非上市公司股权型、自主管理型和二代培养系列家族信托，创设"立学"教育金、"红妆"婚嫁金等标准化产品，定制化、专业化服务能力进一步提升，为全国近500个家庭及其家族企业提供了财富与家风传承、家族与企业治理、家族慈善等综合金融服务，"德善齐家"品牌日益响亮。慈善信托发展渐入佳境，标准化慈善信托总规模为6,533.00万元，走在了行业前列。

三、点面结合，转型创新释放发展动能

山东国信一方面以商业模式再造、创新来巩固传统业务优势，另一方面，围绕监管导向和市场热点加快创新业务探索，产品线更加丰富。天禧盈现金管理类产品顺利上线，为资金端客户拓宽了稳健的多样化投资渠道；消费信托规模不断扩大，在普惠金融方面打造了信托特色，获评"杰出消费信托产品奖"；积极探索资产证券化业务，标准化ABS信托顺利落地，债券业务持续发力，研发落地首单主动管理项目；服务信托蓄势待发，瞄准标准化、普惠性的账户管理类服务信托，积极开展行业调研和业务探索；智慧信托稳步推进，加快打造以"数据+科技"为战略支撑的智慧信托平台，积极构建高净值客户服务生态圈。

四、聚资兴鲁，服务新旧动能转换显成效

山东国信坚持"产业信托、实业投行"的信托本源，多领域支持实体经济发展。瞄准山东省新旧动能转换重大工程的金融服务需求，2019年新增投向山东省内实体经济信托规模154.89亿元，年末存续规模约为582.75亿元，投向新旧动能转换"十强"产业的信托存续规模为313.42亿元。2019年新增基础设施信托规模55.79亿元，其中投向山东省内37.02亿元。

【自营业务】 2019年，山东国信实现固有业务收入9.71亿元，同比增长10.00%，实现了业务发展的"双轮驱动"。一是充分发挥固有业务与信托业务的协同效应，积极实施投贷联动，大力支持信托业务"股+债"等转型创新；二是参与投资创投基金，推动固有业务转型发展，打造效益增长新引擎，参与投资的山东省新旧动能转换母基金、鲁皖泰禾基金已成功投资项目8个；三是审时度势，积极推动泰信基金管理有限公司转型发展，着力优化金融股权投资业务布局；四是在保证流动性的前提下，积极开展多元化投资。

【内部管理】 山东国信坚持用“改革深化、管理创新”的思维贯彻落实新发展理念，坚持向改革要活力动力、向管理要效率效益，敢于直面问题、勇于废旧立新，卓有成效地推动企业实现了高质量发展。三项制度改革持续推进，围绕转型创新和业务拓展，分别设立了3个创新小组，增设了2个异地团队，管理职务晋升与岗位级别晋升“双通道”更加通畅。牢牢把握风险“可测可控可承受”的总体原则，不断健全完善“事前尽调、事中监控、事后督查”的全面风险管理体系，严控增量、化解存量，信托不良率继续保持在行业均值以下。牢固树立“合规创造价值”的经营理念，加强合规文化建设，坚持不懈地开展自查自纠、专项排查，合规意识深入人心。

（陈 磊）

附表1

机构概况一览表

董事长（或其他称谓的负责人）		副总经理（或其他称谓的同级领导）	
万 众（党委书记、董事长） 岳增光（党委副书记、总经理）		周建蕖、贺创业、王 平、付吉广、牛序成、穆 彤、曹年更	
地址	山东省济南市解放路166号	邮编	250013
网址	http://www.sitic.com.cn/	客服电话	0531—86566888

附表2

内设部门及分支机构一览表

年度	内设机构（个）	下设分支机构（个）		员工人数（人）	
		地市级机构数	县区级机构数	员工总数（含非正式员工）	正式员工数
2015	12	0	0	194	194
2016	13	0	0	192	192
2017	13	0	0	199	199
2018	14	0	0	221	221
2019	12	0	0	229	229

附表3

主要统计指标

单位：亿元

项目	2015年	2016年	2017年	2018年	2019年	2019年同比增幅（%）
本外币资产总额	81.71	86.48	129.02	136.12	145.72	7.05
本外币负债总额	21.73	23.07	37.54	40.71	47.62	16.97
营业收入	18.42	13.48	16.34	16.95	18.87	11.33
投资收益	1.75	1.38	1.68	1.07	1.38	28.97
利润	13.46	10.77	11.19	11.27	8.78	-22.09
净利润	10.76	8.33	8.95	8.72	6.64	-23.85

四、资产管理公司

中国华融资产管理股份有限公司山东省分公司

【第一负责人简介】 郜明，男，汉族，1970年10月出生，天津市人，中共党员，工商管理硕士学历，高级经济师。1992年7月参加工作，1992年7月至2006年6月，历任中国工商银行天津分行国际业务部信贷科信贷员、国际业务部市场部副科长、国际业务部信贷管理部科长、国际业务部市场部科长，中国工商银行天津分行北辰支行副行长、新化支行副行长，2003年3月至2003年10月任中国工商银行天津分行信贷管理部副总经理、总经理；2006年6月至2006年11月任中国光大银行天津分行党委委员、副行长；2017年5月至2019年1月，历任中国华融资产管理股份有限公司天津市分公司党委委员、副总经理，党委副书记、副总经理；2019年6月任中国华融资产管理股份有限公司山东省分公司（简称华融山东省分公司）党委副书记（主持工作），2019年11月任华融山东省分公司党委副书记、副总经理（主持工作）。

【综述】 中国华融资产管理股份有限公司的前身为中国华融资产管理公司，成立于1999年11月1日。2012年9月28日，经国务院批准，整体改制为股份有限公司。2015年10月30日，中国华融在香港联交所主板上市。华融山东省分公司坚决落实监管部门要求，注重回归主责主业，努力构建“大不良”经营格局，夯实基础，齐心协力，扎实推进加强党建、回归主业、防化风险、严格管理等工作。2019年实现营业收入11.08亿元，实现净利润3.43亿元。

【不良资产的收购与处置】 2019年，华融山东省分公司认真贯彻“在业务发展上回归本源，聚焦不良资产经营主业”要求，积极克服市场出包量大、节奏快、竞争激烈、前期经验少等内外部不利因素，加大考核奖励力度，调整定价策略，加强主动营销，全年累计收购不良资产包19个，收购债权103.22亿元。积极开展不良资产的推介营销，依托华融交易中心、山东金融产权交易中心等平台积极推介资产，积极与地方政府接洽沟通债权回购事宜，加大诉讼执行力度。2019年，累计处置回收现金22.29亿元。

【债转股股权管理】 2012年初，中国华融与财政部签订了原有的政策性股权资产买断协议。为做好股权资产的管理和处置工作，多年来，华融山东省分公司加强股权资产的日常管理工作，认真执行公司《对股权企业重大事项的内部决策程序》，对股权企业股东会、董事会、监事会会议议题严格按权限履行审批程序，依据授权进行表决，维护了股权权益。

【资产管理业务】 2019年，华融山东省分公司认真落实监管要求，积极落实“回归本源、突出主业”工作要求，大力开展问题企业重组等资产管理业务，创新业务开展模式，多重渠道寻找项目来源；以资产管理为切入点，发挥专业优势，充分运用投资银行手段，通过收购重组上下游供货债权、建筑工程款债权、股权转让欠款、商业保理、信托贷款等不良债权，盘活企业存量资产、缓解企业的资金压力、改善企业财务状况，使其生产经营步入良性循环的轨道，化解企业的流动性风险，防止企业信用风险向金融机构传导。全年实施重组类项目15个，投放规模达30.33亿元。

【内部管理和队伍建设】 2019年，华融山东省分公司进一步加强内部管理和员工队伍建设，增强风险意识，完善合规管理，促进了内部管理工作水平的提高。一是认真抓好抓实党建工作，制订全年党建活动计划，加强党员队伍思想和作风建设，为分公司各项工作的开展提供坚实保障。二是加强廉政建设，为业务健康发展保驾护航。领导班子发挥领导带头作用，严格执行中央八项规定，厉行勤俭节约，反对铺张浪费。三是全力加强整章建制工作，根据公司有关规定及业务发展的实际需要，积极开展后期评价工作，加强对公司文件制度的学习和解读，全面提升内部管理水平。四是加强内部管理和队伍建设，在内部搭建管理平台、培训平台和交流平台，增进公司员工理解和沟通，提升内部管理水平和员工素质。

（武振全、黄 昇）

附表1

机构概况一览表

总经理（或其他称谓的第一负责人）		副总经理（或其他称谓的同级领导）	
郜明		徐翀旻、王丙亮（总经理级）、尚海涛、侯训和、崔建魁（风险总监）	
地址	山东省济南市经三路89号	邮编	250001
网址	http://www.chamc.com.cn/	客服电话	—

附表2

内设部门及分支机构一览表

年度	内设机构（个）	下设分支机构（个）		员工人数（人）	
		地市级机构数	县区级机构数	员工总数（含非正式员工）	正式员工数
2015	12	0	0	55	55
2016	12	0	0	60	60
2017	12	0	0	65	65
2018	12	0	0	72	72
2019	12	0	0	66	66

中国长城资产管理股份有限公司山东省分公司

【第一负责人简介】 郭小霞，女，1963年出生，中共党员，高级会计师；1979年11月参加工作，1999年1月任中国农业银行山东省分行财务会计处副处长，2000年4月至2011年11月历任中国长城资产管理公司济南办事处资金财务部副处长（主持工作）、处长、高级经理，2011年11月至2017年1月历任中国长城资产管理公司济南办事处党委委员、总经理助理、副总经理、工会主席，2017年1月至2019年4月，任中国长城资产管理股份有限公司山东省分公司党委委员、副总经理、工会主席，2019年4月至今任中国长城资产管理股份有限公司山东省分公司（简称长城山东省分公司）党委副书记、副总经理（主持工作）。

【综述】 中国长城资产管理股份有限公司成立于2016年12月11日，由财政部、全国社会保障基金理事会和中国人寿保险（集团）公司共同发起设立。公司的前身是1999年国务院批准设立的中国长城资产管理公司。长城山东省分公司是中国长城资产管理股份有限公司在山东省设立的分支机构。

2019年，长城山东省分公司深入贯彻党的十九大精神，以“稳中求进、乘势而为、量力而行、质量为先”为工作总基调，以“强主业、化风险、调结构、抓管理、提质量”为经营方针，坚持主业拓展与风险化解并举、创新发展与规范发展并重，不断推动分公司实现内涵式高质量可持续发展。全年实现营业收入12.8亿元、利润2.02亿元，年末资产规模为164.24亿元。

【不良资产的收购与处置】 2019年，在资产收购方面，长城山东省分公司按照“以处定收”的原则，持续做精做强金融不良资产主业。同时，围绕核心企业开展定制化组包和收购反委托业务，特别是对具有价值提升空间、具备开展实质性重组条件的债务企业加大反向收购力度。全年收购资产包35个，涉及债权本金120.7亿元；在资产处置方面，灵活做好存量资产的拆分、组合和处置，加快滚动循环，提升资本效率。按照所属地区、资产属性、所处行业等维度对存量资产进行精准分类，积极对外推介资产。全年处置项目265个，处置本金84.35亿元，回收现金33.45亿元。

【资产管理】 2019年，长城山东省分公司坚持以习近平新时代中国特色社会主义思想为指导，在坚决贯彻落实“回归本源、聚焦主业”要求的同时，全面贯彻新时代党的建设总要求，努力实现党建工作与分公司改革发展的深度融合。长城山东省分公司不断创新发展思路、调整业务发展模式，以资产管理为切入点，结合新旧动能转换等省情，主动对接地方政府与问题企业，在收购非银行金融机构债权、进行资产整合上下功夫。在积极参与化解区域金融风险的同时，较好地支持了地方经济建设。截至2019年末，收购重组类业务规模达到36亿元。

【内控管理】 2019年，长城山东省分公司认真落实公司《全面风险管理规范》要求，不断提高全业务、全产品、全流程的风险意识，厘清前台、中台、后台的风险管理责任，强化“三道防线”，重点加强政策风险、操作风险、法律风险、资产风险等关键领域和关键环节的风险控制，保障各项业务合规高效运营。同时，持续强化政治监督、深化日常监督、加大反腐宣传教育，促进管业务与管作风、管干部与管廉政同向发力，切实落实好党风廉政“一岗双责”，扎实推进“巩固治乱象成果、促进合规建设”活动，组织案防合规知识测试，提高员工的风险合规意识。

（陈 娟、张 满）

附表1

机构概况一览表

总经理（或其他称谓的第一负责人）		副总经理（或其他称谓的同级领导）	
郭小霞		崔福成、李西方、王 斌	
地址	山东省济南市经七路168号	邮编	250001
网址	http://www.gwamcc.com/	客服电话	0531—82079792

附表2

内设部门及分支机构一览表

年度	内设机构（个）	下设分支机构（个）		员工人数（人）	
		地市级机构数	县区级机构数	员工总数（含非正式员工）	正式员工数
2015	7	0	0	70	70
2016	7	0	0	69	69
2017	7	0	0	69	69
2018	7	0	0	74	74
2019	7	0	0	72	72

中国信达资产管理股份有限公司山东省分公司

【第一负责人简介】 邓立新，男，中共党员，四川成都人，1968年1月出生，1989年7月毕业于南开大学金融学专业；1989年8月至1999年8月，历任建设银行四川省分行信贷员、秘书、副科长、科长、办公室副主任、铁道支行副行长、资金计划处副处长（主持工作）、党委办公室、办公室主任等职（1994年9月至1997年7月在西南财经大学货币银行学专业学习，取得经济学硕士学位）；1999年8月至2010年7月任中国信达资产管理公司成都办事处党委委员、副主任，党委书记、主任，2008年11月至2011年7月兼幸福人寿保险股份有限公司重庆市分公司党委书记、总经理；2010年7月至2011年7月任中国信达资产管理股份有限公司重庆市分公司党委书记、总经理（2011年3月至2011年7月主持中国信达四川分公司全面工作），2011年7月至2019年4月任中国信达资产管理股份有限公司四川分公司党委书记、总经理；2019年4月至9月负责中国信达资产管理股份有限公司山东省分公司（简称中国信达山东分公司）全面工作，2019年9月至今任中国信达山东分公司党委书记、总经理。

【综述】 中国信达山东分公司自1999年9月成立以来，秉承“化解金融风险、支持国企改革”的使命，始终致力于不良资产经营主业。综合运用债转股、债务重组、资产收购等多种手段，在支持地方经济建设和企业发展的同时，逐步确立了在不良资产行业的优势地位。尤其是2010年改制以来，中国信达山东分公司以不良资产经营为核心，不断提高经营效益和内控管理水平。依托总公司各项业务平台，积极为地方经济建设和广大客户提供各项优质的金融服务。目前已与山东省、各市政府及多家金融机构和大中型企业建立了战略合作关系。

2019年，中国信达山东分公司深入学习贯彻落实党的十九大精神和全国金融工作会议以及金融监管的要求，重点在“化解金融风险、服务实体经济、支持供给侧结构性改革”等方面做好主业发展工作。截至2019年底，中国信达山东分公司资产总额为377.20亿元，负债总额为237.90亿元，资产负债率为63.00%；实现营业收入19.00亿元、营业支出8,358.00万元，实现税前利润18.10亿元。

【不良资产的收购与处置】 中国信达山东分公司自1999年成立后，累计接收建设银行、国家开发银行等政策类不良资产246.00亿元，商业化收购各类不良债权1,331.00亿元，累计处置566.00亿元，有力支持了山东省实体经济的发展。2019年，中国信达山东分公司积极加快不良资产收购和处置，全年累计实现不良资产收购投放71.80亿元，收购债权资产原值241.20亿元；全年处置不良资产26.10亿元，处置债权原值62.60亿元，实现处置回收34.00亿元。

【债转股股权管理】 截至2019年末，中国信达山东分公司债转股股权为28.10亿元，其中政策性债转股26.20亿元，商业化债转股1.90亿元，累计实现股权业务利润1.50亿元。

【资产管理】 截至2019年末，中国信达山东分公司资产结构进一步优化，回归主业的态势进一步突出明显。传统类业务规模为195.70亿元，占比为55.00%，同比增长8.00%；附重组类为61.50亿元，占比为17.00%，同比下降25.00%；其他投资及资管类为66.00亿元，占比为19.00%，同比增长3.00%；股权类资产为31.00亿元（含政策性股权），占比为9.00%，同比下降8.00%。

【内控管理】 2019年，中国信达山东分公司通过实施“行业规范建设年”活动，开展自我梳理排查，增强员工的合规意识及案件防控能力；严格规范分公司经营行为，严格员工的行为管理，打造以“令行禁止”为核心内涵的合规文化；持续提升金融服务水平，提高服务实体经济、发挥不良资产经营优势化解区域金融风险的能力，确保依法合规经营和案件风险防控。

（丁天文）

附表1

机构概况一览表

总经理（或其他称谓的第一负责人）		副总经理（或其他称谓的同级领导）	
邓立新		赵　波、苏爱珍、吴新明、张　卿、张福明	
地址	山东省济南市经三路293号	邮编	250021
网址	http://www.cinda.com.cn/	客服电话	0531—87080335

附表2

内设部门及分支机构一览表

年度	内设机构（个）	下设分支机构（个）		正式员工数（人）	
		地市级机构数	县区级机构数	本部正式员工	分支机构正式员工
2015	8	0	0	55	48
2016	9	0	0	55	49
2017	10	0	0	63	57
2018	11	0	0	68	62
2019	11	0	0	65	59

中国东方资产管理股份有限公司山东省分公司

【第一负责人简介】 李明波，男，山东胶州人，1968年4月出生，中共党员，大学本科学历，毕业于东北财经大学法学专业，经济师，从事金融工作29年；1990年7月至2000年3月，先后任中国银行青岛市分行信贷管理处资产保全科副科长（主持工作）、中国银行即墨市支行行长助理、中国银行香港路支行业务发展部负责人等职；2000年3月至2008年7月，先后任中国东方资产管理公司青岛办事处资产经营一部助理经理、副经理、业务四部副经理（主持工作）、资产处置审查办公室经理、资产经营一部经理、高级经理；2008年7月至2010年12月，挂职中国东方资产管理公司市场开发部助理总经理；2010年12月至2017年11月，任中国东方资产管理公司青岛办事处（现中国东方资产管理股份有限公司山东省分公司）党委委员、副总经理；2017年11月任中国东方资产管理股份有限公司山东省分公司主要负责人。

【综述】 中国东方资产管理股份有限公司（简称中国东方）是由财政部、全国社保基金理事会共同发起设立的国有大型非银行金融机构。公司的前身为中国东方资产管理公司，成立于1999年10月，是国务院及中国人民银行批准成立的四大国有资产管理公司之一。公司自成立以来，始终以保全国有资产、化解金融风险、促进国企改革为使命，将依法合规经营作为生命线，累计管理处置各类不良资产超过万亿元，为国家金融系统的稳定做出了积极的贡献。中国东方资产管理股份有限公司山东省分公司（简称中国东方山东省分公司）的前身为中国东方资产管理公司青岛办事处，成立于2000年4月22日，是中国东方在山东省设立的省级派驻机构。2019年，中国东方山东省分公司坚持以习近平新时代中国特色社会主义思想为指导，深入贯彻落实中央经济工作会议精神，按照监管机构的相关要求，在中国东方公司党委的正确领导下，全体员工攻坚克难，迎难而上，以党建工作为统领，聚焦主题教育，突出主责主业，坚守合规理念，主业发展迈上新台阶，不断推动公司实现高质量可持续发展。

【不良资产的收购与处置】 2019年，中国东方山东省分公司切实加大主业投放，推动不良资产业务规模创新高，回归主业效果显著。作为中央金融企业驻鲁机构，中国东方山东省分公司积极参与区域金融风险化解，维护地区金融稳定，减轻企业发展负担，较好地支持了地方经济建设。2019年，中国东方山东省分公司新增金融不良资产业务项目共计38个，投资金额共计73.71亿元，其中新增金融不良资产包投资金额为59.61亿元，对应债权本金为244.85亿元；单户金融不良资产投资金额为9.60亿元；非金不良资产投资金额为4.50亿元；处置各类不良资产51.68亿元，累计回收现金19.56亿元。

【债转股股权管理】 截至2019年底，中国东方山东省分公司政策性债转股企业共计8家，累计转股债权本金15.89亿元。中国东方山东省分公司按照政策性债转股的管理要求通过“三会”方式对转股企业进行管理，共向债转股企业委派董事监事38名，参与2019年转股企业“三会”会议14次，有效维护股东权益并支持转股企业发展；中国东方山东省分公司目前正在按照党中央、国务院和中国东方总部的部署和要求，积极投入市场化债转股的研究和实践。

【资产管理】 截至2019年底，中国东方山东省分公司业务管理规模为124.23亿元，同比增长97.79%；资产包对应债权本金超过300亿元。中国东方山东省分公司自2000年成立以来，已累计接收中国银行、建设银行等政策类、可疑类、损失类等各类不良资产共计445.81亿元，已累计处置420.00亿元；中国东方山东省分公司在努力完成政策性资产处置的同时，充分发挥资产管理公司的专业优势，以不良资产业务为主线，积极参与地方金融不良和非金融不良风险化解工作，商业化收购不良资产累计投资近164.00亿元，对应债权本金超过430.00亿元；运用投行手段通过各种渠道投放资金超过130.00亿元，在积极支持省内外企业发展的同时，实现了较好的经济效益和社会效益。

【内控管理】 2019年，中国东方山东省分公司突出合规经营理念，加强合规管控力量，加大内控培训力度，积极执行内控合规相关工作要求，努力营造合理容错的良好环境；持续开展“反洗钱”“扫黑除恶”“党风廉政警示教育”“银行乱象治理”等工作，不断完善制度建设和业务管理，加强审计工作和投后管理工作，内生不良控制方面继续保持零发生；不断加强人才队伍建设，差异化晋级和人才培训机制逐步完善；在业务发展过程中锻炼队伍，在锻炼队伍过程中磨炼品格，逐步形成勇于担当、敢打硬仗、乐于奉献的企业文化。

（窦桂斌、李泉林）

附表1

机构概况一览表

总经理（或其他称谓的第一负责人）		副总经理（或其他称谓的同级领导）	
李明波		王建英、李建军、马 群、吴少杰（督导员）	
地址	山东省青岛市市南区香港中路6号B座三楼	邮编	266071
网址	http://www.coamc.com.cn/	客服电话	0532—58760797

附表2

内设部门及分支机构一览表

年度	内设机构（个）	下设分支机构（个）		员工人数（人）	
		地市级机构数	县区级机构数	员工总数（含非正式员工）	正式员工数
2015	6	0	0	48	46
2016	6	0	0	51	49
2017	6	0	0	54	52
2018	6	0	0	51	49
2019	6	0	0	51	49

五、银联公司

中国银联股份有限公司山东分公司

【第一负责人简介】 刁云涛，男，山东菏泽人，大学本科学历，高级经济师，现任中国银联股份有限公司山东分公司党组书记、总经理；历任中国人民银行济南分行跨境办处长、营业管理部副主任、调查统计处处长、货币信贷处处长；2017年11月任中国银联股份有限公司山东分公司（简称中国银联山东分公司）副总经理（总经理级），2019年2月至今任中国银联山东分公司总经理。

【综述】 2019年，中国银联山东分公司在人民银行济南分行的指导支持下，立足山东实际，联合各成员机构认真贯彻“支付为民”理念，加快产业生态建设标准化、规范化进程，推动经营业绩总体实现平稳增长，多项指标位居全国前列。

一是传统业务规模持续保持稳健增势。全年实现银行卡清算交易12.71亿笔，居全国第五位，同比增长5.60%，其中二级地市消费交易9.62亿笔，占清算交易笔数的比重达92.10%，居全国第二位；实现银行卡清算交易3.67万亿元，同比增长1.60%；贷记卡月均活卡量为1,401.40万张，银标信用卡连续三个月月均活卡量为776.20万张，均位居全国第三位。截至2019年末，辖内活动商户有287.89万户，活动终端有389.36万台。

二是移动支付业务规模增长迅猛。全年辖区实现移动交易笔数2.18亿笔、移动月均活卡量171.10万张、移动月均活跃商户7.36万户、手机闪付月均活卡量25.30万张。云闪付APP新增绑卡量899万张，云闪付APP月均活动用户为133.40万户。

三是推动移动支付便民工程持续开展。全年建成城市综合商圈46个、县域商圈53个、菜市场102个，改造连锁品牌商户门店1.90万家、自助售货机5万台；覆盖13个城市、50个县域公交、18个景区、63家园区食堂、134个办税服务大厅、160个高速站点、76所高校（校区）、10家医院。云闪付APP线上公缴达150项。

【业务拓展】 2019年，中国银联山东分公司以扩大银联市场份额为目标，在巩固提升传统业务规模与质量的同时，坚持向移动端迁移，加快二级地市及以下市场拓展，各项业务稳步发展。

一是强化人民银行主导的、各收单机构及产业各方参与的协调联动机制建设。推动人民银行济南分行召开山东省移动支付便民工程工作会议后印发的《山东省2019年移动支付便民工程推广实施方案》实施。2019年以来，辖区各成员机构场景拓展力度不断加大，并与农村支付环境建设、乡村振兴等工作密切结合，便民工程合力推进的良好局面基本形成。

二是认真贯彻落实A/T收单业务断直连工作部署，积极推动辖内收单机构按计划完成间联系统对接工作。辖内27家机构的间联系统已接入银联。已有33家收单机构、21万商户接入条码支付前置平台，满足收单机构线上线下聚合支付需求。积极推进备付金集中存管各项政策落地实施，开展客户资金结算业务培训，定期跟踪客户资金划付情况。

三是推动区域性银行实施标准化改造和云闪付APP特色业务接入。辖内15家机构的27个借贷记卡系统，均已完成新无卡通道改造、代收业务和贷记业务发卡侧上线工作；6家机构完成贷记业务收单侧改造上线工作；32家机构完成单位TOKEN贷记业务发卡侧改造工作；7家辖内城商行实现银标聚合码功能。电子社保领域应用推广取得显著成效。截至2019年末，已在全省15个地市实现云闪付APP签发电子社保卡功能，用户量排名全国第一。

【规范市场】 坚持发展与规范并重，不断提升产业发展规范化程度。一是不断提高业务开展合规性。严格执行业务风险管理和反洗钱管理的要求，建立完整的辖区机构联系体系，加大催办及调查力度，确保系统内案例全部按时完成结案，风险事件结案率达到100.00%。反洗钱工作获人民银行济南分行高度认可，在2019年山东省反洗钱集中宣传优秀成果展示活动中，就反洗钱宣传做典型经验介绍。二是不断提高受理市场规范力度。严格约束市场违规行为，加强对入网机构、入网商户的日常规范管理，进一步加强属地真实商户的管理工作，有效保障市场健康有序发展。

【内控管理】 加快制度建设，推动提升内部管理规范化。一是结合实际，持续推动制度建设废、改、立工作，“补短板”初见成效，全年新设立、修订各类制度机制8项，涉及议事规则、营销管理、财务授权、绩效考核、采购管理、安全保卫、信息系统、风险管理等多个方面，有力推动了内部管理规范化程度。二是坚持安全生产第一位要求，保障生产系统安全稳定运行。严格贯彻安全生产、科技运营理念，认真做好网络安全防护和攻防演练实施工作，确保系统可用率100.00%、网络可用率100.00%、无安全责任事故发生。

（杨 猛、刘泽宁）

附表1

机构概况一览表

总经理（或其他称谓的第一负责人）		副总经理（或其他称谓的同级领导）	
刁云涛		孟光勇、周维慎	
地址	山东省济南市高新区舜风路1006银山大厦	邮编	250101
网址	http://cn.unionpay.com/shandong/	客服电话	95516

附表2

内设部门及分支机构一览表

年度	内设机构（个）	下设分支机构（个）		员工人数（人）	
		地市级机构数	县区级机构数	员工总数（含非正式员工）	正式员工数
2015	5	—	—	43	39
2016	6	—	—	43	39
2017	6	—	—	45	41
2018	6	1	—	46	42
2019	6	3	—	50	46

附表3

主要统计指标

项目	2015年	2016年	2017年	2018年	2019年	2019年同比增幅（%）
入网特约商户（万家）	105.25	136.70	147.20	133.70	154.19	15
POS终端（万台）	155.61	169.80	186.30	175.70	213.66	22
POS机交易笔数（亿笔）	7.99	10.16	10.44	10.42	9.89	-5
POS机交易金额（亿元）	22,000.00	27,100.00	29,300.00	34,200.00	29,953.00	-12
ATM交易笔数（亿笔）	1.59	1.69	1.29	1.03	0.64	-38
ATM交易金额（亿元）	2,400.00	3,207.00	2,331.00	2,603.00	1,590.00	-39
借记卡发行（万张）	3,700.00	2,951.00	2,091.00	3,830.00	5,069.00	32
信用卡发行（万张）	379.00	479.00	723.00	1,172.00	1,059.00	-10

注：

1. 表中POS机交易笔数为清算交易笔数。
2. 表中借记卡/信用卡发卡量为银联卡品牌发卡量，不含VISA、万事达等国际卡品牌双币卡。

中国银联股份有限公司青岛分公司

【第一负责人简介】 陈琤，女，浙江舟山人，1975年4月出生，中共党员，研究生学历，高级会计师；1997年7月参加工作，历任浙江高速石油发展有限公司财务部科长，中国银联股份有限公司财务部财务管理室高级主管、集中采购管理办公室副总经理，中国银联股份有限公司青岛分公司（简称中国银联青岛分公司）副总经理（主持工作）。

【综述】 2019年，中国银联青岛分公司联合青岛市银行卡产业相关单位创新发展、合作共赢，大力拓展辖区银行卡受理市场，不断提高对商户和持卡人的服务水平。

【经营管理】 2019年，中国银联青岛分公司深化银行业合作机制，聚揽银行业力量共同拓展用户。一是推进辖区银行业建立共建共享的长效机制，协调人民银行青岛市中心支行正式发文将云闪付用户年度推广目标分解到各行，并建立月度简报和按周排名通报机制。二是与辖内15家重点发卡银行签署年度合作协议，采取“一行一策”方式开展银联卡推广、移动支付市场推广营销合作，全年先后联合15家银行开展了30余项营销活动，在25家银行推行“三覆盖”“1元购”等云闪付用户推广专项活动。三是丰富持卡人权益，在做好高端卡机场停车基础上，新增洗车、饭票等权益，根据各行特色卡产品发卡情况，配置专项营销资源。四是面向20家银行支行网点的400余名业务骨干开展了10期专项培训，宣讲移动支付现状与趋势、银联移动支付产品及营销活动等，打通银行端用户拓展的“最后一公里”。

2019年，中国银联青岛分公司深入受理市场一线，加速县区下沉市场渗透，推进受理环境建设。大力建设受理市场管理运营平台，大力建设商户、收单机构、服务商管理运营体系。一方面，分类深耕传统线下商户。推动2,232家MIS商户门店实现移动支付受理改造，推动部分重点品牌商户单品营销方案落地；联合银行等收单机构和头部服务商，着力培育小微商户，年内已完成7.78万户小微商户的拓展和贴标工作；全面梳理连锁品牌商户的移动支付拓展及促活，完成95家品牌商户拓展及信息维护；探索建设堡垒商圈，完成中防商街及云闪付网红店建设，起到标杆示范作用。另一方面，深入推动市场建设下沉至县域地区。联合人民银行各县域机构召开4场县域移动支付便民工程推进会议；举办县域银行云闪付APP推广竞赛活动，各区市53家商业银行支行、1,918名银行员工参与竞赛；拓展新用户9.04万户，完成66个惠农站建设；在平度、莱西等地试行农产品收购业务，取得一定成效。

2019年，中国银联青岛分公司深耕便民工程，以点带面，推进移动支付特色场景建设。一是完成全青岛15家公交公司1万余辆公交系统升级和标识张贴，交通领域市场占有率稳步上升。截至11月底，移动支付交易笔数已达3,872万笔，11月日均交易量近15万笔。二是完成青岛大学、黄海学院等12所大学校区食堂的拓展，指标完成率为150.00%；完成中国石油大学、山东大学等27所学校941家商户的银联移动支付渗透，高校云闪付受理面显著提高，活卡量不断提升，11月校园场景活卡量超过5万张。三是完成23个综合商圈的拓展和60个标准菜场的建设运营，商圈内超过80.00%的商户完成改造。四是实现全青岛市所有社保定点医院和药店系统改造，约7,300台终端支持电子社保卡受理，实现云闪付APP电子社保卡签发和支付功能。五是拓展辖内电费缴纳、社保费缴纳、公用事业IC卡充值等14个缴费内容，累计发生交易117万笔，总金额为26.00亿元；青岛税务局和办税大厅已全部开通云闪付APP扫码缴税功能。此外，还完成了54个无感停车场、辖内全部80个高速人工收费车道、20家政企食堂、2,000多台自助售货机、293座加油站等重要场景的受理改造。一年以来，基本形成了以公交场景为基点，以校园、医疗场景为两翼，菜场、政务、公缴、出行等便民场景多点开花的局面，便民工程场景拓展已逐渐成势。

2019年，中国银联青岛分公司深度参与线上业务和新业态的企业级创新合作，探索业务长远发展方向。积极探索利用行业和线上商户资源，突破制约传统发卡用卡的地域疆界和人口极限，逐步形成分公司特色业务增长点。一是破局新业态合作，克服多项技术难题，以低成本与酷开OTT电视、海信“聚好看”智能电视系统合作，推动近一亿台电视终端接入云闪付扫码业务；推动小电、来电、云充吧近千个城市的共享充电宝接入，占据了充电宝行业50.00%以上的市场份额；推动与天际新能源汽车合作，探索在车联网领域的业务拓展机会；推动与万科物业合作，实现其物业全面接入银联体系，年交易量增长60.00%。二是顺应电商发展现状，继续加大与头部APP合作力度，与云集等头部APP开展有针对性的店庆、铺底营销活动；拓展了车主邦、日日顺乐家等16家知名APP，进一步深化了与线上商户的合作。三是推动喜马拉雅FM接入供应商划款B2B业务，开展与云集、特来电、万科物业二三类账户合作，以及与特来电的分账业务合作，实现分公司对B2B网银、综合支付解决方案及内容合作的有效尝试。四是与中长石基、智汇方象等全国性系统服务商达成合作，以银联综合支付服务产品赋能合作机构，提供全聚合、全通道的支付及商业服务解决方案。五是与青岛人社局合作，分公司快速结算平台与人社局财务系统对接，上线辖内社保待遇银联实时发放业务，月交易笔数已达20万笔，日峰值交易金额达4.00亿元，为青岛人社局减少了70.00%的业务运营处理环节，提高了200.00%的发放效率，受到社会各界好评。

【风险控制】 2019年，中国银联青岛分公司高度重视风险管控工作。一是建设和完善市场巡检机制，探索自建分公司巡检队伍，对商户真实性、受理市场拓展、营销活动落地、广告投放监测、市场调研等13项事宜进行全面统筹管理。全年共检查1.52万次，发现问题如实反馈、立查立改，对商户及合作方起到了监督、震慑作用。二是持续规范受理市场秩序，清理整顿大商户违规，有力整治了辖内套现套利行为，化解了市场风险，净化了收单市场环境。三是持续整治“32域”违规，对辖内2,564家商户进行了处罚；针对往年银行违规商户处罚难问题，对近15家银行的298家32域违规商户进行了查处，挽回了交易外流损失，维护了收单市场稳定。四是根据反洗钱等风险防控要求，排查了分公司、收单机构各项存量业务的潜在风险隐患；制定了非标商户入网审核办法，加强机构及商户真实性、场景的审核；联合人民银行青岛市中心支行、公安经侦等单位，先后开展了4次支付安全宣传活动，保障了市民的金融安全，提升了银联的品牌形象。

（林耀圣）

附表1

机构概况一览表

总经理（或其他称谓的第一负责人）		副总经理（或其他称谓的同级领导）	
陈　琤		吴　坚、傅　蔚	
地址	山东省青岛市市南区香港中路6号B座5层	邮编	266071
网址	http://cn.unionpay.com/qingdao/	客服电话	0532—85919288

附表2

内设部门及分支机构一览表

年度	内设机构（个）	下设分支机构（个）		员工人数（人）	
		地市级机构数	县区级机构数	员工总数（含非正式员工）	正式员工数
2015	4	0	0	34	31
2016	4	0	0	35	32
2017	5	0	0	36	33
2018	5	0	0	38	35
2019	5	0	0	41	38

附表3

主要统计指标

项目	2015年	2016年	2017年	2018年	2019年	2019年同比增幅（%）
入网特约商户（万家）	31.16	92.66	122.56	125.01	128.00	2.39
POS终端（万台）	58.78	138.62	254.79	258.53	264.21	2.20
POS机交易笔数（亿笔）	1.91	2.18	3.30	3.21	3.15	-1.87
POS机交易金额（亿元）	4,744.00	6,728.00	18,235.88	16,924.35	15,614.20	-7.74
ATM交易笔数（亿笔）	0.34	0.33	0.24	0.19	0.18	-5.26
ATM交易金额（亿元）	469.00	556.00	442.00	387.00	366.00	-5.43
借记卡发行（万张）	3,742.00	3,940.00	5,610.00	6,060.00	6,321.00	4.31
信用卡发行（万张）	870.00	950.00	1,025.00	1,233.00	1,301.00	5.52

六、财务公司

中国重汽财务有限公司

【第一负责人简介】 韩文杰，男，1967年12月出生，山东济南人，中共党员，复旦大学经济法专业毕业，高级经济师；1988年7月参加工作，历任中国建设银行济南分行副科长、科长、舜耕办事处主任、票据贴现中心主任，华夏银行济南分行营销部总经理；现任中国重汽财务有限公司（简称重汽财务公司）副董事长兼总经理，中国财务公司协会理事，山东省金融学会理事，山东省银行业协会财务公司委员会主任，济南市金融特邀顾问。

【经营概况】 2019年末，重汽财务公司资产总额为376.89亿元，较年初增加73.35亿元。2019年，实现各项营业收入12.74亿元，同比增长15.90%；实现利润总额5.36亿元，同比增长4.80%，经营效益稳中有升；不良资产率和不良贷款率均为零，各项监管指标均符合要求，主要经营指标位居山东省辖内财务公司前列。

【结算业务】 2019年，重汽财务公司不断加大资金监控管理力度，不断优化网上对账、网上查询、银企直联等互联网结算功能，确保集团资金结算安全、及时、准确。全年，重汽财务公司累计结算量为3,050万笔，结算金额为9,100亿元，为集团及各成员单位、上下游客户提供了高质量的结算服务。积极组织开展反洗钱工作，在人民银行组织的反洗钱考核评级工作中获评B级。

【资金业务】 2019年，重汽财务公司利用资金业务平台，加强资金运作，在合规运营、控制风险的前提下提高资金收益。2019年资金业务实现收入4.26亿元，实现账面利润1.81亿元。所有到期业务均及时足额收回本息，未出现资金逾期或不良，实现了资金业务零风险的目标。

【信贷业务】 2019年，重汽财务公司坚持信贷政策投向，积极满足集团整车制造、发动机、新能源汽车和装备先进、技术领先的制造企业信贷资金需求，有力支持了重汽集团新旧动能转换，产融结合效果显著。重汽财务公司对集团各成员单位贷款实行差异化利率运作，降低融资成本，有力支持了集团公司实体经济发展。截至2019年末，集团重汽财务公司成员单位人民币贷款余额为195.42亿元。

【产业链金融】 2019年，重汽财务公司累计发放供应商保理业务156笔、金额10.10亿元，其中以LPR为基准累计发放供应商保理业务35笔、金额1.81亿元。不断改进保理融资业务模式，融资授信额度逐步控制在挂账范围内，有效降低业务风险。在整体信贷资金紧张、供应商融资难的情况下，解决了中小微企业融资难融资贵问题，有力支持上下游产业链小微企业发展。

【票据业务】 2019年，重汽财务公司继续发挥电子票据业务优势，提高资金安全。电子合同管理平台项目正式上线运行，进一步支持集团公司生产销售。全年，累计签发电子银行承兑汇票4.30万张，同比增长34.38%，金额为289亿元；累计解付电子票据4.90万张、金额为312.10亿元；共签约电子合同管理平台经销商用户129家。目前，重汽财务公司电票业务已渗透至集团公司生产经营各环节，为促进集团公司销售回款、支持产业链企业发展发挥了重要作用。

【外汇业务】 2019年，重汽财务公司国际业务顺利开展，美元结算量为1.13万笔，金额达到14.87亿美元；累计归集外汇资金1.84亿美元、下拨外汇资金0.70亿美元；新增跨境人民币贷款5.00亿元，该贷款为公司首笔跨境人民币双向资金池对境外放款；累计办理同业外币资金定期存款1,500.00万美元；累计为境内外成员企业办理外币通知及定期存款1.56亿美元；全年办理结售汇 1.27亿美元，折合人民币约8.72亿元，为成员单位节省汇兑成本约172.00万元，有效降低集团整体财务费用，防范汇率风险。2019年9月，跨境资金集中运营业务完成重新备案，将外汇资金集中运营试点成员单位范围由15家扩大至29家。

【内控及风险管理】 2019年，重汽财务公司将164项公司制度印刷成册并下发至每一位员工，确保各项业务合规操作、有章可依、有据可行，逐步在员工中树立了靠制度管理、经营的金融理念，建立了制度氛围。全年召开信贷审查委员会会议31次，审议129个项目、涉及736.00亿元，出具贷审会决议127份，续议项目3个，有效降低了公司业务风险。

【稽核审计】 2019年，重汽财务公司共完成反洗钱、结算业务、资金运作业务、信贷业务、关联交易业务、重要岗位经济责任及飞行检查等审计项目27项次，对发现问题下达审计整改通知单、限定整改期限、督促整改结果反馈，及时跟踪审计问题整改情况，审计整改长效机制进一步确立。

【人力资源管理】 2019年，重汽财务公司积极探索建立市场化考核激励机制。根据绩效水平进行收入分配，形成了在省内财务公司行业有一定竞争力的薪酬分配标准，增强了公司的凝聚力和竞争力。通过公开竞聘，引进高层次管理人才3人，提拔中层管理人员2人，干部队伍结构不断优化。加大了员工培训力度，全年组织内部培训13期、外部培训7期，共计348人次，进一步提升了员工队伍整体素质。

【信息化建设】 2019年，重汽财务公司完成包括CAMS外汇业务数据采集规范（1.2版）升级工作、反洗钱二代系统升级改造工作、电子商业汇票系统与中国票据交易系统CA证书链更换升级验证工作、CAMS投产上线信贷全流程电子化升级改造工作，实现了线上授信批复流程、贷后管理流程。信息科技对业务发展的保证支持作用得到进一步发挥，科技对风险的防控能力得到增强。

（韩文杰、孙继文）

附表1

机构概况一览表

总经理（或其他称谓的第一负责人）		副总经理（或其他称谓的同级领导）	
韩文杰		金 艳（财务总监）、戴国林（副总经理）、王永涛（副总经理）	
地址	山东省济南市高新区华奥路777号中国重汽科技大厦	邮编	250101
网址	http://www.cnhtc.com.cn	客服电话	0531—58062526

附表2

内设部门及分支机构一览表

年度	内设机构（个）	下设分支机构（个）		员工人数（人）	
		地市级机构数	县区级机构数	员工总数（含非正式员工）	正式员工数
2015	7	0	0	48	48
2016	7	0	0	47	47
2017	7	0	0	57	57
2018	8	0	0	66	66
2019	7	0	0	62	62

附表3

主要统计指标

单位：亿元

项目	2015年	2016年	2017年	2018年	2019年	2019年同比增幅（%）
本外币资产总额	121.00	206.74	316.58	303.54	376.89	24.20
本外币负债总额	106.85	179.60	273.18	257.11	327.44	27.40
营业收入	4.69	5.31	10.29	10.99	12.74	15.90
利润	1.88	2.36	4.00	5.12	5.36	4.70
净利润	1.42	1.66	3.01	3.90	4.01	2.80
上交税金	0.66	0.86	1.32	1.53	2.60	69.9

注：2019年统计数据未经审计，最终数据以审计机构2020年3月出具的审计报告为准。

山东钢铁集团财务有限公司

【第一负责人简介】 刘德华，男，中共党员，天津大学工商管理硕士，注册会计师，正高级会计师，现任山东钢铁集团有限公司外部董事、财务总监、山东钢铁集团财务有限公司（简称山钢财务）董事长。

【综述】 山钢财务成立于2012年2月10日。目前股东单位为山东钢铁集团有限公司（简称山钢集团）、山东钢铁股份有限公司、山东金岭矿业股份有限公司、济钢集团有限公司。2019年，山钢财务秉承“依托山钢，服务企业”宗旨，坚持以融助产，实现收入4.57亿元、账面利润3.57亿元、净资产收益率7.07%；资产总额为163.40亿元，同比增长4.46%；所有者权益为38.52亿元，同比增长3.38%。各项存款余额为124.28亿元，同比增长5.93%；全口径资金归集度为45.58%，信贷支持余额为141.15亿元，不良资产率和不良贷款率均为零，各项指标均符合监管规定。

【业务拓展】 山钢财务始终助力山钢集团转型发展，发挥山钢集团司库职能，围绕山钢集团资金集中管理的核心职能，为山钢集团成员企业提供金融服务支持，助力山钢集团资金链安全。

一是执行山钢集团《深化资金统一管理办法》。以集中结算驱动资金集中，以账户集中减少沉淀资金，以预算管理监控资金支付；全面上线资金预算系统，借助资金日报监控资金沉淀情况，通过预算审批干预减少外部资金，提升成员单位资金集中管理意识，规范成员单位资金归集和使用行为；优化机构设置，山钢集团资金中心与山钢财务复合设置，一体化运营，强化资金归集管理与运营职能，完善资金管理体系。

二是扩大山钢集团融资渠道。与28家商业银行及财务公司申请票据授信，背书转让、到期托收及商业银行贴现、转贴现比例大幅提高。全年办理电子商业汇票承兑业务1,184张，累计金额为38.23亿元，余额为27.78亿元，收取保证金11.58亿元；办理电子商业汇票贴现64笔，累计金额为44.15亿元，贴现余额为34.32亿元；转贴现余额为9.00亿元。

三是开展贷款、贴现、承兑、担保等信贷业务，推进贷款市场报价利率（LPR）改革。2019年累计为成员企业提供表内外信贷支持171.63亿元。开展银团贷款业务，签署首笔银团贷款协议，为山钢集团融资3.50亿元。开展跨境双向人民币资金池业务，2019年累计为山钢集团及成员企业完成境内外人民币资金划拨22笔，累计金额为28.77亿元。

四是积极协调外部资金，有效利用自有资金，助力山钢集团成功发行债券。有效降低债券发行利率，债券存续期内累计为山钢集团节约财务费用3,181.00万元。

五是发挥山钢集团规模优势，有效转移经营风险。2019年累计为成员企业代理投保资产646.76亿元，保额为993.98亿元，实缴保费2,373.20万元，赔付到账888.67万元，赔付率为37.45%，代理费收入为504.62万元，净收入为304.84万元，年末投保资产余额为673.02亿元。

六是落实山钢集团决策部署。按照专业化、集约化运营要求，推进机构调整和人员优化，确保机构合理、人岗相适。制定工资总额决定机制，构建差异化薪酬分配体系，优化绩效考核办法，完善管理、技术双序列岗位体系。实行经理层市场化选聘契约化管理，为山钢财务在市场化竞争中建立核心能力。加强员工知识技能培训，为山钢财务持续健康发展注入活力。

七是制订实施信息科技年度建设计划，有序推进山钢财务信息系统项目建设，确保山钢财务各系统安全稳定运行。实施票交所交易系统升级、核心业务系统优化工作。

八是坚持以习近平新时代中国特色社会主义思想为指导，开展“不忘初心、牢记使命”主题教育，深入学习贯彻党的十九大精神和山钢集团系列会议精神。推进山钢财务“合规文化”建设，创新宣传思想工作，引导干部职工树立“汇财通智，共创价值”的核心价值观。2019年在内外部媒体平台发表稿件60余篇。继续保持省属企业文明单位称号。

【内控管理】 开展“行业规范建设年”工作及反洗钱和防范非法集资教育。执行风险预警会议制度，建立风险应急预案。严格把控信贷审批关键环节，组织召开信贷审查委员会会议5次，审批信贷业务共计110余笔。各项风险监管指标符合监管要求。开展内部审计，发挥审计增值功能和服务职能，保障山钢财务规范高效运作。

（邵 蔚）

附表1

机构概况一览表

董事长（或其他称谓的第一负责人）		总经理（或其他称谓的同级领导）	
刘德华		王 勇	
地址	山东省济南市高新区舜华路2000号舜泰广场4号楼2层、20层	邮编	250101
网址	—	客服电话	0531—67606532

附表2

内设部门及分支机构一览表

年度	内设机构（个）	下设分支机构（个）		员工人数（人）	
		地市级机构数	县区级机构数	员工总数（含非正式员工）	正式员工数
2015	7	0	0	36	30
2016	7	0	0	40	34
2017	9	0	0	45	39
2018	9	0	0	42	36
2019	10	0	0	46	41

附表3

主要统计指标

单位：亿元

项目	2015年	2016年	2017年	2018年	2019年	2019年同比增幅（%）
本外币资产总额	113.19	166.36	144.70	156.45	163.40	4.44
本外币负债总额	95.66	132.38	109.55	119.17	124.93	4.83
营业收入	1.57	2.90	4.07	3.80	3.83	0.79
利润	0.96	1.60	3.08	3.53	3.57	1.13
净利润	0.70	1.02	2.09	2.64	2.64	0.00
上交税金	0.38	0.89	1.69	1.62	1.56	-3.70

山东省商业集团财务有限公司

【第一负责人简介】 徐峰，男，1974年12月出生，山东泰安人，汉族，中共党员，硕士学位，高级会计师。1994年9月参加工作；历任山东银座汽车有限公司财务总监、衍生事业部总经理、党委委员；现任山东省商业集团有限公司（简称鲁商集团）资金管理中心主任、山东省商业集团财务有限公司（简称鲁商财务公司）总经理。

【综述】 鲁商财务公司由鲁商集团100%出资成立，是山东省第8家获批设立的财务公司，注册资本为20亿元，于2012年4月28日正式开业。

2019年，鲁商财务公司紧紧围绕“建设一流财务公司”的目标，严格遵循国家的金融方针、政策及有关法律法规，依托集团，以优化资源配置、提高资金使用效率为目的，稳健经营、合规运作、风险可控、健康发展，为鲁商集团、各成员单位提供专业、优质、高效、集约化的金融服务，努力实现协作共赢，为促进鲁商集团高质量发展发挥了积极作用。

【公司经营】 2019年，鲁商财务公司紧紧围绕“依托集团、服务集团”的根本宗旨，领导班子团结协作，带领广大员工抢抓机遇，深入贯彻落实鲁商集团“改革年”各项工作部署，稳健经营、合规运作，有力支持了集团的发展。截至2019年末，鲁商财务公司资产总额为85.01亿元，负债总额为61.46亿元，所有者权益总额为23.55亿元；累计实现营业收入3.62亿元，同比增加1.23亿元，其中贷款利息收入为2.91亿元，手续费等中间业务收入为357.22万元，投资收益为4,849.53万元；累计实现利润总额1.78亿元，同比增加3,447万元。

【业务拓展】 2019年，鲁商财务公司以创新为抓手，积极为成员单位提供各项优质服务。

一是延伸服务链条，大力推广电票业务。依托核心成员单位山东银座商城股份有限公司和银座集团股份有限公司，借助其对物流、商品流、信息流的控制，大力推广电子商业汇票结算。2019年累计办理电票承兑业务71,148.00万元、承兑余额41,481.00万元，累计办理供应商商票贴现业务1,825.00万元。

二是抢抓机遇，加快业务创新。以鲁商财务公司为主办单位的跨境资金池业务已获国家外汇管理局的批复，即期结售汇、关税保函、国际信用证代开等创新业务也取得了一定的进展。

三是分户施策，定制服务方案。成立专门的服务工作小组，根据成员单位行业类别和业务属性，制订个性化的服务方案，细化服务措施，丰富业务种类。

四是上门服务，让成员单位“零跑腿”。设立了结算业务服务岗位，针对成员单位实际困难，提供了包括指导电票系统具体操作、递送CA证书、开立、注销内外部账户等多项上门服务，业务资料由成员单位寄送改为上门取件，真正践行了服务集团的公司理念。

【内控管理】 2019年，鲁商财务公司严格按照监管部门要求，坚持合规经营，筑牢安全底线。

一是严格审查业务资料，确保合规性、完整性、有效性。加强贷后管理和操作风险检查，防范与化解风险，截至2019年末，鲁商财务公司信贷资产五级分类均为正常，未出现逾期、欠息、不良等情况。二是强化审计职能，发挥监督作用。根据监管要求，开展定期审计和专项审计，提出问题并督促整改，2019年完成审计项目15个，共发现各类问题26个，提出整改建议16条，有效提升了公司的内部控制水平。

（庞 磊）

附表1

机构概况一览表

总经理（或其他称谓的第一负责人）		副总经理（或其他称谓的同级领导）	
徐 峰		马玉义、周卫民	
地址	山东省济南市历下区鲁商国奥城2号楼308室	邮编	250000
网址	—	客服电话	0531—66690225

附表2

内设部门及分支机构一览表

年度	内设机构（个）	下设分支机构（个）		员工人数（人）	
		地市级机构数	县区级机构数	员工总数（含非正式员工）	正式员工数
2015	8	0	0	38	38
2016	8	0	0	35	35
2017	9	0	0	39	39
2018	9	0	0	41	41
2019	9	0	0	48	48

附表3

主要统计指标

单位：亿元

项目	2015年	2016年	2017年	2018年	2019年	2019年同比增幅(%)
本外币资产总额	38.71	64.59	52.30	75.42	85.00	12.70
本外币负债总额	30.08	54.98	43.73	61.78	61.46	-0.50
营业收入	1.34	1.52	1.57	1.85	2.82	52.43
利润	1.10	1.26	1.40	1.36	1.78	30.88
净利润	0.82	0.93	1.03	1.06	1.29	21.70
上交税金	0.35	0.35	0.38	0.37	0.52	40.54

山东重工集团财务有限公司

【第一负责人简介】　吴汝江，1960年出生，中南财经大学毕业，高级经济师；历任中国工商银行潍坊市分行科长、办公室主任、副行长、行长、党委书记，中国工商银行山东省分行营业部（原济南市分行）总经理、党委书记，民生保险经纪公司董事长、民生典当有限公司董事长，山东重工集团财务有限公司筹备组副组长；现任山东重工集团有限公司金融总监，山东重工集团财务有限公司（简称山重工财务公司）总经理、党支部书记、董事，潍柴控股集团有限公司监事会主席，山推工程机械股份有限公司董事。

【综述】　山重工财务公司成立于2012年6月11日，是经中国银监会批准设立的非银行金融机构，注册资本为16.00亿元，股东包括山东重工集团有限公司、潍柴动力股份有限公司、潍柴重机股份有限公司、山推工程机械股份有限公司、陕西法士特齿轮有限责任公司，地址是山东省济南市历下区燕子山西路40—1号，现有员工57人。山重工财务公司的主要宗旨是“依托集团、服务集团，为集团战略发展提供金融支持”，致力于成为一家综合性、专业化、行业领先的金融服务商。

【公司运营】　截至2019年末，山重工财务公司各项存款余额为292.66亿元，同比增长23.07%；各项贷款余额为158.12亿元，同比增长23.43%；实现营业收入9.91亿元，同比增长1.65%；实现利润总额4.12亿元，同比增长26.59%。山重工财务公司各项战略性业务指标如下：全年累计办理结售汇7.44亿美元，电票开票量达101.60亿元，结算业务总量为2.56万亿元。

【业务拓展】　2019年，山重工财务公司致力于全产业链融资业务的推广。

一是支持集团核心层发展，满足整车整机企业融资需求。面对作为产业链核心层的集团成员单位，山重工财务公司按年制定“一户一策”的信贷政策，积极支持实施新旧动能转换，大力发展绿色新能源产品，贷款优先支持潍柴新能源动力，陕重汽、中通、亚星新能源商用车，工程机械智能物流，无人驾驶等企业和产品。截至2019年末，集团成员单位各项贷款余额达120.28亿元。其中，整车整机企业贷款占比达48.30%，绿色新能源企业贷款占比达28.35%。山重工财务公司对成员单位主动让利，降低企业融资成本，年内让利达5,300.00万元以上。

二是做好关联交易层支持，通过票据业务解决融资需求。针对重工集团产业板块连接的特点，山重工财务公司绘制了关联交易图谱，梳理了关联交易对手超过400对。通过匹配金融服务产品，提供财务公司银行承兑汇票、企业商业承兑汇票的开立和保贴等服务，为关联交易的解决提供了快捷渠道。发挥支付杠杆作用。2019年开立财务公司电票101.60亿元，办理贴现37.46亿元，有效满足了关联企业融资需求。

三是做好产业链层支持，协助成员单位构建持续健康的供销体系。在供应端，山重工财务公司坚持围绕核心成员单位开展供应商保理业务，实施名单制管理，实行“名单客户—意向客户—融资客户”机制，层层筛选优质客户。截至2019年末，贷款授信客户数量达137户，贷款余额达14.90亿元。在销售端，山重工财务公司以骨干产品为核心，重点做好整车整机市场销售的支持。2019年办理保兑仓业务20.72亿元，占陕重汽销售的比例超过25.00%，连续3年蝉联各家合作金融机构第一位；办理买方信贷10,285.19万元，助力销售超过6,000辆。

【内控管理】 山重工财务公司重视制度建设和操作流程优化。通过重检、完善风险管理体系内容，山重工财务公司健全了风险治理架构，完善了风险识别、计量、监测、报告、控制程序，建立了风险考核机制，风险体系内容更加贴合公司经营管理实际，更具合规性、先进性与适用性。2019年完成制度重检138项、立项制度28项、修订36项。通过大规模的流程优化，在避免过度控制的同时，显著提高了工作效率，全年节省98.75人/天。山重工财务公司还连续四年开展“风险合规管理年”活动。通过鼓励自查自纠、开展高密度检查、严格落实处罚等手段，不断强化全员合规意识，固化合规操作习惯，员工队伍逐渐形成了“自知”“自觉”的合规意识。从各项合规自查和检查的结果来看，发现问题数实现了大幅下降。

（宋晓阳）

附表1

机构概况一览表

董事长（或其他称谓的第一负责人）		总经理（或其他称谓的同级领导）	
吴汝江		黄 震	
地址	山东省济南市历下区燕子山西路40—1号	邮编	250014
网址	http://www.shigfc.com.cn	客服电话	0531—82623870

附表2

内设部门及分支机构一览表

年度	内设机构（个）	下设分支机构（个）		员工人数（人）	
		地市级机构数	县区级机构数	员工总数（含非正式员工）	正式员工数
2015	9	0	0	48	48
2016	9	0	0	48	48
2017	10	0	0	56	56
2018	10	0	0	58	58
2019	10	0	0	57	57

附表3

主要统计指标

单位：亿元

项目	2015年	2016年	2017年	2018年	2019年	2019年同比增幅（%）
本外币资产总额	162.98	162.48	238.64	264.32	321.51	21.63
本外币负债总额	151.11	149.09	213.60	239.39	293.83	22.74
营业收入	2.93	3.07	4.51	6.55	6.11	-6.68
利润	1.52	2.02	2.57	3.26	4.12	26.63
净利润	1.14	1.51	1.92	2.44	3.09	26.63
上交税金	0.58	0.85	0.99	1.24	2.31	86.89

山东黄金集团财务有限公司

【第一负责人简介】 吴晨，男，1975年3月出生，江苏灌云人，汉族，中共党员，硕士研究生学历，毕业于山东大学经济学院政治经济学专业；2000年7月参加工作，先后在人民银行济南分行、山东银监局任职；2013年起任山东黄金集团财务有限公司（简称山东黄金财务公司）总经理。

【综述】 山东黄金财务公司于2012年11月经中国银监会批准筹建，2013年7月31日正式开业，是山东省黄金行业第一家获中国银监会批准建立的、为集团成员单位提供金融服务的非银行金融机构，也是集团首家持牌金融机构。公司注册资本为30.00亿元：2013年4月19日由山东黄金集团有限公司和山东黄金矿业股份公司一次性足额实缴货币出资10.00亿元，其中山东黄金集团有限公司出资7.00亿元，占出资额的70.00%，山东黄金矿业股份有限公司出资3.00亿元，占出资额的30.00%；2018年9月7日由原股东一次性足额实缴货币出资20.00亿元（含500.00万美元），各股东持股比例不变。

公司建立了以股东会、董事会、监事会、经营层为主体的现代金融企业法人治理结构。股东会为最高权力机构；董事会统筹公司的决策运作，下设战略发展委员会、风险管理委员会和审计（稽核）委员会；监事会是股东会领导下的常设监察机构，执行监督职能。“三会”依照议事规则和决策程序定期召开会议履行职责。经营层通过办公会形式集体研究、决策，履行各项管理职能，形成了权责明确、相互制约、科学决策、协调运转的体制和机制。根据经营管理需要，设立综合管理部、计划财务部、营业管理部、信贷管理部、投资银行部、信息技术部、风险管理部、审计稽核部、票据部9个职能部门。公司现有职工45人，其中大学本科学历25人、硕士及以上研究生学历19人，中高级技术职称28人。

【业务拓展】 2019年，山东黄金财务公司始终坚持以“服务集团”为宗旨，聚焦集团产业链上下游，稳扎稳打推进金融平台建设，做连接产业与金融的桥梁。一是坚持为一线矿企服务，保障成员单位信贷资金需求，主动走出去，采取电话、微信、调研问卷等多种方式，全面了解企业的经营难处和服务需求，积极推广各类信贷金融产品，不断扩大承兑和贴现量，全力保障成员单位资金需求。2019年末自营贷款规模达44.16亿元，较年初增加7.92亿元，电票承兑业务量首次突破8.00亿元，创历史新高，累计为成员单位办理贴现4.40亿元，在集团内贴现业务占比达到96.00%。二是深入基层化解矛盾，加快推进统保工作，将车险、财产一切险、机损险及团意险作为重点产品，将省内大矿作为重点目标客户，与保险公司组成调研工作组，先后到事业部及所属企业进行实地调研、宣传，全年走访调研24家成员单位，实现了统保业务规模的快速增长。三是始终保持“零差错、零收费、零投诉”的优质服务，正式上线“对私批量付款功能”，不断提高安全、高效、便捷的运营能力。四是将拓展完善外汇服务职能作为2019年业务创新重点，积极申办即期结售汇业务，于2019年12月10日一次性顺利通过国家外汇管理局山东省分局对系统软硬件设施的验收以及工作人员外汇政策法规现场考核。

【内控管理】 按照集团的统一部署，组织开展全面内控管理工作，聚焦要点，深入重点领域整治，持续开展自查，切实提高风险防控能力。结合自身特点及管理现状，对2019年度机会、风险进行有效识别，并采取定性与定量分析相结合的方法，按照风险评估标准，对风险发生的可能性、风险产生的影响进行评估，合理确定风险水平。按照集团2019年内控管理工作方案及公司内控要求，对内控手册进行了修订完善，健全完善《山东黄金集团财务有限公司“三重一大”决策制度实施细则（试行）》，制定《中共山东黄金集团财务有限公司党支部委员会议事规则》，开展了“行业规范建设年”系列活动，重点深入开展“巩固治乱象成果、促进合规建设”工作，进一步增强公司风险防范和内部控制能力。

（孟庆娟）

附表1

机构概况一览表

总经理（或其他称谓的第一负责人）		副总经理（或其他称谓的同级领导）	
吴晨		王德英	
地址	山东省济南市高新区舜华路2000号舜泰广场3号楼	邮编	250100
网址	—	客服电话	—

附表2

内设部门及分支机构一览表

年度	内设机构（个）	下设分支机构（个）		员工人数（人）	
		地市级机构数	县区级机构数	员工总数（含非正式员工）	正式员工数
2015	9	0	0	34	34
2016	9	0	0	36	36
2017	9	0	0	36	36
2018	9	0	0	35	35
2019	9	0	0	45	45

附表3

主要统计指标

单位：亿元

项目	2015年	2016年	2017年	2018年	2019年	2019年同比增幅（%）
本外币资产总额	46.38	52.72	58.25	87.57	69.99	-20.08
本外币负债总额	34.93	40.34	44.94	53.00	35.35	-33.30
营业收入	1.44	1.77	1.95	2.70	2.32	-13.98
利润	1.03	1.23	1.51	1.68	0.10	-94.35
净利润	0.76	0.92	1.13	1.27	0.07	-94.42
上交税金	0.28	0.49	0.51	0.48	0.90	87.09

山东能源集团财务有限公司

【第一负责人简介】　徐立波，女，1971年6月出生，山东大学工商管理硕士，中共党员，正高级会计师；2017年通过“国际财资管理师”资格认证，同年被聘为“山东省管理会计咨询专家”，2019年获得“山东省金融高端人才”称号；现任山东能源集团财务有限公司（简称山东能源财务公司）党支部书记、董事长。

【综述】　山东能源财务公司于2013年12月24日经中国银行业监督管理委员会（银监复〔2013〕664号）批准成立，是一家由山东能源集团有限公司控股的非银行金融机构，注册资本为30亿元，注册地是济南。公司现设立综合管理部、营业部、计划财务部、信贷管理部、风险管理部、审计稽核部六个职能部门，负责财务公司的经营管理。

2019年，山东能源财务公司围绕集团战略目标，坚持稳健经营，坚守安全底线，坚决防范风险，充分发挥财务公司金融专业优势，挖掘内部金融潜力，各项经营指标均创历史新高。截至2019年末，山东能源财务公司资产总额为180.94亿元，累计实现利润总额4.31亿元，同比增长22.89%，公司资本充足率为31.38%，流动性比率为51.33%，各项指标均符合监管要求，各类风险指标均处于安全可控范围内。

【业务拓展】　2019年，山东能源财务公司将资金集中工作作为第一要务，立足“依托集团、服务集团”的功能定位，深化产融结合助力新旧动能转换，创新金融服务助推集团高质量发展，服务实体经济能力不断提升。

一是依托票据池，最大限度地实现集团资金票据集成化管理。通过提高票据池系统集成化程度，满足成员单位的特殊化需求，最大限度地实现了入池票据的统一管理。2019年新增中信、兴业两家股份制合作银行，降低票据入池难度，全年为集团减少外部存放保证金10.00亿元。对大额资金进行实时监测、全过程管理，对上市公司等特殊单位，发债资金、专户资金等特殊用途资金，进行逐项分析、逐笔研究。2019年在上市公司资金归集方面实现了重大突破，于同年6月实现对上市成员单位的第一笔资金上划。

二是创新业务模式，加大对集团产业的支持力度。对集团重点区域、重点项目、重点企业进行清单管理，主动跟进新旧动能转换示范区、重点基地等布局区域，主动对接智慧矿山、“一提双优”重点工程等改造提升项目，主动服务高端装备制造、新能源新材料、颐养健康等新兴培育产业。坚持“把好投向、调好存量、用好增量”，采用“流动资金贷款+银行承兑汇票”的贷款方式，引导成员单位使用山东能源财务公司电票作为日常结算方式，扩大电票的市场流通性和影响力。不断丰富业务品种，联合农业银行成功办理首笔银团贷款，以1.30亿元内部资金为成员单位增加33.00亿元外部银行银团贷款，节约利息支出2,000.00多万元。

三是扩大同业合作范围，拓宽金融服务维度。牵头承办了人民银行驻济财务公司“深化产融结合与协同发展”磋商机制座谈会，与同业建立了常态化沟通机制，推动同业合作向更深层次、更宽领域发展。目前，已经与19家银行机构、7家财务公司建立了良好的同业合作关系，同业授信额度达到96.00亿元，比年初增加25.00亿元，增幅达35.21%。2019年年中出现资金支付紧张局面时，首次从其他财务公司成功拆入资金5.80亿元，打通了补充临时周转资金的通道。

【内控及风险管理】 通过创新风控手段、加强内部审计检查、开展渗透测试、实施网络安全提升工程等，全面提升内部控制与风险管理水平。一是开展全面风险管理年度评估，摸清公司实质风险底数，制定风险偏好及应对策略，利用压力测试、监测预警、风险提示等手段，将定量评估与人工分析相结合，确保风控前置。同时，结合最新风险现状，更新金融风险数据库，建立了覆盖全公司42类业务品种、40个岗位的209项风险点的风险清单。二是加强风控合规管理、内审检查两条主线，对公司潜在风险隐患进行全面排查、逐项清理，不断提升内部经营管理的精细化水平。三是组织专业人员全面梳理网络、服务器及系统应用等方面的风险点，形成信息科技风险清单，改造软硬件设备，升级身份认证系统，推进信息化建设的全过程风险管理；聘请专业机构对信息系统进行渗透测试，全面排查了运行中存在的风险及漏洞；实施网络安全加固提升工程，为业务连续、系统稳定提供安全保障。

在2019年人民银行济南分行组织的金融机构反洗钱现场检查中，山东能源财务公司顶住了非银行金融机构相关经验少、内部账户多、监管要求杂的重重压力，攻坚克难，顺利通过检查，得到人民银行的高度肯定。

（宋　科、万洪娜）

附表1

机构概况一览表

董事长（或其他称谓的第一负责人）		副总经理（或其他称谓的同级领导）	
徐立波		王立春	
地址	山东省济南市历下区经十路10777号能源大厦10层	邮编	250014
网址	http://sncwgs.snjt.com	客服电话	0531—62355562

附表2

内设部门及分支机构一览表

年度	内设机构（个）	下设分支机构（个）		员工人数（人）	
		地市级机构数	县区级机构数	员工总数（含非正式员工）	正式员工数
2015	6	0	0	31	21
2016	6	0	0	28	21
2017	6	0	0	27	21
2018	6	0	0	43	37
2019	6	0	0	41	35

附表3

主要统计指标

单位：亿元

项目	2015年	2016年	2017年	2018年	2019年	2019年同比增幅（%）
本外币资产总额	103.72	90.56	178.24	178.72	180.94	1.20
本外币负债总额	81.22	67.04	152.79	151.02	136.54	-9.60
营业收入	2.59	2.46	4.02	5.52	6.39	15.76
利润	1.79	1.71	2.50	3.51	4.31	22.79
净利润	1.34	1.28	1.93	2.60	3.28	26.15
上交税金	0.55	0.54	0.76	1.16	1.41	21.55

海尔集团财务有限责任公司

【第一负责人简介】 秦琰，中共党员，拥有16年经济及财务、资金管理相关从业经验；历任海尔集团物流推进本部财务主管，海尔集团全球采购中心财务经理、审计经理、财务总监，海尔智能健康控股有限公司CFO，海尔集团金融控股有限公司CFO，海尔财务公司副总经理（主持工作）；2018年11月起任海尔集团财务有限责任公司（简称海尔财务公司）总经理。

【综述】 海尔财务公司自成立以来，始终秉承“立足集团、服务集团”的理念，以支持集团实体经济发展为己任，以集团市场可持续发展为宗旨，承接集团生态品牌战略，以“聚焦产业链金融创新，金融资源撬动产业资源，成为最具竞争力的驱动产业型财务公司”为战略目标，立足首要职能，有效控制风险，不断创新金融产品，实现稳健运营目标。

【业务拓展】 2019年度，海尔财务公司立足集团产业链，为集团产业提供专业化金融服务，提升集团内部资金、资源使用效率，全年累计实现营业收入25.41亿元、利润总额22.65亿元。截至当年末，公司资产规模达674.76亿元。

一、信贷业务

2019年度，海尔财务公司在集团成员单位的信贷业务开展方面，以支持实体产业发展为重点，以加强信贷管理为导向，以各项信贷业务制度的落实为基础，满足集团成员单位资金需求，全年共为95家集团成员单位提供金融服务解决方案。截至2019年末，公司流动资金贷款余额约为318.33亿元，比2018年末增加21.44亿元。根据海尔集团战略及产业发展实际需求，2019年流动资金贷款业务全年新增投放140.73亿元，无不良贷款。

二、产品销售信贷业务

2019年度，海尔财务公司不断提高金融服务水平，为海尔经销商提供优质的买方信贷服务。在防范金融风险的同时，创新业务模式，累计为665家经销商提供了超过22.00亿元的信贷服务，有效助推了集团产业发展。同时，海尔财务公司积极调整产品结构，输出适合中小型企业的短、频、快的融资产品。例如，针对改善大气环境的煤改项目，创新推出了“程意贷”产品，该产品的期限与客户承接的工程项目期限匹配，让经销商客户在承接项目时不会为资金而担忧，从而扩大业务规模。

三、资金业务

2019年度，海尔财务公司精确编制资金预算，合理安排资金头寸，实现了资金需求的有效满足和资金运营效率最大化“双赢”。一方面，在资金短缺的情况下，通过银行间市场正回购和拆入等业务，及时低成本融入资金，全年累计融资5,261.00亿元，充分保证了集团和公司的资金流动性，确保各项业务顺利进行；另一方面，在资金盈余的情况下，通过银行间市场逆回购、现券买卖、同业存款、理财等业务，累计投资1,583.00亿元，且投资品种不断丰富，有效提高了资金运营效率。

四、票据业务

2019年度，海尔财务公司持续加强集团票据集合管理，在集团开出票据支付供应商100%电子化的基础上，借助《关于规范和促进电子商业汇票业务发展的通知》（银发〔2016〕224号）的政策契机以及票交所的推进要求，持续推进集团市场流入票据电子化。公司从出票客户和承兑行2个维度推进电子化，发出沟通函和沟通电话，建立三维多向沟通机制。2019年全年签收票据436.67亿元，其中电票流入435.45亿元、纸票流入1.22亿元，票据电子化率达到99.72%，离100%目标仅一步之遥，达到行业领先水平。电子化率的提高规避了纸质票据流转的风险，节约纸质票据邮寄的费用，提高票款兑付效率，增加集团可使用资金，实现集团资金增值。

五、外汇业务

2019年度，海尔财务公司为集团产业链上下游约50家公司提供全流程的创新金融解决方案，累计交易金额约207.00亿元，客户交易笔数合计1,581笔，交易币种包括USD、EUR、JPY、GBP、HKD等主要货币，交易产品包括即期、远期和掉期。

【内控管理】 2019年度，海尔财务公司结合内部风险管理的实际需求，启动全面风险管理体系框架搭建工作。经过一年的深耕，已初步完成从系统化到体系化，从单一风险到全面风险管理的重要转变，"全流程、全覆盖、全方位"的全面风险管理体系已基本搭建完成，更好地适应了公司风险管理的需要，提高了抵御风险的能力。截至2019年末，海尔财务公司各项业务合规运营，整体风险可控。同时，海尔财务公司深入开展银保监会"进一步深化银行业市场乱象整治"活动，在细致分工的基础上，对业务制度、操作规程、人员管理等内容深入开展专项自查治理工作，并全部完成整改，确保公司稳健经营。

（马玉华）

附表1

机构概况一览表

总经理（或其他称谓的第一负责人）		副总经理（或其他称谓的同级领导）	
秦 琰		温淑惠、赵晓燕	
地址	山东省青岛市崂山区海尔路178—2号裕龙国际中心	邮编	266061
网址	http://www.haierfin.com/	客服电话	0532—88932211

附表2

内设部门及分支机构一览表

年度	内设机构（个）	下设分支机构（个）		员工人数（人）	
		地市级机构数	县区级机构数	员工总数（含非正式员工）	正式员工数
2015	13	0	0	128	128
2016	13	0	0	144	144
2017	13	0	0	156	156
2018	13	0	0	157	157
2019	13	0	0	151	151

附表3

主要统计指标

单位：亿元

项目	2015年	2016年	2017年	2018年	2019年	2019年同比增幅（%）
本外币资产总额	610.94	720.67	763.52	662.97	674.76	1.78
本外币负债总额	525.11	622.84	652.02	534.26	531.65	-0.49
营业收入	27.21	23.33	26.53	25.64	25.41	-0.90
利润	20.26	16.96	18.96	21.75	22.65	4.14
净利润	15.23	12.74	14.27	16.44	17.20	4.62
上交税金	6.54	5.52	6.28	6.71	7.37	9.84

海信集团财务有限公司

【第一负责人简介】 王纪铭，女，汉族，中共党员；历任交通银行青岛市南一支行行长，交通银行青岛分行党委委员、副行长；先后获得青岛市金融系统先进工作者、金融系统省级“青年岗位能手”、全国金融系统优秀思想政治工作者、全国金融系统先进女职工、全国金融“五一劳动奖章”等荣誉称号；现任海信集团财务有限公司（简称海信财务公司）总经理。

【综述】 2019年，海信财务公司秉承“立足于集团，服务于集团”的基本宗旨，持续优化业务结构，不断强化全面风险管理，坚持服务品质提升，加大金融科技创新力度，总体发展态势良好，核心竞争力稳步提升。截至2019年末，海信财务公司资产总额为238.58亿元，比年初增长20.17%，年内累计实现利润总额4.80亿元、净利润3.63亿元。截至2019年末，海信财务公司资本充足率为21.38%，流动性比率为52.65%，各项监管指标均优于监管要求。

【业务拓展】 2019年，海信财务公司充分发挥金融服务集团产业作用，立足服务实体经济，坚持业务发展和风险管理并重的原则，扎实推进各项工作。同时积极研究分析金融市场，强化创新思维能力，力争为集团成员单位提供高效的金融服务，助推集团实体产业转型升级。

一、信贷业务

2019年，海信财务公司紧紧围绕集团战略，根据集团成员单位多样化需求，合理分配信贷资源，通过提供自营贷款、贸易融资、房地产开发贷等综合金融服务，满足成员单位融资需求。同时，海信财务公司积极贯彻普惠金融，支持中小微企业发展，通过开展买方信贷业务，缓解经销商资金压力，积极解决产业链下游中小微企业融资难融资贵问题。截至2019年末，海信财务公司各项贷款余额为106.14亿元，比年初增加17.34亿元，增幅为19.53%，继续发挥金融服务平台作用，保障成员单位融资需求。

二、票据业务

2019年，公司联合集团成员单位大力推广电票，提高票据对外付款占比，全年累计签发电票491.08亿元，进一步提升了集团票据的认可度和美誉度。根据成员单位的经营需求，公司全年为成员单位累计办理贴现12.79亿元，有效解决成员单位融资难问题，降低了短期融资成本，提高了资金周转效率。

三、同业业务

2019年，海信财务公司通过完善投资业务相关制度及业务流程，组织员工参加交易员资格、债券托管结算资格的培训，建立自身投研体系架构以及日常跟踪宏观数据等，推动投资业务有效开展。2019年2月，公司抓住利率债调整机会，完成了第一笔二级市场利率债买入业务，交易频率和交易金额大幅增加，投资收益实现了稳步增长。

四、资金管理

海信财务公司致力于保障集团资金安全。一是采取收缩成员单位开户银行及账户数目的措施，提高资金管理效率；二是不定期排查长时间不动户以及特殊用途账户并督促销户，以强化账户管理，减少非必要的外存资金分散的可能性；三是通过对成员单位经营状况、行业特征及发展前景的分析，提出针对不同公司的个性化资金管理方案，不断提升资金管理水平。截至2019年末，公司实现全口径资金集中度80.08%。

五、外汇业务

2019年，根据跨国公司跨境资金池新政要求，海信财务公司成功申请境内外共74家成员单位加入外汇资金集中运营，基本覆盖有外币业务的成员单位。同时，为实现跨境对外放款及外债额度统一管理，公司成功申请了对境内成员单位的对外放款额度及外债额度集中管理，集团可归集的对外放款额度由5.50亿美元增至26亿美元，可归集的外债额度由18.60亿美元增至175亿美元。

【信息化建设】 2019年，为改善旧系统架构设计老旧、模块间重耦合、可配置功能少的现状，海信财务公司重新搭建了“小核心、大外围”系统架构，主要由核心系统、信贷系统、国际结算系统、票据系统、网银系统、ESB总线、统一监管报送平台等构成，通过ESB统一服务总线，实现各系统间的服务调用。各系统可单独部署，系统间无耦合关系，实现了业务系统即插即用。2019年11月，海信财务公司新一代核心业务系统成功上线，有效满足了公司业务需求，提高了金融服务效率和水平。

【内控管理】 2019年，海信财务公司进一步加强内控管理工作。一是结合“巩固治乱象成果、促进合规建设”的要求开展自查工作，对发现的问题及时整改；二是加强制度建设，及时完善修订风险管理和内控制度，进一步健全制度体系；三是加强内审工作，对各部门开展专项审计，并跟踪审计整改情况，持续推动公司合规经营。

（高 静、孙兆宁）

附表1

机构概况一览表

董事长、总经理（或其他称谓的第一负责人）		副总经理（或其他称谓的同级领导）	
周厚健（董事长）、王纪铭（总经理）		舒 鹏、吴大鹏、杜 翔	
地址	山东省青岛市东海西路17号海信大厦15楼	邮编	266071
网址	http://www.hisense.cn/	客服电话	0532—80878426

附表2

内设部门及分支机构一览表

年度	内设机构（个）	下设分支机构（个）		员工人数（人）	
		地市级机构数	县区级机构数	员工总数（含非正式员工）	正式员工数
2015	7	0	0	31	31
2016	8	0	0	34	34
2017	8	0	0	42	42
2018	8	0	0	56	56
2019	8	0	0	62	62

附表3

主要统计指标

单位：亿元

项目	2015年	2016年	2017年	2018年	2019年	2019年同比增幅（%）
本外币资产总额	90.75	152.85	183.58	198.53	238.58	20.17
本外币负债总额	74.05	134.05	162.01	165.24	203.03	22.87
营业收入	2.79	3.16	4.36	5.74	5.50	-4.16
利润	2.45	2.80	3.50	4.74	4.80	1.26
净利润	1.84	2.10	2.77	3.58	3.63	1.43
上交税金	0.66	0.76	0.97	1.62	1.53	-5.56

南山集团财务有限公司

【第一负责人简介】 侯云辉，男，山东海阳人，1970年4月出生，中共党员，中级经济师；1995年8月参加工作，历任中信银行烟台分行公司业务部副总经理、华夏银行烟台分行营业部副总经理、招商银行烟台分行营业部总经理、招商银行潍坊分行副行长、招商银行烟台分行副行长、战略客户部总经理等职；现任南山集团财务有限公司（简称南山财务公司）副董事长兼总经理。

【综述】 2019年，南山财务公司在董事会的决策部署下，积极应对内外部形势的变化，不断提升经营管理水平，持续强化内部管理和团队建设，圆满地完成了各项工作任务。截至2019年末，公司总资产为139.04亿元，负债为121.51亿元；实现净利润2.30亿元；资本充足率为16.41%，流动性比率为61.25%，贷款损失准备充足率为278.72%，不良贷款率为零。各项指标均符合监管要求。

【公司经营】 2019年，南山财务公司紧密围绕集团金融需求，不断提升服务能力，金融服务作用得到进一步发挥。一是牢固树立“存款立司”的理念，从账户集中管理入手，千方百计挖掘存款潜力，着力提高资金归集度。截至

2019年末，本外币时点存款余额为108.51亿元，同比增长59.16%；二是充分发挥资金调节作用，助推集团新旧动能转换、产业结构优化升级。年末贷款余额达到82.68亿元，同比增长44.87%；三是持续优化业务流程，加大票据承兑业务推广力度，大力发展产业链金融，累计办理承兑42.14亿元，同比增长67.22%；四是加强与合作银行的沟通，不断完善优化系统功能，保障集团资金枢纽畅通；五是发挥外汇专业优势，通过统筹做好即期结售汇业务管理、指导企业运用外汇衍生工具防控汇率风险、运用跨境平台支持境外企业发展等举措，助推集团国际化；六是创新保险兼业代理模式，做到“降费增保、转移风险、理赔到位”；七是抓好资产结构的精益化管理，稳健开展金融市场业务，提高资金收益。全年资产收益率为1.97%，净资产收益率为14.10%，均高于行业平均水平。

【内控及风险管理】 2019年，南山财务公司加强内控及全面风险管理体系建设，继续保持了开业十一年“零”案件的案防工作成果。一是牢牢把握“防风险、促发展”这一主线，从体制机制上保障内审及风险管理的独立性；二是针对流动性风险、合规风险、操作风险、信用风险等主要风险，逐一制定风险管控措施，从操作层面对风险点进行梳理，使风险管理有目标、有方向、有抓手、有实效；三是修订了《外部审计管理办法》，出台了中长期审计规划，注重审计职能的发挥，提高内控管理水平；四是组织开展“行业规范建设年”“巩固治乱象成果、促进合规建设”等活动，及时消除风险隐患，确保合规经营；五是倡导合规文化，树立合规典范，按季度开展案例警示教育活动，筑牢案防的思想长堤。

（温家东）

附表1

机构概况一览表

总经理（或其他称谓的第一负责人）		副总经理（或其他称谓的同级领导）	
侯云辉		郭 芸、战永磊	
地址	山东省龙口市南山工业园南山南路4号	邮编	265706
网址	http://www.nanshan.com.cn/	客服电话	0535—8807722

附表2

内设部门及分支机构一览表

年度	内设机构（个）	下设分支机构（个）		员工人数（人）	
		地市级机构数	县区级机构数	员工总数（含非正式员工）	正式员工数
2015	8	0	0	37	37
2016	8	0	0	36	36
2017	8	0	0	37	37
2018	8	0	0	37	37
2019	8	0	0	36	36

附表3

主要统计指标

单位：亿元

项目	2015年	2016年	2017年	2018年	2019年	2019年同比增幅（%）
本外币资产总额	85.56	83.3	84.33	95.15	139.04	46.13
本外币负债总额	73.16	70.09	70.48	79.95	121.51	51.98
营业收入	3.01	2.58	2.52	3.13	3.72	18.85
利润	2.57	2.32	2.46	2.72	3.01	10.66
净利润	1.95	1.84	1.91	2.08	2.31	11.06
上交税金	0.80	0.62	0.69	0.87	0.95	9.20

山东招金集团财务有限公司

【第一负责人简介】 曲丽华，女，汉族，大学本科学历，中共党员，经济师；1991年7月从清华大学毕业并参加工作，在中国银行工作16年，历任中国银行烟台分行公司业务部和国际结算部负责人、中国银行招远支行行长等职；从事财务公司工作12年，其中在南山集团财务有限公司工作7年多，历任董事兼副总经理、副董事长兼总经理等职；现任山东招金集团财务有限公司（简称招金财务公司）董事兼总经理。

【综述】 2019年，招金财务公司以“立足集团、服务集团”为宗旨，深入贯彻执行集团年会“改革、稳定、发展”的总基调，以“业绩优异、管理优胜、创新优势、团队优化、环境优美”为战略导向，扎实开展各项工作，圆满完成各项工作任务。截至2019年末，公司总资产为59.00亿元，总负债为43.00亿元，所有者权益为16.00亿元，全年实现拨备前利润6,714.00万元，通过减免手续费和利率优惠为成员单位增收节支3,879.00万元。

【业务拓展】 2019年，招金财务公司积极拓展各项主营业务。在信贷业务方面，不断提高资金使用效率，大力支持实体经济和新旧动能转换，信贷支持向中小微企业倾斜、向高科技企业倾斜、向“三农”倾斜。2019年，公司向成员单位投放资金142.00亿元，其中发放贷款13.00亿元、办理票据贴现25.00亿元、办理法人账户透支104.00亿元，较好地满足了成员单位的各种资金需求。

在资金集中管理方面，不断提高服务能力和服务效率，扎实做好资金集中管理工作，切实维护成员单位权益。2019年公司新取得跨境资金运营资格，目前已经建立了“人民币资金池”“外币资金池”“票据池”，且实现了境内、境外联动，为资金集中管理保驾护航。全年完成资金清算12,036.00亿元，其中跨境清算资金金额达到10.00亿元人民币和3.70亿美元；年末全口径资金归集度达到60.27%，扣除口径资金归集度达到94.76%。

在资金业务方面，不断提高资产负债管理水平，充分利用市场空间和时间差，实现资金配置安全性、流动性、效益性的统一。2019年，银行间市场资金交易量达到683.00亿元，其中同业拆借171.00亿元、质押回购512.00亿元。

在其他业务方面，结售汇业务量达到4,596.00万美元，为成员单位至少节省成本50多万元；财务公司和集团公司投资业务交易量达到5.80亿元，投资余额为4.00亿元，全部投资了国债、国开债。

【内控管理】 2019年，招金财务公司法人治理不断加强。“不忘初心、牢记使命”主题教育活动开展得有声有色，“三会一课”内容丰富多彩，党风廉政建设警钟长鸣，党支部战斗堡垒和党员先锋模范作用充分发挥；“三会一层”各司其职，认真履行职责，按时完成各种行政许可申请及变更备案。

监督和执行不断强化。“四位一体”制度体系更加完善。2019年新出台和修订各项规章制度近60项；通过“工作清单制度”和“红绿灯制度”的贯彻，行政效率和质量不断提高；继续坚持“慎小、慎初、慎独”的管理理念，“火眼金睛”机制持续发挥作用，业务自我监督覆盖面达到100%，细小的瑕疵都能够得到及时纠正；风险识别和计量水平得到不断提高，应急演练持续加强，公司合规管理的理念得到有效贯彻和执行。

四化建设再上新台阶。公司全年上线电子档案系统、线上考试系统、公文传阅系统、驾驶舱关键指标体系自动监控系统、红绿灯督办管理系统、问题管理平台等信息化办公平台，办公效率和监督效率得到较好的提高；核心业务系统新上线担保业务、物资管理、风控管理、保险业务四个模块，填补了业务空白；启动票交所电票线上清算接口的开发和异地灾备中心的建设，为票据的发展和连续性生产打下良好的基础。

（曲丽华、吴国权、步雪源）

附表1

机构概况一览表

<table>
<tr><td colspan="2">总经理（或其他称谓的第一负责人）</td><td colspan="2">副总经理（或其他称谓的同级领导）</td></tr>
<tr><td colspan="2">曲丽华</td><td colspan="2">吴国权</td></tr>
<tr><td>地址</td><td>山东省烟台市芝罘区胜利路139号万达金融中心A座22楼</td><td>邮编</td><td>264000</td></tr>
<tr><td>网址</td><td>—</td><td>客服电话</td><td>0535—5528936</td></tr>
</table>

附表2

内设部门及分支机构一览表

年度	内设机构（个）	下设分支机构（个）		员工人数（人）	
		地市级机构数	县区级机构数	员工总数（含非正式员工）	正式员工数
2015	7	0	0	28	28
2016	7	0	0	28	28
2017	7	0	0	28	28
2018	8	0	0	32	32
2019	8	0	0	32	32

附表3

主要统计指标

单位：亿元

项目	2015年	2016年	2017年	2018年	2019年	2019年同比增幅（%）
本外币资产总额	15.10	25.63	31.15	39.42	58.98	49.62
本外币负债总额	10.06	20.42	15.69	23.55	42.90	82.17
营业收入	0.13	0.40	0.59	0.82	0.81	-1.22
利润	0.05	0.22	0.33	0.53	0.57	6.36
净利润	0.04	0.17	0.25	0.42	0.44	6.28
上交税金	0.03	0.09	0.15	0.19	0.22	15.79

兖矿集团财务有限公司

【第一负责人简介】　张宝才，现任兖矿集团财务有限公司（简称兖矿财务公司）董事长；从事财务及相关管理工作30年，历经财务管理、资本运作等多个工作岗位的锻炼，熟悉国家有关法规政策，组织协调、把握大局能力强；在公司治理、资本运作、风险控制方面积累了丰富的理论知识和管理经验。

【综述】　兖矿财务公司是兖矿集团旗下子公司。兖矿集团以矿业开采、高端化工、现代物流及工程技术服务为主导产业，是中国唯一一家拥有境内外四地上市平台的煤炭企业。经过40多年的开发建设，现已形成山东本部、陕蒙、澳大利亚、上海、新疆、南美“六大核心基地”发展格局，现有境内外在岗员工8.90万人。2019年完成煤炭产量1.66亿吨；利润总额为120.00亿元，同比增长18.00%；营业收入为2,800.00亿元，同比增长8.90%；年末资产总额为3,270.00亿元，同比增长6.40%。位居世界500强第318位。

目前，兖矿财务公司股东持股比例为兖矿集团持股5.00%、兖州煤业持股95.00%，注册资本为25.00亿元（含1,000.00万美元），监管评级为1B级，具有跨境资金归集、有价证券投资和延伸产业链金融业务资质。截至2019年末，兖矿财务公司资产规模为247.00亿元，负债规模为215.00亿元；利润总额为2.30亿元。

【信贷业务】　2019年，兖矿财务公司积极向成员单位提供信贷支持，发放低息贷款、提供低息贴现利率。全年累计发放贷款108.90亿元，贷款综合利率为3.59%。2019年末公司贷款余额为110.06亿元，同比增加34.55亿元，实现利息收入3.11亿元。

【产业链金融】　2019年，兖矿财务公司积极围绕核心主业企业，推出“一头在外”票据贴现业务，服务范围延伸至上游供应商，推动产业链深度融合。全年累计办理延伸产业链金融业务6笔、金额290.00万元，综合利率为3.50%。

【资金业务】　兖矿财务公司建立了资金管理例会制度。每周及时调度大额资金付款计划，动态掌握大额资金支付情况，提升资金管理精准度；稳定存放同业存款价格，审慎选择同业拆出业务对手，全年同业拆借实现收益2.00亿元。

【投资业务】 兖矿财务公司具有开展固定收益类有价证券投资业务资格，2019年，公司购入货币市场基金3,200.00万元，持有期收益率为2.90%，丰富了资产配置手段，提升了金融资源配置水平和资金创效能力。

【票据业务】 2019年，兖矿财务公司稳步推进电票业务，降低成员单位交易成本，提升票据结算比例。全年累计承兑26.02亿元，同比增长134.00%；减少保证金占用4.00亿元，节约财务费用约0.15亿元。

【外汇业务】 兖矿财务公司具有开展跨境资金集中业务资格。2019年，公司累计归集境外资金4.77亿美元。

【资金集中】 2019年，兖矿财务公司通过开展代开承兑汇票、代签信用证等业务，减少成员单位外部融资支出，避免保证金沉淀至外部金融机构。全年累计吸收存款215.10亿元，日均存款余额为152.60亿元，比2018年日均余额增加25.60亿元。截至2019年末，公司全口径资金集中度为49.30%。

【业务创新】 2019年，兖矿财务公司跨注册地为成员单位在全国海关口岸提供担保业务。全年累计开立关税保函7,000万元，节约财务费用300.00万元；开展农民工工资保函业务，减少保证金占用200.00万元；开展代开国际信用证业务，共计8,700.00万美元；开展代开银承业务，降低外部保证金缴存比例，代开票据5.00亿元；办理同业拆入0.50亿元。

【内部控制】 2019年，兖矿财务公司进一步强化内控管理。一是规范制度。公司从内容、流程等方面进行合规性审查，对已开展业务及已审批未开展业务进行梳理，梳理完善涉及综合管理、计划财务管理等8大类164项管理制度，形成管理制度汇编，为业务开展提供制度依据。二是根据监管要求开展专项治理，对业务开展、内部控制等进行自查。三是组织两期合规文化大讨论，将合规理念渗透到经营管控全过程。

【信息化建设】 2019年，兖矿财务公司启用了资金管理信息系统，成为全国首家实现资金管理信息系统与SAP、共享中心无缝对接的财务公司，实现了“SAP报账—共享审批—财司结算”全流程线上资金运转。

【企业文化建设】 2019年，兖矿财务公司通过开展“不忘初心、牢记使命”主题教育活动，组织专题党课、主题党日活动、民主生活会等形式，提升党员干部党性修养。组织团建、银企党建联谊等活动，通过报纸、网站、电视等途径，持续宣传业务开展、党建等方面信息，展示公司良好的外部形象。赴矿区、超市和学校开展“金融知识万里行”活动，宣传非法集资金融知识，引导职工群众树立正确的金融观、消费观、信用观，提高风险防范能力。

（单光辉、韩 伟、毕俊成）

附表1

机构概况一览表

董事长（或其他称谓的第一负责人）		副董事长（或其他称谓的同级领导）	
张宝才		单光辉	
地址	山东省邹城市凫山南路329号	邮编	273500
网址	http://cwgs.ykjt.cn/	客服电话	0537—5386804

附表2

内设部门及分支机构一览表

年度	内设机构（个）	下设分支机构（个）		员工人数（人）	
		地市级机构数	县区级机构数	员工总数（含非正式员工）	正式员工数
2015	6	0	0	29	29
2016	6	0	0	31	31
2017	6	0	0	29	29
2018	8	0	0	35	35
2019	8	0	0	35	35

附表3

主要统计指标

单位：亿元

项目	2015年	2016年	2017年	2018年	2019年	2019年同比增幅（%）
本外币资产总额	83.00	88.74	126.72	231.46	246.94	6.69
本外币负债总额	68.71	72.95	109.44	216.59	215.45	-0.52
营业收入	2.66	2.34	2.29	3.39	3.38	-0.40
利润	2.28	2.00	2.00	2.62	2.30	-12.24
净利润	1.71	1.50	1.48	1.96	1.72	-12.29
上交税金	0.70	0.71	0.66	0.78	0.91	16.42

日照港集团财务有限公司

【第一负责人简介】 马先骅，中共党员，研究生学历，高级会计师；1992年7月参加工作，历任日照港务局轮驳公司计财科科长，日照港股份公司财务部副部长，日照港集团公司财务预算部副部长；现任日照港集团财务有限公司（简称日照港财务公司）总经理。

【综述】 日照港财务公司于2015年12月31日经中国银监会批准筹建，于2016年5月20日正式揭牌开业，是日照市首家企业集团财务公司。公司注册资本为10.00亿元，由日照港集团有限公司和日照港股份有限公司共同出资组建。公司现有员工35人，下设综合管理部、计划财务部、资金结算部、信贷业务部、风险管理部、稽核审计部、信息技术部七个部门。

【业务拓展】 2019年，日照港财务公司以“创新突破年”为抓手，不断拓宽经营领域，积极探索业务创新，持续增强金融功能。全年累计实现营业收入1.59亿元、利润1.16亿元；不良贷款率、不良资产率继续保持为零，其他监管指标均符合监管要求。

一是持续加强资金归集工作。与两家上市公司签订《金融服务协议》，做好监管资金归集，积极推进平台类资金归集。截至2019年末，存款余额为34.85亿元，全口径资金归集度为74.84%，同比增长4.34个百分点。

二是强化主动服务意识，保障内部信贷用资。2019年累计投放信贷资金38.04亿元，按期收回贷款26.23亿元，贷款余额为35.15亿元，同比增长25.85%；累计办理委托贷款6.80亿元，提供各类担保9.78亿元，办理票据业务6.40亿元，助力集团降低整体财务费用。

三是加强与银行的沟通协调，掌握头寸管理“主动权”。积极开展同业业务，配合银行不断拓展集团产业链金融业务，2019年新获得5家金融机构7.00亿元授信额度。

四是创新业务模式。2019年，公司首次开展融资租赁、分组银团贷款和项目前贷款等业务，保障港口重点工程资金需求。首笔票据贴现业务的成功办理，标志着公司形成了包括出票、承兑、背书、托收、贴现在内的完整票据业务产品服务。

【内控管理】 2019年，日照港财务公司以开展“行业规范建设年”“案件警示教育”活动为契机，不断提升合规展业水平。继续优化公司治理结构，全年组织召开“三会”12次、审议通过议案63项，有效发挥“三会一层”作用。强化重点领域风险防控，制定操作规程，防范资金操作风险，实行动态监测预警，适时开展压力测试，防控流动性风险。增强稽核审计监督职能，开展各类稽核检查21次，提出意见建议37条。强化信息科技建设，成立信息技术部，确定业务系统升级换代方案，对机房进行全面检查、管理，保障公司业务连续性。

（王 浩、赵焕鑫、贺子岂）

附表1

机构概况一览表

总经理（或其他称谓的第一负责人）		总经理助理、运营总监（或其他称谓的同级领导）	
马先骅		辛玉霞、赵禄亮	
地址	山东省日照市上海路东首日照港国贸中心E座14楼、15楼	邮编	276800
网址	—	客服电话	—

附表2

内设部门及分支机构一览表

年度	内设机构（个）	下设分支机构（个）		员工人数（人）	
		地市级机构数	县区级机构数	员工总数（含非正式员工）	正式员工数
2015	—	0	0	—	—
2016	6	0	0	28	28
2017	6	0	0	28	28
2018	6	0	0	33	33
2019	7	0	0	35	35

附表3

主要统计指标

单位：亿元

项目	2015年	2016年	2017年	2018年	2019年	2019年同比增幅（%）
本外币资产总额	—	43.34	37.47	45.59	47.46	4.10
本外币负债总额	—	33.28	26.65	33.99	34.98	2.91
营业收入	—	0.38	1.42	1.62	1.59	-1.85
利润	—	0.08	1.02	1.05	1.16	10.48
净利润	—	0.06	0.76	0.79	0.87	10.13
上交税金	—	0.01	0.27	0.39	0.42	7.69

中国石化财务有限责任公司山东分公司

【第一负责人简介】　宫琳，女，1969年出生，中共党员，文学硕士，教授级高级会计师；曾任中国石化青岛石油化工有限责任公司副总会计师兼财务管理部主任、党支部书记，2013年7月任中国石化财务有限责任公司山东分公司（简称中石化财务山东分公司）经理、党支部书记。

【综述】　中石化财务山东分公司是经中国银行业监督管理委员会批准，2007年7月成立、受中国银行业监督管理委员会青岛监管局监管的非银行金融机构。公司设在山东省青岛市，营运资金为1亿元，下设综合部、内控稽核部、财会部、信贷部、结算部五个部门，现有从业人员27人。公司秉承着“立足石化、服务主业、争创一流”的经营宗旨，重点为山东辖区的胜利油田、齐鲁石化、青岛炼化和青岛石化等120多家成员企业及其300多家产业链上下游客户提供金融服务。

【业务拓展】　2019年，中石化财务山东分公司严格按照《企业集团财务公司管理办法》和《关于稳步开展企业集团财务公司延伸产业链金融服务试点工作有关事项的通知》在授权范围内经营，具体业务范围为：吸收成员单位的存款；办理成员单位之间的内部结算、委托贷款；对成员单位办理贷款、票据承兑、票据贴现、融资租赁；办理票据转贴现业务；协助成员单位实现交易款项的收付；为产业链客户提供票据贴现、应收账款保理等融资服务；经公司批准的属于财务公司经营范围内的其他业务。

2019年，中石化财务山东分公司资金进出总笔数为329.80万笔，金额为2.07万亿元；日均向成员企业发放贷款78.00亿元；累计办理产业链票据贴现22.42亿元，办理产业链保理0.78亿元；全年新增开户企业9家、新开立结算账户14个、新启用银行分账户30个、新签订财企互联协议和网络服务协议共29份，服务范围进一步扩大，资金集中管理平台作用得到有效发挥。

【内控管理】 2019年，中石化财务山东分公司注重风险防控和稽核管理工作，始终把风险防范和业务安全作为一切工作的重中之重，加强内控制度落实和业务合规自查，实现内控管理的全流程和常态化运行。严格执行内控制度，加大贷款、票据等业务日常审查力度，强化贷前调查、综合授信、业务签报、合同签订和贷后跟踪等过程控制，严把业务风险关口。创新稽核检查方式方法，制订每季度稽核工作方案，持续深化稽核力度，推动稽核工作真正落到实处，收到良好的稽核检查效果。

（岳增强）

附表1

机构概况一览表

总经理（或其他称谓的第一负责人）		副总经理（或其他称谓的同级领导）	
宫 琳		赵 博、张明华	
地址	山东省青岛市市南区山东路2号甲华仁国际大厦26层	邮编	266071
网址	http://www.sfc.sinopec.com	客服电话	0532—81976225

附表2

内设部门及分支机构一览表

年度	内设机构（个）	下设分支机构（个）		员工人数（人）	
		地市级机构数	县区级机构数	员工总数（含非正式员工）	正式员工数
2015	5	0	0	35	32
2016	5	0	0	32	29
2017	5	0	0	32	29
2018	5	0	0	31	28
2019	5	0	0	31	27

附表3

主要统计指标

单位：亿元

项目	2015年	2016年	2017年	2018年	2019年	2019年同比增幅（%）
本外币资产总额	25.81	18.42	24.62	69.21	49.00	-29.20
本外币负债总额	25.06	17.75	24.34	69.72	47.78	-31.47
营业收入	1.55	1.27	0.88	1.67	3.68	120.36
利润	1.00	0.89	0.38	0.17	2.36	1,288.24
净利润	0.75	0.67	0.28	0.13	1.77	1,261.54
上交税金	0.34	0.31	0.19	0.20	0.40	100.00

第九部分

地方性金融机构

山东省小额贷款公司概况

2019年，山东省认真贯彻国家金融监管工作精神，坚持一手抓发展、一手抓监管，持续加强监管能力建设，严守风险底线，优化行业发展环境，积极引导小额贷款公司服务“三农”和小微企业等普惠金融重点领域，全省小贷行业总体保持平稳运行态势。

一、基本情况

截至2019年末，全省共有小额贷款公司339家（75家因严重违规、被吊销营业执照等原因被列为不予发证小额贷款公司，未列入统计范围），共有小额贷款从业人员3,457人。

从注册资本情况来看，339家小额贷款公司注册资本合计480.94亿元，平均注册资本为1.42亿元，规模适中。其中，注册资本在5.00亿元（含）以上的为12家，占3.54%，2.00亿（含）~5.00亿元的为56家，占16.52%，1.00亿（含）~2.00亿元的为228家，占67.26%，5,000.00万（含）~1.00亿元的为43家，占12.68%。

从地区分布情况来看，青岛市小额贷款公司达到44家，注册资本为87.91亿元，数量和规模均居全省第一；其次是济南（37家）、潍坊、临沂各32家；数量最少的枣庄，只有5家。

二、贷款情况

2019年，山东省小额贷款公司积极服务乡村振兴战略，深耕基层，大力支持普惠金融发展，在缓解小微企业和“三农”融资难融资贵方面发挥了积极作用。

339家小额贷款公司全年新增贷款总额520.75亿元，年末贷款余额为512.91亿元，其中涉农贷款余额为215.86亿元，小微企业贷款余额为287.90亿元；投向“三农”和小微企业的贷款占比为86.88%，彰显了小额贷款公司的普惠特色。

339家小额贷款公司全年累计为69,954户发放贷款520.75亿元。按贷款期限划分，0~6个月、7~12个月、12个月以上的贷款分别为334.89亿元、161.92亿元、23.94亿元，分别占贷款总额的64.32%、31.09%、4.59%；按贷款资金投向划分，涉农贷款10,897户共计148.13亿元，小微企业贷款10,868户共计332.48亿元，个人贷款53,488户共计111.60亿元，金额分别占贷款总额的28.45%、63.85%、21.43%；按贷款余额划分，单户贷款余额不超过200.00万元的合计264.15亿元，占全部贷款余额的51.50%，最高单户贷款余额为7,500.00万元。

三、运营资金情况

2019年，山东省小额贷款公司积极拓展资金来源，进一步增强服务实体经济的实力。年末，339家小额贷款公司营运资金合计523.18亿元，其中债务融资余额为42.24亿元；资产总额为604.53亿元，净资产为518.13亿元，资产负债率为14.29%。

四、行业监管与发展情况

把强监管、促发展、防风险作为小额贷款公司监管工作的重心，根据法律法规和政策规定，健全完善了省、市、县三级监管体系，省级监管部门主要负责建立健全监管制度，做好小额贷款公司设立审批和重大风险处置工作，市、县监管部门主要负责做好辖内小额贷款公司的日常监管、行政处罚和一般风险处置工作。

（一）监管方面

2019年，采取现场检查和非现场监管相结合的方式，对小额贷款公司实施分类监管。一是完善了小额贷款公司非现场监管数据报送工作，实现了所有机构数据的网上直报。运用监管系统集成数据，对贷款数据、财务数据、融资数据实行每月定期监测分析，及时发现风险隐患。二是委托第三方中介机构，对部分小额贷款公司进行了分类评级和现场检查，深入排查风险隐患，摸清风险底数，建立了风险机构管理台账。对部分小额贷款公司进行“双随机一公开”检查，发现问题及时督促整改。三是编制了小额贷款公司设立审批办事指南，优化审批流程，严格政策把关，及时解疑释惑。四是积极加强与省市场监管局的沟通衔接，开展风险机构和僵尸企业清理整顿工作，通过“双变更”（名称和经营范围）、注销等方式完成行业出清。

（二）发展方面

一是制定出台了《山东省小额贷款公司经营许可证管理办法》，在全省小额贷款公司中推行持证经营，促进小额贷款公司依法合规经营，维护小贷行业市场秩序。二是研究出台了《关于促进全省小额贷款公司持续健康发展的通知》，从优化服务、加强监管等方面制定了具体的政策措施，激发小贷行业发展活力，推动全省小额贷款公司持续健康发展。三是加大行业宣传力度，解决小贷行业市场信息不对称问题。2019年组织开展了全省地方金融组织“强服务、防风险”主题宣传活动暨小额贷款公司、民间融资机构宣传月启动仪式，30余家机构、400余人参加了活动，新闻媒体进行了广泛宣传报道，取得了良好效果。

五、存在的问题

目前，山东省小额贷款公司总体运营平稳，但在经营发展中仍存在不少困难，需要有关部门给予政策支持。

一是上位法缺失问题。小额贷款公司试点工作自2008年起至今已超过十年，监管政策上，国家层面只有2008年中国银监会、中国人民银行发布的《关于小额贷款公司试点的指导意见》，但在业务范围、融资杠杆、监管指标等方面缺乏统一标准，亟须国家层面出台小贷行业上位法及配套监管细则等，明确统一的监管规则，解决行业发展的制度短板。

二是从银行融资难问题。《关于小额贷款公司试点的指导意见》明确小贷公司的主要资金来源为股东缴纳的资本金、捐赠资金以及不超过两个银行业金融机构的融入资金。受监管政策影响，银行业金融机构普遍收紧对小额贷款公司的融资支持。据统计，全省小额贷款公司从银行融资由2014年的25.83亿元减少到2019年的11.51亿元，占小额贷款公司融资比例由71.37%降至26.56%，小额贷款公司从银行业金融机构融资难融资贵问题突出。

三是税收负担重问题。目前小额贷款公司需上缴所得税、增值税、城建税、教育费附加税等相关税费，各项税费约占利润总额的32.00%。与持牌金融机构相比，小额贷款公司无法享受税前扣除减值准备相关税收政策，也没有享受持牌金融机构的风险补偿政策，过重的税收负担制约着小贷公司发展。

四是诉讼保全担保问题。随着小贷行业规模扩大，小额贷款公司面临的借贷纠纷日益增多，而在法院诉讼过程中，小额贷款公司除需缴纳诉讼费和保全费外，还需向法院支付一定比例的保全保证金或向保险公司投保保全保险，为诉讼财产保全提供担保，增加了小额贷款公司的诉讼成本，同时影响了诉讼效率，不利于小额贷款公司发展。

（刘 鹏）

附表1

山东省小额贷款公司主要业务指标

单位：亿元

项目	2015年	2016年	2017年	2018年	2019年	2019年同比增幅（%）
公司数量（家）	421	427	419	416	339	-18.51
合计注册资本	550.35	572.43	569.38	580.96	480.94	-17.22
全年新增贷款总额	958.64	743.54	663.54	555.32	520.75	-6.23
年末贷款余额	570.09	575.61	567.88	572.86	512.91	-10.47
涉农贷款余额	313.04	291.98	274.80	262.93	215.86	-17.90
小微企业贷款余额	282.70	291.75	291.19	299.03	287.90	-3.72

附表2

山东省小额贷款公司名录

序号	单位名称	单位地址	联系电话
1	济南市长清区北辰小额贷款有限公司	济南市长清区大学路恒大绿洲21号楼1楼101室	0531—66586999
2	济南市长清区宏达小额贷款有限公司	济南市长清区湄湖街199号A101	0531—58910008
3	济南市长清区山水小额贷款有限公司	济南市长清区104国道西侧山水集团工业园内	0531—58688210
4	济南市齐汇小额贷款有限公司	济南市天桥区堤口路41号3楼	0531—58062916
5	济南市钢城小额贷款股份有限公司	济南市历城区工业北路21号	0531—67606505
6	济南市历城区鲁商小额贷款股份有限公司	济南市历城区花园路107号鑫都大厦15楼	0531—66569999
7	济南市历城区润晟小额贷款有限公司	济南市历城区洪楼南路2、4、6号慧都大厦606室	0531—88379111
8	济南市高新区东方小额贷款股份有限公司	济南市高新区舜风路322号7号楼二层东侧	0531—66951188
9	济南市高新区天业小额贷款股份有限公司	济南市高新区康虹路766号盛世花苑西侧商业1—113	0531—88809858
10	济南市高新区汇中小额贷款股份有限公司	济南市高新区孙村办事处407号	0531—88767157
11	济南市高新区华泽小额贷款有限公司	济南市高新区汉峪金谷A2地块3栋13层1301—14室	0531—88808691
12	济南市市中区汇金小额贷款有限公司	济南市市中区二环南路6663号	0531—82732345
13	济南市市中区汉华小额贷款有限公司	济南市市中区经十一路银座八一店B座塔楼10层西侧	0531—86069911
14	济南市市中区鲁银小额贷款有限责任公司	济南市市中区经十路20518号鲁银大厦7楼	0531—82099092
15	济南市市中区海融小额贷款有限公司	济南市市中区经十一路银座八一店B座塔楼10层	18953161130
16	济南邦信小额贷款有限责任公司	济南市市中区经四路万达广场D座25层	0531—86995386

续表1

序号	单位名称	单位地址	联系电话
17	山东龙信小额贷款有限公司	济南市高新区经十东路7000号汉峪金谷金融商务中心A2—5号楼第11—12层	0531—82663022
18	济南市鲁信小额贷款股份有限公司	济南市历下区经十路9999号黄金时代广场D座11层1112室	0531—86566506
19	济南市历下区汇鑫小额贷款股份有限公司	济南市历下区趵突泉北路12号三联商厦18楼	0531—67981999
20	济南市历下区舜融小额贷款股份有限公司	济南市历下区历山路157号山东行业协会大楼2层204—209室	0531—82789993
21	济南亚联财小额贷款有限公司	济南市历下区山大路157号济南华强广场1号楼1801—1810室	0531—58529818
22	济南市富源小额贷款有限公司	济南市历下区经十路9777号鲁商国奥城2号楼三层	0531—83175760
23	济南市鲁盐小额贷款有限公司	济南市历下区文化东路59号盐业大厦9楼918室	0531—58691958
24	济南金控小额贷款有限公司	济南市历下区经十路12111号中润世纪中心2号楼10楼	0531—82158910
25	济南市槐荫区大友小额贷款有限责任公司	济南市槐荫区经十西路368号	0531—69901166
26	济南市槐荫区信合小额贷款有限公司	济南市槐荫区西沙北路26号	0531—85552777
27	章丘市恒通小额贷款股份有限公司	济南市章丘区汇泉路50号	0531—83278229
28	章丘市大业小额贷款股份有限公司	济南市章丘区明水街道办事处为民服务中心301号	0531—83560006
29	商河县宏业小额贷款有限公司	济南市商河县新城街188号	0531—55797888
30	济南市莱芜区固德小额贷款有限公司	济南市莱芜区鲁中东大街57号	0634—8832288
31	济南市莱芜区万兴小额贷款有限公司	济南市莱芜区龙潭东大街77号	0634—6777088
32	济南市莱芜区创兴小额贷款有限公司	济南市莱芜区凤城东大街78号	0634—6068999
33	济南市莱芜区泰东小额贷款有限公司	济南市莱芜区西外环路1号	0634—6195328
34	济南市莱芜区国信小额贷款股份有限公司	济南市莱芜经济开发区鹿鸣路69号	0634—6311177
35	济南市钢城区汇锋小额贷款有限公司	济南市钢城区九龙大街东首	0634—6996676
36	济南市钢城区顺诚小额贷款有限公司	济南市钢城区颜庄镇潘西煤矿潘西大街41号	0634—6466088
37	济南市钢城区鲁中小额贷款有限公司	济南市钢城区钢都大街197号	0634—6826107
38	青岛市南区中元籴焜小额贷款有限公司	青岛市南区香港中路12号	0532—88037000
39	青岛市市北区利群小额贷款股份有限公司	青岛市市北区重庆南路6号甲—3	0532—83088186
40	青岛市市北区海鼎小额贷款有限公司	青岛市市北区堂邑路11号	0532—80992159
41	青岛市市北区银丰融金小额贷款股份有限公司	青岛市市北区人民路83号甲	0532—58828106
42	青岛邦信小额贷款有限责任公司	青岛市市北区辽源路257号9号楼	0532—5556757
43	青岛绿地申花小额贷款有限公司	青岛市市北区凤城路16号卓越大厦19楼1901、1902、1909—1912室	0532—81637295
44	青岛港小额贷款有限公司	青岛市市北区港华路7号2101室	0532—82985390
45	青岛城乡建设小额贷款有限公司	青岛市李沧区四流中路46号A2—丙	0532—66567188
46	青岛海信小额贷款有限公司	青岛市即墨区宁东路168号（即墨经济开发区鑫诚恒业大楼五层）	0532—80877882
47	青岛市高新区高创科技小额贷款有限公司	青岛市市北区山东路171号青岛科技创新大厦17楼	0532—66072670
48	青岛国信创业小额贷款有限公司	青岛市崂山区苗岭路9号	0532—58820199
49	青岛市崂山区华通小额贷款有限公司	青岛市崂山区海口路66号2楼	0532—55729083
50	青岛金鼎信小额贷款股份有限公司	青岛市崂山区深圳路222号1号楼1901	0532—68722621
51	青岛市崂山区银华小额贷款有限公司	青岛市崂山区香港东路316号弄海园5号楼29号网点	0532—55690771
52	青岛市城阳区海都小额贷款股份有限公司	青岛市城阳区正阳路183号	0532—58655869
53	青岛市城阳区北洲小额贷款股份有限公司	青岛市城阳区正阳路196号国际商务港211室	0532—89083578

续表2

序号	单位名称	单位地址	联系电话
54	青岛市城阳区鑫泰小额贷款股份有限公司	青岛市城阳区重庆北路205号	0532—80792166
55	青岛市城阳区超新小额贷款有限公司	青岛市城阳区城阳街道正阳路285号1008	0532—80966789
56	青岛亚联财小额贷款有限公司	青岛市城阳区正阳路160号6号楼301	0532—55696977
57	青岛市黄岛区民泽小额贷款有限责任公司	青岛市经济技术开发区黄浦江路57号建设大厦一层	0532—86898811
58	青岛经济技术开发区千帆港小额贷款股份有限公司	青岛市开发区长江中路519号建国大厦1601	0532—86992799
59	青岛经济技术开发区恒信城市发展小额贷款有限公司	青岛市黄岛区江山南路458号城发大厦1009	0532—86702758
60	青岛市黄岛区瑞丰小额贷款有限公司	青岛市黄岛区香江路177号701室	0532—67799999
61	青岛市黄岛区天一小额贷款股份有限公司	青岛市黄岛区东岳中路1227号	0532—87192211
62	青岛黄发小额贷款有限公司	青岛市黄岛区海青镇茶乡路北茶商行	0532—85165016
63	青岛市黄岛区仁亨利小额贷款有限公司	青岛市黄岛区灵山湾路1771号	0532—87171771
64	青岛市黄岛区福瀛小额贷款有限公司	青岛市经济技术开发区长江东路443号1栋311室	0532—86751851
65	青岛市黄岛区阳光新天地小额贷款有限公司	青岛市黄岛区天目山路52号	0532—86107220
66	青岛西海岸小额贷款有限公司	青岛市黄岛区滨海大道1777号	0532—66011903
67	青岛即墨诚和小额贷款股份有限公司	青岛市即墨区鹤山路878号附2号	0532—88521336
68	青岛市即墨区吉诚小额贷款有限公司	青岛市即墨区城北四路199号乙—2户	18562752821
69	青岛市即墨区卓瑞小额贷款有限公司	青岛市即墨区蓝鳌路788号德馨大厦15层1501室	0532—89946076
70	青岛市即墨区捷泰小额贷款有限公司	青岛市即墨区文峰路578号丙	0532—88592166
71	青岛市即墨区海立达小额贷款有限公司	青岛市即墨区惠欣路188号	15192606680
72	青岛市即墨区盛诚小额贷款有限公司	青岛市即墨区鹤山路59号B区4层	0532—82608888
73	胶州市海丰小额贷款有限公司	青岛胶州市南关办事处时代国际中心2号楼16号—17#	15092423495
74	胶州市永信小额贷款股份有限公司	青岛胶州市宁波路以西澳门路以南	0532—82208998
75	胶州市和生小额贷款有限公司	青岛胶州市澳门路333号天泰金融广场1号楼1109室	0532—86626612
76	胶州市丰盛小额贷款有限公司	青岛胶州市庄里头小区35号网点	0532—86236868
77	胶州市金晟源小额贷款有限公司	青岛胶州市胶莱镇北王珠驻地	0532—82207782
78	平度市诚信小额贷款有限公司	青岛平度市同和街道办事处同和路北侧荣华路东侧	15269266988
79	平度市金翔小额贷款有限公司	青岛平度市青岛路233号	0532—88311788
80	平度市天祥小额贷款有限公司	青岛平度市人民路95—13号	0532—88397999
81	莱西市宏远小额贷款有限公司	青岛莱西市重庆路17号31栋1单元18、19	0532—66038666
82	淄博市张店区邦民小额贷款有限公司	淄博市张店区共青团西路3号	0533—2181730
83	淄川区新兴小额贷款有限公司	淄博市淄川区淄城路341号	0533—5189222
84	博山区德信小额贷款有限公司	淄博市博山区中心路万顺御花园7号楼703号	0533—4122258
85	淄博市周村区中租小额贷款有限公司	淄博市周村区丝绸路83甲—2号，翡翠园营业房3层	0533—6157767
86	淄博市周村区宏信小额贷款股份有限公司	淄博市周村区正阳路2777号联启大厦五层	0533—6039088
87	淄博市临淄区广汇小额贷款有限公司	淄博市临淄大道887号	0533—7151577
88	淄博市临淄区汇洋小额贷款有限公司	淄博市临淄区齐鲁国际塑化城商务公馆10号楼4号	13964373077
89	淄博市临淄区宏润小额贷款有限公司	淄博市临淄区临淄大道818号101铺东边第一间	13805331966
90	淄博高新区中和小额贷款有限公司	淄博市高新区北西六路206号	0533—3109979
91	淄博高新区瑞丰小额贷款有限公司	淄博市高新区柳泉路348号金信银都花园沿街商业房甲1号1—2层、5层	0533—3786111
92	淄博高新区永丰小额贷款有限公司	淄博市高新区柳泉路121号	0533—3125777
93	桓台县汇鑫小额贷款有限公司	淄博市桓台县东岳路南首	0533—8219636
94	沂源县华联小额贷款股份有限公司	淄博市沂源县鲁山路61号	0533—3226219

续表3

序号	单位名称	单位地址	联系电话
95	高青县民福小额贷款有限公司	淄博市高青县芦湖路211号A座1—701室	0533—6987598
96	枣庄市薛城区万方小额贷款股份有限公司	枣庄市薛城区黄河中路295号	13506216229
97	枣庄市山亭区兆丰小额贷款有限责任公司	枣庄市山亭区经济开发区泰和路北首	0632—8816268
98	枣庄市市中区万科小额贷款股份有限公司	枣庄市市中区文化西路南侧文化广场超市2号	18763299999
99	枣庄市峄城区大河小额贷款有限责任公司	枣庄市峄城区中兴大道539号	13706327889
100	枣庄市台儿庄区恒信嘉小额贷款有限公司	枣庄市台儿庄区华兴路1256号	13869456578
101	东营市东营区城发小额贷款股份有限公司	东营市东营区府前大街123号城发花园39号楼	15666891791
102	东营市东营区汇通小额贷款股份有限公司	东营市东营区西二路498号	15505468753
103	东营市东营区金鼎小额贷款股份有限公司	东营市东营区嘉祥路2号中国石油慧谷15—5号	18505466279
104	东营市东营区浩华小额贷款股份有限公司	东营市东营区南一路282号20幢1501室	13518669399
105	东营市东营区黄蓝小额贷款有限公司	东营市东营区庐山路1188号华泰大厦B座1805	0546—6211509
106	东营市河口区和润小额贷款股份有限公司	东营市河口区黄河路37号	0546—6083669
107	东营市河口区联丰小额贷款股份有限公司	东营市河口区黄河路6号	6456726
108	东营市东营经济开发区恒通小额贷款股份有限公司	东营市东营区新孵化大厦（B楼）631房间	18654666819
109	东营市东营高新技术产业园区金正小额贷款股份有限公司	东营市府前大街52号金融大厦16楼	13563390566
110	东营市东营经济技术开发区广发小额贷款股份有限公司	东营市东营区南一路280号	13685466888
111	东营市东营经济技术开发区广源小额贷款股份有限公司	东营市东营区北一路132号8幢403室	13356641999
112	东营市东营港开发区元丰小额贷款股份有限公司	东营市东营港经济开发区港城路99号	0546—7159608
113	广饶县金桥小额贷款股份有限公司	东营市广饶县东王璐大王段西侧	7725903
114	东营市广饶县丰泰小额贷款股份有限公司	东营市广饶县开发区八号路北侧	6456726
115	广饶县鲁商小额贷款股份有限公司	东营市广饶县乐安大街790号	6913666
116	广饶县金丰源小额贷款股份有限公司	东营市广饶县大王镇迎春路花园别墅26—27号	6855888
117	广饶县华泰小额贷款股份有限公司	东营市广饶县大王镇	7723899
118	广饶县金岭小额贷款股份有限公司	东营市广饶县大王镇青垦路161号	6882756
119	广饶县鲁宁小额贷款股份有限公司	东营市广饶县稻庄镇湖东花城二期2号楼	6492999
120	广饶县勇鑫小额贷款股份有限公司	东营市广饶县湖东花园小区二期2号楼1—9号房	6503899
121	垦利县明珠小额贷款股份有限公司	东营市垦利区利兴路6号5号楼5—2	7735176
122	垦利县万得福小额贷款股份有限公司	东营市胜利路以东、胜兴路以北	6378822
123	垦利县和丰小额贷款股份有限公司	东营市垦利经济开发区广兴路以北，经一路以西	2881303
124	利津县利华益恒信小额贷款股份有限公司	东营市利津县大桥路86号	0546—5611588
125	利津县金坤小额贷款股份有限公司	东营市利津县陈庄镇韩南二村	0546—5653666
126	利津县金昊小额贷款股份有限公司	东营市利津县盐窝镇政府驻地	0546—5328766
127	烟台市芝罘区城发小额贷款有限公司	烟台市芝罘区毓璜顶西路17—7号	6659729
128	烟台市芝罘区富泉小额贷款有限公司	烟台市芝罘区世回尧路129号	6011929
129	烟台市芝罘区庄禾小额贷款有限公司	烟台市机场路208号	13954588233
130	烟台市福山区中赫小额贷款有限责任公司	烟台市福山区鸿福街66号	6365777
131	烟台市莱山区万光小额贷款有限公司	烟台市莱山区芳华园购物中心2层内85号	6713916
132	烟台开发区金桥银通小额贷款有限公司	烟台市开发区衡山路1号101号	6108707
133	龙口市博商小额贷款股份有限公司	烟台龙口市东莱街258号博商购物广场	8573777

续表4

序号	单位名称	单位地址	联系电话
134	龙口市丛林小额贷款股份有限公司	烟台龙口市花木兰街388号	18766558321
135	龙口市道恩盛融小额贷款股份有限公司	烟台龙口市振兴路商业街1—A—4号	3460139
136	龙口市南山小额贷款股份有限公司	烟台龙口市东江镇南山村	8802818
137	龙口市宇鑫小额贷款股份有限公司	烟台市龙口市黄城西大街58号	8881328
138	招远市金都小额贷款有限责任公司	烟台招远市温泉路358号	8070677
139	招远玲珑小额贷款有限责任公司	烟台招远市金晖路西汽校南路北（金晖路与青云路交叉路口西）	8243377
140	蓬莱市德丰小额贷款有限公司	烟台蓬莱市富民路98号	5615688
141	蓬莱市鑫源小额贷款有限公司	烟台蓬莱市经济开发区上海路1号	3359755
142	莱州市华峰小额贷款有限公司	烟台莱州市南阳河南街2551号	15098613444
143	莱州市诚源小额贷款有限公司	烟台莱州市文昌路街道万豪商务大厦B区338号	18953578812
144	莱州市岩沣小额贷款有限公司	烟台莱州市云峰北路6348号	2208999
145	海阳市联谊达小额贷款有限公司	烟台海阳市海阳路46号	3200988
146	栖霞市华商小额贷款有限公司	烟台栖霞市经济开发区C区五台山路	13780957808
147	莱阳市万尚小额贷款有限公司	烟台莱阳市龙门东路31号	3365517
148	潍坊市奎文区民兴小额贷款有限公司	潍坊市奎文区宝通街13288号宝通陆号小区2号	0536—7528879
149	潍坊市奎文区金宝小额贷款公司	潍坊市奎文区潍州路519号	0536—2608788
150	潍坊市奎文区华鑫小额贷款有限公司	潍坊市奎文区宝通街13288宝通陆号小区2号综合楼701	0536—8231796
151	潍坊市奎文区汇通小额贷款股份有限公司	潍坊市奎文区东风东街360号泰华商务大厦A座6层608号	0536—8065166
152	潍坊市坊子区万宝小额贷款股份有限公司	潍坊市坊子新区凤凰街77号	13356728832
153	潍坊经济开发区鲁信小额贷款股份有限公司	潍坊经济开发区月河路3177号1号综合楼1层	0536—5078036
154	潍坊滨海经济开发区裕祥小额贷款有限责任公司	潍坊滨海经济开发区大沂路南段	0536—5816118
155	潍坊滨海经济开发区金利小额贷款股份有限公司	潍坊滨海经济开发区海林路以西，香江西二街02799号	0536—8891058
156	潍坊滨海经济技术开发区银泰小额贷款股份有限公司	潍坊市滨海经济技术开发区央子街道汉江西街	0536—7288066
157	昌乐县裕丰小额贷款有限公司	潍坊市昌乐县城方山路6129号	0536—6288088
158	高密市交运小额贷款股份有限公司	潍坊市高密市石庵路中段	0536—2210107
159	高密市聚源通小额贷款股份有限公司	潍坊高密市醴泉街道人民大街北，健康路西侧（新视界2#楼A102、103号房）	0536—2339166
160	高密市豪迈小额贷款股份有限公司	潍坊市高密市经济开发区南曲路555号1幢1号一楼	0536—2899168
161	高密市金孚隆小额贷款股份有限公司	潍坊高密市朝阳街道月潭路2888号	0536—2826789
162	高密市汇元小额贷款股份有限公司	潍坊高密市康成大街东段2166号	15966190911
163	高密市孚日小额贷款有限公司	潍坊高密市朝阳街道孚日街（东）1号	0536—5828911
164	诸城瑞信小额贷款股份有限公司	潍坊诸城市人民东路33号	0536—6568505
165	诸城市恒生小额贷款股份有限公司	潍坊诸城市兴华东路114号基泰小区1号楼101号	0536—6172219
166	诸城市得利斯小额贷款股份有限公司	潍坊诸城市昌城镇西老庄	0536—6335677
167	诸城市义和小额贷款股份有限公司	潍坊诸城市东关大街21号	15163630958
168	诸城市创发小额贷款股份有限公司	潍坊诸城市舜王街170号	0536—6011366
169	临朐县恒丰小额贷款股份有限公司	潍坊临朐县新华路18号8号楼（1—9、1—25、1—26、1—27号商铺）、9号楼（1—7号商铺）	18753658999
170	临朐县荣丰源小额贷款股份有限公司	潍坊临朐县民主路16栋4123号	0536—3096987
171	青州市中晨小额贷款有限公司	潍坊青州市范公亭西路1940号（青州市农行大门口西100米处二层楼）	13606470188

续表5

序号	单位名称	单位地址	联系电话
172	青州市博发小额贷款股份有限公司	潍坊青州市海岱中路2469号	13806477025
173	青州市民丰小额贷款有限公司	潍坊青州市银座佳悦1楼	13791622150
174	青州市锦业小额贷款有限公司	潍坊青州市海岱路与范公亭东路交叉口东北角	18953631558
175	寿光金浩小额贷款股份有限公司	潍坊寿光市金海路与健康街交会处水木清华沿街楼01号	13953691897
176	寿光市鑫润小额贷款股份有限公司	潍坊寿光市金海路西侧，农圣街北，美林花园商务大厦1201室	13792656538
177	寿光市金宇小额贷款股份有限公司	潍坊寿光市正阳路8号	18365603873
178	昌邑市汇德小额贷款股份有限公司	潍坊昌邑市昌柳路东	13953699096
179	安丘市恒安小额贷款有限公司	潍坊安丘市经济开发区莲花山西路	0536—4818888
180	济宁市任城区世通小额贷款股份有限公司	济宁市任城区洸河路123号兴唐金茂大厦607—608室	0537—2252899
181	济宁市任城区蓝德小额贷款有限责任公司	济宁市吴泰闸路43号	0537—2650396
182	济宁市任城区融通小额贷款有限公司	济宁市环城西路23号	0537—2322399
183	济宁市任城区德利小额贷款有限责任公司	济宁市任城区建设南路15号	0537—2077599
184	济宁市任城区金宇小额贷款有限公司	济宁市琵琶山路2号	0537—2588508
185	济宁市财信金科小额贷款股份有限公司	济宁市任城区环城北路19号关帝庙金融街	0537—2602886
186	济宁市任城区融鑫小额贷款有限公司	济宁市任城区任城大道99号	0537—2599333
187	济宁英特力小额贷款有限公司	济宁市高新区崇文大道431号	0537—5868866
188	济宁高新区如意金服小额贷款有限责任公司	济宁高新区327国道如意工业园	0537—2935619
189	曲阜市金鲁城小额贷款有限责任公司	济宁曲阜市静轩东路103号	0537—4716999
190	曲阜市东宏小额贷款有限公司	济宁曲阜市大同路11号	0537—4405788
191	济宁市兖州区圣德小额贷款有限责任公司	济宁市兖州区建设西路路北	0537—3480209
192	金乡县鑫诺小额贷款有限责任公司	济宁市金乡县城金山街北段东侧182号	0537—8877777
193	金乡县鑫富邦小额贷款有限公司	济宁市金乡县金珠路南侧万福路东侧	0537—8759560
194	嘉祥县辰祥小额贷款有限公司	济宁市嘉祥县兖兰中街27号	0537—6987777
195	嘉祥县诚祥小额贷款有限公司	济宁市嘉祥县冠亚上城H区5号楼4单元4—102、4—103号	0537—3379810
196	梁山东岳小额贷款有限公司	济宁市梁山县拳铺镇工业园区（拳铺中段路北）	0537—7764288
197	邹城市融发小额贷款有限公司	济宁邹城市峄山路中段659号	0537—3264667
198	济宁高新区经科发展小额贷款有限责任公司	济宁市高新区海川路9号A座401	0537—6568588
199	泰安市泰山区泰通小额贷款有限公司	泰安市泰山区东岳大街310号华通大厦11楼	0538—8687775
200	泰安市岱岳区天颐小额贷款公司	泰安市长城路华易青年城广场沿街商业楼	13953827578
201	泰安高新区信合小额贷款有限公司	泰安高新区海普凤凰城	0538—8780062
202	泰安高新区融智鑫成小额贷款有限公司	泰安高新区南天门大街1110号泰山科技城A区1号	0538—8930006
203	泰安高新区银华小额贷款有限责任公司	泰安市龙潭路7999号（泰安高新区交运汽车园院内）	0538—6319988
204	新泰市阳光小额贷款有限公司	泰安市新泰市青云街道青龙路东段北侧	15550889617
205	新泰恒丰小额贷款有限公司	泰安市新泰市重兴路东侧玉兰花园商铺S1—28、S1—29	0538—7057997
206	肥城鑫旺小额贷款有限公司	泰安肥城市新城办事处驻地南外环中段鑫旺金融中心	0538—6337977
207	肥城市宽宏小额贷款有限公司	泰安肥城市新城桃园街010号	0538—3233969
208	宁阳县信通小额贷款有限公司	泰安市宁阳县信合苑西门头14号楼三单元102室	18653800265
209	宁阳县华信小额贷款有限公司	泰安市宁阳县河滨路5号	13853867798
210	宁阳县金阳小额贷款有限公司	泰安市宁阳县城区金阳大街府东小区27幢	13853855161
211	东平县润银小额贷款有限公司	泰安市东平彭集街道（瑞星工业园区）	18653850129
212	威海市环翠区宏源小额贷款有限公司	威海市环翠区张村镇环翠路—88号	0631—5550099

续表6

序号	单位名称	单位地址	联系电话
213	威海市环翠区银通小额贷款有限公司	威海市海滨中路28号（外运大厦二楼）	0631—5883777
214	威海信悦小额贷款有限公司	威海市昆明路45号	0631—5323696
215	威海市环翠区信元小额贷款有限公司	威海市环翠区海滨北路106B—2号(投融资市场三楼)	0631—5282809
216	威海邦信小额贷款有限公司	威海市环翠区纪念路40号	0631—3668788
217	威海齐东小额贷款有限公司	威海市环翠区海滨北路53—19号	0631—5351032
218	威海市文登区创元小额贷款有限公司	威海市文登区文山路77—5号	13561829971
219	威海市文登区和信小额贷款有限公司	威海市文登区龙山路丙108—10号	15163137171
220	威海蓝创小额贷款有限公司	威海市南海新区现代路北、畅海路东蓝创大厦五楼	0631—8963702
221	荣成市汇金小额贷款有限公司	威海荣成市成山大道东段100号	0631—7658899
222	荣成市成山小额贷款有限公司	威海荣成市文化西路9号	0631—7521988
223	荣成市赤山小额贷款有限公司	威海荣成市石岛斥山西路3号	0631—7317999
224	荣成市好当家小额贷款有限公司	威海荣成市青山东路230号	0631—7575699
225	荣成市华东小额贷款有限公司	威海荣成市石岛黄海南路139号	0631—7371777
226	乳山市益兴小额贷款有限公司	威海乳山市浦东路北段51号	0631—6836988
227	威海市高区融亿通小额贷款有限公司	威海市文化中路80号	0631—5896299
228	威海市高区金泰小额贷款有限公司	威海市高技区怡园街道威高花园1A	0631—5662918
229	威海市高区金猴小额贷款有限公司	威海市古寨东路108—5号	0631—5289859
230	威海市经区兴企小额贷款有限公司	威海市经济技术开发区西苑街道青岛中路96号A1103—1104室	0631—5976530
231	威海经区钱源小额贷款有限责任公司	威海市经区大庆路199号	0631—3560909
232	日照东港德胜小额贷款有限公司	日照市迎宾路东段北侧	0633—8307298
233	东港区宝瑞小额贷款公司	日照市辉煌国际海港城一区003幢01单元117号	0633—8372888
234	日照市东港区洁鑫小额贷款有限公司	日照市山东路北侧（山东洁晶集团股份有限公司）	0633—8616988
235	日照高新区东汇小额贷款有限公司	日照市国际金融中心2号楼23楼	0633—8592999
236	日照市岚山区永铸小额贷款有限公司	日照市岚山区圣岚西路（创胜建材家居广场服务中心北临）	0633—3677388
237	日照市岚山区正昊小额贷款有限公司	日照市岚山区安东卫北街岚山中路与观海路交会处(岚山新天地)	0633—2236610
238	日照市岚山区金源小额贷款有限公司	日照市岚山区疏港大道南侧孙家官庄村	15806338511
239	日照市岚山区华通小额贷款有限公司	日照市岚山区安东卫圣岚东路	18663380859
240	日照经济开发区宝丰小额贷款有限公司	日照市大连路538号	0633—8718056
241	日照经济开发区健业小额贷款有限公司	日照市开发区郑州路西连云港路北001幢	0633—8807099
242	日照经济技术开发区金马小额贷款有限公司	日照市经济技术开发区上海路399号金马工业集团办公楼509室	0633—2193776
243	山东易发小额贷款股份有限公司	日照市莒县故城中路184—2号	63306212121
244	莒县中海小额贷款股份有限公司	日照市莒县城阳街道山东北路与岳石路交会处莒县创业大学沿街楼	0633—6899988
245	五莲县银通小额贷款有限公司	日照市五莲县城罗山路28号	0633—5239777
246	五莲县宝增小额贷款有限公司	日照市五莲县富强路99—3号	0633—2158886
247	五莲县金宝小额贷款有限公司	日照市五莲县富强路99—5号	0633—5695096
248	五莲县融通小额贷款有限公司	日照市五莲县户部乡兰陵路	0633—8567788
249	日照山海天旅游度假区长信小额贷款有限公司	日照市山海天旅游度假区太公一路董家滩社区商业沿街	0633—3015555
250	临沂市兰山区金升小额贷款股份有限公司	临沂市兰山区武汉路与马陵山路交会	13792993530

续表7

序号	单位名称	单位地址	联系电话
251	临沂市兰山区新港小额贷款股份有限公司	临沂市兰山区北园路与沂蒙路交会冠蒙六合御庭9号楼一层南侧（沿沂蒙路）商业房1#	0539—7751006
252	临沂市兰山区银凤小额贷款股份有限公司	临沂市兰山区金雀山路58号	0539—8059028
253	临沂市兰山区运昊小额贷款有限公司	临沂市兰山区北京路商会大厦五楼	13869979552
254	临沂市兰山区天元小额贷款有限公司	临沂市兰山区银雀山路61号	0539—8127027
255	临沂市兰山区盛银小额贷款有限公司	临沂市兰山区解放路183号9楼	0539—8961778
256	临沂市财金小额贷款有限公司	临沂市兰山区北京路39号金玉山大山	0539—8116268
257	临沂市兰山区华强小额贷款有限公司	临沂市兰山区青年路53号32号楼4单元302	0539—7333338
258	临沂市罗庄区江泉小额贷款股份有限公司	临沂市罗庄区双月园路护台东巷72号	0539—7100057
259	临沂市罗庄区阳光小额贷款股份有限公司	临沂市罗庄区宝丽一号18号商品房	0539—7102277
260	临沂市罗庄区宇光小额贷款股份有限公司	临沂市沂州路与沂河路交会华创金桂园38号商业楼	0539—7101077
261	临沂市河东区奥蒙小额贷款股份有限公司	临沂市河东区温泉路与人民大街交会处西北角	0539—7201088
262	临沂市河东区信生小额贷款股份有限公司	临沂市河东区九曲街道办事处东立物流基地	0539—7676888
263	临沂市河东区东昊小额贷款股份有限公司	临沂市河东区中昇大街与滨河东路交会处环球阳光城5楼	0539—7706666
264	临沂市河东区华泰小额贷款有限公司	临沂市河东区汤头街道227省道与汶泗路交会处东北	0539—8710999
265	临沂供销小额贷款有限公司	临沂市河东区九曲街道办事处驻地	0539—8380692
266	费县金源小额贷款股份有限公司	临沂市费县钟山路与站北路交会处	5815666
267	莒南县民丰小额贷款股份有限公司	临沂市莒南县隆山路北段阜丰时代城1号楼	0539—7230599
268	莒南县鑫海小额贷款股份有限公司	临沂市莒南县隆山北路347号	0539—7268888
269	沂南县东方小额贷款有限责任公司	临沂市沂南县城历山路79号	3220806
270	沂南县建龙小额贷款股份有限公司	临沂市沂南县振兴西路振兴家园西100米路北	13053982161
271	沂水县福裕达小额贷款股份有限公司	临沂市沂水县长安中路111号	0539—2226116
272	沂水县盛荣小额贷款股份有限公司	临沂市沂水县长安北路101号	0539—2205606
273	蒙阴县瀚邦小额贷款股份有限公司	临沂市蒙阴县蒙山路143号	4801889
274	郯城县奥德小额贷款股份有限公司	临沂市郯城县建设路77号	0539—6616057
275	临沭县常林小额贷款有限责任公司	临沂市临沭县常林西大街112号	0539—7193678
276	临沭县史丹利小额贷款有限公司	临沂市临沭县城东327国道北（前于店村）	0539—6098588
277	平邑县融信小额贷款股份有限公司	临沂市平邑县地方镇驻地	0539—4397766
278	平邑县冠鲁小额贷款有限公司	临沂市平邑县浚河路北蒙山大道西	0539—4333567
279	山东翔宇小额贷款股份有限公司	临沂市经济技术开发区沂河东路101号	15905391279
280	兰陵县荣庆小额贷款股份有限公司	临沂市兰陵县县城中兴路与会宝路交会处（西南角）	0539—5159989
281	兰陵县兰陵小额贷款股份有限公司	临沂市兰陵县兰陵镇南	5395216718
282	德州市陵城区谷神小额贷款有限公司	德州市陵城区经济开发区财源路	0534—8820588
283	乐陵市鑫众小额贷款有限公司	德州市乐陵市兴隆南大街西侧118号	0534—6227927
284	齐河县汇金小额贷款有限公司	德州市齐河县城齐安大街与迎宾路交叉口西侧	0534—5696567
285	临邑县和信小额贷款有限公司	德州市临邑县开元大街临邑县金融工作办公室一楼	0534—4223779
286	平原县恒信小额贷款有限公司	德州市平原县共青团北路595号	0534—4211599
287	武城县古贝春小额贷款有限责任公司	德州市武城县城区振华街	0534—2173766
288	武城县中威小额贷款有限公司	德州市武城县鲁权屯镇开发区	13791342294
289	庆云县汇海小额贷款有限公司	德州市庆云县金融机具工贸园2栋1—3号	0534—3666999
290	德州市经济开发区金光小额贷款股份有限公司	德州市经济开发区东方红东路668号（山东新华书店集团有限公司九楼）	0534—2319099
291	德州市运河经济开发区黑马小额贷款有限公司	德州市运河经济开发区新港前街56号	13953431261

续表8

序号	单位名称	单位地址	联系电话
292	聊城市东昌府区天元小额贷款股份有限公司	聊城市东昌西路37号	0635—2948989
293	聊城市东昌府区百诺鑫合小额贷款股份有限公司	聊城市聊阳路以东湖南路以北湖滨路以南摩天轮地上南区7层	13406369888
294	聊城市东昌府区鼎诚小额贷款有限公司	聊城市东昌府区兴华东路100号	0635—6970000
295	临清市鸿基小额贷款有限公司	聊城市临清市新华办事处杨八里	18264560808
296	临清市中瑞小额贷款股份有限公司	聊城临清市新华路中段龙华街（中国银行南500米路西）	0635—2429988
297	冠县亚星小额贷款有限责任公司	聊城市冠县北四路北侧	0635—8378966
298	冠县恒通小额贷款有限公司	聊城市冠县冠宜春盛世华府小区2号公建楼（清泉）	18663028123
299	莘县恒通小额贷款有限公司	聊城市莘县莘州办事处武阳街中段路北	0635—7320888
300	阳谷县鲁信小额贷款有限公司	聊城市阳谷县侨润办事处澳林电子商务产业园46号	15106892726
301	东阿县中夏小额贷款有限公司	聊城市东阿县青年路108号十字路口处	13906359341
302	茌平县嘉丰小额贷款有限公司	聊城市茌平县枣乡街与建设路交会处2908号	0635—4239999
303	茌平县鑫路通小额贷款有限公司	聊城市茌平县工交路中段路北	13706354599
304	高唐县和信小额贷款有限公司	聊城市高唐县经济开发区鼓楼西路南侧6号	0635—3961001
305	聊城经济开发区昌润小额贷款股份有限公司	聊城市经济开发区黄山南路60号	0635—2119002
306	聊城经济技术开发区汇通小额贷款股份有限公司	聊城市经济技术开发区黑龙江路1号	0635—8870577
307	聊城经济技术开发区中通小额贷款有限公司	聊城市经济技术开发区中华北路9号（中通科研中心9楼）	0635—8518308
308	聊城市高新区鲁西小额贷款有限公司	聊城市高新技术产业开发区黄河路32号	13563518265
309	滨州市滨城区银泰小额贷款有限公司	滨州市滨城区渤海七路771号	0543—3460768
310	滨州市滨城区天成小额贷款股份有限公司	滨州市滨城区黄河六路524号	0543—3151358
311	滨州市滨城区金桥小额贷款有限公司	滨州市滨城区彭李街道黄河五路487号	0543—3512399
312	滨州市沾化区隆德小额贷款有限公司	滨州市沾化区西城银河四路以西金海六路以北渤海明珠商业中心1A区	0543—8176757
313	滨州经济技术开发区东方融信小额贷款股份有限公司	滨州市渤海十九路587号	0543—3226608
314	滨州经济开发区博海小额贷款有限公司	滨州市黄河五路315号	0543—5182777
315	滨州市北海新区正德小额贷款有限公司	滨州市北海新区（马山子镇驻地农行院内）	0543—6858018
316	滨州市博兴县永丰小额贷款有限公司	滨州市博兴县博城四路212号	0543—2260017
317	博兴县汇诚小额贷款有限公司	滨州市博兴县胜利一路（中小企业局沿街房）	0543—2166888
318	博兴县融汇小额贷款有限公司	滨州市博兴县兴福镇澳博厨具商城四号楼	15615271922
319	博兴县惠丰小额贷款有限公司	滨州市博兴县博昌街道乐安大街653号	0543—2266080
320	滨州市无棣县汇泰小额贷款有限公司	滨州市无棣县金羚华府东侧	0543—5071588
321	无棣县海城小额贷款有限公司	滨州市无棣县中心大街20号	0543—8193985
322	滨州市邹平县梁邹小额贷款有限公司	滨州市邹平县城黄山三路43号	0543—4660888
323	邹平县正鑫小额贷款有限公司	滨州市邹平县黛溪四路11号	13705431251
324	惠民县鑫诚小额贷款有限公司	滨州市惠民县武定府路296号	0543—5373888
325	惠民县翔盛小额贷款有限公司	滨州市惠民县环城东路89号	0543—5561666
326	惠民县瑞诚小额贷款有限公司	滨州市惠民县城新永莘路南侧（经济开发区）	0543—5370301
327	阳信县惠农小额贷款有限公司	滨州市阳信县阳城五路767号	0543—2207556
328	阳信县汇通小额贷款有限公司	滨州市阳信县河流镇驻地滨阳路西侧	0543—8691108
329	菏泽开发区惠和小额贷款有限公司	菏泽市中华东路916号	0530—5508321
330	菏泽开发区天华小额贷款有限公司	菏泽市丹阳路555号	0530—3962973

续表9

序号	单位名称	单位地址	联系电话
331	曹县银信小额贷款有限责任公司	菏泽市曹县青菏北路路西（杜庄桥南）菏泽巨鑫源食品有限公司3楼	0530—2069889
332	定陶县融源小额贷款有限公司	菏泽市定陶县兴华路中段	0530—2669755
333	成武县伯乐小额贷款有限公司	菏泽市成武县先农坛街东段路北民营经济管理局院内	0530—2306777
334	单县四君子小额贷款有限公司	菏泽市单县经济开发区四君子工业园	0530—4369966
335	巨野县金山小额贷款有限责任公司	菏泽市巨野县光明路北段路西（消防队对过）	0530—8169985
336	郓城县水浒小额贷款有限公司	菏泽市郓城县西门街中段159号	0530—6308777
337	郓城县华灵汇商小额贷款有限公司	菏泽市郓城县星河国际1#楼2—108	0530—6579999
338	鄄城县汇兴小额贷款有限责任公司	菏泽市鄄城县人民路北、孙膑路东（鄄城工商银行北邻）	0530—2407088
339	东明县汇通小额贷款有限公司	菏泽市东明县五四路中段北侧	0530—6255205

山东省融资担保公司概况

2019年度，在山东省委省政府的坚强领导下，省地方金融监管局深入学习贯彻《融资担保公司监督管理条例》和四项配套制度，引导各融资担保公司坚守服务小微企业和“三农”的本源主业，着力构建政府性融资担保体系，不断加强行业规范管理，全省融资担保行业呈现平稳健康发展态势。截至2019年末，全省共有融资担保机构350家，其中公司制机构343家，非公司制机构7家。2019年全省新增担保金额1,099.33亿元，同比增长9.34%，在保责任余额为1,274.63亿元，同比增长2.53%，其中融资担保在保责任余额为1,018.85亿元，同比增长4.08%，担保放大倍数为1.57倍。

一、行业总体情况

（一）单体规模显著增长

截至2019年12月末，全省共有融资担保机构350家，注册资本总额为792.18亿元，较上年同期下降0.35%，户均注册资本为2.26亿元，较上年同期增长17.09%。其中10亿元及以上的有19家，较上年末增加2家，3.00亿（含）~10.00亿元（不含）的有71家，较上年末增加5家，二者合计占全部机构的25.71%。

（二）国有成分占比明显提高

截至2019年末，全省国有背景融资担保公司共有196家，注册资本总额为629.53亿元，公司总数和注册资本总额分别占全省的56.00%和79.47%，两项占比分别较上年末提高6.84个和5.48个百分点。其中，仅国有独资和控股机构达150家，占机构总数的42.86%，注册资本为569.59亿元，占注册资本总额的71.90%，2019年末融资担保在保责任余额为471.02亿元，占全省融资性担保责任余额的46.04%。

（三）主营业务保持稳定

2019年全省新增担保1,099.33亿元，同比上升9.34%，在保责任余额为1,274.63亿元，同比上升2.53%，其中融资担保在保责任余额为1,018.85亿元，同比上升4.08%。2019年，全省融资担保机构积极贯彻落实国家产业政策，共为20,892户小微企业提供融资担保385.68亿元，占当年全部新增融资担保金额的46.55%；为31,835户涉农企业及农户提供融资担保290.67亿元。

二、行业风险情况

（一）资本与拨备的充足性

截至2019年末，全省融资担保机构注册资本总额为792.18亿元，资产总额为928.57亿元，其中货币资金、存出保证金和债权投资三项合计510.05亿元，占总资产的54.93%；其他投资73.13亿元（含长期股权投资49.37亿元），占资产总额的7.88%；固定资产16.14亿元，占资产总额的1.74%。负债总额为125.26亿元，净资产为803.31亿元，资产负债率为13.49%。大多数公司均按照《融资性担保公司管理暂行办法》的规定提取未到期责任准备金和担保赔偿准备金，部分企业还提取了一般风险准备金。2019年共提取未到期责任准备金12.57亿元、担保赔偿准备金37.52亿元、一般风险准备金3.68亿元，三者合计53.77亿元。

（二）信用风险

2019年，融资担保行业面临的整体信用风险仍然较大，为此省地方金融监管局积极引导各机构牢固树立审慎经营理念，控制单一客户、关联客户的担保金额，降低风险集中度，实施更加严格的贷前审查和保后管理，加大反担保措施的落实力度，确保将担保风险降到最低。全年累计发生担保代偿29.15亿元，担保代偿率为2.87%，融资性担保代偿率为3.76%，比上年分别上升0.10个和0.28个百分点。担保代偿回收额为11.11亿元，代偿回收率为9.66%。担保代偿损失为1.31亿元，担保损失率为0.13%。

（三）流动性风险

2019年底，全省融资担保公司资产负债率为13.49%，流动性资产为790.60亿元，占总资产的85.14%，流动性负债为101.26亿元，占负债总额的80.84%，流动性比率为780.76%，流动性风险基本可控。但同时，也有个别机构涉嫌抽逃资本金、对外借款或购买高风险金融产品等，在发生大额代偿时出现流动性紧张。

三、主要监管政策

国家层面对融资担保公司的监管主要由融资性担保业务监管部际联席会议负责，其办公室设在中国银保监会普惠金融部，主要负责融资担保行业监管制度的制定和全国行业监管协调工作。对于融资担保公司的监管，涉及国家和省两个层面的有关政策。

（一）国家层面

目前执行的主要是2017年10月1日起正式实施的《融资担保公司监督管理条例》（以下简称《条例》），以及2018年4月颁布实施的《融资担保业务经营许可证管理办法》《融资担保责任余额计量办法》《融资担保公司资产比例管理办法》和《银行业金融机构与融资担保公司业务合作指引》四项配套制度。此外，2010年，中国银监会等7部委联合印发《融资性担保公司监督管理暂行办法》（银监会令2010年第3号），后续陆续出台各类配套文件，《条例》及配套办法颁布实施以后，融资性担保业务监管部际联席会议办公室下发通知，明确：《条例》及配套办法有明确规定的，按照《条例》及配套办法执行，《条例》及配套办法没有明确规定的，按照原有《融资性担保公司监督管理暂行办法》等监管规定执行。此外，2019年1月，国务院办公厅下发《关于有效发挥政府性融资担保基金作用切实支持小微企业和“三农”发展的指导意见》（国办发〔2019〕6号），主要对政府性融资担保公司聚焦支农支小主业、坚持保本微利运行提出明确要求，同时要求完善银担合作机制，强化财政正向激励机制，为政府性融资担保公司拓展面向小微企业和“三农”主体的普惠型融资担保业务，创造良好的环境。2019年10月，中国银保监会、国家发展改革委、工业和信息化部等9部委联合印发《关于印发融资担保公司监督管理补充规定的通知》（银保监发〔2019〕37号），对从严规范融资担保业务牌照管理、规范融资担保公司名称和住房置业担保业务在保责任余额权重等提出明确规定。

（二）省级层面

根据国家有关规定，结合山东省实际，陆续出台《山东省融资性担保公司管理暂行办法》（鲁金办字〔2010〕9号）、《山东省融资性担保公司监督管理实施细则》（鲁金监字〔2016〕14号），以及年审办法、分类评级办法等20余项监管制度，目前仍在继续使用。为进一步贯彻落实《融资担保公司监督管理条例》、四项配套制度及《关于印发融资担保公司监督管理补充规定的通知》（银保监发〔2019〕37号）等法规文件要求，推动全省融资担保行业规范健康发展，省地方金融监管局正在起草《山东省融资担保公司监督管理办法》。

四、下一步工作打算

2020年，省地方金融监管局将严格按照融资性担保业务监管部际联席会议有关要求，深入学习贯彻《融资担保公司监督管理条例》、四项配套制度及有关补充规定，一手促发展，一手防风险，积极配合有关部门推进政府性融资担保体系建设，引导政府性融资担保公司回归服务小微企业和“三农”本源主业，充分发挥融资担保行业服务实体经济发展的积极作用。强化非现场监管和现场检查，促进全省融资担保行业规范健康发展。

（孙远胜）

附表1

山东省融资担保公司主要业务指标

单位：亿元

项目	2015年	2016年	2017年	2018年	2019年	2019年同比增幅（%）
公司数量（家）	411	405	414	416	350	-15.87
合计注册资本	573.83	619.56	761.37	801.06	792.18	-1.11
全年新增融资担保总额	1,016.73	866.59	883.15	900.13	1,099.33	22.13
在保责任余额	1,179.58	1,145.21	1,095.51	1,243.22	1,274.63	2.53
小微企业融资担保总额	376.69	396.11	388.85	411.23	385.68	-6.21
涉农企业及农户融资担保总额	107.99	121.26	210.01	171.36	290.67	69.63

附表2

山东省融资担保公司名录

序号	单位名称	单位地址	单位电话
1	山东省投融资担保集团有限公司	济南市市中区英雄山路127号	0531—82673761
2	山东省企业融资担保有限公司	济南市经十路9999号黄金时代广场C座8层	0531—82663509
3	山东省融资担保有限责任公司	济南市历下区经十路13777号（中润世纪广场18栋17层）	0531—81663717
4	山东省再担保集团股份有限公司	济南市历下区经十路9999号黄金时代广场C座9层	0531—82663603
5	山东省经济融资担保股份有限公司	济南市千佛山南路9号	0531—68608667
6	平安普惠融资担保有限公司	济南市历下区解放路30号东源大厦7楼703室	15065316308
7	山东省投融资担保集团有限公司	济南市市中区英雄山路127号	0531—82673761
8	山东省促进就业创业贷款担保中心	济南市市中区经七路223号东方大厦	0531—86021616
9	山东省科技融资担保有限公司	济南市高新区新泺大街1166号奥盛大厦1号楼1703	0531—88879288
10	山东省农业发展信贷担保有限责任公司	济南市市中区英雄山路127号	15806639701
11	山东国盛融资担保有限公司	济南市历下区解放路159号	0531—81285996
12	山东润康融资担保有限公司	济南市文化西路13号海辰办公写字楼1—101室	0531—67805351
13	山东荣威融资担保有限公司	济南市历下区龙奥北路8号玉兰广场2号楼407室	15069186199
14	平安普惠融资担保有限公司济南解放路分公司	济南市历下区解放路30号东源大厦7楼703室	15065316308
15	瀚华融资担保股份有限公司山东分公司	济南市市中区魏家庄万达广场华景苑2号楼103	15615777377
16	普惠农牧融资担保有限公司	济南市市中区经四路11号万达广场C座907室	0531—55589688
17	山东瑞信融资性担保有限公司	济南市中区八里洼南路12号院15号楼一层	0531—88230177
18	济南市融资担保有限公司	济南市历下区经十路12111号中润世纪中心2号楼12层	0531—86127783
19	山东银瑞融资担保有限公司	济南市市中区纬二路大观园东门35号二楼	0531—85906868
20	山东朝阳融资担保有限公司	济南市槐荫区阳光新路19号阳光100国际新城T3—1—405	0531—87500557
21	山东建德融资担保有限公司	济南市经十路425号	13953116088
22	山东九泰融资担保有限公司	济南市槐荫区经七路843号	15953139555
23	科信融资担保有限公司	济南市高新区舜风路322号7号楼	0531—88871919
24	山东众通融资担保有限公司	济南市高新区舜华路2000号舜泰广场2号楼3层B8室	15165188567
25	山东龙融融资性担保有限公司	济南市高新区港兴三路北段济南药谷研发平台1号B座21楼—2122号	18678859953
26	山东沃尔德融资担保有限公司	济南市二环东路3966号东环国际广场C座26层	0531—83532601
27	山东鑫海融资担保有限公司	济南市历城区工业北路355号	0531—85582966
28	山东银联融资担保有限公司	济南市二环东路3966号东环国际广场B座27层	0531—83532099
29	章丘市同晟工业企业融资担保有限公司	济南市章丘区明水开发区府前街经贸局办公七楼	0531—83310522
30	济南市章丘区中小企业融资担保中心	济南市章丘区龙泉大厦西区三楼3047室	0531—83231230
31	济南启新融资担保有限公司	济南市长清区宾谷街西首经贸局院内	0531—87216088
32	济阳县金鑫中小企业信用融资担保中心	济南市济阳县经二路26号	0531—84223109
33	山东省农业融资担保有限公司	济南市历下区经十东路10567号成城大厦B座二层	15306418877
34	山东供销融资担保股份有限公司	济南市历下区历山路157号天鹅大厦1206室	13335128808
35	鲁商融资担保有限公司	济南市历城区唐冶新区围子山路1号	0531—88727505
36	山东西进融资担保有限公司	济南市槐荫区西客站广场东西城大厦23层	13605319377
37	济南财金农业科技融资担保有限公司	济南市高新区舜华路747号一楼	13075308073
38	山东省赢信融资担保有限公司	济南市莱芜区莱城工业区澳门南路77号	0531—68608667
39	莱芜市金桥融资担保有限公司	济南市莱芜区文化北路18号	15606348668

续表1

序号	单位名称	单位地址	单位电话
40	山东中信融资担保有限公司	济南市莱芜区文化北路15号	0634—6219901
41	济南市钢城区中小企业融资担保中心	济南市莱芜区钢城区府前大街38号	0634—6880202
42	青岛中元汆焜融资担保有限公司	青岛市香港中路12号B座511室	0532—85026377
43	青岛半岛港湾融资担保有限公司	青岛市市南区香港中路7号甲亚麦国际中心4层西户	0532—68895819
44	青岛高创科技融资担保有限公司	青岛市宁夏路288号市南软件园5号楼1层E区	13708985001
45	青岛青房融资担保集团有限公司	青岛市经济技术开发区井冈山路578号609	0532—55552105
46	青岛华商汇通融资担保有限公司	青岛市四方区郑州路7号	0532—84012060
47	青岛融资担保中心有限公司	青岛市崂山区深圳路222号天泰金融广场A座15楼	0532—68722815
48	青岛友利世纪融资担保有限公司	青岛市崂山区秦岭路18号1号楼404室	0532—88970276
49	亚太中慧融资担保有限公司	青岛市崂山区秦岭路15号1707号	0532—80821150
50	青岛国信融资担保有限公司	青岛市崂山区苗岭路9号	0532—58827819
51	青岛海鼎融资性担保有限公司	青岛市崂山区沙子口街道坡前沟社区	0532—88255900
52	青岛港融资担保有限公司	青岛市市北区港华路7号2002室	18562556839
53	青岛市融资担保信息园区有限公司	青岛市经济技术开发区井冈山路578号楼509室	0532—55552068
54	青岛恒信融资担保有限公司	青岛市经济技术开发区长江中路519号建国大厦504室	0532—68972207
55	青岛信驰融资担保有限公司	青岛胶南市北京路10号阳光大厦	0532—85166991
56	青岛东华澳融资担保有限公司	青岛市经济技术开发区黄河西路706号228室	0532—67781278
57	青岛旭瑞融资担保有限公司	青岛市城阳区正阳路196号国际商务港210—211	0532—89080899
58	青岛超新融资担保有限公司	青岛市城阳区正阳路西端天一广场西座东单元601室	0532—68955858
59	青岛即墨政策融资担保有限公司	青岛即墨市岙兰路1217号	0532—86651761
60	青岛正大融资担保有限公司	青岛即墨市龙泉镇张家小庄村南一级路东侧	0532—84713876
61	青岛福信来投资担保有限公司	青岛即墨市大信镇大金家村	0532—68028666
62	青岛鑫润投资担保有限责任公司	青岛即墨市龙山街道办事处西九六夼村	0533—3585956
63	青岛元裕投资担保有限公司	青岛市澳门路333号海湾天泰金融广场1号楼9层	0532—87253377
64	青岛胶州市盛宇融资担保有限公司	青岛胶州市郑州东路39号七层	0532—87215158
65	青岛佰盈担融资保有限公司	青岛胶州市张应镇政府院内	13583232336
66	青岛圆融融资担保有限公司	青岛胶州市行政大厅319房间	0532—82208890
67	青岛海鲲融资担保有限公司	青岛胶州市澳门路333号海湾天泰金融广场小区1号楼办公1001	0532—87268888
68	青岛府鼎融资担保有限公司	青岛平度市东阁街道办事处红旗路27号瑞平中心1号楼5层	0532—88337896
69	青岛平和融资担保有限公司	青岛平度市红旗路23号瑞平金融中心8楼807户	0532—87363018
70	青岛博仁融资担保有限公司	青岛平度市长江路17号上品广场1号楼12层	0532—85390026
71	青岛昌阳融资担保有限公司	青岛莱西市水集街道办事处天津路11号	0532—81876690
72	青岛润邦融资担保有限公司	青岛市保税区北京路56号恒通写字楼1520室	0532—86766135
73	青岛城乡社区建设融资担保有限公司	青岛市红岛经济区红岛街道岙东南路西侧	0532—67781278
74	瀚华融资担保股份有限公司青岛分公司	青岛市市南区香港中路9号香格里拉中心办公楼5层	13883960781
75	青岛西海岸融资担保有限公司	青岛市黄岛区滨海大道1777号	0532—66011905
76	青岛鼎泰融资担保有限公司	青岛平度市经济开发区长江路17号上品广场23层	17560056651
77	青岛万众新业融资担保有限公司	青岛即墨市岙兰路768号十四层	0532—89063609
78	莱西市易通达创业人员融资担保有限公司	青岛市莱西市烟台路79号	0532—88486089
79	青岛市农业融资担保有限责任公司	青岛市市北区华阳路1—18号	18661991678
80	青岛金水融资担保有限公司	青岛市李沧区文昌路158号甲	0532—55692257

续表2

序号	单位名称	单位地址	单位电话
81	青岛港融资担保有限公司	青岛市市北区港华路7号2002室	18562556839
82	山东顺通融资担保有限公司	淄博市张店区山泉路68号	0533—2715739
83	淄博国华融资担保有限公司	淄博市张店区共青团西路23号富丽商城A座5层	0533—3183339
84	山东千百度融资担保有限公司	淄博市张店区太平路11号	0533—2710627
85	山东豪特融资担保有限公司	淄博市张店区柳泉路13号6层B2号	0533—3156566
86	山东鸿运融资性担保有限公司	淄博市张店区华光路188号玉龙大厦B座13楼	0533—2306777
87	淄博润祥融资担保有限公司	淄博市张店区联通路东方之珠2号楼2单元30层东户	0533—2989819
88	山东齐元融资担保有限公司	淄博市张店区南西四路16号	0533—2768628
89	山东汇合融资担保有限公司	淄博市张店区华光路28号云龙国际A座3层	0533—3184888
90	淄博昌晟融资担保有限公司	淄博市张店区柳泉路北首西二巷1号	0533—2280009
91	淄博同益融资担保有限公司	淄博市临淄区金山镇政府一楼	0533—7507606
92	山东天烁融资担保有限公司	淄博市临淄区齐都花园甲9号8号楼	0533—3598233
93	淄博信威融资担保有限公司	淄博市临淄区晏婴路197号	0533—7169966
94	山东美盛银邦担保有限公司	淄博市周村区正阳路2675号	0533—8617069
95	淄博众诺融资担保有限公司	淄博市桓台县索镇中心大街103号	0533—3598718
96	淄博力丰融资担保有限公司	淄博市桓台县索镇鲁中建筑商城13号楼1栋1—3号房	0533—8562667
97	桓台县金泰融资担保有限公司	淄博市桓台县渔洋街2088号	0533—8221776
98	沂源鲁山融资担保有限公司	淄博市沂源县城荆山路24号	0533—3408888
99	沂源县成业融资担保有限公司	淄博市沂源县城健康路北端4号	0533—3221258
100	淄博联盛融资性担保有限公司	淄博市沂源县胜利路12号	18560406784
101	淄博安信融资担保有限公司	淄博市沂源县城鲁山路西首路北9号	0533—3257188
102	淄博华夏融资担保有限公司	淄博市高新区中润大道69号	0533—3153096
103	淄博鑫融源融资担保有限公司	淄博市高新区万杰路108号博士商务楼一楼	0533—3585455
104	淄博市鑫润融资担保有限公司	淄博市高新区柳泉路125号先进陶瓷产业创新园B座710室	0533—3585956
105	山东盖伦蒂融资担保有限公司	淄博市高新区柳泉路246号（世纪商务中心）201室	0533—3585810
106	山东博盛融资担保有限公司	淄博市高新区南营路89号	0533—3595195
107	淄博鹏达融资担保有限公司	淄博市开发区万杰路79号天府名城3号楼甲21号	0533—3810787
108	山东银桥融资担保有限公司	淄博市高新区柳泉路103号3—19室	0533—3167809
109	淄博融信融资担保有限公司	淄博市高新区鲁泰大道51号（A座5层、6层）	0533—2168878
110	淄博旺佰汇融资性担保有限公司	淄博市张店区金晶大道275号	0533—3593808
111	淄博盛融融资担保有限公司	淄博市高新区政通路145号新时代商务中心1号楼2层C202	0533—6076507
112	山东海鑫融资担保有限公司	淄博市高新区鲁泰大道65号	0533—8170606
113	淄博新星融资担保有限公司	淄博市博山区颜北路456号	13905336238
114	高青同信融资担保有限公司	淄博市高青县清河路9号319房间	18678222333
115	山东中泰融资担保有限公司	枣庄市市中区文化西路166号	0632—3580266
116	山东至能融资担保有限公司	枣庄滕州市善国北路818号	0632—5888877
117	枣庄市融资担保有限公司	枣庄市民生路财政大厦一楼	0632—8163666
118	枣庄市企业信用融资担保有限公司	枣庄市市中区青檀路197号	15665262926
119	枣庄鲁化民营企业融资担保有限公司	枣庄市高新区科创中心	0632—2363516
120	山东明建融资性担保有限公司	枣庄滕州市善国北路77号	13806329839
121	枣庄市金土地融资担保有限公司	枣庄市财政大厦817室	0632—8687608

续表3

序号	单位名称	单位地址	单位电话
122	山东方盈融资担保有限公司	枣庄滕州市中央城B区B4—B5沿街营业房4楼	0632—5260686
123	山东金太阳农业融资性担保有限公司	东营市农业高新技术产业示范区中心街19号	0546—8325001
124	山东华信融资担保有限公司	东营市东营区南一路280号	0546—6459166
125	东营市金鼎融资担保有限公司	东营市东营区府前大街52号608室	0546—7865686
126	山东乾盛融资担保有限公司	东营市东营区辉煌大厦4楼	0546—8310977
127	山东中海融资担保有限公司	东营市利津县陈庄镇贸源街西首	0546—8078888
128	东营利丰融资担保有限公司	东营市东营区曹州路129号	0546—8077678
129	东营瑞昌担保有限公司	东营市东营区南一路280号	0546—8352877
130	东营市金阳融资担保有限公司	东营市东营区府前大街52号15楼	0546—8051868
131	山东九恒融资担保有限公司	东营市广饶县孙武路东侧	0546—6497386
132	东营嘉信融资担保有限公司	东营市广饶县乐安大街838号	0546—6681126
133	垦利县中信融资担保有限公司	东营市垦利县中兴路197号	0546—7736317
134	东营津源融资性担保有限责任公司	东营市利津县城区利一路111号金凤凰大厦六楼	0546—5627289
135	东营瑞银融资担保有限公司	东营市利津县经济开发区	13906471671
136	广饶县经济发展融资担保有限公司	东营市广饶县乐安大街790号经纬大厦四层	0546—6666677
137	山东恒瑞融资担保有限公司	东营市广饶县渤海经典小区1#楼商业1—6号房	0546—6926497
138	东营区融资担保有限公司	东营市东营区庐山路1188号华泰国际金融中心1幢20层	13954655678
139	东营市融资担保有限公司	东营市东营区南一路337号财金大厦11层	18654677657
140	烟台市融资担保有限责任公司	烟台市莱山区迎春大街141号	0535—6602666
141	烟台市隆飞融资担保有限公司	烟台市芝罘区青年路16号万方商务大厦13楼	0535—6285022
142	烟台环宇融资担保有限公司	烟台市机场路208号	0535—6675118
143	烟台中恒信融资担保有限公司	烟台市芝罘区上夼西路78号	0535—2121727
144	烟台市莱山融资担保有限公司	烟台市莱山区迎春大街133号附1号	0535—6891596
145	烟台市鑫鼎融资担保有限公司	烟台市牟平区通海路308号财政大厦十五层	0535—4282807
146	烟台银桥融资担保有限公司	烟台市开发区泰山路44号	0535—6392879
147	山东东方融资担保有限公司	烟台市经济开发区北京南路8号	0535—6387713
148	山东光大融资担保有限公司	烟台市福山区汇福街59号	0535—6656081
149	烟台润福融资担保有限责任公司	烟台市福山区城里街23号	13964574773
150	烟台创新融资担保有限公司	烟台市福山区民阜路58号	0535—6766097
151	海阳市盛海融资担保有限公司	烟台海阳市区海政路44号	0535—3223518
152	龙口市南山融资担保有限公司	烟台龙口市东江镇南山村	0535—8616007
153	龙口市德嘉融资担保有限公司	烟台龙口市东莱街道花木兰街388号	0535—8560370
154	龙口市裕丰融资担保有限公司	烟台龙口市港城大道（东城区）626号	0535—8506850
155	山东天健融资担保集团有限公司	烟台招远市金城路288号	0535—8210777
156	莱州市金惠融资担保有限公司	烟台莱州市永安路街道府前西街766号	0535—2170027
157	招远市企业融资担保有限公司	烟台招远市温泉路298号农行大厦10楼	0535—8073355
158	蓬莱金信融资担保有限公司	烟台蓬莱市钟楼西路路南	0535—5643231
159	山东汇洋融资担保有限公司	烟台蓬莱市西城临港工业区迎宾路1号	0535—5729998
160	烟台市鑫达融资担保有限公司	烟台栖霞市金岭路3号	0535—3377502
161	长岛县中小企业融资担保有限公司	烟台市长岛县县府街78号	0535—3218690
162	山东鼎铉融资担保有限公司	烟台莱阳市马山路58号鞋业城0004—108号	13361347333
163	山东盛业融资担保有限公司	烟台蓬莱市经济开发区金创路170号	18663892105
164	烟台市再担保有限公司	烟台市莱山区迎春大街141号	13792508100

续表4

序号	单位名称	单位地址	单位电话
165	招远市财金融资担保有限公司	烟台招远市温泉路128号14楼	18561005910
166	莱州市金惠融资担保有限公司	烟台市莱州市永安路街道府前西街766号	0535—2170027
167	山东德勤融资担保有限公司	潍坊市高新区北官东街4523号喜马拉雅大厦12层	0536—5077950
168	山东和信融资担保有限公司	潍坊市经济开发区顺通街11号	0536—8223606
169	山东黑石融资担保发展有限公司	潍坊市奎文区金融服务区A座1606、1607室	0536—8205858
170	山东金润融资担保有限公司	潍坊寿光市文庙东街东环路西（山东东方誉源农资有限公司院内）	0536—8232881
171	山东龙楷融资性担保有限公司	潍坊市奎文区健康东街13911号（天恒科技创业大厦8—9楼）	0536—8209758
172	山东恒磐融资性担保股份有限公司	潍坊市奎文区福寿街以北、北海路以西	0536—8869711
173	山东正银融资担保有限公司	潍坊市奎文区新华路23号1号楼705室	0536—8051819
174	潍坊晨阳信息咨询有限公司（潍坊恒泰融资担保有限公司 ）	潍坊市综合保税区规划路一号商务办公楼B区310房间	0536—8213055
175	潍坊鑫汇融资担保有限公司	潍坊市坊子区凤凰街168号	0536—7515966
176	山东亨德融资担保有限公司	潍坊市高新区福寿东街以北、北海路以东福海花园沿街商东10号	0536—8868507
177	山东亿邦融资担保有限公司	潍坊市奎文区四平路1201号潍坊中鲁联通大厦805室	0536—8328859
178	山东行联融资担保有限公司	潍坊市奎文区文化路465号1203室（文化路与福寿街交叉路口东南角）	0536—8500058
179	诸城市泰润融资担保有限公司	潍坊市诸城市昌城镇西行寺村360号	0536—6217877
180	山东聚和融资担保股份有限公司	潍坊市峡山生态经济开发区怡峡街197号5号楼2楼201、203室	0536—8269777
181	潍坊诚信融资担保有限公司	潍坊市滨海区海源街以北，禧源路以东	0536—5311698
182	高密市鑫融融资担保有限公司	潍坊高密市立新街西306号	0536—2593130
183	潍坊昭德融资担保有限公司	潍坊寿光市圣城街259号	0536—8535899
184	临朐县中小企业融资担保有限公司	潍坊市临朐县城新华路林业局五楼	0536—3213879
185	山东天华融资性担保有限公司	潍坊市奎文区东风东街307号5楼	0536—8261753
186	诸城市舜邦融资担保有限公司	潍坊市诸城市密州西路12号	0536—6075112
187	潍坊市信用融资担保有限责任公司	潍坊市奎文区东风东街299号	0536—8101025
188	山东普田融资担保有限公司	潍坊青州市新亚财富广场B座20楼	18753615971
189	潍坊润金融资性担保有限公司	潍坊市临朐县城民主路南段龙韵文化城A2区6号	0536—3399888
190	诸城市舜域融资担保有限公司	潍坊诸城市密州西路12号	0536—6075086
191	汇银融资性担保有限公司	潍坊市坊子区北海路中段路西	0536—7515660
192	安丘市华安融资担保有限公司	潍坊安丘市经济开发区拥翠街建设路	0536—4397533
193	潍坊金宝融资担保有限公司	潍坊市奎文区潍州路519号	0536—2608297
194	山东亿和源融资担保有限公司	潍坊市奎文区胜利东街4888号内652室	0536—2119011
195	山东省安业融资担保有限公司	潍坊高密市振兴街东段路北570号（金孚隆商场东侧）	15966091777
196	潍坊市再担保集团股份有限公司	潍坊市滨海经济开发区海化街以北、禧源路以东1号楼316室	15908018196
197	潍坊昌和融资担保有限公司	潍坊昌邑市宋庄镇	0536—7850618
198	寿光市金政融资担保有限公司	潍坊寿光市东环路东南环路北（商务小区5号楼A座）	15153637285
199	临朐县金财融资担保有限公司	潍坊市临朐县城关街道朐山路西段南侧	15265366618

续表5

序号	单位名称	单位地址	单位电话
200	潍坊市汇金融资担保有限公司	潍坊市高新区东风东街4899号金融广场商务中心一期2号办公综合楼607室	13953609190
201	潍坊十方特色文化产业融资担保有限公司	潍坊市潍城区春鸢路107号	13573664876
202	安丘市金鑫融资担保有限公司	潍坊安丘市经济开发区拥翠街57号	0536—4398002
203	潍坊公利融资担保有限公司	潍坊市坊子区凤凰大街70号	0536—7605652
204	寿光市金泉融资担保有限公司	潍坊寿光市羊口医疗保健中心办公楼	13583656570
205	青州市国控融资担保有限责任公司	潍坊青州市范公亭东路3258号	0536—3886907
206	昌乐县汇金融资担保有限公司	潍坊市昌乐县利民街68号	0536—6239306
207	昌邑市北海融资担保有限公司	潍坊市昌邑市富昌街157号	0536—7110028
208	潍坊潍州融资担保有限公司	潍坊市潍城区东风西街408号	0536—2092211
209	潍坊国科融资担保有限公司	潍坊市寒亭区通亭街3259号正金大厦综合楼1号楼301、302、309室	0536—7268016
210	山东兴业融资担保有限公司	济宁市洸河路48号银河大厦7楼	0537—2374999
211	山东益铭融资担保有限公司	济宁曲阜市裕隆路258号	0537—4436555
212	邹城市宏兴融资担保有限公司	济宁邹城市峄山北路66号1号楼1单元13楼	15725911001
213	济宁丰能投资担保有限公司	济宁市市中区洸河路88号人防大厦3015室	13863766089
214	曲阜市恒信融资担保有限公司	济宁曲阜市大成路66号601室	0537—3198366
215	山东东运融资担保有限公司	济宁市金乡县鱼山镇国际商贸城内	0537—8817777
216	山东联诚融资担保有限公司	济宁市高新区金宇路54号创意大厦	0537—3157111
217	山东中冠融资性担保有限公司	济宁曲阜市春秋路10号	0537—4492333
218	济宁融泰融资担保有限公司	济宁市金宇汽配城南400米路东	13563766777
219	济宁华宝融资担保有限公司	济宁市鱼台县经济开发区内（山东美晶米业有限公司办公楼二楼）	0537—3116006
220	山东银达融资担保有限公司	济宁市太白路阜桥辖区鲁兴欣苑2号楼	13805375195
221	山东财信融资担保股份有限公司	济宁市吴泰闸路英萃国际中心1号楼	0537—2606173
222	山东金顺融资担保有限公司	济宁市金乡县经济开发区金源路南金沙路西侧	15106726569
223	济宁嘉信融资担保有限公司	济宁市嘉祥县城建设路2号	13964950003
224	梁山县财金融资担保有限公司	济宁市梁山县新城区金线岭路西侧文化中心西门对过(济宁银行4楼)	13705378516
225	济宁市兖州区惠金融资性担保有限公司	济宁市兖州区建设中路133号	15163756622
226	泰安弘泽融资担保有限公司	泰安市岱道庵路5号	0538—6239281
227	山东华通融资担保有限公司	泰安市泰山区财源街59号信德财源大厦12楼	0538—6180577
228	山东信泰融资担保有限公司	泰安新泰市金斗路南段	0538—6376079
229	山东盛鼎融资担保有限公司	泰安市普照寺路5号院内3号楼4层	0538—8567888
230	泰安市国泰民安融资性担保有限公司	泰安市普照小区81号综合楼3号楼第二层	0538—8978798
231	泰安市融资担保有限公司	泰安市高新区中天门大街1366号	0538—5361963
232	山东迪润融资担保有限公司	泰安宁阳县县城东关路34号	0538—5627486
233	山东平安昌顺融资性担保有限公司	泰安市东平县佛山街004号	15382820177
234	新泰市金控融资担保有限公司	泰安新泰市青云街道东周路以东，青龙路以北1幢	17664402710
235	山东仁合融资担保有限公司	威海市高山街72号	0631—5282819
236	威海银通融资担保有限公司	威海市海疃路41号	0631—5308858
237	山东恒丰融资担保有限公司	威海市和平路148号四层	0631—5298138
238	山东东泰融资担保有限公司	威海市经区乐天世纪城—1—B819	0631—5332547

续表6

序号	单位名称	单位地址	单位电话
239	威海市百盛融资担保有限公司	威海市新威路86号401室	0631—5337733
240	山东阿甘融资担保股份有限公司	威海市乳山城区胜利街50—1号	0631—5160000
241	山东环渤海担保有限公司	威海市工业新区周宁路1号	0631—5580888
242	荣成鼎诚融资担保有限公司	威海荣成市文化东路20号	0631—7568779
243	山东文通融资性担保公司	威海市文登区文山东路88号	0631—8800938
244	威海市德丰担保有限公司	威海文登市龙山路19号	0631—8080029
245	威海市勇泰融资担保有限公司	威海文登经济技术开发区珠海路152号	0631—8082938
246	威海市蓝泰融资担保有限公司	威海市南海新区现代路北畅海路东	15553862876
247	威海齐东融资担保有限公司	威海市环翠区海滨北路53—19号一层106、107、108室	13306301207
248	山东金民融资性担保有限公司	威海荣成市石岛管理区朝阳西路39号	13637966111
249	荣成市安信融资担保有限公司	威海荣成市建业街39号	15606315557
250	日照中远融资担保有限公司	日照市北京路277号万基国际001号楼1单元803室	18806330658
251	日照市信达融资性担保公司	日照市东港区秦楼街道华润置地广场1栋1单元	0633—6116103
252	五莲县国信融资担保有限公司	日照市五莲县城富强路99—6号	18663321166
253	山东华和融资担保有限公司	日照市东港区黄海二路53号	15606335181
254	山东国信资产管理融资担保有限公司	日照市山东路511号（山东路北高科技工业园）	13806338317
255	日照市融资担保股份有限公司	日照市东港区石臼街道海曲东路396号日照国际财富中心第57层	13506339961
256	日照富华融资担保有限公司	日照市昭阳路瑞园名城001号00单元306号	13863368808
257	山东万和融资担保有限公司	日照市经济技术开发区天津路北，郑州路东20—101号	18300318888
258	日照同胜融资担保有限公司	日照市山东路563号（秦楼街道湖西头村）	0633—8215960
259	日照胜天融资担保有限公司	日照市东港区绿舟南路68号辉煌国际海港城二区1幢16单元226号	18663326100
260	莒县长诚融资担保有限公司	日照市莒县青年北路12号	13706332658
261	山东日金融资担保有限公司	日照市太原路69号	18953301166
262	日照宇翔融资担保有限公司	日照市兖州路与滨州路交会处（枫舍局沿街）	18663387777
263	日照信达融资担保有限公司	日照市东港区秦楼街道华润置地广场1栋1单元	0633—6116103
264	山东鲁一融资担保有限公司	日照市五莲县城关工农路3号	18663308577
265	日照岚山融资担保有限公司	日照市岚山区岚山中路41号	13606336809
266	天元天诚融资担保有限公司	临沂市兰山区银雀山路63号	13854955399
267	临沂市中小企业融资担保有限公司	临沂市兰山区北城新区北京路临沂商会大厦1号楼2501	15263983956
268	山东亿盛融资担保股份有限公司	临沂市高新区新华路创业大厦B316室	13053976999
269	山东鼎力融资担保有限公司	临沂市兰陵县中兴路北段西侧	0539—7929111
270	山东鑫源融资担保有限公司	临沂市沂蒙路209—16号	13562980666
271	临沂市华瑞信恒融资担保有限公司	临沂市兰陵县县城新华路7号	0539—2171015
272	临沂市兰田融资担保有限公司	临沂市解放路68号	0539—8071162
273	临沂全鑫融资担保有限公司	临沂市兰山区临沂综合商贸园A3—1—B	13854989793
274	临沂市融资担保集团有限公司	临沂市兰山区北京路37号临商大厦35楼	13608900808
275	临沂市天信融资担保有限公司	临沂市经济技术开发区沂河路125号	0539—8321186
276	平邑县财源融资担保有限公司	临沂市平邑县财政局办公楼四楼	0539—2092937
277	山东金玉融资担保有限公司	临沂市临西一路188号	13053970770
278	费县中小企业融资担保中心	临沂市费县建设路东段商会大厦十楼	13153934411

续表7

序号	单位名称	单位地址	单位电话
279	临沂市中联融资担保有限公司	临沂市兰山区琅琊王路与育才路交会处珠宝玉器市场B区71—74号	13305391600
280	山东双赢融资担保有限公司	临沂市费县建设路158号	15315391899
281	山东铭达融资担保有限公司	临沂市兰山区开元上城1号楼802室	13210655599
282	山东智信融资担保有限公司	临沂市兰山区中丘路3号	18669913769
283	临沂沂和融资担保有限公司	临沂市沂水县东外环路北首	0539—2500978
284	山东新天融资担保有限公司	临沂市临沭县中山北路2011092901号	18953931229
285	山东龙成融资担保有限公司	临沂市兰山区枣沟头镇永安路与俄黄路交会处东	13355079858
286	山东远通融资担保有限公司	临沂市高新区沂河路与湖西路交会处	13655395366
287	山东同济融资担保股份有限公司	临沂市兰山区沂蒙路336号	13953930787
288	临沂新沂蒙担保有限公司	临沂市临沭县常林西大街112号	13854921825
289	临沂供销融资担保有限公司	临沂市罗庄区金七路与新206国道交会处路西	13853978866
290	山东国诚融资担保有限公司	临沂市兰陵县经济开发区西段南侧	18653992327
291	山东元盛融资担保有限公司	临沂市沂南县城历山路79号	15269930369
292	莒南鑫盛融资担保有限公司	临沂市莒南县隆山路279号	13686399177
293	郯城惠众融资担保有限公司	临沂市郯城县人民路29号	18669652585
294	山东德宇融资担保有限公司	临沂市北园路与临西一路交会处东通达财富广场六楼	15376050999
295	临沂临港经济开发区兴港融资担保有限公司	临沂市临港经济开发区坪上镇厉家寨村0001号1号楼中兴商务企业发展中心	15253908556
296	沂南县智圣融资担保有限公司	临沂市沂南县城振兴路中段路北	0539—7323975
297	沂水县力源融资担保有限公司	临沂市沂水县东一环路与南一环路交会处	0539—2226006
298	临沂市融资担保集团有限公司	临沂市兰山区北京路37号临商大厦35楼	13608900808
299	德州市华融融资担保有限公司	德州市德城区湖滨中大道129号	0534—2672166
300	山东国力融资担保有限公司	德州市德城区东方红路70号	0534—2103223
301	德州市宏名融资担保有限公司	德州市德城区湖滨中路14号	0534—2746789
302	山东融达融资性担保有限公司	德州市国家高新技术产业开发区富华街北侧（山东禹城禹王生态食业有限公司办公楼）	0534—7420131
303	禹城市诚达融资担保有限公司	德州市禹城市建设路南首	0534—7283828
304	乐陵市永信盛业融资担保有限公司	德州乐陵市乐庆公路南侧（贾家）	0534—6900688
305	德州市企业信用融资担保有限责任公司	德州市经济开发区康博大道368号	0534—2698793
306	山东群力兴邦融资担保有限公司	德州市齐河经济开发区维四路北	18653477555
307	山东君力融资担保有限公司	德州乐陵市玉皇堂商贸街西侧	13583406955
308	临邑城泰融资担保有限公司	德州市临邑县开元大街162号	13793481667
309	山东平原融资担保有限公司	德州市平原县青年路建行五楼	18853422977
310	德州经济技术开发区一诺融资担保有限公司	德州市经济技术开发区晶华路587号高创服务中心C座411号	13505348560
311	武城县信诺融资担保有限公司	德州市武城县青年路西、振华街南	13573475088
312	德州市融资担保有限公司	德州市经济开发区三八东路1266路鑫源国际第10层	0534—2770288
313	德州市陵城区安德融资担保有限公司	德州市陵城区唐城路58号	0534—8286915
314	聊城市财信融资担保有限公司	聊城市北关街（凤凰台南300米路东）	0635—8900679
315	山东鼎泰融资性担保有限公司	聊城市花园南路1015号	0635—5055001
316	聊城鲁信融资性担保有限公司	聊城市花园南路119号	0635—2998029
317	山东聊城鼎诚融资担保有限公司	聊城市东昌府区东昌东路1号莲湖大厦19层	0635—6109513

续表8

序号	单位名称	单位地址	单位电话
318	临清市盛祥融资担保有限公司	聊城市临清市古楼街2009号	0635—2973545
319	冠县鑫融融资性担保有限公司	聊城市冠县振兴东路122号	13806355246
320	东阿县鑫诺融资担保有限公司	聊城市东阿县阿胶街103号	0635—3265063
321	茌平县宏信融资担保有限公司	聊城市茌平县枣乡街79号	0635—4219799
322	高唐县国信融资性担保有限公司	聊城市高唐县官道街北路635号	0635—3952736
323	聊城兴业融资担保有限公司	聊城市经济技术开发区物流园区京通路1号兴业大厦6楼601室	0635—5089003
324	聊城市财金扶贫融资性担保有限公司	聊城市东昌西路119号	0635—8285621
325	聊城市东安广融资担保有限责任公司	聊城市东昌府区华西路210号5层	13563550656
326	山东莘州融资担保有限公司	聊城市莘县政府街行政服务中心4楼	18663017699
327	聊城市天弘融资担保有限公司	聊城市高新区黄河路32号院内	0635—8507319
328	聊城昌信融资性担保有限公司	聊城市东昌府区东昌东路1号莲湖大厦20号	0635—2119008
329	山东蓝色经济融资担保有限公司	滨州市黄河五路与渤海十六路（国际大厦）	0543—3805995
330	滨州市众成融资担保有限公司	滨州市黄河六路524号	0543—2213966
331	滨州环宇融资担保有限公司	滨州市渤海三路524号	0543—3202310
332	滨州市滨城区中小企业融资担保中心	滨州市黄河五路487号	0543—3315577
333	惠民县昌瑞融资性担保有限公司	滨州市惠民县环城东路108号	0543—5303999
334	惠民县中小企业融资性担保有限公司	滨州市惠民县开源街12号	0543—5357001
335	无棣县鑫达融资担保有限公司	滨州市无棣县府前大街（财政大厦）	0543—6782279
336	山东恒发融资担保有限公司	滨州市无棣县棣州大街西首国土大厦	0543—6335001
337	滨州市滨发融资担保公司	滨州市经济技术开发区渤海十八路667号	18678321666
338	山东阳信鑫诺融资担保有限公司	滨州市阳信县阳城四路679号	0635—3265063
339	博兴县中小企业融资担保中心	滨州市博城三路185号	0543—2308310
340	邹平县德利融资性担保有限公司	滨州市邹平县城黄山三路43号	0543—4660999
341	山东翔盛融资担保有限公司	滨州市黄河五路、渤海十八路交会处西北	0543—3328800
342	滨州市财昌融资担保有限责任公司	滨州市渤海十八路667号中海大厦17楼	0543—3336525
343	滨州市恒信融资担保有限责任公司	滨州市经济开发区渤海十八路667号中海大厦15楼	0543—3083296
344	无棣县兴棣融资担保有限公司	滨州市无棣县城棣州大街西首无棣县兴棣土地开发有限公司写字楼一楼	13954363433
345	滨州市再担保股份有限公司	滨州市黄河五路357号	0543—3077221
346	博兴县鑫达融资担保有限公司	滨州市博兴县博城三路185号	0543—2302177
347	滨州市滨城区瑞信融资担保有限公司	滨州市黄河十六路997号	15266733606
348	滨州市沾化区远恒融资担保有限公司	滨州市沾化区富桥路198号	0543—7325781
349	滨州市滨发融资担保有限公司	滨州经济技术开发区渤海十八路667号	18678321666
350	菏泽市中小企业融资担保有限公司	菏泽市华英路288号	0530—5366663
351	银联融资担保（菏泽）有限公司	菏泽市牡丹区长江路999号	0530—5588222
352	单县个体民营经济发展融资担保中心	菏泽市中华路688号（恒泰国际大厦1502室）	13563891698
353	山东商都融资性担保有限公司	菏泽市曹县珠江西路中段	0530—3317811
354	菏泽银泰融资担保有限公司	菏泽市高新区杨营路与东方红大街交叉口	0530—6228885
355	菏泽天翔融资性担保有限公司	菏泽市牡丹区昆明路1000号	18953008057
356	菏泽市金和融资担保有限公司	菏泽市中华路2626号	13905307769
357	山东亚银融资性担保有限公司	菏泽市巨野县青年路1688号	15865875072

山东省区域性股权市场概况

目前，山东省有两家区域性股权市场，分别是齐鲁股权交易中心、青岛蓝海股权交易中心。两家区域性股权市场均已按照国家政策规定，由山东省政府公告并向中国证监会进行了备案。截至2019年末，两家区域性股权市场挂牌的企业合计5,780家，累计实现各类融资485.95亿元。

一、齐鲁股权交易中心有限公司

（一）基本情况

齐鲁股权交易中心有限公司（简称齐鲁股权）成立于2010年12月，2015年7月正式纳入山东省属企业行列；注册资本为2.25亿元，注册地在淄博市；共有股东15名，控股股东为中泰证券（持股36.00%），其他重要股东有鲁信集团、山东省财金投资集团、深圳证券信息公司等。2019年，公司内设机构由原来的5大中心、18个部门缩减为9个部门，分别为市场推广总部、市场服务总部、融资服务部、内审风控部、计划财务部、综合管理部、党委组织部/人力资源部、党群工作部和纪检监察室。目前权属一级子公司共3家，分别为山东齐惠投资管理有限公司、山东齐鲁资本市场发展服务有限公司、山东齐盛股权投资基金管理有限公司。

（二）业务开展情况

2019年，齐鲁股权全面完成年初制定的各项目标任务，市场规模持续扩大，服务经济社会发展功能日益完善。

一是市场规模进一步扩大。加大挂牌业务开拓力度，全年新增挂牌企业884家，其中新增挂牌股份公司占比超50.00%。累计挂牌企业家数突破4,000家，达到4,045家，企业市值为2,026.67亿元；挂牌股份公司共2,086家，保持行业第一。首次与券商合作完成济南四季青“四转三”，投行业务实现新突破，挂牌企业转板数量为57家。

二是融资产品结构进一步优化。全年完成新增备案债权类产品19单、发行金额13.90亿元。其中，新增备案债权融资计划7单、发行金额5.20亿元；新增备案可转债产品12单、金额18.12亿元。募集资金主要投向现代农业、新能源、新材料、现代基础设施建设等领域。积极助力全省新旧动能转换重大工程，推出“新动能可转债”，全年新增备案“新动能可转债”4单，备案金额为9.50亿元，占全年可转债备案总额的53.00%。在与银行类金融机构合作推出的发票贷、税金贷等产品基础上，积极引入“融资租赁”“供应链金融”等融资服务品种，全年对接普惠融资600.00余万元。累计实现各类融资525.00亿元，其中直接融资215.00亿元，股权质押融资196.17亿元。

三是市场服务水平不断提升。积极创新业务模式，逐步由单一挂牌推广向挂牌、融资、投行、培训等综合服务业务转变，全力打造综合金融服务平台，综合业务收入占比不断提升。创新实施“县域资本市场工程”，首个试点落地淄博周村区，并在6个地市相继落地。依托县域优势产业，分别设立“临朐铝业板”“桓台乡村振兴特色产业板”等特色板块。规范挂牌企业信息披露，信披率连续两年位居行业第一。资源培育能力显著提升，开展培育培训挂牌企业1,000余家次。农商行股权登记托管工作取得实质性突破，全年新增6家农商行、村镇银行登记托管和确权工作，完成年度目标的200.00%。

二、青岛蓝海股权交易中心有限责任公司

（一）基本情况

青岛蓝海股权交易中心有限责任公司（简称蓝海股权），成立于2014年2月，注册资本为5,000.00万元，注册地在青岛市；共有股东5名，控股股东为中信证券（持股40.00%），其他重要股东有国信证券、青岛融资担保中心有限公司、青岛全球财富中心开发建设有限公司。蓝海股权设有挂牌部、金融产品部、企业融资部、交易清算部、电脑部、财务部、综合管理部等11个部门；下辖1家全资子公司，即蓝海基金工场（青岛）有限责任公司。

（二）业务开展情况

坚持“券商主导、政府监管、市场化运作”模式，全力构建以中小企业股权交易为核心，财富管理产品交易、基金服务和互联网融资服务为载体的“1+N”平台服务体系，打造适合民营中小微企业成长的生态圈。截至2019年12月31日，挂牌企业总数达1,735家，托管展示企业达3,129家；累计帮助挂牌企业实现各类融资120.00亿元，其中股权融资40.39亿元，债券融资47.46亿元，银行介绍贷款融资32.15亿元。通过规范、培育，海容冷链、青岛农商行实现A股上市。

一是挂牌企业提质增量。提高标准，强化对挂牌企业的审核力度，全年新增挂牌企业231家，累计挂牌企业总数达1,735家，托管展示企业3,129家。加强对挂牌企业的动态管理，全年摘牌企业25家，其中因企业筹备新三板、并购等原因申请摘牌23家，因未履行信批或存在失信等行为予以强制摘牌2家。2019年，“科技创新板”新增挂牌企业18家，“价值优选板”新增82家，“人才板”新增6家，“海洋板”新增2家。

二是多元服务企业融资。聚焦优质挂牌企业，结合估值、商业计划书、股权激励、银行融资优化方案等多元化融资方式，让中小微企业融资更便利。进一步健全“蓝海

股、蓝海贷、蓝海债”序列化融资体系，探索“投保贷联动”“投贷联动”“投贷债联动”等模式。2019年，帮助挂牌企业实现各类融资39.64亿元，其中私募股权融资5.03亿元，可转债融资30.61亿元，银行贷款3.40亿元。

三是服务政企培训更加全面。承接省内多个县（区）资本市场培训，举办蓝海BOSS特训营系列专题培训等活动，累计举办各类高端培训10余次，近800人次。“蓝海汇智”培训全年举办19期，培训企业390余家次，1,400余人次，累计共举办112期，培训企业2,290余家次，7,000余人次。组织“蓝海荟行”游学活动11期，组织110余家企业走进上市企业调研学习，提高中小企业家现代化管理和规范经营能力，累计举办19期，组织企业150余家次。开展“科技金融常态化路演”活动，累计举办各类路演活动38期，服务企业200余家（次）。

三、监管情况

山东省地方金融监督管理局（山东省金融工作办公室）是山东省人民政府指定的地方金融监管部门，承担对区域性股权市场的日常监督管理职责，依法查处违法违规行为，组织开展风险防范、处置工作。

中国证券监督管理委员会（简称中国证监会）及其派出机构对地方金融监管部门的区域性股权市场监督管理工作进行指导、协调和监督，对市场规范运作情况进行监督检查，对市场风险进行预警提示和处置督导。

2019年，山东省地方金融监督管理局在山东省委省政府的坚强领导和中国证监会及其派出机构的指导下，按照全省机构改革统一部署，不断充实监管力量，提升监管能力。持续加强区域性股权市场现场检查工作。会同山东证监局完成了对齐鲁股权交易中心年度现场检查，及时分析现场检查中发现的风险和隐患，督促企业加强整改。不断强化区域性股权市场信息报送，提高非现场监管能力。细化信息报送要求，加强对报送信息的风险分析，不断完善区域性股权市场信息共享机制，积极搭建全省统一的金融运行分析平台。

（何昌锴）

附表1

山东省区域性股权市场主要统计指标

项目	2015年	2016年	2017年	2018年	2019年	2019年同比增幅（%）
挂牌企业数量（家）	929	2,381	3,394	4,690	5,780	23.24
其中：挂牌民营企业数量（家）	929	2,381	3,394	4,690	5,767	22.96
齐鲁股权交易中心挂牌企业数量（家）	611	1,811	2,270	3,161	4,045	27.97
融资总额（亿元）	230.00	337.00	410.00	486.00	621.00	27.78
其中：直接融资总额（亿元）	63.00	148.00	200.00	220.00	278.00	26.36
间接融资总额（亿元）	167.00	189.00	210.00	266.00	343.00	28.95

附表2

山东省区域性股权市场名录

序号	单位名称	单位地址	单位电话
1	青岛蓝海股权交易中心有限责任公司	青岛市崂山区科苑纬一路1号B座17层B1、B2	0532—66729039
2	齐鲁股权交易中心有限公司	淄博市高新区柳泉路125号先进陶瓷产业创新园A座	0533—2773233

山东省典当行概况

截至2019年末，山东省取得经营许可证的典当行法人机构共有248家，分支机构7家，注册资本为78.27亿元。2019年全省实现典当总额120.33亿元，典当余额61.43亿元；业务2.8万笔；其中房地产典当业务72.56亿元，动产32.45亿元；财产权利15.32亿元。全年上交税金1,843.00万元。

目前，典当行业为省级地方金融监管部门行政许可、先照后证、后置审批，注册资本实行实缴制，主要监管依据是《典当管理办法》（商务部、公安部2005年第8号令）、《商务部关于印发〈典当行业监管规定〉的通知》（商流通发〔2012〕423号），监管方式为每年开展年审和抽查。行业监管工作实行分级管理、分级负责的原则，强化属地管理责任。按照《典当行业监管规定》，省、市、县主管部门均有监管职责。

2019年，按照中国银保监会要求，开展了典当行年审。本次年审是三类机构监管职责转隶后，地方金融监管部门对典当行进行的第一次年审。年初，下发通知明确了年审范围、年审重点、年审形式和时间安排。第一阶段由各典当行进行自查，第二阶段首先对年审材料集中审查，在此基础上再随机抽取20.00%的典当行进行现场检查。4月，通过公开招标形式选聘三家会计师事务所开展年审。年审启动后，举办了年审人员培训班，对年审纪律、工作内容、时间进度做了明确要求，对检查各环节、各项业务指标做了讲解，确保检查过程公正、严谨、规范，检查结果客观、真实、有效。三家会计师事务所选派有典当行年审工作经验的人员进行了年审。

在年审工作基础上，2019年下半年主要开展了典当行年审复审和现场检查工作。将年审检查报告反馈给各典当行，要求列入整改范围的各典当行，根据专项检查报告制订整改方案，细化整改事项，提出具体整改措施。采取审核材料、约谈企业负责人、实地现场复查等形式，督促依法依规整改，提出初步意见验收。根据整改进度，省地方金融监管局开展了现场检查，查阅了2018年以来财务资料、业务合同等，并按照有关要求制作了现场检查笔录。对4批通过年审的典当行予以公告。根据年审和现场检查结果，对年审通过的典当行，换发由省地方金融监管局印制的《典当经营许可证》并发放当票。截至2019年底，已颁发了248家典当行法人机构的经营许可证，并在官方网站分批予以公告；对82家年审不予通过的典当行收回经营许可证，182家列入整改。

通过检查，典当行的主要风险点主要存在以下几个方面：个别典当行的公司治理、内部控制和风险管理机制不健全，安全防范设施不完善；对股东、同一法人或者自然人的典当余额偏高，存在集中度风险；超过规定限额从商业银行贷款；从商业银行以外的单位或个人借款，与其他典当行拆借或者变相拆借资金；存在超范围经营、发放信用贷款等违规违法行为。

（臧家钦）

附表1

山东省典当行主要业务指标

单位：亿元

项目	2015年	2016年	2017年	2018年	2019年	2019年同比增幅（%）
典当行法人机构数量（家）	445	470	501	512	248	-51.56
合计注册资本	116.08	121.13	124.86	124.44	78.27	-37.10
典当总额	243.90	184.86	155.06	155.45	120.33	-22.59
其中：典当总额—动产	85.55	69.26	54.73	44.48	32.45	-27.05
典当总额—房地产	110.31	84.99	73.57	90.41	72.56	-19.74
典当总额—财产权利	48.14	30.41	26.66	20.56	15.32	-25.49
典当余额	80.19	78.79	76.25	81.72	61.43	-24.83

附表2

山东省典当行名录

序号	单位名称	单位地址	单位电话
1	山东英大典当有限公司	济南市历下区千佛山西路3号	0531—85198183
2	山东铭盛典当有限公司	济南市莱芜区莱城区吕花园社区新建商业街50号	18663468880
3	莱芜市舜发典当有限公司	济南市莱城区鹏泉西大街75号	0531—6232917
4	章丘市诚信典当行	济南市章丘区明堂街1986号泉山逸品29幢106号	0531—3263124
5	济南邦联典当有限责任公司	济南市市中区经十路21700号	13969078558
6	济南必达典当有限责任公司	济南市市中区魏家庄万达广场华景苑1号楼109	18660138888
7	济南汇鑫源典当有限公司	济南市长清区经十西路7888号	0531—87453886
8	济南金控典当有限公司	济南市历下区经十路12111号中润世纪中心3期2号楼F1	0531—82158877
9	济南九鼎典当有限公司	济南市平阴县锦东大街东段南侧	13356659866
10	济南九龙典当有限责任公司	济南市市中区郎茂山路丽景苑第1号铺位114号	18678880117
11	济南君和典当有限公司	济南市高新区龙奥北路1577号龙奥天街主办公楼2907	13905316799

续表1

序号	单位名称	单位地址	单位电话
12	济南鲁信银丰典当有限公司	济南市长清区大学路7988号银丰公馆小区9号楼2—102，2—103	0531—87257778
13	济南市将军典当有限责任公司	济南市历下区龙奥西路1号银丰财富广场裙楼B105	0531—81956658
14	济南市龙祥典当有限公司	济南市天桥区和信花园6号楼101室	0531—87060777
15	济南市普丰典当有限责任公司	济南市泺源大街29号	0531—83142999
16	济南市天元典当有限责任公司	济南市解放东路34—1号鲍德现代逸城2#楼104号	0531—82599769
17	济南市万永典当有限责任公司	济南市历下区山大路47号数码港大厦C1—13号	0531—6047859
18	济南市新融典当有限责任公司	济南市经十一路36号	0531—87932286
19	济南循善诚典当有限责任公司	济南市历下区浆水泉路黄金99景城商业街9—1—102号	13853282566
20	济南银特典当有限责任公司	济南市市中区阳光舜城二区N6号楼1单元101	0531—87909566
21	济南中财典当有限公司	济南市市中区小纬二路71号	13816267303
22	济南国信典当有限公司	济南市市中区大纬二路151—2号	0531—85065776
23	山东金元典当有限公司	济南市市中区玉函路228号	15905311377
24	山东省鲁信典当有限责任公司	济南市高新万达广场C区北侧商业街101号、102号	0531—86566501
25	青岛市公利典当行有限责任公司	青岛市市南区湖北路29号	13906390698
26	山东中泰创展典当有限公司	青岛市市南区山东路9号一层	15275263710
27	青岛市融信典当有限责任公司	青岛市市南区燕儿岛路7号珠海路7—8号	15192589268
28	青岛融通典当有限公司	青岛市市南区东海西路26号东园别墅	0532—66062770
29	青岛中元籴焜典当有限责任公司	青岛市市南区香港中路10号	13963965239
30	青岛金鼎典当有限公司	青岛市市南区闽江路66号乙1—2层网点	0532—85830387
31	青岛银海典当有限公司	青岛市市南区东海中路40号D—6室	18661717533
32	青岛景福典当有限公司	青岛市市南区南京路118—3号	13006526666
33	青岛市宇泰典当有限公司	青岛市市南区澄海路28—21号网点	13589283113
34	青岛德易顺典当行有限公司	青岛市市北区敦化路128号	13553056030
35	青岛恒信典当有限公司	青岛市市北区延安路26号	18660222296
36	青岛信达荣昌典当行有限公司	青岛市市北区热河路57号	0532—82736674
37	青岛利群典当有限公司	青岛市市北区徐州北路170号利群宇恒大厦1层D户	0532—82669908
38	青岛市金达典当行有限责任公司	青岛市市北区辽宁路49号	0532—83810288
39	青岛锦泽典当有限责任公司	青岛市市北区北仲路51—53号	15318731227
40	青岛齐鲁瑞丰典当有限公司	青岛市市北区鞍山一路127号	18560627301
41	青岛丰泽典当有限责任公司	青岛市市北区南京路236—1号	13061355055
42	青岛广丰典当有限公司	青岛市市北区台柳路280号甲16号	0532—66983788
43	青岛万策典当有限公司	青岛市市北区辽宁路73号	18653255991
44	青岛银丰泰典当有限公司	青岛市市北区同德路75号—1	13606345879
45	青岛信邦典当有限公司	青岛市市北区敦化路120号	0532—85650989
46	青岛居正典当行有限公司	青岛市李沧区九水东路37—41	18653257157
47	青岛同泰典当有限责任公司	青岛市李沧区通真宫路103号	18366244444
48	青岛鑫都典当有限公司	青岛市李沧区黑龙江路850号—28	13518627929
49	青岛凤凰岛典当有限公司	青岛市黄岛区江山南路480号光谷研创中心6栋101室	0532—86993799
50	青岛信立德典当有限公司	青岛市黄岛区珠山南路658号	0532—84121072
51	青岛宏运顺通典当有限公司	青岛市黄岛区太行山路67号	0532—86876166
52	青岛兴一典当行有限公司	青岛市黄岛区香江路东方国际金融中心165号网点	0532—68976888
53	青岛合兴利典当有限公司	青岛市黄岛区太行山路21号网点	0532—86755333

续表2

序号	单位名称	单位地址	单位电话
54	青岛港源典当有限公司	青岛市黄岛区太行山路547—1号	0532—86728222
55	青岛顺泰典当有限公司	青岛市黄岛区武夷山路186号	0532—86990478
56	青岛金乐盟典当行有限公司	青岛市黄岛区滨海大道1969号内1栋办公1层12户	0532—88159966
57	青岛盛客隆典当有限公司	青岛市黄岛区灵山湾路411号	0532—86131017
58	青岛泽润典当有限责任公司	青岛市黄岛区长江东路317号	0532—80982111
59	青岛银盛泰典当有限公司	青岛市城阳区文阳路600号泰馨苑项目600—2136、2137、2138	0532—80965389
60	青岛舜耕典当有限公司	青岛市城阳区春阳路280—19号1—3层	0532—80655822
61	青岛市实益典当有限公司	青岛市城阳区棘洪滩街道正阳西路北洪江河东物流分拨综合楼	0532—87877001
62	青岛瑞金典当行有限公司	青岛市即墨区通济街106号	18561837567
63	青岛万里江典当有限公司	青岛市崂山区深圳路230号檀香湾2号网点	18669732789
64	青岛海融典当有限公司	青岛市崂山区金岭花园A区17号楼1号网点	18669837937
65	青岛联德典当有限公司	青岛市崂山区苗岭路17号	15692322299
66	青岛富海典当有限公司	青岛市崂山区香港东路295号4号楼7号	15266001605
67	青岛兴业典当有限责任公司	青岛市崂山区香港东路297—3号	13969879797
68	青岛瑞益典当有限公司	青岛市崂山区香港东路458号	13181400828
69	青岛银通典当有限公司	青岛胶州市福州南路99号	0532—86230666
70	青岛友邦典当行有限公司	青岛胶州市厦门路北首	0532—83223333
71	青岛恒润典当行有限公司	青岛胶州市三里河办事处高家台子村澳门路网点	0532—88279877
72	山东三利源典当有限公司	青岛平度开发区海尔路43号	0532—68899076
73	青岛德弘典当有限公司	青岛莱西市烟台路98号丁—2	13808975291
74	淄博德惠典当有限公司	淄博市周村区周隆路7226号	18678234319
75	淄博富隆典当有限公司	淄博市张店区联通路世纪花园I3组团I20号商业办公楼1单元010103号	13754797376
76	淄博鸿开典当有限公司	淄博市沂源县健康路北首	13475335588
77	淄博齐鑫典当有限公司	淄博市临淄区西高新村65号楼西数第3套	13335238108
78	淄博荣宝典当有限公司	淄博市张店区共青团西路62号	13601111336
79	淄博瑞丰典当有限公司	淄博市高新区柳泉路348号金信银都花园沿街商业房甲1号	13705334688
80	淄博市银河典当有限责任公司	淄博市张店区新世界商业街北段38号	0533—3174533
81	淄博泰和典当有限公司	淄博市博山区沿河西路45号	13605428788
82	淄博新星典当有限公司	淄博市淄川区淄城路341号	13905333666
83	淄博业兴典当有限公司	淄博市张店区柳泉路93甲5	0533—3125777
84	淄博亿嘉典当有限公司	淄博市张店区联通路20—7号	15053342567
85	淄博裕丰典当有限公司	淄博市临淄区牛山路332号	13805337661
86	淄博远方典当有限公司	淄博市张店区共青团西路26号	0533—2182790—8607
87	淄博志远典当有限公司	淄博市张店区共青团西路86号	13153391698
88	滕州市华夏典当有限责任公司	枣庄滕州市步行街府前6号（北区）	0632—5519220
89	山东兄弟典当有限公司	枣庄市市中区人民路2号（和谐家园门东）	13969445899
90	山东顺成典当有限公司	枣庄市市中区人民西路9号	0632—3771688
91	山东信华典当有限公司	枣庄滕州市解放中路中央城B区B4—B5沿街营业房	13906320775

续表3

序号	单位名称	单位地址	单位电话
92	滕州市商业典当有限责任公司	枣庄滕州市府前中路49号	0632—5516394
93	山东鼎盛典当有限公司	东营市广饶亿丰国际时代广场B1—7、8	13780782277
94	山东富通典当有限公司	东营市东营区南一路257号	0546—8198566
95	山东万泰典当有限公司	东营市东营区北一路747号	18678622118
96	山东恒隆典当有限公司	东营市东营区南一路280号	13685466888
97	东营诚信典当有限责任公司	东营市东营区东三路138号7楼8号	13396477766
98	东营海丰典当有限责任公司	东营市东营区莒州路20号3号楼212房间	15166271532
99	东营聚宝龙典当有限责任公司	东营市东营区南一路280号	15306473386
100	东营荣盛典当有限责任公司	东营市东营区汾河路365号	13646478789
101	东营市黄河口典当有限责任公司	东营市东营区沂河路619号	0546—8258896
102	东营市乐安典当有限责任公司	东营市东营区沂河路7号	15315468017
103	东营市众泰典当有限责任公司	东营市东营区南一路333号1	15154606777
104	东营鑫浩典当有限公司	东营市东营区辽河路101号	18678683033
105	东营市金都典当有限公司	东营市东营区黄河路686号	0546—8777776
106	东营市鑫泰典当有限公司	东营市东营区府前大街55号5号楼1楼	0546—8315678
107	东营市阳光典当有限责任公司	东营市东营区淄博路40号	13854633464
108	山东瑞祥典当有限公司	东营市东营区东三路218—1号2幢124	18865978723
109	山东尚鑫典当有限公司	东营市东营区北二路999号	13655469111
110	东营银丰典当有限公司	东营市经济开发区南一路237号	0543—7765116
111	山东中金典当有限公司	烟台市芝罘区北大街53号	13905352088
112	烟台富泉典当有限公司	烟台市芝罘区机场路125号	0535—6023000
113	烟台广信典当有限公司	烟台市芝罘区南大街15—16号	0535—6860551
114	烟台恒丰典当有限责任公司	烟台市莱山区宝源路12号	13808908128
115	无棣县丰泽典当有限责任公司	烟台市无棣县商业街西首	0535—6335818
116	烟台诚盈典当有限公司	烟台市芝罘区南大街99号	13805350786
117	烟台城发典当有限责任公司	烟台市高新区科技大道59号海科大厦1506号	18765355106
118	烟台德信典当有限责任公司	烟台市福山区福新路190号	13806382678
119	烟台东盛典当有限公司	烟台龙口市南山路81号	0535—8505102
120	烟台富邦典当有限公司	烟台市芝罘区环山路52号	0535—6200699
121	烟台高信典当有限公司	烟台市芝罘区化工路118号	0535—6512601
122	烟台广源典当有限公司	烟台市芝罘区东太平街29号	0535—6200699
123	招远市金城典当有限责任公司	烟台招远市温泉路338号	0535—8213935
124	山东融汇典当有限公司	烟台市经济技术开发区黄山路14号丽马网点5号	13806383128
125	蓬莱市融鑫典当有限责任公司	烟台蓬莱市钟楼东路	13806457058
126	海阳市方圆典当有限公司	烟台海阳市海阳路243号	0535—3299378
127	烟台华和典当有限公司	烟台市芝罘区北大街53号1905室	18663887703
128	烟台市协群裕泰典当有限公司	烟台市芝罘区青年南路1108号社区服务中心	15906388105
129	烟台元亨典当有限公司	烟台市芝罘区大海阳路71号—010、011、012号	13396387666
130	烟台正海典当有限公司	烟台市经济技术开发区衡山路6号	0535—6932963
131	烟台智库典当有限公司	烟台市芝罘区南洪街100号	0535—6657660
132	烟台市中援典当有限责任公司	烟台市莱山区观海路75号附3号	0535—6888565
133	烟台中一典当有限公司	烟台市芝罘区胜利路421、422号	0535—6095338
134	安丘天瑞典当有限责任公司	潍坊安丘市兴安路171号	13854407888

续表4

序号	单位名称	单位地址	单位电话
135	青州市中和典当有限责任公司	潍坊青州市范公亭东路3333号	0536—3283398
136	山东广垠典当有限公司	潍坊市奎文区胜利街4619号南湖社区2号楼7单元102室	13665366768
137	山东黑石国际典当有限公司	潍坊市潍城区月河路8936号1号楼	0536—8205858
138	潍坊荣诚典当有限公司	潍坊市临朐县城新华路66号	13573680331
139	潍坊市融通典当有限责任公司	潍坊市潍城区东丰西街2288号31号楼	13562686039
140	潍坊友利典当有限公司	潍坊市奎文区东风东街245号	13606362796
141	潍坊鸿德典当有限公司	潍坊市滨海经济开发区海源街与大海路交叉口	0536—5331186
142	潍坊市滨海裕丰典当有限责任公司	潍坊市滨海区海源街中段	0536—5816179
143	潍坊市恒昌典当有限责任公司	潍坊市高新区东方路龙居苑1号商03	0536—8881909
144	潍坊天合典当有限责任公司	潍坊市潍城区东风西街277号1号楼098	0536—8258111
145	潍坊运气堂典当有限公司	潍坊市高新区桐荫街以北金马路以东银枫家园3号楼106号商铺	15335361695
146	诸城裕豐隆典当有限公司	潍坊诸城市繁荣东路111号繁荣苑4号商铺	0536—6339059
147	山东三义典当有限公司	潍坊市临朐县民主路3858号	0536—3688888
148	邹城市矿区典当有限责任公司	济宁邹城市凫山路中段	13963793960
149	山东恒祥典当行有限公司	济宁市泗水县泉源大道	13705371918
150	济宁市鹏达典当有限公司	济宁市任城区翠都国际商务酒店商业裙房一层0102号、二层0202号房	18053777780
151	济宁融翔典当有限责任公司	济宁市共青团路都市花园西门第21幢01单元1层0103号	18605373195
152	山东省森海典当有限责任公司	济宁市兖州区兴隆庄镇	15725933456
153	曲阜市东泰典当行有限公司	济宁曲阜市时庄327国道北	15054704321
154	山东万通典当有限公司	济宁曲阜市大成路路东	15315372772
155	济宁市永大典当有限责任公司	济宁市济安桥路东中区法院西	0537—2786799
156	济宁鑫泰典当有限责任公司	济宁市市中区运河路东虹桥装饰材料城9号楼	13805379386
157	山东润银典当有限责任公司	泰安市长城路78号时代明珠商务大厦15层B6号	0538—2418058
158	山东盛鼎典当有限公司	泰安市岱宗大街46号华府天地B座201	13793836666
159	泰安九通典当有限公司	泰安市东平县工业园区	0538—2666017
160	泰安市恒丰典当有限公司	泰安市长城路北段世纪大厦	13954897279
161	泰安市宏兴典当有限公司	泰安市天龙国际大厦A座107号	15296988888
162	泰安市库丰典当有限公司	泰安市泰山区天龙国际大厦B座1604号	18653146210
163	泰安市瑞丰典当有限责任公司	泰安市泰山大街以北长城立交桥以西沿街商业楼5号	0538—8417166
164	泰安市盛泰典当有限公司	泰安市泰山区高科技产业园起步区B9—2号	13583847777
165	泰安市泰信典当有限责任公司	泰安市东岳大街34号	0538—8231100 13665381000
166	泰安市银丰典当有限责任公司	泰安市红门路58号	0538—6306888
167	泰安市正大典当有限公司	泰安市五环小区一期26#楼一楼西	0538—6615053
168	泰安众信典当有限公司	泰安市长城路东侧泰山家园高层公寓B座13层02号	0538—6989898
169	泰安盛宝胜典当有限公司	泰安市泰山大街2905号	15345380567
170	泰安市汇丰典当有限公司	泰安市灵山大街268号（巨菱枫景园1号楼）	0538—8568249
171	泰安市泰山乾通典当有限公司	泰安市宝龙东社区沿街营业房B101号	13615381777
172	泰安新泰市信和典当有限公司	新泰市新汶大街中段	0538—7839336

续表5

序号	单位名称	单位地址	单位电话
173	威海佰川典当有限公司	威海市世昌大道148—3号—6	0631—5255789
174	威海宝丰典当有限责任公司	威海市经济技术开发区齐鲁大道65—1号	0631—5867888
175	荣成市好当家典当有限公司	威海荣成市青山东路230号	0633—7439999
176	山东润丰典当有限公司	威海市环翠区戚谷疃小区北区61号—2	13356308506
177	荣成成山典当有限公司	威海荣成市南山北路98号	0631—7523999
178	威海迪尚典当有限公司	威海市统一路97号	0631—5892277
179	威海恒德典当有限公司	威海市世昌大道150—5号	0631—5672018
180	威海汇钰典当有限公司	威海市经区海滨南路6号一楼东	15266116565
181	威海金玖典当有限公司	威海市西城路24号恒升大厦3号网点24—3号	0631—5187773
182	威海盛宝典当有限公司	威海市环翠区昆明路82号309—310室	0631—5225858
183	威海市百源典当有限责任公司	威海市文登区世纪大道80—15	0631—8828999
184	日照大华典当有限公司	日照市东港区山东路615—2号	0633—2288117
185	日照共生典当有限责任公司	日照市绿舟南路68号辉煌国际海港城二区001幢16单元16—191号	13706335957
186	日照市诚信典当有限责任公司	日照市泰安路南侧，文登路东	0633—8221283
187	日照市鑫磊典当有限公司	日照市济南路257号兴业银河华府002幢1单元106号	0633—3987008
188	日照瑞通典当有限责任公司	日照市文登路288号望海商务办公楼一楼沿街	18953300127
189	日照尚益典当有限责任公司	日照市东港区济南路与威海路交会处（新城花园20号楼沿街）	0633—8265376
190	日照市宝汇典当有限公司	日照市北京南路海纳现代城001幢13单元123号	13706332991
191	日照市鼎丰典当有限责任公司	日照市山东路599号（日百依河园小区沿街）	0633—8587716
192	日照兴业典当有限公司	日照市泰安路兴业世纪城16号楼203号	0633—8718768
193	日照正基典当有限公司	日照市莒县城阳街道浮来中路80号正基时代广场南门西侧	0633—6208686
194	山东泰和典当有限公司	德州禹城市榆林商业街4号110铺	13969255666
195	山东德鑫泉典当有限公司	德州禹城市汉槐街北侧	0534—7282799
196	乐陵市天信典当有限责任公司	德州市乐陵市兴隆街118号	0534—6227927
197	德州恒泰典当有限公司	德州市经济开发区东方红路南侧中茂家园10号楼38号商业房	0534—2428969
198	山东鲁海典当有限公司	德州市东风东路世纪花城小区9号楼2单元3号门市	13905343868
199	庆云县融兴典当有限责任公司	德州市庆云县中心北街508号附1号	
200	沂源县紫成典当有限责任公司	临沂市沂源县城健康路4号	0533—3243387
201	莒南县玉丰典当有限公司	临沂市莒南县新建路16号	15376051009
202	山东宝舜典当有限公司	临沂市河东区凤凰大街与正阳路交会处财源广场	13581088760
203	临沂金波源典当有限公司	临沂市兰山区祝丘路与海关路交会处以东埠东家园	0539—8122222
204	临沂聚丰典当股份有限公司	临沂市莒南县城隆山路北段阜丰时代城1号楼	0539—7212299
205	临沂市隆盛典当有限责任公司	临沂市兰山区北园路327号	0539—8020110
206	临沂市沂州典当有限责任公司	临沂市兰山区沂州路201号	0539—8151129
207	临沂万隆典当有限公司	临沂市罗庄区盛庄街道办事处欧洲街72号	0539—7100286
208	临沂鑫久隆典当行有限公司	临沂市兰山区解放路与八腊庙街交会南侧	0539—7116666
209	山东保力典当有限公司	临沂市兰山区蒙山大道与涑河南街交会处龙腾华景大厦2C号楼一层138号	13905396539
210	山东国玺典当有限公司	临沂市兰山区北园路西段北侧金泰华城B—A号楼1019号	15376242555

续表6

序号	单位名称	单位地址	单位电话
211	山东凯麟典当有限公司	临沂市兰山区涑河北街257号涑堤春晓	15020398111
212	山东蒙山典当有限公司	临沂市兰山区北城新区美佳商业街1号楼103	18305391234
213	山东省国安典当有限公司	临沂市兰山区沂州路南段（407号）	13583916618
214	山东玉皇典当有限公司	临沂市莒南县天桥路273号（玉皇家园小区）	0539—7910363
215	临沂市金源典当有限责任公司	临沂市兰山区柳青街道沂蒙路与天津路交会处杏坛文化家园沿街E号楼106室	0539—7756900
216	临沂市胜盈典当有限公司	临沂市兰陵县迎宾路与文化路交会处南100米路西	15966766678
217	临沂文轩典当有限公司	临沂市河东区东兴路与育英街交会处沂河文化城一楼	13562916836
218	莒县金鑫典当有限责任公司	临沂市莒县银杏大道南侧，沭景嘉园沿街楼	18606331036
219	山东裕鑫典当有限公司	临沂市兰陵县城区滨河西路北段西侧家天下沿街1幢商铺03	15106494444
220	聊城市昌润典当有限责任公司	聊城市东昌西路西首	0635—8389126
221	山东东元典当有限公司	聊城市经济开发区东昌东路177号当代国际广场核心商务区财智大厦24楼	13969569390
222	聊城正泰典当有限公司	聊城市茌平县建设路与枣乡街交会处	0635—2989899
223	聊城市鲁信典当有限责任公司	聊城市经济开发区黄山南路1号	13906351128
224	聊城市盛融典当有限公司	聊城市开发区东昌东路62号宝龙花园8号办公楼6楼	15965751566
225	山东鑫元典当有限责任公司	聊城经济开发区黄河路66号	13356350666
226	山东聚福典当有限公司	滨州市黄河五路497号	13906494210
227	山东财昌典当有限公司	滨州市经济技术开发区长江一路277号信达国际花园城二期12号楼103号商铺	15065228007
228	山东方舟典当有限公司	滨州市黄河五路543—6号	15854660958
229	滨州北海汇泰典当行有限公司	滨州市北海经济开发区富民路中段	0543--5071509
230	滨州诚帮典当有限公司	滨州市渤海三路509号	0543—3288388
231	滨州银成典当有限公司	滨州市黄河六路524号众成大厦	0543—3151369
232	滨州永泰典当有限公司	滨州市滨城区渤海八路520号	13563089386
233	惠民县汇丰典当有限公司	滨州市惠民县武定府路296号	13805437888
234	滨州市得瑞典当有限责任公司	滨州市阳信县阳城5路917号	13905430030
235	滨州市鑫桥典当有限责任公司	滨州市经济开发区黄河二路317号	0543—3801196
236	山东汇丰典当有限公司	滨州市博兴县乐安大街375号	15866667777
237	山东亿融典当有限公司	滨州市博兴县新城一路南首	13754677777
238	山东中通典当行有限公司	滨州市至尊门第新城广场花园44幢104号	18601056666
239	山东省博兴县济民典当有限责任公司	滨州市博兴县博城三路109号	0531—2300076
240	山东银泰典当有限公司	滨州市博兴县博城四路215号	15854388777
241	郓城县鹏博典当有限公司	菏泽市郓城县城东门街南段	0530—6933888
242	山东省鸿福典当有限责任公司	菏泽市曹县清江路康地君佳17号楼	15990951666
243	菏泽市牡丹典当有限责任公司	菏泽市中华路916号	0530—3968285
244	山东德嘉典当有限责任公司	菏泽市曹县清江路锦绣江南1001楼一单元203、204室	15335305222
245	山东华银典当有限公司	菏泽市郓城县万象世纪小区3—106	18853000535
246	山东金鼎典当有限公司	菏泽市人民路东盛公园1号B12—13号	13396415957
247	山东润海典当有限公司	菏泽市牡丹区中华西路2007号	17864053333
248	郓城聚源典当有限公司	菏泽市郓城县金河路东段路南	13675409999

山东省融资租赁公司概况

截至2019年末，在市场监管部门注册登记的名称中含有“融资租赁”字样的法人机构共1,184家；经商务部、国家税务总局批准设立的内资融资租赁公司共18家，其中济南10家（含省外迁入3家），青岛3家，潍坊2家，济宁1家，临沂2家。

2004年，商务部、国家税务总局下发了《关于从事融资租赁业务有关问题的通知》，启动了内资融资租赁试点业务。2004—2015年，商务部、国家税务总局共批准了13批试点公司。内资融资租赁公司设立采用注册资本实缴制，最低注册资本为1.7亿元。外商投资融资租赁公司不涉及外商投资准入特别管理措施（负面清单），适用《外商投资企业设立及变更备案管理办法》，在市以下商务主管部门进行设立及变更备案。

融资租赁公司监管权限由商务部门转隶至地方金融监管部门后，按照银保监会要求按时报送月报数据的机构共218家，2019年融资租赁资产总额为926.50亿元。

目前，融资租赁公司依据的《融资租赁企业监督管理办法》仅为规范性文件，效力层级低于法律和行政法规，许多内容也已落后于行业现状，难以适应融资租赁公司持续发展的需要，且《融资租赁企业监督管理办法》未设置准入门槛。大量机构在市场监管部门登记后不经业务许可或备案即违规开展业务；还有一些“失联”“空壳”“僵尸”企业，长期处于“休眠”状态、持“壳”待价而沽或者零业务，这些企业或沦为开展非法金融业务的载体和工具，容易滋生风险隐患；个别融资租赁公司的公司治理、内部控制和风险管理机制不健全，业务流程和操作不规范，存在超范围或违规经营等问题，或实际从事非法金融活动，给行业的健康发展带来一定隐患。

下一步，省地方金融监管局将在深入调查研究基础上，了解行业经营模式和业务流程，查找业务经营风险点，明确融资租赁公司监管范围、监管重点和监管方式。对在全省市场监管部门登记注册的名称中含有“融资租赁”字样的法人企业进行摸底规范，筛选出疑似“失联”“空壳”“僵尸”企业，对符合监管要求的予以公示，并及时纳入监管名单。

（朱 萍）

山东省商业保理公司概况

截至2019年末，在市场监管部门注册的名称中含有“商业保理”字样的法人机构共758家，较上年增加424家，注册资本达491.00亿元，其中，自然人独资、投资或控股公司共368家，自然人投资或控股的法人独资公司共135家，非自然人投资或控股的法人独资公司共111家，其他类型公司共144家，能按要求定期报送业务数据的公司共223家。

商业保理公司主要经营商业保理业务，同时还可经营客户资信调查与评估以及与商业保理相关的咨询服务。商业保理公司目前主要存在公司治理不完善，内部控制制度和风险管理体系不健全，业务开展不规范，防范化解各类风险能力差等风险隐患。

2019年10月22日，中国银保监会办公厅印发《关于加强商业保理企业监督管理的通知》（银保监办发〔2019〕205号），对商业保理企业提出了明确的监管要求：（1）受让同一债务人的应收账款，不得超过风险资产总额的50%；（2）受让以其关联企业为债务人的应收账款，不得超过风险资产总额的40%；（3）将逾期90天未收回或未实现的保理融资款纳入不良资产管理；（4）计提的风险准备金，不得低于融资保理业务期末余额的1%；（5）风险资产不得超过净资产的10倍。

下一步，省地方金融监管局将按照银保监会统一要求，做好辖内商业保理公司的分类处置工作，对符合监管要求的公司，在报银保监会审核后，分批次进行公示，纳入监管名单；对不符合监管要求的，做好督促整改和协调退出工作，加强公司的分类监管。

（赵海霞）

附表

山东省商业保理公司名录

序号	单位名称	单位地址	联系电话
1	山东鲁源商业保理有限公司	济南市高新区汉峪金谷A2—4—901室	0531—88817908
2	山东鲁鋆商业保理有限公司	济南市市中区阳光新路73号欧亚大观商都2层14号B2—15A05	13361071523
3	山东磐浩商业保理有限公司	济南市市中区济南绿地中心商务综合楼2109	13021718183
4	山东磐石启恒商业保理有限公司	济南市高新区龙奥北路909号龙奥国际广场2号楼1705—2	18560125050
5	国平商业保理有限公司	济南市市中区上新街74号5幢	18401210001
6	白果树商业保理（济南）有限公司	济南市高新区港兴三路北段济南药谷1号楼A座1812室	13775709098
7	国润商业保理有限公司	济南市市中区鸿景苑2号楼508室	15628929959
8	汉唐商业保理（山东）有限公司	济南市高新区贤文花园南区35号2—2101—05	15066127195
9	恒立新商业保理有限公司	济南市市中区经四路419号办公楼3楼369号	15665753111
10	恒亚汇金（济南）商业保理有限公司	济南市市中区乐山南区4号楼1幢460室	13021718183
11	宏屹国际商业保理有限公司	济南市高新区龙奥北路909号海信龙奥九号3号楼1004室	18953190005
12	虹美商业保理有限公司	济南市高新区新宇路750号5号楼2单元201—B2—121	18053135046
13	华邦商业保理（山东）有限公司	济南市高新区经十东路草山岭社区南普利广场2楼1室—37	13391651132
14	华坤国际商业保理有限公司	济南市市中区马鞍山路52号6号楼103	19942308702
15	集链商业保理有限公司	济南市高新区综合保税区空港功能区综合楼三层308—A2	13616542349
16	济南安泰商业保理有限公司	济南市高新区经十路6777号万科天泰金域国际花园2号楼2单元2701室	15665761585
17	济南傲辉商业保理有限公司	济南市市中区白马山南路23号世茂原山首府36号楼106房	13918312667
18	济南傲睿商业保理有限公司	济南市市中区白马山南路23号世茂原山首府36号楼104房	13918312667
19	济南傲视商业保理有限公司	济南市市中区白马山南路23号世茂原山首府36号楼105房	13918312667
20	济南傲信商业保理有限公司	济南市市中区白马山南路23号世茂原山首府36号楼102房	13918312667
21	济南必发商业保理有限公司	济南市市中区经四路419号办公楼3楼243号	13668121343
22	济南德润商业保理有限公司	济南市高新区经十东路草山岭社区南普利广场1007—4	18623335731
23	济南工银供链商业保理有限公司	济南市高新区综合保税区港兴三路北段1号济南药谷研发平台区1号楼B座373室	15621379366
24	济南广盈商业保理有限公司	济南市市中区经七路28—1号419室	13810622278
25	济南国信天亿商业保理有限公司	济南市市中区土屋路3—2号1号楼1—108—2室	15550865087
26	济南和信商业保理有限公司	济南市高新技术产业开发区遥墙街道机场路7617号411—1—23室	15998964323
27	济南恒鑫商业保理有限公司	济南市市中区济微路90号1号楼3层3126室	18201952530
28	济南弘福商业保理有限公司	济南市历下区经十路9777号鲁商国奥城2号楼1506室	15169162821
29	济南鸿行天下商业保理有限公司	济南市市中区贵都花园11号楼3单元102号	18513373687

续表1

序号	单位名称	单位地址	联系电话
30	济南鸿运商业保理有限公司	济南市高新区凤凰国际广场1号楼1313	18915258268
31	济南健卫商业保理有限公司	济南市高新区创新谷园区孵化器项目一期1层107—2房间	13501126909
32	济南金控商业保理有限公司	济南市历下区经十路12111号中润世纪中心2号楼11层	0531—80985818
33	济南金岚商业保理有限公司	济南市高新区综合保税区港兴三路北段1号济南药谷研发平台区1号楼B座372室	15305383611
34	济南玖耀商业保理有限公司	济南市高新区新宇路750号5号楼2单元401—B4—027	17860556233
35	济南聚兴商业保理有限公司	济南市高新区新泺大街1166号奥盛大厦1号楼12层1207室	15666665313
36	济南柯贝斯商业保理有限公司	济南市高新区工业南路55号未来城15号楼410	18397727227
37	济南坤景商业保理有限公司	济南市市中区阳光新路69号绿地泉景雅园商务大厦1511室	18653104291
38	济南每日优鲜商业保理有限公司	济南市历下区山大路242—2号607	13853108385
39	济南穆嘉商业保理有限公司	济南市市中区白马山南路23号世茂原山首府36号楼101房	15966609070
40	济南农银商业保理有限公司	济南市高新区济南创新谷一号孵化器主楼第八层Z—1—394室	13501126909
41	济南清源商业保理有限公司	济南市高新区会展西路88号1号楼1—1652	13506410701
42	济南润恒商业保理有限公司	济南市高新区新宇路西侧世纪财富中心B座30805室118号工位	18605760539
43	济南圣茂翔商业保理有限公司	济南市高新区经十路6777号万科天泰金域国际花园2号楼2单元2701室	15665761585
44	济南盛嘉商业保理有限公司	济南市高新区经十东路7000号汉峪金融商务中心A4—3—3103—34	13983644822
45	济南斯科瑞商业保理有限公司	济南市市中区贵都花园11号楼底层114室	15318855059
46	济南滕展商业保理有限公司	济南市市中区济微路90号1号3层3130室	13699256851
47	济南鑫诚商业保理有限公司	济南市高新区经十东路草山岭社区南普利广场1402室	13570011892
48	济南信德商业保理有限公司	济南市市中区经十一路55—1号174室	13920417611
49	济南迅龙商业保理有限公司	济南市高新区汉峪金谷A3—4号楼910室	15689735953
50	济南优链商业保理有限公司	济南市高新区经十路7000号汉峪金融商务中心A4—4号七层703X室	15376151590
51	济南正源商业保理有限公司	济南市槐荫区齐州路兴福佳苑小区商业配建楼211室	15998964323
52	济南智诚商业保理有限公司	济南市高新区济南综合保税区空港功能区综合四层404室A3	15321273626
53	济南智远圣商业保理有限公司	济南市高新区龙奥北路汉峪金谷A3区A3—1006室	0531—88188976
54	济南中天鼎弘商业保理有限公司	济南市市中区土屋路3—2号1号楼1—107—6室	18228334733
55	济南中拓商业保理有限公司	济南市高新区机场路1516号101—5	13287784304
56	济南资润商业保理有限公司	济南市槐荫区机车新村新区4号楼2单元1502	15158868655
57	锦隆商业保理有限公司	济南市高新区经十东路草山岭社区南普利广场1010—2室	13210023007
58	金海岸商业保理（济南）有限公司	济南市高新区新宇路西侧世纪财富中心AB座30801室120号工位	17860556233
59	玖伍商业保理有限公司	济南市历城区华信路3号鑫苑鑫中心7号楼历城金融大厦617—16号	18625591206
60	聚承（山东）商业保理有限公司	济南市天桥区堤口路南益名泉春晓西区A1—1310—15	13853136027

续表2

序号	单位名称	单位地址	联系电话
61	聚创国际商业保理有限公司	济南市经十路汉峪金融中心四区4号楼20层2001—3室	18801085102
62	聚焦场外商业保理（济南）有限公司	济南市高新区高新万达广场Y6号楼605室	15063343226
63	君创商业保理有限公司	济南市高新区经十路7000号汉峪金融中心三区5号楼2层201—1号	18953184212
64	坤尚商业保理有限公司	济南市高新区经十东路7000号汉峪金谷A4—3—613—11	13853144199
65	鲁鑫商业保理有限公司	济南市高新区经十路7000号汉峪金融中心四区3号楼8层804J室	18853371666
66	明天商业保理有限公司	济南市市中区望岳路1777号A4—1—1704	15666666711
67	农创商业保理有限公司	济南市历城区二环东路3966号东环国际广场1—1701—25	13761592602
68	普伦国际商业保理有限公司	济南市历下区东关大街5号中泰大厦615—A02	0531—8605912
69	齐鲁汇诚商业保理有限公司	济南市高新区舜华路2000号舜泰广场6号楼31层3107房间	0531—88819712
70	蔷薇商业保理（山东）有限公司	济南市市中区二环南路2666号鲁能国际中心28层2807	13869583993
71	山东丙信商业保理有限公司	济南市舜华路三庆世纪财富中心A2座12楼1204—46	18660423833
72	山东博华商业保理有限公司	济南市高新区济南综合保税区空港功能区综合楼三层302室A4席位	0531—88897607
73	山东超达商业保理有限公司	济南市市中区万寿路2号济南国际创新设计产业园A座2079室	13153102808
74	山东晨鸣商业保理有限公司	济南市高新区舜华路2000号舜泰广场2号楼35层3515	18105311712
75	山东诚通商业保理有限公司	济南市高新区龙奥北路909号龙奥国际广场2号楼1705—2	13608935555
76	山东椿晖商业保理有限公司	济南市历下区浆水泉西路28号高速花园小区十号楼1单元402—3室	15153100069
77	山东鼎茂商业保理有限公司	济南市长清区通发大道1399号创促大厦八楼819室	15910162237
78	山东东方锦诚商业保理有限公司	济南市市中区贵都花园11号楼3单元308号	18616755541
79	山东繁华商业保理有限公司	济南市市中区英雄山路147号祥泰广场3号楼617室	13776339024
80	山东福创商业保理有限公司	济南市历下区黄金时代广场F座1918室	18553132293
81	山东福汇商业保理有限公司	济南市市中区乐山南区4号1幢0228室	13021718183
82	山东高通商业保理有限公司	济南市高新区经十东路7000号汉峪金谷A5—2—3501室	13356660818
83	山东冠隆商业保理有限公司	济南市高新区贤文花园南区35号2—2101—02	13810092423
84	山东国富商业保理有限公司	济南市高新区凤凰路凤凰SOHO3栋1单元206室	18005321826
85	山东国瑞康富商业保理有限公司	济南市市中区贵都花园11号楼3单元108号	17091928306
86	山东华保商业保理有限公司	济南市龙奥北路909号龙奥九号1号楼503—4	13853177255
87	山东华杉商业保理有限公司	济南市市中区七里山办事处七里山南村469室	17333690960
88	山东华银天泽商业保理有限公司	济南市高新区海信慧园西区3号1—1802	18686065778
89	山东汇富商业保理有限公司	济南市高新区舜华路2000号舜泰广场1003室	18363075807
90	山东济满商业保理有限公司	济南市市中区泺源大街229号金龙大厦主楼十六楼十六L1601室	15066662783
91	山东今始商业保理有限公司	济南市市中区阳光舜城中七区水映丽山广场B1—3	13021718183
92	山东金糯米商业保理有限公司	济南市高新区舜华南路汉峪金谷A2—3号楼4层401—002k室	0531—83123333

续表3

序号	单位名称	单位地址	联系电话
93	山东九相湖商业保理有限公司	济南市高新区工业南路57—1号21层2107房间	18315787557
94	山东巨信商业保理有限公司	济南市济阳区济北街道黄河大街济北总部经济中心办公楼B座604	18505303597
95	山东富国五丰商业保理有限公司	济南市历下区旅游路21477号杰正岭寓广场3号楼602室	18669701027
96	山东朴素商业保理有限公司	济南市历城区辛祝路17号好兰朵大厦203—5	13391269012
97	山东普泰商业保理有限公司	济南市高新区万达写字楼J2栋1410室	18678857377
98	山东齐邦商业保理有限公司	济南市市中区顺河东街66号银座晶都国际广场2—2909	18605480877
99	山东齐信商业保理有限公司	济南市市中区鲁能领秀城贵和金街6号楼415室	13581870768
100	山东乾丰商业保理有限公司	济南市高新区经十东路7000号汉峪金谷A4—3—613—12号	18605316320
101	山东圈圈商业保理有限公司	济南市历下区二环东路7296号1楼102室	13287711256
102	山东融衡盛达商业保理有限公司	济南市市中区贵都花园11号楼3单元265号	15921062826
103	山东融通商业保理有限公司	济南市高新区港源二路528号1号楼3—501	15154141935
104	山东融信达商业保理有限公司	济南市高新区济南综合保税区空港功能区综合楼三层302室A3席位	0531—88897607
105	山东融域商业保理有限公司	济南市高新区综合保税区港兴三路北段1号济南药谷研发平台区1号楼B座367房间	13501126909
106	山东融源商业保理有限公司	济南市高新区舜华路舜泰广场9号楼1311	13501126909
107	山东如意商业保理有限公司	济南市经十路7000号汉峪金融中心A4—4栋3304—A室	18660701510
108	山东睿嘉然商业保理有限公司	济南市市中区福祥街1号楼109室	13261452285
109	山东世金商业保理有限公司	济南市高新区综合保税区空港功能区综合楼三层308—A8	13810666192
110	山东松柏商业保理有限公司	济南市高新区济南创新谷合新2025二区3号楼第一层2—3—2A14	18866883352
111	山东稣源春商业保理有限公司	济南市市中区乐山南区4号1幢495室	13606457888
112	山东祥鹏商业保理有限公司	济南市高新区经十路7000号汉峪金融商务中心二区3号楼2001	17854387057
113	山东祥颖商业保理有限公司	济南市高新区机场路1516号101—6	15715131616
114	山东鑫域商业保理有限公司	济南市高新区科创路1001—1号华昱商业街1—81号房	13181848789
115	山东屹诚商业保理有限公司	济南市高新区舜华路2000号舜泰广场6号楼27层CD区D6—2房间	13793138201
116	山东易通商业保理有限公司	济南市高新区新泺大街888号东三楼301室	0531—58686999
117	山东盈嘉商业保理有限公司	济南市高新区世纪大道15612号1号楼1—1709—8室	13261452285
118	山东盈禧商业保理有限公司	济南市市中区旅游路28666号国华东方美郡1区5号楼404—1	15098712100
119	山东丰茜商业保理有限公司	济南市历下区海尔绿城全运村商业项目ABC地块C—1号楼11层1103室	15705315588
120	山东岳尊商业保理有限公司	济南市历下区历山路74—1山东地矿大厦1303室	15866619969
121	山东运金商业保理有限公司	济南市济阳区济北开发区黄河大街17号总部经济中心办公楼648—1室	0531—85865801
122	山东择善商业保理有限公司	济南市经十路7000号汉峪金谷A4—4栋2—20202	18769785858
123	山东展润商业保理有限公司	济南市天桥区明湖西路1000号发祥福邸2号楼102商铺	18660845234

续表4

序号	单位名称	单位地址	联系电话
124	山东浙善众商业保理有限公司	济南市历下区经十路12111号中润世纪中心1号楼3001室	18678821799
125	山东正承商业保理有限公司	济南市高新区工业南路59号中铁财智中心3号楼907	18765310791
126	山东正弘商业保理有限公司	济南市市中区七里山办事处七里山南村468室	18110601301
127	山东智和商业保理有限公司	济南市高新区舜华路2000号舜泰广场1号楼B座（东区）3层309—25	18612267615
128	山东中和商业保理有限公司	济南市高新区舜华路2000号舜泰广场6号楼2601A—5区	0531—67809950
129	山东中亿信商业保理有限公司	济南市高新区世纪大道15612号1号楼1—1503—5室	18511179193
130	山东众邦商业保理有限公司	济南市历下区经十东路10567号成城大厦B座805室	18663365669
131	深度商业保理有限公司	济南市高新区经十路8000号龙奥金座3号楼201—7	13355000218
132	首科华辰商业保理有限公司	济南市槐荫区纬七路90号206室	13910193517
133	万晟商业保理有限公司	济南市高新区新泺大街2008号银荷大厦C座802—5	13927957773
134	威麟国际商业保理有限公司	济南市市中区贵都花园11号楼3单元213号	18765909686
135	新丝路商业保理有限公司	济南市高新区临港街道机场路2136号1—401—20	18953362777
136	信合商业保理（济南）有限公司	济南市市中区乐山南区4号1幢0225室	18958756812
137	炫橙商业保理有限公司	济南市天桥区水屯北路6号东方水岸小区2号楼9单元101室	13811380126
138	易兑通商业保理有限公司	济南市高新区康虹路1588号贤文花园2号楼1单元503	18603002723
139	沅嘉商业保理（济南）有限公司	济南市高新区经十东路草山岭社区南普利广场1007—3室	13210023007
140	远达商业保理有限公司	济南市高新区经十东路7000号汉峪金谷A4—3—613—16	13533258504
141	远雄国际商业保理有限公司	济南市高新区经十路7000号汉峪金谷A2—4—2203—8室	15662642018
142	正平商业保理有限公司	济南市高新区天辰路979号办公楼南区212室	13325132813
143	中宝商业保理（山东）有限公司	济南市历城区二环东路3966号东环国际广场1—1701—23	13329333218
144	中璨商业保理有限公司	济南市历下区经十路9777号鲁商国奥城2号楼22层2211室	0531—62331288
145	中驰商业保理有限公司	济南市高新区经十路7000号汉峪金谷A2—4—2203—6室	15662642018
146	中创金投商业保理（济南）有限公司	济南市高新区世纪大道15612号1号楼1—1311	13813951605
147	中霏商业保理有限公司	济南市市中区顺河东街66号银座晶都国际二楼商铺212号	15851204535
148	中昊商业保理（山东）有限公司	济南市高新区经十东路草山岭社区南普利广场2楼1室—38	18668239818
149	中宏瑞信商业保理（济南）有限公司	济南市市中区乐山南区4号1幢0221室	13505391611
150	中汇财商（济南）商业保理有限公司	济南市高新区港兴三路1号济南药谷研发平台区1号楼B座380室	13611286489
151	中开企信商业保理（济南）有限公司	济南市高新区综合保税区空港功能区综合楼三层308—A3	13718881513
152	中鼐商业保理有限公司	济南市高新区齐盛广场6号楼1单元907室	15960826939
153	中朋商业保理（山东）有限公司	济南市历城区二环东路3966号东环国际广场1—1701—23	13132572013
154	中商汇通商业保理（济南）有限公司	济南市高新区综合保税区空港功能区综合楼三层308—A6	18622575209

续表5

序号	单位名称	单位地址	联系电话
155	中穗商业保理有限公司	济南市高新区新泺大街786号601—611房间	13705316993
156	中泰恒信商业保理有限公司	济南市济阳县济北开发区17号总部经济中心办公楼598室	18101311912
157	中唐国际商业保理有限公司	济南市高新区工业南路59号中铁财智中心4号楼907—5	13488884538
158	中银日昇商业保理（山东）有限公司	济南市槐荫区齐州路2999号绿地中央广场A座2001室	0531—80992785
159	中岳伟业商业保理有限公司	济南市历城区华信路3号鑫苑鑫中心7号楼历城金融大厦617—13号	15865322201
160	中政企商业保理（山东）有限公司	济南市高新区经十路7000号汉峪金融商务中心A4—4号七层703F室	15668109998
161	卓进国际商业保理有限公司	济南市历下区经十东路10567号成城大厦B座806室	13256788988
162	保富（青岛）商业保理有限公司	青岛市市南区香港中路50号3层305室	18832160823
163	鲁宁商业保理有限公司	青岛市市南区大尧三路32号乙511室	18769369617
164	青岛澳柯玛信诚商业保理有限公司	青岛市崂山区株洲路183号2号楼302室	0532—88706698
165	青岛宝利来商业保理有限公司	青岛市市北区通榆路46号—886室	13573998999
166	青岛诚源商业保理有限公司	青岛市黄岛区黄浦江路57号706室	13808973317
167	青岛地铁商业保理有限公司	青岛市市北区常宁路6号1508室	0532—58627005
168	青岛歌尔商业保理有限公司	青岛市崂山区松岭路396号107室	0532—3050370
169	青岛桂信达商业保理有限公司	青岛市崂山区苗岭路15号青岛金融中心大厦2312室	0532—83950790
170	青岛海融汇商业保理有限公司	青岛市崂山区海尔路178—2号楼裕龙国际中心1207	15762555668
171	青岛海信商业保理有限公司	青岛市崂山区松岭路399号	0532—80878229
172	青岛华商汇通商业保理有限公司	青岛市市南区香港中路59号36层2号	15610018711
173	青岛汇融通商业保理有限公司	青岛市市北区辽源路279号—425号	13601208997
174	青岛建信商业保理有限公司	青岛市市北区山东路168号时代国际广场11楼	0532—55695278
175	青岛融金商业保理有限公司	青岛市李沧区宾川路90号2号楼—10	18678914521
176	青岛如意商业保理有限公司	青岛市崂山区香港东路195号上实中心3号楼1701—1706	18653121111
177	青岛睿融商业保理有限公司	青岛市即墨市潮海办事处黄河三路6号	18756985617
178	青岛闪收付商业保理有限公司	青岛市高新区华中路66号基金谷1号楼202—6室	0532—68066300
179	青岛西发商业保理有限公司	青岛市长白山路888号九鼎峰大厦203—12室	18653209907
180	青岛西海岸民联商业保理有限公司	青岛市黄岛区庐山路6号	13705426387
181	青岛星联商业保理有限公司	青岛市市北区商水路16—26号	18660226931
182	青岛宜信商业保理有限公司	青岛市黄岛区长白山路888号九鼎峰大厦201—J室	13678843958
183	青岛中天恒商业保理有限公司	青岛市崂山区深圳路169号中创大厦10层801	18678996357
184	山东豪迈贸通商业保理有限公司	青岛市保税港区莫斯科路40号办公楼306室（A）	13791627908
185	山东金源商业保理有限公司	青岛市保税港区汉城路1号五楼厂房506—13（B）	18019165221
186	万吉领盛商业保理有限公司	青岛市崂山区株洲路177号二号楼317室	15275252586
187	新华锦集团山东锦鑫商业保理有限公司	青岛市市北区延吉路80号	0532—85873262 13808993060
188	薪融保商业保理有限公司	青岛市崂山区香山路12号1单元1501	18962146996
189	煜丰商业保理有限公司	淄博市张店区华光路88号邮银大厦1002室	18678216008
190	山东万合商业保理有限公司	淄博市高新区鲁泰大道51号高分子创新园A座20层2013—2	18678162111
191	融创商业保理（山东）有限公司	淄博市高新区鲁泰大道51号高分子创新园A座2001—11	18653312081

续表6

序号	单位名称	单位地址	联系电话
192	山东安澜商业保理有限公司	淄博市高新区柳泉路汇金大厦一号楼403	18553359997
193	烟台瑞茂通商业保理有限公司	烟台市牟平区安德利街18号	18037336606
194	道恩商业保理（烟台）有限公司	烟台市莱山区观海路71号	15288760671
195	山东昭德商业保理有限公司	潍坊市寒亭区北海路2998号潍坊总部基地一期工程东区8号楼1—308	13210687059
196	凯云商业保理有限公司	潍坊市奎文区民生东街1070号恒易宝莲金融中心宝莲大厦2—2201—2	18611301263
197	腾熠商业保理有限公司	潍坊市奎文区民生东街1070号恒易宝莲金融中心宝莲大厦2—2201—2	18606386800
198	潍坊黑石商业保理有限公司	潍坊市潍城区健康街与青年路交叉口西北角润扬新城1号楼301	18553687233
199	伟奥（山东）商业保理有限公司	潍坊市奎文区健康东街13600号世博国际商务大厦2301	13853136027
200	欣隆商业保理有限公司	潍坊市奎文区民生东街1070号恒易宝莲金融中心宝莲大厦2—2201—2	15711996258
201	普誉商业保理有限公司	潍坊市奎文区民生东街1070号恒易宝莲金融中心宝莲大厦2—2201—2	13548063280
202	华诺国际商业保理有限公司	潍坊市奎文区民生东街1070号恒易宝莲金融中心宝莲大厦2—2201—2（由黑蜘蛛（潍坊）商务秘书有限公司托管）	15754321387
203	金源鼎信商业保理有限公司	潍坊市奎文区民生东街1070号恒易宝莲金融中心宝莲大厦2—2201—2（由黑蜘蛛（潍坊）商务秘书公司托管）	15754321387
204	山东高创商业保理有限公司	潍坊市高新区新城街道清新社区东风东街4899号9栋911房间	18505360681
205	京安商业保理有限公司	潍坊市奎文区民生东街1070号恒易宝莲金融中心宝莲大厦B座2201—2	15754321387
206	山东聘信银河商业保理有限公司	潍坊市诸城市万兴路7号	0536—6323368
207	笃信如银商业保理有限公司	潍坊市奎文区民生东街1070号恒易宝莲金融中心宝莲大厦2—2201—2（由黑蜘蛛9（潍坊）商务秘书有限公司托管）	15754321387
208	承宇商业保理有限公司	潍坊市奎文区民生东街1070号恒易宝莲金融中心宝莲大厦2—2202	18053505251
209	邹鲁商业保理有限公司	济宁市邹城市金山大道666号	15375290377
210	济宁城投经达商业保理有限公司	济宁市高新区海川路9号产学研基地C1楼201室	15069730789
211	东方圣城商业保理有限公司	济宁市高新区就业促进及科技推广中心T3号楼404、406、407室	0537—5666106
212	瑞恒国际商业保理有限公司	泰安市泰山区御碑楼路6号龙泽花苑3幢5号房	15305383611
213	泰安市国泰金链商业保理有限公司	泰安市普照小区81号楼综合楼3号楼	0538—8970072
214	云金国际商业保理有限公司	泰安市泰山区御碑楼路6号龙泽花苑3幢5号房	15305383611
215	鑫脉国际商业保理有限公司	泰安市泰山区御碑楼路6号龙泽花苑3幢5号房	15305383611
216	山东华兴商业保理有限公司	泰安市高新区龙泉步行街A区2号	13290122345
217	鲁保商业保理有限公司	泰安新泰市东周路以东，青龙路以北1幢	17515271205
218	国美商业保理有限公司	日照市莒县碁山镇天宝村（天宝社区）	0633—6668702
219	日照海川锦汇商业保理有限公司	日照市东港区秦楼街道烟台路7号6楼	18906332968

续表7

序号	单位名称	单位地址	联系电话
220	日照市财金商业保理有限公司	日照市东港区海曲东路396号日照国际财富中心	0633—2956085
221	山东融邦商业保理有限公司	聊城市湖南路中段西安交大科技园5号楼12层A3室	18906353229
222	山东聚众商业保理有限公司	菏泽市中华西路2059号菏泽高新区管委会办公楼六楼东侧	0530—3177999
223	山东仁爱商业保理有限公司	菏泽市曹县山东路南段路西（育博小学西邻住宅楼）	15921917592

山东省地方资产管理公司概况

目前，山东省共有3家地方资产管理公司经中国银保监会公布具备金融企业不良资产批量收购与处置业务经营资质，分别为山东省金融资产管理股份有限公司、泰合资产管理有限公司和青岛市资产管理有限责任公司。

一、地方资产管理公司基本情况

（一）山东省金融资产管理股份有限公司

山东省金融资产管理股份有限公司（简称山东金融资产）成立于2014年12月，注册地为山东省济南市，由山东省人民政府批准设立，2015年7月经中国银监会公布具备本省范围内金融企业不良资产批量收购与处置业务经营资质。

截至2019年末，公司总股本为366.39亿股，其中山东省鲁信投资控股集团有限公司持股296.49亿股，占80.92%，山东省财政厅和济南财金投资有限公司各持股10.00亿股，各占2.73%，山东省社会保障基金理事会和山东省国际信托股份有限公司各持股5.00亿股，各占1.36%，中油资产管理有限公司和烟台信贞添盈股权投资中心（有限合伙）各持股4.00亿股，各占1.09%，幸福人寿保险股份有限公司、青岛城市建设投资（集团）有限责任公司和山东国泰实业有限公司各持股3.20亿股，各占0.87%。公司下设资产一部、资产二部、资产三部、资产四部、财务部、资金运作部、综合管理部、法律合规部、风险审核部等多个部门，并于山东省境内设有多家分支机构，现有员工118人。

（二）泰合资产管理有限公司

泰合资产管理有限公司（简称泰合资产）成立于2017年1月，注册地为山东省济南市，经山东省人民政府批准设立，并于2017年4月获得中国银监会公布具备本省范围内金融企业不良资产批量收购与处置业务经营资质。

泰合资产注册资本为100.00亿元，其中中国民生投资股份有限公司出资46.00亿元，占46.00%，山东省国有资产投资控股有限公司出资25.00亿元，占25.00%，山东发展投资控股集团有限公司出资15亿元，占15.00%，山东东岳高分子材料有限公司出资6.00亿元，占6.00%，万通海欣控股股份有限公司出资4.00亿元，占4.00%，华鑫通国际招商集团股份有限公司出资4.00亿元，占4.00%。公司设有风险管理部、综合财务部、资产管理部业务一部、资产管理部业务二部、资产管理部业务三部、资产管理部业务四部6个部门，现有员工22人。

（三）青岛市资产管理有限责任公司

青岛市资产管理有限责任公司（简称青岛资产）成立于2015年9月，注册地为山东青岛，由青岛市政府批准设立，并于2016年2月获得中国银监会公布具备青岛市范围内金融企业不良资产批量收购与处置业务经营资质。

公司注册资本为30.00亿元，其中青岛国际投资有限公司出资10.00亿元，占33.33%，招商证券投资有限公司出资9.00亿元，占30.00%，青岛港（集团）有限公司出资6.00亿元，占20.00%，青岛地铁金融控股有限公司出资5.00亿元，占16.67%。青岛资产设有资产经营部、资本运营部、投资银行部、保理业务部、法律合规部、风险管理部、内部审计部、财务管理部、综合管理部等多个部门，现有员工49人。

二、主要业务

地方资产管理公司的主要业务为不良资产收购与处置，围绕“聚焦不良资产主业，化解地方金融风险”，对不良资产收购与处置模式积极开展了一系列探索与创新，帮助省内银行业金融机构有效降低经营风险，盘活信贷资源，对省内经营困难企业进行债务重组、削减债务负担，提高企业发展质量、降低杠杆风险，较好地发挥了供给侧结构性改革“助推器”、地方金融风险“稳定器”、实体经济血脉“疏通器”的作用。同时，为了更好地服务实体经济，地方资产管理公司还积极布局构建供应链金融、资产管理、股权投资、特殊机遇投资等多种综合性金融服务业务。

2019年度，3家地方资产管理公司共计收购不良资产债权账面值1，799.06亿元，收购不良资产投放资金922.64亿元，年度累计处置不良资产账面值450.34亿元，处置不良资产收回资金242.74亿元，存量不良资产账面值为1，931.66亿元，存量不良资产投资余额为927.51亿元。

三、风险状况

地方资产管理公司作为处置不良资产的专业机构，与其他金融机构相比，存在一定的经营性风险。从前期调度了解的情况来看，当前山东省不良资产处置的市场需求较为旺盛，地方资产管理公司不良资产收购业务量快速增长，对公司流动性和资产负债情况提出了更高的要求。

四、主要监管政策

目前，针对地方资产管理公司出台的监管政策主要有：

（1）《山东省金融工作办公室关于印发〈山东省地方资产管理公司监管暂行办法〉的通知》（鲁金办字〔2016〕152号）。

（2）《中国银保监会办公厅关于加强地方资产管理公司监督管理工作的通知》（银保监办发〔2019〕153号）。

（3）《山东省地方金融监督管理局关于转发〈中国银保监会办公厅关于加强地方资产管理公司监督管理工作的通知〉的通知》（鲁金监字〔2019〕206号）。

五、下一步工作打算

2020年，山东省地方金融监管局将深入贯彻落实省委省政府决策部署，指导各资产管理公司充分发挥专业优势，按照“相对集中，突出主业”的原则，坚守不良资产收购处置主营业务，发挥不良资产处置市场主体作用，提升不良资产处置效率和效果。通过非现场监管和现场检查相结合的方式，督促地方资产管理公司进一步落实稳健经营原则，推动行业长期规范健康发展。同时，山东省地方金融监管局也将进一步加强对资产管理公司的沟通协调工作，及时反映其经营发展中面临的困难和问题，帮助协调争取有关扶持政策，为资产管理公司规范稳健可持续发展，创造良好环境。

（岳晓光）

附表1

山东省地方资产管理公司主要业务指标

单位：亿元

项目	2015年	2016年	2017年	2018年	2019年	2019年同比增幅（%）
合计注册资本	30.30	131.10	231.10	231.10	496.39	114.79
资产总额	94.27	301.80	426.89	519.05	1,733.93	234.06
营业收入总额	1.13	7.90	17.75	30.43	30.88	1.46
投放资金总额	121.94	78.79	123.23	120.22	922.64	667.48
收购不良资产账面债权总额	488.32	225.94	363.53	305.74	1,799.06	488.43
年末不良资产账面债权余额	438.24	473.45	504.98	543.83	1,931.66	255.20

附表2

山东省地方资产管理公司名录

序号	单位名称	单位地址	单位电话
1	山东省金融资产管理股份有限公司	济南市高新区龙奥北路1577号阳光金融中心	0531—67776280
2	泰合资产管理有限公司	济南市历下区龙奥西路1号银丰财富广场B座1403	0531—81281239
3	青岛市资产管理有限责任公司	青岛市海尔路65号招商银行财富大厦22—23层	0532—83260797

第十部分

区域性金融运行报告

济南市①

【经济金融概况】 2019年，济南市坚持以习近平新时代中国特色社会主义思想为指导，围绕实体经济发展和新旧动能转换，聚焦推进“1+474”工作体系，经济运行呈现总体平稳、量质齐升态势，高质量发展成效明显。全年实现地区生产总值9,443.40亿元，同比增长7.00%。其中第一产业增加值为343.10亿元，增长1.30%，第二产业增加值为3,265.20亿元，增长7.80%，第三产业增加值为5,835.09亿元，增长7.00%。人均地区生产总值为106,416.00元。金融业实现增加值839.64亿元，增长7.4%。金融存贷款规模持续扩大，年末金融机构本外币各项存款余额为18,646.10亿元，增长4.00%；金融机构本外币各项贷款余额为18,768.70亿元，增长13.60%；金融机构本外币存贷款余额总量均居全省第一位。

【货币政策】 2019年，人民银行济南分行营业管理部畅通稳健货币政策传导机制，提升金融服务实体经济质量和效率，助力济南市经济可持续发展。一是强化货币政策工具引导作用，加大金融支持地方经济发展力度。全年累计为辖内中小法人机构办理支小支农再贷款、再贴现115.00亿元。2019年先后7次下调存款准备金率，释放可用信贷资金107.01亿元。二是加强逆周期调节和结构性调控。强化窗口指导，组织召开全市优化信贷结构座谈会，发放信贷结构优化提示书，引导金融机构加大对实体经济重点领域和薄弱环节的支持力度。组织辖区内27家金融机构参加宏观审慎评估，对评估结果为C的下发提示函。督促金融机构落实差别化住房信贷调控要求，合理把控个人住房贷款投放节奏。三是强化利率监督指导。指导督促法人金融机构加快LPR改革落地实施，降低实体经济融资成本。四是实现信贷、财政和产业政策“几家抬”，助力民营、小微企业发展。联合市财政局等4部门启动“民营和小微企业首贷培植行动”。2019年累计培植企业2,575家，首贷企业2,015家，首贷成功率达78.30%；累计贷款40.80亿元，贷款平均利率为5.67%，低于同期全市小微企业加权平均利率0.90个百分点。五是创新增加乡村振兴金融供给，巩固金融精准扶贫成果。推进金融支持特色农业“一县一品”创建活动。截至2019年末，全市“一县一品”信贷余额为2.02亿元，同比增长14.90%。加强金融精准扶贫精细化管理。截至2019年末，对符合条件的建档立卡贫困户、扶贫经营主体累计发放贷款13.62亿元，覆盖贫困户4,746户，帮扶贫困人口1.17万人。六是全面介入新旧动能转换重大工程，推进项目落地落实。组织召开济南市“金融支持新旧动能转换暨重点项目推介大会”，引导金融机构加大对新旧动能转换项目支持力度。全年运用“山东省企业融资服务网络系统”发布企业和重点项目融资需求信息394条、融资需求金额2,283.30亿元。七是推动科技金融加快发展，实现绿色金融新突破。在全省率先开展“科技金融信贷政策导向效果评估”。引导金融机构创新推出“节能贷”“惠农光伏贷”等信贷产品，支持绿色企业发展。

【金融市场】 2019年，人民银行济南分行营业管理部在引导融资多元化发展、全面做好风险防控的同时，助力实体经济发展。全年推动辖内符合条件的25户重点企业及时在银行间市场发行短期融资券、中期票据和定向债务融资工具，实现直接融资1,561.10亿元，占山东省发行总量的50.88%，涵盖能源、交通、制造和商贸等行业；济南市法人金融机构通过银行间市场获取融资586.40亿元，涵盖绿色金融债、二级资本债、同业存单等多个品种。其中，齐鲁银行成功发行30.00亿元绿色金融债券、20.00亿元二级资本债券，实现服务实体经济能力的进一步提升。

【金融稳定】 2019年，人民银行济南分行营业管理部发挥省会城市央行和分行窗口优势，预防与化解并重，坚决把控不发生系统性金融风险的底线。一是稳步推进防控化解区域金融风险。制定《防控化解区域金融风险攻坚行动2019年目标任务项目清单》，对重点工作、重点环节和重点问题进行量化。风险分析报告先后4次被济南市委市政府主要领导批示。二是强化重点领域风险排查处置。强化金融机构重大事项报告管理，全年共处理重大事项报告1,000余件。三是扎实做好央行金融机构评级工作。推进辖区26家法人金融机构评级工作，并将评级结果用于日常监测。四是深入推进存款保险制度实施。认真执行差别费率，辖区14家投保机构按时足额交纳保费。建立投保机构费率核定事项报告机制。组织济南市14家法人金融机构及4家支行开展存款保险信息系统第三轮测试及运行上线工作。加强对重点关注机构的风险监测和跟踪评估。

【金融监管】 2019年，人民银行济南分行营业管理部依法加强金融管理。一是扎实推进法治央行建设。全年组织开展执法检查9项，依法实施处罚121.00万元。依法规范开展信访、举报、12345投诉处理，全年共处理各类诉讼、投诉等事项400余件。二是有效开展金融消费权益保护。健全投诉纠纷处理解决机制，全年共受理投诉456笔，投诉办结率为100.00%。加大虚假违法金融广告监测处置力度，全年共处置违规广告线索32条。三是切实增强反洗钱监管合力。全年向公安机关移交线索27条，立案5起。深入开展扫黑除恶专项斗争，选派业务骨干参加国务院扫黑除恶专项督导组，向公安机关移交涉黑涉恶资金监测线索8条，配合侦办2起重大涉黑涉恶案件。

【外汇管理】 2019年，济南市稳步推进跨境人民币业务发展，不断提高人民币使用量。以“人民币跨境使用十周年”系列宣传活动为契机，组织辖区各银行业金融机构开展形式多样的业务宣传和产品推介活动；对接山东自贸区济南片区发展，推动27家银行在自贸区设立分支机构，提出支持自贸区发展的8条建议获得山东省委书记刘家义、副省长刘强批示。截至2019年末，济南市跨境人民币收付额为492.50亿元，同比增长32.00%，覆盖境外87个国家和地区；累计为22家企业办理了全口径跨境融资业务，人民币跨境融资金额为40.30亿元，同比增长130.00%；跨境人民币资金池业务结算额达55.20亿元，同比增长380.00%。

【金融服务】 2019年，人民银行济南分行营业管理部金融服务、管理两手抓，助力打造济南市金牌营商环境。一是全面推进金融“放管服”和“一次办好”改革。制定辖区“放管服”和“一次办好”改革目标任务清单，提出10个方面目标任务、15项工作措施。全面完成取消企业银行账户许可工作，推动48家银行开通电子渠道和电话开户预约、设立小微企业开户绿色通道，实现“线上预约+线下受理”、开户免填单，全方位提升民营、小微企业开户效率。二是强化支付结算管理服务，切实提高支付便利化。保障新旧动能转换先行区、自贸区及农村地区银行支付系统接入；对县域社保、医保单位赋码，解决企业社保、医保缴费难题；推广网上支付跨行清算系统“手机号码支付”功能，业务量居全省第一；联合市公交公司开展“5折乘车”等支付便民活动；协调市卫健委创新推出济南市金融与卫生系统互联互通暨电子健康卡项目，获总行批复试点上线运行。三是高效履行经理国库职能。开通出口退税、小微企业普惠性退税“绿色通道”；在全省率先全面实现非税收入无纸化缴库；顺利完成济南新旧动能转换先行区国库新设工作。四是提升征信管理服务效率。进一步优化征信查询服务，自助查询网点布点入选2019年“济南市文明城市建设百件实事”，网点总数居全省第一。全年累计查询个人信用报告39.40万人次、企业信用报告1.60万户次，同比分别增长30.50%和21.00%。五是不断提升人民币管理服务水平。科学调拨发行基金、有序组织残损人民币回收，较好地实现了辖区人民币流通“总量满足、结构合理、票面整洁、群众放心”的目标。及时受理解决人民币相关投诉127件。举办反假货币暨反假机具设备培训班，组织近千家县域金融机构网点、助农取款点滚动播放人民币防伪宣传片，提升反假币工作质效。六是准确规范开展金融统计服务。全面贯彻2019年各项统计制度，督导金融机构做好资管产品统计制度落地，被人民银行总行选为房地产融资规模专项统计试点城市之一。

注：

①本文所述不含莱芜区与钢城区。

（刘春波、徐晓燕）

济南市莱芜区和钢城区①

【经济金融概况】 2019年，人民银行莱芜市中心支行在人民银行济南分行和市委市政府的正确领导下，认真贯彻稳健货币政策，引导辖区银行机构加大信贷投放、优化信贷结构、改善金融服务，金融业运行总体平稳，为辖区民营及小微企业、新旧动能转换、乡村振兴等营造了良好的货币金融环境。社会融资规模增长迅速。据初步核算，2019年辖区社会融资规模增量为163.40亿元，同比多增120.02亿元，增量创历史新高。各项存贷款增势平稳。截至2019年末，辖区金融机构本外币各项贷款余额为920.99亿元，较年初增加91.09亿元，增长10.98%；本外币各项存款余额为1,040.58亿元，较年初增加4.96亿元，增长0.48%，同比少增74.78亿元。

【货币政策】 2019年，人民银行莱芜市中心支行积极疏通货币政策传导渠道，金融支持实体经济力度进一步加大。深入开展民营、小微企业首贷培植行动，培植企业158家，合计发放首贷4.29亿元，相关做法被《金融时报》报道。积极做好法人金融机构综合授信工作，申请授信额度61.94亿元，同比增加6.04亿元。发挥央行资金结构性引导作用，累计发放支农支小再贷款和再贴现资金45.24亿元，同比增加10.48亿元，年累计投放额创历年新高，带动辖区金融机构发放民营、小微和涉农企业信贷资金超100.00亿元。加大“山东省企业融资服务网络平台”推广力度；截至2019年末，累计推介企业融资需求524条，涉及融资金额

40.28亿元，新增授信21.02亿元。深化金融服务乡村振兴，引导金融机构创新推出“特色产业贷”产品11个，累计放贷7,500余万元，惠及农户超1,000余户。加大“央行资金产业扶贫贷”推广力度。截至2019年末，辖区已建立包括21个项目、融资需求合计2,715.00万元的项目储备库，累计发放相关贷款2,705.00万元。推动法人金融机构运用贷款市场报价利率定价，加强利率定价自律管理。2019年辖区一般贷款加权平均利率为5.52%，在省内处于较低水平，有效节约了企业融资成本。支持2家法人金融机构发行同业存单406.50亿元、大额存单171.58亿元，服务地方经济发展能力进一步增强。

【金融市场】 2019年，人民银行莱芜市中心支行辖区直接融资额较年初增加23.29亿元，较同期大幅增加47.95亿元。其中，莱钢集团成功发行两期公司债，累计募集资金36.00亿元；莱芜城市发展集团有限公司发行两期定向融资工具，募集资金5.00亿元；莱钢集团和莱芜民生实业有限公司各发行一期私募债，累计募集资金9.00亿元；朗进科技（300594.SZ）6月在深圳证券交易所成功上市，实现融资4.23亿元。

【金融稳定】 完善风险防控机制，金融稳定工作效能进一步增强。不良贷款率继续保持全省较低水平。截至12月末，辖区不良贷款余额为15.16亿元，不良贷款率为1.65%，较年初下降0.01个百分点。重点企业风险基本化解，重点机构央行评级维持在5级以上。

完善风险监测机制。一是构建网格化风险监测工作框架。印发《关于建立金融风险网格化监测框架 推进重大金融风险攻坚的意见》，建立市级机构风险监测网格站13个、乡镇网格站7个、农村风险网格站30个，覆盖行政村116个，形成三级矩阵式监测网格，初步实现监测全覆盖基础上的精准监测。二是完善大稳定工作机制。统筹11个职能部门建立季度风险攻坚联席会议制度，发挥央行评级、MPA评估、金融机构综合评价和各专业风险监测合力，一盘棋推进重点风险攻坚。

加强央行评级和存款保险工作。一是严密评级流程。实施重点访谈工作法，强化对法人机构风险指标的动态监测，做好监测、预警联动，稳妥管控风险苗头，实现对法人机构风险状况的全面、客观评价。做好现场和非现场评级工作，对一家法人银行实行红线调整。扩大评级结果运用，约谈相关机构8次，通报并部署整改工作。二是加大存款保险责任落实力度。落实存款保险专员制度，参加法人机构重要会议以及开展现场评级、走访、约谈共20次。三是加强存款保险宣传。开展集中宣传月、“五进”宣传等活动，成立宣讲团，组织举办知识讲座，初步建立了“人民银行—宣讲团—投保机构—社会公众”的存款保险知识传导链条。

【金融监管】 加大执法检查力度，统筹制订执法检查计划，2019年，人民银行莱芜市中心支行组织9个专业科室对2家金融机构实施综合执法检查，对6家金融机构实施专项执法检查；严格行政处罚法律审核，对1家金融机构实施单位处罚，对2家金融机构实施单位、个人双罚，维护了法律权威。

【外汇管理】 深入开展“外汇服务进万企”活动，组织到80家企业宣讲政策，帮助企业解决实际问题41个；督导金融机构实地走访企业300家，到61家企业现场宣讲外汇政策。推进“出口应收账款池”业务，实现“四扩一降”，助力解决小微企业融资难融资贵问题。截至2019年末，莱商银行办理融资业务折1,891.00万美元，受惠企业扩大至8家；莱芜农商行为3家企业成功办理融资1,300.00万元，利率较一般贷款利率下降30%以上，相关经验做法被《金融时报》报道。加大对企业的支持力度，指导5家企业资本金流入1,027.94万美元，对1家企业拟境外发行3.00亿美元外债提供政策指导，为2家企业办理2,200.00万美元外债注销。加强外汇业务监管，对8家企业开展现场核查，对3家金融机构实施执法核查，对1家企业和1家金融机构的外汇违规行为立案查处。加强跨境人民币政策宣传，积极参与“人民币跨境使用十周年”系列活动，大力普及相关政策知识。

【金融服务】 深化金融“放管服”改革，金融服务和管理质效进一步提升。人民银行莱芜市中心支行党委积极践行“金融为民”理念，围绕金融“放管服”改革，创新打造多项亮点，有力促进了金融服务质量和金融管理效率的提升。

优化辖区金融服务环境。深化山东省助农取款服务点分类管理试点工作，全国首创“包村制”收效明显，综合支付服务点占比提前1年完成分行设定目标，相关做法被分行《送阅信息》采用，获分行领导批示，并在全省推广。顺利完成取消企业账户许可工作，基本户、临时户开户时间缩短2个工作日。移动支付便民工程建设取得积极进展，合计有1,200余辆公交车受理云闪付业务。深入开展金融机具及金融服务企业标准“领跑者”活动。莱商银行成功入选全国2019年度企业标准“领跑者”榜单。在全省率先建立综合可视化集中运维平台，获分行领导批示肯定。创建茶业口镇现金服务示范区，将大小面额兑换、残损币兑换和真假币鉴定业务延伸到服务点，实现现金服务“四下乡”。顺利完成2019年新版人民币发行工作。落实小微企业普惠性税收减免政策，集中办理减免退库业务7,074笔。创建“影像、声音、页面”“三位一体”反洗钱宣传模式，1项宣传获山东省反洗钱集中宣传活动展示项目一等奖。

推进跨境人民币结算工作。积极参与山东省“人民币跨境使用十周年”系列活动，1篇征文获人民银行系统类一等奖第一名，1个案例获评优秀案例，1名同志被评为山东省“跨境人民币工作突出贡献个人”。加强跨境人民币政策普及，促进提高跨境人民币政策社会认知度。2019年，辖区跨境人民币结算同比增长45.55%，高于全省平均水平11.44个百分点，增幅居全省前列；涉外收支占比为23.69%，高于全省平均水平8.74个百分点。

注：

①本文所述为原莱芜市辖区。

（朱风华、吕 华）

附表1

济南市主要金融指标1

单位：亿元

地区		银行类							
		本外币存款余额	住户存款	非金融企业存款	本外币贷款余额	第一产业贷款	第二产业贷款	第三产业贷款	个人贷款及透支
平阴县	2019年	242.50	154.60	54.40	165.50	1.05	30.67	54.61	56.51
	同比增幅（%）	12.11	13.95	41.01	19.75	2,000.00	-1.70	30.99	16.54
商河县	2019年	226.00	167.10	29.00	136.50	0.66	11.44	26.55	88.08
	同比增幅（%）	11.95	15.98	3.98	10.65	0.00	14.51	1.34	12.45
济南市	2019年	18,646.09	6,497.00	7,706.79	18,768.74	40.99	4,083.38	8,014.55	4,704.10
	同比增幅（%）	3.05	13.98	3.47	11.15	18.21	1.28	14.06	18.72

附表2

济南市主要金融指标2

单位：亿元

地区		保险类		证券类		
		保险公司保费收入	保险公司赔款和给付支出	证券市场成交总额	投资者保证金余额	投资者开户数（万户）
平阴县	2019年	2.63	0.75	57.19	0.14	0.03
	同比增幅（%）	2.95	-14.24	46.15	68.83	-33.94
商河县	2019年	4.54	4.23	—	—	—
	同比增幅（%）	10.00	10.80	—	—	—
济南市	2019年	532.00	121.90	36,452.71	109.00	317.11
	同比增幅（%）	19.30	7.50	24.80	46.40	15.60

附表3

济南市主要金融机构概况

单位名称	行长（或其他称谓的第一负责人）	副行长（或其他称谓的同级领导）	正式员工（人）	营业网点（个）
人民银行济南分行营业管理部	王延伟	张海清、王 刚、董 昕、周登宪、窦重田、孙国强	222	4
人民银行莱芜市中心支行	刘大勇	李念国、刘登振、毕文靖、杨金河、王秀芸	100	1
莱芜银保监分局	刘长霞	吕 娟	21	1
国家开发银行山东省分行	况 澜	池 勇、刘思嘉、王 强	232	1
农业发展银行山东省分行营业部	许 静	何 爽、张为民、翟玉金	211	7
农业发展银行莱芜市分行	李广军	张更涛	38	1
工商银行济南分行	朱岩峰	邵理瑞、刘 静、吕建军、滕云静、汤 凯、王孔林、张 鹏、顾正勇	3,597	141

续表1

单位名称	行长（或其他称谓的第一负责人）	副行长（或其他称谓的同级领导）	正式员工（人）	营业网点（个）
工商银行莱芜分行	李沧海	亓立刚、王中平、亓明晨、刘瑛钢、亓建国、王文力、亓建忠	428	17
农业银行济南分行	耿曙明	季光辉、李兖平、牟国媛、孙 伟、张兴军、王洪梅、王旭光	2,877	137
农业银行莱芜分行	许孝忠	姚风东、王秀斌、王书科、张永生	347	19
中国银行济南分行	仲维功	王 妤、周 鲁、杨 峻、张 树、王建卫、汪文泰、陈宗山、任发平、齐立亮	1,640	75
中国银行莱芜分行	马 波	沈波涛、朱国政、王 剑、赵忠祥、陈 霄	297	12
建设银行济南分行	刘春龙	李云山	2,825	132
建设银行莱芜分行	王腾江	张爱忠、唐元锋、王道亮、李钦永	272	12
交通银行山东省分行营业部	田 晖	韩 永	448	28
交通银行莱芜分行	姜鲁荣	李朴实	56	4
中信银行济南分行	孙 波	柳永生、张海鹰、毕新宇、宋有华、康 超	873	19
光大银行济南分行	朱 军	黄炳华、林 燕、王正明、辛 锋、黄 秦	75	33
华夏银行济南分行	符盛丰	刘增文、李延伟、杨晓丽、王玉芳	579	20
广发银行济南分行	赵殿斌	张社教、张 峰、刘玉娟、郑中华	257	11
平安银行济南分行	王 欣	孙丰娟、蒋 鑫、郑 涛	464	18
招商银行济南分行	辛 亮	张 洪、于 冬、伊晓棠、郑 玲	963	31
浦发银行济南分行	葛宇飞	钟玉明、丁剑波、张 志、管瑞宁	502	22
兴业银行济南分行	任 波	李延岫、陈安琦、姜 敏	416	34
民生银行济南分行	徐文华	彭曙光、韩咏军、陈 红、马 涛	890	21
恒丰银行济南分行	梁科杰	于国强、陈 娟、韩伟杰、韩光财、栾正国、马历博、李 猛	344	9
浙商银行济南分行	张 强	吴宝国、张宏华、迟英明、杜长峰	336	6
渤海银行济南分行	鞠加亮	徐庆吉、季惠芳、刘 楠	267	5
北京银行济南分行	房 旭	田 宏、王树民、廖 瑾	480	35
天津银行济南分行	李国红	刘亚军、张维东、张慧侠、程晓琴	335	14
青岛银行济南分行	姜 兵	张甲富、张渤林、耿 宾	322	12
青岛银行莱芜分行	王 磊	李朴山、李正山	55	2
齐鲁银行（法人）	王晓春、黄家栋	赵学金、张常平、崔 香、张海燕、李九旭、葛 萍、陶文喆	3,300	149
齐商银行济南分行	高 军	张振焱、王建平、王 程	96	6
东营银行济南分行	韩念华	张广宇	106	6
威海市商业银行济南分行	姜 毅	谢 磊、邹 鹏	234	11
威海市商业银行莱芜分行	侯雪松	刁新忠、马 立	46	2
日照银行济南分行	潘 青	焦 磊、赵一锦	237	8
莱商银行（法人）	岳隆杰	朱 鸣、李学斌	618	28

续表2

单位名称	行长（或其他称谓的第一负责人）	副行长（或其他称谓的同级领导）	正式员工（人）	营业网点（个）
泰安银行济南分行	张 波	曲焕强	57	2
邮政储蓄银行济南市分行	张 文	潘红梅、刘 萍、祝晓东、王雁昌	887	191
邮政储蓄银行莱芜市分行	邓连伟	王 健、吕宁宁、任勇鹏	239	10
汇丰银行济南分行	薛 洁	黄 斐、王翠达	31	1
渣打银行济南分行	王敬禹	—	26	1
东亚银行济南分行	马金玉	赵 云、时 浩	28	1
恒生银行济南分行	李雪莲	李 斌	14	1
中德住房储蓄银行	张凌波	刘 涛	28	1
山东省农信社联合社济南办事处	张洪堂	张 焰、王少军	39	1
济南农村商业银行	董兴磊、贾复锋	朱大伟、赵 涛、李占杰、尹秀青	2,547	202
莱芜市农村商业银行	何继军	张兆虎	972	71
章丘农村商业银行股份有限公司	任成常	王绍峰	695	61
平阴农村商业银行股份有限公司	李 鹏	董晓明	284	18
济阳农村商业银行股份有限公司	刘 军	李 哲	410	29
商河农村商业银行股份有限公司	王银之	王 阔	365	29
济南槐荫沪农商村镇银行	曹宏忠	—	53	2
济南长清沪农商村镇银行	张晋学	李 健	45	3
济南历城区圆融村镇银行	刘海涛、吴英杰	丁加林、黄祖瑞	86	6
济南高新区北海村镇银行	贾文涛	李 伟	30	1
济南市章丘齐鲁村镇银行	辛 波	王 芳	90	8
商河汇金村镇银行	韩明华	张传民	41	4
济阳北海村镇银行	葛精兵	李兴家、孔国强	21	1
平阴蓝海村镇银行	成 瑾	赵崇宾、丁士杰	30	3
莱芜珠江村镇银行	刘桂宾	田书东、王凤玲	96	8
莱芜中成村镇银行	蔺立岩	尚怀杰	28	2
泰山财产保险股份有限公司	朱华建	安中涛	2,322	172
德华安顾人寿保险股份有限公司	史峰磊、殷晓松	郭会杰、夏 寒、钱建军、梁平伟、张咏梅、肖 萍、姜志强	234	89

附表4

济南市主要金融机构业务概况

（2019年末）

单位：亿元

单位名称	本外币存款余额	本外币单位存款	本外币储蓄存款	本外币贷款余额	本外币短期贷款	本外币中长期贷款
国家开发银行山东省分行	419.30	267.76	0.00	4,040.80	128.67	2,849.11
农业发展银行山东省分行营业部	30.66	30.66	0.00	148.01	29.99	118.03
农业发展银行莱芜市分行	5.28	5.28	0.00	11.71	0.77	10.94
工商银行济南分行	1,944.97	1,061.96	774.63	1,753.65	151.27	1,592.83
工商银行莱芜分行	131.92	37.75	94.13	114.92	47.77	65.67
农业银行济南分行	1,850.17	925.67	832.23	1,336.92	42.10	1,123.27
农业银行莱芜分行	91.86	29.49	61.57	100.56	54.54	43.23

续表

单位名称	本外币存款余额	本外币单位存款	本外币储蓄存款	本外币贷款余额	本外币短期贷款	本外币中长期贷款
中国银行济南分行	987.89	673.04	278.16	746.64	225.20	490.53
中国银行莱芜分行	70.84	26.20	43.82	92.95	67.33	21.59
建设银行济南分行	1,943.56	1,075.89	764.46	1,123.01	222.75	881.75
建设银行莱芜分行	77.13	34.76	42.35	84.47	40.77	25.77
交通银行山东省分行营业部	514.97	292.69	106.91	246.00	32.68	203.57
交通银行莱芜分行	29.36	21.30	8.07	14.82	6.88	6.99
中信银行济南分行	683.55	505.93	152.11	560.42	109.66	402.80
光大银行济南分行	331.03	247.08	69.59	245.36	90.84	145.21
华夏银行济南分行	188.94	127.65	60.19	142.75	48.70	84.70
广发银行济南分行	76.08	62.66	12.89	174.02	80.75	89.31
平安银行济南分行	139.02	97.02	40.58	193.53	68.74	124.23
招商银行济南分行	560.07	314.44	215.25	505.89	130.45	294.01
浦发银行济南分行	278.31	195.78	61.68	237.09	84.07	136.76
兴业银行济南分行	392.17	306.19	76.04	331.92	49.34	215.20
民生银行济南分行	489.61	361.83	116.28	512.69	146.49	101.22
恒丰银行济南分行	174.05	165.69	8.06	62.16	29.19	30.37
浙商银行济南分行	217.55	178.02	18.69	165.22	65.32	85.07
渤海银行济南分行	213.02	200.34	12.66	206.92	79.53	117.89
北京银行济南分行	391.52	336.02	42.36	660.48	189.08	410.93
天津银行济南分行	130.39	119.64	10.75	138.38	63.08	73.92
青岛银行济南分行	122.18	101.49	20.69	126.40	33.15	92.13
青岛银行莱芜分行	15.15	11.26	3.87	7.59	2.33	2.36
齐鲁银行（法人）	2,229.30	1,206.51	816.34	1,365.43	516.60	776.35
齐商银行济南分行	142.05	132.21	5.85	7.97	5.12	2.03
东营银行济南分行	34.23	18.61	14.90	15.18	8.53	6.54
威海市商业银行济南分行	167.54	138.71	22.00	118.08	52.66	65.38
威海市商业银行莱芜分行	22.44	15.64	6.80	10.63	6.15	4.05
日照银行济南分行	107.55	70.09	37.45	60.61	21.86	38.75
莱商银行（法人）	946.73	634.70	286.04	693.12	426.46	261.65
泰安市商业银行济南分行	19.12	17.48	1.65	12.95	6.11	6.84
济南市农村商业银行（合计）	1,169.22	247.81	920.59	894.82	338.06	414.61
莱芜市农村商业银行	249.29	31.39	217.90	176.26	81.36	49.65
邮政储蓄银行济南市分行	465.40	88.83	375.88	564.36	102.55	448.20
邮政储蓄银行莱芜市分行	99.81	2.03	97.77	25.96	7.57	16.79
村镇银行（合计）	85.95	34.09	51.85	60.22	39.82	20.34
外资银行（合计）	29.02	22.19	5.73	60.21	40.94	15.56
中德住房储蓄银行	12.10	7.04	5.11	2.70	0.00	2.73
中资财务公司（合计）	1,261.89	1,261.86	0.00	1,218.51	657.29	435.07
金融租赁公司（合计）	19.73	19.73	0.00	300.9	0.00	0.00
汽车金融服务公司	28.14	28.14	0.00	86.5	1.77	65.72
山东国际信托公司	0.00	0.00	0.00	15.48	0.76	14.72

附表5

济南市金融机构统计指标

单位：家、人、只

	指标	2015年	2016年	2017年	2018年	2019年	2019年同比增幅（%）
银行类	银行类机构家数	68	72	73	75	75	0.00
	法人机构	27	30	30	31	31	0.00
	省级分行	27	27	27	28	28	0.00
	二级分行	21	22	23	23	23	0.00
	县区支行	676	621	607	616	633	2.76
	正式从业人数	35,445	35,853	35,329	35,459	35,532	20.59
保险类	保险公司家数	275	342	375	390	436	11.79
	财险公司家数	130	144	158	163	182	11.66
	省级分公司	17	17	16	14	16	14.29
	地市分公司	39	43	52	52	53	1.92
	县区支公司	88	107	113	120	112	-6.67
	寿险公司家数	145	198	217	227	254	11.89
	省级分公司	37	41	43	45	60	33.33
	地市分公司	33	47	52	44	56	27.27
	县区支公司	88	123	135	123	136	10.57
	正式从业人数	67,548	76,730	89,262	73,677	93,925	27.48
	财险人员	10,074	12,006	15,305	12,088	14,864	22.96
	寿险人员	57,474	64,724	73,957	61,589	79,061	28.37
证券类	证券公司家数	104	121	138	52	56	7.69
	证券营业部	81	86	95	87	92	5.75
	正式从业人数	2,099	2,256	2,376	2,272	2,454	8.01
	境内上市股票只数	25	25	26	25	28	12.00
	境外上市股票只数	8	8	9	11	11	0.00
	辖区上市公司总数	32	32	34	34	37	8.82

青岛市

【经济金融概况】 2019年，青岛市实现生产总值11,741.00亿元，同比增长6.50%，人均地区生产总值为12.50万元，全市居民人均可支配收入为45,452.00元，增长8.20%。截至2019年末，青岛市本外币各项存款余额为17,876.00亿元，同比增长10.89%，比上年提高4.33个百分点，比年初增加1,752.00亿元，同比多增760.00亿元；本外币各项贷款余额为18,210亿元，同比增长13.12%，比上年末提高1.24个百分点，比年初增加2,071.00亿元，同比多增378.00亿元。

【货币政策】 2019年，人民银行青岛市中心支行自觉落实党对金融工作集中统一领导的要求，深刻领会稳健货币政策松紧适度的内涵，找准贯彻人民银行总行政策和服务地方发展的结合点，确保金融宏观调控政策和重大工作部署及时贯彻实施。一是畅通货币信贷政策传导渠道。强化货币政策和宏观审慎政策双支柱调控框架作用，加强逆周期调控和结构引导，创新房地产信贷调控方式，引导信贷资源更多流向实体经济。落实好LPR对贷款利率的引导作用，实现了新增贷款主要参考LPR定价目标，年度贷款增量首次突破2,000.00亿元。二是推动金融服务实体经济提质增效。牵头有关部门制定《关于金融服务乡村振兴的意见》和《关于深入推进金融服务海洋经济高质量发展的意见》。围绕青岛市新旧动能转换“十五个攻势”加大金融支持力度，推动科技金融“投保贷”模式增量扩面、取得实效，新华社等多家中央媒体进行跟踪报道。利用好银行间市场融资主渠道，全市企业在银行间市场融资比上年同期多增68.00亿元，支持青岛农商行发行5.00亿元金融债券专项用于军民融合项目。积极向总行争取并成功推动青岛市获批成为全国13个金融科技应用试点地区之一。

【金融稳定】 2019年，人民银行青岛市中心支行紧紧围绕防范金融风险、维护金融稳定大局，扎实有效推进金融风险防控，加强金融风险监测预警，促进金融业整体稳健运行。一是健全金融风险防范工作框架。进一步增强全局观念和兜底意识，切实发挥在金融管理中的统筹协调和牵头抓总作用，主动加强与金融监管部门的沟通协调；进一步促进信息共享和监管协作，共同促进经济金融健康发展。紧盯房地产、大型有问题企业、金融控股公司等金融风险防控重点领域，实现金融风险监测防范全覆盖。二是促进法人银行稳健经营水平不断提升。灵活运用存款保险差别费率管理、约见谈话、风险警示、金融稳定压力测试等早纠手段，切实引导法人银行提高风险防范意识，规范审慎经营。按照总行工作部署，顺利完成包商银行接管相关工作，加强对辖区法人银行的流动性监测和风险监测并做好应急准备。全年全市未出现高风险法人金融机构，法人金融机构不良贷款率平均为1.26%，低于全市平均水平。三是加强重点高发风险的防范处置。积极配合全市重大金融风险化解处置、互联网金融风险专项整治、打击非法集资等工作。强化跨境资金流动管理，加大对虚假贸易融资、违规内保外贷、非法网络炒汇等外汇领域违法行为的打击力度。加强反洗钱领域风险监管，向公安、税务等部门及时移交可疑线索27条。防范打击电信网络新型违法犯罪，协助公安机关做好涉案账户止付和冻结。

【金融服务】 2019年，人民银行青岛市中心支行持续改进加强民营和小微企业金融服务。会同市有关部门制定印发了《关于深化金融服务助推民营企业和小微企业发展提质增效的意见》。充分发挥好再贷款、再贴现等货币政策工具支持作用。全年累计办理再贴现60.80亿元，是2018年的3倍；累计发放支小再贷款42.50亿元。不断拓宽小微企业融资渠道。405家小微企业通过融资服务网络平台获得融资73.70亿元，推动青岛银行在全省同类机构中率先发行小微企业专项金融债券80.00亿元。大力发展应收账款融资，在全国率先实现公立医院接入应收账款融资服务平台。开展民营和小微企业首贷培植专项行动，成功培植首贷企业超3,500家。举办“服务民营小微 助力重大攻势”青岛市金融服务实体经济知识竞赛，打造了一支高素质、专业化的金融服务专员队伍。主动配合税务部门开展小微企业普惠性退税3.20万余笔，相关工作得到总行领导批示。

【金融监管】 2019年，人民银行青岛市中心支行严格依法实施金融管理。印发《关于进一步规范依法行政相关工作的通知》，落实执法全过程记录，提高执法检查和行政处罚精细化水平。对各类民事合同、法律文书等进行法制审核280余次，有效防范各类法律风险。依法开展3次综合执法检查和4次专项执法检查，妥善处理举报29件，依法行政能力和水平进一步提升。

【外汇管理】 2019年，国家外汇管理局青岛市分局认真贯彻落实总局各项工作部署，积极落实外汇管理改革试点政策，切实提升服务涉外经济的效率与水平，强化跨境资金流动管理，有效防范外汇领域风险，各项工作取得良好成效。

一是持续推进贸易投资便利化。大力支持青岛市更高水平对外开放，向总局成功申请支持上合组织地方经贸合作示范区建设10项试点政策和支持山东自贸区青岛片区9项试点政策，资本项目外汇收入支付便利化、跨区域直接投资外汇登记等7项试点业务成功落地。指导银行机构发放全国首笔中新货币互换项下新加坡元贷款业务。

二是积极推进“放管服”改革。全年共梳理发布10类25项行政许可审批指南及其配套办事表格。将分支局现有的12类43项行政审批项目纳入提速名单，5项实现“当场办”、18项实现“一次办”、35项下放县域支局实现“就近办”、43项行政审批项目均可通过国务院互联网+政务服务系统实现“网上办”，全年政务服务系统共办结业务3,559笔。

三是加强执法检查。2019年共组织对银行和特许机构检查9次，查处外汇违法违规案件21件。

四是加强政策宣传。组织开展“外汇服务走千企攻势”活动。引导涉外企业用好外汇政策和产品。实地走访企业1,845家、服务企业2,259家。

【保险业务】 2019年，青岛市保险业实现保费收入486.87亿元，同比增长10.80%。在5个计划单列市中保费规模排名第二位，保费增速排名第三位。其中，财产险公司实现保费收入132.75亿元，同比增长-0.04%；人身险公司实现保费收入354.12亿元，同比增长15.50%。年末保险业总资产达885.55亿元，同比增长9.76%。2019年，青岛保险业累计提供风险保障27.60万亿元，同比增长18.07%。其中，产险公司保障金额为15.62万亿元，同比增长40.66%；人身险公司保障金额为11.98万亿元，同比增长-2.36%。全年保险业新增保单4,622万件，其中产险业新增保单4,000万件，人身险业新增保单622万件；人身险期末有效保单为1,322万件，全市居民人均持有人身险保单1.42件。

【证券业务】 2019年，青岛市共有9家企业在境内IPO上市，居全国城市第六位，创造辖区历史最好成绩；首发融资100.54亿元，占全国首发融资额的4.40%。目前境内上市公司达到39家，其中青岛银行是山东首家A股上市银行和全国第二家"A+H"股上市城商行。全年青岛市蓝海股权交易中心挂牌企业净增206家，达到1,735家，全国排名第六；展示企业达到3,133家。2019年净增证券类机构4家，达到155家；净增基金（公募）类机构1家，达到8家；净增期货类机构6家，达到46家；净增私募基金35家，达到271家；各类机构总数达到480家。

（杨培和、李 斌、张乐元）

附表1

青岛市主要金融指标1

单位：亿元

地区		银行类							
		本外币存款余额	住户存款	非金融企业存款	本外币贷款余额	第一产业贷款	第二产业贷款	第三产业贷款	个人贷款及透支
西海岸新区	2019年	2,132.09	931.22	804.9	1961.55	14.3	351.11	700.97	886.87
	同比增幅（%）	12.9	14.82	15.15	19.62	5.04	17.65	29.67	14.17
即墨区	2019年	1,251.81	662.72	330.98	1,000.16	2.63	181.35	462.96	351.46
	同比增幅（%）	21.53	14.16	50.48	13.55	-0.03	-0.03	20.94	15.18
平度市	2019年	762.09	552.67	123.59	462.88	6.39	73.70	189.35	192.59
	同比增幅（%）	13.06	14.14	22.77	13.33	-2.74	10.41	14.69	14.21
莱西市	2019年	487.3	329.32	106.85	415.24	4.83	90.54	173.41	145.02
	同比增幅（%）	19.27	15.47	57.36	12.34	2.11	5.88	16.29	12.15
胶州市	2019年	992.55	508.44	276.86	845.41	2.36	173.19	324.87	351.95
	同比增幅（%）	15.65	14.94	17.64	14.39	-15.1	25.69	10.45	17.37
青岛市	2019年	17,876.33	6,876.59	7,042.43	18,209.95	67.77	3,752.62	7,642.00	5,692.15
	同比增幅（%）	10.87	13.87	15.54	12.87	6.07	2.22	20.10	17.95

附表2

青岛市主要金融指标2

单位：亿元

地区		保险类		证券类		
		保险公司保费收入	保险公司赔款和给付支出	证券市场成交总额	投资者保证金余额	投资者开户数（万户）
黄岛区	2019年	32.46	10.36	—	—	—
	同比增幅（%）	12.02	3.32	—	—	—
即墨区	2019年	22.59	6.66	—	—	—
	同比增幅（%）	12.53	1.29	—	—	—
平度市	2019年	17.29	6.18	—	—	—
	同比增幅（%）	7.66	2.80	—	—	—
莱西市	2019年	12.93	4.56	—	—	—
	同比增幅（%）	31.70	30.68	—	—	—
胶州市	2019年	18.58	8.37	—	—	—
	同比增幅（%）	22.40	45.07	—	—	—
青岛市	2019年	486.87	143.56	39,103.81	108.95	298.63
	同比增幅（%）	10.8	1.71	43.4	34.15	7.10

附表3

青岛市主要金融机构概况

单位名称	行长（或其他称谓的第一负责人）	副行长（或其他称谓的同级领导）	正式员工（人）	营业网点（个）
人民银行青岛市中心支行	张文武	顾延善、王富全、管发进、陈海青、张朝晖、肖建勋	457	5
青岛银保监局	阚 超	王永存、徐 强、刘智夫、李继明、宋朝晖、林 洁、徐一臻、罗 中	177	—
中国证券监督管理委员会青岛监管局	张文鑫	万景初、陈 群	32	—
国家开发银行青岛市分行	石太峰	李国颂、唐 力、穆 岚、李相君	141	—
中国进出口银行山东省分行	牟 毅	王宇辉、关海英、贾中园	74	1
中国农业发展银行青岛市分行	陈鲁宁	吴米加、江胜世、张成凤、李 琛	191	6
中国工商银行青岛市分行	牛喜军	程 青、陈 兵、赵晓滨、孙 伟、李 霞、邵冬霞	3,441	122
中国农业银行青岛市分行	王延磊	于 东、兰卫东、孙文秀、范久顺、吴显明、郭宝林	3,845	166
中国银行青岛市分行	俞 群	隋春玲、郑文礼、刘 钝、郝连才、曾钰恒、付连晔、吴维彬	3,344	108
中国建设银行股份有限公司青岛市分行	郝子建	郭中华、刘从正、徐海、管恩新、王德平、周兆华	3,092	124
交通银行青岛分行	杨 勇	闫春阳、刘 正、徐芝清、程熙忠、华勐慧	1,307	49
中信银行青岛分行	刘泽云	张强军、陈秋实、张佑晶、娄 勇、吴从勇	1,633	53
光大银行青岛分行	朱小庆	傅伟堂、王 侃、樊效峰、任 海、李 鹏	969	24
华夏银行青岛分行	于丰星	赵 劼、崔 巍、顾新静、刘佳来、邵作钢	813	32
平安银行青岛分行	王 珺	庄复兴、纪小倩、迟珊珊、赵学军、卢玉君	666	33
招商银行青岛分行	张连怀	綦 琨、王 智	1,465	49
浦发银行青岛分行	张 湧	丛威娜、孙保进、姜辉胜	694	23
兴业银行青岛分行	彭光辉	步延进、廖卫华、丁武民、刘方勃	458	22
中国民生银行青岛分行	范国德	高建绪、李加岭、林 青、李少波、徐 峰	875	36
恒丰银行青岛分行	刘 军	徐澜涌、张 超、魏 国、王旭峰	388	13
齐鲁银行青岛分行	崔旭东	范炳亮	155	8
潍坊银行青岛分行	姜言辉	陈 勇、徐正伟、徐 鹏	201	11
威海银行青岛分行	赵晓博	许 强、马 军、艾明华	180	9
日照银行青岛分行	安佰刚、尹一安	王 雷、陶 丽、尚江峰	238	8
河北银行青岛分行	田振宇	聂双双	175	13
青岛农商银行	刘仲生、刘宗波	刘承林、柳兴刚、贾成刚、丁明来、王建华、李春雷、蔡晓鸣、齐海峰	4,976	356
中国邮政储蓄银行青岛分行	李 楠	江守湖、王 平、孙 皓	1,121	261
北京银行青岛市分行	孔海涛	崔建伟	106	3

续表1

单位名称	行长（或其他称谓的第一负责人）	副行长（或其他称谓的同级领导）	正式员工（人）	营业网点（个）
汇丰银行(中国)有限公司青岛分行	张苏宁	孙翠霞、张　鑫	140	4
日本山口银行股份有限公司青岛分行	川田正博	竹中健二、姬广伟	29	1
南洋商业银行(中国)有限公司青岛分行	陶　伟	彭　革、林相发	85	3
韩亚银行(中国)有限公司青岛分行	贾　葳	薛佳蕾	76	3
企业银行(中国)有限公司青岛分行	李承燮	—	56	3
新韩银行(中国)有限公司青岛分行	金元基	金起燮	57	2
渣打银行(中国)有限公司青岛分行	于　涛	曲云龙	49	5
东亚银行中国有限公司青岛分行	张　勇	孙善功、隋　青	68	1
瑞穗银行(中国)有限公司青岛分行	李　忠	高桥英明	50	1
三菱日联银行(中国)有限公司青岛分行	佐藤冬树	姚以勤	55	1
华侨永亨银行(中国)有限公司青岛分行	邹仁杰	—	19	1
韩国釜山银行股份有限公司青岛分行	林男圭	—	17	1
德意志银行(中国)有限公司青岛分行	曹丹青	—	10	1
国泰世华银行(中国)有限公司青岛分行	李子明	林本嘉	26	1
星展银行(中国)有限公司青岛分行	仇吉媛	刘　华、方　琳	16	1
澳大利亚和新西兰银行（中国）有限公司青岛分行	姜　鲁	—	7	1
韩国产业银行青岛分行	郭敬铎	—	24	1
海尔集团财务有限责任公司	秦　琰	温淑惠、赵晓燕	151	0
青岛啤酒财务有限责任公司	徐振声	张德志、冯雪峰	37	1
青岛港财务有限责任公司	王伟强	贾卓鹏	30	1
青建集团财务有限责任公司	谢迎春	黄令斌	21	1
青岛即墨惠民村镇银行股份有限公司	王培须	唐晓东、崔　军	50	4
青岛西海岸海汇村镇银行	崔家祥、李　军、邢志伟	柴方强、张文树、张德伟	147	11
青岛莱西元泰村镇银行	王建国	柏冰冰	48	5
青岛平度惠民村镇银行	王培旭、郭立军	王永胜、陈美儒、徐艳龙、翟　拓	104	9
青岛胶州中成村镇银行	喻小松	罗　成、曾国强	29	1
城阳珠江村镇银行	初晓丽	王　晶	62	4
青岛崂山交银村镇银行	盛　亮	姜　锋、林　森	80	4
青岛黄岛舜丰村镇银行	曹明月、徐学智、孙光荣	陈宽业、姜静静	140	9
人保财险青岛市分公司	武长奎	肖　莉、王　兵、曹　璐、黄　强	1,395	116
中国太平洋财产保险股份有限公司青岛分公司	于　璇	侯传和、赵志军	554	12
平安产险青岛分公司	黄　渭	霍逢光、林　辉、陈东永、李　强	672	11
中国出口信用保险公司山东分公司	常　川	孙卫青、张　泉、郭伟辉	151	7
华泰财产保险有限公司青岛分公司	贾斐超	—	103	1

续表2

单位名称	行长（或其他称谓的第一负责人）	副行长（或其他称谓的同级领导）	正式员工（人）	营业网点（个）
天安财险保险股份有限公司青岛分公司	宁方生	韩建章	168	10
中国大地财产保险股份有限公司青岛分公司	王玉亮	徐登峰	346	14
太平财产保险有限公司青岛分公司	刘成秋	—	391	9
中华联合财产保险股份有限公司青岛分公司	秦文彬	袁欣珂	248	10
阳光产险青岛分公司	许宝宁	宋 强、王建成	277	11
华安财产保险股份有限公司青岛分公司	孙家明	—	160	8
中国人寿财产保险股份有限公司青岛市分公司	王 鹏	齐洪昌、李 玫、王 浩	274	10
中路财产保险股份有限公司青岛分公司	赵 鑫	刘润峰	203	8
华海财产保险股份有限公司青岛分公司	李 刚	—	167	6
史带财产保险股份有限公司青岛分公司	宋 超	—	6	1
永安财产保险股份有限公司青岛分公司	王 林	—	106	8
大家财产保险有限责任公司青岛分公司	贾思宇	—	61	12
都邦财产保险股份有限公司青岛分公司	—	杨金泽	82	7
渤海财险公司青岛分公司	陈汉强	张永全	59	5
永诚保险公司青岛分公司	高 滨	—	81	7
安华农业保险股份有限公司青岛分公司	张新业	孙振国	82	7
三星财产保险（中国）有限公司青岛分公司	金正基	—	22	1
长安保险股份有限公司青岛市分公司	肖 梅	—	113	5
浙商财产保险股份有限公司青岛分公司	李长坤	曹仁增	92	6
安盛天平财产保险股份有限公司青岛分公司	龚 喆	—	37	1
泰山财产保险股份有限公司青岛分公司	于从福	—	96	5
现代财产保险（中国）有限公司青岛分公司	都基完	—	10	0
英大泰和财产保险股份有限公司青岛分公司	王书伟	—	31	5

续表3

单位名称	行长（或其他称谓的第一负责人）	副行长（或其他称谓的同级领导）	正式员工（人）	营业网点（个）
紫金财产保险股份有限公司青岛分公司	宁泽林	—	57	6
国任财产保险股份有限公司青岛分公司	张学国	—	93	4
日本兴亚财产保险（中国）有限责任公司山东分公司	小林祐介	—	20	1
国泰财产保险有限责任公司青岛中心支公司	杜际平	—	9	1
鑫安汽车保险股份有限公司青岛分公司	石　琢	—	8	1
东海航运保险股份有限公司青岛分公司	李希文	—	13	1
中国人寿保险股份有限公司青岛市分公司	王者元	徐　岩、王兴业、李贤国	584	102
中国太平洋人寿保险股份有限公司青岛分公司	王剑峰	—	308	15
平安人寿保险股份有限公司青岛分公司	李　旭	智　勇、徐　前、薛　军、逯星火、李邦海、马　健、王　孟、宛兵亚	1,688	128

附表4

青岛市主要金融机构业务概况

（2019年末）

单位:亿元

单位名称	本外币存款余额	本外币单位存款	本外币储蓄存款	本外币贷款余额	本外币短期贷款	本外币中长期贷款
国家开发银行青岛市分行	171.61	170.16	0	1,927.86	22.10	1,630.73
进出口银行青岛分行	32.71	32.34	0	1,034.84	491.56	476.43
农发行青岛市分行	79.76	79.76	0	302.51	34.83	267.69
工商银行青岛市分行	1,709.45	845.36	838.64	1,845.95	238.62	1,578.18
农业银行青岛市分行	1,794.50	756.34	1,010.65	1,502.89	372.06	1,081.49
中国银行山东省分行	1,248.65	576.28	612.51	1,069.07	300.38	717.49
建设银行青岛市分行	1,441.98	771.72	644.52	1,721.27	347.71	1,326.04
交通银行青岛分行	1,109.81	704.58	384.92	706.59	197.33	480.80
中信银行青岛分行	529.76	332.45	169.95	556.01	112.87	416.75
光大银行青岛分行	486.15	306.73	172.96	286.57	67.97	188.69
华夏银行青岛分行	350.80	224.99	124.79	390.88	146.44	243.11
平安银行青岛分行	289.74	209.37	78.96	260.69	68.49	191.22
招商银行青岛分行	554.50	307.61	225.37	377.76	80.02	272.51
浦发银行青岛分行	341.34	265.39	72.79	411.27	120.11	199.01
兴业银行青岛分行	436.60	295.99	60.21	354.18	160.76	159.30
民生银行青岛分行	629.39	547.75	73.68	344.11	100.78	225.55
恒丰银行青岛分行	158.09	136.24	18.17	145.08	57.48	81.73

续表

单位名称	本外币存款余额	本外币单位存款	本外币储蓄存款	本外币贷款余额	本外币短期贷款	本外币中长期贷款
渤海银行青岛分行	27.84	27.42	0.42	34.92	17.85	16.89
青岛市浙商银行	79.01	73.89	5.12	68.36	25.09	25.12
青岛银行	1,599.44	807.81	509.33	999.62	312.14	644.32
齐鲁银行青岛分行	63.99	51.78	11.88	65.28	31.82	33.05
潍坊银行青岛分行	64.77	46.48	18.27	38.56	15.37	21.87
威海市商业银行青岛分行	70.75	57.52	13.21	53.46	22.98	28.98
日照银行青岛分行	105.21	73.86	31.20	68.04	36.73	29.61
河北银行青岛分行	30.46	19.95	10.50	79.98	16.44	63.55
北京银行青岛分行	107.08	102.24	4.81	258.20	146.25	92.77
青岛市东营银行	1.37	0.82	0.55	5.36	2.61	2.73
青岛农村商业银行	2,296.54	895.40	1,199.66	1,769.96	489.17	1,233.46
苏州张家港农村商业银行	8.96	6.70	2.22	19.02	8.88	10.11
青岛市山东莱州农村商业银行	1.40	0.28	1.13	6.08	0.95	5.13
青岛市山东淄博张店农村商业银行	4.11	3.39	0.73	9.49	1.24	8.25
邮储银行青岛市分行	530.77	34.46	495.93	418.25	103.67	252.13
青岛市村镇银行	104.75	47.69	57.06	78.19	57.69	20.50
汇丰银行青岛分行	54.52	21.13	16.40	74.83	36.28	37.52
东亚银行青岛分行	21.47	15.17	2.47	13.58	4.01	5.28
渣打银行青岛分行	10.08	4.24	2.93	12.27	9.54	2.72
山口银行青岛分行	2.19	2.16	0	7.26	6.36	0.90
瑞穗银行青岛分行	17.16	17.12	0	15.96	14.32	0.49
新韩银行青岛分行	26.24	20.26	1.47	22.24	4.04	15.00
企业银行青岛分行	14.06	11.68	0.47	11.53	4.78	2.19
韩亚银行青岛分行	38.96	32.63	3.20	34.89	11.94	19.91
南商银行青岛分行	48.17	43.72	3.59	41.27	12.65	17.73
青岛市新加坡华侨银行	0.77	0.41	0	6.98	4.88	1.26
三菱东京青岛分行	12.78	12.77	0	22.17	10.89	9.61
釜山银行青岛分行	1.27	1.16	0	6.69	3.15	3.54
德意志银行青岛分行	0.22	0.22	0	3.95	3.86	0.00
国泰世华青岛分行	2.19	2.17	0	1.99	0.89	1.11
星展银行青岛分行	3.39	2.83	0	4.90	2.94	1.96
澳新银行青岛分行	1.99	1.49	0	2.21	2.21	0.00
产业银行青岛分行	0.23	0.23	0	22.07	11.24	10.14
海尔财务公司	415.72	382.79	0	473.60	121.26	255.67
海信财务公司	201.00	201.00	0	106.14	55.74	3.80
青啤财务公司	135.08	135.08	0	7.14	6.48	0.00
青岛港财务公司	141.34	141.34	0	50.46	13.99	28.74
青岛市青建财务公司	26.86	26.86	0	32.55	2.45	21.53
中石化财务公司	5.81	5.81	0	49.22	19.67	21.20

附表5

青岛市金融机构统计指标

单位：家、人、只

指标		2015年	2016年	2017年	2018年	2019年	2019年同比增幅（%）
银行类	银行类机构家数	59	60	63	65	67	3.08
	法人机构	16	17	18	18	18	0.00
	省级分行	41	42	43	44	47	6.82
	二级分行	2	4	5	5	5	0.00
	县区支行	917	943	230	214	—	—
	正式从业人数	35,179	34,269	34,670	34,479	35,796	3.80
保险类	保险公司家数	64	64	65	65	67	3.08
	财险公司家数	33	33	33	33	35	6.06
	省级分公司	31	31	31	32	33	3.13
	地市分公司	2	3	3	2	2	0.00
	县区支公司	139	149	162	175	175	0.00
	寿险公司家数	31	31	32	32	32	0.00
	省级分公司	25	26	27	27	27	0.00
	地市分公司	9	9	9	9	9	0.00
	县区支公司	69	93	99	106	111	4.72
	正式从业人数	62,173	98,761	132,532	146,426	125,496	-14.29
	财险人员	13,251	17,725	19,697	19,926	19,275	-3.27
	寿险人员	48,922	81,036	112,835	126,500	106,221	-16.03
证券类	证券公司家数	1	1	1	1	1	0.00
	证券营业部	100	120	135	144	149	3.47
	正式从业人数	3,166	3,650	3,665	3,413	3,535	3.57
	境内上市股票只数	20	25	29	30	39	30.00
	境外上市股票只数	—	—	—	—	—	—
	辖区上市公司总数	20	25	29	30	39	30.00

淄博市

【经济金融概况】 2019年，淄博市经济运行总体保持平稳，工业生产增速由负变正，固定资产投资、进出口、财政收入低速运行，存贷款较快增长，居民消费价格温和增长。全年实现地区生产总值3,642.42亿元，同比增长3.50%；规模以上工业增加值同比增长1.30%；固定资产投资同比下降44.60%；社会消费品零售总额增长6.20%；全年实现进出口总额883.10亿元，同比下降7.20%；全年实现一般公共预算收入368.70亿元，同比下降4.30%；全年完成税收收入654.80亿元，同比下降1.30%。截至2019年末，淄博市人民币存款余额为4,970.95亿元，同比增长8.85%，人民币贷款余额为3,577.03亿元，同比增长12.13%。

【货币政策】 2019年，人民银行淄博市中心支行深刻把握稳健货币政策内涵，围绕供给侧结构性改革这条主线，着力疏通货币政策传导“最后一公里”，不断优化资源配置，各项贷款增速创2013年2月以来新高，有效缓解了实体经济融资难融资贵问题。一是积极用好再贷款、再贴现工具。2019年累计发放再贷款15.56亿元、再贴现12.76亿元；积极为淄川、桓台农商行增加再贷款授信11.30亿元，专项用于“利奇马”受灾地区灾后重建。二是积极推进金融支持新旧动能转换。大力推广企业融资服务平台，有效解决银企信息不对称问题。三是积极开展“一县一品”创建工作。引导金融机构立足当地特色和自身实际，量身定制金融产品。四是举办绿色金融成果巡展，全力开展首贷培植工作，在全省率先推动地方政府组织召开应收账款融资服务工作推进会。五是深化金融顾问团服务。制定《关于深化金融顾问团工作的意见》，组织12家金融机构9次深入重点企业召开现场会，协调解决企业遇到的难题；先后8次走进区县开展把脉会诊，联合市陶琉轻纺产业发展中心为近20家企业提供“多对一”金融顾问服务。

【金融稳定】 认真贯彻落实“稳定大局、统筹协调、分类施策、精准拆弹”的基本政策和早识别、早预警、早发现、早处置的工作要求，加强金融风险监测、化解和防控，牢牢守住不发生系统性金融风险的底线。加强金融风险监测全覆盖，与地方金融监管局、银保监分局联合签署《淄博市金融监管协调机制合作备忘录》，建立了金融监管协作与风险信息共享机制，在沂源县、博山区试点建立金融风险网格化监测制度。稳妥推进风险化解处置，继续执行“名单制管理+红橙蓝预警+精准应对”工作方法，加快大企业风险处置进度，对环保冲击、中美贸易摩擦等外部事件影响开展专项调查。强化央行金融机构评级结果运用和存款保险安全网作用。按季度对辖内16家法人机构开展评级工作，摸清风险底数。

【金融服务】 践行“支付为民”理念，打造“智付”服务品牌，积极优化支付服务环境。深入开展现金服务“四下乡”活动和现金服务示范区创建，顺利完成“四币一钞”发行工作。打造“服务模式电子化、一次办好常态化、企业监测立体化、部门联动制度化”的“智库”品牌，全国首创办理小微企业工会经费批量拨付业务。创新“财税库银企”工作联动机制，扎实开展批量普惠性减免退税工作，加强信用信息归集、应用和共享，实现数据库质量考核双达标。开通17处商业银行代理查询网点，建成主城区“3公里”查询圈，实现县域商业银行代理查询网点全覆盖。承办中国古代铸钱工艺及其专业名字术语研讨会，承办分行货币史研讨会。加强金融知识宣传，推进金融知识进社区、课堂，与淄博电视台联合开展“消费教育大讲堂”公益乡村行活动，举办社会主义核心价值观暨“保护金融消费权益”公益广告创意征集大赛。

【金融监管】 加强支付机构管理，加大支付服务市场监管力度，保障重要业务和支付系统安全稳定运行。加强小面额现金管理，开展反宣币专项整治行动。加强金融信用信息基础数据库接入机构管理，加大异常查询监测核实力度，严格防控征信信息泄露。强化反洗钱监管，建立对特定非金融机构联合监管协作机制，加强重点领域的反洗钱调查和线索移送，推进洗钱入罪判决。召开银行机构综合评价通报会，对6家A级单位进行通报表彰。制定《执法证使用管理办法》《执法检查工作手册》，对浦发银行淄博分行、中国银行淄博分行进行综合执法检查。规范运用行政处罚自由裁量权，做出15件行政处罚决定，处罚金额为135.90万元。

【外汇管理】 进一步完善宏观审慎管理与微观市场监管相结合、以负面清单为基础的跨境资金流动管理体系，加强本外币协调管理，既防范了跨境资金流动风险，又依法保障了市场主体真实合规的用汇需求。梳理简化、变更的行政审批事项，上线网上办理系统，累计受理外汇行政服务审批业务千余笔，继续保持零投诉。加强“走出去”企业外汇服务，为13家企业办理全口径跨境融资签约备案，签约额累计6.39亿美元，是2018年的4.40倍，实际融入境外资金5.92亿美元。在全省率先开展“外汇服务进万企”活动，深入8个区县开展“智汇行”活动，各区县党委政府给予高度认可。组织19家银行为48家企业制订62套本外币一体化综合服务方案，为企业解决实际问题236项，相关做法被《金融时报》等媒体多次报道。

【保险业务】 截至2019年末，淄博市保险市场共有71家市级机构，其中财产险公司31家、人身险公司38家、养老保险公司2家；淄博市区县支公司及营销服务部395个，保险网点遍布全市城乡。淄博市保险从业人员共46,304人。全年淄博市保险业务实现保费收入191.99亿元，同比增长12.49%；服务社会能力逐步增强，保险业全年为淄博市单位和个人提供风险保障46,144.81亿元；年末淄博市保险密度为4,084.79元，保险深度为5.27%。

【证券市场】 截至2019年末，淄博市有25家上市公司、27只股票在沪深港证券交易所交易，累计实现融资691.00亿元。2019年，淄博市共有3家企业报山东证监局辅导，1家企业向证监会递交IPO材料。2019年，淄博市有3家企业在新三板挂牌，累计挂牌家数达60家。区域性股权交易市场方面，2019年，淄博市共有69家企业在齐鲁股权交易中心实现挂牌；截至2019年底，淄博市在齐鲁股权交易中心挂牌企业家数累计达672家。

（杨 钊、司冠华）

附表1

淄博市主要金融指标1

单位：亿元

地区		银行类							
		本外币存款余额	住户存款	非金融企业存款	本外币贷款余额	第一产业贷款	第二产业贷款	第三产业贷款	个人贷款及透支
淄川区	2019年	586.74	441.67	104.07	284.04	2.07	84.05	87.88	93.17
	同比增幅（%）	10.37	9.52	28.63	2.12	4.64	-11.85	5.16	6.75
博山区	2019年	356.08	290.47	43.90	155.58	1.18	69.59	29.63	50.17
	同比增幅（%）	9.11	12.00	6.11	2.84	-2.22	5.98	-13.26	8.90
临淄区	2019年	768.78	526.47	181.7	564.65	2.57	244.98	130.63	144.40
	同比增幅（%）	8.21	10.25	12.61	4.96	-5.38	-5.76	-5.32	13.31
桓台县	2019年	438.88	244.07	161.98	433.91	0.80	183.80	88.84	145.83
	同比增幅（%）	8.25	12.62	7.97	5.97	-15.22	-4.30	3.62	18.33
高青县	2019年	182.33	138.74	24.5	141.33	1.66	34.01	39.31	66.34
	同比增幅（%）	6.93	14.71	-8.27	3.92	-31.19	-7.73	5.27	11.73
沂源县	2019年	293.5	206.24	60.98	208.71	2.99	44.79	57.84	102.72
	同比增幅（%）	8.99	13.17	0.08	9.33	-16.90	-4.68	5.83	20.22
淄博市	2019年	5,023.42	3,111.54	1,339.26	3,593.93	18.39	1,030.88	1,029.68	1,324.15
	同比增幅（%）	8.80	11.39	10.48	12.32	-11.56	-5.76	23.43	16.57

附表2

淄博市主要金融指标2

单位：亿元

地区		保险类		证券类		
		保险公司保费收入	保险公司赔款和给付支出	证券市场成交总额	投资者保证金余额	投资者开户数（万户）
淄川区	2019年	15	—	—	—	—
	同比增幅（%）	-9.31	—	—	—	—
博山区	2019年	8.29	—	—	—	—
	同比增幅（%）	6.83	—	—	—	—
临淄区	2019年	21.38	—	—	—	—
	同比增幅（%）	13.11	—	—	—	—
张店区	2019年	19.07	—	—	—	—
	同比增幅（%）	6.83	—	—	—	—
周村区	2019年	10.1	—	—	—	—
	同比增幅（%）	3.83	—	—	—	—
沂源县	2019年	7.95	—	—	—	—
	同比增幅（%）	13.53	—	—	—	—
桓台县	2019年	13.84	—	—	—	—
	同比增幅（%）	12.17	—	—	—	—
高青县	2019年	8.29	—	—	—	—
	同比增幅（%）	-5.52	—	—	—	—
淄博市	2019年	191.99	—	—	—	—
	同比增幅（%）	12.49	—	—	—	—

附表3

淄博市主要金融机构概况

单位名称	行长（或其他称谓的第一负责人）	副行长（或其他称谓的同级领导）	正式员工（人）	营业网点（个）
人民银行淄博市中心支行	林　飞	张光森、徐　宁、刘　洁、张维建、王　剑、高文博、葛大江、许黎华	352	7
淄博市银保监分局	朱　锋	陈保君、房爱国、宋海澎、冉广旭、刘明明、杨鲁燕	69	5
农业发展银行淄博市分行	姜绍华	隋全亮、孙振亭、王　颖	179	8
工商银行淄博分行	金　滨	王立亭、亓登明、李新武、段　军、李长清、石海滔、肖方俊、强　韬、苗纪宏	1,505	77
农业银行淄博分行	马志军	郑建春、徐兴岭、徐　超、李瑞正、张　勇、王建松	1,759	101
中国银行淄博分行	范延明	慕永仕、马　勇、梁文华、刘大勇	953	39
建设银行淄博分行	白彤文	张　剑、王德仲、王　斌、程红祥	1,329	62
交通银行淄博分行	桑　剑	柴　广、苏先锋、陈丰慧、崔佃友	452	19
中信银行淄博分行	李志强	朱　刚、李双杰、王善民、张　磊	195	8
光大银行淄博分行	单　锋	衣奎树、荆　飞、翟洪涛	94	5
平安银行淄博分行	丁　伟	刘晓宁	43	1
招商银行淄博分行	刘　钧	王　浩、孙永刚、王　鹏	167	7
浦发银行淄博分行	丁福昌	郑拥军、王光华	89	7
兴业银行淄博分行	陈连合	邹　峰、陆　强	102	7
民生银行淄博分行	朱国庆	王春晓、王　锐、贾洪伟	52	1
恒丰银行淄博分行	魏会敏	王丽华	68	3
渤海银行淄博分行	郭兆浩	张荣博	36	1
青岛银行淄博分行	牛建祥	巩向忠	124	4
齐商银行	杲传勇、赵晓东	侯全明、王　强、王　涛、孙高荣、马慧玲、邹　倩	2,756	126
东营银行淄博分行	郭　华	张行辉、朱玉平、孙立俊、马东红	115	6
威海市商业银行淄博分行	于　斌	戚鹏杰、曹忠正	53	2
济宁银行淄博分行	赵刚毅	李　生	80	5
邮政储蓄银行淄博市分行	种　钢	关风光、殷　钢、东庆凯	608	28
山东省农村信用社联合社淄博审计中心	马春成	王兆新、玄俊峰、吴志新、于光辉	27	1
淄川农商行	张庆春、张　莉	杜　娟、刘　磊、孙宁通、杨逢深	505	52
博山农商行	梁衍波、孙希荣	邢长远、杨立军、景　郑、张　杰、杜岩清	429	42
临淄农商行	刘　珂、毛元春	王廷军、马海波、邵承信、隋　佳、李　城、方永俊	672	54
张店农商行	刘荣君、王　锋	王　震、崔现学、毕玉梅、尹　鹏	698	71
周村农商行	范英健、崔　涛、	马卫国、马　雷、尹　良、高臻博	352	28
桓台农商行	李岩松、薛　宁	荆　春、郑　军、陈立勇、张　勇	564	51
高青农商行	许　斌、张爱娟	陈　静、王玉华、石学鹏、郭　强	297	24

续表

单位名称	行长（或其他称谓的第一负责人）	副行长（或其他称谓的同级领导）	正式员工（人）	营业网点（个）
沂源农商行	刘际中、杨 军	司 玲、曹海滨、李铨斌、丁 晓	393	34
淄川北海村镇银行	贾忠强、李峻玲	—	31	2
博山北海村镇银行	盛继承、孙 彤	林健伟、卜范凯	38	2
临淄汇金村镇银行	林 海	姜言波	51	5
周村青隆村镇银行	李柏万、张 勇	—	56	5
桓台青隆村镇银行	王有学、陈 保	—	57	4
高青汇金村镇银行	钟晓明	王占信、孙瑞文、侯文学	26	3
沂源博商村镇银行	马兆峰、王成伟	房师成、鹿 灏	180	19
中国人民财产保险股份有限公司淄博市分公司	段玉宏	王 宾、白鹏飞、王鸿升、于志勇	580	59
中国太平洋财产保险股份有限公司淄博中心支公司	国先建	丁友振、朱俊海	196	8
中国平安财产保险股份有限公司淄博中心支公司	刘 刚	毕新宇 、刘笑西、孙 浩	285	8
中国人寿保险股份有限公司淄博分公司	黄 斌	张呈全	6,467	60
中国太平洋人寿保险股份有限公司淄博中心支公司	薄永伟	宋 燕	6,301	13
中国平安人寿保险股份有限公司淄博中心支公司	张校铭	徐志强	5,523	13

附表4

淄博市主要金融机构业务概况

（2019年末）

单位：亿元

单位名称	本外币存款余额	本外币单位存款	本外币储蓄存款	本外币贷款余额	本外币短期贷款	本外币中长期贷款
农业发展银行淄博市分行	36.00	36.00	0.00	169.63	13.29	156.34
工商银行淄博分行	563.40	180.85	382.55	396.77	111.23	285.54
农业银行淄博分行	701.72	201.18	500.54	395.46	136.17	241.24
中国银行淄博分行	343.28	136.10	207.18	274.91	98.11	139.43
建设银行淄博分行	494.19	170.40	323.80	258.26	88.62	166.47
交通银行淄博分行	271.05	150.16	120.89	162.56	77.00	83.16
中信银行淄博分行	83.89	42.51	41.38	78.93	19.33	57.58
光大银行淄博分行	47.34	34.25	13.09	43.35	16.22	27.13
平安银行淄博分行	9.09	5.03	4.06	25.58	2.20	23.37
招商银行淄博分行	57.70	23.63	34.07	48.56	23.53	21.15
浦发银行淄博分行	36.94	20.72	16.22	46.71	15.89	26.62
兴业银行淄博分行	93.86	74.72	19.07	82.89	27.03	50.37
民生银行淄博分行	40.71	35.66	1.90	36.40	19.54	16.65
恒丰银行淄博分行	43.35	40.32	3.02	36.50	15.32	15.79
渤海银行淄博分行	20.20	12.31	7.88	21.39	4.49	16.90

续表

单位名称	本外币存款余额	本外币单位存款	本外币储蓄存款	本外币贷款余额	本外币短期贷款	本外币中长期贷款
青岛银行淄博分行	75.91	61.40	14.51	73.93	12.66	61.27
齐商银行	1,19.18	684.34	334.84	764.77	413.48	351.29
东营银行淄博分行	42.35	24.26	18.09	22.49	11.97	10.52
济宁银行淄博分行	15.18	8.26	6.92	12.90	1.81	7.21
威海市商业银行淄博分行	28.69	17.57	11.12	22.59	9.15	13.44
邮政储蓄银行淄博分行	280.84	24.05	256.78	132.65	35.92	68.91
淄川农商行	138.72	19.20	119.52	93.19	55.68	24.12
博山农商行	97.76	8.25	89.50	59.15	38.24	17.98
临淄农商行	203.44	43.51	159.91	140.24	92.02	41.73
张店农商行	177.25	40.06	137.19	131.38	59.9	68.51
周村农商行	83.17	9.64	73.54	45.13	27.32	15.02
桓台农商行	115.52	29.14	86.33	98.74	72.40	23.90
高青农商行	68.29	8.03	60.26	44.67	31.15	13.52
沂源农商行	82.10	21.16	60.94	52.09	37.65	14.40
淄川北海村镇银行	2.65	1.49	1.16	1.91	1.50	0.41
博山北海村镇银行	3.22	1.30	1.92	1.74	1.21	0.53
临淄汇金村镇银行	8.91	2.11	6.80	8.82	6.92	1.90
周村青隆村镇银行	4.40	0.77	3.63	3.27	1.17	2.10
桓台青隆村镇银行	3.53	1.17	2.36	3.72	1.32	2.40
高青汇金村镇银行	3.24	0.45	2.79	4.16	3.33	0.83
沂源博商村镇银行	50.69	10.73	39.96	37.52	24.02	13.50

附表5

淄博市金融机构统计指标

单位：家、人、只

	指标	2015年	2016年	2017年	2018年	2019年	2019年同比增幅（%）
银行类	银行类机构家数	20	22	23	23	23	0.00
	法人机构	10	13	16	16	16	0.00
	省级分行	0	0	0	0	0	0.00
	二级分行	17	19	20	20	20	0.00
	县区支行	994	1,006	1,007	991	991	0.00
	正式从业人数	15,125	15,187	14,925	14,671	14,459	-1.45
保险类	保险公司家数	56	63	65	70	71	1.40
	财险公司家数	27	29	29	31	31	0.00
	省级分公司	0	0	0	0	0	0.00
	地市分公司	27	29	29	31	31	0.00
	县区支公司	82	114	144	171	152	-11.11
	寿险公司家数	29	34	37	39	40	2.56

续表

指标		2015年	2016年	2017年	2018年	2019年	2019年同比增幅（%）
保险类	省级分公司	0	0	0	0	0	0.00
	地市分公司	29	34	37	39	40	2.56
	县区支公司	95	170	139	148	146	-1.36
	正式从业人数	25,000	33,414	47,519	52,400	46,304	-11.63
	财险人员	7,912	575	4,000	3,800	3,321	-12.61
	寿险人员	17,088	32,839	43,519	48,600	42,983	-11.56
证券类	证券公司家数	2	2	2	2	3	50.00
	证券营业部	28	35	40	40	41	2.50
	正式从业人数	—	—	—	—	—	—
	境内上市股票只数	23	29	24	24	23	-4.17
	境外上市股票只数	5	5	4	4	4	0.00
	辖区上市公司总数	26	27	26	26	25	-3.85

枣庄市

【经济金融概况】 2019年，枣庄市上下认真贯彻落实市委市政府各项决策部署，聚焦“先把枣庄经济搞上去”，突出抓好“六稳”，全市经济呈现出总体平稳、稳中有进的运行态势。2019年，枣庄市生产总值实现1,693.91亿元，可比增长3.60%；规模以上工业增加值增长2.10%；社会消费品零售总额增长4.90%；一般公共预算收入完成147.26亿元，增长0.40%，全口径税收收入（不含海关代征）204.90亿元，增长9.60%，增幅居全省第一位。全年居民消费价格上涨2.90%，处于温和上涨区间。全年居民人均可支配收入为26,291.00元，增长8.00%。金融运行健康平稳。截至2019年末，枣庄市各项贷款余额为1,557.78亿元，较年初增加200.45亿元，增长14.77%；各项存款余额为2,197.58亿元，较年初增加159.32亿元，增长7.82%。

【货币政策】 2019年，人民银行枣庄市中心支行认真落实稳健货币政策，努力为地方经济发展营造适宜的货币金融环境。

一是畅通货币政策传导渠道。印发推动金融服务新旧动能转换等多个信贷专项文件，强化信贷政策与财政政策、产业政策的协调配合，引导金融机构加大节能环保、公共服务等供给侧结构性改革重点领域和关键环节支持力度。

二是加大金融支持新旧动能转换力度。出台《进一步完善重点项目融资对接工作机制的通知》，将优质金融资源聚焦高端装备、高端化工、大数据、医药健康等特色优势产业和重大基础设施、重大民生项目，并将其作为新旧动能转换支持重点和目标；完善“新旧动能转换项目金融服务储备库”，深化“互联网+”融资对接服务模式，加大对银行机构的督导力度。15家企业与银行签订意向合作金额100.30亿元，落地资金37.24亿元。

三是稳步有序推进绿色金融服务。加大绿色项目对接力度，建立动态“绿色项目库”，实施绿色贷款专项统计。引导金融机构创新推出“金屋顶”光伏贷、“绿色出行贷”等信贷产品。建立“绿色票据直通车”，累计办理绿色票据137张、金额3.23亿元。截至2019年末，全市绿色贷款余额为73.69亿元，较年初增加1.10亿元。

四是以“样板村”创建助力乡村振兴。探索建立金融服务乡村振兴“样板村”“五个一”工作规范，及时跟踪各银行机构金融服务乡村振兴“样板村”建设进展情况，协商解决遇到的困难和问题。截至2019年末，共为97个“样板村”发放贷款1.99亿元，设立普惠金融服务站92个，评定信用户2,271户，分别较年初增长105.00%、92.00%和69.00%。

【金融稳定】 2019年，人民银行枣庄市中心支行以守住不发生系统性金融风险的底线为根本目标，积极完善风险应对和处置机制，金融稳定各项工作稳步推进。

一是积极构建“网格化”金融风险监测预警机制。起草《枣庄市金融风险监测预警工作意见》，探索推动部门联动的金融风险监测预警机制，大力拓展监测的深度和广度，全面摸清风险底数，为各级领导科学决策提供可靠信息支撑。

二是强力推动风险早处置。及时总结存款保险早期纠正经验，扎实、规范开展央行金融机构评级，组织对部分县域金融机构开展不良资产真实性现场核查，为从根本上化解风险奠定了坚实基础。

三是积极稳妥做好包商银行接管相关工作。联合枣庄银保监分局等成立接管工作小组，严格执行统一的大额债权人收购政策，在规定时间内组织相关债权机构签订《债权收购与转让协议》，全面强化风险监测预警，确保辖区金融稳健运行。

【金融服务】 2019年，人民银行枣庄市中心支行积极改善金融服务，着力服务民生，赢得社会各界的广泛好评。

一是不断改善民营和小微企业融资环境。开展“民营和小微企业首贷培植行动”，联合市场监督管理部门启动“微首贷培育”工作，通过建立企业库、网上推送、定期调度，为民营和小微企业健康快速发展注入“源头活水”。截至2019年末，培植各类企业1,565家，获得首贷1,434家，成功率为91.60%，发放贷款14.67亿元。实施中小微企业主办银行制度，银企实现“一对一”个性化对接，为78家中小微企业提供融资支持9.70亿元；持续跟进“小微企业金融服务万户行”及“金融精准助民企千户帮”活动，选取715家民营和小微企业，组织各金融机构深入企业对接，实际对接资金为23.41亿元。

二是不断提升支付结算服务水平。开展取消企业银行账户许可改革工作，企业办理银行账户开立实现当日申请、当日开户、当日启用，账户行政许可工作量降低了95.00%。指导银联商务枣庄分公司推广农资收购类特色支付产品“福农通”，成功助力滕州土豆季农产品收购；支持农业银行枣庄分行开展“助农取款服务点+农村电商”业务，应用“惠农e商”平台，构建特色化的“三农”电商金融服务体系，打通工业品下乡、农产品进城双流向的农村渠道。

三是不断优化社会信用体系建设。深入推进“信用样板村”创建活动，为80个村的4,472户农户建档并授信2.62亿元。召开“加强信用建设 打造诚信枣庄”新闻发布会，对失信企业实行联合惩戒。建立主城区“3公里”查询圈，辖区9个网点、12台自助查询机全部上线扫码支付功能，实现午间、周末自助查询。大力推广应收账款融资服务平台，平台累计开通金融机构用户101家，发放应收账款融资93笔、62.78亿元，分别较上年增长564.29%、68.01%，其中小微企业成交48笔、33.72亿元。

四是不断改进现金管理服务。大力推进现金服务示范区创建，全市3个试点区域50个银行网点达到建设标准要求。持续强化反假货币工作，440余个银行网点利用电子显示屏滚动播放反假宣传相关内容，散发各种反假宣传材料5万余份，接受咨询8万余人次，完成“反假货币小超人”答题4万人次，参与率位列全省第二。推进反假货币示范区建设工作，以滕州市龙庄公园为载体，建设人民币知识主题公园。

五是不断提升经理国库水平。全面完成金税三期系统并库财税库银系统切换，协调商业银行开展联调测试，完成辖区国地税并库工作。推进退税电子化系统、财税库银横向联网系统上线运行，做好城乡居民社保费入库和划转，累计入库34.46亿元、划转34.46亿元。

【金融监管】 2019年，人民银行枣庄市中心支行积极强化金融管理，努力打造管理服务型基层央行。

一是依法依规开展行政执法检查。按期完成2019年度行政执法检查计划安排，共开展综合执法检查5项、专项执法检查6项、专业检查共计45次，实现了执法专业全覆盖。对部分机构的违法行为进行了行政处罚，促进了依法行政工作的开展。

二是不断拓展金融消费权益保护的深度和广度。累计受理投诉咨询86件，办结率达100.00%。组织开展金融知识宣传“进校园，进课堂，进课程”活动，举办“3·15金融消费者权益日”和“普及金融知识，守住‘钱袋子’金融知识普及活动”，推进金融知识纳入国民教育体系。

【外汇管理】 2019年，国家外汇管理局枣庄市中心支局进一步加大全口径跨境融资宏观审慎管理等政策辅导力度，引导企业自主开展跨境融资。开展跨境超市巡展月、外汇服务进万企等活动，累计走访涉外企业五百余家，成立动态金融顾问服务团，宣讲本外币政策，举办银企对接会，推介“跨境快贷—退税贷”等产品，开展“人民币跨境使用十周年”成果展示和产品超市巡展活动；实施“一站式”便利化服务，推行外汇业务网上办理，联合商务、税务、海关开展政策辅导，中心支局被评为“促进开放先进集体”；通过实地走访了解企业需求，研究完善专项措施，组织外汇指定银行为企业开展“一对一”服务，累计为企业解决具体困难和问题19项。2019年，枣庄市外汇收入为16.05亿美元，支出3.60亿美元。

（邢衍栋）

附表1

枣庄市主要金融指标1

单位：亿元

地区		银行类							
		本外币存款余额	住户存款	非金融企业存款	本外币贷款余额	第一产业贷款	第二产业贷款	第三产业贷款	个人贷款及透支
市中区	2019年	477.82	325.01	97.79	363.68	1.01	69.78	78.39	175.02
	同比增幅（%）	8.75	12.01	127.47	22.41	129.55	35.47	139.36	43.44
薛城区	2019年	437.72	251.11	89.55	369.52	0.41	68.84	88.73	95.81
	同比增幅（%）	2.45	12.09	19.98	20.29	-59.80	-2.84	0.66	38.71
峄城区	2019年	139.91	95.19	17.62	94.65	0.14	16.27	42.85	34.89
	同比增幅（%）	2.50	14.43	-11.59	-1.44	-33.33	-18.57	-2.94	44.23
台儿庄区	2019年	125.66	90.47	18.39	81.52	0.06	11.98	29.97	37.79
	同比增幅（%）	8.93	13.07	31.92	6.38	-60.00	-6.55	18.36	15.78
山亭区	2019年	139.86	94.28	22.73	70.15	0.49	25.54	22.40	20.93
	同比增幅（%）	10.39	13.67	91.65	16.09	-12.50	-1.66	78.91	17.58
滕州市	2019年	784.98	572.15	133.46	538.25	0.36	139.98	111.73	240.26
	同比增幅（%）	8.05	11.82	5.66	9.54	-35.71	0.33	-2.73	22.90
高新区	2019年	63.93	36.12	15.86	40.01	0.03	10.02	5.87	14.05
	同比增幅（%）	15.65	13.96	115.49	40.10	—	139.14	247.34	27.03
枣庄市	2019年	2,169.89	11,464.34	411.19	1,557.78	2.49	350.58	418.45	620.23
	同比增幅（%）	7.05	12.32	16.67	14.77	-25.89	-1.31	14.91	29.41

附表2

枣庄市主要金融指标2

单位：亿元

地区		保险类		证券类		
		保险公司保费收入	保险公司赔款和给付支出	证券市场成交总额	投资者保证金余额	投资者开户数（万户）
市中区	2019年	37.91	12.90	1,029.61	4.11	20.89
	同比增幅（%）	31.18	30.04	30.83	45.36	59.95
薛城区	2019年	11.04	2.15	262.79	1.18	9.21
	同比增幅（%）	-14.88	8.59	19.26	-15.79	68.37
峄城区	2019年	4.94	1.36	33.88	0.10	1.42
	同比增幅（%）	3.13	6.25	-2.24	-40.15	97.22
台儿庄区	2019年	5.01	1.00	85.49	0.25	2.48
	同比增幅（%）	2.87	-13.79	22.52	106.88	108.40
山亭区	2019年	2.46	0.56	37.20	0.10	1.3
	同比增幅（%）	12.33	-17.65	-59.60	44.44	103.13
滕州市	2019年	23.22	4.33	679.18	1.97	15.78
	同比增幅（%）	-3.69	-24.43	32.22	85.93	77.30
高新区	2019年	1.67	0.59	77.14	0.06	1.27
	同比增幅（%）	12.84	7.27	—	-99.83	144.23
枣庄市	2019年	86.26	22.88	2,205.31	7.77	52.35
	同比增幅（%）	6.50	7.50	25.88	36.73	71.64

附表3

枣庄市主要金融机构概况

单位名称	行长（或其他称谓的第一负责人）	副行长（或其他称谓的同级领导）	正式员工（人）	营业网点（个）
人民银行枣庄市中心支行	罗亮森	孙 斌、朱传辰、吴 静、胡 杰、颜道盛	295	4
银保监会枣庄监管分局	马天奎	周保舰、倪 辉、王 芳、王 霞	54	1
农业发展银行枣庄市分行	段玉华	李元华、张瑞冬、刘 洋	140	6
工商银行枣庄分行	张东海	胡吉平、张延文、台朝晖、张义辉、张 永、张 超、王洪娟	766	45
农业银行枣庄分行	张清民	赵相东、李庆阳、马洪涛、韩照东	963	50
中国银行枣庄分行	金 冬	王昀柏、姜立民、匡华强、刘义涛	526	22
建设银行枣庄分行	崔 震	张守义、刘向群、王 磊、陈 勇、丛方中	871	36
交通银行枣庄分行	张新宇	苏 健、毕崇华	62	3
枣庄银行	陈大章	祁懂华、王成军、张德安、王广振、王 岩、刘 磊、颜海龙	635	25
济宁银行枣庄分行	彭 涛	张 营、黄 辉	107	7
青岛银行枣庄分行	甄彦忠	彭德成	112	6
日照银行枣庄分行	王 伟	王海峰、赵 舵	95	3
威海商业银行枣庄分行	陈新波	慈胜祖、褚秀芳	54	2
枣庄农商行	吴加军	张友银、洪继承	1,710	93
滕州农商行	刘志强	王 豹、李继堂、陈 涛、刘思宏、徐 明、徐长春	735	51
邮政储蓄银行枣庄市分行	仇洪建	杨 佳、路 阳、张 强	761	105
山东滕州中银富登村镇银行	李海东	傅 萍、时亮亮	45	1
中国人寿保险股份有限公司枣庄分公司	卞建忠	何召理	221	6
中国太平洋人寿保险股份有限公司枣庄中心支公司	郭承刚	李永军、崔红梅、徐东兵	130	7
泰康人寿保险有限责任公司枣庄中心支公司	尹 雪	—	88	29
中国平安人寿保险股份有限公司枣庄中心支公司	赵建坤	张立鼎	64	5
新华人寿保险股份有限公司枣庄中心支公司	陈 强	曹永昌	74	4
民生人寿保险股份有限公司枣庄中心支公司	靳 东	—	36	7
太平人寿保险有限公司枣庄中心支公司	梁宗岭	迟国峰	64	0
合众人寿保险股份有限公司枣庄中心支公司	陈 毅	—	13	3
中国人民人寿保险股份有限公司枣庄中心支公司	王宏权	亓 永	40	7

续表1

单位名称	行长（或其他称谓的第一负责人）	副行长（或其他称谓的同级领导）	正式员工（人）	营业网点（个）
富德生命人寿保险股份有限公司枣庄中心支公司	孙会香	孙 健	57	4
阳光人寿保险股份有限公司枣庄中心支公司	王海燕	时 彬	58	5
华泰人寿保险股份有限公司枣庄中心支公司	张建永	胡乐侠	24	5
信泰人寿保险股份有限公司枣庄中心支公司	杨世西	—	13	3
天安人寿保险股份有限公司枣庄中心支公司	张云飞	张典辰、王玉庆	56	1
华夏人寿保险股份有限公司枣庄中心支公司	刘永胜	刘秋梅	37	5
恒安标准人寿保险股份有限公司枣庄中心支公司	张 磊	—	5	1
百年人寿保险股份有限公司枣庄中心支公司	韩建国	鲁守吉	13	2
农银人寿保险股份有限公司枣庄中心支公司	万春生	—	27	2
建信人寿保险股份有限公司枣庄中心支公司	朱会华	李宜帅	13	3
德华安顾人寿保险有限公司枣庄中心支公司	张化强	—	25	5
利安人寿保险股份有限公司枣庄中心支公司	周广营	—	23	3
陆家嘴国泰人寿保险有限责任公司枣庄中心支公司	曹翠勇	—	4	1
安邦人寿保险股份有限公司枣庄中心支公司	李星华	—	4	1
平安养老保险股份有限公司枣庄中心支公司	王 浩	—	3	0
中国人民财产保险股份有限公司枣庄市分公司	王 涛	卫 斌、张同存	297	18
中国太平洋财产保险股份有限公司枣庄中心支公司	赵新祥	张东旭、马洪坤、李兴珍	135	10
天安财产保险股份有限公司枣庄中心支公司	王 坤	赵丙国、赵 超	19	1
中国平安财产保险股份有限公司枣庄中心支公司	赵 辉	徐国民、郑玉玲、张卉卉	155	6
中华联合财产保险股份有限公司枣庄中心支公司	于洪雨	吴开鹏	52	8
中国大地财产保险股份有限公司枣庄中心支公司	王 猛	张玉垒	25	4

续表2

单位名称	行长（或其他称谓的第一负责人）	副行长（或其他称谓的同级领导）	正式员工（人）	营业网点（个）
永安财产保险股份有限公司枣庄中心支公司	程海云	郑 飞	16	4
大家人寿保险股份有限公司枣庄中心支公司	李星华	—	4	1
安华农业保险股份有限公司枣庄中心支公司	房 伟	—	23	5
阳光财产保险股份有限公司枣庄中心支公司	代广珍	宋 静、李修建	55	7
中国人寿财产保险股份有限公司枣庄市中心支公司	邵 兵	刘 亮	67	1
安盛天平财产保险股份有限公司枣庄中心支公司	薛 琦	张启栋	13	2
华安财产保险股份有限公司枣庄中心支公司	陈 鹏	—	11	1
泰山财产保险股份有限公司枣庄中心支公司	王九志	—	11	1
华海财产保险股份有限公司枣庄中心支公司	贾立新	—	18	3
浙商财产保险股份有限公司枣庄中心支公司	刘 彬	—	11	0
都邦财产保险股份有限公司枣庄中心支公司	翟跃峰	—	4	1
太平财产保险有限公司枣庄中心支公司	王广宇	—	22	2
亚太财产保险有限公司枣庄中心支公司	万海涛	—	7	1
国任财产保险股份有限公司枣庄中心支公司	商和利	—	4	1
安诚财产保险股份有限公司枣庄中心支公司	房 伟	—	23	5
紫金财产保险股份有限公司枣庄中心支公司	吴成东	—	3	1
安信证券公司山东分公司枣庄青檀中路营业部	王 伟	—	12	1
长江证券公司枣庄青檀中路证券营业部	冯晓靓	—	5	1
国泰君安证券公司枣庄市光明西路证券营业部	刘日群	李明洋	8	1
海通证券股份有限公司枣庄燕山路证券营业部	王 鹏	戚 潇	6	1
招商证券股份有限公司滕州解放中路证券营业部	宋志强	—	9	1

续表3

单位名称	行长（或其他称谓的第一负责人）	副行长（或其他称谓的同级领导）	正式员工（人）	营业网点（个）
中泰证券股份有限公司枣庄分公司	陈志伟	张 辉	73	7
中信证券（山东）有限责任公司枣庄文化中路证券营业部	赵世军	—	34	1
中信证券（山东）有限责任公司滕州新兴北路证券营业部	赵俊锟	荆中利	23	1
华林证券股份有限公司枣庄光明大道证券营业部	段文浩	—	8	1

附表4

枣庄市主要金融机构业务概况

（2019年末）

单位：亿元

单位名称	本外币存款余额	本外币单位存款	本外币储蓄存款	本外币贷款余额	本外币短期贷款	本外币中长期贷款
农发行枣庄市分行	45.91	45.91	—	141.7	27.17	114.53
工商银行枣庄分行	330.35	123.15	207.02	241.69	36.82	201.31
农业银行枣庄分行	296.17	73.77	222.01	178.37	66.41	102.1
中国银行枣庄分行	167.83	80.38	87.01	174.41	60.98	102.89
建设银行枣庄分行	345.34	118.41	226.82	202.8	52.22	127.28
交通银行枣庄分行	26.74	16.48	10.26	21.18	11.32	9.37
枣庄银行	151.86	66.99	84.85	114.77	68.11	37.84
济宁银行枣庄分行	41.27	18.81	22.46	15.74	7.91	7.19
青岛银行枣庄分行	38.75	26.43	12.31	25.95	2.9	18.77
日照银行枣庄分行	25.27	16.15	9.12	10.91	3.31	7.60
威海商行枣庄分行	14.34	10.1	4.23	9.89	1.21	8.48
枣庄农村商业银行	260.08	50.82	209.26	325.8	111.63	121.16
滕州农村商业银行	192.23	32.36	159.87	129.08	53.22	45.15
邮储银行枣庄市分行	228.42	21.59	206.83	91.1	26.25	53.45
滕州建信村镇银行	5.32	3.37	1.95	3.47	1.33	2.14

附表5

枣庄市金融机构统计指标

单位：家、人、只

指标		2015年	2016年	2017年	2018年	2019年	2019年同比增幅（%）
银行类	银行类机构家数	14	15	15	15	15	0.00
	法人机构	4	4	4	4	4	0.00
	省级分行	0	0	0	0	0	0.00
	二级分行	10	11	11	11	11	0.00
	县区支行	155	155	205	202	201	-0.50
	正式从业人数	7,517	7,492	7,871	7,687	7,582	-1.37

续表

	指标	2015年	2016年	2017年	2018年	2019年	2019年同比增幅（%）
保险类	保险公司家数	39	43	44	45	46	2.22
	财险公司家数	18	19	20	21	22	4.76
	省级分公司	—	—	—	—	—	—
	地市分公司	18	19	20	21	22	4.76
	县区支公司	—	—	—	70	76	8.57
	寿险公司家数	21	24	24	24	24	0.00
	省级分公司	—	—	—	—	—	—
	地市分公司	21	24	24	24	24	0.00
	县区支公司	—	—	—	75	78	4
	正式从业人数	25,063	33,742	37,251	37,636	35,057	-6.85
	财险人员	3,232	5,969	5,350	7,185	6,977	-2.89
	寿险人员	21,831	27,773	31,901	30,451	28,080	-7.79
证券类	证券公司家数	3	3	4	4	4	0.00
	证券营业部	10	14	13	13	14	7.69
	正式从业人数	119	168	178	193	184	-4.66
	境内上市股票只数	—	—	—	1	2	100
	境外上市股票只数	—	—	—	—	—	—
	辖区上市公司总数	—	—	—	1	2	100.00

东营市

【经济金融概况】 2019年，在外部环境持续趋紧、风险挑战持续增多、经济下行压力持续加大的情况下，东营市主要经济指标增速放缓，各银行机构全面贯彻稳健货币政策，不断强化风险处置，引导业务回归本源，各项存款保持增长，信贷总量相对稳定，不良贷款增势明显放缓。

【货币政策】 2019年，人民银行东营市中心支行积极贯彻落实稳健货币政策、畅通货币信贷政策传导渠道，以推动三项重点工作攻坚行动为着力点，深化民营、小微企业金融服务，推动提升金融服务实体经济质效。一是进一步畅通货币信贷政策传导渠道。及时传达宏观审慎评估调整细则，强化MPA在引导金融机构加大对民营、小微企业贷款投放方面的作用，深化宏观审慎评估工作；贯彻落实普惠金融定向降准、下调服务县域农商行存款准备金率、全面降准等4次降准政策，大力推广“重点支持票据直通车”再贴现操作模式，充分发挥央行资金导向作用。建立金融支持新旧动能转换重大工程、支持民营中小企业发展、创业担保贷款等协作机制，形成“几家抬”政策合力，实现多部门职能深度融合，畅通货币信贷政策传导渠道。二是做好金融支持新旧动能转换重大工程攻坚行动。组织开展“重大项目集中走访对接月”活动，引导银行机构与项目建设主体建立日常联系机制；联合制定科技金融融合发展指导意见，推动发放科技成果转化类贷款0.29亿元，知识产权质押贷款余额为10.90亿元，居全省首位。开展民营和小微企业首贷培植、“银行行长走进百家企业”“高成长型中小企业主办行制度试点”“百名局长服务百名企业”等系列活动，相关工作获地方主要领导肯定性批示。在全省首家联合市工商联建立支持民营中小企业发展的协作机制，通过“东营市工商联”微信公众号宣传18期，促成银企合作意向108笔、28.20亿元。联合市总工会组织开展民营、小微企业金融服务创新竞赛活动，全市银行机构申报45项创新产品。三是做好金融服务乡村振兴攻坚行动。联合制定实施意见和实施方案，扎实开展金融服务乡村振兴“样板村”和“一县一品”创建活动，整村授信1,306个村，授信6.80万户、52.46亿元；引导县支行为“三农”量身定做信贷产品30余项，2019年末特色产业专项信贷投放余额为

13.16亿元。推动垦利区建立客户经理“包村”制度和“网格式”走访对接机制，实行“一村一策”，推出网格化特色支农产品，相关做法被《金融时报》和《分行1+4简报》采用。指导拟定《垦利区农村集体股权质押贷款试点工作实施方案》和《垦利区农村集体资产股权质押贷款管理办法（试行）》。四是着力做好绿色金融发展工作。开展“绿色金融发展百日攻坚”活动，引导各金融机构结合企业融资需求和经营特点，从行业政策、信贷政策、担保政策等方面，按照“一企一策”原则有针对性地制订金融服务方案。做好与“金融顾问团”结合的文章，积极探索与环保部门合作，做好信息沟通和共享。组织召开金融机构发行绿色金融债券、企业发行绿色债务融资工具培训班。

【金融市场】 2019年，东营市各金融机构强化创新产品和服务，支持实体经济的能力不断增强。

（一）银行业。2019年末，东营市银行机构各项存款余额为3,865.70亿元，较年初增加139.20亿元；各项贷款余额为3,252.20亿元，较年初减少313.30亿元；银行表外业务余额为1,466.50亿元，较年初减少98.20亿元。

（二）保险业。2019年，东营市保险业实现保费收入108.80亿元，同比增长9.30%。其中，财产险保费收入为29.80亿元，同比增长6.90%；人身险保费收入为79.00亿元，同比增长10.20%。

（三）资本市场。2019年，东营市证券交易额为3,840.20亿元，同比增长11.10%。期货交易额为1,431.00亿元，成交268.20万手。

【金融稳定】 2019年，人民银行东营市中心支行积极参与和推进地方政府防范和化解金融风险工作，全面加强辖区金融风险的监测、评估和报告，不断提升金融稳定履职能力和风险防范及处置能力，有力地维护了辖区经济金融的健康运行。一是加强监测评估，进一步提高金融风险防范与处置能力。依托银行业风险监测系统，做好风险监测工作；认真执行风险监测定期报告制度，加强对辖内重要风险点和风险形势的分析研判；密切关注新闻媒体、互联网、自媒体平台对辖区银行机构的负面报道，监测银行机构发生的涉众型信访投诉事项。二是加强对重要经济实体和重点领域的风险监测和排查。以重大事项报告制度为切入点，进一步提高风险预警能力，积极开展东营市大型企业经营情况调查和东营市金融风险排查工作。三是配合政府做好企业风险处置工作。四是全力做好金融风险处置和化解工作。积极参与政府化解处置企业风险工作，抽调专门人员配合地方政府及有关部门开展打击恶意逃废银行债务专项行动，积极参与东营市防范化解金融风险工作领导小组工作，提供相关支持；发挥防范化解金融风险协调机制作用，对外积极参与风险企业风险处置工作方案、潜在风险企业风险防范方案的研究制订，对内统筹协调企业风险化解工作中存在的金融重点难点问题。

【金融监管】 2019年，东营金融监管部门按照“稳大局、抓重点、促长效”的监管工作思路，认真落实各项工作部署，深入推进重点领域乱象治理，提升服务实体经济质效，各项工作成效明显。一是千方百计稳大局，牢守底线展现新作为。坚持“稳”字优先，从稳控信用风险、法人机构风险和资金供给三个方面，守住了不发生系统性金融风险的底线。逐家机构制定目标任务，压实银行主体责任，争取多方资源，持续加大处置力度。不良贷款余额、不良贷款率五年来首次实现“双降”，存量风险化解成效明显。加强流动性风险指标监测，督导法人机构定期开展压力测试，调整完善应急预案，建立流动性主要监测指标日报制度，法人机构流动性保持总体稳定。定期开展员工行为排查，组织开展案防知识测试，严防案件风险；加强舆情监测评估，严防中小法人机构声誉风险。科学平衡防风险与促发展的关系，严格按照“扶优限劣、区别对待、严控风险”的原则，多举措为企业纾困，保障企业整体授信，维护金融稳定大局。联合相关部门建立银企互信“白名单”制度，确定5批59家银企互信名单，在稳定授信基础上，进一步优化授信结构、倾斜政策资源。二是全力以赴抓重点，风险防范化解取得新进展。坚持聚焦主要矛盾和矛盾的主要方面，重点抓、抓重点，分类施策、精准拆弹，重点客户、重点机构、重点领域风险化解有序有力。全年风险防范化解取得新进展、新突破，为打赢金融风险攻坚战奠定了坚实基础。

【外汇管理】 2019年，国家外汇管理局东营市中心支局扎实推进外汇管理改革开放政策、措施，强化资金流出流入动态均衡监管，防范跨境资金流动风险，助推涉外经济健康快速发展。一是结合“外汇服务进万企”活动，提升贸易便利化服务水平。举办“外汇服务进万企——东营站”外汇政策宣讲活动，组织召开辖区利津县、广饶县汇银企座谈会，通过组织金融机构、企业集中培训座谈的方式，普及外汇政策，解答企业疑问。开展政策服务进企业活动，向全辖企业征集外汇业务问题及需求，研究制订解决方案。充分利用东营国际石化展和橡胶轮胎展等地方特色展会平台，开展外汇政策宣传与宣讲活动；制作“外汇服务进万企——我们在行动”活动宣传微视频，进行网络宣传；联合政府相关部门及银行机构深入涉外企业进行实地走访，送政策、送服务，走访企业592家，为92家企业解决了涉及金融服务的实际困难。二是以重点领域为抓手，加强监测核查成果转化。通过召开县支局履职推进会，明确基础工作要求，借鉴省分局集中监测分析模式，组织县支局同步开展重点企业的监测、分析、处置工作；对总、分局下发的多项异常交易线索进行非现场、现场检查，加大重点行业、重点主体和关键环节现场核查频度。加大违规行为打击力度。对1家企业进行外汇管理行政处罚，罚款金额为134.38万元；先后对10家企业、9家银行开展专项核查、检查，发放企业风险提示函10份，对辖区122名个人开展监测约谈，对13家企业实施分类管理；对5个外汇可疑分拆交易组（涉及48人）进行推送核查。

【金融服务】 2019年，人民银行东营市中心支行秉持“改进服务中强化管理，强化管理中改进服务”的理念，以为民务实、规范管理为着力点，不断提升金融服务和管理水平。

一是深入推进社会信用体系建设，引导金融机构不断提高征信查询服务水平，在全市增设10个商业银行自助查询网点，有效解决社会公众查询征信“远跑路”问题。二是认真做好国库管理服务工作。服务地方经济发展大局，积极推动河口代理支库接入人民银行国库核心业务系统（TCBS）。完成市级国库集中支付业务电子化改革工作，实现国库集中支付的全流程电子化。三是提高现金管理服务水平，做好50元以下新版人民币改版升级工作。以现金示范区创建为抓手，不断加强调查研究，探索建立流通人民币整洁度监测网络体系。四是加强支付结算管理服务，积极稳妥推进取消企业银行账户许可工作，企业开户时间由平均2个工作日缩减至半个工作日。加大手机号码支付推广力度，2019年“手机号码支付”功能绑定个人银行结算账户23,114户。深入开展打击支付领域违法犯罪工作。

（任小强）

附表1

东营市主要金融指标1

单位：亿元

地区		银行类							
		本外币存款余额	住户存款	非金融企业存款	本外币贷款余额	第一产业贷款	第二产业贷款	第三产业贷款	个人贷款及透支
利津县	2019年	174.63	115.86	27.75	151.89	1.60	74.76	29.36	42.52
	同比增幅（%）	-3.21	13.83	-35.56	-1.41	33.33	-16.66	3.97	21.83
广饶县	2019年	618.11	330.95	205.74	672.77	12.04	445.18	56.12	143.56
	同比增幅（%）	9.07	14.02	8.11	-15.19	-4.82	-24.72	-14.78	18.50
东营市	2019年	3,865.71	1,841.99	1,455.62	3,252.15	30.80	1,654.37	638.64	823.98
	同比增幅（%）	3.88	13.37	-0.56	-8.47	3.88	-19.77	-2.26	14.53

附表2

东营市主要金融指标2

单位：亿元

地区		保险类		证券类		
		保险公司保费收入	保险公司赔款和给付支出	证券市场成交总额	投资者保证金余额	投资者开户数（万户）
广饶县	2019年	—	—	—	—	—
	同比增幅（%）	—	—	—	—	—
利津县	2019年	—	—	—	—	—
	同比增幅（%）	—	—	—	—	—
东营市	2019年	108.77	21.35	3,840.24	—	—
	同比增幅（%）	9.3	5.5	11.06	—	—

附表3

东营市主要金融机构概况

单位名称	行长（或其他称谓的第一负责人）	副行长（或其他称谓的同级领导）	正式员工（人）	营业网点（个）
人民银行东营市中心支行	李国栋	李　刚、岳　弘、李永清、贾克玲、段作强	228	4
农业发展银行东营市分行	宫　波	刘志玉、李好贞	123	5
工商银行东营分行	冯建军	任德富、牛明贤、李　琰、佟建方、王英利、王玉芹、杨　凯	1,049	49
农业银行东营分行	刘明鹤	许文波、孙培伟、梁　峰、刘　涛	1,067	57
中国银行东营分行	刘　健	孙　涛、李成忠、张　铭、焦晓华、王金东、郭忠慧	636	26
建设银行东营分行	吴　伟	任　健、李发新、张国昌、胡　军、王凌云、贾玉萍、韩红梅、毕玉军	970	40
交通银行东营分行	张　炜	张德彪	81	4
东营银行	高传星	袁学军、高树松、杨玉华、韩其国、张爱民、陶文军	1,565	96
邮储银行东营市分行	谢　强	宋道峰、刘彦军、张立民、韩兴火	433	77
山东省农村信用社联合社东营审计中心	范晓明	—	23	191
恒丰银行东营分行	杨　勇	祁　明、万秀美、苟宾国	144	7
华夏银行东营分行	李　磊	李龙吉、庆国振、周正霞	82	4
中信银行东营分行	孔　剑	薄纯阳、黄　涛、韩学斌、乔宏晨	157	6
招商银行东营分行	张海龙	牟德华、吴洪光	131	5
民生银行东营分行	李光金	李延锋	126	6
浦发银行东营分行	倪明军	魏明礼、贾国良、郭海珑	83	4
青岛银行东营分行	王　波	冯勋斌	162	7
光大银行东营分行	李明昕	吕景峰、冯亮亮、贾志勇、王　峰	90	5
齐商银行东营分行	陈永顺	张　澎、韩新海	127	6
兴业银行东营分行	王树青	肖宏杰 刘宝营	78	3
天津银行东营分行	张　轲	盖英青、贾　燕	78	2
威海市商业银行东营分行	于胜勇	王文良、李　勇	55	1
广发银行东营分行	王金秀	张岩磊、冯翠娥、王新国	47	1
平安银行东营分行	张华泽	许立桥、曹秀娟	45	2
齐鲁银行东营分行	李　栋	任向阳	53	1
浙商银行东营分行	宫怀兵	刘宗贵	39	1
烟台银行东营分行	李俊伟	郭延光、万海涛、王清源	28	1
莱商村镇银行	李翠芳	吴术华、丁　娜、张常胜、卢光书、赵永国、贾洪臣、王红梅	342	36
乐安村镇银行	张锡柱	孙怀华、赵金光、张　龙、胥志辉	98	6
梁邹村镇银行	李　伟	徐奇志	45	5
融和村镇银行	张　睿	黎海新、张树茂、谭振旺、唐张文	44	4
舜丰村镇银行	赵　伟	庄向波、刘卫平	71	5
中成村镇银行	林吉友	韩晓冬、侯俊杰	27	9

续表1

单位名称	行长（或其他称谓的第一负责人）	副行长（或其他称谓的同级领导）	正式员工（人）	营业网点（个）
人保财险	徐金强	康新忠、李东防、李卫东	574	9
平安财险	燕淑和	周 滨、赵 伟、宋海波、刘玉宁	305	8
太平洋财险	徐衍生	邵 海	145	2
天安财险	王卫海	—	18	5
大地财险	刘登胜	孙建治、于东良	107	2
永安财险	刘小林	—	25	5
中华联合	杨金杰	王丽君、李东涛	84	12
阳光财险	顾征海	倪华荣、李 永	107	1
安邦财险	姜淑英	—	16	9
渤海财险	李安东	—	10	1
都邦财险	李秀春	张 洁	34	4
亚太财险	李建利	—	23	1
国寿财险	郭永浩	郭 栋、成海英	119	2
浙商财险	杨海江	—	28	3
安盛天平	赵之波	燕保连	20	2
泰山财险	刘才儒	—	16	1
太平财险	李凤英	王仙胜	46	1
中银保险	魏 红	付新永	12	1
安华农险	李艳生	—	24	4
华海财险	宋秀珍	姜 凯	33	3
长安责任	宋 扬	—	13	1
华安财险	牟张丽	—	8	1
国任财险	李 峰	—	13	1
安诚财险	燕子强	—	18	1
中国人寿	袁任远	陈秀利、张秋云、纪 文	261	5
平安人寿	韩秀华	丁丽丽、迟玉明	121	3
太平洋人寿	尹普东	张明亮、林立强、宁 萌	95	1
泰康人寿	庄子选	—	60	2
新华人寿	吕学文	周 旭	98	1
太平人寿	蒋爱民	赵振刚	101	2
合众人寿	胡红梅	张翠萍、张 琦	16	1
农银人寿	胡相刚	卢建红	45	4
人民人寿	许延涛	颜 伟、沐文河	33	1
阳光人寿	杨相平	周承青	15	2
国华人寿	孙 凯	崔如波	11	1
华泰人寿	张新村	—	15	2
富德生命人寿	杜钇伯	—	29	1
建信人寿	陈立海	王 冰	34	1
天安人寿	邵 冉	许 博	24	1
华夏人寿	秦宝义	常 伟	41	2
工银安盛人寿	冷振兴	—	13	1

续表2

单位名称	行长（或其他称谓的第一负责人）	副行长（或其他称谓的同级领导）	正式员工（人）	营业网点（个）
德华安顾人寿	徐涛	—	23	6
平安养老	范瑜	—	14	1
信泰人寿	赵君	—	7	1
和泰人寿	路光谦	—	10	1
中泰证券有限公司东营分公司	董典波	—	153	6
中信证券东营北一路营业部	岳建军	—	13	1
广发证券股份有限公司东营济南路证券营业部	徐超平	—	15	1
东方财富证券股份有限公司东营东三路证券营业部	李德亮	—	14	1
长江证券东营北一路证券营业部	李仁业	—	8	1
中信建投证券公司东营东三路营业部	许明磊	—	9	1
银河证券股份有限公司东营府前大街营业部	车晓宇	—	8	1
国泰君安证券东营黄河路营业部	高博	—	15	1
海通证券东营东三路营业部	许永健	—	18	1
国盛证券有限责任公司东营天目山路证券营业部	初雨	—	9	1
安信证券股份有限公司东营东三路证券营业部	庄会江	—	11	1
光大证券股份有限公司东营府前大街证券营业部	刘收田	—	10	1
广州证券股份有限公司东营济南路证券营业部	马增华	—	16	1
山西大同证券有限责任公司东营黄河路证券营业部	商志诚	—	12	1
鲁证期货股份有限公司东营营业部	方正	—	7	1
烟台中洲期货有限公司东营营业部	韩明延	—	10	1
上海东证期货有限公司东营营业部	马洪广	—	9	1

附表4

东营市主要金融机构业务概况

（2019年末）

单位：亿元

单位名称	本外币存款余额	本外币单位存款	本外币储蓄存款	本外币贷款余额	本外币短期贷款	本外币中长期贷款
农业发展银行东营市分行	26.77	—	26.77	111.11	16.14	94.89
工商银行东营分行	583.51	278.61	304.35	392.25	191.79	195.61
农业银行东营分行	460.13	254.63	203.83	428.49	259.58	139.62
中国银行东营分行	211.53	91.64	211.38	253.17	145.68	84.40
建设银行东营分行	352.29	155.18	197.08	232.63	97.03	131.58
交通银行东营分行	69.56	61.25	8.32	77.04	33.97	26.75

续表

单位名称	本外币存款余额	本外币单位存款	本外币储蓄存款	本外币贷款余额	本外币短期贷款	本外币中长期贷款
东营银行	819.22	421.85	394.88	532.02	300.44	220.46
邮储银行东营市分行	170.48	30.38	140.10	137.50	31.40	77.74
农商行合计	479.66	135.30	344.35	411.24	300.85	97.49
恒丰银行东营分行	69.52	58.08	11.43	28.77	21.30	6.57
华夏银行东营分行	23.69	15.23	8.45	64.88	33.86	29.90
中信银行东营分行	74.10	44.04	30.00	59.71	38.59	13.81
招商银行东营分行	49.94	25.80	24.07	64.03	14.11	45.76
民生银行东营分行	58.26	49.18	9.06	55.94	35.45	15.74
浦发银行东营分行	26.20	19.86	6.34	48.70	21.23	21.67
青岛银行东营分行	53.95	43.59	10.36	81.33	34.21	46.29
光大银行东营分行	36.94	28.65	8.29	40.14	25.84	14.11
齐商银行东营分行	24.06	19.26	4.80	37.67	13.23	21.71
兴业银行东营分行	142.90	136.70	6.19	82.51	34.10	47.44
天津银行东营分行	32.54	30.32	2.22	45.49	25.70	19.79
威海市商业银行东营分行	29.27	23.88	5.39	31.34	22.70	8.34
广发银行东营分行	27.11	22.81	4.28	16.76	9.62	6.57
平安银行东营分行	56.05	52.66	3.13	34.85	16.69	13.24
齐鲁银行东营分行	18.18	15.70	2.48	18.96	6.22	12.74
浙商银行东营分行	34.37	29.25	5.12	9.23	3.85	1.09
烟台银行东营分行	9.47	7.10	2.37	2.84	2.39	0.45
莱商村镇银行	87.36	24.08	63.28	62.63	10.55	50.98
乐安村镇银行	6.33	2.77	3.56	8.46	5.69	2.76
梁邹村镇银行	3.39	1.01	2.37	4.78	4.21	0.57
融和村镇银行	1.48	0.21	1.27	1.05	0.84	0.20
舜丰村镇银行	3.83	0.54	3.28	3.44	3.04	0.41
中成村镇银行	0.50	0.33	0.17	0.60	0.30	0.29

附表5

东营市金融机构统计指标

单位：家、人、只

	指标	2015年	2016年	2017年	2018年	2019年	2019年同比增幅（%）
银行类	银行类机构家数	31	33	34	35	35	0.00
	法人机构	12	11	11	11	11	0.00
	省级分行	0	0	0	0	0	—
	二级分行	19	21	23	24	24	0.00
	县区支行	582	586	631	639	636	-0.47
	正式从业人数	9,429	9,711	9,838	9,768	9,820	0.53
保险类	保险公司家数	37	42	42	45	45	0.00
	财险公司家数	19	23	23	24	24	0.00
	省级分公司	0	0	0	0	0	—

续表

指标		2015年	2016年	2017年	2018年	2019年	2019年同比增幅（%）
保险类	地市分公司	19	23	23	24	24	0.00
	县区支公司	0	0	0	0	0	—
	寿险公司家数	18	19	19	21	21	0.00
	省级分公司	0	0	0	0	0	—
	地市分公司	18	19	19	21	21	0.00
	县区支公司	0	0	0	0	0	—
	正式从业人数	—	—	—	2,864	2,864	0.00
	财险人员	—	—	—	1,798	1,798	0.00
	寿险人员	—	—	—	1,066	1,066	0.00
证券类	证券公司家数	12	17	17	17	17	0.00
	证券营业部	12	17	17	17	17	0.00
	正式从业人数	—	—	312	332	337	1.51
	境内上市股票只数	4	4	4	4	4	0.00
	境外上市股票只数	3	3	3	3	3	0.00
	辖区上市公司总数	7	7	7	7	7	0.00

烟台市

【经济金融概况】 2019年，烟台市以习近平新时代中国特色社会主义思想为指导，全面践行新发展理念，坚定不移推动新旧动能转换，经济运行呈现结构优化、动能增强、质效提升的良好态势。全年实现地区生产总值7,653.45亿元，同比增长5.50%；完成一般公共预算收入595.00亿元，同比增长4.00%；财税质量不断提高，税收占比为72.00%，同比提高1.10个百分点。

2019年，烟台市金融机构认真贯彻实施“稳健中性”的货币政策，金融业健康发展，本外币存贷款保持平稳增长。截至年末，全市金融机构本外币存款余额为9,115.84亿元，较年初增加889.76亿元；本外币贷款余额为5,813.26亿元，较年初增加248.82亿元。

【货币政策】 2019年，人民银行烟台市中心支行有效贯彻人民银行总分行金融调控政策，积极服务供给侧结构性改革，着力疏通金融支持实体经济渠道。

一是认真贯彻执行稳健货币政策和宏观审慎双支柱调控政策，落实“三档两优”存款准备金政策框架，强化货币信贷政策工具运用，深化线上线下银企对接合作，推进贷款市场报价利率改革，推广应收账款融资服务平台，引导加大对重点领域和薄弱环节的金融支持。

二是坚持寓创新于调控之中，深化推进“首贷培植行动”，开展“争创民营和小微企业金融服务示范行”活动、“新旧动能转换优秀金融产品创新机构评选”活动和金融服务乡村振兴“一县一品”创建活动，积极引导金融机构深化产品与服务创新。

三是探索开展科技金融导向效果评估，推动地方政府创设“科信贷”和“成果贷”两个中小科技企业信贷风险补偿信贷产品，着力改进和深化民营和小微企业金融服务。

【金融市场】 2019年，烟台市证券经营机构不断提高服务质量和水平，努力拓展营销市场，为烟台市经济社会和资本市场发展提供研究、咨询和资金支持，在加快烟台市资本市场发展步伐、推动产业结构调整升级、促进经济增长方式转变等方面发挥积极作用。

一是积极引进证券经营机构。全年新引进落户证券分公司1家、证券营业部1家。截至2019年底，全市共有证券经营机构41家。

二是为烟台资本市场发展提供良好配套服务。2019年，全市新增股民开户数10.14万户，累计达133.77万户，托管客户资产1,982.19亿元，同比提高5.98%，投资者保证金余额为47.08亿元，同比增长42.97%。

三是市场交易活跃度明显提升，证券交易额同比大幅增长。2019年全市证券经营机构全年实现交易额1.23万亿元，同比增长53.71%。

【金融稳定】 2019年，人民银行烟台市中心支行采取多种措施，做到对辖区风险全面掌控、重点防范，维护了辖区金融稳定。

一是深入推进防控化解区域金融风险攻坚行动，探索构建网格化监测体系，按季度开展央行金融机构评级，进一步完善金融风险监测、评估、预警和处置体系。

二是发挥存款保险早期纠正功能，对重点机构采取早期纠正措施，因此成为全省首个推动问题投保机构风险化解的地市。

三是协助市委市政府履行金融风险防控属地责任，搭建起地方政府支持金融高质量发展的“1+4”政策支撑体系，敦促地方法人机构落实主体责任，强化监管协同，探索建立县域金融监管协调机制，相关工作走在全省前列。

四是在地方党委、政府统一部署下，积极参与重点企业债务重组与风险化解，稳妥处置了一批风险点。2019年末，烟台市不良贷款率为2.66%，较年初下降0.40个百分点，守住了不发生系统性金融风险的底线。

【金融监管】 2019年，烟台市金融监管部门积极应对复杂严峻的经济金融形势，全面加强金融监管。

一是强化行业规范建设，聚焦监管主责主业，银行业健康运行。全年深入开展“行业规范建设年”活动，推动各机构制定、完善职业道德规范制度223件；针对高风险关键岗位制定监督预警程序440个；开展员工行为排查928次，发现问题线索241条，开展案件警示教育、集中教育培训1,777场；修订内控、预警制度1,627件，完善内控系统187个。聚焦辖区信用风险防控，不良贷款时隔五年再次实现“双降”。充分发挥债委会作用，化解、处置问题贷款金额超60.00亿元。

二是强化监管、压实责任、严查重处，保险业规范发展。加强对保险机构的日常监管，对发现的问题督促保险机构及时完成整改，提高合规经营水平。压实保险机构乱象治理主体责任和“一把手”第一责任，督导保险机构整改问题360个，整改问题涉及金额为1,139.54万元。集合力量对辖区6家财险机构车险“报行合一”执行情况进行现场调查，对2家人身险公司开展现场检查，对14家次人身险公司开展调查，向6家公司下发监管函；累计对17家机构采取惩戒措施。

【外汇管理】 2019年，国家外汇管理局烟台市中心支局积极推进各项外汇改革措施，不断创新外汇管理方式，各项工作取得明显成效。

一是坚持防风险与便利化并重，推进本外币协调管理，扎实推进外汇业务合规与审慎经营评估工作，强化事中事后监管，完善大额、异常购付汇监测约谈工作机制，加大外汇执法检查力度。

二是深化“放管服”改革。深入开展“外汇服务进万企”活动，深化资本项目收入结汇支付便利化改革试点，截至2019年末，共为16家试点企业办理便利化结汇支付业务6.61亿元。联合烟台市税务局开发上线服务贸易对外付汇税务备案系统，在省内率先实施服务贸易对外付汇税务备案电子化改革。成功获批开展货物贸易外汇收支便利化试点资格。推动跨国公司跨境资金集中运营管理改革和业务扩容，不断提升辖区涉外贸易投资自由化便利化水平。

三是深入开展“五个一”特色工程暨“五好之星”竞赛活动，增强外汇管理人员履职和争先创优意识。

【金融服务】 2019年，烟台市各金融部门深化落实“放管服”和“一次办好”改革要求，以普惠为导向，以“三农”和小微企业为重点，创新基础金融服务，拓展金融基础设施，支付结算、征信、国库、现金、反洗钱、金融消费权益保护等工作取得新进展。

全面取消企业银行账户许可，在省内率先实现了公交领域的全渠道移动支付；征信查询服务建成主城区“3公里”查询圈；在省内率先实现一类出口企业退税资金24小时到账，办理时间较之前压缩50.00%以上；在全省率先实现“硬币存取预约系统”市县两级行政区划全覆盖，率先以发行基金托管模式创新建设莱阳区域现金中心；积极开展涉黑涉恶线索核查“百日会战”行动，有力推动打击涉黑洗钱犯罪工作；探索成立烟台市金融消费纠纷调解中心；在省内率先建立金融知识纳入中小学国民教育体系的工作机制；成功启动查处分离试点，有效减少执法检查总量和频次，进一步规范执法检查程序和自由裁量权。

（张 众、姜 全）

附表1

烟台市主要金融指标1

单位：亿元

地区		银行类							
		本外币存款余额	住户存款	非金融企业存款	本外币贷款余额	第一产业贷款	第二产业贷款	第三产业贷款	个人贷款及透支
牟平区	2019年	447.06	307.15	100.62	234.79	1.55	69.94	47.41	114.81
	同比增幅（%）	12.45	12.27	40.94	1.44	-45.04	-14.59	-3.91	18.46
蓬莱市	2019年	463.07	334.22	86.53	328.71	10.70	131.19	116.39	64.79
	同比增幅（%）	6.95	13.66	8.08	-4.37	-35.11	-4.57	-8.57	9.96
龙口市	2019年	976.46	609.56	311.60	594.78	4.03	260.44	199.66	110.21
	同比增幅（%）	14.44	12.06	22.50	2.01	-11.04	0.09	-1.23	8.11
招远市	2019年	620.12	410.92	163.26	287.49	3.53	134.52	72.70	61.81
	同比增幅（%）	7.78	12.34	3.68	1.52	-14.53	-7.49	5.01	11.79
莱州市	2019年	776.32	615.33	92.71	290.04	1.45	108.81	42.57	105.04
	同比增幅（%）	5.72	12.07	-5.71	-4.41	-8.81	-16.27	-18.95	12.58
莱阳市	2019年	500.91	366.32	89.92	234.88	1.27	77.95	55.03	87.69
	同比增幅（%）	15.89	13.61	37.39	10.89	-10.56	-0.38	5.85	15.73
栖霞市	2019年	291.11	246.87	15.89	124.51	6.59	26.50	46.57	37.11
	同比增幅（%）	7.26	11.09	-13.12	-0.81	63.93	-1.08	-9.80	-0.67
海阳市	2019年	420.23	339.88	50.92	303.67	4.59	146.88	75.92	67.25
	同比增幅（%）	8.26	12.51	6.03	-4.68	-25.00	-13.78	8.33	-3.29
长岛县	2019年	48.32	32.52	7.60	13.13	2.85	0.78	3.57	4.82
	同比增幅（%）	3.91	0.10	-0.16	0.01	-0.01	0.30	-0.02	0.02
烟台市	2019年	9,115.84	5,099.70	2,798.96	5,813.26	51.81	1,907.79	1,707.29	1,888.36
	同比增幅（%）	11.01	13.52	10.90	4.74	-23.45	-8.59	5.25	19.79

附表2

烟台市主要金融指标2

单位：亿元

地区		保险类		证券类		
		保险公司保费收入	保险公司赔款和给付支出	证券市场成交总额	投资者保证金余额	投资者开户数（万户）
牟平区	2019年	12.57	3.90	252.14	1.21	3.69
	同比增幅（%）	13.04	-2.99	44.64	59.21	1.90
蓬莱市	2019年	11.81	3.18	276.45	1.46	5.29
	同比增幅（%）	12.05	-9.14	28.48	69.77	10.44
龙口市	2019年	19.26	5.91	826.09	3.69	9.04
	同比增幅（%）	7.24	-13.85	48.52	50.61	4.15
招远市	2019年	14.63	4.30	495.28	1.92	5.13
	同比增幅（%）	14.03	0.00	2.15	49.85	2.59
莱州市	2019年	21.03	5.88	360.91	1.49	3.82
	同比增幅（%）	15.23	-11.31	-21.45	-47.90	-39.46

续表

地区		保险类		证券类		
		保险公司保费收入	保险公司赔款和给付支出	证券市场成交总额	投资者保证金余额	投资者开户数（万户）
莱阳市	2019年	15.26	5.24	340.05	0.82	3.96
	同比增幅（%）	14.48	-5.76	35.52	26.15	-33.67
栖霞市	2019年	10.13	2.83	34.49	0.06	0.60
	同比增幅（%）	4.87	-12.11	39.58	-40.00	5.26
海阳市	2019年	12.25	3.22	216.14	0.51	1.88
	同比增幅（%）	11.67	-22.78	41.95	50.00	1.92
长岛县	2019年	1.15	0.36	—	—	—
	同比增幅（%）	21.05	5.88	—	—	—
烟台市	2019年	273.14	74.91	12,300.00	47.08	133.77
	同比增幅（%）	2.43	-14.62	53.71	42.97	24.94

附表3

烟台市主要金融机构概况

单位名称	行长（或其他称谓的第一负责人）	副行长（或其他称谓的同级领导）	正式员工（人）	营业网点（个）
中国人民银行烟台市中心支行	赵　杰	徐忠波、王卫东、官志成、官云美、董国胜、林　琳、张春生	442	10
烟台银保监分局	侯庆华	于　海、田世波、程乐明、李伟明、李大平、宋孚军	110	9
农发行烟台市分行	徐文君	陈　建、刘其祥、王　倩	61	10
工商银行烟台分行	吴建勇	宋建军、姜克才、丛德有、张立涛、林丽涛、宫毓昌、王存东、刘进胜	1,690	79
农业银行烟台分行	刘剑波	李　杰、朱永平、王晓鹏、韩　强、王少华	2,606	153
中国银行烟台分行	王　骏	焉长海、李爱东、王茂顺、王晓东、闫志钢	1,646	51
建设银行烟台分行	王谦明	陈　栋、隋学海、王　睿、郝星奎、王　健、于万军	1,583	73
交通银行烟台分行	祝传芳	鲁林法、孙鲁宁	414	17
邮储银行烟台分行	顾春旺	车宗洪、周艳艳、戴　京、燕欣春	814	275
省联社烟台审计中心	孔祥波	张绍伟、宋　海	5,250	455
恒丰银行烟台分行	陈昊序	刁玉波、冷山述、徐以军、谌西梦	1,348	77
光大银行烟台分行	夏　伟	唐　宁、刘雨梦、杨　林、张清艳、李　帅、张永军	413	11
招商银行烟台分行	王智华	于泽增	421	10
中信银行烟台分行	蔡伟波	冷庆辉、霍正盛、赵　明、徐建华	216	10
华夏银行烟台分行	李艳霞	王志范、王立宏、秦永波	286	11
浦发银行烟台分行	隋岳峰	赵凌云、于　震、宋　杰	133	7
渤海银行烟台分行	孙晓旭	毕志军、马　成	63	2
兴业银行烟台分行	高　军	柯文强、王寿松、宋洪山	180	11
民生银行烟台分行	马国栋	马峰云	133	9

续表1

单位名称	行长（或其他称谓的第一负责人）	副行长（或其他称谓的同级领导）	正式员工（人）	营业网点（个）
平安银行烟台分行	李伟杰	封 妍、朱述刚	78	5
广发银行烟台分行	武明国	秦建伟、汤 松、党 琪	73	4
浙商银行烟台分行	鹿悦军	邢新波、蔡新源、孙建波、黑大磊	67	1
烟台银行	吴明理	王建光	1,784	83
威海市商业银行烟台分行	王树奇	马 坤	140	6
青岛银行烟台分行	苏 展	张润鹤、宋振玺、黄树军	129	5
德州银行烟台分行	张传涛	魏 伟	116	7
潍坊银行烟台分行	傅希宝	苏浩、宫晓辉、于海峰	89	4
天津银行烟台分行	张 强	吕学彬	65	1
日照银行烟台分行	张传田	王为华	45	1
齐鲁银行烟台分行	晏 军	李岩、娄景祥、王迎杰	40	1
企业银行烟台分行	曹汉承	—	49	2
韩亚银行烟台分行	杨 涛	—	35	1
青岛农商行烟台分行	鞠 伟	辛树梅、孙秀升、韩吉建	43	1
威海农商行烟台分行	温 魁	蒲汝峰、王雪飞	15	1
福山村镇银行	檀又俊（董事长）	甘忠新（行长）	52	3
芝罘齐丰村镇银行	齐建岗（董事长）	崔 凯（行长）、郭兴海（监事长）、吕 宁（副行长）、于 淼（副行长）	75	5
莱山齐丰村镇银行	钟高建	赵 鹏	89	6
牟平胶东村镇银行	董朝霞	曲志超、马德良	70	5
蓬莱民生村镇银行	王立奎（董事长）	秦 峰（行长）	78	3
龙口中银富登南山村镇银行	杭东升	董 庆	62	3
山东招远中银富登村镇银行	鞠耀东	崔忠健、宋德明	35	1
莱州珠江村镇银行	梁 明（董事长）	裴 炜（行长）、吕 敏（副行长）、高俊彦（监事长）	69	5
莱阳胶东村镇银行	陈淑光	田晓宇	84	5
栖霞中银富登村镇银行	董 磊	邹小巍	46	2
海阳珠江村镇银行	任同征	于成刚	60	6
南山集团财务有限公司	侯云辉	郭 芸	36	1
山东招金集团财务有限公司	曲丽华	吴国权	32	1
中泰证券烟台分公司	张 庆	马魁东、马绍好	235	13
中信证券烟威分公司	朱宏超	—	160	5
银河证券山东分公司	张华胜	崔江红	41	2
国信证券烟台分公司	冯 杨	—	70	3
国都证券烟台分公司	齐 涛	—	9	1
民生证券山东第二分公司	纪永强	董 冰	10	1
中国人民财产保险股份有限公司烟台市分公司	陈同富	王志平、袁宏玮、刘春伟	817	50
华海财产保险股份有限公司烟台中心支公司	姜 锋	马迅风	60	5
中国平安财产保险股份有限公司	张德龙	苏国星、张 杰、李 涛	338	13

续表2

单位名称	行长（或其他称谓的第一负责人）	副行长（或其他称谓的同级领导）	正式员工（人）	营业网点（个）
中国太平洋财产保险股份有限公司烟台中心支公司	朱继冬	李建政、耿墉	406	15
中国大地财产保险股份有限公司烟台中心支公司	曹雪梅	李征	164	14
中国人寿财产保险股份有限公司烟台市中心支公司	管瑞岩	刘健、姜志栋、张杰	235	10
阳光财产保险股份有限公司烟台中心支公司	王冬青	—	300	13
中华联合财产保险股份有限公司烟台中心支公司	刘卫庆	杨爱民、陈绍锋	219	22
太平财产保险有限公司烟台中心支公司	王永进	原彬、于文青	344	9
安华农业保险股份有限公司烟台中心支公司	徐卫东	满晓晨	55	13
中国人寿保险股份有限公司烟台分公司	谷庆雨	姜军、沈佩江	502	116
中国太平洋人寿保险股份有限公司烟台中心支公司	张洪滨	楚丽云、李成、杨清森、孙育红	199	22
中国平安人寿保险股份有限公司烟台中心支公司	季荣	毕英杰、慕永航、陈明星	397	24
新华人寿保险股份有限公司烟台中心支公司	徐忠涛	周俊梅	477	14
泰康人寿保险股份有限公司烟台中心支公司	东野生明	—	137	15
太平人寿保险有限公司烟台中心支公司	李青	吴丽丽	214	10
华夏人寿保险股份有限公司烟台中心支公司	张建平	柳姜、于洁	97	10
天安人寿保险股份有限公司烟台中心支公司	吕广玉	高磊	113	3
工银安盛人寿保险有限公司烟台中心支公司	苏文韬	—	23	1
农银人寿保险股份有限公司烟台中心支公司	王爱虹	毕海红、张玉芳	39	4

附表4

烟台市主要金融机构业务概况

（2019年末）

单位：亿元

单位名称	本外币存款余额	本外币单位存款	本外币储蓄存款	本外币贷款余额	本外币短期贷款	本外币中长期贷款
农发行烟台市分行	46.66	46.66	0.00	164.31	24.11	140.20
工商银行烟台分行	732.05	337.50	270.86	682.39	163.67	512.19
农业银行烟台分行	1,035.70	298.40	585.87	558.03	166.14	371.31
中国银行烟台分行	578.30	251.90	235.73	476.09	184.74	289.37
建设银行烟台分行	767.76	386.26	223.13	516.33	217.66	297.94
交通银行烟台分行	203.73	127.62	24.61	145.49	61.77	77.45
邮储银行烟台分行	462.88	44.73	106.61	214.85	65.76	133.82
农信社烟台办事处	1,502.92	251.99	1,176.10	919.10	639.50	192.80
恒丰银行烟台分行	973.36	173.19	469.57	222.64	83.65	129.13
光大银行烟台分行	286.30	190.04	30.02	207.84	99.05	101.13
招商银行烟台分行	163.24	95.29	46.27	118.21	27.01	81.64
中信银行烟台分行	136.41	98.80	13.36	68.46	36.60	29.72
华夏银行烟台分行	154.97	122.91	15.03	128.72	76.28	49.51
浦发银行烟台分行	133.17	112.66	7.39	89.97	46.97	31.63
渤海银行烟台分行	40.91	36.70	2.08	35.42	18.51	16.31
兴业银行烟台分行	173.97	145.76	14.89	124.71	40.94	77.64
民生银行烟台分行	149.31	125.41	6.80	69.75	23.53	34.58
平安银行烟台分行	102.15	91.16	4.89	74.44	62.93	11.51
广发银行烟台分行	29.50	26.33	1.72	36.71	9.98	26.23
浙商银行烟台分行	86.43	82.07	3.80	40.23	26.60	5.91
烟台银行	621.82	238.98	291.90	427.78	234.41	180.02
威海市商业银行烟台分行	56.16	39.89	13.50	50.43	21.98	24.48
青岛银行烟台分行	126.82	118.18	3.78	106.58	44.52	57.82
德州银行烟台分行	21.08	16.45	3.17	15.21	3.23	11.44
潍坊银行烟台分行	44.29	28.93	9.36	31.56	17.70	13.79
天津银行烟台分行	46.17	44.57	1.24	45.61	29.94	15.67
日照银行烟台分行	23.21	21.41	0.99	12.78	3.83	8.95
齐鲁银行烟台分行	21.36	19.91	0.46	16.61	6.94	9.67
青岛农商行烟台分行	17.06	15.72	1.18	13.41	6.22	6.43
威海农商行烟台分行	2.50	1.90	0.31	0.98	0.15	0.82
企业银行烟台分行	18.21	16.98	0.35	11.34	6.74	1.38
韩亚银行烟台分行	17.46	14.74	0.95	10.77	3.06	7.46
福山村镇银行	5.85	2.06	3.77	5.69	2.74	2.95
芝罘齐丰村镇银行	11.87	0.21	11.64	8.69	3.46	5.23
莱山齐丰村镇银行	8.44	0.08	8.34	6.03	4.30	1.73
牟平胶东村镇银行	7.76	2.48	5.16	5.15	3.76	1.39
蓬莱民生村镇银行	17.68	5.01	12.50	11.33	7.75	3.44

续表

单位名称	本外币存款余额	本外币单位存款	本外币储蓄存款	本外币贷款余额	本外币短期贷款	本外币中长期贷款
龙口中银富登南山村镇银行	6.29	0.49	5.80	6.69	5.83	0.86
山东招远建信村镇银行	3.08	2.16	0.91	1.90	1.51	0.39
莱州珠江村镇银行	9.90	1.38	8.51	5.53	4.50	1.00
莱阳胶东村镇银行	7.16	0.84	6.22	6.07	5.08	0.97
栖霞中银富登村镇银行	3.73	1.46	2.11	2.40	1.04	1.36
海阳珠江村镇银行	7.98	1.09	6.81	4.58	3.45	1.12
南山集团财务公司	108.51	108.51	0.00	82.76	55.78	11.25
招金集团财务公司	34.37	21.46	0.00	30.00	8.03	0.70

附表5

烟台市金融机构统计指标

单位：家、人、只

	指标	2015年	2016年	2017年	2018年	2019年	2019年同比增幅（%）
银行类	银行类机构家数	24	28	30	31	31	0.00
	法人机构	24	24	24	24	23	-4.17
	省级分行	2	3	3	3	4	33.33
	二级分行	22	25	27	28	27	-3.57
	县区支行	271	283	293	294	291	-1.02
	正式从业人数	20,591	20,620	20,862	20,825	20,308	-2.48
保险类	保险公司家数	66	72	73	74	77	4.05
	财险公司家数	28	31	31	31	33	6.45
	省级分公司	0	0	0	0	0	—
	地市分公司	28	31	31	31	33	6.45
	县区支公司	229	233	246	251	261	3.98
	寿险公司家数	38	41	42	43	44	2.33
	省级分公司	0	0	0	0	0	—
	地市分公司	38	41	42	43	44	2.33
	县区支公司	263	267	274	292	291	-0.34
	正式从业人数	6,945	7,755	7,785	7,269	7,216	-0.37
	财险人员	4,030	4,336	4,301	3,859	4,311	11.74
	寿险人员	2,915	3,419	3,484	3,410	2,905	-14.81
证券类	证券公司家数	3	5	5	6	7	16.67
	证券营业部	42	45	50	58	58	0.00
	正式从业人数	941	902	1,036	1,007	1,130	12.21
	境内上市股票只数	32	34	39	39	40	2.56
	境外上市股票只数	7	7	9	9	9	0.00
	辖区上市公司总数	38	40	47	47	48	2.13

潍坊市

【经济金融概况】 2019年，潍坊市坚持稳中求进工作总基调，坚持新发展理念，狠抓“六稳”工作落实，全市经济运行总体平稳，产业结构调整加快，进一步迈向高质量发展。2019年实现地区生产总值5,688.50亿元，按可比价格计算，增长3.70%。其中，第一产业增加值为517.42亿元，增长0.90%；第二产业增加值为2,291.04亿元，与上年持平；第三产业增加值为2,880.04亿元，增长7.50%。

2019年，人民银行潍坊市中心支行认真贯彻执行稳健的货币政策，以持续深化金融供给侧结构性改革为着力点，引导和组织全市银行业金融机构积极扩大信贷投放，不断优化金融服务，为全市新旧动能转换和实体经济平稳持续发展提供了有力的金融支撑。各项存贷款稳健增长。截至2019年末，全市本外币各项贷款余额为6,538.78亿元，居全省第三位；本外币各项存款余额为8,750.60亿元，居全省第四位。涉外收支呈现“双降”态势。2019年，全市涉外收支总量为310.92亿美元，同比下降3.95%。其中，涉外收入为185.63亿美元，同比下降5.68%；涉外支出为125.29亿美元，同比下降1.26%。

【货币政策】 2019年，人民银行潍坊市中心支行坚持金融服务实体经济的根本要求，认真贯彻实施稳健的货币政策，加强逆周期调节，保持货币信贷合理增长，推动信贷结构持续优化，推进贷款市场报价利率（LPR）改革落地生效，努力降低企业融资成本，为实现辖区“六稳”和经济高质量发展营造了适宜的货币金融环境。

一是加强政策引导与窗口指导，督促银行机构持续加大项目储备和信贷投放力度。截至2019年末，潍坊市本外币各项贷款比年初增加713.18亿元，居全省第四位。

二是大力发展“重点票据直通车”再贴现融资模式，累计支持民营企业、小微企业、绿色企业融资23.14亿元。该事件入选2019年潍坊市金融业发展十件大事。

三是落实贷款市场报价利率（LPR）形成机制改革要求，实现实体经济融资成本稳步下行。2019年12月，全市银行业金融机构新发放企业贷款加权平均利率为5.48%，较上年高点降低0.22个百分点。

【金融稳定】 人民银行潍坊市中心支行强化金融风险防控，按照人民银行济南分行党委提出的“早识别、早发现、早处置”工作要求，加强对新形势下金融风险的研判分析，建立完善金融风险监测、评估、预警、处置的多层次金融风险防控体系，着力打好防范区域金融风险攻坚战。

一是妥善做好包商银行接管后辖内债权处置工作。与潍坊市银保监分局共同成立接管工作小组，牵头成立潍坊辖区大额债权收购工作领导小组，制订并实施包商银行大额债权收购工作实施方案。强化风险监测，对辖内法人银行机构每日进行流动性、大额定期存款变动和负面舆情监测，切实做好相关重大事项报告工作。

二是在持续完善工作机制的基础上深入推进攻坚战。制定实施网格化、主监管员及各类应急处置预案等攻坚战相关制度10项。建立与潍坊市地方金融监管局、银保监分局监管信息共享机制，联合制定《潍坊市打击逃废银行债务专项行动实施方案》，在辖区持续保持打击逃废银行债务高压态势。

三是有效开展央行金融机构评级、费率管理、保费核定归集工作。核实并完成辖区21家投保机构保费归集工作，顺利完成辖区21家金融机构央行金融机构评级专业评价，积极探索央行评级结果在履行央行职能中的运用，加强对法人银行的差别化管理。

【金融服务】 2019年，人民银行潍坊市中心支行牢固树立金融为民、金融便民理念，以普惠为导向，以安全为前提，改进金融管理与服务，提升金融服务实体经济能力和金融市场运行效率。

一是全力支持新旧动能转换重大工程。组织全市金融机构开展“金融支持新旧动能转换县域系列行活动”，累计向180个重大重点项目主体投放信贷资金503.10亿元。

二是扎实做好金融服务乡村振兴工作。推动开展“一县一品”创建活动，全市金融机构围绕特色农业，现代农业示范园、产业园等，积极创新信贷产品和服务模式，累计为30个乡村振兴重大项目授信132.00亿元；创设整村授信的普惠金融模式，累计发放信用贷款89.50亿元。

三是认真做好民营和小微企业金融服务。创新开展“民营和小微企业首贷培植行动”，全市金融机构培植企业3,490家，累计为3,021家企业办理首贷52.70亿元；加快推进供应链金融发展，办理应收账款质押贷款和商业票据贴现257.20亿元；认真落实定向降准等货币政策要求，释放法人机构信贷资金102.70亿元，全部投向涉农和小微领域。

四是持续推动青州市普惠金融示范区建设取得良好成效。以服务站建设“层次化”、经营和服务模式“多样化”、支付结算“快捷化”、信贷获取“便利化”为切入点，构建了政府部门大力支持、人民银行扎实推进、银行机构积极作为的“三位一体”普惠金融工作格局。目前已建成普惠金融服务站676个，其中基础版361个、标准版302个、升级版13个；创新推出“四点半学校”等10类11家“主题银行”个性化服务模式，打造了43处普惠金融“幸福驿站”。

五是打造“寿光模式”支付品牌，助力支付流程再造。认真践行“支付为民”工作理念，以寿光创成全国首批移动支付便民示范县为契机，科学规划示范县建设实施方案，打造全国银联惠农站示范样板，推动移动支付“寿光模式”再造，实现农村支付环境建设提档升级，移动支付便民工程品牌效应逐步形成。

【金融监管】 人民银行潍坊市中心支行正确处理监管与服务的关系，积极履行监督管理职能。全年开展反洗钱和征信等业务专项执法检查10次，开展综合执法检查1次，对发现的反洗钱、征信等领域违法违规行为实施处罚8笔、罚款142.30万元，维护了良好的金融秩序。

【外汇管理】 国家外汇管理局潍坊市中心支局突出“三项重点”，做到“五个坚持”，进一步提升跨境贸易投资自由化便利化水平，防范跨境资本流动风险，维护辖区外汇市场健康稳定运行，有力支持地方涉外经济高质量发展。

一是立足市场实需，切实提高外汇服务水平。充分发挥银行主体作用，探索汇政银企全方位对接，组织开展“外汇跨境政策宣讲传导提升年”活动，突出重点区域、重点行业、重点企业，坚持问题和短板导向，推进“外汇服务进万企”，坚持普惠政策宣讲和“一对一”辅导相结合，不断提升贸易投资自由化便利化水平，推进各项外汇改革措施全面落地。

二是立足防范金融风险，提升外汇管理质效。严厉打击外汇违法违规行为，深入开展地下钱庄案件行政查处工作，加强与海关、商务、公安等部门的联合监管和信息交流对接，建立潍坊市外汇及跨境人民币业务自律机制，充分发挥自律机制作用，外汇管理工作水平进一步提升。

三是立足加强内部管理，夯实外汇业务基础。现场和非现场相结合，提升国际收支申报工作质效。在全辖开展“强内控、防风险”专项活动，加强内控机制建设，确保外汇业务规范运行。坚持依法行政，树立良好履职形象。

（李晓彤、李　烨）

附表1

潍坊市主要金融指标1

单位：亿元

地区		银行类							
		本外币存款余额	住户存款	非金融企业存款	本外币贷款余额	第一产业贷款	第二产业贷款	第三产业贷款	个人贷款及透支
临朐县	2019年	507.83	368.28	79.98	307.11	1.82	69.83	71.89	155.65
	同比增幅（%）	9.24	13.67	-2.45	11.44	-28.68	-5.72	12.17	19.01
昌乐县	2019年	403.74	282.76	86.18	331.00	—	—	—	41.35
	同比增幅（%）	9.22	13.61	6.53	13.03	—	—	—	4.16
青州市	2019年	789.23	640.17	91.12	536.08	2.41	148.37	175.13	195.29
	同比增幅（%）	8.93	12.10	4.73	7.64	11.06	-3.97	3.43	21.10
诸城市	2019年	767.49	564.82	160.44	579.05	7.15	145.65	185.47	230.30
	同比增幅（%）	10.7	16.55	6.32	7.53	16.83	-34.93	53.23	31.26
寿光市	2019年	1,064.35	684.32	309.05	836.57	22.13	314.91	254.15	206.63
	同比增幅（%）	10.18	12.57	11.13	13.95	92.10	-5.28	18.34	27.06
安丘市	2019年	497.04	381.43	68.91	419.11	4.98	131.85	80.34	190.99
	同比增幅（%）	6.94	16.09	-17.84	10.31	-3.47	-0.02	24.23	14.31
高密市	2019年	604.72	436.82	145.78	519.34	2.19	207.19	136.76	59.32
	同比增幅（%）	9.25	12.99	5.17	9.40	-21.25	9.39	1.66	17.18
昌邑市	2019年	448.53	359.82	54.65	291.85	10.09	106.3	85.71	89.70
	同比增幅（%）	3.78	11.32	-18.47	11.21	17.74	16.95	18.99	10.45
潍坊市	2019年	8,750.60	5,320.30	2,456.55	6,538.78	93.78	1,808.50	2,010.43	2,358.99
	同比增幅（%）	10.35	13.33	11.11	12.68	60.48	0.50	12.85	20.13

附表2

潍坊市主要金融指标2

单位：亿元

地区		保险类		证券类		
		保险公司保费收入	保险公司赔款和给付支出	证券市场成交总额	投资者保证金余额	投资者开户数（万户）
临朐县	2019年	11.45	3.32	163.72	0.55	1.86
	同比增幅（%）	3.25	-15.31	16.00	57.14	5.68
昌乐县	2019年	9.81	1.73	—	—	—
	同比增幅（%）	10.21	8.92	—	—	—
青州市	2019年	17.14	4.72	326.82	0	4.60
	同比增幅（%）	1.48	-12.10	41.27	-100.00	3.43
诸城市	2019年	17.22	4.46	412.87	1.51	5.88
	同比增幅（%）	3.30	36.81	49.35	51.00	5.76
寿光市	2019年	26.75	7.30	556.55	2.18	10.09
	同比增幅（%）	4.33	11.11	34.56	50.34	11.25
安丘市	2019年	16.20	4.43	137.188	0.48	1.74
	同比增幅（%）	11.20	-9.4	64.72	77.78	4.19
高密市	2019年	15.76	4.20	208.60	1.18	3.12
	同比增幅（%）	-0.62	-7.76	43.28	47.74	1.96
昌邑市	2019年	10.20	2.22	—	—	—
	同比增幅（%）	4.51	1.36	—	—	—
潍坊市	2019年	250.72	75.94	6,300.63	26.16	81.70
	同比增幅（%）	7.98	-2.69	152.50	-20.34	64.55

附表3

潍坊市主要金融机构概况

单位名称	行长（或其他称谓的第一负责人）	副行长（或其他称谓的同级领导）	正式员工（人）	营业网点（个）
人民银行潍坊市中心支行	吴金忠	李万友、梁久科、张 鲁、李东亮、王曙平、姜 森	431	9
潍坊银保监分局	李明强	刘世明、张志荣、刘文正、桑少敏、商文华、璩新民	72	8
农业发展银行潍坊市分行	曲天军	李 涛、李 飞、陈岸立	269	11
工商银行潍坊分行	陈 文	韩志忠、娄 波、孔 咏、王海平、张敬一、王绍柏	1,812	87
农业银行潍坊分行	孙培国	王永明、袁荣春、张文刚、孙建伟、岳佐军、李成国	2,688	167
中国银行潍坊分行	付廷泉	侯曰君、郑 毓、毕晓鹏、张小梅、张新全、王丹丹	1,070	43
建设银行潍坊分行	张 健	刘志勇、刘光辉、牟全义、程 刚、李炳坤	1,583	72
邮政储蓄银行潍坊市分行	路 滔	薛 梅、徐华锋、冯 浩、郎旭娟	1,032	264
交通银行潍坊分行	李相伟	沈肖雷、齐文江、秦海花、李光飞、苏 红	493	19
潍坊银行	郭虎英	马 杰、王 丙、李子刚、冯怀春	2,487	106

续表1

单位名称	行长（或其他称谓的第一负责人）	副行长（或其他称谓的同级领导）	正式员工（人）	营业网点（个）
招商银行潍坊分行	侯海滨	董绍东、王少波、张龙飞、刘玉海	210	7
兴业银行潍坊分行	陈志红	马金旭、刘 冰、潘 峰	216	11
浦发银行潍坊分行	刘 炜	王志军、魏 伟、王志宁	108	7
华夏银行潍坊分行	王 毅	秦国栋、张 勇、朱建利	105	4
中信银行潍坊分行	王晓娟	曹福春、刘玉梅、滕丽丽	168	6
民生银行潍坊分行	鲍 健	井 昌、吕 群、李忠波	177	9
光大银行潍坊分行	韩桂志	曾 强、高梦南	83	3
恒丰银行潍坊分行	郑 山	于乃里、朱保忠	121	5
平安银行潍坊分行	刘名江	王海峰、张昌盛	63	3
浙商银行潍坊分行	李 炘	陈相远、黄建光、栾中石	80	2
广发银行潍坊分行	刘宝新	张 燕、张振华、汤 鹏、徐 昊	75	3
齐商银行潍坊分行	李 庆	王 文、李 涛	131	4
东营银行潍坊分行	赵新中	刘永国、王 锐、谭福强、朱 攀	143	6
威海银行潍坊分行	张文斌	杨小冬、孙常军	70	2
日照银行潍坊分行	王志刚	时培金、李金宝	126	5
农信社潍坊市联社	陈卫东	颜廷军、曹洪启、赵宝修、刘 峰、马元富、王继坤	6,937	504
北京银行潍坊分行	王树民	张卫弘、郭新亮	81	4
青岛银行潍坊分行	袁 菲	陈少磊、刘文斌	120	4
临商银行潍坊分行	郑友坤	孙苏东	51	1
齐鲁银行潍坊分行	冯 锟	—	32	1
寒亭蒙银村镇银行	池 红	于彩丽、刘 俊、王晓丹	82	6
奎文中成村镇银行	陈家勇	冯婉丽、邓道刚、战 健	20	1
潍城北海村镇银行	李学明	冯琳琳	31	3
诸城建信村镇银行	李世明	吴兆德	32	1
寿光张农商村镇银行	施福清	孙清水、顾 盼	61	4
青州中银富登村镇银行	邢立平	于学军、张文江	63	3
昌乐乐安村镇银行	李 建	丁黎明	69	5
安丘北海村镇银行	杜启明	谭圣宝、曲伟涛、杨 雪	66	3
昌邑北海村镇银行	刘成卿	孙正正、李娜娜、张佩钰	20	2
临朐聚丰村镇银行	陈 辉	范丙磊	87	7
高密惠民村镇银行	王国栋	刘 海	102	8
中国人民财产保险股份有限公司潍坊市分公司	李茂富	曹岩萍、高仁强、董延兴	814	82
中国太平洋财产保险股份有限公司潍坊中心支公司	邹 超	王林勇	121	15
中国平安财产保险股份有限公司潍坊中心支公司	王琛松	李卫东、王 勇、张清江	129	13
天安财产保险股份有限公司潍坊中心支公司	张华伟	—	32	14
中国大地财产保险股份有限公司潍坊中心支公司	邱 强	—	55	12

续表2

单位名称	行长（或其他称谓的第一负责人）	副行长（或其他称谓的同级领导）	正式员工（人）	营业网点（个）
太平财产保险有限公司潍坊中心支公司	张克国	王维国	39	8
永安财产保险股份有限公司潍坊中心支公司	孙君乐	—	15	9
中华联合财产保险股份有限公司潍坊中心支公司	冯卫国	王新坤	120	17
阳光财产保险股份有限公司潍坊中心支公司	国　光	刘命建、刘维周、邱晓莉	113	13
华安财产保险股份有限公司山东分公司潍坊中心支公司	陶金强	—	18	6
大家财产保险有限责任公司潍坊中心支公司	滕启超	—	28	11
安华农业保险股份有限公司潍坊中心支公司	潘保华	张明霞、吴成明	80	13
永诚财产保险股份有限公司潍坊中心支公司	谭好凯	—	14	5
都邦财产保险股份有限公司潍坊中心支公司	杜风云	—	10	3
渤海财产保险股份有限公司潍坊中心支公司	张德林	孙福玉	12	7
亚太财产保险有限公司潍坊中心支公司	杨长青	杜小红	22	7
安盛天平财产保险股份有限公司潍坊中心支公司	宗全民	—	41	8
中银保险有限公司潍坊中心支公司	郭　伟	—	14	1
长安责任保险股份有限公司潍坊中心支公司	石福海	—	58	11
中国人寿财产保险股份有限公司潍坊市中心支公司	梁宝龙	刘云洲、孙在亮、夏效群	109	8
浙商财产保险股份有限公司潍坊中心支公司	李　明	—	41	9
英大泰和财产保险股份有限公司潍坊中心支公司	杨俊鹏	—	4	3
华泰财产保险有限公司潍坊中心支公司	于吉平	—	10	1
泰山财产保险股份有限公司潍坊中心支公司	周廷泽	李玉倩	39	11
国任财产保险股份有限公司潍坊中心支公司	李　勇	—	14	4
安诚财产保险股份有限公司潍坊中心支公司	张　谦	张　倩	31	4
紫金财产保险股份有限公司潍坊中心支公司	董秀平	—	17	4

续表3

单位名称	行长（或其他称谓的第一负责人）	副行长（或其他称谓的同级领导）	正式员工（人）	营业网点（个）
华海财产保险股份有限公司潍坊中心支公司	曹景健	王树波	51	6
国泰财产保险有限责任公司潍坊中心支公司	李储杰	—	9	1
利宝保险有限公司潍坊中心支公司	杨崇立	—	8	5
长江财产保险股份有限公司潍坊中心支公司	胡振海	—	14	4
中煤财产保险股份有限公司潍坊中心支公司	王　鹏	—	6	2
中路保险潍坊中心支公司	张成堂	桑　超	17	3
鼎和财险保险股份有限公司潍坊中心支公司	王　飞	—	7	1
中国人寿保险股份有限公司潍坊分公司	李培礼	郭福义、杨建兵、张德欣	390	103
中国太平洋人寿保险股份有限公司潍坊中心支公司	徐振军	徐　强、杨金志、杜健民	234	32
中国平安人寿保险股份有限公司潍坊中心支公司	刘桂俊	徐　强	271	20
泰康人寿保险有限责任公司潍坊中心支公司	李　彦	王佐华、杜　伟	104	21
新华人寿保险股份有限公司潍坊中心支公司	刘兆军	岳光波、张同保、丁智勇	191	15
太平人寿保险有限公司潍坊中心支公司	徐本君	李　波	75	7
民生人寿保险股份有限公司潍坊中心支公司	李建政	—	26	9
合众人寿保险股份有限公司潍坊中心支公司	范秀才	吴　昕	17	5
中英人寿保险有限公司潍坊中心支公司	颜　凯	—	12	1
平安养老保险股份有限公司潍坊中心支公司	史　进	—	18	1
中宏人寿保险有限公司潍坊中心支公司	王　霞	—	14	1
同方全球人寿保险有限公司山东分公司潍坊营销服务部	牛元斌	—	9	1
北大方正人寿保险有限公司潍坊中心支公司	成　亮	—	11	1
中国人民人寿保险股份有限公司潍坊中心支公司	张伟军	张　波、郭孝强	65	10
中国人民健康保险股份有限公司潍坊中心支公司	杨宝坤	常　虹	8	1
富德生命人寿保险股份有限公司潍坊中心支公司	历春辉	—	55	6
农银人寿保险股份有限公司潍坊中心支公司	刘永欣	韩志强	40	4

续表4

单位名称	行长（或其他称谓的第一负责人）	副行长（或其他称谓的同级领导）	正式员工（人）	营业网点（个）
华泰人寿保险股份有限公司潍坊中心支公司	刘佳林	李 丽	39	7
陆家嘴国泰人寿保险有限责任公司山东分公司潍坊营销服务部	王 鹏	—	18	2
恒安标准人寿保险有限公司潍坊中心支公司	周 磊	—	8	1
国华人寿保险股份有限公司潍坊中心支公司	张树富	—	15	4
阳光人寿保险股份有限公司潍坊中心支公司	徐海泉	张 强、娄 伟	108	8
中德安联人寿保险有限公司山东分公司潍坊营销服务部	李 政	—	6	1
长城人寿保险股份有限公司潍坊中心支公司	周 超	郑怀善	17	2
百年人寿保险股份有限公司潍坊中心支公司	李梅霞	—	14	3
华夏人寿保险股份有限公司潍坊中心支公司	栾书铮	—	63	7
中意人寿保险有限公司潍坊中心支公司	王乔生	—	8	1
幸福人寿保险股份有限公司潍坊中心支公司	王志国	—	18	1
信泰人寿保险股份有限公司潍坊中心支公司	王 勇	—	15	4
英大泰和人寿保险股份有限公司潍坊中心支公司	朱秉捷	宋海勇	18	5
建信人寿保险股份有限公司潍坊中心支公司	李洪斌	卞馥玉、齐红娟	17	2
工银安盛人寿保险有限公司潍坊中心支公司	张道奎	—	5	1
天安人寿保险股份有限公司潍坊中心支公司	张向阳	张永刚、刘金龙	37	1
德华安顾人寿保险有限公司潍坊中心支公司	王海霞	崔安亭	57	11
大家人寿保险股份有限公司潍坊中心支公司	王 伟	—	4	1
中银三星人寿潍坊中心支公司	姚荣强	徐英杰	11	1
阳光人寿保险股份有限公司潍坊电话销售中心	鲁 颂	张 超	30	0
和谐健康保险股份有限公司潍坊中心支公司	肖 鲁	—	4	1

续表5

单位名称	行长（或其他称谓的第一负责人）	副行长（或其他称谓的同级领导）	正式员工（人）	营业网点（个）
交银康联人寿保险有限公司潍坊中心支公司	于会勇	—	9	1
和泰人寿保险股份有限公司潍坊中心支公司	刘 涛	孙 健	4	1
长生人寿保险有限公司潍坊中心支公司	韩 晖	—	13	1
中泰证券股份有限公司潍坊分公司	刘华琦	—	230	17

附表4

潍坊市主要金融机构业务概况

（2019年末）

单位:亿元

单位名称	本外币存款余额	本外币单位存款	本外币储蓄存款	本外币贷款余额	本外币短期贷款	本外币中长期贷款
农业发展银行潍坊市分行	108.01	108.01	0.00	521.79	33.99	487.79
工商银行潍坊分行	783.45	312.37	463.52	665.89	171.61	465.39
农业银行潍坊分行	1,136.99	266.04	868.88	620.64	234.31	353.78
中国银行潍坊分行	370.01	149.55	219.67	440.30	201.67	231.88
建设银行潍坊分行	880.13	345.81	527.83	562.49	157.86	396.02
邮储银行潍坊分行	512.55	31.91	480.62	225.21	67.59	150.98
交通银行潍坊分行	270.33	168.33	101.92	188.73	59.77	104.20
华夏银行潍坊分行	58.38	44.98	13.35	81.44	34.90	46.32
招商银行潍坊分行	95.57	43.43	44.59	73.71	16.13	51.26
浦发银行潍坊分行	56.25	39.35	16.89	57.73	32.20	24.17
兴业银行潍坊分行	218.39	183.16	35.15	178.10	56.82	117.96
民生银行潍坊分行	143.74	122.73	20.84	97.50	53.05	43.20
中信银行潍坊分行	96.32	76.71	19.51	131.32	26.58	94.73
恒丰银行潍坊分行	108.55	98.41	10.13	99.47	21.12	78.04
光大银行潍坊分行	105.52	93.68	11.83	107.38	24.48	76.53
浙商银行潍坊分行	59.93	50.91	9.01	48.18	20.72	26.62
广发银行潍坊分行	40.29	35.01	5.26	65.21	47.65	13.47
平安银行潍坊分行	40.98	33.22	7.75	38.07	17.63	20.44
潍坊银行	853.78	403.00	401.27	520.69	233.92	255.60
农信社潍坊市联社	2,271.50	328.06	1,943.04	1,421.13	825.01	512.93
齐商银行潍坊分行	33.92	24.35	9.57	33.46	18.85	13.80
日照银行潍坊分行	40.06	27.22	12.84	30.24	12.84	16.77
东营银行潍坊分行	50.81	36.87	13.93	33.47	18.76	13.11
威海银行潍坊分行	53.62	37.89	5.73	39.97	11.25	23.63
北京银行潍坊分行	79.13	75.73	3.40	36.49	19.36	11.96
青岛银行潍坊分行	82.87	75.21	7.65	89.77	21.21	66.69
临商银行潍坊分行	18.54	15.05	3.49	14.65	12.37	2.29
齐鲁银行潍坊分行	20.56	20.21	0.33	50.87	8.65	42.21

续表

单位名称	本外币存款余额	本外币单位存款	本外币储蓄存款	本外币贷款余额	本外币短期贷款	本外币中长期贷款
奎文中成村镇银行	0.38	0.10	0.28	0.69	0.15	0.54
寒亭蒙银村镇银行	11.25	5.06	6.19	7.72	6.04	0.78
潍城北海村镇银行	3.29	1.3	1.99	1.93	1.34	0.59
高密惠民村镇银行	20.19	7.24	12.70	13.41	12.26	1.15
临朐聚丰村镇银行	15.68	4.50	11.15	10.78	10.18	0.60
昌邑北海村镇银行	1.59	0.10	1.49	0.80	0.32	0.49
安丘北海村镇银行	5.65	0.32	5.33	4.36	3.22	1.14
昌乐乐安村镇银行	7.18	1.04	6.14	5.07	4.89	0.18
青州中银富登村镇银行	4.10	0.35	3.75	5.76	2.98	2.78
寿光张农商村镇银行	15.05	3.64	11.41	12.04	10.32	1.72
诸城建信村镇银行	2.14	0.28	1.86	2.31	1.11	1.20

附表5

潍坊市金融机构统计指标

单位：家、人、只

	指标	2015年	2016年	2017年	2018年	2019年	2019年同比增幅（%）
银行类	银行类机构家数	42	45	48	48	49	2.08
	法人机构	20	23	23	23	23	0.00
	省级分行	0	0	0	0	0	—
	二级分行	22	22	25	25	26	4.00
	县区支行	849	875	822	830	809	-2.52
	正式从业人数	21,002	21,006	21,109	20,459	20,562	0.50
保险类	保险公司家数	500	503	665	699	701	0.29
	财险公司家数	303	304	346	349	355	1.72
	省级分公司	0	0	0	0	0	—
	地市分公司	29	30	33	34	34	0.00
	县区支公司	274	283	313	315	321	1.90
	寿险公司家数	197	199	319	350	346	-1.14
	省级分公司	0	0	0	0	0	—
	地市分公司	33	35	38	41	41	0.00
	县区支公司	164	173	281	309	305	-1.29
	正式从业人数	33,933	34,136	68,652	76,669	81,501	6.30
	财险人员	8,710	8,738	15,063	8,436	8,070	-4.34
	寿险人员	25,223	25,398	53,589	68,233	73,431	7.62
证券类	证券公司家数	8	9	9	9	27	200.00
	证券营业部	23	24	25	25	47	88.00
	正式从业人数	495	506	467	366	410	12.02
	境内上市股票只数	20	20	23	23	25	8.70
	境外上市股票只数	20	20	13	13	13	0.00
	辖区上市公司总数	36	36	36	36	36	0.00

济宁市

【经济金融概况】 2019年，济宁市以供给侧结构性改革为主线，持续发力改革创新，推进新旧动能转换，全年经济运行总体平稳，主要经济指标运行在合理区间。

一、全年实现地区生产总值4,370.17亿元、增长3.80%。其中，第一产业增加值为503.84亿元，增长0.90%，第二产业增加值为1,760.01亿元，下降0.20%，第三产业增加值为2,106.32亿元，增长8.60%。

二、工业运行稳中趋缓。全市规模以上工业增加值增长1.40%，下降4.70个百分点，全市规模以上工业实现营业收入6,662.46亿元，下降5.91%，实现利润396.44亿元，下降9.24%。

三、投资结构调整优化。全市固定资产投资下降3.60%。其中，服务业投资增长6.30%，基础设施投资增长8.40%，房地产投资增长13.90%。

四、财政金融运行稳健。全市一般公共预算收入完成405.00亿元，增长1.20%；一般公共预算支出为667.30亿元，增长7.70%。全市金融机构本外币存款余额为5,927.23亿元，增长8.03%，贷款余额为4,080.88亿元，增长16.06%。

五、民生福祉不断改善。全市城镇新增就业7.11万人，城镇登记失业率为3.07%。全体居民人均可支配收入为28,055元，增长8.30%；全市社会消费品零售总额增长2.20%，居民消费价格指数上涨3.40%。

【货币政策】 2019年，人民银行济宁市中心支行以服务经济高质量发展为中心，认真贯彻执行稳健的货币政策，稳步增加信贷供给，着力优化信贷结构，大力创新金融服务，有效提高金融服务实体经济能效。

一、落实宏观审慎管理和货币政策双支柱调控。一是加大逆周期调节和结构性调控力度，组织召开全市信贷结构调整政策通报会，及时有效传导总分行的政策意图。截至2019年末，全市各项贷款余额突破4,000.00亿元。二是扎实做好利率管理工作，组织召开市场利率定价自律机制工作会议，认真落实贷款定价LPR改革，平稳完成个人住房贷款利率定价基准切换工作。三是灵活运用货币政策工具，全年累计发放再贷款5.89亿元、办理再贴现41.99亿元。

二、持续推进金融服务新旧动能转换、金融服务乡村振兴、绿色金融攻坚行动。一是建立了"一团一会三平台"融资对接机制，向全市金融机构发布新旧动能转换重点投资项目库融资需求信息522条，对接金额为45.26亿元。二是积极打造"产业+金融+扶贫"等特色发展模式，全年累计发放产业精准扶贫贷款13.80亿元，同比增长89.04%，带动贫困人口1,669人。三是绿色金融攻坚行动取得新突破，在融资网络平台发布绿色项目融资需求信息39条，成功对接9.40亿元。大力推广"绿色票据直通车业务"，累计办理绿色票据直通车模式再贴现1.21亿元。

三、多举措深入推进民营和小微企业融资服务工作。一是扎实开展"民营和小微企业首贷培植行动"。全年培植企业4,587家，培植成功获得首贷的企业3,572家。二是开展"金融服务民营和小微企业双千工程"，组织"行长访厂长"等系列活动，创新信贷产品、优化金融服务，破解企业融资难题。三是积极推广"重点票据直通车"，加大对民营和小微企业的支持力度。全年共办理再贴现1,870笔、金额41.98亿元。四是加大应收账款融资服务平台应用推广力度。全年在平台上新增注册用户93个，促成融资交易118笔、金额86.90亿元。

【金融市场】 2019年，济宁市银证保金融机构分别达到51家、21家和68家，各类地方金融组织达到95家，逐步形成了以银行、证券、保险为主体，其他新型金融业态协调发展的金融组织框架。

一、聚焦银企对接，着力支持重点领域。一是创新建立企业金融顾问制度。组建金融顾问团队与594家重点企业结对挂钩，为对接企业新增贷款48.92亿元、续贷49.40亿元、减免费用654.92万元。二是推动"无还本续贷""银税互动""企业应急转贷基金"等金融惠企政策落实落地。截至2019年底，全市银税合作贷款余额为7.67亿元，无还本续贷业务余额为50.83亿元。

二、2019年全市新增证券机构2家，上市辅导备案企业2家，新三板和齐鲁股权挂牌企业分别为3家和103家；境内外上市企业、新三板和区域性股权交易市场挂牌企业分别达到13家、33家和356家，累计实现直接融资467.91亿元。

三、2019年全市新增保险机构2家，行业实现保费收入181.58亿元，同比增长6.17%。其中，财产险公司实现保费收入51.79亿元，增长11.76%；人身险公司实现保费收入129.79亿元，增长4.10%。保险从业人员增加至77,863人。

四、截至2019年末，全市共有各类地方金融组织95家。其中，小额贷款公司贷款余额为27.58亿元，累计发放贷款28.30亿元；融资担保公司在保余额为20.48亿元，在保户数为3,069户；民间资本管理公司累计投资1.79亿元；新型农村合作金融试点社本年发生信用互助业务2,000.00余万元。

【金融稳定】 2019年，人民银行济宁市中心支行稳步推进存款保险制度组织实施工作，深入开展风险排查和应急管理，打好防控化解区域金融风险攻坚战。

一、严格保费收缴，落实差别费率政策。制定《差别化费率核定工作操作指引》，科学开展25家法人投保机构差别化费率核定，完成保费收缴5,915.00万元。

二、借助地方金融监管局等整合监测资源，创新建立网络化机制，实现银行、证券、保险、企业、类金融机构、个人等风险信息全覆盖。

【金融监管】 2019年济宁市金融监管部门持续强化底线思维和风险意识，更加注重在稳增长中防范风险，有力维护了全市金融稳定和金融安全。

一、分领域、分类型开展金融风险隐患摸排，化解存量风险，严控新增风险，实现不良贷款余额、不良贷款率“双降”。截至2019年底，全市不良贷款余额为112.68亿元，同比下降18.83亿元；不良贷款率为2.76%，同比下降0.98个百分点；2019年全市累计处置不良贷款123.96亿元。

二、积极开展打击恶意逃废金融债务专项行动，扎实做好防范处置非法集资和互联网金融风险专项整治工作。全年立案侦办逃废债类案件81起，查封、扣押、冻结涉案资产8,100.00余万元，金融生态环境持续优化。

三、统筹监测化解，严防其他领域风险。加强对P2P网络借贷的风险监测，督促全市银行业严厉打击电信网络诈骗行为，搭建行业信息交流平台，加强非法集资风险监测，全面开展非法集资风险自查工作。

【外汇管理】 2019年，国家外汇管理局济宁市中心支局积极推进各项外汇改革措施，不断创新外汇管理方式，各项工作取得明显成效。

一、推动各项改革试点措施落地，释放政策红利。一是积极推动货物贸易外汇收支便利化试点在辖内落地，指导试点银行开展试点业务。截至2019年底，已开展试点业务44笔，金额合计868.00万美元。二是深入贯彻落实跨国公司跨境资金集中运营管理改革，指导兖州煤业、如意集团跨境资金池成功扩容。

二、扎实开展“汇力惠企”主题活动。一是举办“外汇服务进万企”活动，累计走访企业573家，举办巡讲64场。二是在《齐鲁晚报》开设“汇力惠企”专栏，累计走访企业134家，举办巡讲25场、培训班6期，为企业解决难题200余个。

三、提升事中事后监管绩效，防范跨境资金流动风险。开展非现场核查2,080次、现场核查80次，涉及违规企业167家；组织异常资金跨境流动现场核查3次，核查企业75家；开展专项检查5次，检查银行机构14家，立案1起，罚款5.00万元。

【金融服务】 2019年，济宁市各金融部门规范与创新并重，金融管理服务水平不断提升。

一、深化金融服务“放管服”改革，顺利关停济宁市同城清算系统，积极落实企业银行开户备案制改革。大力推进农村地区综合支付服务建设，全辖农村地区建成银行卡助农取款点5,891个。

二、建立退税业务绿色通道，实行减免退税工作“一站式审核、一次性告知、第一时间办理、一体化追踪”的“四个一”模式，创新小微企业退税方式，将退税资金退还至纳税人社保卡账户。

三、加快推进辖区社会信用体系建设。全年累计采集小微企业信用信息数据41.20万条、农户信息10.80万条；全面推进主城区“3公里”查询圈建设，完成自助查询网点市县两级全覆盖。

四、扎实推进现金服务示范区、反假货币示范区创建工作。充分利用“虚拟库发行库+商业银行业务库”现金中心，强化县域金融机构现金横向调剂。

五、加快推进金融消费权益保护工作，建成农村金融综合服务站、城市社区维权联络点、普惠金融综合服务站121个。

六、扎实开展普惠金融知识宣传，积极开展“普及金融知识，守住‘钱袋子’”“金融知识进校园、进课堂、进课程”等活动。

（田　艳、田艳丽）

附表1

济宁市主要金融指标1

单位：亿元

地区		银行类							
		本外币存款余额	住户存款	非金融企业存款	本外币贷款余额	第一产业贷款	第二产业贷款	第三产业贷款	个人贷款及透支
曲阜市	2019年	383.87	280.20	65.00	207.59	0.42	34.91	51.29	105.96
	同比增幅（%）	7.78	13.28	1.51	15.64	-38.52	-10.60	12.58	28.96
泗水县	2019年	223.79	184.23	21.64	117.02	0.19	13.24	18.06	76.13
	同比增幅（%）	9.61	10.74	15.39	16.50	3.28	-2.62	21.77	18.23
邹城市	2019年	891.24	462.23	369.26	684.71	2.07	465.38	62.50	133.71
	同比增幅（%）	9.79	12.61	6.91	17.58	-43.00	17.04	12.82	30.78
微山县	2019年	255.55	197.74	33.54	128.81	0.21	26.22	22.41	52.00
	同比增幅（%）	1.83	13.25	-10.48	31.28	-0.71	31.02	-17.10	20.77
鱼台县	2019年	193.74	148.01	24.94	111.15	0.63	6.97	38.80	55.12
	同比增幅（%）	13.89	14.18	23.71	59.28	126.25	-19.93	223.34	30.28
金乡县	2019年	293.91	241.52	23.65	172.43	0.71	29.56	37.58	94.92
	同比增幅（%）	8.39	11.60	-6.00	12.65	-52.78	-13.40	1.35	38.97
嘉祥县	2019年	415.88	331.82	45.14	195.10	1.89	45.86	26.65	96.22
	同比增幅（%）	11.67	13.05	11.44	14.81	-32.25	6.32	8.62	27.11
汶上县	2019年	325.23	252.97	25.37	167.46	0.37	21.88	35.03	86.93
	同比增幅（%）	11.91	13.90	4.92	14.65	15.48	0.16	8.10	24.75
梁山县	2019年	412.68	347.94	35.22	174.99	0.87	22.06	34.43	101.33
	同比增幅（%）	12.95	16.67	-2.47	20.13	-7.76	-6.80	18.15	27.06
济宁市	2019年	5,927.23	3,804.79	1,445.44	4,080.88	10.21	1,282.37	918.72	1,582.36
	同比增幅（%）	8.03	13.03	3.53	16.06	-27.74	2.27	15.72	30.14

附表2

济宁市主要金融指标2

单位：亿元

地区		保险类		证券类		
		保险公司保费收入	保险公司赔款和给付支出	证券市场成交总额	投资者保证金余额	投资者开户数（万户）
曲阜市	2019年	10.08	—	125.65	0.63	2.44
	同比增幅（%）	9.81	—	28.61	39.41	1.67
泗水县	2019年	6.64	—	—	—	—
	同比增幅（%）	13.69	—	—	—	—
邹城市	2019年	15.45	—	910.06	2.86	8.652
	同比增幅（%）	24.60	—	32.12	68.23	4.12
微山县	2019年	8.83	—	46.00	0.21	0.76
	同比增幅（%）	26.86	—	5.32	88.80	52.00
鱼台县	2019年	8.61	—	—	—	—
	同比增幅（%）	23.70	—	—	—	—

续表

地区		保险类		证券类		
		保险公司保费收入	保险公司赔款和给付支出	证券市场成交总额	投资者保证金余额	投资者开户数（万户）
金乡县	2019年	11.50	—	78.53	0.23	0.94
	同比增幅（%）	43.75	—	58.81	55.87	8.05
嘉祥县	2019年	11.31	—	—	—	—
	同比增幅（%）	9.38	—	—	—	—
汶上县	2019年	8.98	—	—	—	—
	同比增幅（%）	24.89	—	—	—	—
梁山县	2019年	11.07	—	—	—	—
	同比增幅（%）	6.85	—	—	—	—
济宁市	2019年	207.24	59.43	4,662.90	21.39	64.76
	同比增幅（%）	7.18	-9.11	36.83	39.92	-9.32

附表3

济宁市主要金融机构概况

单位名称	行长（或其他称谓的第一负责人）	副行长（或其他称谓的同级领导）	正式员工（人）	营业网点（个）
人民银行济宁市中心支行	尹峰世	杨家杰、孙义昌、孙秋生、李玉祥、薛昭顺、廉　龙	447	11
济宁银保监分局	柳　林	盛作安、路　冰、赵令军、宗　超、苏玉多	81	11
农发行济宁市分行	单民生	刘凤彬、郭茂海、冯钧章	244	11
工商银行济宁分行	鞠立坤	杨　菲、朱　筠、夏春秋、王洪伟、吴　箫、刘　刚、盖　伟、黄际丰、庄　敏、张　弛、李维乙、段仰建、葛行健、刘洪杰	1,401	75
农业银行济宁分行	罗秉环	刘　炜、范学坤、张文秀、毕　伟	1,970	115
中国银行济宁分行	尹卫东	宫　明、于　萍、王学军、王志玉、田　文、张宗民	865	37
建设银行济宁分行	袁雪峰	李　涛、张建房、刘伯乐、李广志、鲍洪镇、闫循举、袁中立	1,402	64
交通银行济宁分行	郭玉华	朱广雷、蔡　丕、裴云锋、于志红	296	11
邮储银行济宁市分行	刘　欣	范建国、周宏声、李鲁强、邹学珍	995	42
中信银行济宁分行	张　文	宋　杨、王　雷、高艳梅、吕　飚	181	7
兴业银行济宁分行	许家兴	邱海涛、葛　亮、王　矛	137	8
恒丰银行济宁分行	孙耀明	李志春、谢永利、郭剑锋	139	7
浦发银行济宁分行	张玉军	蔡胜利、祝东闻	76	5
招商银行济宁分行	丁　锐	杨金波、杨卫国、戴　园	155	7
民生银行济宁分行	郭采松	杨艺军、刘　威、朱亚林	126	5
广发银行济宁分行	赵劲勇	刘　澎、王瑞昌、赵继昌	72	3
华夏银行济宁分行	孙静霞	吴　凯、李兆宏、王　伟、郑　岩	58	3
渤海银行济宁分行	邵　军	于　勇、张明进	37	1

续表1

单位名称	行长（或其他称谓的第一负责人）	副行长（或其他称谓的同级领导）	正式员工（人）	营业网点（个）
光大银行济宁分行	朱广峰	张雨东、赵文刚	43	1
平安银行济宁分行	程 皓	杜启民、牟 辉	36	1
浙商银行济宁分行	刘 赟	李世俊、谷 磊	40	1
莱商银行济宁分行	姜继军	单士旗、蒋 波	92	6
齐商银行济宁分行	郑海赢	杨清源、刁立波、郭元博	106	5
威海市商业银行济宁分行	许占忠	郑 涛、孔 亮	150	6
日照银行济宁分行	杨 靖	曾凡成、赵玉庆、姜 岩	109	4
枣庄银行济宁分行	张德安	王 磊、罗志方	71	4
青岛银行济宁分行	孙双兴	王儒刚、张 魁、张 旭	68	3
济宁银行	杜 强	李印喜、陈振勇、梁汝亮 张衍珍、成祥茂、刘志刚、贾广东、焦春华、宫 振	1,096	49
兖矿财务公司	单光辉	翟玉峰、万里涛、李 峰	35	1
济宁高新村镇银行	赵丙岭	郑绪宝、倪孝军、宋文宁	127	6
济宁儒商村镇银行	何瑞东	段 震、张 国、吴玉宝、仲丛峰、邱立新	198	15
济宁蓝海村镇银行	王正恩	李孟辉	30	2
兖州中成村镇银行	高久勇	辜易君、赵 杰	23	1
嘉祥中银富登村镇银行	孔 文	邱 龙	68	4
曲阜中银富登村镇银行	朱 勇	张晓东、裴仁义	72	4
汶上中银富登村镇银行	王 强	孔德军	61	3
梁山民丰村镇银行	唐建军	闫克银	73	5
微山北海村镇银行	段书雷	—	34	3
鱼台青隆村镇银行	王聚滨	宋淑东、陈盛恕、王先友	62	4
金乡蓝海村镇银行	毕金辉	张亚男、闫艳丽	40	3
泗水齐丰村镇银行	辛 宇	郑 伟、苏英合、宋胜军	60	5
邹城中银富登村镇银行	荆聿明	—	44	1
济宁农商行	路 伟	胡爱东、孙登利、党万辉、段仰兰、苏亚峰	846	53
兖州农商行	马劲驰	徐崇飞、付亚平、彭 超	371	32
曲阜农商行	王成峰	黄海迁、孔凡娣、田 兵、张 红	427	28
泗水农商行	徐清华	孟 彬、周卫海、陈恩焕	317	21
邹城农商行	魏 涛	宋甲新、郑海军、满 坤、尹茂桐、王东芹	532	38
微山农商行	李 力	许文胜、岳 奎、刘 然、闫龙因、马广东	442	32
鱼台农商行	李本志	曹天亚、刘永清、杨新庆、马 斌、张福军	321	22
金乡农商行	胡 峰	崔伦旺、刘坤华、孙尚宇、徐 敏、李 静	359	26
嘉祥农商行	苏 强	颜世川、袁守波、秦绍亮、胡建峰、姚行印	456	28

续表2

单位名称	行长（或其他称谓的第一负责人）	副行长（或其他称谓的同级领导）	正式员工（人）	营业网点（个）
汶上农商行	赵 峰	屈小东、楚 昊、刘 谦	360	23
梁山农商行	王允才	王庆良、王 洁、王社金	334	25
中泰证券济宁分公司	张 雷	姜新春、梁 军	150	8
安信证券济宁建设北路营业部	李 博	—	5	1
东北证券济宁洸河路营业部	王 衡	邵 宾	7	1
东方财富证券济宁吴泰闸路营业部	刘 梅	—	3	1
光大证券济宁古槐路营业部	崔宇轩	—	5	1
国泰君安证券济宁吴泰闸路营业部	张荣荣	孙路阳	14	1
华福证券济宁红星中路营业部	许 琮	韩 寒	8	1
联储证券济宁吴泰闸路营业部	杜晓波	—	6	1
山西证券济宁吴泰闸路营业部	田 鹏	—	4	1
天风证券济宁洸河路营业部	朱 文	—	5	1
中国银河证券济宁洸河路营业部	屠凡刚	—	9	1
长江证券济宁金宇路营业部	乔 阳	—	6	1
招商证券济宁红星东路营业部	任 伟	—	9	1
中金财富证券济宁环城西路营业部	徐 凯	—	18	1
中信建投证券济宁吴泰闸路营业部	裴本科	—	12	1
中信证券(山东)济宁吴泰闸路营业部	韩国发	毕 琳	55	1
华林证券济宁太白楼中路营业部	杨传伟	—	4	1
鲁证期货济宁营业部	李相民	—	6	1
上海中期期货邹城营业部	刘德涛	—	6	1
国海证券济宁邹城兴石街营业部	何 力	—	5	1
中国人民财产保险济宁市分公司	李立辉	侯 彬、李成华、张 文、贺树君、黄 婷	746	87
中国太平洋财产保险济宁中心支公司	徐 涛	王云飞、于景春、张吉文	221	14
中国平安财产保险济宁中心支公司	刘敬国	于玉娟、吴亚杰、何顺利	338	14
天安财险济宁中心支公司	刘 浩	—	72	12
中国大地财产保险济宁中心支公司	朱宁峰	宋一兵、金曙光	160	11
永安财产保险济宁中心支公司	王 英	韩 波	87	11
太平财产保险济宁中心支公司	孔德锋	—	133	4
华安财产保险济宁中心支公司	别庆红	—	60	5
中华联合财产保险济宁中心支公司	张云中	刘文政、贺延彪、付令生	276	22
阳光财产保险济宁中心支公司	马士柱	乔海燕、王 鑫	248	14
安邦财产保险济宁中心支公司	赵文军	—	29	8
渤海财产保险济宁中心支公司	李锡静	—	25	3
亚太财产保险济宁中心支公司	姚 腾	—	33	4
都邦财产保险济宁中心支公司	杨宝文	赵善为	46	7
永诚财产保险济宁中心支公司	李 彬	—	19	1
中银保险济宁中心支公司	王 强	—	7	2
安华农业保险济宁中心支公司	吕培立	王 恒	68	8
中国人寿财产保险济宁市中心支公司	王玉森	胡善斌、冯玉鹏、张全允	397	12
长安责任保险济宁中心支公司	率 坤	—	63	4

续表3

单位名称	行长（或其他称谓的第一负责人）	副行长（或其他称谓的同级领导）	正式员工（人）	营业网点（个）
浙商财产保险济宁中心支公司	顾沂蒙	常 雯	81	4
安盛天平财产保险济宁中心支公司	闫仁军	—	19	5
泰山财产保险济宁中心支公司	侯文明	—	68	9
英大泰和财产保险济宁中心支公司	李 磊	—	2	3
国任财产保险济宁中心支公司	陈 浩	—	36	10
华海财产保险济宁中心支公司	李加营	—	30	4
紫金财产保险济宁中心支公司	孙 磊	—	29	1
中路财产保险济宁中心支公司	张 振	—	24	1
华泰财产保险济宁中心支公司	王黎明	—	5	2
安诚财产保险济宁中心支公司	刘文平	—	64	2
中煤财产保险济宁中心支公司	张桂玉	—	3	1
利宝保险济宁中心支公司	张 旋	—	13	2
长江财产保险济宁中心支公司	乔 兵	—	6	1
中国人寿保险济宁分公司	余 巍	徐 颖、王新忠、侯 强、张 庆	433	149
中国太平洋人寿保险济宁中心支公司	刘志华	李红各、李 杰、于化龙	198	25
中国平安人寿保险济宁中心支公司	渠述磊	李守辰、李鹏飞	259	140
泰康人寿保险济宁中心支公司	闫 燕	赵利苹、张现兵	138	31
新华人寿保险济宁中心支公司	李林民	侯颂霞	213	10
太平人寿保险济宁中心支公司	张鹏轩	董学军	136	7
合众人寿保险济宁中心支公司	李 振	—	18	15
中国人民人寿保险济宁中心支公司	王 锋	张 明	66	12
长城人寿保险济宁中心支公司	陈明涛	郝庆红	23	3
中国人民健康保险济宁中心支公司	杨玉军	王宜建	19	2
阳光人寿保险济宁中心支公司	尹 军	冯海滨、王龙为	84	8
国华人寿保险济宁中心支公司	刘新瑜	—	32	3
民生人寿保险济宁中心支公司	薛广斌	—	38	17
华夏人寿保险济宁中心支公司	田玉龙	—	86	10
富德生命人寿保险济宁中心支公司	赵 勇	李 静、李秀丽	122	10
农银人寿保险济宁中心支公司	甘孟良	周 琰	60	4
恒安标准人寿保险济宁中心支公司	刘 震	—	27	1
中英人寿保险济宁营销服务部	武艳真	—	7	2
英大泰和人寿保险济宁中心支公司	王海峰	—	28	8
信泰人寿保险济宁中心支公司	王 旭	—	57	5
幸福人寿保险济宁中心支公司	陈凤伟	杭 敏	31	5
华泰人寿保险济宁中心支公司	李 岩	唐力伟	28	7
平安养老保险济宁中心支公司	卢 阳	—	10	2
中信保诚人寿保险济宁中心支公司	刘万里	—	12	2
建信人寿保险济宁中心支公司	张海艇	司红波、李永庆	32	2
和谐健康保险济宁中心支公司	徐宗水	—	6	1
百年人寿保险济宁中心支公司	江海朋	吕秋华	18	4
工银安盛人寿保险济宁中心支公司	马 红	—	21	2

续表4

单位名称	行长（或其他称谓的第一负责人）	副行长（或其他称谓的同级领导）	正式员工（人）	营业网点（个）
天安人寿保险济宁中心支公司	王新宏	郭 宾	93	7
德华安顾人寿保险济宁中心支公司	张文忠	—	48	7
利安人寿保险济宁中心支公司	王 俊	朱文娟	71	23
陆家嘴国泰人寿保险济宁中心支公司	邱成金	—	18	4
大家人寿保险济宁中心支公司	石文建	—	20	1
中意人寿保险济宁中心支公司	杨敬磊	—	11	4
北大方正人寿保险济宁中心支公司	马慧慧	—	16	3
和泰人寿保险济宁中心支公司	马 强	—	13	2

附表4

济宁市主要金融机构业务概况

（2019年末）

单位：亿元

单位名称	本外币存款余额	本外币单位存款	本外币储蓄存款	本外币贷款余额	本外币短期贷款	本外币中长期贷款
农业发展银行济宁市分行	33.94	33.94	0	174.23	44.60	129.63
工商银行济宁分行	615.84	187.43	428.11	408.07	109.31	291.29
农业银行济宁分行	780.33	230.96	547.44	431.28	142.88	277.98
中国银行济宁分行	330.49	126.09	204.03	286.60	105.27	148.73
建设银行济宁分行	548.13	206.59	341.23	299.39	113.98	170.09
交通银行济宁分行	104.03	53.81	50.21	106.55	74.19	24.56
邮政储蓄银行济宁市分行	664.82	91.91	572.88	180.72	54.14	119.47
中信银行济宁分行	53.97	27.42	26.17	68.82	37.51	27.96
招商银行济宁分行	40.86	18.51	22.27	42.19	17.25	15.87
浦发银行济宁分行	36.08	23.48	12.58	48.78	31.88	16.06
兴业银行济宁分行	106.44	83.50	19.00	127.90	15.91	105.92
民生银行济宁分行	66.37	55.55	10.71	62.72	20.78	40.16
恒丰银行济宁分行	57.05	49.05	8.00	49.02	23.92	20.39
广发银行济宁分行	29.97	23.90	6.05	41.25	15.28	25.02
华夏银行济宁分行	33.71	28.21	5.50	53.71	7.09	45.47
渤海银行济宁分行	27.97	25.04	2.93	21.60	5.32	15.97
光大银行济宁分行	18.58	16.29	2.29	29.12	17.98	8.05
平安银行济宁分行	2.62	0.19	2.43	12.87	0.42	12.45
浙商银行济宁分行	26.50	25.34	1.16	28.70	4.18	23.87
莱商银行济宁分行	50.05	38.13	11.92	44.78	16.96	27.82
齐商银行济宁分行	25.01	17.07	7.94	30.11	11.53	18.34
威海市商业银行济宁分行	52.84	36.93	15.91	38.62	16.27	22.27
枣庄银行济宁分行	20.15	11.65	8.50	16.60	11.67	4.93
日照银行济宁分行	54.03	42.60	11.43	20.50	9.11	10.89
青岛银行济宁分行	25.48	22.22	3.26	23.64	5.32	17.54
济宁银行	554.05	203.97	348.80	414.88	277.61	109.25
兖矿财务公司	215.09	215.09	0	110.06	107.69	1.95

续表

单位名称	本外币存款余额	本外币单位存款	本外币储蓄存款	本外币贷款余额	本外币短期贷款	本外币中长期贷款
济宁农村商业银行	166.80	24.36	142.44	133.11	54.07	62.39
邹城农村商业银行	158.05	27.27	130.78	110.06	43.94	49.40
鱼台农村商业银行	56.62	5.10	51.52	35.93	17.69	13.86
梁山农村商业银行	113.29	5.93	107.37	69.21	23.68	29.30
金乡农村商业银行	102.42	7.75	94.67	72.00	41.56	20.79
兖州农村商业银行	90.12	11.91	78.22	63.73	13.35	42.40
泗水农村商业银行	66.15	6.32	59.83	41.82	13.09	19.35
汶上农村商业银行	119.76	13.82	105.94	79.70	28.14	29.69
曲阜农村商业银行	95.50	10.42	85.09	63.51	18.20	32.88
微山农村商业银行	70.60	5.96	64.64	52.41	36.71	8.27
嘉祥农村商业银行	141.17	13.53	127.64	81.09	29.13	28.56
济宁高新村镇银行	15.71	8.57	7.13	11.78	7.61	4.14
济宁儒商村镇银行	79.96	29.77	50.19	52.04	36.83	13.15
济宁蓝海村镇银行	4.60	2.14	2.46	2.42	1.92	0.50
兖州中成村镇银行	0.72	0.29	0.43	0.60	0.26	0.35
嘉祥中银富登村镇银行	3.14	1.07	2.08	3.72	2.63	1.09
梁山民丰村镇银行	7.79	2.04	5.75	8.84	6.20	2.63
邹城中银富登村镇银行	2.58	1.64	0.94	3.44	2.24	1.20
曲阜中银富登村镇银行	6.76	3.63	3.13	5.96	3.08	2.88
汶上中银富登村镇银行	3.31	1.53	1.77	3.82	2.30	1.51
鱼台青隆村镇银行	3.05	1.08	1.96	3.49	2.38	1.12
泗水齐丰村镇银行	3.63	0.11	3.52	2.79	1.68	1.12
金乡蓝海村镇银行	6.80	2.09	4.70	4.63	4.47	0.16
微山北海村镇银行	2.53	0.69	1.84	2.04	1.35	0.69

附表5

济宁市金融机构统计指标

单位：家、人、只

指标		2015年	2016年	2017年	2018年	2019年	2019年同比增幅（%）
银行类	银行类机构家数	44	47	49	51	51	0
	法人机构	23	26	26	26	26	0
	省级分行	0	0	0	0	0	—
	二级分行	21	21	23	25	25	0
	县区支行	148	155	157	161	163	1.24
	正式从业人数	15,645	16,256	16,117	16,146	15,841	-1.89
保险类	保险公司家数	56	58	63	66	68	3.03
	财险公司家数	25	26	29	30	32	6.67
	省级分公司	0	0	0	0	0	—
	地市分公司	25	26	29	30	32	6.67
	县区支公司	141	151	161	119	123	3.36

续表

指标		2015年	2016年	2017年	2018年	2019年	2019年同比增幅（%）
保险类	寿险公司家数	31	32	34	36	36	0.00
	省级分公司	0	0	0	0	0	—
	地市分公司	31	32	34	36	36	0.00
	县区支公司	143	159	168	134	130	-2.98
	正式从业人数	4,881	5,642	5,801	6,068	6,066	-0.03
	财险人员	2,559	2,980	3,022	3,408	3,549	4.14
	寿险人员	2,322	2,662	2,779	2,660	2,517	-5.37
证券类	证券公司家数	12	15	18	20	21	5.00
	证券营业部	20	23	26	28	28	0.00
	正式从业人数	338	359	375	395	389	-1.52
	境内上市股票只数	6	6	9	9	9	0.00
	境外上市股票只数	3	3	4	6	6	0.00
	辖区上市公司总数	6	6	9	9	9	0.00

泰安市

【经济金融概况】 2019年，泰安市以新旧动能转换为总抓手，坚持“产业兴市”不动摇，优化提升传统产业，大力发展新兴产业，推动产业结构提档升级，经济保持平稳发展良好态势。2019年全市地区生产总值为2,663.60亿元，增长6.30%；一般公共预算收入为224.70亿元，增长2.36%；投资降幅收窄至23.30%；社会消费品零售额增长3.70%；进出口总额为172.21亿元，增长7.10%；城镇和农村居民人均可支配收入分别为37,695.00元、18,621.00元，分别增长7.10%、9.80%。2019年末，泰安市金融机构人民币存款余额为4,093.82亿元，比年初增长12.11%；贷款余额为2,696.43亿元，比年初增长14.00%。

【货币政策】 2019年，人民银行泰安市中心支行坚持高效履职，认真落实人民银行济南分行“1+4”攻坚行动，有效支持实体经济发展。一是政策引导更加有效，经济发展动力不断增强。严格落实宏观审慎管理要求，灵活运用再贷款、再贴现等工具；严格落实定向降准政策，累计释放可贷资金约45.00亿元，要求金融机构将相关资金主要用于民营、小微、“三农”、新动能等领域，实现对实体经济的精准支持。二是大力开展“民营和小微企业首贷培植行动”，全市共3,201家企业首次获得银行贷款34.10亿元，位居全省前列，人民银行济南分行行长周逢民在泰安开展民营、小微企业首贷培植调研，并召开金融机构和民营小微企业座谈会。相关做法获人民银行济南分行副行长刘健、泰安市委书记崔洪刚和市长张涛的肯定性批示。三是有效降低民营和小微企业融资成本。2019年，全市金融机构新发放企业贷款加权平均利率为4.92%，同比下降0.32个百分点。其中，小型和微型企业贷款加权平均利率分别为5.63%和5.79%，同比分别下降0.17个和0.41个百分点。四是联合泰安银行启动建设“基于大数据技术的小微企业智慧融资服务应用项目”和“央行资金引导的多维资金池子系统”。目前该项目已纳入总行金融科技试点和国家级试点，是唯一一个地级市人民银行主导开发的项目，已进入开发阶段。五是强化融智融慧支持，以“绿色金融服务绿色企业”等为主题，组织金融机构开展金融顾问团服务，走访企业19家。强化部门协同，增强金融支持合力。六是联合市地方金融监管局等部门召开2019年度金融支持新旧动能转换政金企合作项目新闻发布会，联合市工信局召开2019年泰安市工业“50强”及技改项目银企对接会，达成融资合作意向315亿元。

【金融稳定】 2019年，人民银行泰安市中心支行认真落实总分行金融稳定工作部署，不断强化金融管理，风险防控更加健全，金融生态环境不断优化。一是加强金融管理和服务，组织召开全市货币政策与金融管理服务工作会议，切实做好查处分离试点工作，依法做出行政处罚9笔，未发生行政复议和行政诉讼案件。二是充分发挥牵头拿总、综合协调作用，联合泰安市政法委、地方金融监督管理局等部门，开展“增信贷、降不良、打逃债、树诚信”专项行动，推动建立打击逃废金融债务综合防控惩戒机制。与泰安银保监分局签订了《协调合作备忘录》，推进金融监管协调机制建设，更好地促进全市经济金融稳定健康发展。三是重点领域风险化解取得阶段性成果，法人银行问题机构数量由年初的4家降至1家。四是召开洗钱入罪判决工作座谈会，进一步增强预防和打击洗钱犯罪的合力。强化重点领域可疑资金监测和案件协查工作，向公安部门移交线索31条立案3起。人民银行泰安市中心支行在泰安市禁毒工作会议上做经验交流，被表彰为全市禁毒工作先进集体。

【金融服务】 2019年，人民银行泰安市中心支行落实普惠便民理念，金融服务更加普惠，“放管服”改革成效凸显。一是制定“放管服”和“一次办好”改革目标任务和工作措施，确定11个方面目标任务、19项工作措施，实施项目化管理，持续改进金融管理服务质效。二是提升国库服务效能。在全省率先建立社会保险费退费管理制度推进社保退费工作，退费办理时限由15天缩短至5天，大大提升社会保险费退费效率。推行国库直接支付，将涉及民营企业的资金由国库账户直接拨付至企业账户，实现资金拨付当日到达。三是加强支付服务。做好取消企业银行账户许可工作，极大地提高了企业开户效率，实现“当日办结”。打造移动便民支付工程建设，大力推广“手机号码支付”功能。相关工作被《金融时报》报道。四是认真做好新版人民币发行工作，创建现金服务示范区，推进覆盖公交、城区、景区和郊区4个硬币清分中心建设，满足社会公众需要，做好硬币自循环“多中心”建设，相关做法被大众网报道；协助中国印钞造币总公司有序推进泰山纪念币设计发行，总分行在泰安举办“宣传首枚世界文化和自然遗产普通纪念币——泰山币发行”座谈会，被《金融时报》《泰安日报》、大众网等媒体报道。五是加强征信体系建设。指导泰安银行股份有限公司为19家中小微企业办理政采贷业务25笔，发放贷款6,559.00万元，在全省政府采购合同融资工作新闻通气会暨金融顾问团应收账款宣讲活动中交流发言。加强商业银行自助查询网点建设，设立个人信用报告自助查询网点12家，实现辖内四个县（市）全覆盖，有效拓宽征信查询服务渠道。

【金融监管】 2019年以来，中国银保监会泰安监管分局坚持围绕中心、服务大局，扎实履行属地监管职责，引导辖区银行业保险业实现健康平稳发展。截至2019年末，全市银行业资产总额为4,597.90亿元，较年初增长12.18%，增幅高于全省平均水平4.04个百分点；累计实现净利润33.33亿元，同比多盈1.90亿元，增速为6.05%，居全省第七位，继续保持稳健发展态势。全市保险业实现保险保费收入134.45亿元，同比增长6.88%；提供保险保障6.22万亿元，同比增长55.56%；累计赔（给）付支出35.97亿元，持续发挥社会“稳定器”作用。

一、深入开展“行业规范建设年”活动，坚持行业规范和监管规范两端突破。将“行业规范建设年”活动作为年度重点工作，强化组织领导、建立多项机制、做好建章立制、开展特色活动，确保工作取得实效。

二、防范化解金融风险，坚持防风险和治乱象齐头并进。认真贯彻落实中央和银保监会关于“稳金融”的总体要求，将防范化解重点领域风险作为各项工作的重中之重，统筹部署、重点推进，保障了辖区经济和金融秩序稳定。

三、持续优化金融服务，坚持回归银行支持实体经济和保险风险保障主业。围绕新旧动能转换、服务民营和小微企业、乡村振兴等重要领域，不断加大支持力度，引导辖区银行业保险业在树立行业规范的基础上，回归本源、专注主业。

四、着力化解法人风险，坚持属地监管和协同联动多方发力。落实属地监管职责，积极探索稳控风险路径，全力做好三类法人机构监管，做到了情况明、措施实、效果显。

【外汇管理】 2019年，国家外汇管理局泰安市中心支局认真贯彻总分局工作会议精神，扎实做好外汇管理与服务工作，促进跨境贸易投资自由化便利化，外汇环境不断优化。全年共开展集中培训3次，培训涉外企业550家；实地走访企业769家，解决问题137个；发放《外汇政策宣传指南》1,200余册，累计发放外汇产品宣传资料3,000余份；积极推进货物贸易外汇收支便利化试点，确保辖内2家银行、1家企业顺利开展试点业务；坚持“一企一策”“特事特办”原则，着力解决企业难题。积极引导辖内企业树立风险中性意识，提升企业规避汇率风险能力。强化资金流出流入动态均衡监管，构建完善“宏观审慎管理与微观市场监管”“两位一体”的管理体系，提高非现场监测精准分析水平和现场核查、检查力度，加大对虚假欺骗性外汇交易等实质性违规行为的查处力度，深度净化辖区外汇市场环境。

（贾泰峰、冯 科）

附表1

泰安市主要金融指标1

单位：亿元

地区		银行类							
		本外币存款余额	住户存款	非金融企业存款	本外币贷款余额	第一产业贷款	第二产业贷款	第三产业贷款	个人贷款及透支
新泰市	2019年	747.41	563.82	124.31	428.05	1.49	204.34	64.85	142.09
	同比增幅（%）	8.78	13.23	21.87	4.39	8.76	-1.88	-14.40	28.82
肥城市	2019年	658.51	468.42	128.94	334.59	0.95	-6.76	-1.84	128.01
	同比增幅（%）	15.59	13.47	63.47	5.58	10.43	-4.79	-5.15	13.99
宁阳县	2019年	332.13	253.9	49.07	173.31	1.42	44.59	43.16	68.32
	同比增幅（%）	8.31	13.24	18.04	23.26	173.08	12.23	30.59	25.61
东平县	2019年	330.2	261.48	34.78	260.37	0.5	93.42	12.35	138.8
	同比增幅（%）	13.67	14.40	41.15	10.09	-5.66	4.17	1.31	12.78
泰安市	2019年	4,132.68	2,676.02	945.29	2,698.64	8.33	834.76	593.00	1,157.73
	同比增幅（%）	12.41	13.05	27.98	14.45	-11.95	1.90	19.74	23.72

附表2

泰安市主要金融指标2

单位：亿元

地区		保险类		证券类		
		保险公司保费收入	保险公司赔款和给付支出	证券市场成交总额	投资者保证金余额	投资者开户数（万户）
新泰市	2019年	23.72	—	341.96	1.38	5.26
	同比增幅（%）	3.81	—	33.96	10.40	1.35
肥城市	2019年	19.21	—	342.95	1.20	5.79
	同比增幅（%）	12.47	—	335.13	1.13	13.98
宁阳县	2019年	10.36	—	79.14	0.26	1.08
	同比增幅（%）	14.22	—	48.09	36.84	2.86
东平县	2019年	10.15	—	33.64	0.2	0.85
	同比增幅（%）	14.17	—	23.99	122.22	0.14
泰安市	2019年	130.06	50.29	3,217.05	17.88	46.67
	同比增幅（%）	5.38	10	43.15	-37.20	5.09

附表3

泰安市主要金融机构概况

单位名称	行长（或其他称谓的第一负责人）	副行长（或其他称谓的同级领导）	正式员工（人）	营业网点（个）
人民银行泰安市中心支行	杨化军	庞建敏、刘慧英、孙世超、高露蒙、郑玉坤、康 琴、张浩三	261	5
泰安银保监分局	赵文和	刘 健、蒋代明、李 亚、张 琳	56	1
农业发展银行泰安市分行	辛俊峰	耿大伟、张效会、国 虎	158	5
工商银行泰安分行	祝广成	梁化新、陈福五、杨万鲁、孙殿军	948	47

续表

单位名称	行长（或其他称谓的第一负责人）	副行长（或其他称谓的同级领导）	正式员工（人）	营业网点（个）
农业银行泰安分行	孟宪军	戴国文、刘学德、王会堂、毕 伟、李 强、王 超	1,494	73
中国银行泰安分行	薛 涛	冯德厚、张桂浩、曹国民、孙克祥	672	28
建设银行泰安分行	宋旭东	朱坤礼、李 军、孙 良、楚 栋、王万里	1,112	45
交通银行泰安分行	王子敬	陈 磊、于军伟、刘书伟	203	9
邮政储蓄银行泰安市分行	许同博	许兴常、李兴红、周 鲁、陈琳琳	519	139
省联社泰安审计中心	辛士勇	时培行、董海涛	27	1
兴业银行泰安分行	张建霞	徐恒超、孙 林	129	10
民生银行泰安分行	张 勇	苏 磊、张 莹	51	3
浦发银行泰安分行	卞 涛	吴 卫、孙 璐、刘贤武	46	2
光大银行泰安分行	宫方军	赵洪岫、王全宇、辛显镇	56	2
平安银行泰安分行	林垂士	曹秀娟、郭 翔	36	1
泰安银行	王希娟	闫 明、刘培军、史建国、赵传迎、李成山、商云峰、张 波、杨方步、王 琦、赵 阳、李 琳、王淑萍、巩剑华	1,049	77
莱商银行泰安分行	马新生	沈 涛、周 军	163	7
济宁银行泰安分行	孙 焱	张爱民、王 东	78	5
齐鲁银行泰安分行	马新华（副行长主持工作）	李 峰、王 洁	123	5
天津银行泰安分行	张 健	孙兆木、高 虎	60	1
威海市商业银行泰安分行	王大龙	李 颖、柳晓军	38	1
青岛银行泰安分行	王崭先	赵立谦、江 霞、王海东	48	1
泰山农商行	赵庆功	汪 振、秦国新、冯宪良、李申清	606	44
岱岳农商行	孙法学	曹乃国、孙丰军	715	54
新泰农商行	杜晋生	亚 民、张 旭、成 勇、牛会霞、范庆磊	788	47
肥城农商行	刘贺磊	王延防、王聘国、常 栋、崔 勇、王 铮、王 楠	614	41
宁阳农商银行	李 斌	王学军、侯 涛、刘 岑、张 辉、江 忠、张瑞峰	474	33
东平农商行	张淑斌	刘 锋、杨 华、郭德成、王延松、王长江	485	32
泰安沪农商村镇银行	赵咏莉	王 东	26	1
新泰齐丰村镇银行	赵丽霞	张金多	77	6
肥城民丰村镇银行	徐小强	张 辉、王朋波、李代洋、单丽思	74	5
宁阳沪农商村镇银行	魏 强	龚冬生	29	2
东平沪农商村镇银行	徐 彬	魏 超	42	2
中国人民财险泰安市分公司	吴中云	马兵建、郑恒峰、张志刚	481	53
中国人寿泰安分公司	岳文成	段崇申、赵洪臣、董军建、沙宗旺	263	8
太平洋寿险泰安中心支公司	郭红霞	陆继虎、刘自国、李 程、王爱国	158	25
海通证券泰安营业部	项 颖	王琳琳	17	1
中泰证券泰安分公司	于 波	赵 杰	98	9

附表4

泰安市主要金融机构业务概况

（2019年末）

单位：亿元

单位名称	本外币存款余额	本外币单位存款	本外币储蓄存款	本外币贷款余额	本外币短期贷款	本外币中长期贷款
农业发展银行泰安市分行	26.11	26.11	0	100.21	23.35	76.86
工商银行泰安分行	456.09	177.18	192.76	294.00	56.94	229.78
农业银行泰安分行	607.58	223.93	317.33	418.07	142.07	269.24
中国银行泰安分行	261.95	134.08	106.79	202.93	67.15	129.08
建设银行泰安分行	337.20	133.23	129.95	233.48	66.36	166.70
交通银行泰安分行	81.00	53.12	13.11	70.64	32.27	38.36
邮政储蓄银行泰安市分行	370.26	19.98	77.76	90.15	20.03	57.12
兴业银行泰安分行	84.19	62.43	11.62	98.04	14.61	13.04
民生银行泰安分行	53.85	46.38	2.70	35.28	13.56	21.55
浦发银行泰安分行	43.35	38.63	1.76	28.46	12.19	14.55
光大银行泰安分行	23.75	18.62	1.59	16.21	1.48	13.41
平安银行泰安分行	0.99	0.52	0.01	5.27	0.37	4.91
泰安银行	521.35	195.04	226.63	327.66	150.92	161.14
莱商银行泰安分行	53.85	41.26	8.17	36.81	20.58	16.23
济宁银行泰安分行	28.74	20.73	6.20	21.25	9.30	10.65
齐鲁银行泰安分行	72.87	59.24	5.69	51.65	22.51	29.13
天津银行泰安分行	33.52	30.59	2.36	33.70	12.31	21.39
威海市商业银行泰安分行	17.25	15.05	1.77	16.35	10.49	5.82
青岛银行泰安分行	9.54	7.21	1.50	28.77	2.13	26.63
泰山农商行	129.58	29.54	89.28	87.95	22.53	54.35
岱岳农商行	243.58	24.94	213.31	143.50	55.32	80.32
新泰农商行	201.79	14.92	174.25	111.90	53.27	47.35
肥城农商行	192.22	16.74	172.63	113.63	41.09	55.06
东平农商行	130.81	7.17	121.79	65.59	29.90	25.66
宁阳农商行	121.06	11.87	97.29	62.31	23.05	23.76
泰安沪农商村镇银行	2.17	1.45	0.71	1.58	0.57	1.00
肥城民丰村镇银行	6.91	1.22	5.49	7.13	6.57	0.43
新泰齐丰村镇银行	5.18	1.11	4.05	4.04	1.47	2.57
东平沪农商村镇银行	6.77	2.72	4.04	3.92	1.03	2.89
宁阳沪农商村镇银行	2.68	1.23	1.44	1.95	0.37	1.58

附表5

泰安市金融机构统计指标

单位：家、人、只

	指标	2015年	2016年	2017年	2018年	2019年	2019年同比增幅（%）
银行类	银行类机构家数	24	24	24	26	27	3.85
	法人机构	12	12	12	12	12	0.00
	省级分行	0	0	0	0	0	—
	二级分行	12	12	12	14	15	7.14
	县区支行	95	116	104	105	121	15.24
	正式从业人数	10,890	10,885	10,956	10,688	11,975	12.04
保险类	保险公司家数	47	53	50	52	57	9.62
	财险公司家数	22	24	24	24	26	8.33
	省级分公司	0	0	0	0	0	—
	地市分公司	22	24	24	24	26	8.33
	县区支公司	116	125	122	82	87	6.10
	寿险公司家数	25	29	26	28	31	10.71
	省级分公司	0	0	0	0	0	—
	地市分公司	25	29	26	28	31	10.71
	县区支公司	175	156	173	171	179	4.68
	正式从业人数	28,666	40,184	42,935	53,462	56,136	5.00
	财险人员	5,753	7,019	7,169	7,147	5,422	-24.14
	寿险人员	22,880	33,165	35,766	46,315	50,675	9.41
证券类	证券公司家数	9	14	28	30	21	-30.00
	证券营业部	9	14	28	30	21	-30.00
	正式从业人数	143	179	329	351	224	-36.18
	境内上市股票只数	4	4	4	5	4	-20.00
	境外上市股票只数	2	2	2	2	4	100.00
	辖区上市公司总数	6	6	6	7	8	14.29

威海市

【经济金融概况】 2019年，威海市以习近平新时代中国特色社会主义思想为指导，全面贯彻党的十九大等系列会议精神，坚持稳中求进工作总基调，经济金融总体平稳健康运行。

【货币政策】 2019年，人民银行威海市中心支行认真贯彻落实双支柱金融调控政策，充分发挥好央行资金引导作用。

一是做好法人信贷调控和宏观审慎评估，落实MPA对定向降准释放资金支持小微企业的考核要求，促进辖区金融指标平稳增长。

二是发挥货币政策工具结构引导作用，对普惠金融和县域农商行实施定向降准，释放资金34.70亿元。累计办理再贴现9.90亿元，发放再贷款46.90亿元。

三是引导威海市商业银行获批30.00亿元无固定期限资本债券，该行成为全国第二批、山东省首家发行此债券的银行。

四是利用好民营企业债券融资支持工具，引导金融机构为威高集团创设信用风险缓释凭证，发行4期超短融、1期中票，实现融资额35.00亿元。

【金融市场】 2019年，威海市金融业实现增加值120.27亿元，占GDP的比重为4.10%，同比提高0.20个百分点。截至2019年末，全市共有银行业金融机构31家，总资产为5,554.20亿元，总负债为5,268.40亿元，分别同比增长11.50%、11.40%；共有证券、期货分支机构31家，地方金融组织110家；共有保险机构54家，全年累计实现保费收入113.15亿元。

一是信贷结构优化调整，金融资源配置效率提升。截至2019年末，基建相关行业贷款余额为481.10亿元，较年初增加66.50亿元，在全市新增贷款中的占比为18.70%，有效满足了重点工程的资金需求；房地产领域贷款余额为929.60亿元，较年初增加138.40亿元，增量占全部新增贷款的比重为38.90%，同比下降19.90个百分点，贷款增长对房地产的倚重减弱；民营经济贷款余额为1,047.80亿元，较年初增长7.70%。其中，普惠口径小微贷款余额为233.70亿元，较年初增长31.00%，民营小微经济贷款大幅增长。

二是保险服务功能持续增强，资本市场发展后劲增强。2019年，威海市保险业共承担各类风险责任28,642.90亿元，同比增长37.30%；上缴各类税金3.60亿元，提供就业岗位3.10万个，经济"助推器"和社会"稳定器"作用有效发挥。2019年，全市直接融资净增加37.90亿元，同比多增35.90亿元；5家企业启动境内上市程序，2家企业启动境外上市程序；新增2家新三板、85家区域股权交易市场挂牌企业，累计挂牌数量分别达到39家和271家，均居全省第五位，资本市场后备资源培育创历年来最好态势。

【金融稳定】 2019年，人民银行威海市中心支行进一步健全金融稳定工作体系，坚决打好防范化解金融风险攻坚战。

一是加强风险监测预警，着力防范化解金融风险。坚持金融风险监测全覆盖，向2家部分监管指标不达标的法人机构下发风险警示函，约见投保机构负责人4家次，口头提示风险4家次。积极协助地方政府稳妥处置出险上市公司，辖内无高风险上市企业。创新金融广告风险管理、信息发布管理、投诉举报奖励、网络舆情管控及网格化监测"五个机制"，构建互联网金融广告风险防控网络，审核互联网金融广告信息287条，删除不良金融信息36条。

二是稳步推进央行评级，扎实做好存款保险管理工作。建立"评级+督导"二合一工作机制，督导相关机构提高经营稳健性。对投保机构开展存款数据真实性现场核查，准确完成辖区投保机构2018年下半年和2019年上半年保费基数核定工作，督导投保机构分别及时足额交纳保费2,676.90万元和2,857.35万元。

三是部门联动预警防范，共筑金融安全防线。创新打击电信网络诈骗新型违法犯罪工作机制，建立覆盖全市银行机构的反诈联络专员机制，协调银行机构进驻反诈中心，7×24小时开展快速查询、快速止付、快速冻结工作。加大出售、出借银行账户打击力度，堵截冒名开卡行为304起、疑似开立对公账户行为33起。进一步发挥反洗钱联席会议组织协调作用，强化执法部门对洗钱犯罪打击协作机制，向公安机关移送线索11条，发起反洗钱行政调查2次。

【金融监管】 2019年，人民银行威海市中心支行依法管理金融机构，把金融监管与贯彻货币政策导向、规范金融机构合法稳健经营相结合。

一是持续加强对金融机构的管理。组织召开全市金融管理工作会，对当前货币政策、信贷政策、监管要求等进行"一揽子"政策通报和安排部署，同时对反洗钱考核评估、外汇指定银行执行外汇管理规定考核及金融机构综合评价等进行通报。

二是深入贯彻落实执法体制改革要求，对金融机构各类业务开展执法检查20余家次，行政处罚218.30万元。继续推进金融机构"一把手"反洗钱督导计划，完成31家新上任、新调整及新开业金融机构"一把手"约谈，督促金融机构自觉履行反洗钱义务。

三是修订金融突发事件应急预案，建立涉金融类机构联合审批机制，健全监测预警和应对处置机制。加强监管合作通报、监管信息共享与风险协调处置合作，共享监管报表和报告76期次、风险线索信息22条，联合排查重点担保圈20个、专项排查2次。

【外汇管理】 2019年，国家外汇管理局威海市中心支局进一步提升便利化服务和风险防范水平，支持涉外经济发展。

一是深化外汇"放管服"改革，持续优化基层服务水平。持续推进"外汇服务进万企"活动，组织走访涉外企业500余家，举办大型政策宣讲会6次。指导威高集团通过"内保外贷"模式进行债务置换，将融资成本由8.10%降至5.20%以下。积极推动威高集团通过境外公司，以合格境外有限合伙人（QFLP）方式出资设立1.93亿元医疗健康创业投资基金，该类业务在全省尚属首笔。促成三星重工、威高集团、威海港集团等企业实现跨境融资1.92亿美元。积极推动跨境人民币业务开展，降低企业财务成本。

二是深化落实外汇改革措施，提升跨境贸易投资便利化水平。全力推进外汇管理改革，成为山东省首批货物贸易便利化试点城市。积极引导企业用好跨国公司跨境资金集中运营新政，运作资金5,186.00万美元，节约成本约182.00万元。积极参与威海市招商"服务大使"工作，促进重点项目外资到账5.40亿美元，境外直接投资汇出资金1.60亿美元。

三是加强事中事后监管，坚守风险防范底线。强化银行合规经营意识，指导银行严格落实展业要求，先后组织对

19家银行开展核查，对发现的问题及时督导改正，规范业务办理。加强日常监测核查。加强重点企业、行业监测，先后核查企业89家、个人119人，进一步提升事中事后管理水平。持续加强外汇违法违规行为打压态势。重点打击虚假欺骗性交易等实质性违规行为，先后对3家银行、10家企业开展专项检查，收缴罚没款70.80万元。

四是加强研判分析，引导企业积极应对复杂的国际形势。建立中美贸易摩擦定期监测制度，重点关注并持续监测中美贸易摩擦升级对辖内涉美企业的影响。

【金融服务】 2019年，人民银行威海市中心支行坚持金融为民，着力提升金融服务水平。

一是创新金融服务，深入推进“放管服”改革。有序推进取消企业银行账户许可工作，督导银行机构进一步优化开户流程，实现企业政务服务大厅银行开户“一次办好”。推动个人征信报告自助查询市县两级政务服务大厅全覆盖，新增商业银行自助查询网点7家，实现主城区“3公里”查询圈就近查询。提升国库服务民生质效，开通小微企业普惠性退税绿色通道，办理退税业务3.80万笔，惠及小微企业1.50万家，退税493.00万元。配合做好税务征管体制改革，规范开展社保费和非税收入征缴入库。

二是做好民营和小微企业金融服务工作。健全融资担保增信体系，推动银行、保险、担保机构共同做好民营和小微企业金融服务，积极开展民营和小微企业“首贷培植行动”，累计培植企业2,569户，其中成功培植2,184户企业完成首贷、金额18.80亿元。

三是全力推进金融服务乡村振兴工作。把金融精准扶贫作为服务乡村振兴的首要任务，会同扶贫办建立扶贫贷款需求对接长效机制，推动“央行资金产业扶贫贷”和“富民生产贷”等扶贫信贷产品增量扩面。做好“特色农业”“海洋经济”等乡村振兴品牌建设工作。开展金融服务乡村振兴样板村建设，推动样板村“整村授信村庄”519个，授信3.35万户、授信金额61.86亿元。

（刘晓丹）

附表1

威海市主要金融指标1

单位：亿元

地区		银行类							
		本外币存款余额	住户存款	非金融企业存款	本外币贷款余额	第一产业贷款	第二产业贷款	第三产业贷款	个人贷款及透支
荣成市	2019年	895.47	567.14	211.53	629.65	71.42	195.18	189.72	153.15
	同比增幅（%）	11.18	15.90	21.19	14.07	2.51	3.03	34.40	12.61
乳山市	2019年	422.77	336.97	46.92	206.54	3.70	27.12	54.65	100.39
	同比增幅（%）	8.48	13.39	-12.38	11.35	-5.13	-3.42	26.48	11.69
威海市	2019年	4,250.95	2,510.15	1,133.20	2,884.00	95.45	614.40	874.58	1,158.98
	同比增幅（%）	15.45	21.82	9.01	14.50	2.76	1.03	19.75	22.71

附表2

威海市主要金融指标2

单位：亿元

地区		保险类		证券类		
		保险公司保费收入	保险公司赔款和给付支出	证券市场成交总额	投资者保证金余额	投资者开户数（万户）
荣成市	2019年	15.67	5.32	686.86	1.90	7.74
	同比增幅（%）	11.29	62.20	12.88	0.41	8.10
乳山市	2019年	8.00	2.64	228.26	1.10	2.23
	同比增幅（%）	7.38	-30.16	51.12	48.65	16.15
威海市	2019年	113.15	31.30	4,699.93	21.90	45.61
	同比增幅（%）	7.81	-8.96	28.75	47.38	23.34

附表3

威海市主要金融机构概况

单位名称	行长（或其他称谓的第一负责人）	副行长（或其他称谓的同级领导）	正式员工（人）	营业网点（个）
人民银行威海市中心支行	关志勇	李 瑞、曲吉光、李少伟、王新军、车宗山、吴志家	221	4
威海银保监分局	刘兰设	孙宝刚、隋 民、王洪贤	49	4
农业发展银行威海市分行	万鲁峰	杜 军、陈京文、范红梅	102	4
工商银行威海分行	刘光海	常乃海、唐学政、邱义闻、张明军、王庆毅	801	36
农业银行威海分行	孔令军	王君兰、赵 玮、胡友文、朱战红、尹尕藏	1,021	57
中国银行威海分行	王国庆	殷建国、杨成海、刘增海、侯雪峰	718	27
建设银行威海分行	李海建	刘 辉、吴明凯、蒋文洲、张学松、徐志新	820	33
交通银行威海分行	苏小龙	丛 林、王士功、宋肃静、于 杰	310	14
邮政储蓄银行威海市分行	赵 林	车延宁、丁永生、王 萍、李巧玉	474	108
中信银行威海分行	吴从勇	王文达、邹玉刚、孔凡木、胡法习、林向进	294	10
招商银行威海分行	刘慧君	于 蓉、陈 曦	109	7
浦发银行威海分行	刘进杰	王 刚、张 曦	85	5
威海市商业银行	谭先国（董事长）、孟东晓（行长）、邓 卫（监事长）	刘 河、张仁钊、刘昌杰、毕秋波、陶遵建、邢志强、张晓东	1,327	51
青岛银行威海分行	梁华杰	于忠强、张永胜、姚霄丽、吕海超、李雪飞	206	9
威海农商行	刘韶伟	刘建勋、许福涛、连秀丽、丛剑锋、徐 波、张存明	582	48
友利银行威海分行	金荣眺（韩）	朴真永（韩）	30	1
威海富民村镇银行	林峰山	李 镇	58	5
威海蓝海银行	陈 彦	宋学峰、宋修广、王业芳、陈 峰、王卫东、李进跃、田涵勇、章文蓉	221	1
中泰证券公司威海市分公司	段少波	迟法泉、赵锦敏	144	8
中国人民财产保险公司威海市分公司	顾恩谭	付勇波、张启强、蔡元春、高 山	405	24

附表4

威海市主要金融机构业务概况

（2019年末）

单位：亿元

单位名称	本外币存款余额	本外币单位存款	本外币储蓄存款	本外币贷款余额	本外币短期贷款	本外币中长期贷款
农业发展银行威海市分行	62.83	62.83	—	215.54	10.96	204.58
工商银行威海分行	321.39	138.68	180.82	28.29	45.74	235.14
农业银行威海分行	348.90	98.22	244.86	242.89	85.93	142.30
中国银行威海分行	264.84	114.13	148.22	195.64	58.86	133.13

续表

单位名称	本外币存款余额	本外币单位存款	本外币储蓄存款	本外币贷款余额	本外币短期贷款	本外币中长期贷款
建设银行威海分行	307.28	138.86	167.65	230.01	60.55	167.70
交通银行威海分行	154.27	91.29	62.52	95.51	37.32	56.45
邮政储蓄银行威海市分行	312.07	25.76	286.24	104.62	30.25	66.74
中信银行威海分行	139.05	91.68	47.07	54.56	28.73	23.42
招商银行威海分行	72.83	41.31	31.29	47.87	10.16	36.56
浦发银行威海分行	70.97	58.78	12.11	74.34	36.70	33.67
兴业银行威海分行	70.07	58.07	11.96	87.30	21.31	64.74
民生银行威海分行	91.86	74.98	16.71	39.31	14.15	18.92
恒丰银行威海分行	36.75	27.70	9.03	72.72	45.32	27.40
光大银行威海分行	45.19	40.26	4.93	44.52	24.26	20.26
威海市商业银行（法人口径）	1,422.01	845.01	577.00	924.54	365.63	484.16
青岛银行威海分行	141.28	109.76	31.45	105.74	43.88	60.92
威海蓝海银行	225.43	23.09	197.94	152.95	43.54	109.03
韩国友利银行威海分行	7.09	5.39	0.55	7.00	5.83	1.06
威海市农商行（合计）	723.22	122.42	600.72	446.50	178.90	198.17
威海村镇银行（合计）	26.58	7.59	18.98	16.97	8.32	8.65

附表5

威海市金融机构统计指标

单位：家、人、只

指标		2015年	2016年	2017年	2018年	2019年	2019年同比增幅（%）
银行类	银行类机构家数	26	26	29	30	31	3.33
	法人机构	9	9	10	10	10	0.00
	省级分行	0	0	0	1	1	0.00
	二级分行	17	17	19	20	20	0.00
	县区支行	115	117	120	124	138	11.29
	正式从业人数	9,781	9,790	9,920	9,845	9,466	-3.85
保险类	保险公司家数	43	48	52	53	54	1.89
	财险公司家数	22	25	27	28	29	3.57
	省级分公司	0	0	0	0	0	—
	地市分公司	22	25	27	28	29	3.57
	县区支公司	58	59	60	60	60	0.00
	寿险公司家数	21	23	25	25	25	0.00
	省级分公司	0	0	0	0	0	—
	地市分公司	21	23	25	25	25	0.00
	县区支公司	43	45	46	46	46	0.00
	正式从业人数	12,809	24,891	29,203	33,999	33,612	-1.14
	财险人员	2,102	2,985	4,305	7,711	7,665	-0.60
	寿险人员	10,707	21,906	24,898	26,288	25,947	-1.30

续表

指标		2015年	2016年	2017年	2018年	2019年	2019年同比增幅（%）
证券类	证券公司家数	14	17	17	19	22	15.79
	证券营业部	14	17	22	28	31	10.71
	正式从业人数	380	307	361	338	393	16.27
	境内上市股票只数	8	10	12	12	12	0.00
	境外上市股票只数	5	5	5	6	6	0.00
	辖区上市公司总数	13	15	17	18	18	0.00

日照市

【经济金融概况】 2019年，日照市紧紧围绕“一、三、五”总体发展战略，加快新旧动能转换，推进高质量发展，全市经济保持平稳健康运行，质量效益稳步提升。全年实现地区生产总值1,949.38亿元，比上年增长7.20%；规模以上工业增加值增长8.60%；固定资产投资下降16.50%。社会消费品零售总额增长8.00%；全年完成货物进出口总额1,052.56亿元，增长17.50%；完成一般公共预算收入170.37亿元，增长6.60%。年末，全市金融机构本外币存款余额为2,727.21亿元，比年初增加196.10亿元，增长7.70%；全市本外币贷款余额为2,545.10亿元，比年初增加177.99亿元，增长7.50%。

【货币政策】 2019年，人民银行日照市中心支行认真贯彻稳健货币政策，强化逆周期调节，着力疏通货币政策传导渠道，大力推进信贷结构调整优化，为全市经济平稳健康发展提供了良好的货币金融环境。

一、强化顶层设计规划。牵头22个部门制定并以市政府文件印发《日照市金融助力新旧动能转换推动经济高质量发展三年行动计划（2019—2021年）》，从“融资规模扩量、银企对接加速、金融服务提质、金融创新增效、金融生态优化”五个方面提出15项具体工作措施。举行新闻发布会，及时向社会公众解读政策。制定督查考核办法，保障各项举措落地落实。

二、创新工作体制机制。建立与各区县、市级经济主管部门工作直通机制，联合出台政策10余项。深化银企融资对接等系列活动。聚焦企业“首贷难”问题，开展“民营和小微企业首贷培植行动”。全面实施新型主办银行制度，推动银企构建长期紧密合作关系。

三、拓宽政策传导渠道。先后召开全市货币政策与金融管理服务工作会议、全市金融机构货币信贷形势分析座谈会，强化货币政策贯彻落实。扎实推进LPR推广应用工作。积极发挥供应链金融作用，创推“商票通”融资服务模式。指导日照银行成为全省首家全流程线上办理应收账款融资业务的城商行。

四、加快推动绿色金融发展。联合市发改等部门筛选建立“绿色项目库”，开展绿色项目银企合作对接。深化绿色金融能力建设，举办全市银行机构绿色金融工作推进暨业务培训会。积极推动绿色领域直接融资，指导日照银行发行绿色金融债券30.00亿元。引导绿色金融产品和服务创新，全市金融机构已创新推出“绿色光伏信贷”“低温指数保险”等10余个绿色金融产品。

五、扎实助推乡村振兴发展。开展“金融精准扶贫精细化管理年”活动，积极推动“央行资金产业扶贫贷”政策落实落地。扎实推进金融服务乡村振兴“一县一品”创建活动，推出“日照绿茶贷”等特色创新产品。

【金融稳定】 2019年，人民银行日照市中心支行不断健全金融安全防线与风险处置机制，全市金融运行稳健向好，银行业不良贷款实现“双降”。2019年末不良贷款率降至2015年以来新低，较2016年最高点下降7.27个百分点。

一、不断健全风险监测预警体系。按照“监测全覆盖”有关要求，探索实施风险监测“网格化”管理制度，加强对金融机构及从事金融业务的非金融机构的监测和风险研判，重点做好地方法人银行机构流动性风险、大企业担保圈风险、非法金融活动风险监测预警。

二、切实打好“央行评级+存款保险”组合拳。扎实做好央行金融机构评级工作，发挥存款保险制度的早期纠正功能，对3家法人银行机构开展早期纠正，约谈投保机构9家次，并通过发送风险警示函等方式督促稳健经营。组织全市银行机构开展存款保险知识“进校园、进社区、进乡村、进企业”活动，直接受众达17万人次，覆盖全市各区县。

三、稳妥处置重点领域风险。大力推进重点企业、法人银行风险化解处置，推进不良贷款化解处置。积极参与扫黑除恶、打击逃废银行债务、打击非法集资、防范打击电信网络新型违法犯罪、互联网金融风险专项整治等工作。在全省率先与市纪委监委联合签署《共同预防和打击涉嫌贪污贿赂、洗钱等违法犯罪活动的合作备忘录》，打防合作机制建设取得新突破。

【外汇管理】 2019年，国家外汇管理局日照市中心支局坚持以促进贸易投资便利化为主线，大力支持涉外经济健康发展。

一、大力推进贸易投融资便利化。在全省率先推动货物贸易外汇收支便利化试点业务落地。落实跨国公司跨境资金集中运营管理改革政策，实现业务零的突破。深入开展“外汇服务进万企”活动，全年共组织银行机构走访企业527家，专项定制化辅导120余次，解决企业实际问题130余项。

二、加强跨境资金流动监测分析。积极运用大数据分析理念，深入挖掘跨境资金流动监测系统功能，持续探索构建“两位一体”模式下的非现场监测指标体系。

三、创新提升检查核查工作效能。全省首创“1+1”联动模式，实现核查检查无缝对接。认真落实穿透式监管要求，开展跨部门联合监管协作，加强对货物贸易、境外投资、境外放款等重点业务交易背景、真实性和合法性审核，防范异常跨境资金流出流入。

【金融服务】 2019年，人民银行日照市中心支行坚持“金融为民”宗旨，持续提升金融管理与服务水平。

一、认真落实金融“放管服”和“一次办好”改革要求。组织全市银行系统开展“优化企业开户服务百日攻坚行动”，顺利完成企业银行账户许可取消工作。上线“互联网+”监管、政务服务网上办理等系统，提升规范高效服务水平。在全省率先推动辖内农商银行和邮储银行128家营业网点全部实施“两项国家标准”。

二、积极拓展普惠金融服务体系。在全国率先实现将金融知识教育纳入小学必修课程。积极借助金融知识普及月等时机，开展各类金融知识宣传活动160余次。创新开展“放心消费 诚信日照”金融消费领域示范单位创建工作。打造“周末讲堂”征信宣传品牌，促进公众信用意识提升。

三、大力提升金融服务水平。推动建立日照市现金清分中心，统一全市清分标准，提高清分质量。深入推进“现金服务示范区”创建，扎实开展乡村现金流通环境建设暨现金服务“四下乡”活动，严肃整治违规使用人民币图样行为，扎实做好新版人民币、纪念币发行工作。

（曹国栋）

附表1

日照市主要金融指标1

单位：亿元

地区		银行类							
		本外币存款余额	住户存款	非金融企业存款	本外币贷款余额	第一产业贷款	第二产业贷款	第三产业贷款	个人贷款及透支
莒县	2019年	556.60	430.15	87.22	379.99	1.93	128.12	128.68	104.73
	同比增幅（%）	11.76	13.16	17.64	11.51	29.53	-3.91	4.38	33.60
五莲县	2019年	295.32	228.81	43.48	176.20	7.44	39.68	44.72	62.83
	同比增幅（%）	8.22	11.80	1.80	12.90	21.64	-11.55	13.60	22.19
日照市	2019年	2,727.21	1,562.29	740.21	2,392.99	16.03	526.09	1,073.80	777.07
	同比增幅（%）	7.77	11.80	8.00	1.58	73.15	-10.5	3.36	25.77

附表2

日照市主要金融指标2

单位：亿元

地区		保险类		证券类		
		保险公司保费收入	保险公司赔款和给付支出	证券市场成交总额	投资者保证金余额	投资者开户数（万户）
莒县	2019年	16.79	5.34	103.6	0.37	1.53
	同比增幅（%）	17.38	9.53	32.2	0.00	2.68
五莲县	2019年	7.82	2.49	35.36	0.11	0.36
	同比增幅（%）	21.42	13.30	108.37	0.00	5.88
日照市	2019年	75.11	23.90	1,482.41	5.64	1.51
	同比增幅（%）	8.87	1.59	90.20	87.80	98.50

附表3

日照市主要金融机构概况

单位名称	行长（或其他称谓的第一负责人）	副行长（或其他称谓的同级领导）	正式员工（人）	营业网点（个）
人民银行日照市中心支行	华志远	苏涛、刘茂伟、庄举伦、司斌涛、克向东、孙元学	178	3
日照银保监分局	陈振业	于加富、李开宇、杨吉峰、罗玉民	40	1
农业发展银行日照市分行	孙晓东	赵凯、王向华	83	3
工商银行日照分行	杨明	周华、刘森、丁风海、徐已冉、高月日、张祥菊、王怡廷	539	20
农业银行日照分行	单伟强	刘江、王忠营、马瑞恩	688	29
中国银行日照分行	李亚军	商玉平、徐明远、胡纪法、刘恩旭	563	18
建设银行日照分行	王曙光	李晓辉、朱风华、林凡东、顿燕、秦桂萍	612	22
交通银行日照分行	刘栋	陈维福、焦自钦	53	3
邮政储蓄银行日照市分行	王向文	厉彦军、杨永强、韩亮、尹兆禄	299	76
日照银行	王森	闫鸣、杨宝峰、焦自竺、黄玲、毕坤传、王永健、袁玲玲、孙艺祥、王惠斌、陈迎	1,278	53
招商银行日照分行	李俊	周亮	140	7
兴业银行日照分行	李军	乔世文、路开强、相丽红	97	5
华夏银行日照分行	崔巍	王海云、王大伟、杜先波	68	3
浦发银行日照分行	曹晋学	于进海	44	1
平安银行日照分行	余传伟	董衍利、张玉强	29	2
中信银行日照分行	亓正民	肖振威、惠吉明、滕清	52	2
民生银行日照分行	丁晓方	姜志伟、曲维鹏	23	1
光大银行日照分行	牟磊	任尧帅、侯悦园	52	3
恒丰银行日照分行	王金荣	惠建华	37	1
齐鲁银行日照分行	孙战	李冰浩、潘耀华	28	1
临商银行日照分行	闫正军	李静	54	2
济宁银行日照分行	臧家胜	时运吉	55	3
莱商银行日照分行	张晓晨	陈剑锋	56	3

续表1

单位名称	行长（或其他称谓的第一负责人）	副行长（或其他称谓的同级领导）	正式员工（人）	营业网点（个）
东港农商银行	王秋河	刘加森、孙承松	593	43
岚山农商银行	秦海松	刘振华	309	18
莒县农商银行	陈修善	鲁 中	640	38
五莲农商银行	商庆收	张成富、刘相军、陈 坤、徐茂德	360	23
日照沪农商村镇银行	富 燕	周国贤	31	2
日照九银村镇银行	郭春华	张石山	69	7
日照蓝海村镇银行	王学亭	崔 燕	27	2
莒县金谷村镇银行	杨茂森	尉全雷、杨柳新	74	7
五莲中银富登村镇银行	刘建毅	何 峰、姚红英	70	4
日照港集团财务公司	马先骅	辛玉霞、赵禄亮	35	1
中泰证券日照分公司	施凯鸣	白桂文	72	5
中泰证券日照黄海一路营业部	那 哲	—	21	
中泰证券日照昭阳路营业部	崔 强	—	18	
中泰证券日照岚山中路营业部	邹大存	—	5	
中泰证券莒县银杏大道营业部	焦 锋	—	8	
中泰证券日照五莲富强路营业部	曹咏梅	—	5	
中信证券（山东）有限责任公司日照泰安路证券营业部	刘宇飞	—	37	1
中国银河证券股份有限公司日照威海路证券营业部	邢 琳	—	5	1
国盛证券有限责任公司日照昭阳路证券营业部	李宗光	—	4	1
安信证券股份有限公司日照黄海一路证券营业部	栾洪雷	—	6	1
中国人民财产保险股份有限公司日照市分公司	郭和平	申志军、张 涛、房克旭、臧春海、杜家涛	378	4
中国太平洋财产保险股份有限公司日照中心支公司	李 霞	王 健、徐茂林	143	31
中国平安财产保险股份有限公司日照中心支公司	孔 杰	赵 东	176	6
天安财产保险股份有限公司日照中心支公司	李 玲	栾 波	29	4
永安财产保险股份有限公司日照中心支公司	曹翠杨	尹 明	79	3
中国大地财产保险股份有限公司日照中心支公司	曹向东	陈利军、秦泗法	94	6
安邦财产保险股份有限公司日照中心支公司	徐永东	乔 刚	23	7
中华联合财产保险股份有限公司日照中心支公司	张贵东	孙正喜	82	6
阳光财产保险股份有限公司日照中心支公司	王 锋	赵开明、任 磊	179	6

续表2

单位名称	行长（或其他称谓的第一负责人）	副行长（或其他称谓的同级领导）	正式员工（人）	营业网点（个）
安华农业保险股份有限公司日照中心支公司	李慎刚	—	37	2
亚太财产保险有限公司日照中心支公司	肖怀坤	—	15	0
都邦财产保险股份有限公司日照中心支公司	鲁从勇	—	17	0
渤海财险保险股份有限公司日照中心支公司	宋庆华	—	20	1
中国人寿财产保险股份有限公司日照市中心支公司	刘伟	穆乃森、刘桂美	159	5
英大财险日照中心支公司	单保泊	—	4	0
太平财产保险有限公司日照中心支公司	薄振山	战祥波	169	1
永诚财产保险股份有限公司日照中心支公司	韩敬伟	—	12	0
安盛天平财产保险股份有限公司日照中心支公司	苏军	—	13	0
长安责任保险股份有限公司日照中心支公司	郑成乐	—	15	1
泰山保险日照中心支公司	张亮	—	23	1
中银保险有限公司日照中心支公司	段凤彬	—	0	0
国任财产保险股份有限公司日照中心支公司	李斌	—	27	1
华海财产保险股份有限公司日照中心支公司	岳彩建	王文民	16	2
华安财险保险股份有限公司日照中心支公司	郭富利	—	6	0
华泰财产保险有限公司日照中心支公司	胡强	—	4	15
中路财产保险股份有限公司日照中心支公司	陈军	—	36	1
浙商财产保险股份有限公司日照中心支公司	张庆	—	19	0
安诚财产保险股份有限公司日照中心支公司	王艳明	苏柯华	20	0
中国人寿保险股份有限公司日照分公司	刘遵友	黄秀峰、亓爱军、王波、徐衍华	183	42
中国太平洋人寿保险股份有限公司日照中心支公司	周士敏	吕增秀、李振刚	77	5
泰康人寿保险有限责任公司日照中心支公司	张河	—	139	5
中国平安人寿保险股份有限公司日照中心支公司	刘智海	郑军、李福臣	72	11

续表3

单位名称	行长（或其他称谓的第一负责人）	副行长（或其他称谓的同级领导）	正式员工（人）	营业网点（个）
新华人寿保险股份有限公司日照中心支公司	李永乐	陈 栋	60	2
太平人寿保险有限公司日照中心支公司	姜 磊	孔 娜	151	5
平安养老保险股份有限公司日照中心支公司	王复礼	—	42	0
中国人民人寿保险股份有限公司日照中心支公司	王 芳	陈祥毅、岳振明	14	4
阳光人寿保险股份有限公司日照中心支公司	徐 阳	—	32	3
华夏人寿保险股份有限公司日照中心支公司	杨盛涛	—	39	3
富德生命人寿保险股份有限公司日照中心支公司	李建涛	—	30	0
建信人寿保险股份有限公司日照中心支公司	寇朝辉	—	33	2
英大泰和人寿保险股份有限公司日照中心支公司	王建伟	—	14	3
天安人寿保险股份有限公司日照中心支公司	贺 庆	高 杨、崔 岩	108	0
德华安顾人寿保险有限公司日照中心支公司	张继安	—	22	3
长城人寿保险股份有限公司日照中心支公司	刘志波	—	8	0

附表4

日照市主要金融机构业务概况

（2019年末） 单位：亿元

单位名称	本外币存款余额	本外币单位存款	本外币储蓄存款	本外币贷款余额	本外币短期贷款	本外币中长期贷款
农业发展银行日照市分行	37.60	37.60	0	183.30	41.50	141.80
工商银行日照分行	170.13	71.73	98.40	282.39	113.07	169.32
农业银行日照分行	230.57	97.00	133.57	219.78	75.91	140.63
中国银行日照分行	150.83	60.19	90.64	161.9	78.8	83.10
建设银行日照分行	163.47	62.40	95.75	174.03	42.29	107.95
交通银行日照分行	27.33	22.55	4.78	24.39	10.69	12.90
华夏银行日照分行	30.88	27.13	3.75	38.58	20.22	18.36
招商银行日照分行	25.26	7.26	18.00	20.12	6.79	11.20
浦发银行日照分行	12.54	9.21	3.33	24.77	10.49	12.75
兴业银行日照分行	43.04	33.87	9.16	74.82	13.19	58.74
中信银行日照分行	43.90	40.30	3.58	79.55	36.95	24.13

续表

单位名称	本外币存款余额	本外币单位存款	本外币储蓄存款	本外币贷款余额	本外币短期贷款	本外币中长期贷款
民生银行日照分行	20.52	18.35	2.17	13.13	3.08	6.56
光大银行日照分行	13.30	11.55	1.75	32.09	3.97	28.12
平安银行日照分行	5.58	4.48	0.70	5.74	2.75	2.99
恒丰银行日照分行	9.52	8.12	1.39	12.96	8.77	3.73
邮储银行日照市分行	131.64	8.92	122.72	100.68	41.63	59.05
日照银行	757.21	392.70	353.43	562.27	244.89	296.64
莱商银行日照分行	33.51	29.01	4.50	19.56	14.20	5.37
济宁银行日照分行	19.21	14.56	4.65	9.90	5.35	4.55
临商银行日照分行	17.30	15.38	1.92	18.26	11.79	6.47
齐鲁银行日照分行	11.05	9.94	1.11	8.30	4.37	3.87
东港农商银行	168.28	20.91	147.36	123.06	90.10	20.90
岚山农商银行	111.33	17.03	94.30	83.07	53.53	20.16
莒县农商银行	249.91	22.72	227.18	134.02	89.04	44.98
五莲农商银行	135.91	20.39	115.5	73.53	53.13	20.40
日照港集团财务公司	34.85	34.85	0.00	35.15	21.08	9.00
村镇银行合计	29.33	9.13	20.19	19.67	12.93	6.74

附表5

日照市金融机构统计指标

单位：家、人、只

	指标	2015年	2016年	2017年	2018年	2019年	2019年同比增幅（%）
银行类	银行类机构家数	22	28	31	32	32	0.00
	法人机构	9	11	11	11	11	0.00
	省级分行	0	0	0	0	0	—
	二级分行	13	17	20	21	21	0.00
	县区支行	117	120	124	130	138	6.15
	正式从业人数	7,616	8,303	7,478	7,106	7,106	0.00
保险类	保险公司家数	33	40	41	0	0	0.00
	财险公司家数	22	26	26	26	28	7.69
	省级分公司	0	0	0	0	0	—
	地市分公司	22	26	26	26	28	7.69
	县区支公司	58	62	65	41	43	4.88
	寿险公司家数	11	14	15	15	16	6.67
	省级分公司	0	0	0	0	0	—
	地市分公司	11	14	15	15	16	6.67
	县区支公司	34	36	40	34	36	5.88
	正式从业人数	2,940	2,666	2,709	2,707	2,819	4.14
	财险人员	1,687	1,628	1,632	1,684	1,795	6.59
	寿险人员	1,253	1,038	1,077	1,023	1,024	0.10

续表

指标		2015年	2016年	2017年	2018年	2019年	2019年同比增幅（%）
证券类	证券公司家数	1	1	1	1	1	0.00
	证券营业部	9	9	10	8	9	12.5
	正式从业人数	115	123	120	125	124	-0.80
	境内上市股票只数	1	1	1	1	1	0.00
	境外上市股票只数	1	1	1	1	2	100.00
	辖区上市公司总数	2	2	2	2	3	50.00

德州市

【经济金融概况】 2019年，面对复杂多变的经济发展环境，德州市上下坚持稳中求进工作总基调，全面落实上级各项决策部署，持续推动高质量发展，全市经济运行保持总体平稳态势。据初步核算，全年全市实现地区生产总值3,022.27亿元，按可比价格计算，比上年增长6.10%。其中，第一产业增加值下降0.20%，第二产业增加值增长5.70%，第三产业增加值增长8.00%，产业结构进一步优化，三次产业比例由上年的11.10：42.60：46.30调整为10.30：41.10：47.90。

2019年，德州市金融体系运行平稳，金融机构积极贯彻实施稳健货币政策、注重保持适度的流动性、不断优化调整信贷结构。截至2019年末，全市本外币各项存款余额为3,801.10亿元，较年初增加343.07亿元，增长9.92%；本外币各项贷款余额为2,216.22亿元，较年初增加233.65亿元，增长11.79%。

【货币政策】 2019年，人民银行德州市中心支行贯彻执行稳健货币政策，为经济社会发展提供强有力的保障。

一、强化逆周期调节，实现贷款同比多增。加强窗口指导和政策引导，提升金融机构支持实体经济发展能力。充分发挥央行资金支持引导作用，全年累计办理再贴现4.04亿元，及时落实降准政策，撬动法人金融机构贷款余额较年初增加95.10亿元，同比多增8.00亿元。

二、民营小微企业金融服务获中央媒体认可报道。推进主办银行制度，为1,053家企业提供一揽子服务，节约财务费用2,000余万元。开展首贷培植行动，针对民营小微企业推出具有地域特色的“种子工程”和“沃土计划”，为企业量身定制培植方案，首贷培植企业1,199户、贷款9.60亿元，新华社等11家中央媒体采访团进行了采访宣传。

三、全方位推进金融支持新旧动能转换。禹城标准化集体经营性建设用地使用权抵押贷款被评选为全省新旧动能转换优秀金融产品，余额为5,416.00万元，较年初增加4,496.00万元。创新打造“面点线”全方位企业融资服务模式，获市政府领导肯定性批示。组织金融机构与列入省级重大项目库的37个项目“点对点”对接，发放贷款21.40亿元。

四、绿色金融攻坚行动进展迅速。开通“绿色票据直通车”，绿色票据再贴现余额达到1.49亿元。作为2019年山东省第一站，承办绿色金融巡展活动。建立绿色企业项目库，收录企业152家，累计贷款37.32亿元。全市绿色贷款增速达到68.60%，该做法被市政府领导批示肯定。

五、金融服务乡村振兴持续走在前列。打造“五位一体”金融服务乡村振兴综合示范区，相关做法在全省交流、被分行“1+4”工作简报及《金融时报》刊发。积极参与全国性试点改革工作，武城农地经营权抵押贷款试点期间全国评估第一，相关做法被总行发文推广。创新“订单农业+保险+期货”服务模式，创建全省首个金融支农玉米目标价格保险试点，试点面积为2万余亩；开办全省首单棉花“保险+期货”项目，试点面积为1.50万亩。全市“一县一品”特色信贷产品余额为8.13亿元。发放小额扶贫贷款1.20亿元，惠及贫困人口2,134人。

【金融稳定】 2019年，人民银行德州市中心支行扎实做好金融稳定工作，守住系统性风险底线，金融风险防控化解全面深化。

一、推动风险化解成效明显。与市地方金融监管局、银保监局签订《金融管理与金融稳定工作合作备忘录》，在建立监管协调机制方面走在了全省前列。推动市政府印发全市农商行风险化解总体方案。参与企业风险处置协调会议17次。2019年累计处置不良贷款89.93亿元，创辖区历年之最。截至2019年末，全市不良贷款率为4.14%，较年初下降1.13个百分点。

二、金融风险防控坚强有力。创推金融稳定“网格化管理”，被济南分行领导批示肯定，在全省进行经验交流。创新开展证券公司稳健性现场评估。推进保险业季度监测，健全金融风险防控体系。按季度召开金融部门风险联席会、农商行经营风险座谈会和金融稳定内部协作例会，对金融机构发放风险警示函4期、约谈14次，对央行评级结果红线调整2次，对5家机构实施存保“早期纠正”。金融稳定工作在全省防范化解区域金融风险攻坚战推进会上进行经验交流。

【金融监管】　2019年，人民银行德州市中心支行和德州银保监分局依法加强金融监管、切实维护金融稳定，进一步促进了辖内银行业金融机构的规范经营和稳健发展。

一、充分发挥监管协调作用，聚焦重点防化风险。推动法人机构风险化解主体责任和属地政府主导责任落实，推动政府成立风险化解专班，建立重要节点紧盯式工作模式，德州银行各项监管指标进一步提升，农商行风险化解加快推进。

二、强化监管引领，回归本源支持经济。在全省率先出台无还本续贷业务实施意见，相关做法在全省金融工作会议上做典型发言。联合开展融资服务专题培训，覆盖13个县市区1,100余家民营企业，有效提升企业获贷能力。优化保险服务，“保险+期货”业务深入发展，辣椒、大豆等业务为全省首单，棉花试点县全省最多，保险业的社会“稳定器”作用更加显著。

三、夯实基础推动合规。抓实案件风险防控，通过乱象整治和风险大排查，推动各类风险隐患有效出清。全年辖内各机构结合排查新增、修订内控合规制度986项，对14,942人次开展合规测试。

【外汇管理】　2019年，国家外汇管理局德州市中心支局积极构建完善“宏观审慎管理与微观市场监管”“两位一体”的管理体系，维护了良好有序的外汇市场环境和经济金融安全。

一、外汇服务工作得到加强。开展百名外汇顾问下企业和诚信兴商宣传月活动，组织政策宣讲辅导122次，培训2,000余人次，解决企业实际难题81个，帮助企业融资7.57亿美元，节约财务成本近300万元，活动情况获市政府领导批示，被德州电视台跟踪报道并在《金融时报》刊发。作为全省9个货物贸易外汇收支便利化试点地区之一，指导辖内1家银行、1家企业正式获批试点资格，共办理5笔业务，合计3,186.38万美元。

二、外汇管理工作实现突破。成功破获全省第四起、辖内第一起地下钱庄案件，涉案金额过亿元，收缴罚款过千万元，案件查处“零听证”“零复议”“零诉讼”，先进经验引来甘肃分局前来学习。强化资金流出流入动态均衡监管，对3家银行进行现场检查核查处罚，对3家银行、5家企业开展约见谈话。“资本项目信息系统操作”微视频被总局采用并在全国推广，“人民币与外汇衍生产品管理理论与实务”微视频被总行评为二等奖。

【金融服务】　2019年，人民银行德州市中心支行坚持普惠与规范并重，持续提升金融管理服务水平。

一、支付结算安全高效。顺利取消企业银行账户许可。个人银行结算账户实现了跨网点变更、撤销，推动营商环境持续优化。推动德州银行在全省率先建立银行账户风险监测管控机制。全面实施助农取款服务点分类管理，选取4个县市开展综合支付示范区建设，相关做法被《金融时报》报道。

二、国库服务晋档升级。创推国库会计前后台“六道关口”全链条审核，获分行领导肯定性批示。全面完成市级国库集中支付电子化改革，上线国库会计电子档案管理系统，实现退税业务全程电子化。开通绿色通道，办理减免退税业务5.50万笔，惠及小微企业2.34万家，退库率为100.00%。国际财税编译信息继续保持全省领先，“TMIS微课堂”经验在全省推广。

三、人民币管理创出全国品牌。发行基金托管业务为总行创新试点，有效降低了金融机构现金调拨风险和用现成本。搭建货币远程协助鉴定平台，建立全省首家货币检测室，总分行给予高度评价。创新研发上线“原封新券包装箱流转信息监管平台”，以电子化信息代替手工登记；在全省率先开展发行库管库员跨区整体移位工作，有效防范管理风险。

四、征信管理工作全面推进。在全省率先突破公用事业信息采集共享。协调解决回款账户锁定问题，政采贷业务顺利起步，2家银行实现了业务放款。优化主城区“3公里”查询圈网点设置，增设6个商业银行自助查询点，年末辖区合计有22台自助查询设备，进一步方便群众查询征信情况。2019年提供征信查询服务24.20万人次，同比增长5.00%。

（刘 燕、王 静）

附表1

德州市主要金融指标1

单位：亿元

地区		银行类							
		本外币存款余额	住户存款	非金融企业存款	本外币贷款余额	第一产业贷款	第二产业贷款	第三业贷款	个人贷款及透支
德城区	2019年	1,258.77	684.11	350.76	874.54	6.17	190.22	236.29	348.26
	同比增幅（%）	9.82	14.08	16.42	15.94	-15.48	-10.64	24.98	26.17
陵城区	2019年	242.14	196.85	28.43	109.70	1.40	29.81	15.64	59.86
	同比增幅（%）	9.07	14.38	6.61	14.32	-1.93	-5.56	44.21	16.72
宁津县	2019年	302.04	237.32	28.52	104.29	1.07	18.08	9.84	65.39
	同比增幅（%）	14.87	14.12	28.35	6.63	-0.5	-19.97	16.36	4.86
庆云县	2019年	163.32	114.27	27.56	84.12	0.33	16.23	10.29	56.86
	同比增幅（%）	9.27	14.88	12.44	15.30	-46.50	22.95	34.41	30.38
临邑县	2019年	274.87	204.33	45.57	126.90	0.32	46.98	21.76	54.72
	同比增幅（%）	15.67	14.00	32.85	9.50	1.16	-11.31	12.70	27.12
齐河县	2019年	341.67	225.62	77.32	240.73	2.50	50.88	48.35	134.00
	同比增幅（%）	4.43	15.42	-0.09	24.51	-43.31	-0.12	21.76	41.95
平原县	2019年	242.81	192.95	25.61	88.46	0.61	19.95	11.06	56.84
	同比增幅（%）	11.06	15.39	14.18	7.97	-17.57	-10.14	22.48	13.77
夏津县	2019年	217.46	175.86	24.89	124.83	0.47	35.10	16.78	69.91
	同比增幅（%）	6.95	14.32	-12.92	19.17	-28.23	22.79	11.98	15.49
武城县	2019年	210.32	172.08	24.91	94.84	2.12	26.81	10.98	52.81
	同比增幅（%）	12.19	14.87	21.1	0.31	-35.95	-17.46	-9.7	13.33
乐陵市	2019年	272.53	208.08	31.75	169.81	0.79	51.18	33.27	75.5
	同比增幅（%）	10.73	13.251	5.148	11.258	-80	-13.12	27.88	1.69
禹城市	2019年	275.17	194.81	52.85	197.98	0.97	56.1	36.09	104.17
	同比增幅（%）	7.94	16.56	-9.56	3.46	-42.43	-20.12	13.78	19.52
德州市	2019年	3,801.10	2,606.25	718.17	2,216.22	16.75	541.34	450.35	1,078.32
	同比增幅（%）	9.99	14.53	11.07	13.33	-35.19	-10.62	22.06	23.09

附表2

德州市主要金融指标2

单位：亿元

地区		保险类		证券类		
		保险公司保费收入	保险公司赔款和给付支出	证券市场成交总额	投资者保证金余额	投资者开户数（万户）
德城区	2019年	62.36	23.25	397.91	6.59	19.27
	同比增幅（%）	-19.84	6.65	-76.52	-20.56	24.08
陵城区	2019年	7.28	1.80	—	—	—
	同比增幅（%）	29.7	38.2	—	—	—
宁津县	2019年	4.79	1.17	—	—	—
	同比增幅（%）	7.36	53.95	—	—	—

续表

地区		保险类		证券类		
		保险公司保费收入	保险公司赔款和给付支出	证券市场成交总额	投资者保证金余额	投资者开户数（万户）
庆云县	2019年	3.64	0.87	—	—	—
	同比增幅（%）	-9.23	-17.92	—	—	—
临邑县	2019年	5.23	1.92	29.81	0.14	0.56
	同比增幅（%）	0.25	24.46	25.83	48.78	7.70
齐河县	2019年	8.2	1.4	—	—	—
	同比增幅（%）	35.76	-53.33	—	—	—
平原县	2019年	5.14	1.26	—	—	—
	同比增幅（%）	87.59	15.60	—	—	—
夏津县	2019年	7.59	3.02	—	—	—
	同比增幅（%）	6.6	21.29	—	—	—
武城县	2019年	5.21	2.07	—	—	—
	同比增幅（%）	19.5	19.65	—	—	—
乐陵市	2019年	7.65	1.60	—	—	—
	同比增幅（%）	1.86	-13.9	—	—	—
禹城市	2019年	7.53	0.87	48.62	0.16	0.74
	同比增幅（%）	4.1	-113	24.25	81.85	8.82
德州市	2019年	124.62	39.23	476.34	6.89	20.57
	同比增幅（%）	5.5	-18.9	-73.16	-20.56	22.88

附表3

德州市主要金融机构概况

单位名称	行长（或其他称谓的第一负责人）	副行长（或其他称谓的同级领导）	正式员工（人）	营业网点（个）
人民银行德州市中心支行	崔金平	徐靖元、杨德阔、张枚房、纪秀江、唐 斌	423	11
德州银保监分局	郭传刚	王国恩、毕爱玲、崔 红	85	5
农业发展银行德州市分行	王学义	王士韬、蔡杭州、韩 鹏	243	11
工商银行德州分行	朱前锋	孙吉军、刘铁军、马士军、方玉林、王 鹏、姜 凯、朱广明、赵春生、胡金涛、徐国刚	1,023	46
农业银行德州分行	田树江	郗 栋、郭延超、孙林华、杜朝宏	1,245	58
中国银行德州分行	王 平	丛 凯、张 彬、顾青山、刘 章、张长娟	536	23
建设银行德州分行	张夫顺	杨江水、曲 直、寇宏图	1,003	46
交通银行德州分行	杨 毅	侯键东、潘 森、张田田	53	2
浦发银行德州分行	宋兖成	李 政、吴广军	32	1
华夏银行德州分行	王 强	刘海军、郭泽功、苗丽霞	31	1
恒丰银行德州分行	郭 虎	张 宁、毕 懿	73	4
浙商银行德州分行	兰志良	杨宪宇、朱现伟	53	1
渤海银行德州分行	傅长清	赵宏斌、张广春	34	1
德州银行	董合平、牛洪春、赵鸣翠	郑亚林、杜成金、吴玉华、徐圣颖、刘风焕、镡方东、姜忠洲、王树志、朱建丽	1,337	67

续表1

单位名称	行长（或其他称谓的第一负责人）	副行长（或其他称谓的同级领导）	正式员工（人）	营业网点（个）
青岛银行德州分行	孙晓斌	苗 鹏、许金枝	101	3
齐鲁银行德州分行	卢 滨	刘洪起、刘广杰、朱 磊	11	5
邮政储蓄银行德州市分行	周振忠	房振平、牛金军、孙 涛、孙世广	793	38
威海市商业银行德州分行	姬 刚	耿晓旭、张 康	127	5
德州农商行	李友山	李国永、霍 强、王丙章、张 娟、纪秀娟、张 帅、范士敏	446	39
德州陵城农商行	李 强	王希娟	359	27
宁津农商行	方化臣	马秀东、马凤春	334	31
庆云农商行	王东新	魏玉升、冯魁祥、黄本彦、 杨大伟	289	16
临邑农商行	孙金才、张 媛	杨卫红、杨 萍、高宪锋	345	29
齐河农商行	李冰云、赵振华	华 林、孙金路、王圣英	438	34
平原农商行	房士荣	刘希顺	313	25
夏津农商行	郑传涛、尹 承	张 霖、赵 壮	336	31
武城农商行	王立国	邵 范	316	23
乐陵农商行	苑先一、刘德涛	王宗刚、张保健	391	35
禹城农商行	王志光、张宝森	王英明、于恩刚、秦加军、马 超	437	34
陵城圆融村镇银行	周长清	赵洪永、张绪建	60	4
宁津胶东村镇银行	刘启宁	杨继忠、于迎红	74	5
庆云乐安村镇银行	孙树兵	刘德友	40	3
临邑中银富登村镇银行	赵立新	许双林、刘 鹏	69	4
齐河胶东村镇银行	曲焕鹏、王金钟	慕永梅	63	4
平原圆融村镇银行	谢 伟	徐忠国、王 斌、杨振松	65	4
夏津胶东村镇银行	王 伟、艾庆国	于成军、蔺秀君	44	6
武城圆融村镇银行	杨海丰	朱丙强	43	3
乐陵圆融村镇银行	李 强	王述忠、董 彬、王炳涛	65	5
禹城胶东村镇银行	王 伟、李 峰	秦 峰	50	4
中国人民财产保险股份有限公司德州市分公司	孙传鲲	张宪仁、王 冰、冯振荣、郝 崑	534	39
民生人寿保险股份有限公司德州中心支公司	张春祥	—	23	8
中国大地财产保险公司德州分公司	张相武	刘建立、马 浩	162	13
永安财产保险股份有限公司德州中心支公司	崔玉东	—	37	6
中国人寿保险股份有限公司德州分公司	张 波	孙 键、刘德华、孙长星、王 军、张海燕	379	16
太平人寿保险股份有限公司德州中心支公司	赵永江	邱 娜	67	5
中国太平洋财产保险股份有限公司德州中心支公司	吴 晶	刘持海、李 玲	148	11
中国太平洋人寿保险股份有限公司德州中心支公司	王俊朋	姜治国、齐 卫、冯 静	169	16

续表2

单位名称	行长（或其他称谓的第一负责人）	副行长（或其他称谓的同级领导）	正式员工（人）	营业网点（个）
中国人民健康保险股份有限公司德州中心支公司	徐红燕	—	18	1
阳光人寿保险股份有限公司德州中心支公司	许树玉	王 鹏、孙文芳	75	11
阳光财产保险股份有限公司德州中心支公司	王 伟	张 勇	183	11
泰康人寿保险股份有限公司德州中心支公司	赵爱红	朱宝红	72	9
中华联合财产保险股份有限公司德州中心支公司	王保景	宋红星	158	14
天安财产保险股份有限公司德州中心支公司	张治国	—	70	9
天安人寿保险股份有限公司德州中心支公司	马春国	黄景辉、李长军	251	6
中国人寿财产保险股份有限公司德州市中心支公司	陈忠明	王 侃	204	11
英大人寿保险股份有限公司德州中心支公司	卢庆海	—	18	4
太平财产保险有限公司德州中心支公司	谢春雨	潘桂兰、刘 坤	199	7
新华人寿保险股份有限公司德州中心支公司	刘汉明	韩玉冰、孟庆仙	70	7
信泰人寿保险股份有限公司德州中心支公司	张德强	—	16	1
富德生命人寿保险股份有限公司德州中心支公司	—	冯占宏	48	6
长城人寿保险股份有限公司德州中心支公司	王文辉	李 鑫	20	3
华夏人寿保险公司德州市分公司	杨海波	孙长岭	50	6
德华安顾人寿保险有限公司德州中心支公司	孟 彬	—	17	3
华泰人寿保险股份有限公司德州中心支公司	杨艳红	—	29	6
华泰财产保险有限公司德州中心支公司	高中海	—	4	1
中国平安财产保险股份有限公司德州中心支公司	李 伟	王卫锋、代 洋、徐兢功	160	11
中国平安人寿保险股份有限公司德州中心支公司	赵立刚	樊新清	80	7
国华人寿保险股份有限公司德州中心支公司	程淑兰	—	6	2
安盛天平财产保险股份有限公司德州中心支公司	齐 璨	刘 彬	27	7

续表3

单位名称	行长（或其他称谓的第一负责人）	副行长（或其他称谓的同级领导）	正式员工（人）	营业网点（个）
华海财产保险股份有限公司德州中心支公司	刘国亮	—	17	3
利安人寿保险股份有限公司德州中心支公司	张晓亮	—	20	3
安华农业保险德州分公司	刘天强	刘 振	11	2
华安财产保险股份有限公司德州中心支公司	贾砚英	徐仲海	36	3
亚太财产保险有限公司德州中心支公司	王 磊	孟祥武	10	1
安诚财产保险股份有限公司德州中心支公司	孟祥斌	—	7	1
泰山财产保险股份有限公司德州中心支公司	马元松	刘 心	114	11
农银人寿保险股份有限公司德州中心支公司	崔少庚	陈翠英	32	1
长安责任保险股份有限公司德州中心支公司	崔玉民	—	25	1
恒安标准人寿保险有限公司德州中心支公司	秦文霞	—	11	1
浙商财产保险股份有限公司德州分公司	王光炜	黄瑞勇	58	8
建信人寿保险股份有限公司德州中心支公司	闫善学	—	46	3
百年人寿保险股份有限公司德州中心支公司	周金水	—	14	2
国任财产保险股份有限公司德州中心支公司	田 波（主持工作）	—	16	2
紫金财产保险股份有限公司德州中心支公司	蒋德国	—	53	7
英大泰和财产保险股份有限公司德州中心支公司	马 兵	—	2	1
中信证券（山东）有限责任公司德州湖滨中大道证券营业部	王建强	沈小靖	31	1
国都证券股份有限公司德州解放中大道证券营业部	司 维	—	4	1
中泰证券股份有限公司德州分公司	周顺远	李丙堂、张 程	77	5
中国银河证券德州大学西路营业部	王 征	—	10	1
华林证券股份有限公司德州三八东路证券营业部	耿元雷	—	7	1
国海证券股份有限公司德州天衢东路证券营业部	孙德海	—	3	1
山西证券股份有限公司德州天衢中路证券营业部	张玉超	—	4	1

附表4

德州市主要金融机构业务概况

（2019年末）　　单位：亿元

单位名称	本外币存款余额	本外币单位存款	本外币储蓄存款	本外币贷款余额	本外币短期贷款	本外币中长期贷款
农业发展银行德州市分行	18.97	18.97	—	88.95	33.20	55.76
工商银行德州分行	445.29	185.55	259.54	323.46	62.94	257.45
农业银行德州分行	330.43	91.69	238.69	195.35	56.41	122.52
中国银行德州分行	183.36	68.41	114.77	140.68	40.19	99.41
建设银行德州分行	422.70	148.55	274.09	263.03	66.01	197.01
交通银行德州分行	28.65	21.74	6.91	18.94	5.29	13.28
浦发银行德州分行	13.13	11.55	1.58	10.93	3.39	7.19
华夏银行德州分行	6.23	5.11	1.11	11.12	2.44	8.68
恒丰银行德州分行	53.10	45.88	6.44	38.26	24.06	12.78
浙商银行德州分行	31.63	24.17	7.36	26.08	10.22	14.95
渤海银行德州分行	11.78	9.24	2.54	8.27	3.87	4.30
德州银行	412.88	145.81	267.07	241.60	78.18	88.29
青岛银行德州分行	37.00	28.74	8.27	22.19	3.04	18.04
齐鲁银行德州分行	63.34	47.41	15.93	59.14	25.29	33.64
邮政储蓄银行德州市分行	519.43	40.4	479.03	101.52	26.03	72.01
威海市商业银行德州分行	50.36	32.40	17.96	50.95	28.44	21.09
德州市农商行	1,047.65	178.54	869.11	575.74	348.57	203.30
德州市村镇银行	48.26	1.40	35.86	39.99	31.94	8.05

附表5

德州市金融机构统计指标

单位：家、人、只

	指标	2015年	2016年	2017年	2018年	2019年	2019年同比增幅（%）
银行类	银行类机构家数	35	35	35	36	37	-2.78
	法人机构	22	22	22	22	22	0.00
	省级分行	0	0	0	0	0	0.00
	二级分行	13	13	13	14	15	7.14
	县区支行	208	216	168	173	194	12.14
	正式从业人数	11,598	11,963	11,799	11,979	11,495	-4.04
保险类	保险公司家数	40	49	51	51	51	0.00
	财险公司家数	20	26	26	26	26	0.00
	省级分公司	0	0	0	0	0	—
	地市分公司	20	26	26	26	26	0.00
	县区支公司	93	97	108	122	118	-3.28
	寿险公司家数	20	23	25	25	25	0.00
	省级分公司	0	0	0	0	0	—
	地市分公司	20	23	25	25	25	0.00
	县区支公司	110	110	121	124	104	-16.13

续表

指标		2015年	2016年	2017年	2018年	2019年	2019年同比增幅（%）
保险类	正式从业人数	5,156	7,236	4,891	3,834	3,544	-7.32
	财险人员	3,296	4,682	2,802	2,214	2,210	0.18
	寿险人员	1,860	2,554	2,089	1,620	1,334	17.65
证券类	证券公司家数	6	6	6	6	7	16.67
	证券营业部	5	5	7	10	10	0.00
	正式从业人数	111	134	127	127	136	7.09
	境内上市股票只数	5	5	9	9	11	22.22
	境外上市股票只数	0	0	0	0	0	—
	辖区上市公司总数	5	5	9	9	11	22.22

临沂市

【经济金融概况】 2019年，人民银行临沂市中心支行统筹推进“1+4”重点工作攻坚行动，认真贯彻执行稳健的货币政策，大力推进金融服务乡村振兴试验区申报和首贷培植等亮点工作。

一是信贷投放稳健增长。截至2019年末，临沂市本外币各项贷款余额为5,920.20亿元，居山东省第四位，较年初增加752.00亿元。二是各项存款稳步增长。截至2019年末，临沂市本外币各项存款余额为7,083.30亿元，居山东省第五位，较年初增加709.70亿元。三是外汇收支规模有所减少，外汇收支顺差及结售汇顺差同比扩大。截至2019年末，临沂市涉外收支总额为98.90亿美元，同比下降1.64%，涉外收支差额为顺差51.20亿美元，同比上升22.20%，临沂市银行结售汇规模为79.80亿美元，结售汇顺差47.20亿美元。四是现金投放、回笼同比降低，净回笼同比降低。截至2019年末，临沂市现金投放257.89亿元，回笼355.16亿元，净回笼97.27亿元。五是资金结算总量同比增加。2019年，临沂市金融机构共办理大小额支付系统资金流业务4,330.21万笔、金额112,555.91亿元。

【货币政策】 2019年，人民银行临沂市中心支行认真执行双支柱金融调控政策，深入推进金融供给侧结构性改革。

一是认真落实稳健货币政策。加强宏观审慎管理，充分发挥逆周期调节作用，认真落实定向降准释放资金支持小微企业要求。增加再贷款、再贴现支持力度，发挥好“重点支持票据直通车”等新政策、新工具“定向调控、精准滴灌”作用。二是深化线上线下银企对接合作。完善线上常态化银企融资对接机制。积极开展线下融资推介活动，配合临沂市政府承办临沂第六届资本交易大会相关活动。三是优化民营、小微企业等重点领域金融服务。扎实开展“民营小微企业首贷培植行动”，积极拓展应收账款融资服务平台应用，建立核心企业名单库制度。

【金融稳定】 2019年，人民银行临沂市中心支行注重加强风险监测全覆盖，打好防控化解金融风险攻坚战，切实维护区域金融稳定。

一是抓金融监管协调。探索建立区域监管协调机制、监管信息交流共享机制，补齐监管短板。二是抓存款保险及央行评级管理。设立监管专员，将银行、证券、保险业、“7+4”类机构等全部纳入风险监测范围，实现金融风险信息第一时间获得、第一时间参与化解。三是抓重大风险化解。建立“一把手”帮扶机制，协调当地政府及银保监等部门对1个县域、2家高风险法人机构开展风险会商，化解存量风险；健全重大风险化解工作协调机制，配合政府构建“政府指导、企业自救、银行配合、多部门协作发力”的风险化解机制，守住不发生系统性金融风险的底线。

【金融服务】 2019年，人民银行临沂市中心支行夯实基础，加强创新，突出“金融为民”导向，不断提升金融管理和服务效能。

一是突出央行带动，深化“一次办好”改革。在全省率先实现不动产抵押贷款业务到银行“一次办好”，并率先探索实施市县两级国库集中支付电子化管理改革。二是聚焦堵点难点，进一步优化基础金融服务。加大征信自助查询设备布放力度，探索“助农取款点+”建设，将传统助农取款服务迭代升级为助农富农的金融先导和农村经济发展的推手。三是聚焦规范化、制度化，扎实推进依法行政。严格执行金融统计制度，开发临沂市金融统计监测信息平台，编制《金融服务乡村振兴专项统计制度（试行）》。健全反洗钱工作机制，推进金融消费权益保护。

【金融监管】 2019年，金融监管部门持续强化风险管控，大力提升监管效能，辖区金融机构保持健康平稳的发展态势。

一、加大现场检查工作力度。着力提升现场检查质效，依法依规做好检查发现问题的行政处罚工作，切实发挥监管惩戒作用；切实加大现场检查处罚力度，通过实施行政处罚，督促银行合规经营。

二、强化非现场监管问责。针对银行机构重大数据差错，下发警告单、提示单，切实提升数据质量，夯实监管基础。

【外汇管理】 2019年，国家外汇管理局临沂市中心支局坚持防风险与便利化并重，优化外汇管理和服务方式。优化基层服务，深化外汇领域"放管服"改革，针对涉外企业"不熟悉""不会用"外汇政策等问题，启动"外汇服务进万企"活动。完善"单一窗口"受理制度，累计办理外汇行政许可业务2,272笔，累计服务中小企业400余家。中美贸易摩擦加剧以来，坚持"一企一策"，帮助企业解决融资、汇率避险等困难问题。帮助临矿集团等企业以境外银行入股、融资、借入外债等形式境外融资5.00亿美元，节约成本600.00万元；协调5家银行为鑫海科技有限公司解决6.40亿美元资金缺口；指导阜丰集团开通全市首家跨国公司集中运营和跨境双向人民币资金池两项业务，发生跨境支出4.60亿元，节约汇率成本360.00万元。

【金融改革】 2019年，人民银行临沂市中心支行坚持以申创国家级金融改革创新试验区为主线，切实加大金融服务乡村振兴工作力度。

一是全力推进试验区申创工作。加强乡村振兴工作研究，为试验区创建添砖加瓦。二是深入推进金融精准扶贫。立足产业扶贫、稳定脱贫，累计发放再贷款、再贴现31.38亿元。三是着力提升农村资产融资能力。统筹做好"两权"抵押贷款试点到期衔接工作，针对农村承包土地经营权中抵押权悬空难题，探索成立全国首家农地经营权收储公司，激活农地经营权融资功能。四是加快推进农村信用体系建设。推动第三方征信机构开发乡村振兴综合金融服务平台（"乡振通"平台），并在兰陵县开展试点。五是开展金融产品和服务方式创新。组织金融机构"一行一品""一县一品"创新金融服务，推出"田园综合体中长期扶贫贷款""田园综合体兴农贷"等金融产品和新型职业农民贷、乡村好青年贷等系列产品。

（时 婧、张 蒙）

附表1

临沂市主要金融指标1

单位：亿元

地区		银行类							
		本外币存款余额	住户存款	非金融企业存款	本外币贷款余额	第一产业贷款	第二产业贷款	第三产业贷款	个人贷款及透支
沂南县	2019年	415.46	335.97	44.05	228.60	3.81	46.05	62.41	101.18
	同比增幅（%）	14.73	14.72	35.25	21.89	-36.61	12.43	22.16	30.89
郯城县	2019年	320.21	269.49	23.53	214.76	0.15	17.39	48.50	137.43
	同比增幅（%）	11.32	11	28.37	20.02	-25	-8.52	14.74	26.22
沂水县	2019年	532.29	423.53	60.20	365.10	2.44	80.78	86.26	159.45
	同比增幅（%）	10.47	12.59	7.83	10.32	-9.63	-8.34	1.09	30.09
兰陵县	2019年	405.63	321.36	42.88	286.03	10.28	44.39	55.93	158.51
	同比增幅（%）	15.02	14.10	20.31	18.73	-2.10	2.28	10.36	30.09
费县	2019年	375.29	295.36	36.90	231.40	0.60	59.44	28.51	130.42
	同比增幅（%）	11.57	14.68	-2.41	19.53	-16.67	20.99	37.07	19.87
平邑县	2019年	349.85	265.58	43.64	208.45	0.13	35.90	31.27	131.32
	同比增幅（%）	13.09	13.41	54.20	20.51	44.44	2.66	55.65	18.45
莒南县	2019年	488.87	357.93	72.93	295.01	1.07	78.06	62.93	126.85
	同比增幅（%）	8.67	13.28	-4.06	7.41	-14.40	-11.33	-5.62	31.56

续表

地区		银行类							
		本外币存款余额	住户存款	非金融企业存款	本外币贷款余额	第一产业贷款	第二产业贷款	第三产业贷款	个人贷款及透支
蒙阴县	2019年	260.62	198.99	25.39	156.63	1.44	27.12	25.60	93.97
	同比增幅（%）	13.25	13.23	37.84	14.43	-1.37	5.53	5.13	20.46
临沭县	2019年	318.90	216.50	54.36	266.05	3.14	71.62	44.63	137.42
	同比增幅（%）	4.96	10.86	-0.77	9.06	39.567	-1.90	-8.45	21.20
临沂市	2019年	7,083.25	4,477.63	1,501.69	5,920.16	34.40	1,264.37	1,076.4	3,211.16
	同比增幅（%）	11.17	13.23	10.05	16.09	-20.66	-3.85	8.47	27.68

附表2

临沂市主要金融指标2

单位：亿元

地区		保险类		证券类		
		保险公司保费收入	保险公司赔款和给付支出	证券市场成交总额	投资者保证金余额	投资者开户数（万户）
沂南县	2019年	12.53	3.06	71.59	0.20	0.7288
	同比增幅（%）	11.45	-3.53	46.85	66.67	12.31
郯城县	2019年	13.24	3.83	63.45	0.19	0.9
	同比增幅（%）	5.90	8.90	32.6	46.15	4.65
沂水县	2019年	15.86	4.29	179.27	0.91	0.11
	同比增幅（%）	-1.69	3.41	40.49	111.63	-54.17
兰陵县	2019年	13.96	4.07	—	—	—
	同比增幅（%）	5.97	-27.30	—	—	—
费县	2019年	15.74	4.00	—	—	—
	同比增幅（%）	-3.2	-17.97	—	—	—
平邑县	2019年	11.61	3.41	—	—	—
	同比增幅（%）	13.24	4.10	—	—	—
莒南县	2019年	13.42	4.17	66	1,292	0.0473
	同比增幅（%）	4.89	27.60	69	53	-25
蒙阴县	2019年	12.15	3.93	—	—	—
	同比增幅（%）	8.27	-1.85	—	—	—
临沭县	2019年	10.15	2.74	45.15	0.16	0.77
	同比增幅（%）	5.51	2.23	28.52	68.78	5.56
临沂市	2019年	269.04	77.08	4,949.30	13.52	69.89
	同比增幅（%）	5.53	1.43	9.88	5.62	1.93

附表3

临沂市主要金融机构概况

单位名称	行长（或其他称谓的第一负责人）	副行长（或其他称谓的同级领导）	正式员工（人）	营业网点（个）
人民银行临沂市中心支行	陈宜民	张中志、陈 刚、许 波、郭元华、王 伟、高 翔、刘 辉、惠广城、刘 峰	382	10
临沂银保监分局	赵培显	公冶颂、刘智博、蒋卫红、庞春燕、魏晓妹	82	10
农发行临沂市分行	董祚涛	葛立年、王 蕊、苏承哲	221	10
工商银行临沂分行	侯传和	陈维东、叶清涛、魏宗杰、伦九亮、刘冬凯	1,248	56
农业银行临沂分行	吴照军	鲁海峰、李品深、高雁鹏、江文胜、尹永青	2,244	135
中国银行临沂分行	徐国华	王炳华、沈艳玲、宋 毅、聂自毅、曹 健、杨在志	843	39
建设银行临沂分行	刘月余	殷洪峰、徐桂冰、李晓辉、赵万新、潘 波、巩继锋	1,308	60
交通银行临沂分行	焦 红	谭红梅、牟存杰、李 伟	96	6
邮储银行临沂市分行	金卫东	吕 军、郑志梅、陈海卫、马 宁	873	263
民生银行临沂支行	杨玉君	赵海燕、孙绪兴、李志超、崔非易	324	12
浦发银行临沂分行	刘志光	宋立华、牟海涛	101	7
招商银行临沂分行	刘玉川	杨汉文、戴 涛	95	4
兴业银行临沂分行	吴健飞	王治国、陈忠健、阎 辉	127	2
华夏银行临沂分行	张沛儒	魏晓敏、栾桂旭、杨德国	99	4
中信银行临沂分行	杨洪斌	宋保华、孙 艳	98	5
平安银行临沂分行	葛 海	王 健、宫本政	68	3
光大银行临沂分行	于 健	刘 鹏、滕志国、李小龙	67	3
广发银行临沂分行	陈锡滇	朱崇强、王恒者、冯应春、王 垚	60	2
恒丰银行临沂分行	王晓峰	陈虎田、庄冰川、程 伟	43	1
浙商银行临沂分行	高 强	姚常春	44	1
日照银行临沂分行	李继祥	陈正凯、夏 波	177	7
威海市商业银行临沂分行	王济鹏	刘元磊、陈厚存	153	6
莱商银行临沂分行	刘清华	雷印涛、葛 穗	133	7
济宁银行临沂分行	陈振国	杜福东、范新春	56	4
齐鲁银行临沂分行	王京成	孙振军	99	5
齐商银行临沂分行	岳 峰	孙丰刚、薛 勇、侯建刚、张振国	96	3
青岛银行临沂分行	刘 刚	张晓明、朱 伟、邓英玉	69	2
潍坊银行临沂分行	邢 斌	殷凤坤、于佳彤	42	1
临商银行	汲长虹	周曙光、戴晓峰、庄 依、臧文勇、徐 毅、徐 建、韩 伟、王震江、刘建军、葛 磊	2,139	90
省联社临沂办事处	刘永法	李宗丰、毛晓辉	43	1
兰山农商银行	殷学远、翟纪伟	林存亮、丁万刚、邵景东	968	86
河东农商银行	王运斌、吕 健	张效英、王恩波、张明杰	545	39

续表

单位名称	行长（或其他称谓的第一负责人）	副行长（或其他称谓的同级领导）	正式员工（人）	营业网点（个）
罗庄农商银行	李永森、宋广厦	曾昭银、张华龙、韩 红、王献伟、孔爱芹	567	41
郯城农商银行	程洪德、张乃飞	罗司龙、王 毅、管其宝	515	42
兰陵农商银行	刘桂华、邹善海	王安民、杨会娟、陈德强	615	48
莒南农商银行	孙宝华、王桂玲	戴明华、王 晓	538	46
沂水农商银行	解忠良、龚树强	张 峰、马吉伟、郝连友、魏现彩、倪仲芹	598	50
蒙阴农商银行	李钊堂、陈 娟	张敬刚、张怀祥、龚安军、王焕雷	526	28
平邑农商银行	杜艳军、张继之	高连红、王庆国	536	36
费县农商银行	刘国强	徐小强、刘广明、曾丽川	509	38
沂南农商银行	陈效忠、李品颂	高长安、刘长文	494	39
临沭农商银行	赵京才、尤三生	赵怀志、朱怀强、代生伟	411	29
临沂河东齐商村镇银行	葛 涛	李广州	181	12
山东沂南蓝海村镇银行	高更强	郭建忠	32	2
山东郯城汉源村镇银行	孙立聪	张小刚	51	4
沂水中银富登村镇银行	李希宏	贾 雷	74	4
山东兰陵村镇银行	毛明三	蔡文伟、杨 硕	144	11
费县梁邹村镇银行	王献彬	王汉卿、胡安霞、李 瑞、于 涛	90	7
山东平邑汉源村镇银行	刘良金	刘西宇	38	4
山东莒南村镇银行	成 强	王 峰	70	7
蒙阴齐丰村镇银行	王法良	张希富	88	6
临沭民丰村镇银行	夏宏伟	张 扬	59	5
人保财险临沂分公司	王海峰	武 刚、唐 军、牛志强、朱士俊	933	77
中国人寿临沂分公司	李瑞华	张 博、谭啸然、窦世泉	506	200
中泰证券临沂分公司	马 军	—	95	7
华鑫证券有限责任公司山东分公司	贾艳达	—	9	1
兴业证券股份有限公司临沂分公司	董成保	—	17	1

附表4

临沂市主要金融机构业务概况

（2019年末）

单位：亿元

单位名称	本外币存款余额	本外币单位存款	本外币储蓄存款	本外币贷款余额	本外币短期贷款	本外币中长期贷款
农发行临沂市分行	75.96	75.96	0.00	263.77	25.19	238.58
工商银行临沂分行	515.46	176.24	213.42	749.72	119.70	619.34
农业银行临沂分行	1,044.07	254.03	697.45	724.18	219.35	482.53
中国银行临沂分行	306.96	148.71	134.58	319.51	111.27	203.96
建设银行临沂分行	629.28	312.11	228.60	737.88	186.00	543.24
交通银行临沂分行	69.26	44.71	13.42	67.14	35.28	29.11
邮储银行临沂市分行	539.43	43.82	148.79	164.91	60.15	96.18
民生银行临沂支行	232.68	136.14	54.76	187.86	108.95	73.63

续表

单位名称	本外币存款余额	本外币单位存款	本外币储蓄存款	本外币贷款余额	本外币短期贷款	本外币中长期贷款
浦发银行临沂分行	57.93	43.65	8.03	81.40	22.94	55.36
招商银行临沂分行	35.50	25.24	8.15	38.31	15.45	20.58
兴业银行临沂分行	105.43	87.14	12.61	146.53	44.75	99.88
华夏银行临沂分行	40.14	31.67	5.67	52.42	14.77	32.34
中信银行临沂分行	50.67	37.98	4.65	67.29	21.88	37.64
平安银行临沂分行	21.61	12.16	4.77	28.10	8.98	19.12
光大银行临沂分行	33.57	28.69	3.74	39.84	14.75	23.03
广发银行临沂分行	16.72	14.46	1.81	36.77	15.94	18.77
恒丰银行临沂分行	24.26	20.81	2.28	26.64	22.69	3.95
浙商银行临沂分行	26.88	21.79	5.02	20.06	15.10	1.55
日照银行临沂分行	67.64	48.46	14.96	43.27	35.00	8.27
威海城商行临沂分行	37.12	27.63	8.74	84.12	14.40	68.52
莱商银行临沂分行	102.11	65.52	11.56	61.70	44.35	16.92
济宁银行临沂分行	12.70	8.16	4.06	9.17	4.84	3.73
齐鲁银行临沂分行	49.42	40.74	5.31	79.92	44.07	35.08
青岛银行临沂分行	39.83	35.44	3.09	33.22	7.50	25.46
齐商银行临沂分行	15.30	12.71	1.98	6.22	3.97	1.91
潍坊银行临沂分行	8.09	6.67	1.21	3.98	3.59	0.39
临商银行	663.56	416.61	194.29	468.74	279.51	125.12
临沂兰山农村商业银行	291.49	97.54	165.19	213.06	129.04	58.14
临沂河东农村商业银行	142.40	20.78	117.96	93.33	48.45	21.60
临沂罗庄农村商业银行	126.93	17.28	96.29	100.97	52.78	40.57
河东齐商村镇银行	87.86	65.17	22.69	49.11	40.34	8.77

附表5

临沂市金融机构统计指标

单位：家、人、只

	指标	2015年	2016年	2017年	2018年	2019年	2019年同比增幅（%）
银行类	银行类机构家数	1,249	1,276	1,290	1,300	1,366	5.08
	法人机构	22	23	23	23	23	0.00
	省级分行	0	0	0	0	0	—
	二级分行	19	22	25	25	26	4.00
	县区支行	690	600	548	544	536	-1.47
	正式从业人数	17,978	17,728	18,589	18,083	18,217	0.74
保险类	保险公司家数	655	705	732	738	775	5.01
	财险公司家数	274	309	322	324	349	7.72
	省级分公司	1	1	1	1	1	0.00
	地市分公司	27	29	29	29	32	10.34
	县区支公司	157	183	292	294	316	7.48
	寿险公司家数	381	396	410	414	426	2.90

续表

指标		2015年	2016年	2017年	2018年	2019年	2019年同比增幅（%）
保险类	省级分公司	1	1	1	1	1	0.00
	地市分公司	32	35	35	35	40	14.29
	县区支公司	114	129	374	378	385	1.85
	正式从业人数	4,263	4,390	4,695	4,686	4,736	1.07
	财险人员	2,492	2,504	2,630	2,589	2,633	1.70
	寿险人员	1,771	1,886	2,065	2,097	2,103	0.29
证券类	证券公司家数	1	1	1	2	3	50.00
	证券营业部	26	29	33	32	34	6.25
	正式从业人数	459	420	511	540	503	-6.85
	境内上市股票只数	4	4	4	4	4	0.00
	境外上市股票只数	17	9	9	8	7	-12.5
	辖区上市公司总数	21	13	13	12	11	-8.33

聊城市

【经济金融概况】 2019年，聊城市国民经济总体呈现平稳发展态势。全市实现社会生产总值2,259.82亿元，同比增长3.70%；其中，第一产业、第二产业、第三产业分别实现增加值317.60亿元、806.88亿元、1,135.34亿元，同比分别增长1.30%、4.00%、4.20%；三次产业比例由2018年的14.37：36.89：48.74调整为14.05：35.71：50.24。全市工业运行企稳向好。2019年末，规模以上工业企业为1,192家，比年初新增199家，实现增加值比上年增长1.80%；全年固定资产投资比上年下降41.20%，其中第一产业投资下降61.60%，第二产业投资下降72.70%，第三产业投资下降7.80%；全市进出口总额完成408.14亿元，同比下降16.20%，其中出口为206.45亿元，下降15.10%，进口为201.69亿元，下降17.30%；实际利用外资7,253.00亿元，增长99.40%；全市社会消费品零售额增长6.00%，居民消费价格指数上涨2.90%；城乡居民人均可支配收入分别达到29,215元和14,816元，同比分别增长7.10%和9.80%。

【货币政策】 2019年，人民银行聊城市中心支行认真贯彻落实总分行党委决策部署，以优化金融资源配置为着力点，疏通货币政策传导机制。

一、加强逆周期调节和结构性调控。积极发挥政策工具结构性引导作用，累计办理再贷款、再贴现23.00亿元，服务的金融机构扩大到11家，惠及企业数量增至120余家；认真落实降准政策，为全市法人机构释放资金约64.00亿元；商业承兑汇票再贴现业务在辖内实现了零的突破，积极推广“重点支持票据直通车”，累计办理民营票据再贴现18.70亿元、新旧动能转换票据再贴现9.20亿元。推动直接融资加快发展，为祥光铜业等企业承销直接债务融资工具63.10亿元。

二、深化民营和小微企业金融服务。全力推进首贷培植行动，全年培植企业3,095家。先后联合阳谷县政府、东昌府区政府开展首贷行动推进及银企对接活动，推荐企业113家。联合市地方金融监督管理局召开“首贷培植行动暨金融支持重点企业项目推进会”，为25个企业项目促成合作意向22.80亿元，现场推介创新金融产品62个。关注小微企业发展、加强银保合作，协助中信保与全市320家小微外贸企业签订300.00万美元以内出口收款免费保险。

三、助力辖区新旧动能转换稳步推进。积极参加全市新旧动能转换资金保障专班和工业运行指挥部工作，参与制定《2019年聊城市新旧动能转换重大工程工作要点》《聊城市新旧动能转换资金保障专班2019年工作方案》。开展“重大项目集中走访对接月”活动，努力实现重大项目走访对接全覆盖；会同地方金融监管局向银行线下推介九大产业重点项目100个。充分利用山东省融资服务网络系统动员企业项目主体自主发布融资需求。截至2019年末，辖区共发布融资需求3,030条，成功对接1,498次、金额234.30亿元。

四、推动金融服务乡村振兴。联合地方相关部门共同助力乡村振兴，建立与市农业部门的合作机制，缓解银农信息不对称问题。会同市财政局推动办理“鲁担惠农贷”172笔、金额8,279.00万元，“政银保”贷款11笔、金额1,510.00万元。指导农商行巩固和扩大乡村振兴样板村成果，共建成样板村147个。

五、推进绿色金融实现新突破。制定《绿色金融发展攻坚行动2019年目标任务清单》，有序推进辖区绿色金融发展。对地方法人金融机构2018年以来的绿色信贷业绩按季度开展评价，组织召开工作督导会3次，法人金融机构绿色信贷管理更加规范，8家农商行全部实现绿色信贷业务零的突破。完善绿色金融专项统计管理机制，全年新增绿色信贷报数机构5家，实现绿色贷款业务机构100%全覆盖。

【金融市场】 2019年，聊城市金融市场业务稳健发展。

一、银行业。截至2019年末，聊城市全金融机构本外币各项贷款余额为2,645.35亿元，比年初增加170.97亿元，同比多增34.76亿元，增幅为6.91%；本外币各项存款余额为3,881.86亿元，比年初增加374.61亿元，同比多增141.24亿元，增幅为10.68%。

二、保险业。2019年，聊城市保险业实现保费收入119.85亿元，同比增长9.66%；支付各项赔款和给付保险金33.42亿元，同比下降7.35%。其中，财产保险赔付18.34亿元，人身保险赔付15.08亿元。

三、资本市场。2019年，聊城市证券市场成交总额为2,342.10亿元，同比增长19.85%；投资者保证金余额为20.94亿元，同比增长3.16%；投资者开户数为31.70万户，同比增长4.17%。

【金融稳定】 2019年，人民银行聊城市中心支行以金融监管协同为突破口，积极采取系列措施防范化解金融风险，保持金融运行健康稳定。

一、着力完善风险监测，助力辖区金融风险治理。创新推建监测考核机制，持续开展对全市地方法人金融机构经营效率评价、预警；全面完善“风险企业信息库”，将重点排查改为存量全面统计，并向非银以及“7+4”机构延伸。设置364个网络节点，建立三级名单库，督促落实制度。设计《投保机构运行监测数据提取及校验工具》和《问题机构数据库校验工具》。

二、着力构建会商机制，共同防控化解区域风险。牵头建立风险防控部门会商机制，开展监管部门之间会商9次，针对问题机构风险开展现场办公5次。召开风险攻坚行动推进会，先后赴三个省定重点县现场督导区域风险防控化解。配合市政府组织召开泉林集团及其担保圈核心企业信用风险化解工作调度会议，派专人参加泉林集团破产重整专家组指导破产重整工作。

三、着力创新核查手段，切实发挥存保早纠功能。组织开展辖区6家高风险机构资产质量真实性现场核查。早期纠正工作取得初步成效。全年共进行现场督导6次、风险提示4次、召开通报会3次、约见谈话10次。制订问题机构风险化解方案，督促各方落实帮扶措施，2家村镇银行获得主发起行定向注资，成功退出高风险名单。

【金融监管】 2019年，人民银行聊城市中心支行更加关注金融秩序，依法监管规范性得到提升。一是组织开展了2次综合执法检查、8次专项执法检查，并依法对违法违规的金融机构采取约见谈话、限期整改、行政处罚等措施，有效督促金融机构合规经营。二是积极探索跨部门联合研判会商制度，建立打击洗钱犯罪快速反应机制，实现金融可疑交易线索移交、立案、侦查、起诉无缝连接，打击洗钱犯罪力度有效提高。全年成功移交114条线索、受理107条，排名全省第一。三是对4家金融机构开展金融城域网安全检查，进一步提高了辖区信息网络安全抗风险能力。

【外汇管理】 2019年，国家外汇管理局聊城市中心支局以防风险与便利化并重为原则，优化服务规范管理，促进外汇市场健康发展。持续推进“外汇服务进万企”活动，举办3场政策宣讲会，走访企业510家，召开各类业务推进座谈会10次，组织举办“2019年聊城市外汇服务涉外经济创新产品展评比赛”。贯彻落实跨国公司跨境资金集中运营管理政策，推动3家企业完成重新备案、1家企业完成新增备案。多措并举服务实体经济。外汇服务前移至银行窗口，一次办结率达到100.00%；提高外汇业务电子化程度，企业货物贸易支出效率提高90.00%；推进货物贸易外汇收支电子单证落地，3家公司开通电子单证审核业务；指导7家大型进出口企业上线接口程序，企业数量位居全省第一。严厉打击个人分拆购付汇、虚假贸易融资等违规行为，共处罚没款189.00万元。

【金融服务】 2019年，人民银行聊城市中心支行聚焦群众需求，着力在为民服务解难题上下功夫。进一步优化企业开户服务，顺利取消企业银行账户开户许可，基本实现了新设立企业注册登记后账户即开即用。新增10家个人信用报告自助查询网点，并全部开通查询服务，实现了七县市商业银行个人信用报告自助查询网点全覆盖，构建了城区个人信用报告“3公里”查询圈。在临清市烟店镇设立信用报告自助查询网点，这是全省仅有的两个乡镇自助查询网点之一。扎实推进临清市、阳谷县、东昌府区现金服务示范区建设，阳谷县张秋镇的现金服务示范区顺利通过人民银行总分行考评组验收，被总行考评组给予109.30分的全国最高分评价。全面推进国库信息化建设，上线运行国库集中支付电子化和山东省电子退库系统。创新宣传服务实需，推动跨境人民币业务发展。在全省率先部署开展“人民币跨境使用十周年”主题系列宣传活动，率先举办主题征文演讲比赛，有效提升了跨境人民币政策影响力。推动跨境人民币业务自律管理，指导自律机制在全市成员单位间开展跨境人民币信息报送质量持续提升活动，实现了全市跨境人民币信息报送“零差错”、业务“零风险”目标。推进金融消费纠纷调解工作站建设，首批金融消费纠纷调解工作站在6家金融机构挂牌成立。积极开展金融消费纠纷诉前调解，深入探索建立与司法系统联合调处金融消费纠纷工作机制，成功调解3起个人借款担保执行纠纷。开展“守住‘钱袋子’”等金融知识集中宣传活动，不断创新金融知识宣传的有效形式。

（王 兵、滕召建）

附表1

聊城市主要金融指标1

单位：亿元

地区		银行类							
		本外币存款余额	住户存款	非金融企业存款	本外币贷款余额	第一产业贷款	第二产业贷款	第三产业贷款	个人贷款及透支
临清市	2019年	403.90	344.94	36.71	248.59	5.30	130.39	19.34	83.76
	同比增幅（%）	10.52	13.20	3.61	8.74	-0.93	-4.40	48.65	13.43
冠县	2019年	329.86	261.91	30.19	211.89	0.64	105.12	12.66	85.19
	同比增幅（%）	10.40	13.45	34.26	4.89	6.10	-7.10	-1.89	18.29
莘县	2019年	376.38	326.88	19.14	171.33	3.54	56.59	17.05	92.46
	同比增幅（%）	15.70	18.74	21.14	9.55	6.35	1.80	27.91	13.13
阳谷县	2019年	403.28	302.47	65.24	256.60	4.49	127.08	25.41	92.39
	同比增幅（%）	7.83	12.91	6.93	15.23	-1.75	10.26	5.57	22.13
东阿县	2019年	231.70	175.47	34.80	138.06	1.80	47.27	21.61	65.71
	同比增幅（%）	8.86	14.88	-5.31	8.52	-12.20	-11.08	37.20	21.04
高唐县	2019年	260.17	208.90	37.19	204.24	1.93	123.64	17.08	66.93
	同比增幅（%）	12.20	14.52	13.76	0.86	21.27	-10.73	103.34	25.65
茌平县	2019年	384.74	278.86	63.47	216.51	3.54	120.47	28.46	62.70
	同比增幅（%）	11.78	15.66	5.77	0.17	5.36	-12.45	0.74	34.23
聊城市	2019年	3,881.86	2,684.36	777.40	2,645.35	27.92	991.92	485.88	1,048.80
	同比增幅（%）	10.68	14.45	13.45	6.91	-3.50	-11.17	23.86	19.60

附表2

聊城市主要金融指标2

单位：亿元

地区		保险类		证券类		
		保险公司保费收入	保险公司赔款和给付支出	证券市场成交总额	投资者保证金余额	投资者开户数（万户）
临清市	2019年	7.84	1.54	85.82	0.24	1.73
	同比增幅（%）	25.61	-25.60	32.99	14.29	4.22
冠县	2019年	7.23	2.76	—	—	—
	同比增幅（%）	29.03	-7.69	—	—	—
莘县	2019年	8.39	1.91	—	—	—
	同比增幅（%）	28.49	-2.05	—	—	—
阳谷县	2019年	6.97	1.69	72.4	0.30	1.73
	同比增幅（%）	23.91	-23.18	52.10	76.47	4.22

续表

地区		保险类		证券类		
		保险公司保费收入	保险公司赔款和给付支出	证券市场成交总额	投资者保证金余额	投资者开户数（万户）
东阿县	2019年	6.09	1.83	52.62	1.49	0.30
	同比增幅（%）	7.00	-14.49	-15.61	31.86	36.36
高唐县	2019年	6.18	1.36	—	—	—
	同比增幅（%）	13.64	0.74	—	—	—
茌平县	2019年	8.98	2.32	—	—	—
	同比增幅（%）	36.50	-7.94	—	—	—
聊城市	2019年	119.85	33.42	2,342.10	20.94	31.70
	同比增幅（%）	9.66	-7.35	19.85	3.16	4.17

附表3

聊城市主要金融机构概况

单位名称	行长（或其他称谓的第一负责人）	副行长（或其他称谓的同级领导）	正式员工（人）	营业网点（个）
人民银行聊城市中心支行	赵向东	王武声、姚 冬、马兴国、李振林、杜晓伟、张宏军、崔长夫	331	8
聊城银保监分局	刘 胜	唐玉明、杨 磊、郝志华、李 冉、陈彦芳	61	8
农业发展银行聊城市分行	王 君	李从阁、李洪利、朱德成	214	8
工商银行聊城分行	王艳峰	狄建明、叶晓升、冯保勇、李炳春、李华威	871	39
农业银行聊城分行	方高鸣	巩稚峰、肖月强、李兴彬、胡晓东	1,409	58
中国银行聊城分行	邵 军	郭兴盛、王卫东、赵 敏、苑晓鹏	594	22
建设银行聊城分行	李清华	韩文广、王乃峰、李朝信、李新阔、魏相军	895	41
交通银行聊城分行	董经庆	刘良勇、杜 彬	67	4
邮政储蓄银行聊城市分行	任之国	胡建民、朱秀岭、梁 骞、徐 伟	824	188
华夏银行聊城分行	宁金龙	杨玉民、路 海、王晓峰、冯 丽	189	6
恒丰银行聊城分行	王本虎	周大庆	118	6
上海浦东发展银行聊城分行	李建成	苑广新、商 斌、马云辉	59	4
招商银行聊城分行	闻 涛	王德强、韩 勇、孙 原	82	3
齐鲁银行聊城分行	侯 彬	潘清亮、宋万岩	233	12
潍坊银行聊城分行	李瑞杰	陈建华、薛建华	123	8
莱商银行聊城分行	张 欣	金 鑫、高 立、郭 永、李延新	77	6
北京银行聊城分行	肖之寅	莫 鹏、冯莘成	61	6
德州银行聊城分行	李金涛	赵德彬、王长波、代小军	50	1
兴业银行聊城分行	张 军	侯亚东、张秀锋	69	3
民生银行聊城分行	吴 林	张 丽、赵国宏	41	1
威海银行聊城分行	宋怀民	王 邕	44	1
日照银行聊城分行	王 刚	李昌锋、席守华、曾庆山	43	1
光大银行聊城分行	燕东勇	姜 涛、陈 瑞	37	1
济宁银行聊城分行	王 刚	吴 虎	12	1

续表1

单位名称	行长（或其他称谓的第一负责人）	副行长（或其他称谓的同级领导）	正式员工（人）	营业网点（个）
省联社聊城审计中心	张新华	颜景元、邵景国、宁 军	28	1
聊城农村商业银行	姜 涛	张有新、郭金炬、刘秀文、刘志国	736	44
临清农村商业银行	陈向东	马 宁、孙 冰、许桂芹、赵 义	428	31
润昌农村商业银行	牛为勇	杜爱虎、赵士亮、刘 伟、赵丽敏、汤万庆	384	23
莘县农村商业银行	曹 磊	张志华、王瑞停、种 睿、郭延锋	396	29
阳谷农村商业银行	杨茂合	孙志强、徐长林、李红生、侯 军、李 勇	422	30
东阿农村商业银行	姜 军	王 因、贺怀民、辛 勇	335	23
茌平农村商业银行	张兆起	梁庆河、刘建忠、符家明、张中伟	424	29
高唐农村商业银行	郝 彬	季文岗、陈先民、季汝玺、王 丽	369	25
聊城沪农商村镇银行	周庆锋	夏 静、丁 辉	37	2
临清沪农商村镇银行	杨 克	杨红光	59	3
冠县齐丰村镇银行	隋旭东	韩笑天	75	3
莘县青隆村镇银行	杨建国	褚保文	63	4
阳谷沪农商村镇银行	张雪妹	王兆泉	29	1
东阿青隆村镇银行	刘文华	朱建航	49	4
茌平沪农商村镇银行	付 刚	杨易杰	36	2
高唐青隆村镇银行	兰 海	杨树强	51	3
海通证券聊城营业部	王鹏飞	—	3	1
西部证券聊城营业部	陈振辉	—	10	1
银河证券聊城营业部	王咏梅		6	1
中信证券聊城营业部	张 璞	卢 涓、薛文婷	63	2
招商证券聊城营业部	关 辛	—	3	1
恒泰证券聊城营业部	汪 鹏	—	8	1
光大证券聊城营业部	周 敏	—	6	1
中泰证券聊城分公司	张大伟	张晓娟	91	5
安信证券聊城营业部	王 哲	—	4	1
国都证券聊城营业部	袁海洋	—	6	1
长江证券聊城营业部	宋小静	—	4	1
国泰君安聊城营业部	王 进	—	8	1
华林证券聊城营业部	赵 坤	—	5	1
中国人民财产保险股份有限公司聊城市分公司	姚志宏	王 伟、刘立中、张 炜	170	33
中国太平洋财产保险股份有限公司聊城中心支公司	张 霞	吴思杰	148	8
天安保险股份有限公司聊城中心支公司	刘 勇	秦 勇、刘 勇	103	7
中国平安财产保险股份有限公司聊城中心支公司	王鑫烈	邢 新、邢 洋、黄晓强	183	8
中华联合财产保险股份有限公司聊城中心支公司	孙广彦	申冠鹏、张玉红	212	15
阳光财产保险股份有限公司聊城中心支公司	任建国	刘 琨、王 鑫	78	9

续表2

单位名称	行长（或其他称谓的第一负责人）	副行长（或其他称谓的同级领导）	正式员工（人）	营业网点（个）
永安财产保险股份有限公司聊城中心支公司	焦宪忠	—	269	8
中国大地财产保险股份有限公司聊城中心支公司	李 鹏	高太刚、周 刚	124	7
大家财险保险股份有限公司聊城中心支公司	囤兴田	许继明	38	7
永诚财产保险股份有限公司聊城中心支公司	赵华庆	—	3	1
亚太保险（中国）有限公司聊城中心支公司	孟军艳	邱泽坤、高文英	42	4
渤海财产保险股份有限公司聊城中心支公司	王继龙	—	30	1
长安责任保险股份有限公司聊城中心支公司	石保兵	周振兴	60	6
中国人寿财产保险股份有限公司聊城市中心支公司	李 杨	李朝阳	164	8
安盛天平保险股份有限公司聊城中心支公司	王 峰	—	25	3
英大泰和财产保险股份有限公司聊城中心支公司	李 洁	刘 晋	24	1
浙商财产保险股份有限公司聊城中心支公司	宋 光	田 程	34	5
泰山保险股份有限公司聊城中心支公司	郑安局	—	52	5
华安财产保险股份有限公司聊城中心支公司	关大新	—	14	1
华泰财产保险股份有限公司聊城中心支公司	高学智	—	11	1
太平财产保险股份有限公司聊城中心支公司	彭振国	—	162	4
紫金财产保险股份有限公司聊城中心支公司	杨保林	张 岭	43	2
国任财险聊城中心支公司	吴法太	—	28	1
华海财产保险股份有限公司聊城中心支公司	任士峰	—	19	3
鑫安汽车保险股份有限公司聊城中心支公司	赵艳霞	冯小青	7	1
安诚财产保险股份有限公司聊城中心支公司	张延磊	—	29	2
安华农业保险股份有限公司聊城中心支公司	韩 兵	—	38	2
中煤财产保险股份有限公司聊城中心支公司	任清华	—	10	2

续表3

单位名称	行长（或其他称谓的第一负责人）	副行长（或其他称谓的同级领导）	正式员工（人）	营业网点（个）
国泰财产保险股份有限公司聊城中心支公司	樊军柯	史　良、刘志刚	10	1
长江财产险保险股份有限公司聊城中心支公司	王义良	—	9	2
中国人寿保险股份有限公司聊城分公司	孙正坤	刘文栋、赵成运、冯爱荣、崔守锋	315	62
中国太平洋人寿保险股份有限公司聊城中心支公司	于生涛	郑玉亭、张海涛、于化龙、刘　佳	123	15
泰康人寿保险股份有限公司聊城中心支公司	赵育科	—	120	7
新华人寿保险股份有限公司聊城中心支公司	陈传宝	陶九鑫、王　青	227	9
中国人民人寿保险股份有限公司聊城中心支公司	卜庆炜	黄发军	43	8
富德生命保险股份有限公司聊城中心支公司	丁　锐	姚桂峰	119	4
中国平安人寿保险股份有限公司聊城中心支公司	孙九超	王胜强	105	7
合众人寿保险股份有限公司聊城中心支公司	庄丽莎	王万军、韩桂红、李淑娟	15	4
太平人寿保险有限公司聊城中心支公司	陈传杰	刘　斌	51	3
民生人寿保险股份有限公司聊城中心支公司	李志峰	—	35	5
信泰人寿保险股份有限公司聊城中心支公司	张有刚	—	47	3
长城人寿保险股份有限公司聊城中心支公司	吴元猛	陈明涛	25	1
中国人民健康保险股份有限公司聊城中心支公司	王　娟	李浩然	18	1
阳光人寿保险股份有限公司聊城中心支公司	王　丽	—	23	4
华泰人寿保险股份有限公司聊城中心支公司	丁应祈	李兆盈	16	3
华夏人寿保险股份有限公司聊城中心支公司	林国栋	邢国胜	52	6
信诚人寿保险有限公司聊城中心支公司	张福明	—	31	4
国华人寿保险股份有限公司聊城中心支公司	孙来奎	—	11	1
幸福人寿保险股份有限公司聊城中心支公司	孙　立	王志国	24	2
天安人寿保险股份有限公司聊城中心支公司	张连滨	闫　鹏、高振兴	144	6

续表4

单位名称	行长（或其他称谓的第一负责人）	副行长（或其他称谓的同级领导）	正式员工（人）	营业网点（个）
建信人寿保险有限公司聊城中心支公司	颜秉乾	—	9	1
德华安顾人寿保险有限公司聊城中心支公司	郭双丰	—	22	3
农银人寿保险股份有限公司聊城中心支公司	王　军	刘美娟	36	1
大家人寿保险股份有限公司聊城中心支公司	牛兆军	—	35	1
百年人寿保险股份有限公司聊城中心支公司	马容华	—	13	1
工银安盛保险股份有限公司聊城中心支公司	崔　丽	常　静	9	1

附表4

聊城市主要金融机构业务概况

（2019年末）

单位：亿元

单位名称	本外币存款余额	本外币单位存款	本外币储蓄存款	本外币贷款余额	本外币短期贷款	本外币中长期贷款
农业发展银行聊城市分行	19.17	19.17	0.00	111.69	44.75	66.86
工商银行聊城分行	358.44	150.21	156.09	307.08	145.00	159.32
农业银行聊城分行	362.19	104.38	211.87	286.04	101.36	184.32
中国银行聊城分行	219.92	97.66	94.95	200.34	85.41	103.78
建设银行聊城分行	339.84	125.24	123.99	203.74	72.77	128.30
交通银行聊城分行	42.73	30.82	3.38	34.09	16.81	12.44
邮政储蓄银行聊城市分行	481.39	34.57	107.70	113.80	41.39	60.96
华夏银行聊城分行	123.81	66.57	33.07	84.39	45.49	32.49
恒丰银行聊城分行	39.93	29.29	6.83	21.63	10.00	10.99
上海浦东发展银行聊城分行	16.62	9.48	4.31	36.37	12.62	23.56
招商银行聊城分行	26.46	17.87	5.45	53.69	16.76	27.34
齐鲁银行聊城分行	131.03	52.62	49.61	117.92	40.88	74.99
潍坊银行聊城分行	44.70	28.89	8.13	32.60	23.43	9.17
莱商银行聊城分行	40.87	31.35	4.96	26.14	12.35	11.77
北京银行聊城分行	20.46	14.83	1.81	26.22	11.20	12.58
德州银行聊城分行	7.14	4.11	2.31	13.69	4.32	9.37
兴业银行聊城分行	89.40	82.63	3.24	40.75	14.22	25.35
民生银行聊城分行	46.38	43.16	1.58	32.33	12.12	19.60
威海银行聊城分行	15.18	13.26	1.43	9.69	3.47	6.22
日照银行聊城分行	8.42	7.03	0.76	2.84	1.65	1.19
光大银行聊城分行	14.04	12.29	0.49	5.66	3.17	2.25
济宁银行聊城分行	7.47	6.78	0.66	8.25	4.20	4.05
农村商业银行（合计）	1,347.45	169.35	1,097.94	850.00	644.13	172.92
村镇银行（合计）	43.44	8.73	34.52	26.46	15.03	11.43

附表5

聊城市金融机构统计指标

单位：家、人、只

指标		2015年	2016年	2017年	2018年	2019年	2019年同比增幅（%）
银行类	银行类机构家数	31	33	35	37	38	2.70
	法人机构	15	16	16	16	16	0.00
	省级分行	0	0	0	0	0	—
	二级分行	16	17	19	21	22	4.76
	县区支行	64	72	272	274	265	-3.28
	正式从业人数	11,286	11,543	11,579	10,518	10,420	-0.93
保险类	保险公司家数	46	50	52	56	56	0.00
	财险公司家数	26	27	28	30	30	0.00
	省级分公司	0	0	0	0	0	—
	地市分公司	26	27	28	30	30	0.00
	县区支公司	102	107	107	111	112	0.90
	寿险公司家数	23	23	24	26	26	0.00
	省级分公司	0	0	0	0	0	—
	地市分公司	23	23	24	26	26	0.00
	县区支公司	73	80	80	85	85	0.00
	正式从业人数	23,676	32,692	41,412	41,893	3,807	-90.91
	财险人员	4,828	6,199	6,540	7,871	2,139	-72.82
	寿险人员	18,848	26,493	34,872	34,022	1,668	-95.10
证券类	证券公司家数	6	8	12	13	13	0.00
	证券营业部	10	13	16	20	18	-10.00
	正式从业人数	155	190	241	174	217	24.71
	境内上市股票只数	4	4	4	4	4	0.00
	境外上市股票只数	0	0	0	1	1	0.00
	辖区上市公司总数	6	6	4	5	5	0.00

滨州市

【经济金融概况】 2019年，滨州市聚焦新旧动能转换，经济发展韧性有所增强。2019年全市实现生产总值2,457.19亿元，按可比价格计算增长4.10%。一是工业经济增速止跌回升。2019年，规模以上工业增加值增长3.2%，同比提高5.50个百分点。二是固定资产投资降幅继续扩大。2019年全市累计完成固定资产投资下降23.50%，增速同比回落6.70个百分点。三是消费增长稳定。全年社会消费品零售总额增长6.80%，高于山东省平均水平0.40个百分点。四是对外贸易增速大幅回落。受中美贸易摩擦等因素影响，2019年全市进出口总额增长6.70%，增速同比回落15.20个百分点。五是金融运行趋稳。截至2019年末，全市本外币贷款余额为2,682.70亿元，较年初增加45.00亿元，增长1.70%，同比少增53.50亿元。剔除贷款核销等因素后，全市贷款实际较年初新增246.10亿元，增长9.41%，同比多增29.20亿元。

【货币政策】 2019年，人民银行滨州市中心支行认真贯彻双支柱调控政策，扎实做好企业增信工作。一是创新政策工具。推出“央行货币政策直通车”“企业融资政策直通车”“重点票据直通车”，全面贯彻“三档两优”存款准备金优惠政策。累计办理再贴现24.80亿元、再贷款1.20亿元，引导金融机构持续加大对全市经济重点领域和薄弱环节的支持力度。二是聚焦优化省市重点项目金融服务。深入开展“重大项目集中走访对接月”活动，制定《支持重点项目建设服务指引》，建立市县协调联动的重大项目信贷支持推进机制，引导全市金融机构围绕省市重点建设项目、新旧动能转换优选项目和“儒商大会”签约项目切实做好信贷支持工作。全市41个省级重点项目中，5个项目获得授信14.60亿元，2个项目获得贷款1.47亿元。三是强化对债务融资工具等直接融资途径的宣传推介。强化与发债企业、主承销商、有关银行的沟通联系，强化对重点发债企业的监测分析。密切监测网络等媒体报道，为4家发债企业上报奖励申请264.10万元。四是聚焦企业“增信贷”工作。紧紧围绕市政府工作部署，创新开展“银企同舟促发展”行动，扎实开展全市民营和小微企业首贷培植行动。全年共培植企业2,628家，经过培植首次贷款企业数量为2,189家，累计贷款金额为23.39亿元，相关做法得到地方政府批示肯定。

【金融稳定】 2019年，滨州市金融稳定工作围绕打好防范化解金融风险攻坚战，完善工作机制，履职尽责守住风险底线。一是建立完善“周报告、月分析、季度面对面”的风险监测分析机制，《关于处置化解金融风险的建议》得到市政府领导批示。二是打好“央行评级+存款保险”的监管组合拳，实现存款保险现场核查全覆盖，对4家机构开展早期纠正工作。三是建立“内部直联、系统会商、监管共享”的多层次信息交流机制，得到人民银行济南分行行领导批示。四是推动市政府实施金融服务提升“3511”工程，针对企业情况精准识别、分类施策，重塑诚信滨州金融环境。

【金融服务】 2019年，滨州市金融系统深化金融“放管服”改革，落实深化“一次办好”改革要求，优化本外币政策协调服务效率。一是落实取消企业账户许可改革，提高企业开办效率。二是认真履行人民币流通监督管理服务职能，举办现金业务技能竞赛，创建现金服务区示范区被潘青副市长批示。三是强化商业银行代理国库业务服务，稳步推进区县级国库集中支付电子化，小微企业普惠性税收减免退库工作得到人民银行济南分行的肯定。四是加强征信信息安全管理，优化提升征信窗口服务质效，积极推进主城区“3公里”查询圈建设，提前完成应收账款融资工作目标。五是积极开展金融顾问团服务。扎实推进货币政策服务进万企活动，举办企汇讲堂、政策宣讲，对重点骨干企业实行“一对一”政策服务，实地走访企业546家。

【金融监管】 2019年，滨州市金融监管以服务供给侧结构性改革为主线，打好化解金融风险攻坚战，推动银行保险业高质量发展。一是压实属地监管责任，做好风险监管信息的共享。二是开展执法检查与行政处罚体制改革试点。《金融消费者素养报告》得到市领导批示，选报典型案例获评“2018金融消费者保护十佳案例”，保护群众“钱袋子”被人民银行济南分行《送阅信息》采用。三是对高风险地方法人机构做好资产质量管理协调工作。四是大力整治金融市场，对借贷平台进行了排查治理工作。五是开展法人机构现场检查和洗钱风险评估工作，积极推动辖区洗钱入罪实现突破进展。

【外汇管理】 2019年，滨州市外汇管理工作注重推进本外币政策协调，大力服务涉外经济稳增长。一是认真落实重点领域改革措施，强化资金流动均衡监管，扎实推进外汇服务，推动外汇管理重点领域改革政策落地，得到市政府肯定。二是落实跨境资本流动“宏观审慎+微观监管”管理框架，构建常态化监测核查体系，做好常规核查及专项核查工作，对26家企业开展非现场检查分析、2家企业开展现场检查。三是开展跨境人民币业务十周年系列宣传活动，指导8家企业运用跨境人民币双向资金池业务，有效调剂境内外资金、节约财务成本。

【金融改革】 2019年，滨州市金融改革以推进宏观审慎框架、利率市场化LPR改革措施的落地为重点，持续推进金融供给侧结构性改革。一是完善宏观审慎监管框架，推进系统性重要金融机构监管，深化地方法人中小金融机构监管机制改革。二是深化利率市场化改革，有效促进企业融资成本下降。依托市场利率定价自律机制协会，进一步引导金融机构推动利率定价自律机制形成。三是继续加强金融创新、服务实体经济发展。积极推动供应链融资业务开展，进行动产质押新型融资模式试点。

【保险业务】 2019年，在经济总体低迷的情况下滨州市保险业取得良好增长。截至2019年末，滨州市共有48家地市级保险公司分支机构，其中财产险公司27家、寿险公司21家，机构数同比均没有变化；全年共实现保费收入116.11亿元，同比增长9.66%，同比提高了4.76个百分点；共支付赔款与给付32.50亿元，同比增长0.80%。保险行业创新步伐不断加快，服务保障水平不断提高。保险精准扶贫工作不断深入，有效缓解“因病致贫，因意外返贫”的问题。

【证券市场】 2019年，滨州市证券市场业务增长迅速。截至2019年末，滨州市投资者开设证券交易账户23.03万户，同比增长32.15%；全年实现交易额1,548.87亿元，同比增长126.19%。受风险形势影响，2019年滨州市企业在资本市场债市发行受阻。全年各类债券存量仍然仅8只、上市公司16家，资本市场融资形势仍然不容乐观。

【精神文明建设】 2019年，人民银行滨州市中心支行在精神文明建设工作中，继续沿着“初心”主题教育与“和美”文化建设两条主线展开。一是践行初心使命，抓好主题教育。认真落实中央和总分行党委部署要求，扎实推进“不忘初心、牢记使命”主题教育，在学思践悟中坚定政治信仰。以习近平新时代中国特色社会主义思想、党的十九届四中全会精神为重点，组织金融系统党委班子集中学习，开展中心组理论学习。二是注重通过“和美”文化建设引领风气、凝聚人心。深入推进“和美”文化建设，进一步提振干部精气神、激发干事正能量。通过主题宣传与“小微”宣传相结合，开展“纪念五四运动100周年”和“庆祝新中国成立70周年”主题宣传活动；依托“滨州青春金融”“央family”微信群以及“凭海悦读”公众号，开展“与信仰对话”“青年大学习”网上主题团课等系列视频，推动核心价值观入心入脑；典型引领与实践养成相结合，广泛开展“寻找最美央行人”“青年岗位能手”“优秀共青团员团干部”等活动，开展“蒲公英”志愿服务活动，开展金融扶贫、金融知识宣传等形式多样的志愿服务活动。

（郑方敬、梁 珍）

附表1

滨州市主要金融指标1

单位：亿元

地区		银行类							
		本外币存款余额	住户存款	非金融企业存款	本外币贷款余额	第一产业贷款	第二产业贷款	第三产业贷款	个人贷款及透支
惠民县	2019年	252.55	183.65	42.52	189.03	9.89	85.64	35.83	57.67
	同比增幅（%）	9.60	15.82	-1.64	6.40	-7.80	-3.88	9.10	28.69
阳信县	2019年	172.60	122.55	27.65	140.39	1.87	47.05	19.14	72.33
	同比增幅（%）	6.49	11.96	-18.41	2.17	-1.62	-16.19	-12.05	25.54
无棣县	2019年	241.38	152.52	63.32	182.06	10.69	71.54	28.57	69.22
	同比增幅（%）	8.67	13.41	4.01	4.70	-8.57	-11.15	15.13	21.70
博兴县	2019年	445.37	280.73	125.14	367.53	14.22	218.58	47.56	82.47
	同比增幅（%）	-0.80	8.59	-10.57	-4.46	33.56	-6.88	-1.85	4.94
邹平市	2019年	601.94	383.03	175.82	702.69	7.34	513.34	71.67	109.21
	同比增幅（%）	0.57	12.63	-12.73	-2.98	12.97	-7.65	6.88	16.38
滨州市	2019年	2,957.96	1,707.19	882.33	2,682.70	59.49	1,321.71	448.94	780.71
	同比增幅（%）	2.88	12.21	-7.53	2.56	3.59	-9.29	11.66	22.49

附表2

滨州市主要金融指标2

单位：亿元

地区		保险类		证券类		
		保险公司保费收入	保险公司赔款和给付支出	证券市场成交总额	投资者保证金余额	投资者开户数（万户）
惠民县	2019年	9.89	1.73	—	—	—
	同比增幅（%）	9.06	14.33	—	—	—
阳信县	2019年	6.03	101.00	—	—	—
	同比增幅（%）	10.63	10.10	—	—	—
无棣县	2019年	9.87	1.76	—	—	—
	同比增幅（%）	9.97	-0.78	—	—	—

续表

地区		保险类		证券类		
		保险公司保费收入	保险公司赔款和给付支出	证券市场成交总额	投资者保证金余额	投资者开户数（万户）
博兴县	2019年	13.41	3.10	—	—	—
	同比增幅（%）	5.40	22.34	—	—	—
邹平市	2019年	15.40	4.20	297.29	0.92	5.64
	同比增幅（%）	5.04	28.20	35.16	-13.21	-18.07
滨州市	2019年	116.11	32.50	1,548.87	5.10	23.03
	同比增幅（%）	9.66	0.80	126.19	55.14	32.15

附表3

滨州市主要金融机构概况

单位名称	行长（或其他称谓的第一负责人）	副行长（或其他称谓的同级领导）	正式员工（人）	营业网点（个）
人民银行滨州市中心支行	韩 伟	李秀杰、李 虹、李庶泳、王晓黎、彭凤祥、王永强、接贵锋、徐书亮	298	7
滨州银保监分局	魏 健	刘寿章、胡红坚、王军阳、燕钦峰	49	1
农业发展银行滨州市分行	段宗臣	岳 峰、陈瑞吉、李建民	177	7
工商银行滨州分行	乔宏宇	李 战、杨召勇、唐鸿雁、刘 冬	807	40
农业银行滨州市分行	袁朝阳	梁明明、郭志伟、宗 新、于 莹、贾希光、田学庆	1,179	64
中国银行滨州分行	王 华	张克南、杨 明、卜庆凯、万志强、卢晓春	475	19
建设银行滨州分行	李丰安	姚立军、魏 宝、郭卫东、吴国强、赵延军、杜希波	823	35
交通银行滨州分行	许建强	李 芸、赵 晖、陈秀兵	53	2
华夏银行滨州分行	韩世东	郭 鹏、牛丙武、王 静、侯彦明	48	2
招商银行滨州分行	尉茂景	贾学英、郭 非	95	4
兴业银行滨州分行	陈春峰	刘广东、刘 栋、雷建军	98	7
恒丰银行滨州分行	栾正国	郝县明、张 聪、张 亮	130	7
青岛银行滨州分行	刘铁柱	尹 玲、高宝军	64	3
齐商银行滨州分行	林学强	张玉鹏、张 涛、徐美静、任志刚	186	11
东营银行滨州分行	韩念华	耿小军、赵 凯、刘维亮	206	13
潍坊银行滨州分行	王树军	张国磊、侯光伟、崔玉川	91	4
德州银行滨州分行	张海报	潘爱兰、颜旭红	108	7
农信社滨州市办事处	肖建华	张光远、阴国庆	2,672	206
邮政储蓄银行滨州市分行	宋鲁光	王金虎、许欣山、张 萍、郑伟华	530	23
中信银行滨州分行	于健伟	张洪尧	35	1
齐鲁银行滨州分行	李 强	李延宽、阴钊生、初 锋	73	2
滨州河海村镇银行	薛 静	张栋栋、李宝生	32	1
沾化青云村镇银行	刘召良	吴国伟、温明喜	43	4
惠民舜丰村镇银行	孙光荣	张世辉、刘 明	44	3
阳信河海村镇银行	徐福华	马龙飞、郭占亭	69	4
无棣中成村镇银行	刘 成	王建中	21	1

续表1

单位名称	行长（或其他称谓的第一负责人）	副行长（或其他称谓的同级领导）	正式员工（人）	营业网点（个）
博兴新华村镇银行	汪 超	贾小宁、高 飞	33	2
邹平浦发村镇银行	丁 平	刘向来、孟晓鸣、范 鹏	83	5
邹平青隆村镇银行	王长亮	陈 工、张颜奎、肖建智、王 臻	85	6
银河证券滨州黄河五路证券营业部	辛 通	—	10	1
华林证券滨州渤海十六路证券营业部	王卫华	—	12	1
国融证券滨州黄河五路证券营业部	杜 方	—	6	1
长江证券滨州渤海十八路证券营业部	陈保和	—	5	1
中信证券（山东）滨州府前街证券营业部	魏兰州	彭艳艳	35	1
中信证券（山东）滨州黄河二路证券营业部	张茹新	张绪绪	30	1
中信证券（山东）邹平黛溪三路证券营业部	高长青	王 雷	30	1
中泰证券滨州市分公司	张继庆	—	81	7
天安财险滨州市分公司	丁希华	韩 勇	55	5
中华财险滨州市分公司	刘恩猛	郑 雷	131	9
大地财险滨州市分公司	刘海春	安丽丽、桑华强	1,395	10
安邦财险滨州市分公司	邵 彬	—	33	6
合众人寿滨州市分公司	段 祥	—	505	3
华安财险滨州市分公司	吴雪飞	—	203	6
安华农险滨州市分公司	许爱民	王成宝	97	8
阳光财险滨州市分公司	安晋清	赵玉娟、卞永波	120	9
永安财险滨州市分公司	位建顺	—	200	4
太平财险滨州市分公司	庞 伟	—	146	4
都邦财险滨州市分公司	杨文旭	—	172	6
人保寿险滨州市分公司	刘素芬	刘 伟、段 旭	2,548	6
农银人寿滨州市分公司	孙向军	张海光、张国立	1,048	5
太平人寿滨州市分公司	王 军	徐 娜	2,541	6
长安责任保险滨州市分公司	李增华	—	190	3
人寿财险滨州市分公司	韩立霞	高 杰、周 华	191	5
渤海财险滨州市分公司	何建军	—	35	2
浙商财险滨州市分公司	王志刚	孙明状	103	7
英大泰和寿险滨州市分公司	杨 岩	宋海勇	626	5
安盛天平财险滨州市分公司	马洪雷	于卫东	24	4
长城寿险滨州市分公司	曹爱华	—	550	4
国华寿险滨州市分公司	王 煜	李 朋	83	1
英大泰和财险滨州市分公司	王俊梅	田 萌	24	2
生命寿险滨州市分公司	李 壮	—	1,510	1
华夏寿险滨州市分公司	常爱华	—	5,188	5
泰山财险滨州市分公司	谭兴文	—	27	4
人民健康保险滨州营销服务部	王国栋	—	175	1

续表2

单位名称	行长（或其他称谓的第一负责人）	副行长（或其他称谓的同级领导）	正式员工（人）	营业网点（个）
国任财险滨州市分公司	张继刚	—	24	3
建信寿险滨州市分公司	亓 文	崔 霞	210	3
亚太财险滨州市分公司	程 波	—	35	3
安诚财险滨州市分公司	李 明	—	25	1
德华安顾寿险滨州市分公司	李和明	—	739	3
华泰财险滨州市分公司	孙洪峰	—	7	1
华海财险滨州市分公司	汪永涛	柴永平	47	4
平安养老保险滨州市分公司	李子华	—	10	1
天安寿险滨州市分公司	马士强	徐 岭、蒋丽丽	2,007	3
信泰寿险滨州市分公司	孟维杰	—	174	1
永诚财险滨州市分公司	盖志峰	—	15	1
华泰人险滨州市分公司	张学超	—	476	1
中路财险滨州市分公司	杜志强	—	24	1

附表4

滨州市主要金融机构业务概况

（2019年末）

单位：亿元

单位名称	本外币存款余额	本外币单位存款	本外币储蓄存款	本外币贷款余额	本外币短期贷款	本外币中长期贷款
农业发展银行滨州市分行	48.05	48.05	—	193.42	67.68	125.74
工商银行滨州分行	429.53	182.48	246.92	366.40	201.48	164.93
农业银行滨州分行	503.68	191.96	311.60	337.10	161.37	163.33
中国银行滨州分行	186.33	108.40	77.58	237.26	118.30	111.91
建设银行滨州分行	385.57	171.27	213.86	221.04	105.46	111.28
交通银行滨州分行	24.25	20.40	3.85	20.56	11.52	5.88
华夏银行滨州分行	31.10	27.43	3.67	33.60	11.56	21.23
招商银行滨州分行	37.70	23.50	14.19	30.88	13.20	16.15
兴业银行滨州分行	95.24	81.42	13.81	192.21	121.06	69.80
恒丰银行滨州分行	65.68	52.19	13.49	67.74	52.17	5.77
青岛银行滨州分行	41.34	31.11	10.23	37.28	5.46	30.29
齐商银行滨州分行	57.37	40.28	13.09	71.22	29.91	38.41
东营银行滨州分行	77.08	36.00	41.08	50.23	33.87	14.88
潍坊银行滨州分行	32.14	23.29	8.85	22.77	11.49	11.28
德州银行滨州分行	18.51	11.19	7.32	23.20	12.47	10.70
农信社滨州市办事处	578.60	107.87	470.74	557.32	468.34	63.66
邮政储蓄银行滨州市分行	245.56	30.64	214.92	141.12	43.41	80.28
中信银行滨州分行	11.62	8.19	3.43	20.54	12.47	5.47
齐鲁银行滨州分行	29.43	26.12	3.32	19.45	12.04	7.41
滨州河海村镇银行	0.88	0.13	0.75	2.03	1.86	0.17
沾化青云村镇银行	4.22	3.32	0.90	3.57	2.96	0.61
惠民舜丰村镇银行	2.58	0.63	1.95	2.31	1.58	0.73

续表

单位名称	本外币存款余额	本外币单位存款	本外币储蓄存款	本外币贷款余额	本外币短期贷款	本外币中长期贷款
阳信河海村镇银行	2.10	0.66	1.44	3.14	2.20	0.94
无棣中成村镇银行	0.70	0.52	0.18	0.71	0.66	0.05
博兴新华村镇银行	2.71	0.77	1.94	2.91	1.08	1.83
邹平浦发村镇银行	21.84	1.34	20.50	17.12	15.55	1.57
邹平青隆村镇银行	9.05	1.50	7.55	7.56	6.39	1.17

附表5

滨州市金融机构统计指标

单位：家、人、只

	指标	2015年	2016年	2017年	2018年	2019年	2019年同比增幅（%）
银行类	银行类机构家数	29	31	33	32	32	0.00
	法人机构	13	14	15	14	14	0.00
	省级分行	0	0	0	0	0	—
	二级分行	16	16	18	18	18	0.00
	县区支行	101	111	124	132	127	-3.79
	正式从业人数	8,020	8,116	8,467	8,449	8,260	-2.24
保险类	保险公司家数	182	197	202	207	207	0.00
	财险公司家数	108	116	118	121	121	0.00
	省级分公司	0	0	0	0	0	—
	地市分公司	24	26	26	27	27	0.00
	县区支公司	84	90	92	94	94	0.00
	寿险公司家数	74	81	84	86	86	0.00
	省级分公司	0	0	0	0	0	—
	地市分公司	17	20	21	21	21	0.00
	县区支公司	57	61	63	65	65	0.00
	正式从业人数	13,890	13,915	13,936	13,967	13,955	-0.05
	财险人员	1,740	1,750	1,758	1,796	1,790	-0.33
	寿险人员	12,150	12,165	12,178	12,171	12,165	-0.05
证券类	证券公司家数	9	11	13	13	14	7.69
	证券营业部	9	10	12	13	14	7.69
	正式从业人数	149	160	194	212	209	-1.42
	境内上市股票只数	8	8	8	8	8	0.00
	境外上市股票只数	7	7	8	8	8	0.00
	辖区上市公司总数	15	15	16	16	16	0.00

菏泽市

【经济金融概况】 2019年，菏泽市上下抢抓省委省政府"突破菏泽，鲁西崛起"的发展机遇，坚持以供给侧结构性改革为主线，围绕加快实现"科学赶超、后来居上"的奋斗目标，统筹推进稳增长、促改革、调结构、惠民生、防风险等各项工作，经济金融持续快速发展。年末各项存款余额为4,340.16亿元，首次突破4,000亿元大关，比年初增长11.05%，增幅列全省第四位；各项贷款增长15.17%，增幅位居全省第二名。

【货币政策】 2019年，人民银行菏泽市中心支行准确理解把握稳健货币政策内涵，引导信贷支持菏泽发展重点领域和薄弱环节，做到总量上合理稳定、结构上精准支持。

一、大力推进新旧动能转换。在全市范围内遴选新旧动能转换项目，其中71项入选全省优选项目。牵头成立"金融专家顾问团"，为23家企业定制金融服务方案。举办债务融资工具业务推进会，4家新动能企业引进境外资本23.60亿元。

二、统筹做好金融扶贫与金融服务乡村振兴政策接续。召开金融机构服务乡村振兴推进会，实行金融扶贫精细化管理。深化"分片域融资对接"，开展对接活动18场次、放贷2,848.00万元。推动创建金融服务乡村振兴示范点16个、样板村和信用村303个。

三、大力推进绿色金融。强化央行资金正向激励，引导金融机构建立绿色信贷管理机制，对绿色企业和项目给予信贷资源倾斜。与环保局等部门建立信息共享渠道。推广"绿色票据直通车"再贴现业务，推动绿色信贷产品创新。

四、全力服务民营、小微企业。建立民营和小微企业定期监测制度。牵头开展"金融精准助民企千户帮""民营和小微企业金融服务万户行"活动，大力推进"首贷培植行动"，全市1,273家企业首次获贷18.11亿元，培植后获贷率达88.50%。

五、有效保障重大项目融资需求。开展"重大项目集中走访对接月"活动，金融机构累计为重点项目授信80.20亿元、放贷45.14亿元。大力推广应收账款融资业务，全年在中征应收账款融资服务平台注册金融机构和企业468户，融资121.90亿元。

【金融稳定】 2019年，人民银行菏泽市中心支行积极落实落细分行攻坚部署，坚持防范处置与机制保障并重，确保辖区金融安全。

一、积极履行牵头抓总职责。牵头签署《金融管理与金融稳定合作备忘录》，出台《防控化解区域金融风险攻坚战实施办法》，创新金融风险"四报"法，累计向政府报告风险情况330余次，推动形成金融风险化解"市长负责制"，有效压实了地方政府区域金融风险处置主体责任。

二、完善风险监测体系。实行"网格化"监测，落实金融风险信息联络员机制，推动化解17家企业的潜在风险，金融稳定工作关口不断前移。按季度通报金融机构重大事项报告制度执行情况。建立风险早期发现、识别和纠正机制，对巨野、东明两家农商行进行早期纠正。

三、做好风险处置化解。制定《问题投保机构管理工作指引》，探索设立问题投保机构监管专员，相关做法在分行专业会议交流。科学应对、有力阻断包商银行接管事件溢出风险，获人民银行济南分行和菏泽市委市政府领导高度肯定。制定《大型融资企业风险事件应急处置工作指引》，推动洪业集团处置方案落地。积极参与"打击恶意逃废金融债务"专项行动，累计追回资金1.52亿元。

【金融监管】 2019年，人民银行菏泽市中心支行依法实施金融监管，切实维护辖区金融稳定。

一、落实货币政策执行与金融管理工作通报会制度。年内2次召开专门会议传达货币政策、金融管理政策变化和实施重点，通报金融机构突出问题。顺利完成金融机构综合评价及投保机构评级、消保自评估、反洗钱义务机构考核评级等工作。

二、抓好金融执法检查。出台《关于进一步规范辖区金融管理行为的通知》，全年执法检查立项9项，含综合执法2项、反洗钱执法检查5项、存款准备金检查1项、征信业务检查1项，累计检查金融机构24家，对15家机构及相关责任人处罚183.00万元。

三、加大反洗钱监管力度。全年向公安部门移交可疑交易线索4条，积极推动1起虚开增值税案件侦破并以洗钱罪入罪判刑。

【外汇管理】 2019年，国家外汇管理局菏泽市中心支局强化监测分析，加大现场检（核）查力度，积极落实政策，促进贸易投资便利化，支持辖区涉外经济平稳健康发展。

一、深化落实外汇服务改革。积极应对中美贸易摩擦严峻形势，实施外汇管理"问题+清单""线上+线下""共享+提醒""预审+容缺"服务举措，确保外汇业务行政审批项目"一次办好"，涉外主体满意率为100.00%。组织开展"两送一解"活动，探索"专家+经理"贴身顾问服务模式，帮助企业规避汇率损失1,190.00万元。

二、强化外汇市场监管。建立异常外汇收支预警体系，全年开展非现场监测分析523次、现场检查56次，查处外汇违法违规案件3起、收缴罚没款14.91万元。建立辖区银行外汇及跨境人民币业务自律机制，开展银行外汇“自律共赢、行稳致远”活动，举办“打击地下钱庄业务专题培训”，增强外汇主办银行行动自律。

【金融服务】 2019年，人民银行菏泽市中心支行坚持普惠金融发展理念，不断创新金融服务措施，努力提高辖区金融服务水平。

一、推进金融“放管服”改革。突出“一次办好”导向，金融服务更有“温度”。落实行政许可非关键要件“容缺办理”制度，稳妥推进取消企业账户许可工作，账户开立实现即时办理。

二、在全省率先运行电子退库系统。退库时间较原来节省50.00%以上，企业出口退税时限由5～7个工作日压缩至2个工作日以内；大力落实减税降费政策，全年办理小微企业普惠性退税业务2.53万笔，惠及企业1万余家。

三、改进征信自助查询服务。利用电子地图标识查询位置，累计提供服务23万余笔。

四、深化农村支付环境建设。在全市设立助农取款服务点11,898个，其中26.23%具备综合服务功能。

五、持续推进移动支付便民工程。促成省银联与市公交公司上线公交银联支付产品，在全省率先实现“云闪付”缴纳党费。

六、积极创建“现金服务示范区”。实现新币、零币、残损币兑换和假币收缴及报警“四个直通”，区内群众满意度达100%。

七、大力保护金融消费权益。利用“网络教育安全周”“3·15”等时间节点普及金融知识，推动金融教育进中小学；完善金融消费纠纷化解诉调对接机制，巨野县支行有关做法在最高人民法院、人民银行总行联合召开的调研座谈会上做经验交流。加强对支付、征信、外汇等市场行为的监管，防范治理非法金融广告、网络金融诈骗。

（许加宏、韩 鹏）

附表1

菏泽市主要金融指标1

单位：亿元

地区		银行类							
		本外币存款余额	住户存款	非金融企业存款	本外币贷款余额	第一产业贷款	第二产业贷款	第三产业贷款	个人贷款及透支
定陶区	2019年	261.76	216.54	23.68	143.49	0.22	17.19	39.30	83.02
	同比增幅（%）	8.65	21.45	-26.29	11.34	3.52	-30.80	9.61	22.15
曹县	2019年	494.30	407.66	42.79	259.96	0.45	34.99	65.63	151.70
	同比增幅（%）	14.37	14.03	34.83	23.24	95.14	-27.66	58.62	27.52
成武县	2019年	277.58	238.43	15.14	109.51	0.04	25.66	22.74	59.02
	同比增幅（%）	15.45	16.72	-6.40	6.56	-45.08	-21.07	60.42	14.89
单县	2019年	415.56	343.06	44.50	222.13	0.67	44.62	37.81	136.93
	同比增幅（%）	13.67	17.17	23.41	12.88	-21.10	-6.01	23.49	16.20
巨野县	2019年	461.11	377.81	35.80	247.58	0.82	54.35	64.01	108.36
	同比增幅（%）	14.73	19.32	-5.48	15.06	-37.66	-2.35	24.37	17.03
郓城县	2019年	557.06	479.02	38.90	246.66	0.89	62.20	60.72	115.54
	同比增幅（%）	13.60	16.03	17.88	19.65	7.66	-7.96	27.42	32.16
鄄城县	2019年	335.27	292.05	17.66	129.75	0.87	20.34	36.10	64.85
	同比增幅（%）	13.81	16.94	8.58	8.98	17.76	-16.27	7.22	23.53
东明县	2019年	347.53	245.65	47.69	201.75	0.83	96.14	29.69	71.19
	同比增幅（%）	12.83	14.99	58.70	4.49	-10.86	-10.50	8.50	24.09
菏泽市	2019年	4,340.16	3,336.52	506.42	2,625.98	6.25	589.64	731.41	1,206.99
	同比增幅（%）	11.05	16.24	1.52	15.81	-7.55	-10.56	29.32	22.45

附表2

菏泽市主要金融指标2

单位：亿元

地区		保险类		证券类		
		保险公司保费收入	保险公司赔款和给付支出	证券市场成交总额	投资者保证金余额	投资者开户数（万户）
定陶区	2019年	6.65	1.34	—	—	—
	同比增幅（%）	15.45	-46.83	—	—	—
曹县	2019年	14.09	4.89	66.99	0.23	0.47
	同比增幅（%）	8.55	-12.99	29.88	39.18	13.15
成武县	2019年	7.20	1.54	—	—	—
	同比增幅（%）	9.09	-15.38	—	—	—
单县	2019年	10.18	9.44	—	—	—
	同比增幅（%）	11.75	107.02	—	—	—
巨野县	2019年	13.14	3.32	76.67	0.13	0.06
	同比增幅（%）	10.23	-10.03	2727.31	815.56	42.63
郓城县	2019年	14.10	3.02	36.47	0.17	0.48
	同比增幅（%）	15.57	-13.71	19.28	87.67	13.91
鄄城县	2019年	6.65	1.23	—	—	—
	同比增幅（%）	12.33	33.70	—	—	—
东明县	2019年	8.59	2.90	62.39	0.25	0.89
	同比增幅（%）	12.14	72.62	3.47	78.57	2.30
菏泽市	2019年	141.06	30.34	1,174.11	4.28	15.56
	同比增幅（%）	4.35	1.17	36.14	60.48	1.65

附表3

菏泽市主要金融机构概况

单位名称	行长（或其他称谓的第一负责人）	副行长（或其他称谓的同级领导）	正式员工（人）	营业网点（个）
人民银行菏泽市中心支行	贾世敏	石建民、孟宪东、孟宪彦、郑　丽	390	9
菏泽银保监分局	黄　波	朱凤德、张以良、孔凡申、杨爱军、刘树满、党明娜	59	9
农业发展银行菏泽市分行	李大庆	张　健、周长民、郭士玉	212	9
工商银行菏泽分行	吕洪海	刘虎臣、冯万杰、周林建、王忠轩、宋红毅、王国友、黄腾坤、赵　斌	927	44
农业银行菏泽分行	宋光涛	安　平、段中锋、李金昌、徐宪强	1,362	65
中国银行菏泽分行	孔令国	李　晨、刘　仪、纪利兵、于　萍、张培真	575	23
建设银行菏泽分行	李永浩	崔云全、周在军、姜文胜、杜文康、王怀阁、张益民	884	37
交通银行菏泽分行	商敬文	许慧媛、谭洪宝、刘　刚	55	3
邮政储蓄银行菏泽市分行	李长立	陈海东、连经建、孙　强、孙浩青	2,051	188
省联社菏泽审计中心	崔玉光	刘　艳、孙玉臻、衣兰林、崔荣国	4,979	378
浦发银行菏泽分行	张玉民	孙　杰、孙启滨、梁尔昂	52	4
恒丰银行菏泽分行	马历博	刘殿强、李　燕	55	1

续表

单位名称	行长（或其他称谓的第一负责人）	副行长（或其他称谓的同级领导）	正式员工（人）	营业网点（个）
兴业银行菏泽分行	马曙平	吴 静	53	1
莱商银行菏泽分行	常永峰	赵 鹏	235	17
济宁银行菏泽分行	张现彬	李继臣	89	6
枣庄银行菏泽分行	王书央	丁首江、郭 建	35	1
威海市商业银行菏泽分行	仪 欣	李先建	31	1
中泰证券公司菏泽市分公司	李永平	—	43	6
中信证券公司菏泽中山路证券营业部	桑学勇	—	24	1
西部证券公司菏泽人民路证券营业部	刘 林	—	8	1
国盛证券公司菏泽永昌路证券营业部	蒋 珂	—	5	1
招商证券公司菏泽人民路证券营业部	陈 震	—	6	1
华林证券公司菏泽人民路证券营业部	张淑静	—	3	1
国海证券公司菏泽中华路证券营业部	李红青	—	4	1
天风证券公司菏泽长江路证券营业部	宗雪丽	—	6	1
光大证券公司菏泽人民路证券营业部	谷宜霖	—	4	1
中国人民财产保险股份有限公司菏泽市分公司	宋红亚	孙云峰、徐 翥	483	34

附表4

菏泽市主要金融机构业务概况

（2019年末）

单位：亿元

单位名称	本外币存款余额	本外币单位存款	本外币储蓄存款	本外币贷款余额	本外币短期贷款	本外币中长期贷款
农业发展银行菏泽市分行	35.06	35.06	—	247.71	74.22	160.49
工商银行菏泽分行	403.22	122.67	280.41	326.12	78.72	245.77
农业银行菏泽分行	449.67	122.35	327.31	278.74	42.97	235.72
中国银行菏泽分行	181.66	60.49	121.08	152.98	51.74	96.45
建设银行菏泽分行	391.84	135.10	256.13	260.14	64.31	194.85
交通银行菏泽分行	29.52	19.30	10.22	59.65	34.04	16.66
邮政储蓄银行菏泽市分行	774.52	43.01	731.49	102.71	39.63	61.87
农村商业银行	1697.93	227.17	1470.73	949.95	377.77	510.88
浦发银行菏泽分行	27.45	15.16	12.28	30.24	11.29	18.69
恒丰银行菏泽分行	32.54	30.72	1.82	52.46	16.99	21.50
兴业银行菏泽分行	19.46	16.06	3.40	25.99	9.88	15.86
莱商银行菏泽分行	153.11	78.54	74.57	80.17	48.36	31.81
济宁银行菏泽分行	24.60	10.28	14.32	17.47	4.00	12.98
枣庄银行菏泽分行	9.79	6.73	3.06	9.55	6.61	2.84
威海市商业银行菏泽分行	12.29	10.63	1.66	8.81	4.74	4.07

附表5

菏泽市金融机构统计指标

单位：家、人、只

指标		2015年	2016年	2017年	2018年	2019年	2019年同比增幅（%）
银行类	银行类机构家数	26	27	31	33	33	0.00
	法人机构	15	15	18	18	18	0.00
	省级分行	0	0	0	0	0	—
	二级分行	11	12	13	15	15	0.00
	县区支行	185	565	534	114	91	-20.18
	正式从业人数	12,665	13,119	13,016	12,845	12,116	-5.68
保险类	保险公司家数	223	235	279	249	263	5.62
	财险公司家数	118	121	143	134	136	1.49
	省级分公司	0	0	0	0	0	—
	地市分公司	20	22	23	23	23	0.00
	县区支公司	98	99	120	111	113	1.80
	寿险公司家数	105	114	136	115	127	10.43
	省级分公司	0	0	0	0	0	—
	地市分公司	18	21	23	23	23	0.00
	县区支公司	87	93	113	92	104	13.04
	正式从业人数	30,966	35,261	42,025	57,834	56,350	-2.57
	财险人员	3,301	3,955	4,560	9,228	7,822	-15.24
	寿险人员	27,665	31,306	37,465	48,606	48,528	-0.16
证券类	证券公司家数	1	1	1	1	1	0.00
	证券营业部	5	7	7	8	8	0.00
	正式从业人数	73	109	110	147	163	10.88
	境内上市股票只数	0	1	7	7	7	0.00
	境外上市股票只数	3	3	7	7	7	0.00
	辖区上市公司总数	3	4	14	14	14	0.00

第十一部分

金融统计资料

一、综合信贷业务情况

山东省全金融机构（含外资）人民币信贷收支表

单位：亿元

项目	2019年	比年初增减	项目	2019年	比年初增减
各项存款	102,676.38	8,323.62	各项贷款	83,702.97	8,458.73
1.住户存款	55,232.15	6,743.83	1.住户贷款	29,431.73	4,839.30
(1)活期存款	16,211.32	1,760.41	(1)短期贷款	6,382.83	1,089.40
(2)定期及其他存款	39,020.83	4,983.42	消费贷款	2,559.73	630.39
2.非金融企业存款	30,462.78	2,444.23	经营贷款	3,823.09	459.01
(1)活期存款	13,030.58	666.95	(2)中长期贷款	23,048.91	3,749.90
(2)定期及其他存款	17,432.19	1,777.28	消费贷款	20,778.95	3,287.92
3.广义政府存款	15,106.95	-675.92	经营贷款	2,269.96	461.98
(1)财政性存款	1,338.60	-178.26	2.非金融企业及机关团体贷款	54,146.95	3,640.58
(2)机关团体存款	13,768.34	-497.66	(1)短期贷款	21,850.13	-731.52
4.非银行业金融机构存款	1,757.34	-53.51	(2)中长期贷款	27,638.37	3,298.67
各项准备	3,099.37	164.71	(3)票据融资	4,065.09	1,052.90
			(4)融资租赁	428.16	62.78
			(5)各项垫款	165.21	-42.25
			3.非银行业金融机构贷款	21.99	16.97
资金来源总计	105,918.28	8,119.96	资金运用总计	105,918.28	8,119.96

注：本表机构包括中国人民银行、银行业存款类金融机构、银行业非存款类金融机构。

山东省全金融机构（不含外资、证券）人民币信贷收支表

单位：亿元

项目	2019年	比年初增减	项目	2019年	比年初增减
各项存款	102,433.96	8,339.00	各项贷款	83,385.49	8,448.06
1.住户存款	55,206.54	6,741.50	1.住户贷款	29,371.28	4,831.08
(1)活期存款	16,202.85	1,759.66	(1)短期贷款	6,381.75	1,088.90
(2)定期及其他存款	39,003.69	4,981.84	消费贷款	2,559.73	630.40
2.非金融企业存款	30,263.64	2,458.67	经营贷款	3,822.02	458.51
(1)活期存款	12,983.69	663.11	(2)中长期贷款	22,989.53	3,742.17
(2)定期及其他存款	17,279.95	1,795.55	消费贷款	20,721.18	3,279.93
3.广义政府存款	15,105.50	-675.16	经营贷款	2,268.35	462.25
(1)财政性存款	1,338.60	-178.26	2.非金融企业及机关团体贷款	53,892.34	3,638.04
(2)机关团体存款	13,766.90	-496.90	(1)短期贷款	21,700.57	-741.59
4.非银行业金融机构存款	1,755.04	-51.50	(2)中长期贷款	27,564.48	3,293.40
各项准备	3,096.55	164.58	(3)票据融资	4,033.91	1,065.69
			(4)融资租赁	428.16	62.78
			(5)各项垫款	165.21	-42.25
			3.非银行业金融机构贷款	20.02	16.99
资金来源总计	105,598.33	8,133.65	资金运用总计	105,598.33	8,133.65

注：本表机构包括中国人民银行、银行业存款类金融机构、银行业非存款类金融机构。

山东省政策性银行人民币信贷收支表

单位：亿元

项目	2019年	比年初增减	项目	2019年	比年初增减
各项存款	1,224.66	-563.67	各项贷款	8,671.45	699.40
1.个人存款	—	—	1.短期贷款	1,169.34	121.69
其中：活期储蓄存款	—	—	（1）个人贷款及透支	—	—
定期储蓄存款	—	—	（2）单位贷款及透支	1,169.34	121.69
2.单位存款	1,197.61	-423.42	2.中长期贷款	7,427.99	605.35
其中：活期存款	904.55	-409.72	（1）个人贷款	48.83	2.54
定期存款	209.42	45.02	（2）单位贷款	7,379.16	602.81
保证金存款	24.46	-0.90	3.票据融资	—	—
代理财政性存款	106.69	4.23	4.各项垫款	0.21	-2.03
资金来源总计	9,075.70	695.52	资金运用总计	9,075.70	695.52

山东省股份制商业银行人民币信贷收支表

单位：亿元

项目	2019年	比年初增减	项目	2019年	比年初增减
各项存款	17,484.74	1,680.30	各项贷款	14,449.01	1,075.41
1.个人存款	4,969.22	847.61	1.短期贷款	4,930.72	-358.26
其中：活期储蓄存款	1,538.75	170.03	（1）个人贷款及透支	416.88	41.96
定期储蓄存款	1,032.95	-3.19	（2）单位贷款及透支	4,513.84	-394.72
2.单位存款	12,008.66	1,257.78	2.中长期贷款	8,563.54	1,232.14
其中：活期存款	3,677.24	412.74	（1）个人贷款	4,081.39	697.63
定期存款	1,178.15	5.01	（2）单位贷款	4,482.15	536.58
保证金存款	1,964.71	-151.64	3.票据融资	889.82	218.27
代理财政性存款	80.98	47.87	4.各项垫款	64.08	-16.67
资金来源总计	18,381.86	1,352.32	资金运用总计	18,381.86	1,352.32

山东省城市商业银行人民币信贷收支表

单位：亿元

项目	2019年	比年初增减	项目	2019年	比年初增减
各项存款	14,717.94	2,285.48	各项贷款	10,697.96	1,984.25
1.个人存款	5,748.20	1,038.67	1.短期贷款	4,727.23	523.47
其中：活期储蓄存款	1,214.80	141.77	（1）个人贷款及透支	832.06	315.94
定期储蓄存款	3,054.06	591.81	（2）单位贷款及透支	3,834.56	209.92
2.单位存款	8,274.57	1,142.93	2.中长期贷款	5,350.58	1,352.83
其中：活期存款	3,253.80	414.95	（1）个人贷款	1,945.11	455.35
定期存款	1,058.73	282.52	（2）单位贷款	3,405.45	897.48
保证金存款	1,592.34	213.06	3.票据融资	592.53	112.15
代理财政性存款	13.23	-8.56	4.各项垫款	26.79	-4.19
资金来源总计	20,662.32	2,572.51	资金运用总计	20,662.32	2,572.51

山东省农村合作金融机构人民币信贷收支表

单位：亿元

项目	2019年	比年初增减	项目	2019年	比年初增减
各项存款	19,658.87	1,744.85	各项贷款	13,036.07	1,339.11
1.个人存款	15,959.29	1,756.08	1.短期贷款	6,767.24	166.98
其中：活期储蓄存款	2,601.95	138.91	（1）个人贷款及透支	2,857.38	351.76
定期储蓄存款	12,208.86	1,233.85	（2）单位贷款及透支	3,867.96	-213.69
2.单位存款	3,497.96	-30.65	2.中长期贷款	5,056.41	867.11
其中：活期存款	2,415.09	-59.92	（1）个人贷款	2,759.44	617.03
定期存款	481.65	-7.22	（2）单位贷款	2,296.97	250.08
保证金存款	180.01	-52.35	3.票据融资	1,170.91	297.39
代理财政性存款	11.11	-1.50	4.各项垫款	41.51	7.64
资金来源总计	24,523.48	1,916.27	资金运用总计	24,523.48	1,916.27

山东省农村商业银行人民币信贷收支表

单位：亿元

项目	2019年	比年初增减	项目	2019年	比年初增减
各项存款	19,658.87	1,744.85	各项贷款	13,036.07	1,339.11
1.个人存款	15,959.29	1,756.08	1.短期贷款	6,767.24	166.98
其中：活期储蓄存款	2,601.95	138.91	（1）个人贷款及透支	2,857.38	351.76
定期储蓄存款	12,208.86	1,233.85	（2）单位贷款及透支	3,867.96	-213.69
2.单位存款	3,497.96	-30.65	2.中长期贷款	5,056.41	867.11
其中：活期存款	2,415.09	-59.92	（1）个人贷款	2,759.44	617.03
定期存款	481.65	-7.22	（2）单位贷款	2,296.97	250.08
保证金存款	180.01	-52.35	3.票据融资	1,170.91	297.39
代理财政性存款	11.11	-1.50	4.各项垫款	41.51	7.64
资金来源总计	23,342.94	1,881.59	资金运用总计	23,342.94	1,881.59

山东省村镇银行人民币信贷收支表

单位：亿元

项目	2019年	比年初增减	项目	2019年	比年初增减
各项存款	1,097.06	188.14	各项贷款	821.11	140.33
1.个人存款	722.05	167.74	1.短期贷款	552.86	56.73
其中：活期储蓄存款	91.40	3.62	（1）个人贷款及透支	309.47	50.91
定期储蓄存款	612.92	164.98	（2）单位贷款及透支	242.09	6.09
2.单位存款	375.00	20.40	2.中长期贷款	264.40	81.98
其中：活期存款	267.04	34.62	（1）个人贷款	191.10	68.62
定期存款	58.43	-3.83	（2）单位贷款	73.30	13.66
保证金存款	25.47	-6.26	3.票据融资	3.75	1.87
代理财政性存款	0.07	0.02	4.各项垫款	0.11	-0.21
资金来源总计	1,310.88	196.03	资金运用总计	1,310.88	196.03

山东省信托投资公司人民币信贷收支表

单位：亿元

项目	2019年	比年初增减	项目	2019年	比年初增减
各项存款	—	—	各项贷款	18.47	11.68
1.个人存款	—	—	1.短期贷款	0.76	0.76
其中：活期储蓄存款	—	—	（1）个人贷款及透支	—	—
定期储蓄存款	—	—	（2）单位贷款及透支	0.76	0.76
2.单位存款	—	—	2.中长期贷款	17.71	10.92
其中：活期存款	—	—	（1）个人贷款	0.83	0.83
定期存款	—	—	（2）单位贷款	16.88	10.09
保证金存款	—	—	3.票据融资	—	—
代理财政性存款	—	—	4.各项垫款	—	—
资金来源总计	175.26	3.94	资金运用总计	175.26	3.94

山东省中资财务公司人民币信贷收支表

单位：亿元

项目	2019年	比年初增减	项目	2019年	比年初增减
各项存款	2,472.70	197.06	各项贷款	2,125.22	307.88
1.个人存款	—	—	1.短期贷款	1,053.94	176.60
其中：活期储蓄存款	—	—	（1）个人贷款及透支	—	—
定期储蓄存款	—	—	（2）单位贷款及透支	1,016.94	183.10
2.单位存款	2,463.82	197.20	2.中长期贷款	788.53	90.27
其中：活期存款	666.32	96.09	（1）个人贷款	8.97	-1.95
定期存款	664.01	162.54	（2）单位贷款	779.56	92.21
保证金存款	414.18	11.80	3.票据融资	244.19	30.40
代理财政性存款	—	—	4.各项垫款	—	—
资金来源总计	3,473.27	335.61	资金运用总计	3,473.27	335.61

山东省外资银行人民币信贷收支表

单位：亿元

项目	2019年	比年初增减	项目	2019年	比年初增减
各项存款	242.42	-15.61	各项贷款	323.67	12.74
1.个人存款	25.61	2.33	1.短期贷款	156.04	12.61
其中：活期储蓄存款	8.47	0.76	（1）个人贷款及透支	1.08	0.50
定期储蓄存款	6.49	-0.22	（2）单位贷款及透支	149.56	10.07
2.单位存款	200.58	-15.19	2.中长期贷款	136.01	13.00
其中：活期存款	47.08	4.01	（1）个人贷款	59.38	7.72
定期存款	34.56	-11.47	（2）单位贷款	73.88	5.27
保证金存款	50.91	1.09	3.票据融资	31.17	-12.79
代理财政性存款	—	—	4.各项垫款	—	—
资金来源总计	444.70	-26.72	资金运用总计	444.70	-26.72

1995—2019 年山东省人民币人均住户存款

年度	住户存款（万元）		人均住户存款（元）
	年末余额	比年初增加额	
1995	16,003,992.00	4,820,864.00	1,849.52
1996	21,971,982.00	5,953,088.00	2,525.22
1997	28,177,108.00	6,127,582.00	3,221.35
1998	32,657,331.00	4,106,722.00	3,706.85
1999	37,353,766.00	4,705,196.00	4,210.30
2000	41,098,425.00	3,695,061.00	4,606.41
2001	44,667,153.00	3,568,728.00	4,964.67
2002	50,637,936.00	5,977,509.00	5,600.90
2003	58,057,165.00	7,464,182.00	6,392.55
2004	67,683,453.00	9,601,347.00	7,417.37
2005	77,214,610.00	9,510,874.00	8,411.18
2006	90,351,351.00	13,136,739.00	9,769.64
2007	103,580,272.00	13,236,721.00	11,127.00
2008	114,381,079.00	10,800,146.00	12,211.11
2009	143,821,895.00	29,440,935.00	15,272.21
2010	196,482,092.00	25,654,535.00	20,747.84
2011	221,732,725.00	25,455,312.00	23,147.79
2012	263,433,050.00	41,700,326.00	27,200.47
2013	297,960,833.00	34,527,783.00	30,612.24
2014	331,785,596.00	33,824,763.00	33,892.23
2015	373,200,242.00	33,244,098.00	37,899.28
2016	413,509,329.00	40,309,087.00	41,572.77
2017	440,358,442.00	26,832,393.00	44,010.18
2018	484,349,832.00	43,941,566.00	48,207.25
2019	552,321,484.00	67,438,305.00	54,847.07

2019年山东省各县（市）人民币住户存款余额排序

单位：亿元

序号	地区	储蓄存款余额	序号	地区	储蓄存款余额
1	寿光市	683.27	41	昌乐县	282.39
2	青州市	638.33	42	博兴县	280.44
3	莱州市	613.30	43	曲阜市	279.77
4	龙口市	607.49	44	郯城县	269.30
5	滕州市	571.46	45	平邑县	265.44
6	诸城市	563.49	46	冠县	261.81
7	荣成市	563.44	47	东平县	261.37
8	新泰市	563.21	48	宁阳县	253.05
9	平度市	551.01	49	汶上县	252.77
10	胶州市	505.69	50	栖霞市	246.38
11	郓城县	478.88	51	东明县	245.49
12	肥城市	467.11	52	桓台县	243.58
13	邹城市	461.11	53	金乡县	241.37
14	高密市	435.99	54	成武县	238.30
15	莒县	427.70	55	宁津县	237.25
16	沂水县	423.05	56	五莲县	228.63
17	招远市	409.02	57	齐河县	225.46
18	曹县	407.47	58	临沭县	216.32
19	邹平市	382.70	59	高唐县	208.76
20	安丘市	380.93	60	乐陵市	207.98
21	巨野县	377.71	61	沂源县	206.02
22	临朐县	367.60	62	临邑县	204.12
23	莱阳市	364.93	63	蒙阴县	198.49
24	昌邑市	359.34	64	微山县	197.66
25	莒南县	357.70	65	禹城市	194.63
26	梁山县	347.71	66	平原县	192.82
27	临清市	344.72	67	惠民县	183.59
28	单县	342.98	68	泗水县	181.98
29	海阳市	338.90	69	夏津县	175.73
30	沂南县	335.65	70	东阿县	175.38
31	乳山市	335.19	71	武城县	171.96
32	蓬莱市	332.97	72	商河县	167.10
33	嘉祥县	331.56	73	平阴县	154.39
34	广饶县	330.44	74	无棣县	152.38
35	莱西市	327.77	75	鱼台县	147.96
36	莘县	326.85	76	高青县	138.62
37	兰陵县	321.18	77	阳信县	122.46
38	阳谷县	302.30	78	利津县	115.84
39	费县	295.03	79	庆云县	114.25
40	鄄城县	291.94	80	长岛县	32.43

注：因行政区划调整，济阳县改为济阳区，并入济南市辖区；胶南市列入青岛市辖区，即墨市改为即墨区，并入青岛市辖区；兖州市改为兖州区，并入济宁市辖区；文登市改为文登区，并入威海市辖区；陵县改为陵城区，并入德州市辖区；沾化县改为沾化区，并入滨州市辖区；章丘市改为章丘区，并入济南市辖区；垦利县改为垦利区，并入东营市辖区；定陶县改为定陶区，并入菏泽市辖区；茌平县改为茌平区，并入聊城市辖区。

山东省全金融机构（含外资）外汇信贷收支表

单位：亿美元

项目	2019年	比年初增减	项目	2019年	比年初增减
各项存款	295.65	-12.52	各项贷款	375.93	-51.26
1. 住户存款	49.95	-3.32	1. 住户贷款	0.29	0.02
（1）活期存款	26.65	-2.19	（1）短期贷款	0.29	0.02
（2）定期及其他存款	23.29	-1.12	消费贷款	0.29	0.02
2. 非金融企业存款	200.58	2.99	经营贷款	—	—
（1）活期存款	107.56	8.04	（2）中长期贷款	—	—
（2）定期及其他存款	93.02	-5.05	消费贷款	—	—
3. 广义政府存款	5.68	4.82	经营贷款	—	—
（1）财政性存款	—	—	2. 非金融企业及机关团体贷款	159.00	-20.50
（2）机关团体存款	5.68	4.82	（1）短期贷款	123.87	-14.68
4. 非银行业金融机构存款	0.95	-2.95	（2）中长期贷款	32.58	-7.67
各项准备	30.58	0.71	（3）票据融资	0.00	-0.01
			（4）融资租赁	—	—
			（5）各项垫款	2.55	1.86
			3. 非银行业金融机构贷款	—	—
资金来源总计	402.75	-48.84	资金运用总计	402.75	-48.84

注：本表机构包括中国人民银行、银行业存款类金融机构、银行业非存款类金融机构。

山东省全金融机构（不含外资）外汇信贷收支表

单位：亿美元

项目	2019年	比年初增减	项目	2019年	比年初增减
各项存款	283.45	-13.06	各项贷款	366.09	-48.11
1. 住户存款	48.14	-3.52	1. 住户贷款	0.29	0.02
（1）活期存款	25.95	-2.35	（1）短期贷款	0.29	0.02
（2）定期及其他存款	22.19	-1.17	消费贷款	0.29	0.02
2. 非金融企业存款	193.68	3.19	经营贷款	—	—
（1）活期存款	102.08	7.68	（2）中长期贷款	—	—
（2）定期及其他存款	91.60	-4.49	消费贷款	—	—
3. 广义政府存款	5.68	4.82	经营贷款	—	—
（1）财政性存款	—	—	2. 非金融企业及机关团体贷款	150.18	-17.56
（2）机关团体存款	5.68	4.82	（1）短期贷款	117.49	-12.12
4. 非银行业金融机构存款	0.95	-2.95	（2）中长期贷款	30.15	-7.31
各项准备	30.35	0.86	（3）票据融资	—	0.00
			（4）融资租赁	—	—
			（5）各项垫款	2.54	1.86
			3. 非银行业金融机构贷款	—	—
资金来源总计	392.27	-45.26	资金运用总计	392.27	-45.26

注：本表机构包括中国人民银行、银行业存款类金融机构、银行业非存款类金融机构。

山东省政策性银行外汇信贷收支表

单位：亿美元

项目	2019年	比年初增减	项目	2019年	比年初增减
各项存款	19.15	-23.74	各项贷款	210.53	-33.90
1.个人存款	—	—	1.短期贷款	2.68	-1.46
其中：活期储蓄存款	—	—	（1）个人贷款及透支	—	—
定期储蓄存款	—	—	（2）单位贷款及透支	2.68	-1.46
2.单位存款	1.03	-3.18	2.中长期贷款	17.06	-3.26
其中：活期存款	0.95	-3.18	（1）个人贷款	—	—
定期存款	0.05	0.00	（2）单位贷款	17.06	-3.26
保证金存款	0.03	-0.01	3.票据融资	—	—
代理财政性存款	—	—	4.各项垫款	—	—
资金来源总计	190.41	-32.25	资金运用总计	190.41	-32.25

山东省股份制商业银行外汇信贷收支表

单位：亿美元

项目	2019年	比年初增减	项目	2019年	比年初增减
各项存款	81.94	2.21	各项贷款	49.91	-7.29
1.个人存款	12.03	-0.10	1.短期贷款	41.93	-9.60
其中：活期储蓄存款	4.58	-0.54	（1）个人贷款及透支	—	—
定期储蓄存款	5.30	0.51	（2）单位贷款及透支	41.93	-9.60
2.单位存款	64.28	2.71	2.中长期贷款	3.07	0.80
其中：活期存款	29.25	8.07	（1）个人贷款	—	—
定期存款	14.98	3.95	（2）单位贷款	3.07	0.80
保证金存款	17.03	-7.51	3.票据融资	—	—
代理财政性存款	—	—	4.各项垫款	0.73	0.50
资金来源总计	104.18	2.96	资金运用总计	104.18	2.96

山东省城市商业银行外汇信贷收支表

单位：亿美元

项目	2019年	比年初增减	项目	2019年	比年初增减
各项存款	16.59	4.18	各项贷款	14.29	-0.17
1.个人存款	0.24	0.00	1.短期贷款	13.86	1.24
其中：活期储蓄存款	0.03	-0.01	（1）个人贷款及透支	—	—
定期储蓄存款	0.20	0.01	（2）单位贷款及透支	13.22	0.60
2.单位存款	15.80	4.94	2.中长期贷款	0.28	-1.48
其中：活期存款	4.97	0.48	（1）个人贷款	—	—
定期存款	7.13	3.43	（2）单位贷款	0.28	-1.48
保证金存款	3.27	0.67	3.票据融资	—	—
代理财政性存款	—	—	4.各项垫款	0.16	0.07
资金来源总计	51.55	6.80	资金运用总计	51.55	6.80

山东省农村合作金融机构外汇信贷收支表

单位：亿美元

项目	2019年	比年初增减	项目	2019年	比年初增减
各项存款	5.32	1.08	各项贷款	2.13	-0.53
1.个人存款	0.04	-0.02	1.短期贷款	2.08	-0.52
其中：活期储蓄存款	0.02	0.00	（1）个人贷款及透支	—	—
定期储蓄存款	0.03	-0.02	（2）单位贷款及透支	2.08	-0.52
2.单位存款	5.10	1.08	2.中长期贷款	—	—
其中：活期存款	3.52	-0.21	（1）个人贷款	—	—
定期存款	1.39	1.31	（2）单位贷款	—	—
保证金存款	0.18	-0.02	3.票据融资	—	—
代理财政性存款	—	—	4.各项垫款	0.04	-0.01
资金来源总计	13.24	0.89	资金运用总计	13.24	0.89

山东省农村商业银行外汇信贷收支表

单位：亿美元

项目	2019年	比年初增减	项目	2019年	比年初增减
各项存款	5.32	1.08	各项贷款	2.13	-0.53
1.个人存款	0.04	-0.02	1.短期贷款	2.08	-0.52
其中：活期储蓄存款	0.02	0.00	（1）个人贷款及透支	—	—
定期储蓄存款	0.03	-0.02	（2）单位贷款及透支	2.08	-0.52
2.单位存款	5.10	1.08	2.中长期贷款	—	—
其中：活期存款	3.52	-0.21	（1）个人贷款	—	—
定期存款	1.39	1.31	（2）单位贷款	—	—
保证金存款	0.18	-0.02	3.票据融资	—	—
代理财政性存款	—	—	4.各项垫款	0.04	-0.01
资金来源总计	13.24	0.89	资金运用总计	13.24	0.89

山东省信托投资公司外汇信贷收支表

单位：亿美元

项目	2019年	比年初增减	项目	2019年	比年初增减
各项存款	—	—	各项贷款	—	—
1.个人存款	—	—	1.短期贷款	—	—
其中：活期储蓄存款	—	—	（1）个人贷款及透支	—	—
定期储蓄存款	—	—	（2）单位贷款及透支	—	—
2.单位存款	—	—	2.中长期贷款	—	—
其中：活期存款	—	—	（1）个人贷款	—	—
定期存款	—	—	（2）单位贷款	—	—
保证金存款	—	—	3.票据融资	—	—
代理财政性存款	—	—	4.各项垫款	—	—
资金来源总计	3.57	-0.01	资金运用总计	3.57	-0.01

注：本表机构包括信托投资公司、金融租赁公司、汽车金融公司和贷款公司等银行业非存款类金融机构。

山东省财务公司外汇信贷收支表

单位：亿美元

项目	2019年	比年初增减	项目	2019年	比年初增减
各项存款	15.46	5.66	各项贷款	10.09	-3.26
1.个人存款	—	—	1.短期贷款	2.23	-0.21
其中：活期储蓄存款	—	—	（1）个人贷款及透支	—	—
定期储蓄存款	—	—	（2）单位贷款及透支	2.23	-0.21
2.单位存款	10.15	4.73	2.中长期贷款	0.05	-0.06
其中：活期存款	7.40	4.98	（1）个人贷款	—	—
定期存款	1.04	-1.96	（2）单位贷款	0.05	-0.06
保证金存款	—	—	3.票据融资	—	—
代理财政性存款	—	—	4.各项垫款	—	—
资金来源总计	20.68	2.40	资金运用总计	20.68	2.40

山东省外资银行外汇信贷收支表

单位：亿美元

项目	2019年	比年初增减	项目	2019年	比年初增减
各项存款	12.19	0.55	各项贷款	10.10	-3.05
1.个人存款	1.80	0.20	1.短期贷款	6.38	-2.56
其中：活期储蓄存款	0.70	0.16	（1）个人贷款及透支	—	—
定期储蓄存款	0.95	0.07	（2）单位贷款及透支	6.38	-2.56
2.单位存款	6.90	-0.21	2.中长期贷款	2.69	-0.26
其中：活期存款	5.48	0.35	（1）个人贷款	—	—
定期存款	1.22	-0.48	（2）单位贷款	2.43	-0.36
保证金存款	0.04	-0.17	3.票据融资	—	-0.01
代理财政性存款	—	—	4.各项垫款	0.01	—
资金来源总计	69.87	2.48	资金运用总计	69.87	2.48

二、分机构本、外币存贷款情况

山东省中国人民银行人民币信贷收支表

单位：亿元

项目	2019年	比年初增减	项目	2019年	比年初增减
一、货币发行	—	—	一、金融机构贷款	1,025.56	709.13
二、金融机构存款	5,700.85	-159.21	中资大型银行	—	—
（一）境内金融机构存款	5,700.85	-159.21	中资中小型银行	325.56	17.46
中资大型银行	21.08	-37.81	农村信用社	0.00	-8.33
中资中小型银行	5,353.25	-143.88	财务公司	—	—
农村信用社	187.32	33.13	外资金融机构	—	—
财务公司	135.35	-11.15	其他金融机构	700.00	700.00
外资金融机构	0.81	-1.40	其中：资产管理公司	—	—
其他金融机构	3.03	1.89	二、再贴现	135.14	-23.92
（二）境外金融机构存款	0.00	0.00	三、专项贷款	—	—
三、金融机构特种存款	—	—	四、金银占款	—	—
四、非金融机构存款	47.17	2.02	五、外汇占款	—	—
五、财政存款	1,057.20	119.51	六、有价证券及投资	—	—
其中：中央财政存款	—	—	七、买入返售证券	—	—
地方财政存款	1,057.20	119.51	八、存放金融机构	—	—
六、商业银行划来财政性存款	202.86	40.98	九、清算资金往来（净）	5,772.28	-668.73
七、卖出回购证券	—	—	十、其他资产	37.82	2.58
八、中央银行债券	—	—			
九、清算资金往来（净）	—	—			
十、其他负债	38.41	2.49			
十一、国家资本	—	—			
十二、当年结益	-75.70	13.27			
资金来源总计	6,970.80	19.06	资金运用总计	6,970.80	19.06

山东省国家开发银行人民币信贷收支表

单位：亿元

项目	2019年	比年初增减	项目	2019年	比年初增减
各项存款	462.25	-495.18	各项贷款	4,684.56	127.00
1.个人存款	—	—	1.短期贷款	150.77	25.23
其中：活期储蓄存款	—	—	（1）个人贷款及透支	—	—
定期储蓄存款	—	—	（2）单位贷款及透支	150.77	25.23
2.单位存款	435.20	-354.95	2.中长期贷款	4,461.33	122.39
其中：活期存款	381.94	-303.96	（1）个人贷款	48.83	2.54
定期存款	2.23	1.21	（2）单位贷款	4,412.50	119.85
保证金存款	0.24	-0.62	3.票据融资	—	—
代理财政性存款	—	—	4.各项垫款	0.06	0.00
资金来源总计	4,678.35	172.96	资金运用总计	4,678.35	172.96

山东省中国农业发展银行人民币信贷收支表

单位：亿元

项目	2019年	比年初增减	项目	2019年	比年初增减
各项存款	732.35	-31.39	各项贷款	3，135.76	473.38
1. 个人存款	—	—	1. 短期贷款	544.89	17.49
其中：活期储蓄存款	—	—	（1）个人贷款及透支	—	—
定期储蓄存款	—	—	（2）单位贷款及透支	544.89	17.49
2. 单位存款	732.35	-31.39	2. 中长期贷款	2，590.72	455.82
其中：活期存款	512.81	-73.30	（1）个人贷款	—	—
定期存款	201.55	40.63	（2）单位贷款	2，590.72	455.82
保证金存款	10.38	0.84	3. 票据融资	—	—
代理财政性存款	106.69	4.23	4. 各项垫款	0.15	0.07
资金来源总计	3，503.44	401.95	资金运用总计	3，503.44	401.95

山东省中国进出口银行人民币信贷收支表

单位：亿元

项目	2019年	比年初增减	项目	2019年	比年初增减
各项存款	30.06	-37.10	各项贷款	851.12	99.01
1. 个人存款	—	—	1. 短期贷款	473.68	78.97
其中：活期储蓄存款	—	—	（1）个人贷款及透支	—	—
定期储蓄存款	—	—	（2）单位贷款及透支	473.68	78.97
2. 单位存款	30.06	-37.08	2. 中长期贷款	375.94	27.14
其中：活期存款	9.80	-32.46	（1）个人贷款	—	—
定期存款	5.64	3.19	（2）单位贷款	375.94	27.14
保证金存款	13.84	-1.12	3. 票据融资	—	—
代理财政性存款	—	—	4. 各项垫款	0.00	-2.10
资金来源总计	893.91	120.62	资金运用总计	893.91	120.62

山东省中国工商银行人民币信贷收支表

单位：亿元

项目	2019年	比年初增减	项目	2019年	比年初增减
各项存款	10，331.22	671.35	各项贷款	9，355.98	580.71
1. 个人存款	5，730.10	626.08	1. 短期贷款	1，930.45	-226.39
其中：活期储蓄存款	2，233.34	218.32	（1）个人贷款及透支	182.29	9.74
定期储蓄存款	1，991.26	129.88	（2）单位贷款及透支	1，728.16	-256.13
2. 单位存款	4，458.86	48.93	2. 中长期贷款	7，289.94	837.12
其中：活期存款	2，225.10	46.93	（1）个人贷款	4，110.44	571.48
定期存款	571.85	-137.53	（2）单位贷款	3，179.50	265.65
保证金存款	158.99	-26.01	3. 票据融资	130.06	4.96
代理财政性存款	20.02	-16.48	4. 各项垫款	4.60	-26.15
资金来源总计	10，776.09	603.38	资金运用总计	10，776.09	603.38

山东省中国农业银行人民币信贷收支表

单位：亿元

项目	2019年	比年初增减	项目	2019年	比年初增减
各项存款	11,839.01	663.36	各项贷款	8,125.20	739.76
1.个人存款	7,652.51	722.54	1.短期贷款	2,373.25	-64.45
其中：活期储蓄存款	3,631.73	354.92	（1）个人贷款及透支	532.49	131.35
定期储蓄存款	2,842.41	160.26	（2）单位贷款及透支	1,840.76	-195.81
2.单位存款	4,060.88	5.69	2.中长期贷款	5,471.99	688.79
其中：活期存款	1,863.00	10.48	（1）个人贷款	3,095.29	384.70
定期存款	335.51	-122.67	（2）单位贷款	2,376.70	304.09
保证金存款	158.62	-1.36	3.票据融资	270.69	117.20
代理财政性存款	37.17	26.33	4.各项垫款	7.36	1.64
资金来源总计	12,320.81	889.46	资金运用总计	12,320.81	889.46

山东省中国银行人民币信贷收支表

单位：亿元

项目	2019年	比年初增减	项目	2019年	比年初增减
各项存款	5,606.08	76.52	各项贷款	5,217.14	207.25
1.个人存款	2,900.80	263.73	1.短期贷款	1,859.65	-145.35
其中：活期储蓄存款	1,180.61	161.51	（1）个人贷款及透支	266.64	26.91
定期储蓄存款	1,059.42	30.43	（2）单位贷款及透支	1,593.01	-172.26
2.单位存款	2,602.84	-179.40	2.中长期贷款	3,176.15	279.96
其中：活期存款	1,161.51	-129.00	（1）个人贷款	1,921.46	224.44
定期存款	250.16	-143.38	（2）单位贷款	1,254.69	55.52
保证金存款	216.12	-2.63	3.票据融资	162.75	70.93
代理财政性存款	6.16	4.41	4.各项垫款	18.11	1.75
资金来源总计	5,828.60	47.74	资金运用总计	5,828.60	47.74

山东省中国建设银行人民币信贷收支表

单位：亿元

项目	2019年	比年初增减	项目	2019年	比年初增减
各项存款	9,631.30	461.30	各项贷款	7,201.43	701.99
1.个人存款	5,150.46	570.79	1.短期贷款	1,936.40	15.29
其中：活期储蓄存款	2,195.14	450.55	（1）个人贷款及透支	544.04	77.67
定期储蓄存款	961.34	-254.68	（2）单位贷款及透支	1,392.36	-62.39
2.单位存款	4,348.84	-90.97	2.中长期贷款	5,089.00	615.98
其中：活期存款	2,131.62	-104.71	（1）个人贷款	3,304.03	462.37
定期存款	532.71	-145.14	（2）单位贷款	1,784.96	153.62
保证金存款	166.16	-46.78	3.票据融资	174.32	75.95
代理财政性存款	5.52	-34.43	4.各项垫款	1.27	-5.21
资金来源总计	10,067.61	661.63	资金运用总计	10,067.61	661.63

山东省交通银行人民币信贷收支表

单位：亿元

项目	2019年	比年初增减	项目	2019年	比年初增减
各项存款	3,011.74	112.98	各项贷款	2,031.14	160.16
1.个人存款	1,004.92	100.31	1.短期贷款	711.44	-21.09
其中：活期储蓄存款	253.01	30.88	（1）个人贷款及透支	25.29	18.44
定期储蓄存款	167.91	9.54	（2）单位贷款及透支	686.15	-39.53
2.单位存款	1,869.85	5.54	2.中长期贷款	1,200.43	189.14
其中：活期存款	617.46	49.07	（1）个人贷款	467.18	75.45
定期存款	124.71	-46.55	（2）单位贷款	733.25	114.26
保证金存款	219.89	49.07	3.票据融资	115.17	-7.74
代理财政性存款	56.78	56.31	4.各项垫款	4.03	-0.17
资金来源总计	3,163.23	86.38	资金运用总计	3,163.23	86.38

山东省中国邮政储蓄银行人民币信贷收支表

单位：亿元

项目	2019年	比年初增减	项目	2019年	比年初增减
各项存款	6,788.49	582.17	各项贷款	3,182.50	552.48
1.个人存款	6,170.87	615.40	1.短期贷款	906.50	118.77
其中：活期储蓄存款	1,513.66	119.15	（1）个人贷款及透支	407.43	83.88
定期储蓄存款	94.50	-18.67	（2）单位贷款及透支	499.08	34.89
2.单位存款	616.33	-7.56	2.中长期贷款	1,880.30	288.25
其中：活期存款	403.04	-10.44	（1）个人贷款	1,353.99	175.19
定期存款	102.15	-24.67	（2）单位贷款	526.32	113.06
保证金存款	24.47	0.93	3.票据融资	394.52	144.28
代理财政性存款	0.45	0.45	4.各项垫款	1.17	1.17
资金来源总计	6,968.12	570.82	资金运用总计	6,968.12	570.82

山东省恒丰银行人民币信贷收支表

单位：亿元

项目	2019年	比年初增减	项目	2019年	比年初增减
各项存款	1,841.40	162.05	各项贷款	920.27	-96.44
1.个人存款	816.39	92.36	1.短期贷款	433.25	-140.99
其中：活期储蓄存款	64.31	-2.63	（1）个人贷款及透支	31.00	5.77
定期储蓄存款	466.45	-11.76	（2）单位贷款及透支	402.25	-146.77
2.单位存款	932.86	31.01	2.中长期贷款	448.21	83.72
其中：活期存款	294.04	54.57	（1）个人贷款	22.97	11.17
定期存款	131.29	-35.22	（2）单位贷款	425.25	72.55
保证金存款	180.14	-94.07	3.票据融资	31.95	-19.29
代理财政性存款	9.62	1.01	4.各项垫款	6.86	-19.83
资金来源总计	1,880.69	64.70	资金运用总计	1,880.69	64.70

山东省中信银行人民币信贷收支表

单位：亿元

项目	2019年	比年初增减	项目	2019年	比年初增减
各项存款	1,817.32	234.08	各项贷款	1,729.61	91.89
1.个人存款	528.85	114.06	1.短期贷款	465.61	-39.09
其中：活期储蓄存款	133.85	-3.17	（1）个人贷款及透支	10.36	-1.01
定期储蓄存款	57.75	-8.64	（2）单位贷款及透支	455.25	-38.08
2.单位存款	1,234.23	116.78	2.中长期贷款	1,134.02	95.53
其中：活期存款	383.17	-22.61	（1）个人贷款	657.41	65.78
定期存款	84.80	-2.42	（2）单位贷款	476.61	29.75
保证金存款	175.23	-12.93	3.票据融资	127.33	36.28
代理财政性存款	2.58	0.89	4.各项垫款	2.36	-0.82
资金来源总计	1,868.95	253.33	资金运用总计	1,868.95	253.33

山东省中国光大银行人民币信贷收支表

单位：亿元

项目	2019年	比年初增减	项目	2019年	比年初增减
各项存款	1,382.00	-81.10	各项贷款	1,056.08	19.58
1.个人存款	379.03	68.50	1.短期贷款	345.03	-33.91
其中：活期储蓄存款	98.56	17.94	（1）个人贷款及透支	6.99	-2.69
定期储蓄存款	27.38	-5.92	（2）单位贷款及透支	338.04	-31.22
2.单位存款	980.51	152.59	2.中长期贷款	651.57	27.06
其中：活期存款	287.36	104.26	（1）个人贷款	279.08	29.67
定期存款	160.46	-25.98	（2）单位贷款	372.49	-2.62
保证金存款	111.68	-14.50	3.票据融资	56.79	30.84
代理财政性存款	0.05	0.04	4.各项垫款	2.48	-4.38
资金来源总计	1,417.61	-125.73	资金运用总计	1,417.61	-125.73

山东省华夏银行人民币信贷收支表

单位：亿元

项目	2019年	比年初增减	项目	2019年	比年初增减
各项存款	990.15	48.08	各项贷款	1,046.02	-6.35
1.个人存款	317.43	43.21	1.短期贷款	408.81	-75.42
其中：活期储蓄存款	107.66	10.65	（1）个人贷款及透支	16.13	0.19
定期储蓄存款	59.66	-14.31	（2）单位贷款及透支	392.68	-70.61
2.单位存款	670.44	4.80	2.中长期贷款	606.77	58.07
其中：活期存款	229.80	0.40	（1）个人贷款	183.86	33.49
定期存款	49.82	9.49	（2）单位贷款	422.91	26.08
保证金存款	198.26	-19.75	3.票据融资	27.62	11.02
代理财政性存款	0.58	0.43	4.各项垫款	2.79	-0.02
资金来源总计	1,059.37	-125.50	资金运用总计	1,059.37	-125.50

山东省中国民生银行人民币信贷收支表

单位：亿元

项目	2019年	比年初增减	项目	2019年	比年初增减
各项存款	1,961.09	380.26	各项贷款	1,460.83	198.31
1.个人存款	376.22	78.10	1.短期贷款	545.16	-18.14
其中：活期储蓄存款	127.02	10.18	（1）个人贷款及透支	162.52	14.95
定期储蓄存款	55.38	10.64	（2）单位贷款及透支	382.65	-33.09
2.单位存款	1,568.53	304.35	2.中长期贷款	843.26	182.64
其中：活期存款	508.06	110.40	（1）个人贷款	251.54	56.25
定期存款	212.68	139.34	（2）单位贷款	591.72	126.39
保证金存款	159.12	-45.70	3.票据融资	58.43	24.25
代理财政性存款	0.04	-0.02	4.各项垫款	13.92	9.59
资金来源总计	2,030.79	369.23	资金运用总计	2,030.79	369.23

山东省招商银行人民币信贷收支表

单位：亿元

项目	2019年	比年初增减	项目	2019年	比年初增减
各项存款	1,676.78	163.67	各项贷款	1,409.92	152.05
1.个人存款	689.41	131.67	1.短期贷款	360.38	-73.64
其中：活期储蓄存款	427.48	58.59	（1）个人贷款及透支	76.82	8.07
定期储蓄存款	74.65	9.35	（2）单位贷款及透支	283.56	-81.70
2.单位存款	924.41	16.88	2.中长期贷款	894.05	166.67
其中：活期存款	463.12	43.56	（1）个人贷款	613.20	91.40
定期存款	67.74	-69.79	（2）单位贷款	280.85	75.27
保证金存款	76.32	13.85	3.票据融资	155.31	59.79
代理财政性存款	1.48	1.18	4.各项垫款	0.07	-0.80
资金来源总计	1,784.56	185.65	资金运用总计	1,784.56	185.65

山东省兴业银行人民币信贷收支表

单位：亿元

项目	2019年	比年初增减	项目	2019年	比年初增减
各项存款	2,005.03	135.74	各项贷款	1,920.24	310.25
1.个人存款	319.48	78.72	1.短期贷款	604.08	72.10
其中：活期储蓄存款	132.27	13.36	（1）个人贷款及透支	15.71	-1.87
定期储蓄存款	44.90	-14.89	（2）单位贷款及透支	588.37	74.46
2.单位存款	1,615.13	216.45	2.中长期贷款	1,183.81	205.81
其中：活期存款	368.20	17.36	（1）个人贷款	762.97	142.51
定期存款	106.78	-17.90	（2）单位贷款	420.84	63.30
保证金存款	334.86	83.42	3.票据融资	121.09	31.35
代理财政性存款	1.13	-1.18	4.各项垫款	11.26	1.00
资金来源总计	2,349.69	127.72	资金运用总计	2,349.69	127.72

山东省广发银行人民币信贷收支表

单位：亿元

项目	2019年	比年初增减	项目	2019年	比年初增减
各项存款	218.12	42.01	各项贷款	370.43	106.84
1.个人存款	33.39	7.95	1.短期贷款	178.92	34.23
其中：活期储蓄存款	15.50	2.90	（1）个人贷款及透支	2.16	-0.97
定期储蓄存款	5.03	1.51	（2）单位贷款及透支	176.76	35.20
2.单位存款	183.83	40.34	2.中长期贷款	179.37	80.11
其中：活期存款	37.26	2.82	（1）个人贷款	56.46	23.05
定期存款	31.88	18.59	（2）单位贷款	122.92	57.06
保证金存款	45.99	-0.39	3.票据融资	9.27	-7.65
代理财政性存款	0.01	-0.05	4.各项垫款	2.86	0.14
资金来源总计	350.45	98.92	资金运用总计	350.45	98.92

山东省平安银行人民币信贷收支表

单位：亿元

项目	2019年	比年初增减	项目	2019年	比年初增减
各项存款	616.55	171.47	各项贷款	600.03	-34.97
1.个人存款	160.42	52.58	1.短期贷款	159.08	-64.13
其中：活期储蓄存款	68.32	19.40	（1）个人贷款及透支	34.57	10.91
定期储蓄存款	3.91	-2.46	（2）单位贷款及透支	124.50	-75.04
2.单位存款	452.92	120.31	2.中长期贷款	434.48	25.92
其中：活期存款	109.38	4.60	（1）个人贷款	303.49	99.39
定期存款	15.44	-3.90	（2）单位贷款	130.99	-73.47
保证金存款	167.99	6.16	3.票据融资	0.97	0.81
代理财政性存款	0.04	-0.62	4.各项垫款	5.48	2.43
资金来源总计	659.19	-12.46	资金运用总计	659.19	-12.46

山东省上海浦东发展银行人民币信贷收支表

单位：亿元

项目	2019年	比年初增减	项目	2019年	比年初增减
各项存款	1,123.03	129.00	各项贷款	1,212.53	-18.49
1.个人存款	257.33	48.32	1.短期贷款	457.10	-60.10
其中：活期储蓄存款	80.57	5.77	（1）个人贷款及透支	20.30	-8.63
定期储蓄存款	36.55	8.55	（2）单位贷款及透支	436.80	-51.47
2.单位存款	841.34	96.85	2.中长期贷款	619.07	38.52
其中：活期存款	235.10	5.32	（1）个人贷款	394.69	56.61
定期存款	39.28	5.79	（2）单位贷款	224.38	-18.09
保证金存款	151.68	-24.84	3.票据融资	124.78	6.10
代理财政性存款	8.23	-9.83	4.各项垫款	11.54	-3.02
资金来源总计	1,182.89	-17.02	资金运用总计	1,182.89	-17.02

山东省浙商银行人民币信贷收支表

单位：亿元

项目	2019年	比年初增减	项目	2019年	比年初增减
各项存款	513.89	146.23	各项贷款	383.35	126.48
1.个人存款	55.73	22.48	1.短期贷款	148.36	15.13
其中：活期储蓄存款	18.68	4.17	（1）个人贷款及透支	13.59	0.88
定期储蓄存款	30.79	14.75	（2）单位贷款及透支	134.77	14.25
2.单位存款	437.65	125.38	2.中长期贷款	184.18	69.20
其中：活期存款	99.21	33.97	（1）个人贷款	23.50	8.35
定期存款	141.05	34.06	（2）单位贷款	160.68	60.86
保证金存款	82.05	20.82	3.票据融资	50.80	42.99
代理财政性存款	0.01	0.00	4.各项垫款	0.00	-0.84
资金来源总计	540.40	157.12	资金运用总计	540.40	157.12

山东省渤海银行人民币信贷收支表

单位：亿元

项目	2019年	比年初增减	项目	2019年	比年初增减
各项存款	327.63	35.82	各项贷款	308.57	66.10
1.个人存款	30.64	9.36	1.短期贷款	113.50	46.79
其中：活期储蓄存款	11.52	1.98	（1）个人贷款及透支	1.44	-2.09
定期储蓄存款	2.59	0.46	（2）单位贷款及透支	112.06	48.88
2.单位存款	296.96	26.50	2.中长期贷款	184.32	9.75
其中：活期存款	45.06	9.02	（1）个人贷款	65.05	4.52
定期存款	12.22	-0.50	（2）单位贷款	119.27	5.23
保证金存款	61.49	-112.76	3.票据融资	10.31	9.51
代理财政性存款	0.42	-0.28	4.各项垫款	0.44	0.05
资金来源总计	345.48	33.97	资金运用总计	345.48	33.97

山东省国家开发银行外汇信贷收支表

单位：亿美元

项目	2019年	比年初增减	项目	2019年	比年初增减
各项存款	18.45	-23.10	各项贷款	184.07	-30.32
1.个人存款	—	—	1.短期贷款	—	-1.73
其中：活期储蓄存款	—	—	（1）个人贷款及透支	—	—
定期储蓄存款	—	—	（2）单位贷款及透支	—	-1.73
2.单位存款	0.39	-2.54	2.中长期贷款	2.65	-1.10
其中：活期存款	0.39	-2.54	（1）个人贷款	—	—
定期存款	—	—	（2）单位贷款	2.65	-1.10
保证金存款	—	—	3.票据融资	—	—
代理财政性存款	—	—	4.各项垫款	—	—
资金来源总计	164.70	-28.80	资金运用总计	164.70	-28.80

山东省中国农业发展银行外汇信贷收支表

单位：亿美元

项目	2019年	比年初增减	项目	2019年	比年初增减
各项存款	0.32	0.04	各项贷款	0.12	-0.06
1. 个人存款	—	—	1. 短期贷款	0.12	-0.06
其中：活期储蓄存款	—	—	（1）个人贷款及透支	—	—
定期储蓄存款	—	—	（2）单位贷款及透支	0.12	-0.06
2. 单位存款	0.32	0.04	2. 中长期贷款	—	—
其中：活期存款	0.29	0.05	（1）个人贷款	—	—
定期存款	—	—	（2）单位贷款	—	—
保证金存款	0.02	-0.01	3. 票据融资	—	—
代理财政性存款	—	—	4. 各项垫款	—	—
资金来源总计	0.32	0.04	资金运用总计	0.32	0.04

山东省中国进出口银行外汇信贷收支表

单位：亿美元

项目	2019年	比年初增减	项目	2019年	比年初增减
各项存款	0.38	-0.68	各项贷款	26.34	-3.52
1. 个人存款	—	—	1. 短期贷款	2.56	0.33
其中：活期储蓄存款	—	—	（1）个人贷款及透支	—	—
定期储蓄存款	—	—	（2）单位贷款及透支	2.56	0.33
2. 单位存款	0.33	-0.68	2. 中长期贷款	14.41	-2.15
其中：活期存款	0.27	-0.69	（1）个人贷款	—	—
定期存款	0.05	0.00	（2）单位贷款	14.41	-2.15
保证金存款	0.01	0.01	3. 票据融资	—	—
代理财政性存款	—	—	4. 各项垫款	—	—
资金来源总计	25.60	-3.39	资金运用总计	25.60	-3.39

山东省中国工商银行外汇信贷收支表

单位：亿美元

项目	2019年	比年初增减	项目	2019年	比年初增减
各项存款	24.18	-0.23	各项贷款	11.13	3.23
1. 个人存款	7.27	-0.60	1. 短期贷款	9.45	3.34
其中：活期储蓄存款	5.31	-0.43	（1）个人贷款及透支	0.14	0.01
定期储蓄存款	1.91	-0.18	（2）单位贷款及透支	9.31	3.33
2. 单位存款	15.95	-0.19	2. 中长期贷款	0.93	-0.16
其中：活期存款	9.34	-0.18	（1）个人贷款	—	—
定期存款	2.59	-0.43	（2）单位贷款	0.93	-0.16
保证金存款	4.02	0.42	3. 票据融资	—	—
代理财政性存款	—	—	4. 各项垫款	0.21	0.00
资金来源总计	28.76	0.52	资金运用总计	28.76	0.52

山东省中国农业银行外汇信贷收支表

单位：亿美元

项目	2019年	比年初增减	项目	2019年	比年初增减
各项存款	26.63	5.22	各项贷款	18.58	1.13
1.个人存款	1.37	-0.07	1.短期贷款	12.86	-0.84
其中：活期储蓄存款	0.66	0.04	（1）个人贷款及透支	0.05	0.00
定期储蓄存款	0.70	-0.11	（2）单位贷款及透支	12.81	-0.84
2.单位存款	22.77	3.25	2.中长期贷款	0.37	-0.06
其中：活期存款	10.49	0.84	（1）个人贷款	—	—
定期存款	2.53	-0.44	（2）单位贷款	0.37	-0.06
保证金存款	9.49	2.69	3.票据融资	—	—
代理财政性存款	—	—	4.各项垫款	—	—
资金来源总计	35.29	9.98	资金运用总计	35.29	9.98

山东省中国银行外汇信贷收支表

单位：亿美元

项目	2019年	比年初增减	项目	2019年	比年初增减
各项存款	65.76	-7.43	各项贷款	29.71	-3.61
1.个人存款	21.84	-2.90	1.短期贷款	20.27	0.28
其中：活期储蓄存款	13.00	-1.87	（1）个人贷款及透支	0.08	0.01
定期储蓄存款	8.75	-1.04	（2）单位贷款及透支	20.20	0.27
2.单位存款	42.94	-4.70	2.中长期贷款	1.08	-3.73
其中：活期存款	31.79	0.97	（1）个人贷款	—	—
定期存款	7.34	-1.79	（2）单位贷款	1.08	-3.73
保证金存款	3.80	-3.44	3.票据融资	—	—
代理财政性存款	—	—	4.各项垫款	1.40	1.31
资金来源总计	71.60	-7.69	资金运用总计	71.60	-7.69

山东省中国建设银行外汇信贷收支表

单位：亿美元

项目	2019年	比年初增减	项目	2019年	比年初增减
各项存款	28.19	-0.01	各项贷款	20.37	-2.31
1.个人存款	5.19	0.21	1.短期贷款	13.06	-2.94
其中：活期储蓄存款	2.24	0.48	（1）个人贷款及透支	0.02	0.00
定期储蓄存款	1.57	-1.19	（2）单位贷款及透支	13.03	-2.94
2.单位存款	21.24	-0.67	2.中长期贷款	7.32	0.64
其中：活期存款	9.98	0.93	（1）个人贷款	—	—
定期存款	1.01	-0.27	（2）单位贷款	7.32	0.64
保证金存款	9.62	-1.56	3.票据融资	—	—
代理财政性存款	—	—	4.各项垫款	—	—
资金来源总计	31.37	1.11	资金运用总计	31.37	1.11

山东省交通银行外汇信贷收支表

单位：亿美元

项目	2019年	比年初增减	项目	2019年	比年初增减
各项存款	5.78	1.23	各项贷款	3.76	0.59
1.个人存款	1.92	0.56	1.短期贷款	3.75	0.59
其中：活期储蓄存款	0.54	-0.12	（1）个人贷款及透支	—	—
定期储蓄存款	1.36	0.77	（2）单位贷款及透支	3.75	0.59
2.单位存款	3.84	0.67	2.中长期贷款	0.01	0.00
其中：活期存款	2.98	0.37	（1）个人贷款	—	—
定期存款	0.23	0.02	（2）单位贷款	0.01	0.00
保证金存款	0.63	0.28	3.票据融资	—	—
代理财政性存款	—	—	4.各项垫款	—	—
资金来源总计	6.66	1.14	资金运用总计	6.66	1.14

山东省中国邮政储蓄银行外汇信贷收支表

单位：亿美元

项目	2019年	比年初增减	项目	2019年	比年初增减
各项存款	0.26	0.01	各项贷款	—	-0.75
1.个人存款	0.16	-0.03	1.短期贷款	—	-0.75
其中：活期储蓄存款	0.11	-0.02	（1）个人贷款及透支	—	—
定期储蓄存款	0.05	-0.01	（2）单位贷款及透支	—	-0.75
2.单位存款	0.10	0.03	2.中长期贷款	—	—
其中：活期存款	0.07	0.00	（1）个人贷款	—	—
定期存款	0.03	0.03	（2）单位贷款	—	—
保证金存款	0.00	—	3.票据融资	—	—
代理财政性存款	—	—	4.各项垫款	—	—
资金来源总计	127.50	126.75	资金运用总计	127.50	126.75

山东省恒丰银行外汇信贷收支表

单位：亿美元

项目	2019年	比年初增减	项目	2019年	比年初增减
各项存款	0.62	-0.27	各项贷款	2.26	0.69
1.个人存款	0.13	-0.01	1.短期贷款	0.20	-0.05
其中：活期储蓄存款	0.01	0.00	（1）个人贷款及透支	—	—
定期储蓄存款	0.12	-0.01	（2）单位贷款及透支	0.20	-0.05
2.单位存款	0.41	-0.34	2.中长期贷款	0.06	0.00
其中：活期存款	0.37	-0.32	（1）个人贷款	—	—
定期存款	0.03	-0.02	（2）单位贷款	0.06	0.00
保证金存款	0.01	-0.01	3.票据融资	—	—
代理财政性存款	—	—	4.各项垫款	—	-0.03
资金来源总计	2.25	0.67	资金运用总计	2.25	0.67

山东省中信银行外汇信贷收支表

单位：亿美元

项目	2019年	比年初增减	项目	2019年	比年初增减
各项存款	12.34	1.63	各项贷款	2.29	-1.61
1.个人存款	1.86	-0.03	1.短期贷款	2.29	-1.49
其中：活期储蓄存款	0.57	0.03	（1）个人贷款及透支	—	—
定期储蓄存款	1.12	0.09	（2）单位贷款及透支	2.29	-1.49
2.单位存款	10.27	2.28	2.中长期贷款	—	-0.09
其中：活期存款	9.86	4.37	（1）个人贷款	—	—
定期存款	0.04	-0.66	（2）单位贷款	—	-0.09
保证金存款	0.37	-1.44	3.票据融资	—	—
代理财政性存款	—	—	4.各项垫款	—	-0.02
资金来源总计	14.47	3.56	资金运用总计	14.47	3.56

山东省中国光大银行外汇信贷收支表

单位：亿美元

项目	2019年	比年初增减	项目	2019年	比年初增减
各项存款	8.57	0.74	各项贷款	6.02	1.36
1.个人存款	1.71	0.00	1.短期贷款	5.65	1.16
其中：活期储蓄存款	0.43	-0.02	（1）个人贷款及透支	—	—
定期储蓄存款	0.21	-0.01	（2）单位贷款及透支	5.65	1.16
2.单位存款	6.83	0.72	2.中长期贷款	0.18	—
其中：活期存款	2.03	0.18	（1）个人贷款	—	—
定期存款	3.90	0.44	（2）单位贷款	0.18	—
保证金存款	0.31	-0.09	3.票据融资	—	—
代理财政性存款	—	—	4.各项垫款	0.19	0.19
资金来源总计	13.63	3.77	资金运用总计	13.63	3.77

山东省华夏银行外汇信贷收支表

单位：亿美元

项目	2019年	比年初增减	项目	2019年	比年初增减
各项存款	7.53	2.09	各项贷款	5.23	0.11
1.个人存款	0.15	0.00	1.短期贷款	4.45	0.15
其中：活期储蓄存款	0.03	0.00	（1）个人贷款及透支	—	—
定期储蓄存款	0.11	0.00	（2）单位贷款及透支	4.45	0.15
2.单位存款	7.37	2.81	2.中长期贷款	0.77	0.05
其中：活期存款	3.29	1.32	（1）个人贷款	—	—
定期存款	2.10	1.07	（2）单位贷款	0.77	0.05
保证金存款	0.31	0.12	3.票据融资	—	—
代理财政性存款	—	—	4.各项垫款	0.00	-0.09
资金来源总计	8.87	2.59	资金运用总计	8.87	2.59

山东省中国民生银行外汇信贷收支表

单位：亿美元

项目	2019年	比年初增减	项目	2019年	比年初增减
各项存款	8.85	-2.60	各项贷款	3.75	-6.85
1.个人存款	0.53	0.02	1.短期贷款	0.90	-7.78
其中：活期储蓄存款	0.20	0.01	（1）个人贷款及透支	—	—
定期储蓄存款	0.05	-0.01	（2）单位贷款及透支	0.90	-7.78
2.单位存款	6.97	-2.47	2.中长期贷款	0.77	0.40
其中：活期存款	1.82	0.79	（1）个人贷款	—	—
定期存款	0.00	-0.60	（2）单位贷款	0.77	0.40
保证金存款	5.15	-1.56	3.票据融资	—	—
代理财政性存款	—	—	4.各项垫款	0.00	0.00
资金来源总计	8.77	-9.52	资金运用总计	8.77	-9.52

山东省招商银行外汇信贷收支表

单位：亿美元

项目	2019年	比年初增减	项目	2019年	比年初增减
各项存款	6.21	-0.67	各项贷款	1.62	0.27
1.个人存款	3.29	-0.59	1.短期贷款	1.50	0.32
其中：活期储蓄存款	2.23	-0.40	（1）个人贷款及透支	—	—
定期储蓄存款	1.01	-0.22	（2）单位贷款及透支	1.50	0.32
2.单位存款	2.75	-0.06	2.中长期贷款	—	0.00
其中：活期存款	2.22	-0.42	（1）个人贷款	—	—
定期存款	0.45	0.38	（2）单位贷款	—	0.00
保证金存款	0.08	-0.02	3.票据融资	—	—
代理财政性存款	—	—	4.各项垫款	0.02	-0.05
资金来源总计	6.52	-0.65	资金运用总计	6.52	-0.65

山东省兴业银行外汇信贷收支表

单位：亿美元

项目	2019年	比年初增减	项目	2019年	比年初增减
各项存款	9.75	2.80	各项贷款	3.96	-4.69
1.个人存款	1.20	-0.05	1.短期贷款	3.50	-4.96
其中：活期储蓄存款	0.18	0.01	（1）个人贷款及透支	—	—
定期储蓄存款	0.76	-0.10	（2）单位贷款及透支	3.50	-4.96
2.单位存款	4.88	-0.14	2.中长期贷款	0.45	0.25
其中：活期存款	1.96	0.45	（1）个人贷款	—	—
定期存款	2.17	1.93	（2）单位贷款	0.45	0.25
保证金存款	0.48	-2.78	3.票据融资	—	—
代理财政性存款	—	—	4.各项垫款	0.01	0.01
资金来源总计	10.44	1.57	资金运用总计	10.44	1.57

山东省广发银行外汇信贷收支表

单位：亿美元

项目	2019年	比年初增减	项目	2019年	比年初增减
各项存款	0.22	0.13	各项贷款	0.04	-1.78
1.个人存款	0.03	0.00	1.短期贷款	0.04	-1.78
其中：活期储蓄存款	0.00	0.00	（1）个人贷款及透支	—	—
定期储蓄存款	0.02	0.00	（2）单位贷款及透支	0.04	-1.78
2.单位存款	0.19	0.13	2.中长期贷款	—	—
其中：活期存款	0.19	0.17	（1）个人贷款	—	—
定期存款	—	-0.01	（2）单位贷款	—	—
保证金存款	—	-0.01	3.票据融资	—	—
代理财政性存款	—	—	4.各项垫款	—	—
资金来源总计	0.31	-1.48	资金运用总计	0.31	-1.48

山东省平安银行外汇信贷收支表

单位：亿美元

项目	2019年	比年初增减	项目	2019年	比年初增减
各项存款	9.21	-3.03	各项贷款	12.78	3.64
1.个人存款	0.48	0.00	1.短期贷款	12.78	3.92
其中：活期储蓄存款	0.10	-0.02	（1）个人贷款及透支	—	—
定期储蓄存款	0.39	0.02	（2）单位贷款及透支	12.78	3.92
2.单位存款	8.71	-1.33	2.中长期贷款	—	—
其中：活期存款	0.77	0.41	（1）个人贷款	—	—
定期存款	0.07	-0.04	（2）单位贷款	—	—
保证金存款	7.86	-0.99	3.票据融资	—	—
代理财政性存款	—	—	4.各项垫款	—	—
资金来源总计	19.61	-1.36	资金运用总计	19.61	-1.36

山东省上海浦东发展银行外汇信贷收支表

单位：亿美元

项目	2019年	比年初增减	项目	2019年	比年初增减
各项存款	3.91	-2.42	各项贷款	2.04	-0.04
1.个人存款	0.72	0.00	1.短期贷款	1.27	-0.71
其中：活期储蓄存款	0.27	-0.04	（1）个人贷款及透支	—	—
定期储蓄存款	0.14	-0.03	（2）单位贷款及透支	1.27	-0.71
2.单位存款	3.18	-2.12	2.中长期贷款	0.27	0.18
其中：活期存款	2.88	0.63	（1）个人贷款	—	—
定期存款	0.05	-0.24	（2）单位贷款	0.27	0.18
保证金存款	0.25	-2.50	3.票据融资	—	—
代理财政性存款	—	—	4.各项垫款	0.50	0.48
资金来源总计	4.18	-2.05	资金运用总计	4.18	-2.05

山东省浙商银行外汇信贷收支表

单位：亿美元

项目	2019年	比年初增减	项目	2019年	比年初增减
各项存款	6.94	0.80	各项贷款	3.26	-1.28
1.个人存款	0.02	0.01	1.短期贷款	3.26	-1.28
其中：活期储蓄存款	0.01	0.00	（1）个人贷款及透支	—	—
定期储蓄存款	0.02	0.01	（2）单位贷款及透支	3.26	-1.28
2.单位存款	6.85	0.79	2.中长期贷款	—	—
其中：活期存款	0.36	-0.13	（1）个人贷款	—	—
定期存款	5.93	1.67	（2）单位贷款	—	—
保证金存款	0.06	-0.02	3.票据融资	—	—
代理财政性存款	—	—	4.各项垫款	—	—
资金来源总计	8.17	1.27	资金运用总计	8.17	1.27

山东省渤海银行外汇信贷收支表

单位：亿美元

项目	2019年	比年初增减	项目	2019年	比年初增减
各项存款	2.02	1.77	各项贷款	2.89	2.32
1.个人存款	0.00	0.00	1.短期贷款	2.32	2.32
其中：活期储蓄存款	0.00	0.00	（1）个人贷款及透支	—	—
定期储蓄存款	0.00	0.00	（2）单位贷款及透支	2.32	2.32
2.单位存款	2.02	1.77	2.中长期贷款	0.57	—
其中：活期存款	0.51	0.25	（1）个人贷款	—	—
定期存款	—	—	（2）单位贷款	0.57	—
保证金存款	1.51	1.51	3.票据融资	—	—
代理财政性存款	—	—	4.各项垫款	—	—
资金来源总计	2.92	2.33	资金运用总计	2.92	2.33

三、分机构经营成果情况

山东省全金融机构（含外资）本外币损益统计表

汇率：6.9762 单位：亿元

项目	本年	比上年同期增减	比上年同期增减（%）	项目	本年	比上年同期增减	比上年同期增减（%）
一、营业收入	3,161.80	120.31	3.96	1.业务及管理费	1,096.04	75.31	7.38
1.利息净收入	2,664.05	154.22	6.14	2.营业税金及附加	39.20	2.79	7.67
利息收入	8,260.13	647.90	8.51	3.资产减值损失	1,572.20	-198.25	-11.20
利息支出	5,596.07	493.68	9.68	三、营业利润	404.90	211.04	108.86
2.手续费及佣金净收入	266.13	-4.05	-1.50	四、利润总额	405.57	211.51	108.99
二、营业支出	2,756.89	-90.73	-3.19	五、净利润	275.32	196.02	247.20

山东省全金融机构（不含外资）本外币损益统计表

汇率：6.9762 单位：亿元

项目	本年	比上年同期增减	比上年同期增减（%）	项目	本年	比上年同期增减	比上年同期增减（%）
一、营业收入	3,147.38	120.28	3.97	1.业务及管理费	1,091.22	75.39	7.42
1.利息净收入	2,652.46	154.01	6.16	2.营业税金及附加	39.04	2.81	7.76
利息收入	8,233.63	649.21	8.56	3.资产减值损失	1,572.11	-197.64	-11.17
利息支出	5,581.17	495.20	9.74	三、营业利润	395.60	210.29	113.48
2.手续费及佣金净收入	264.66	-4.01	-1.49	四、利润总额	396.28	210.76	113.61
二、营业支出	2,751.78	-90.01	-3.17	五、净利润	266.76	195.79	275.86

山东省政策性银行本外币损益统计表

汇率：6.9762 单位：亿元

项目	本年	比上年同期增减	比上年同期增减（%）	项目	本年	比上年同期增减	比上年同期增减（%）
一、营业收入	170.23	-1.09	-0.64	1.业务及管理费	17.82	0.55	3.20
1.利息净收入	165.36	15.79	10.56	2.营业税金及附加	3.45	0.21	6.49
利息收入	547.30	40.30	7.95	3.资产减值损失	14.35	-38.30	-72.75
利息支出	381.94	24.51	6.86	三、营业利润	134.61	36.45	37.13
2.手续费及佣金净收入	3.37	0.28	9.13	四、利润总额	135.71	37.75	38.54
二、营业支出	35.62	-37.54	-51.31	五、净利润	135.71	37.75	38.54

山东省国家开发银行本外币损益统计表

汇率：6.9762 单位：亿元

项目	本年	比上年同期增减	比上年同期增减（%）	项目	本年	比上年同期增减	比上年同期增减（%）
一、营业收入	105.79	-15.18	-12.55	1.业务及管理费	3.51	-0.28	-7.27
1.利息净收入	101.68	-13.27	-11.55	2.营业税金及附加	2.42	0.11	4.75
利息收入	325.51	0.17	0.05	3.资产减值损失	-1.15	-19.39	-106.32
利息支出	223.84	13.45	6.39	三、营业利润	101.02	4.37	4.53
2.手续费及佣金净收入	2.93	0.26	9.86	四、利润总额	101.05	4.41	4.56
二、营业支出	4.77	-19.56	-80.39	五、净利润	101.05	4.41	4.56

山东省中国农业发展银行本外币损益统计表

汇率：6.9762 单位：亿元

项目	本年	比上年同期增减	比上年同期增减（%）	项目	本年	比上年同期增减	比上年同期增减（%）
一、营业收入	57.07	10.45	22.43	1.业务及管理费	13.79	0.82	6.31
1.利息净收入	56.88	25.45	80.95	2.营业税金及附加	0.70	0.09	14.10
利息收入	181.19	36.96	25.63	3.资产减值损失	8.16	0.49	6.44
利息支出	124.31	11.52	10.21	三、营业利润	34.40	9.05	35.72
2.手续费及佣金净收入	0.07	-0.02	-25.50	四、利润总额	34.41	9.26	36.83
二、营业支出	22.66	1.40	6.58	五、净利润	34.41	9.26	36.83

山东省中国进出口银行本外币损益统计表

汇率：6.9762 单位：亿元

项目	本年	比上年同期增减	比上年同期增减（%）	项目	本年	比上年同期增减	比上年同期增减（%）
一、营业收入	7.37	3.64	97.37	1.业务及管理费	0.52	0.01	1.93
1.利息净收入	6.80	3.61	113.47	2.营业税金及附加	0.33	0.01	4.29
利息收入	40.60	3.16	8.44	3.资产减值损失	7.34	-19.41	-72.56
利息支出	33.80	-0.45	-1.32	三、营业利润	-0.81	23.02	-96.59
2.手续费及佣金净收入	0.37	0.04	13.03	四、利润总额	0.25	24.08	-101.04
二、营业支出	8.19	-19.38	-70.31	五、净利润	0.25	24.08	-101.04

山东省国有商业银行本外币损益统计表

汇率：6.9762 单位：亿元

项目	本年	比上年同期增减	比上年同期增减（%）	项目	本年	比上年同期增减	比上年同期增减（%）
一、营业收入	1,060.08	26.99	2.61	1.业务及管理费	328.88	28.01	9.31
1.利息净收入	882.80	31.73	3.73	2.营业税金及附加	12.57	0.02	0.13
利息收入	3,445.79	330.56	10.61	3.资产减值损失	700.14	-172.22	-19.74
利息支出	2,562.99	298.83	13.20	三、营业利润	-25.52	141.26	-84.70
2.手续费及佣金净收入	167.22	2.44	1.48	四、利润总额	-27.35	138.39	-83.50
二、营业支出	1,085.60	-114.26	-9.52	五、净利润	-50.92	122.68	-70.67

山东省中国工商银行本外币损益统计表

汇率：6.9762 单位：亿元

项目	本年	比上年同期增减	比上年同期增减（%）	项目	本年	比上年同期增减	比上年同期增减（%）
一、营业收入	313.57	17.61	5.95	1.业务及管理费	81.27	9.95	13.95
1.利息净收入	254.06	25.10	10.96	2.营业税金及附加	4.11	0.28	7.36
利息收入	1,823.91	179.69	10.93	3.资产减值损失	301.83	145.30	92.82
利息支出	1,569.85	154.59	10.92	三、营业利润	-83.89	-145.97	-235.15
2.手续费及佣金净收入	60.90	-5.54	-8.33	四、利润总额	-84.18	-148.27	-231.36
二、营业支出	397.47	163.58	69.94	五、净利润	-77.72	-124.08	-267.65

山东省中国农业银行本外币损益统计表

汇率：6.9762 单位：亿元

项目	本年	比上年同期增减	比上年同期增减（%）	项目	本年	比上年同期增减	比上年同期增减（%）
一、营业收入	313.12	3.98	1.29	1.业务及管理费	107.02	5.74	5.67
1.利息净收入	270.93	-1.67	-0.61	2.营业税金及附加	3.20	0.14	4.50
利息收入	806.41	83.22	11.51	3.资产减值损失	90.23	-194.96	-68.36
利息支出	535.48	84.89	18.84	三、营业利润	112.51	191.30	-242.80
2.手续费及佣金净收入	41.44	6.23	17.70	四、利润总额	111.58	189.98	-242.33
二、营业支出	200.61	-187.32	-48.29	五、净利润	90.64	143.66	-270.95

山东省中国银行本外币损益统计表

汇率：6.9762 单位：亿元

项目	本年	比上年同期增减	比上年同期增减（%）	项目	本年	比上年同期增减	比上年同期增减（%）
一、营业收入	175.16	-2.20	-1.24	1.业务及管理费	56.10	1.45	2.66
1.利息净收入	137.43	-2.96	-2.11	2.营业税金及附加	2.23	-0.43	-16.19
利息收入	424.21	20.17	4.99	3.资产减值损失	172.31	-48.58	-21.99
利息支出	286.79	23.14	8.78	三、营业利润	-76.56	26.14	-25.45
2.手续费及佣金净收入	27.34	1.58	6.13	四、利润总额	-76.88	26.50	-25.63
二、营业支出	251.72	-28.34	-10.12	五、净利润	-85.96	32.92	-27.69

山东省中国建设银行本外币损益统计表

汇率：6.9762 单位：亿元

项目	本年	比上年同期增减	比上年同期增减（%）	项目	本年	比上年同期增减	比上年同期增减（%）
一、营业收入	258.23	7.61	3.03	1.业务及管理费	84.49	10.87	14.76
1.利息净收入	220.37	11.26	5.39	2.营业税金及附加	3.03	0.03	0.89
利息收入	391.25	47.47	13.81	3.资产减值损失	135.78	-73.98	-35.27
利息支出	170.88	36.21	26.89	三、营业利润	22.42	69.79	-147.34
2.手续费及佣金净收入	37.54	0.16	0.44	四、利润总额	22.13	70.17	-146.05
二、营业支出	235.80	-62.18	-20.87	五、净利润	22.13	70.17	-146.05

山东省交通银行本外币损益统计表

汇率：6.9762 单位：亿元

项目	本年	比上年同期增减	比上年同期增减（%）	项目	本年	比上年同期增减	比上年同期增减（%）
一、营业收入	77.55	5.56	7.72	1.业务及管理费	21.89	1.00	4.77
1.利息净收入	56.75	5.23	10.15	2.营业税金及附加	1.07	0.07	7.34
利息收入	199.12	10.85	5.76	3.资产减值损失	72.23	12.77	21.47
利息支出	142.37	5.62	4.11	三、营业利润	-21.52	-8.72	68.17
2.手续费及佣金净收入	15.07	1.37	9.99	四、利润总额	-20.84	-8.21	64.97
二、营业支出	99.07	14.28	16.85	五、净利润	-20.84	-8.21	64.97

山东省中国邮政储蓄银行本外币损益统计表

汇率：6.9762　　单位：亿元

项目	本年	比上年同期增减	比上年同期增减（%）	项目	本年	比上年同期增减	比上年同期增减（%）
一、营业收入	153.61	12.65	8.98	1.业务及管理费	102.76	7.90	8.33
1.利息净收入	142.29	12.47	9.61	2.营业税金及附加	1.14	0.14	13.88
利息收入	345.21	41.84	13.79	3.资产减值损失	5.34	-7.97	-59.86
利息支出	202.93	29.36	16.92	三、营业利润	43.97	12.60	40.16
2.手续费及佣金净收入	10.03	0.28	2.92	四、利润总额	44.06	12.64	40.25
二、营业支出	109.64	0.06	0.05	五、净利润	43.25	14.03	48.01

山东省股份制商业银行本外币损益统计表

汇率：6.9762　　单位：亿元

项目	本年	比上年同期增减	比上年同期增减（%）	项目	本年	比上年同期增减	比上年同期增减（%）
一、营业收入	462.92	14.95	3.34	1.业务及管理费	172.72	5.41	3.24
1.利息净收入	384.39	14.79	4.00	2.营业税金及附加	6.96	0.40	6.03
利息收入	1,260.16	28.41	2.31	3.资产减值损失	451.11	18.44	4.26
利息支出	875.77	13.62	1.58	三、营业利润	-172.28	-9.00	5.51
2.手续费及佣金净收入	58.21	-3.36	-5.46	四、利润总额	-171.67	-8.39	5.14
二、营业支出	635.20	23.95	3.92	五、净利润	-182.43	-17.42	10.56

山东省恒丰银行本外币损益统计表

汇率：6.9762　　单位：亿元

项目	本年	比上年同期增减	比上年同期增减（%）	项目	本年	比上年同期增减	比上年同期增减（%）
一、营业收入	14.01	-13.33	-48.76	1.业务及管理费	14.01	-1.46	-9.44
1.利息净收入	11.61	-11.86	-50.52	2.营业税金及附加	0.54	0.01	2.79
利息收入	65.68	-12.25	-15.72	3.资产减值损失	3.63	-14.24	-79.68
利息支出	54.07	-0.39	-0.72	三、营业利润	-4.20	2.34	-35.74
2.手续费及佣金净收入	1.86	-1.17	-38.54	四、利润总额	-4.18	2.42	-36.71
二、营业支出	18.21	-15.67	-46.25	五、净利润	-4.18	2.42	-36.71

山东省中信银行本外币损益统计表

汇率：6.9762　　单位：亿元

项目	本年	比上年同期增减	比上年同期增减（%）	项目	本年	比上年同期增减	比上年同期增减（%）
一、营业收入	45.60	-0.14	-0.31	1.业务及管理费	18.23	-0.02	-0.08
1.利息净收入	38.49	1.20	3.21	2.营业税金及附加	0.77	0.03	4.55
利息收入	233.76	0.66	0.28	3.资产减值损失	36.02	-28.80	-44.43
利息支出	195.27	-0.54	-0.27	三、营业利润	-9.42	28.64	-75.25
2.手续费及佣金净收入	5.97	-0.85	-12.50	四、利润总额	-9.12	28.79	-75.94
二、营业支出	55.02	-28.78	-34.34	五、净利润	-7.06	21.91	-75.62

山东省中国光大银行本外币损益统计表

汇率：6.9762　　　　单位：亿元

项目	本年	比上年同期增减	比上年同期增减（%）	项目	本年	比上年同期增减	比上年同期增减（%）
一、营业收入	43.33	2.50	6.11	1.业务及管理费	12.09	0.00	-0.03
1.利息净收入	34.44	2.64	8.30	2.营业税金及附加	0.49	0.01	3.12
利息收入	83.09	-5.33	-6.03	3.资产减值损失	35.34	1.40	4.13
利息支出	48.65	-7.97	-14.08	三、营业利润	-4.72	1.13	-19.33
2.手续费及佣金净收入	8.26	-0.12	-1.48	四、利润总额	-4.79	1.08	-18.34
二、营业支出	48.05	1.36	2.92	五、净利润	-6.14	0.99	-13.89

山东省华夏银行本外币损益统计表

汇率：6.9762　　　　单位：亿元

项目	本年	比上年同期增减	比上年同期增减（%）	项目	本年	比上年同期增减	比上年同期增减（%）
一、营业收入	37.97	1.43	3.90	1.业务及管理费	12.50	-0.91	-6.77
1.利息净收入	36.46	2.08	6.04	2.营业税金及附加	0.51	-0.03	-6.10
利息收入	68.90	-2.73	-3.81	3.资产减值损失	55.06	26.25	91.08
利息支出	32.45	-4.80	-12.90	三、营业利润	-30.10	-23.88	384.01
2.手续费及佣金净收入	1.04	-0.58	-35.86	四、利润总额	-30.13	-24.01	392.06
二、营业支出	68.07	25.31	59.18	五、净利润	-31.96	-23.91	297.14

山东省中国民生银行本外币损益统计表

汇率：6.9762　　　　单位：亿元

项目	本年	比上年同期增减	比上年同期增减（%）	项目	本年	比上年同期增减	比上年同期增减（%）
一、营业收入	50.00	-5.21	-9.43	1.业务及管理费	18.01	0.38	2.14
1.利息净收入	43.66	-5.85	-11.82	2.营业税金及附加	0.65	-0.04	-5.39
利息收入	95.96	5.43	6.00	3.资产减值损失	33.65	-30.95	-47.90
利息支出	52.29	11.28	27.51	三、营业利润	-2.32	25.41	-91.64
2.手续费及佣金净收入	5.21	0.12	2.44	四、利润总额	-2.44	25.38	-91.24
二、营业支出	52.32	-30.62	-36.92	五、净利润	-2.44	25.38	-91.24

山东省招商银行本外币损益统计表

汇率：6.9762　　　　单位：亿元

项目	本年	比上年同期增减	比上年同期增减（%）	项目	本年	比上年同期增减	比上年同期增减（%）
一、营业收入	54.50	1.14	2.14	1.业务及管理费	26.84	2.66	10.99
1.利息净收入	45.55	1.56	3.54	2.营业税金及附加	0.61	0.06	11.42
利息收入	116.21	10.34	9.77	3.资产减值损失	-9.19	-12.11	-415.64
利息支出	70.66	8.78	14.19	三、营业利润	36.18	10.53	41.05
2.手续费及佣金净收入	6.33	-0.50	-7.37	四、利润总额	36.13	10.54	41.18
二、营业支出	18.32	-9.39	-33.88	五、净利润	27.12	7.93	41.29

山东省兴业银行本外币损益统计表

汇率：6.9762　　单位：亿元

项目	本年	比上年同期增减	比上年同期增减（%）	项目	本年	比上年同期增减	比上年同期增减（%）
一、营业收入	56.81	18.81	49.49	1.业务及管理费	16.89	3.20	23.35
1.利息净收入	49.51	18.33	58.79	2.营业税金及附加	0.82	0.15	22.71
利息收入	124.87	22.64	22.14	3.资产减值损失	50.61	15.12	42.62
利息支出	75.36	4.30	6.06	三、营业利润	-11.51	1.10	-8.69
2.手续费及佣金净收入	5.48	-0.38	-6.55	四、利润总额	-11.48	1.21	-9.53
二、营业支出	68.32	17.71	35.00	五、净利润	-11.48	1.21	-9.53

山东省广发银行本外币损益统计表

汇率：6.9762　　单位：亿元

项目	本年	比上年同期增减	比上年同期增减（%）	项目	本年	比上年同期增减	比上年同期增减（%）
一、营业收入	6.87	1.22	21.61	1.业务及管理费	3.32	0.00	0.15
1.利息净收入	6.29	1.42	29.03	2.营业税金及附加	0.18	0.05	38.59
利息收入	24.26	3.99	19.70	3.资产减值损失	27.29	8.26	43.39
利息支出	17.96	2.58	16.74	三、营业利润	-23.93	-7.10	42.17
2.手续费及佣金净收入	0.41	-0.12	-23.40	四、利润总额	-23.96	-7.09	42.05
二、营业支出	30.80	8.32	37.00	五、净利润	-23.96	-7.09	42.05

山东省平安银行本外币损益统计表

汇率：6.9762　　单位：亿元

项目	本年	比上年同期增减	比上年同期增减（%）	项目	本年	比上年同期增减	比上年同期增减（%）
一、营业收入	22.55	2.88	14.63	1.业务及管理费	10.10	0.01	0.06
1.利息净收入	19.53	3.35	20.74	2.营业税金及附加	0.42	-0.03	-5.95
利息收入	67.03	1.34	2.04	3.资产减值损失	67.68	18.93	38.83
利息支出	47.50	-2.01	-4.07	三、营业利润	-55.79	-16.12	40.63
2.手续费及佣金净收入	2.43	-0.44	-15.40	四、利润总额	-55.87	-16.17	40.74
二、营业支出	78.34	19.00	32.01	五、净利润	-55.87	-16.17	40.74

山东省上海浦东发展银行本外币损益统计表

汇率：6.9762　　单位：亿元

项目	本年	比上年同期增减	比上年同期增减（%）	项目	本年	比上年同期增减	比上年同期增减（%）
一、营业收入	34.00	-2.41	-6.61	1.业务及管理费	11.34	-0.93	-7.57
1.利息净收入	28.73	-2.59	-8.28	2.营业税金及附加	0.57	-0.01	-1.09
利息收入	131.88	-14.10	-9.66	3.资产减值损失	81.02	27.77	52.15
利息支出	103.15	-11.51	-10.04	三、营业利润	-59.00	-29.21	98.09
2.手续费及佣金净收入	3.49	0.03	0.90	四、利润总额	-59.03	-29.23	98.10
二、营业支出	93.00	26.81	40.50	五、净利润	-59.03	-29.23	98.10

山东省浙商银行本外币损益统计表

汇率：6.9762　　单位：亿元

项目	本年	比上年同期增减	比上年同期增减（%）	项目	本年	比上年同期增减	比上年同期增减（%）
一、营业收入	10.63	5.11	92.60	1.业务及管理费	3.67	0.69	23.16
1.利息净收入	6.29	1.00	18.89	2.营业税金及附加	0.21	0.08	63.31
利息收入	20.63	5.99	40.92	3.资产减值损失	-2.23	-5.97	-159.70
利息支出	14.34	4.99	53.38	三、营业利润	8.98	10.31	-769.88
2.手续费及佣金净收入	0.74	0.26	55.33	四、利润总额	8.98	10.32	-769.88
二、营业支出	1.65	-5.20	-75.95	五、净利润	8.73	10.84	-513.82

山东省渤海银行本外币损益统计表

汇率：6.9762　　单位：亿元

项目	本年	比上年同期增减	比上年同期增减（%）	项目	本年	比上年同期增减	比上年同期增减（%）
一、营业收入	9.10	-2.60	-22.23	1.业务及管理费	3.83	0.80	26.27
1.利息净收入	7.08	-1.71	-19.43	2.营业税金及附加	0.14	0.02	16.91
利息收入	28.77	1.58	5.81	3.资产减值损失			
利息支出	21.69	3.29	17.88	三、营业利润	5.07	-3.42	-40.26
2.手续费及佣金净收入	1.93	-0.97	-33.51	四、利润总额	5.07	-3.41	-40.21
二、营业支出	4.03	0.81	25.28	五、净利润	4.69	-3.49	-42.64

山东省城市商业银行（全国）本外币损益统计表

汇率：6.9762　　单位：亿元

项目	本年	比上年同期增减	比上年同期增减（%）	项目	本年	比上年同期增减	比上年同期增减（%）
一、营业收入	512.74	88.66	20.91	1.业务及管理费	164.42	18.87	12.97
1.利息净收入	391.00	86.67	28.48	2.营业税金及附加	6.65	1.48	28.77
利息收入	1,369.07	159.64	13.20	3.资产减值损失	194.21	47.68	32.54
利息支出	978.06	72.97	8.06	三、营业利润	147.09	20.80	16.47
2.手续费及佣金净收入	19.67	0.33	1.69	四、利润总额	144.82	23.56	19.43
二、营业支出	365.65	67.86	22.79	五、净利润	119.69	21.68	22.12

山东省农村商业银行本外币损益统计表

汇率：6.9762　　单位：亿元

项目	本年	比上年同期增减	比上年同期增减（%）	项目	本年	比上年同期增减	比上年同期增减（%）
一、营业收入	576.47	-47.33	-7.59	1.业务及管理费	249.60	7.11	2.93
1.利息净收入	561.13	-13.75	-2.39	2.营业税金及附加	6.67	0.20	3.06
利息收入	1,008.67	26.85	2.73	3.资产减值损失	167.92	-45.98	-21.50
利息支出	447.55	40.60	9.98	三、营业利润	152.21	-8.63	-5.36
2.手续费及佣金净收入	-17.67	-5.71	47.71	四、利润总额	151.84	-9.61	-5.95
二、营业支出	424.26	-38.70	-8.36	五、净利润	109.81	2.56	2.39

山东省农村信用合作社本外币损益统计表

汇率：6.9762　　　　单位：亿元

项目	本年	比上年同期增减	比上年同期增减（%）	项目	本年	比上年同期增减	比上年同期增减（%）
一、营业收入	14.41	0.55	3.95	1.业务及管理费	11.48	2.33	25.52
1.利息净收入	2.28	-4.12	-64.42	2.营业税金及附加	0.08	0.05	158.94
利息收入	39.70	-7.84	-16.49	3.资产减值损失		-0.50	-100.00
利息支出	37.42	-3.72	-9.04	三、营业利润	2.85	-1.33	-31.78
2.手续费及佣金净收入	0.48	0.47	4,598.06	四、利润总额	2.76	-1.37	-33.10
二、营业支出	11.56	1.88	19.38	五、净利润	2.42	-0.67	-21.66

山东省村镇银行本外币损益统计表

汇率：6.9762　　　　单位：亿元

项目	本年	比上年同期增减	比上年同期增减（%）	项目	本年	比上年同期增减	比上年同期增减（%）
一、营业收入	41.65	2.32	5.91	1.业务及管理费	25.49	2.35	10.14
1.利息净收入	42.23	3.31	8.50	2.营业税金及附加	0.31	0.05	18.12
利息收入	70.73	10.40	17.23	3.资产减值损失	8.12	-5.66	-41.08
利息支出	28.50	7.09	33.11	三、营业利润	7.63	5.60	275.69
2.手续费及佣金净收入	-0.88	-0.24	37.08	四、利润总额	8.66	5.04	138.95
二、营业支出	34.01	-3.28	-8.79	五、净利润	6.45	5.51	584.12

山东省信托投资公司本外币损益统计表

汇率：6.9762　　　　单位：亿元

项目	本年	比上年同期增减	比上年同期增减（%）	项目	本年	比上年同期增减	比上年同期增减（%）
一、营业收入	32.67	7.28	28.65	1.业务及管理费	7.63	1.59	26.29
1.利息净收入	-0.18	0.03	-14.48	2.营业税金及附加	0.18	0.02	12.44
利息收入	0.58	-0.32	-35.37	3.资产减值损失	6.94	3.83	123.24
利息支出	0.76	-0.35	-31.41	三、营业利润	17.91	1.83	11.40
2.手续费及佣金净收入	22.30	2.98	15.42	四、利润总额	18.42	2.23	13.78
二、营业支出	14.76	5.44	58.43	五、净利润	14.28	1.58	12.44

山东省中资财务公司本外币损益统计表

汇率：6.9762　　　　单位：亿元

项目	本年	比上年同期增减	比上年同期增减（%）	项目	本年	比上年同期增减	比上年同期增减（%）
一、营业收入	97.06	6.80	7.54	1.业务及管理费	5.40	0.35	6.90
1.利息净收入	80.57	3.64	4.73	2.营业税金及附加	0.83	0.20	31.54
利息收入	117.80	7.67	6.96	3.资产减值损失	16.90	1.41	9.07
利息支出	37.22	4.03	12.14	三、营业利润	73.90	4.82	6.98
2.手续费及佣金净收入	0.51	-0.12	-19.52	四、利润总额	75.14	4.31	6.09
二、营业支出	23.17	1.98	9.34	五、净利润	58.11	3.68	6.76

四、其他金融统计资料

山东省全金融机构（含外资）中间业务收入表

汇率：6.9762　　　　单位：万元

项目	本外币当年累计	人民币当年累计	外币当年累计
中间业务收入合计	3,382,280.25	3,269,716.92	112,563.33
（一）结算性中间业务收入	994,236.19	950,319.52	43,916.67
1.国际结算收入	173,382.67	132,022.01	41,360.66
单位	168,849.99	128,564.02	40,285.97
个人	4,532.68	3,457.98	1,074.69
2.国内结算收入	820,853.53	818,297.51	2,556.01
单位	317,859.08	315,636.79	2,222.29
个人	502,994.44	502,660.73	333.72
（二）担保性中间业务收入	400,247.55	381,404.10	18,843.45
1.银行承兑汇票收入	106,088.40	106,088.40	0.00
2.保函业务收入	72,224.59	62,766.21	9,458.38
融资性保函	37,116.43	34,214.32	2,902.11
非融资性保函	35,108.16	28,551.89	6,556.27
3.承诺费收入	120,296.09	116,208.46	4,087.63
4.保理费收入	31,473.98	30,002.46	1,471.52
5.其他担保性中间业务收入	70,164.49	66,338.57	3,825.92
（三）管理性中间业务收入	1,286,172.93	1,253,006.50	33,166.43
1.代收代付收入	119,424.57	119,130.13	294.44
2.资产托管及企业年金业务收入	81,136.18	81,016.54	119.64
3.理财业务收入	363,630.22	362,529.48	1,100.74
4.代客资金业务收入	113,263.01	105,004.19	8,258.82
代客外汇买卖	97,858.17	91,706.54	6,151.63
代客衍生工具交易	15,309.17	13,201.98	2,107.19
其他代客资金业务	95.67	95.67	0.00
5.银团贷款收入	85,590.01	71,615.34	13,974.68
6.委托贷款收入	53,502.57	52,594.85	907.72
7.其他管理性中间业务收入	469,626.37	461,115.98	8,510.39
代销基金	29,811.22	29,621.91	189.31
代理保险	277,875.57	277,875.57	—
代销债券	15,334.37	15,334.37	—
代理贵金属	80,561.87	80,561.87	—
其他	66,043.35	57,722.26	8,321.08
（四）投资银行业务收入	151,178.14	151,059.75	118.39
1.财务顾问收入	79,334.65	79,216.26	118.39
2.债券承销收入	41,424.04	41,424.04	—
3.其他投资银行业务收入	30,419.45	30,419.45	—
（五）其他中间业务收入	550,445.43	533,927.04	16,518.39
其中：保管箱业务收入	5,359.90	5,359.90	—
附：银行卡业务收入	741,690.21	741,042.63	647.58
电子银行业务收入	347,566.63	347,121.73	444.90

山东省全金融机构（不含外资）中间业务收入表

汇率：6.9762　　　　单位：万元

项目	本外币当年累计	人民币当年累计	外币当年累计
中间业务收入合计	3,363,227.69	3,262,039.59	101,188.09
（一）结算性中间业务收入	988,467.20	949,154.91	39,312.29
1.国际结算收入	168,063.26	131,127.14	36,936.11
单位	163,646.63	127,694.08	35,952.54
个人	4,416.63	3,433.06	983.57
2.国内结算收入	820,403.94	818,027.77	2,376.18
单位	317,462.47	315,415.79	2,046.68
个人	502,941.48	502,611.98	329.50
（二）担保性中间业务收入	394,516.09	378,393.59	16,122.51
1.银行承兑汇票收入	105,028.31	105,028.31	—
2.保函业务收入	69,178.11	60,886.18	8,291.93
融资性保函	35,721.71	33,557.38	2,164.34
非融资性保函	33,456.40	27,328.80	6,127.59
3.承诺费收入	120,239.00	116,152.75	4,086.25
4.保理费收入	31,414.54	30,002.46	1,412.09
5.其他担保性中间业务收入	68,656.14	66,323.89	2,332.24
（三）管理性中间业务收入	1,279,293.43	1,249,681.97	29,611.46
1.代收代付收入	119,407.90	119,130.13	277.78
2.资产托管及企业年金业务收入	81,129.56	81,010.39	119.17
3.理财业务收入	362,346.27	361,978.26	368.01
4.代客资金业务收入	109,280.25	103,239.74	6,040.52
代客外汇买卖	94,380.36	89,945.17	4,435.19
代客衍生工具交易	14,804.22	13,198.90	1,605.32
其他代客资金业务	95.67	95.67	—
5.银团贷款收入	85,281.71	71,430.11	13,851.61
6.委托贷款收入	53,147.05	52,243.37	903.68
7.其他管理性中间业务收入	468,700.67	460,649.97	8,050.70
代销基金	29,516.64	29,514.12	2.52
代理保险	277,565.58	277,565.58	—
代销债券	15,334.37	15,334.37	—
代理贵金属	80,561.87	80,561.87	—
其他	65,722.21	57,674.04	8,048.18
（四）投资银行业务收入	151,115.81	151,005.08	110.73
1.财务顾问收入	79,272.32	79,161.59	110.73
2.债券承销收入	41,424.04	41,424.04	—
3.其他投资银行业务收入	30,419.45	30,419.45	—
（五）其他中间业务收入	549,835.15	533,804.04	16,031.11
其中：保管箱业务收入	5,359.90	5,359.90	—
附：银行卡业务收入	741,647.30	741,002.06	645.24
电子银行业务收入	347,139.53	347,067.17	72.37

山东省银行业金融机构人员、机构情况表

（2019年末） 单位：家、人

行别		法人机构数	省级机构数	二级分行机构数	支行机构数	支行以下分支机构数	机构数合计	正式人员数合计
国有商业银行	工商银行山东省分行	—	1	16	574	301	892	20,090
	工商银行青岛市分行	—	1	—	108	13	122	3,441
	农业银行山东省分行	—	1	16	164	1,158	1,339	25,698
	农业银行青岛市分行	—	1	1	89	76	167	3,845
	中国银行山东省分行	—	1	16	487	—	504	13,558
	中国银行青岛市分行	—	1	2	105	—	108	3,318
	建设银行山东省分行	—	1	16	569	222	808	19,054
	建设银行青岛市分行	—	1	1	118	4	124	3,074
	交通银行山东省分行	—	1	15	132	—	148	3,604
	交通银行青岛分行	—	1	—	49	5	55	1,314
	合计（全省）	—	10	83	2,395	1,779	4,267	96,996
股份制商业银行	中信银行青岛分行	—	1	4	49	—	54	1,638
	中信银行济南分行	—	1	5	40	—	46	1,544
	光大银行青岛分行	—	1	3	28	29	61	1,023
	光大银行济南分行	—	1	5	28	—	34	883
	光大银行烟台分行	—	1	1	11	9	22	493
	华夏银行济南分行	—	1	8	35	12	56	1,477
	华夏银行青岛分行	—	1	1	22	14	38	978
	广发银行济南分行	—	1	5	10	8	24	585
	招商银行济南分行	—	1	6	52	—	59	1,692
	招商银行烟台分行	—	1	1	15	—	17	530
	招商银行青岛分行	—	1	2	41	7	51	1,554
	浦发银行济南分行	—	1	10	27	25	63	1,184
	浦发银行青岛分行	—	1	2	20	8	31	740
	平安银行济南分行	—	1	6	18	—	25	700
	平安银行青岛分行	—	1	3	16	10	30	661
	兴业银行济南分行	—	1	12	37	66	116	2,009
	兴业银行青岛分行	—	1	—	13	8	22	656
	民生银行济南分行	—	1	7	47	73	128	1,921
	民生银行青岛分行	—	1	3	38	16	58	916
	恒丰银行	—	1	7	34	2	44	1,096
	恒丰银行青岛分行	—	1	—	12	5	18	384
	渤海银行济南分行	—	1	4	5	4	14	433
	渤海银行青岛分行	—	1	—	—	—	1	59

续表1

行别		法人机构数	省级机构数	二级分行机构数	支行机构数	支行以下分支机构数	机构数合计	正式人员数合计
股份制商业银行	浙商银行济南分行	—	1	6	6	—	13	654
	浙商银行青岛分行	—	1	—	—	—	1	75
	合计（全省）	—	25	101	604	296	1,026	23,885
政策性银行	农发行山东省分行	—	1	16	102	—	119	3,005
	农发行青岛市分行	—	—	1	5	—	6	191
	进出口银行山东省分行	—	1	—	—	—	1	79
	开发行山东省分行	—	1	—	—	—	1	234
	开发行青岛市分行	—	1	—	—	—	1	143
	合计（全省）	—	4	17	107	—	128	3,652
城市商业银行	齐鲁银行	1	10	2	121	—	134	3,156
	齐鲁银行青岛分行	—	1	—	7	—	8	156
	青岛银行	1	14	—	110	16	141	4,349
	齐商银行	1	7	—	97	—	105	2,697
	烟台银行	1	2	—	80	—	83	1,529
	潍坊银行	1	5	—	90	—	96	2,171
	潍坊银行青岛分行	—	1	—	8	2	11	212
	临商银行	1	2	—	52	28	83	1,862
	威海商行	1	13	—	79	6	99	2,594
	威海商行青岛分行	—	1	—	7	1	9	178
	日照银行	1	8	—	76	—	85	2,371
	日照银行青岛分行	—	1	—	6	1	8	253
	莱商银行	1	7	—	72	10	90	1,647
	东营银行	1	5	—	90	—	96	1,565
	东营银行青岛分行	—	1	—		—	1	79
	德州银行	1	3	—	50	13	67	1,328
	济宁银行	1	7	—	67	5	80	1,444
	泰安商行	1		1	75	—	77	1,050
	枣庄银行	1	2	—	27	—	30	709
	天津银行济南分行	—	1	3	15	—	19	538
	北京银行济南分行	—	1	2	24	20	47	671
	北京银行青岛分行	—	1	—	2	—	3	97
	河北银行青岛分行	—	1	—	7	5	13	194
	合计（全省）	14	94	8	1,162	107	1,385	30,850
民营银行	威海蓝海银行股份有限公司	1	—	—	—	—	1	221
	合计（全省）	1	—	—	—	—	1	221

续表2

行别		法人机构数	省级机构数	二级分行机构数	支行机构数	支行以下分支机构数	机构数合计	正式人员数合计
农村金融机构	农村信用社	2	—	—	14	—	16	1,200
	农村商业银行	110	1	—	3,343	1,613	5,067	64,006
	村镇银行	126	1	—	128	308	563	8,131
	农村资金互助社	2	—	—	—	—	2	9
	合计（全省）	240	2	—	3,485	1,921	5,648	73,346
其他金融机构	山东省国际信托投资公司	1	—	—	—	—	1	230
	陆家嘴国际信托	1	—	—	—	—	1	348
	重汽财务	1	—	—	—	—	1	63
	山钢财务	1	—	—	—	—	1	46
	鲁商财务	1	—	—	—	—	1	48
	重工财务	1	—	—	—	—	1	57
	电力财务山东分公司		1	—	—	—	1	17
	山东黄金	1	—	—	—	—	1	45
	晨鸣财务	1	—	—	—	—	1	33
	南山财务	1	—	—	—	—	1	36
	兖矿财务	1	—	—	—	—	1	35
	招金财务	1	—	—	—	—	1	32
	山东能源集团财务有限公司	1	—	—	—	—	1	41
	日照港财务公司	1	—	—	—	—	1	35
	西王财务公司	1	—	—	—	—	1	31
	新凤祥财务有限公司	1	—	—	—	—	1	81
	浪潮财务	1	—	—	—	—	1	24
	海尔财务	1	—	—	—	—	1	143
	海信财务	1	—	—	—	—	1	62
	中石化财务公司山东分公司	—	1	—	—	—	1	31
	青啤财务	1	—	—	—	—	1	37
	青岛港财务	1	—	—	—	—	1	29
	青建集团财务公司	1	—	—	—	—	1	22
	华融资产管理公司	—	1	—	—	—	1	66
	长城资产管理公司	—	1	—	—	—	1	72
	东方资产管理公司	—	1	—	—	—	1	51
	信达资产管理公司	—	1	—	—	—	1	60
	海尔消费金融公司	1	—	—	—	—	1	366
	山东豪沃汽车金融有限公司	1	—	—	—	—	1	159
	山东通达金融租赁有限公司	1	—	—	—	—	1	52

续表3

行别		法人机构数	省级机构数	二级分行机构数	支行机构数	支行以下分支机构数	机构数合计	正式人员数合计
其他金融机构	山东汇通金融租赁有限公司	1	—	—	—	—	1	65
	青银金融租赁	1	—	—	—	—	1	62
	中国邮政储蓄银行山东省分行	—	1	16	449	2,222	2,688	10,751
	中国邮政储蓄银行青岛分行	—	1	—	47	214	262	1,175
	合计（全省）	26	8	16	496	2,436	2,982	14,405
外资银行	汇丰银行济南分行	—	1	—	—	—	1	29
	汇丰银行青岛分行	—	1	—	3	—	4	140
	南洋商业银行青岛分行	—	1	—	2	—	3	89
	日本山口银行青岛分行	—	1	—	—	—	1	29
	韩亚银行青岛分行	—	1	—	2	—	3	76
	韩亚银行烟台分行	—	1	—	—	—	1	35
	企业银行青岛分行	—	1	—	2	—	3	56
	企业银行烟台分行	—	1	—	1	—	2	49
	友利银行威海分行	—	1	—	—	—	1	30
	新韩银行青岛分行	—	1	—	1	—	2	57
	渣打银行济南分行	—	1	—	1	—	2	26
	渣打银行青岛分行	—	1	—	4	—	5	46
	东亚银行济南分行	—	1	—	—	—	1	25
	东亚银行青岛分行	—	1	—	—	—	1	68
	恒生银行济南分行	—	1	—	—	—	1	14
	瑞穗实业银行青岛分行	—	1	—	—	—	1	50
	华侨银行青岛分行	—	1	—	—	—	1	19
	三菱东京日联银行青岛分行	—	1	—	—	—	1	57
	釜山银行青岛分行	—	1	—	—	—	1	18
	德意志银行青岛分行	—	1	—	—	—	1	7
	国泰世华银行青岛分行	—	1	—	—	—	1	26
	星展银行青岛分行	—	1	—	—	—	1	16
	澳新银行青岛分行	—	1	—	—	—	1	7
	韩国产业银行青岛分行	—	1	—	—	—	1	28
	合计（全省）	—	24	—	16	—	40	997
分类不明	中德住房储蓄银行济南分行	—	1	—	—	—	1	25
	合计（全省）	—	1	—	—	—	1	25
山东省合计		281	168	225	8,265	6,539	15,478	244,377

注：本表数据来源于山东银保监局。

山东省（含青岛）上市公司情况表

项目		单位	期末
上市公司数		家	211
其中：A股		家	209
B股		家	5
A、B股均发行		家	3
境内、外均上市		家	9
ST公司数		家	0
*ST公司数		家	0
拟上市公司数		家	113
退市公司数		家	0
总股本		亿股	2,298.49
流通股本	A股	亿股	1,750.78
	B股	亿股	13.94
境内上市公司境外股		亿股	106.08
总市值（境内）		亿元	21,425.12
流通市值（境内）		亿元	16,062.45

山东省（含青岛）上市公司融资情况表

单位：家、亿元

项目	本期		本年累计	
	家数	募集资金	家数	募集资金
A股	—	—	—	—
首发	4	49.66	16	171.48
配股	0	0.00	0	0.00
增发	2	7.23	11	612.55
合计	6	56.89	27	784.03
B股	—	—	—	—
首发	—	—	—	—
配股	—	—	—	—
增发	—	—	—	—
合计	—	—	—	—
境外股	—	—	—	—
首发	—	—	—	—
再融资	—	—	—	—
合计	—	—	—	—
公司债	2	25.00	5	49.00
可转债	4	39.72	8	56.45
合计	6	64.72	13	105.45

山东省(含青岛)上市公司注册地地区分布表

行次	地区	家数
1	济南	28
2	青岛	39
3	淄博	22
4	枣庄	2
5	东营	5
6	烟台	39
7	潍坊	23
8	济宁	9
9	泰安	4
10	威海	11
11	日照	1
12	滨州	7
13	德州	11
14	聊城	4
15	临沂	4
16	菏泽	2
17	合计	211

山东省(含青岛)证券、期货中介机构情况统计表

单位：亿元

项目	证券公司	证券营业部	期货经纪公司
公司数（家）	2	—	3
所属营业部（家）	354	604	51
注册资本	87.72	—	13.77
总资产	1,470.18	716.99	119.37
净资产	395.31	229.97	23.90
净资本	283.18	—	13.93
净利润（本期）	5.15	-1.79	-0.04
净利润（本年）	24.29	2.13	0.19
主承销（家）	177	—	—
承销金额	1,322.98	—	—
交易金额（本年）	124,141.37	139,632.91	81,626.81
投资者资金户开户数（万户）	691.12	1,382.66	15.97
投资者股东户开户数（万户）	1,354.09	2,420.46	—
客户保证金余额	333.01	451.48	268.93

山东省人寿保险公司主要业务指标（含青岛）

单位：亿元

项目	本年累计	上年同期	同比增长（%）
一、保费收入	2,372.50	2,150.74	10.31
1.寿险小计	1,774.80	1,671.59	6.17
2.意外伤害险小计	46.61	43.02	8.35
3.健康险小计	551.09	436.13	26.36
二、赔付支出	418.44	472.04	-11.35
1.赔款支出合计	87.21	73.96	17.91
（1）意外伤害险	11.66	11.03	5.69
（2）一年期以内健康险	75.55	62.93	20.06
2.死伤医疗给付合计	85.21	65.08	30.93
（1）寿险	23.66	21.13	11.97
（2）一年期以上健康险	61.55	43.95	40.04
3.满期给付合计	145.33	217.57	-33.20
（1）寿险	144.69	217.17	-33.38
（2）一年期以上健康险	0.65	0.40	63.00
4.年金给付合计	100.69	115.43	-12.77
三、退保金	335.01	409.48	-18.19
1.寿险	321.66	386.99	-16.88
2.一年期以上健康险	13.36	22.49	-40.61

山东省财产保险公司主要业务指标（含青岛）

单位：万件、亿元

项目	本年累计	上年同期	同比增长（%）
一、签单数量	33,987.69	17,142.16	98.27
二、签单保费合计	898.82	827.12	8.67
三、保费收入合计	866.39	809.09	7.08
四、已决赔款合计	483.40	454.20	6.43
五、赔款支出合计	484.97	457.90	5.91

注：1.签单数量为签单件数减注销保单件数后的净保单件数，按保单起保日开始统计；
2.签单保费为保单保费加批增保费减批减保费后的净额，业务上按保单起保日开始计算；
3.已决赔款按照业务上已核赔结案的赔款金额，包括业务已决财务未付和业务已决财务已付赔款金额。

山东省保险公司资产负债表（含青岛）

（2019年末）

单位：亿元

资　产	年初数	期末数	比年初增减
货币资金	43.25	31.67	-11.58
拆出资金	—	—	—
交易性金融资产	3.08	2.76	-0.32
衍生金融资产	—	—	—
买入返售金融资产	1.10	—	-1.10
应收利息	5.83	7.28	1.45
应收保费	145.56	176.18	30.62
应收资产管理费	—	—	—
应收管理费（养老）	0.28	0.36	0.08
应收代位追偿款	0.41	0.38	-0.03
应收分保账款	18.95	31.66	12.71
应收分保未到期责任准备金	23.54	30.25	6.71
应收分保未决赔款准备金	29.28	32.48	3.21
应收分保寿险责任准备金	64.21	36.20	-28.01
应收分保长期健康险责任准备金	6.68	8.98	2.31
保户质押贷款	361.60	435.78	74.18
贷款	7.88	4.47	-3.41
存出保证金	1.14	1.20	0.06
定期存款	0.30	0.30	0.00
可供出售金融资产	14.02	5.95	-8.07
持有至到期投资	—	—	—
长期股权投资	—	—	—
存出资本保证金	6.60	3.60	-3.00
投资性房地产	6.00	1.92	-4.08
固定资产	36.30	68.75	32.45
无形资产	6.71	7.58	0.87
独立账户资产	63.63	72.56	8.93
递延所得税资产	0.17	0.08	-0.09
系统内往来（借项）	4,676.69	5,399.48	722.79
内部往来（借项）	279.69	297.25	17.56
其他资产	147.94	182.09	34.16
资产总计	5,950.82	6,839.23	888.41

续表

负债及所有者权益	年初数	期末数	比年初增减
短期借款	—	—	—
存入保证金	2.71	3.06	0.35
拆入资金	—	—	—
交易性金融负债	—	—	—
衍生金融负债	—	—	—
卖出回购金融资产款	—	—	—
应付手续费及佣金	36.96	45.20	8.25
应付营销费用（养老）	—	—	—
预收保费	134.47	156.31	21.84
应付职工薪酬	26.66	29.74	3.08
应交税费	10.41	7.32	-3.08
保险保障基金	7.66	9.52	1.86
应付赔付款	128.42	139.13	10.70
其他应付款	29.90	42.36	12.46
应付保单红利	164.75	185.34	20.59
应付分保账款	66.47	39.49	-26.98
未到期责任准备金	374.86	447.18	72.31
未决赔款准备金	290.93	309.32	18.39
其中：已发生未报告未决赔款准备金	97.63	110.82	13.19
寿险责任准备金	6,369.71	7,447.10	1,077.38
长期健康险责任准备金	540.84	696.31	155.47
保户储金及投资款	1,802.94	1,989.96	187.02
长期借款	—	—	—
应付债券	—	—	—
卫星发射保险基金	—	—	—
独立账户负债	63.63	72.56	8.93
递延所得税负债	0.12	0.05	-0.08
系统往来（贷项）	-2,231.97	-2,619.95	-387.98
内部往来（贷项）	-467.26	-561.73	-94.47
其他负债	14.91	29.86	14.95
负债合计	7,367.13	8,468.11	1,100.98
所有者权益（或股东权益）	—	—	—
实收资本(或股本)	33.00	18.00	-15.00
资本公积	-5.49	-18.63	-13.14
减：库存股	—	—	—
盈余公积	—	—	—
一般风险准备	—	—	—
未分配利润	-1,443.81	-1,628.25	-184.44
外币报表折算差额	—	—	—
少数股东权益	—	—	—
所有者权益合计	-1,416.30	-1,628.88	-212.58
负债及所有者权益总计	5,950.82	6,839.23	888.41

主题索引

说明：

本索引为综合性主题索引，索引款目按汉语拼音顺序(同音字按声调)排列。表格款目后注有“表”字样，款目后的阿拉伯数字表示内容所在的页码，数字后的字母a、b表示该页自左向右的版面区域。

汉语拼音主题索引

H